虛擬歷史

Virtual History

論歷史的「混沌理論」

Niall Ferguson　編
楊　　豫　譯

目次

作者簡介

尼爾・弗格森（Niall Ferguson）　英國牛津大學耶穌學院現代史教師，導師，最近發表的著作有《紙與鐵：一八九七～一九二七年通貨膨脹時期漢堡的商業和德國的政治》（一九九五年）。該書被提名《今日歷史年鑑獎》的候選著作。他還撰寫過許多有關十九世紀和二十世紀金融史的論文，目前正在寫作有關英國銀行家羅思柴爾德的歷史。

約翰・亞當森（John Adamson）　英國劍橋大學彼得學院的教師，發表過大量有關十七世紀英國政治史和文化史的著作。他曾榮獲一九九九年英國皇家歷史學會的亞歷山大獎，目前正接受英國議會史董事會的委託編撰《一六四〇～一六六〇年的下院史》。

喬納森・克拉克（Jonathan Clark）　美國堪薩斯大學英國史教授。他的著作有《變化的動力》（一九八二年）、《英國社會，一六八八～一八三二年》（一九八五年）、《革命和叛亂》（一九八六年）、《自由的語言，一六六〇～一八三二年英屬美洲的政治演說和社會動力》（一九九三年）、《塞繆爾．約翰森：從復辟時期到浪漫主義時代的文學、宗教和英國的文化政治》（一九九四年）。他還編輯了《瓦爾德格拉夫伯爵二世詹姆斯的回憶錄和演說集：一七四二～一七六三年》（一九八八年）和《現代英國的思想和政治》（一九八九年）。

艾爾文．傑克遜（Alvin Jackson）　貝爾伐斯特大學女王學院現代史講師，兼任都柏林大學愛爾蘭現代史講師，曾任波士頓學院愛爾蘭研究所的訪問教授，著有《烏爾斯特黨》（一九八九年）、《愛德華．卡爾森爵士》（一九九三年）、《愛德華．桑德森上校：維多利亞時代愛爾蘭的土地和忠誠》（一九九五年）。他目前正在撰寫《愛爾蘭現代史》。

安德魯．羅伯茲（Andrew Roberts）　英國康橋大學貢維爾和卡西烏斯學院高級學者，著有《神狐：哈利法克斯勳爵傳》（一九九一年）、《傑出的邱吉爾家族》（一九九四年）、《阿琛備忘錄》（一九九五年），目前正在撰寫薩利斯伯利第三代侯爵的傳記。

邁克爾．伯雷（Michael Burleigh）　英國威爾斯大學（卡迪夫）歷史教授。他的著作有《普魯士社會與德國的爵位制》（一九八四年）、《德國轉向東方：第三帝國「東方研究」之研究》（一九八八年）、《種族的國家：一九三三～一九四五年的德國》（一九九一年與沃爾夫岡．威佩曼合著）、《死亡與解脫：一九〇〇～一九四五年德國的「安樂死」》（一九九四年）、《面對納粹的過去》（一九九六年）。他的論文集《種族與滅絕：論納粹的種族滅絕政策》即將出版。他的檔案集也曾多次獲獎。

喬納森·哈斯拉姆（Jonathan Haslam）　英國劍橋大學柯普斯·克里斯蒂學院歷史研究所主任，劍橋大學國際研究中心國際關係研究所助理主任，著有《一九三三～一九三九年的蘇聯以及歐洲集體安全的奮鬥》（一九八四年）、《蘇聯與來自東方的威脅：一九三三～一九四一年》（一九九二年）。他最近完成了卡爾的傳記，即將出版，目前正在寫作《國際關係中的現實主義傳統：從馬基維利到沃爾茲》。

黛安·庫恩茲（Diane Kunz）　美國耶魯大學歷史學副教授。她的主要著作有《英國的金本位戰爭：一九三一年》（一九八七年）、《蘇黎士運河危機中的經濟外交》（一九九一年）。最近完成的著作有《奶油與槍炮：美國的冷戰經濟外交》。

馬克·艾爾蒙德（Mark Almond）　英國牛津大學奧利爾學院近代史講師。他最近完成的著作有《革命：五百來爭取變化而進行的鬥爭》（一九九六年）。他還著有《歐洲的後院戰爭：巴爾幹戰爭》（一九九四年）、《西奧塞古夫婦的興亡》（一九九二年）。

導論　虛擬歷史

論歷史的「混沌理論」

尼爾・弗格森

真實的歷史……它是永遠活著並發揮作用的混沌狀態，它本身一次又一次地被塑造出來，其中包含著無數的成份。這種混沌狀態……就是歷史學家將要描述……並進行科學測量的東西。

——托馬斯・卡萊爾（Thomas Carlyle）

不存在特殊的過去……只存在無限的過去，所有事情都是同樣可信的……在時間的每個點上，無論你假設它是多麼的短暫，事件的軌跡都發生分叉，就像一棵樹長出兩根樹枝一樣。

——安德雷・莫羅瓦（André Maurois）

歷史研究所取得的永恆成就是對事情如何未曾發生的歷史意識——即對它的一種直覺的理解。

——劉易斯・納米爾（Lewis Namier）

歷史學家必須不斷地將自己置於過去的某個位置上。在那個位置上已知的因素允許產生不同的結果。如果他討論的是薩拉米斯戰役，那麼必定是波斯人依然好像可以取得勝利；如果他談起霧月政變，必定依然要去看看拿破崙（Napoleon Bonaparte）是否會被不光彩地趕跑。

——約翰・胡伊津加（Johan Huizinga）

如果沒有發生英國內戰，如果沒有美國獨立戰爭，如果愛爾蘭沒有分裂，如果英國對第一次世界大戰袖手旁觀，如果希特勒（Adolf Hitler）入侵了英國，如果他擊敗了蘇聯，如果蘇聯贏得了冷戰的勝利，如果甘迺迪（John F. Kennedy）依然活著，如果沒有戈巴契夫（Mikhail Gorbachev），歷史將會如何？

對於這種假設的或「反事實」的問題，人們可以用非常簡單的方式來表示明確的反對意見：幹嘛要費心提出這樣的問題？幹嘛要去為沒有發生的事情傷腦筋？覆水難收，哭之無益。同樣的，也沒有必要費心去思考如何才能防止水被潑出（如果水仍然好好地放在瓶子裡，我們卻去推想水要是被潑掉以後會發生什麼事情，那就更加無益了）。

人們也可以對這樣的反對態度作出一個簡單的回答：我們在日常生活中常常會提出這樣一些「反事實」問題的：（當人們因超速而被罰時，會問自己）要是我看見了限速標誌或不喝那最後一杯酒，那該有多好。要是我下注在「紅酒」那匹馬而不是那匹落後的馬，那該有多好。看來，我們總是無法避免想像一些可供選擇的情形：要是我們那樣做或沒有那樣做……，本來應該發生什麼樣的事情？我們總在設想自己避免了過去曾經鑄成的大錯或犯下了本來完全可以避免的錯誤。這樣的想法並非是純粹的白日夢。當然，我們也完全清楚，時間不能倒轉，已經做過的事情再也不能挽回。但是，去想像這樣的反事實狀態對我們來說卻是一種重要的學習手段。人們對未來做出決定的時候總是要權衡一下，如果採取另一種行動會導致什麼樣的潛在結果，因此將我們過去做過的事情而導致的實際後果與我們本應當做的事情而可能導致的想像中的後果進行比較，顯然是有意義的。

好萊塢電影從來不會放棄去利用我們那種對語法學家稱之為虛擬語氣（如果假設有甲，那麼就可能出現乙）的迷戀。在柯波拉（Frank Capra）執導的電影《美好的生活》中，吉米・斯圖亞特（Jimmy Stewart）在自殺之際被他的守護神抓住，讓他看看，要是他沒有生下來，這個世間，至少是他的家鄉，該是多麼的糟糕。《佩姬蘇要出嫁》講述了凱瑟琳・透納（Kathleen Turner）人到中年時後悔她多年前選擇的丈夫。在《回到未來》這部影片中，米高福克斯（Michael J. Fox）進行了一次倒轉時光的旅行，並在無意中從他未來的父親身邊吸引走了他未來的母親，從而改變了主意。在克里斯多夫·李維（Christopher Reere）執導的影片中，超人為女友在地震中的死亡而傷心，結果他將時光倒轉，以便將女友從他和觀眾剛剛目擊過的「未來」的災難中解救出來。科幻影片的作者一次又一次地應用了同樣的幻想。例如在約翰·溫德昂（John Wyndham）的《上下求索》中，物理學家柯林·特拉福德（Colin Traffored）被發射到另一個宇宙中去。那裡沒有第二次世界大戰，也沒有原子彈。他的另一個自我是位女性化和虐待妻子的小說家。在另一部類似的故事中，雷依·布萊德伯里（Pay Bradbury）想像了被一位時空旅行家精心避免但卻因此而完全改變了的世界。這位旅行家甚至不經意地踩著一隻史前的蝴蝶。①

當然，好萊塢電影和科幻小說都不可能得到學術上的尊重。然而，這種思想畢竟引起了那些聲譽卓著的學者們的注意。在威瑪共和國時期，羅伯特·穆西爾（Robert Musil）的《沒有品行的人》最終還是反映了我們這種反事實思考的傾向：

> 如果確實存在著稱作真實的那種東西的話——而且沒有人會懷疑它確有存在的理由——那麼也必定存在那種稱作可能的東西。任何擁有這種東西的人不會說諸如這樣或那樣的事情已經發生，將會發生，必定發生。他會運用自己的想像並且說諸如此類的事情可以發生，本當發生，應當發生。如果有人對他說某件事情是按照它自己的方式發生了，那麼，他會想到：好吧，它也完全可能按照別的方式發生。因此，所謂可能性應當乾脆地定義為思考每件事情如何「以別的方式」發生，而且認為發生了的事情並不比未曾發生的事情更為重要的一

種能力。〔因為〕可能性包含了……尚未顯現出來的上帝意志。可能的經歷或可能的真實並不等於是減去了「真實」價值的真實經歷或真實的事實；按照他們的觀點，其中包含了某種外在於神意的東西，一種熾熱的和飄逸的品德，一種建設性的意志，一種自覺的烏托邦精神。它並非是真實的濃縮，而是相反地把真實當作……一種發明。

然而，正像穆西爾也指出的那樣，總是有人對可能性這種東西表示深刻的懷疑：

> 不幸的是，〔作為這種傾向所導致的結果〕，別人所讚許的東西往往被指責為錯誤，而被別人所禁止的東西又得到允許，或者甚至對這兩種情況都不屑一顧。據說，這些贊成可能性的人們生活在一種精心製作的網絡中，一種朦朧的想像、幻想和虛擬氛圍所構成的網絡中。如果孩子表現出了這樣的傾向，則唯恐驅之不速。這種人一出現就被說成是精神錯亂，夢想家、意志薄弱者，狂人、吹毛求疵或找碴的人。如果有人或許要稱讚這些可憐的傻瓜，便把他們稱作理想主義者。②

可以說，這些話相當準確地歸納了一代又一代歷史學家的態度。在他們看來，「反事實的」歷史學，用卡爾（E. H. Carr）蔑視的話來說，不過是「客廳裡的遊戲」，「不倫不類的東西」。③從這種觀點出發，可以用兩種方法來對待它，亦即，凡是以「如果」開頭的問題都沒有提出的價值。凡是思考「事情本應當發生」無異於認可「壞國王約翰」或「克麗奧佩特拉的鼻子」的歷史理論。此外，他們還是一批倒霉的失敗者：

由於布爾什維克的勝利而直接或間接蒙受痛苦的人們……都希望寄託他們的反抗，而在閱讀歷史的時候他們所採取的方式是讓他們的想像馳騁於所有那些一廂情願的本來可能發生的事情上……這是一種純粹情緒的和非歷史的反應。那種強調機會或偶然性在歷史上發揮作用的理論往往容易在那些處於低谷而非巔峰的歷史事件中的人群和國民當中找到市場。以博彩的方式去檢驗結果的觀點在那些處於第三等級的人們當中總是十分流行的……歷史是記載人們做過的事情，而不是未曾做過的事情……歷史學家總是關注那些……取得了成就的人們。④

無論是過去還是現在，對反事實論題的敵視態度在職業歷史學家當中都是十分流行的。在這一點上，湯普森（E. P. Thompson）確實走得最遠。他甚至把「反事實的虛構」斥之為「非歷史的胡扯」（Geschichtswissenschlopff）。⑤

可以肯定的是，並非所有的歷史學家都會自稱為「決定論者」，即便是卡爾或湯普森等英國馬克思主義者所主張的那種廣義的「決定論者」。然而，信仰歷史天定論的人們當中也存在著重大的差別。一種觀念認為事件是事前按某種方式設定的，既然如此，所以必定如此。另一些人則相信一定範圍內的因果論。他們都相信存在著某種線性的因果鏈或因果流。因此，一切事件只有唯一可能的結果，而且是被先於它的事件所「決定」的。但是，這些信仰者未必都同意十九世紀那些認為事件是有目的或有某種特定意義方向的決定論者的觀點。在那些認為上帝是事件的終極（但未必是唯一）原因的宗教史學家、把歷史事件看作可以用類似於自然科學（諸如普遍規律）同時也產生於自然科學的唯物主義者以及認為歷史是過去的「思想」轉變為以歷史學家的想像便可以理解的（而且往往是目的論的）結構的唯心主義歷史學家之間當然存在著根本性的差別。但無論如何，他們有一個共同點彌合了這些差別。這三個思想學派都認為根本不應當提出有關「如果……便怎樣……」的問題。

儘管克羅齊（Benedetto Croce）堅決地反對卡爾和湯普森所主張的那種唯物主義決定論，但他對反事實問題所帶有的「荒謬性」進行的抨擊同樣是堅決的：

當對某個事實進行判斷時，這個事實是當作已發生的事實，而不是可能按照別的方式發生的事實。歷史的必然性必須得到確認並繼續得到再確認，以便從歷史當中摒除並不具有合法地位的「假設」狀態。反歷史且違背邏輯的「如果」必須加以禁止。這種「如果」人為地把歷史進程劃分為必然的事實和偶然的事實。在「如果」這個符號下，敘述中的某個事實被列為必然，而另一個事實卻列為偶然。我們必須從內心消除後一種事實才能看出前一種事實是如何按照自己的軌跡並在不受後一種事實的干擾下發展的。這是我們大家在閑暇無聊時玩的一種遊戲。當我們用這種方式來品味人生的時候，突然會悟出要是我們沒有遇到這位熱情對待我們的人的話，似乎我們將會過著一種風平浪靜的日子。然而，直到我們帶著所有的經歷、遺憾和幻想進行思考時為止，這種讓我們的自我發生改變的事情根本就沒有出現過，因為我們確實沒有遇到過這樣一個人。如果我們把這樣一種對現實的探索更進一步深入下去的話，整個遊戲也就宣告結束了。如果試圖在根本沒有其地位的歷史學領域中也玩起這種遊戲的話，其結果也是令人乏味而難以持久的。⑥

對反事實論題發動更為猛烈攻擊的是英國唯心主義哲學家邁克爾·奧克肖特（Michael Oakeshott）。從奧克肖特的觀點來看，「當歷史學家以一種理想的實驗方法開始考慮那些可能發生的事情，並考慮促使他相信確實發生了這種事情的證據時」，他已經步出了「歷史思考的過程」：

> 如果聖保羅（St Paul）的朋友將他從大馬士革的城牆上拉下時，他被抓住並被殺死，基督教就可能不能成為我們文明的核心。這是完全可能的。如果按照這樣的描述，基督教的傳播可能就要歸因於聖保羅的逃跑……但是，當用這樣的方式來對待事實的話，它們就不成其為歷史事實了。這種結果不僅僅是偽造和可疑的歷史，而且完全否定了歷史……本質的事件和偶然的事件之間的差別根本不屬於歷史思想。這是科學對歷史領域的大舉入侵。

奧克肖特接著說：

歷史中的問題決不是什麼事情必定或可能發生，唯一的問題是什麼證據讓我們推導出確實發生過的事情。如果喬治三世（George Ⅲ）不是在美洲殖民地出現問題的時候登上英國的王位，那裡的分歧本可能不會導致戰爭。如果從中得出結論，喬治是在這個關鍵時刻改變事件的「自然」進程的唯一機會的話，這就等於放棄了歷史，而屈從於某種無益但更具有娛樂性的東西……歷史學家決不會被要求去思考如果環境發生變化後所可能發生的事情。⑦

以這樣的方式去想像另一種事件的進程，用奧克肖特的話來說，就是「純粹的神話，浪費想像力」。這顯然是他與卡爾和湯普森少有的幾個共同點之一。

這幾位不同的重要人物都對反事實論題帶有這樣的敵視觀點，由此可以解釋為什麼對我一開始就列舉出來的那些反事實問題做出回答的不是歷史學家，而是小說作家。例如，人們立即會想到羅伯特·哈里斯（Robert Harris）最近完成的小說《祖國》。這是一部偵探小說，故事以想像納粹德國取得勝利二十年後的歐洲為背景。⑧隨著故事的深入，研究也越加深刻。但這是徹頭徹尾的虛構，敘述方式完全按照通俗驚險小說的模式，也從根本上取消了歷史背景的合理性。書中的敘述並沒有把納粹德國在第二次世界大戰中取得的勝利當作是一場幾乎要發生的災難，也根本不存在數百萬的被屠殺者，反而把它當作故事的起點。以這種反事實的歷史假設為基礎，還產生了其它一批小說作品。金斯利·艾米（Kingsley Amis）的《選擇》就是其中的典型。⑨這部小說一廂情願地推翻了英國的宗教改革。但是，這些作品與其說是歷史著作還不如說是「未來學」的著作，而倫敦圖書館也十分客氣地將它們列為「想像的歷史」的分類中。未來學家提供了某些預測，我們今天面臨的合理選擇也是未來將面臨的合理選擇，而且總是把他們的預測置於對過去的趨勢所做的預測的基礎之上。然而，如果從這些著作的準確性來判斷的話，它們可能只是以占星術和算命紙牌為依據的。⑩

儘管如此，仍然有一些嚴肅的歷史學家冒險去討論（或至少是提出）反事實的問題。吉朋（Edward Gibbon）總是沉緬於思考某些歷史發展的微妙之處，偶爾也讓自己明確地使用反事實的方法寫作歷史。一個最突出的事例就是他概述了如果查理·馬特爾（Charles Martel）取得了公元七三三年薩拉申戰役的勝利而可能發生的事情：

> 一支獲勝的大軍行進在從直布羅陀到羅亞爾河兩岸蜿蜒千里的大道上。同樣規模的一支薩拉申的軍隊也正在向波蘭和蘇格蘭高地進軍。同尼羅河和幼發拉底河一樣，萊因河也無法阻擋他們。阿拉伯人的軍艦可以不經過任何一場海戰而駛入泰晤士河口。或許，牛津大學的課堂裡現在正在講解可蘭經，學院的講台正在向割過包皮的人們宣講穆罕默德啟示錄的莊嚴和真締。⑪

這當然只是一個諷刺，是吉朋對那個什麼也沒有教給他的大學開的一個玩笑，無須認真對待。目標更為遠大的一部著作是法國作家夏爾・雷奴維埃（Charles Renouvier）的《尤克羅尼》（出版於吉朋的《羅馬帝國衰亡史》第一卷之後整整一百年）則完全是一部「未曾發生過但也許有可能發生的歐洲文明發展的歷史和啟示式的專論」。雷奴維埃自稱為「那類學歷史的瑞典市民——夢想過去的幻想家」，而他的這部書則以「把真正的事實和想像中的事件交織在一起」為特色。⑫《尤克羅尼》提出的反事實中心論點與吉朋的著作一樣是十七世紀反決定論的經典。由於在奧里略（Marcus Aurelius）統治末期的進程中發生了微小的變化，使得基督教沒能在西方確立。基督教只在東方站住了腳跟，卻讓西方去擁有一種極端的千年至福論的古典文化。結果，當基督教真正傳播到西方時，它在實質上已經世俗化的歐洲只不過是眾多實行寬容的宗教中的一種。雷奴維埃從他的自由主義熱情出發，可能期望這部著作成為一枝反教權的利刺。⑬

一九〇七年，也就是《尤克羅尼》的第二版出版六年之後，屈維廉（G. M. Trevelyan，應《西敏寺雜誌》的邀請）寫出了愛德華時代歷史學家當中自覺意識最強的一篇題為〈如果拿破崙取得了滑鐵盧戰役的勝利〉的文章。像吉朋的著作一樣，屈維廉的文章也是出自平靜的思考而非激情，提供了有關過去的另一種選擇。拿破崙取得滑鐵盧戰役的勝利後稱霸整個歐洲大陸；英國依然在「專制和蒙昧主義的失敗道路上」徘徊；拜倫（Byron）領導的革命被無情的鎮壓下去，年輕一代的激進派在遙遠的南非大草原奮起為自由而鬥爭。「舊制度和民主自由的共同敵人」拿破崙終於在一八三六年去世。簡言之，沒有滑鐵盧戰役，就沒有惠格派的歷史。⑭

然而，儘管有屈維廉的例子，但嚴肅的歷史學家並不想光大這類歷史研究。二十五年以後，當斯誇爾（J. C. Sguire）把一批類似的反事實論文收集成一部論文集的時候，這十一名作者的組成是相當複雜的，其中主要是小說家和新聞記者。⑮斯誇爾的《如果事情不是那樣發生》的整個基調是自我反詰，它的副標題甚至就是「墜入想像的歷史」。斯誇爾承認，並非所有的作者一開始寫作時就同樣地完全依據事實，有些人就是把諷刺和推想混合在一起而已。他們的幻想確實會讓人們想起約翰遜（Samuel Johnson）的名言：「人們並不遵守碑文上的誓言。」不幸的是，斯誇爾自己寫的導言就是一篇碑文。他刻板地得出結論，反事實的歷史「沒有太大用處。也沒有人想要瞭解」。因此這部書很快就消聲匿跡了。

斯誇爾的著作是否在當時就敗壞了反事實歷史的名聲呢？答案是肯定的，因為其中的一些作者可以說明它在許多歷史學家的眼中不過是客廳中的消遣遊戲。例如，腓利普．格達拉（Philip Guedalla）的文章〈如果摩爾人在西班牙取得了勝利〉以一四九一年西班牙在蘭加隆的失敗為背景，描繪了格蘭納達的伊斯蘭王國成為阿拉伯人領導的文藝復興的中心，後來又成為十八世紀的帝國中心（狄斯累利〔Disraeli〕在這個設想的世界中，最後成為格蘭納達這個伊斯蘭國家的首席大臣）。更為怪誕的是切斯特頓（G. K. Chesterton）的〈如果奧地利的唐．約翰（Don John，西班牙國王腓力二世〔Philip II〕的同父異母兄弟）迎娶了蘇格蘭女王瑪麗〉。這是一部反宗教改革的愛情故事，這對王室夫妻撲滅了蘇格蘭喀爾文教，繼承了英國王位，中斷了宗教改革。費捨爾（H. A. L. Fisher）的〈如果拿破崙逃往美洲〉想像拿破崙越過大西洋（而不是向柏勒洛豐〔Bellevophon〕投降），與玻利瓦爾（Bolivar）會師，從教皇和君主手中解放了拉丁美洲。哈羅德·尼可爾森（Harold Nicolson）在〈如果拜倫當上了希臘國王〉中也想像一八二四年拜倫並沒有在密索朗吉昂的那場熱病中死去，並且最後莫名其妙地當上了懼內，而又越來越昏庸的希臘國王喬治一世（一八三〇～一八五四年在位。最典型的是，尼可爾森把拜倫永恆的業績想像為「清除了阿克羅波利斯山頂上的垃圾，在原址上建造了一座模仿紐斯特德大教堂的建築」）。米爾頓·沃爾德曼（Milton Waldman）的〈如果布思沒有刺中林肯〉則有欠嚴肅，把林肯（Abraham Lincoln）描寫成一個年邁和「昏庸的獨裁者」，由於一項過於寬容的和平解決方案，引起南方和北方都對他不滿而聲譽掃地。他與國會中支持自己但又心懷復仇的派別反目成仇，結果在一八六七年由於心力交瘁，而在最後一次大選中失敗。⑯至於斯諾爾自己寫的〈如果一九三〇年發現了實際上是培根寫了莎士比亞的著作〉，可以這樣說，當天的《潘趣》雜誌一定不會錯過這個機會把它登載出來（事情恰恰相反，是莎士比亞〔Shakespeare〕寫了培根〔Bacon〕的著作）。由羅納德·諾克斯（Ronald Knox）主持的《泰晤士報》諷刺專欄「一九三〇年六月三十一日」也會同樣做，為的是倒置一場成功的總罷工的日期。⑰

公平地說，並非任何東西只要帶上了「如果……」便失去了歷史價值。安德雷·莫羅瓦的那一章通過不無合理地設想杜爾哥（Turgot）因為有了國王的決心而且決定性地在一七七四年擊敗了巴黎法院並改革了巴黎警察局，從而把一場成功的財政改革進行到底，結果避免了法國大革命。邱吉爾（Churchill）假設南方聯盟在葛底斯堡取得了勝利，結果使南方取得美國內戰的勝利，也提出了令人感興趣的問題。艾米爾·路德維希（Emil Ludwig）的文章指出，正像當時人們普遍認為的那樣，如果德國皇帝斐特烈三世（Frederick III）沒有在一八八八年（他就位剛剛九十九天後）去世，德國的政治發展可能會走上更自由的道路。然而，十分明顯的是，即使是那些帶有「如果」的精彩的文章也產生於作者當時的政治和宗教傾向。因此，他們告訴我們一九三〇年代的人們是如何看待第一次世界大戰國遠遠多於十九世紀人們做出的選擇。莫羅瓦於是想像法國的安全依靠（英國在美國獨立戰爭中取得勝利後建立的）英美聯盟而永久性地獲得了保證。邱吉爾也為同樣的（英國調解了南方和失敗了的聯盟後所建立的）跨大西洋的聯合而喝采。路德維希卻為失去了建立英德聯盟的機會而唱起了德國舊自由派的悲歌（他想像壽命較長的斐特烈與英國結成聯盟）。換言之，每篇文章都不是故意完全撇開那些眾所周知的事情去討論過去的事件，而是把當時的焦點問題作為他們的出發點。這個焦點問題就是：怎樣才能避免第一次世界大戰這場災難？其結果從本質上而言只可能是回顧性的一廂情願。有趣的是，只有希萊爾·貝洛克（Hilaire Belloc）所想像的反事實比歷史的真實更糟。貝洛克像莫羅瓦一樣避免了法國大革命，但這一次，法國從大國地位上衰落下來的進程加快了，從而讓神聖羅馬帝國建立起一個歐洲聯邦，疆域從波羅的海到西西里，從科尼斯堡到奧斯坦德。於是，當一九一四年與這個大德意志的戰爭爆發時，失敗的就是英國了，最終並淪為了「歐洲聯邦的一個省」。

同樣的缺點在另一部更晚出版的反事實論文集中也多次出現。這部論文集的書名是《如果我是他的話》。[18] 其中的兩位作者（一位以謝爾本侯爵〔Earl of Shelburne〕自居，另一位以班傑明·富蘭克林

〔Benjamin Franklin〕自居）都取消了美國獨立戰爭。另一位作者（以胡亞雷斯〔Juarwz〕自居）則想像在一八六七年赦免了墨西哥皇帝馬克西米連（Maximilian），從而避免了墨西哥內戰。還有一位作者（以梯也爾〔Thiers〕自居）防止了一八七〇～一八七一年的普法戰爭。幸虧有了歐文・達德利・愛德華（Owen Dudley Edwards，以格拉斯東自居），愛爾蘭問題的解決不是頒布自治法案，而是選擇了土地改革；而哈羅德・舒克曼（Harold Shukman，以克倫斯基〔Kerensky〕自居）由於更加謹慎地對待科爾尼洛夫（Kornilov），而避免了布爾什維克的暴動；路易斯・艾倫（Louis Allen，以東條英機自居）不是進攻珍珠港，而是向英國和荷蘭發動攻擊，結果是日本打贏了這場戰爭。這是一廂情願的從日本和美國的角度來思考的結果。如果這還不夠的話，還有羅傑・摩爾根（Roger Morgan，以阿登納〔Adenauer〕自居）想像德國在一九五二年的重新統一。所幸有了腓利普・溫莎（Philip Windsor）筆下的杜布切克（Dubček），布拉格之春才沒有被鎮壓；哈羅德・布萊克莫爾（Harold Blakemore）筆下的阿連德（Allende）則挽救了智利的民主制。很明顯，所有這些想像都會遭到反駁，說他們都是事後諸葛亮。在每一種敘述中，其論證所依據的都是我們已經知道的做法所導致的結果，而不是其中的人物在當時事實上可能做出的選擇和掌握的資料。

斯誇爾和斯諾曼的論文集都表現出另一個缺陷，那就是在許多篇章中往往論證某個細小變化所帶來的重大結果。當然，沒有任何理由可以肯定細小的事情不能造成重大的後果，但重要的一點是，必須知道如何進行演繹推理來說明細小的事情確實是引起重大事件的原因。（帕斯卡〔Pascal〕最早提出的）克麗奧佩特拉的鼻子的理論在眾多這樣的推理解釋中是最為有名的：安東尼

（Anthony）對她鼻子的迷戀決定了羅馬帝國的命運。還有一種理論是把理查三世（Richard III）的倒台歸因於丟了一根釘子：

為了找一根釘子，丟掉了一隻鞋子；
為了找一隻鞋子，丟掉了一匹馬；
為了找一匹馬，丟掉了一位騎士；
為了找一位騎士，輸掉了一場戰役；
為了贏回這場戰役，丟掉了一個王國！

吉朋正是依據同樣的邏輯指出，十四世紀的奧斯曼蘇丹巴耶塞特（Bajazet）僅僅是因為痛風病才放棄了洗劫羅馬的計劃；[19]頑強的南方人在美國內戰中之所以失敗僅僅是因為李將軍（Robert Z. Lee）的一九一號特令偶然地被聯邦的將軍喬治・麥克勒蘭（George B. Mc Clellan）發現。邱吉爾指出，希臘與土耳其之間的一場大戰是因為一九二〇年希臘國王亞歷山大（Alexander）被一隻受感染的猴子咬了一口而去世才引起的。[20]這樣的推理解釋就意味著反事實（沒有猴子，便沒有戰爭），相反的，在斯誇爾的論文集中，一些反事實卻是從推理解釋中推導出來的：由於路易十六（Louis XVI）的不堅決而導致了法國大革命，斐特烈三世的過早去世引起了第一次世界大戰等等。斯諾曼的書從頭到尾都依賴於這樣一個假設，即少數「偉人」的錯誤決定導致了諸如喪失美洲殖民地、普法戰爭和布爾什維克革命這樣一些重大的危機。從上面討論的其它一些推理解釋中可以看出，有的時候確實如此，但還必須加以說明而不是簡單的假設，否則，如果這些解釋是不合理的話，那麼建立在這個基礎上的反事實結果也就土崩瓦解了。[21]

與此有關的另一個問題是幽默的效果。在斯誇爾的論文集中，每篇文章都在不同的程度上追求趣味。但是，越是有趣就越不合理。大多數的推理解釋也是這樣，形式不同，但可以更為合理。「如果安東尼及時離開埃及，就可能擊敗凱撒」；「如果理查三世在波斯沃思取得勝利，就有可能確立約克王朝的統治」，「如果巴耶塞特在取得匈牙利的勝利後選擇了進攻義大利，他就能夠佔領羅馬」；「如果聯邦軍隊不知道李將軍的意圖，他們就可能在安提塔姆戰役中失利」；「如果希臘國王沒有死，希臘與土耳其的戰爭可能就不會爆發」。這些都沒有太大的趣味，但比較可信。同樣的，如果總罷工取得了更大的成功，工黨政府也許能夠持續更長一段時間，可能在兩次大戰之間取得更多的業績。這樣的說法不無道理。只有當《泰晤士報》那種貌似嚴肅的諷刺達到荒唐的程度時，反事實就變得毫不可信了。

斯誇爾的論文集僅僅是把精神遊戲作為反事實論文的特徵而確立起來。所謂精神遊戲是一廂情願的思考和推理解釋的載體，總之，是餐桌上的高級幽默。羅素（Bertrand Russell）在《自由和組織》一書（一九三四年）中對馬克思主義作了惡意的批判，但仍堅持斯誇爾所提出的標準：

> 可以相當合理地認為，如果亨利八世（Henry VIII）沒有愛上安・波林（Anne Boleyn），就不

會有現在這個美國的存在。正是由於這一事件，英國才斷絕了與羅馬教廷的關係，因此也不會承認教皇把美洲作為一件禮物送給西班牙和葡萄牙。如果英國依然是個天主教國家，現在的美國很可能仍然是西屬美洲的一部分。

羅素以開玩笑的同樣口吻提出，「以下這種有關工業革命的不同的因果論並非是不嚴肅的」：

> 工業化產生於現代科學，現代科學產生於伽利略（Galileo），伽利略產生於哥白尼（Copernicus）；哥白尼產生於文藝復興，文藝復興產生於君士坦丁堡的陷落，君士坦丁堡的陷落產生於土耳其人的大遷徙，土耳其人的大遷徙產生於中亞的乾燥氣候。這樣一來，尋找歷史的深入研究就成了一門水文氣象學。[22]

約翰．梅里曼（John Merriman）於一九八四年出版的論文集《尋找一匹馬》也體現了這個傳統。[23]書中包括三篇有關美國的推測：如果寶嘉康蒂（Pocahontas）沒有救活約翰．史密斯船長（Captain John Smith）將會如何？如果伏爾泰（Voltaire）於一七五三年移居美國將會如何？如果哈欽森總督（Hutchinson）的女兒說服了他不要將達特茅斯歸還（導致波士頓茶黨建立的事件）將會如何？此外，書中還有兩篇關於法國的論文：如果從丸倫納的出逃成功將會如何？如果一八二〇年的波旁王朝有繼承人將會如何？還有一篇關於英國的論文：如果威廉三世（Williarm Ⅲ）在海上被詹姆士二世（James II）擊敗將會如何？總之，這是一部茶餘飯後的歷史。第一章推想如果卡斯楚（Fidel Castro）簽訂了與紐約巨人隊的棒球比賽合約將會發生什麼事情，從而奠定了全書的基調。彼得・蓋伊（Peter Gay）的那篇荒唐的文章貫徹了這個基調，意思是說，如果心理分析學的創始人不是猶太人的話，心理分析學也許會更為嚴肅。然而只有康拉德・羅素（Conrad Russell）那篇有關一六八八年的文章具有真正的歷史價值。[24]

羅素在這篇文章中重新提出了由切斯特頓在斯誇爾的論文集中最先（但以怪誕的方式）提出的問題：如果那天的風向有利於詹姆士二世而不是威廉三世的軍艦，英國的宗教改革能否避免？事實上，就在幾年以前，休・特雷弗—羅帕（Hugh Trevor-Roper）就以不同的方式討論了同樣的主題，對斯圖亞特王朝在一六四〇年代和一六八〇年代失敗的必然性表示了懷疑。他問道：「一位（比查理一世〔Charles I〕和詹姆士二世）更為明智的國王能否像歐洲的許多國家那樣在英國維持和恢復專制王權？」特雷弗—羅帕提出，如果假以查理一世「更多的時日」，議會反對派的年齡將會太大從而對他有利。如果詹姆士二世「像他的哥哥一樣，將政治置於宗教之上」，「斯圖亞特家族的反擊」將會有「牢固的基礎」，「到了那時，惠格派的要人們難道不會像法國休京拉派的要人那樣轉過來朝拜這顆已經升起的太陽嗎？」[25]約翰・文森特（John Vincent）把這個主題又向前推進了一步，像雷奴維埃的假設一樣，想像了「另一個」異教的歐洲的歷史和「另一個」天主教的英國的歷史。而文森特的論述起點更早於羅素和特雷弗—羅帕：

十六世紀西班牙的征服通過相對較少流血的方式強迫人們接受理性，但在稅收上保持了新的連貫性，因此而導致了諸如諾威奇的破壞聖像者起義等突發的反叛。更嚴重的是，這使英國別無選擇，只能成為一個不設防的衛星國。人們將會牢記，在三十年戰爭中，試圖霸佔英國領土的遠遠不止四支外國軍隊，而布里斯托將首當其衝。

在這個災難的啟發下，文森特想像了一個延續到十八世紀的「穩定」時期，但以另一場災難為結束，英國「在對法國戰爭中的失敗造成了國家財政信用的破產，英國向法國割讓土地，把『自然疆界』推到了泰晤士河」。

此後，形勢迅速惡化，十九世紀於是成為了英國的低潮而非巔峰時期。

（英國國王）因此而退位，導致了公民柏克（Burke）為首的紳士共和派與海軍激進派之間間歇性的內戰，最終的結果只可能是建立威利斯元帥（Marshal Wellesley）的護國制，（英國）被納入了法國的重商主義體系。在威利斯的統治下，英國儘管有個公正的政府，但貿易被取消，必然導致人口劇減的災難，對單一作物的依賴把英國變為迅速工業化的法國的糧倉，又加劇了這個災難。多雨的年份帶來了銹麥病，造成大規模的饑荒，開始了災難性的人口減少。在政治上，由於法國救濟努力的失敗，激起了民族主義的浪潮，其中心內容是收復泰晤士河以南割讓給法國的「失地」。這個運動的突然失敗，以惠格黨的要人們逃亡馬德拉島並以格拉斯東被囚於聖赫勒拿島為結局。

但更糟的事情還在後面：

在下一個世紀，決定性的事件是對德戰爭。英國科學的長期落後所造成的結果，不可避免地使德國首先擁有原子彈。里茲和設菲爾德被夷為平地，迫使（英國）迅速投降，但至少因避免了入侵而挽救了英國。但確實正是這個事件把英國納入了歐洲聯盟……㉖

與斯誇爾和梅里曼的論文集中的那些作者不同的是，羅素，特雷弗—羅帕和文森特都不能被指責為在做一廂情願的思考，也不能將他們的論點僅僅歸之於玩噱頭。在他們的敘述中，每個歷史論點都涉及到英國「特殊論」的偶然因素。然而，他們的各種敘述只不過是提出了啟示，只不過是提出了支持他們論點的證據。他們十分精彩地提出了反事實的問題，但卻沒有提供答案。

所謂的新經濟史的鼓吹者以完全不同的方式運用了反事實論證。㉗福格爾（R. W. Fogel）關於鐵路在美國經濟增長中的作用的著作第一次認真地嘗試了反事實的計量論證方法，試圖建立起在沒有鐵路的情況下美國經濟發展的模型，以便向那種認為鐵路在美國的經濟增長中是不可或缺的傳統觀點提出挑戰。按照他的計算，如果沒有建築鐵路的話，一八九〇年美國的國民總產值只會略低於實際狀況，儘管可耕地的面積會少得多。㉘麥克洛斯基（Mc Closkey）等人也運用了類似的方法對一八七〇年以後英國經濟的相對衰落展開辯論。㉙

這裡面沒有一廂情願的思考，當然也沒有幽默。然而，「克萊奧學派」的這種論證也受到了嚴肅的批評。最常見的一種批評認為十九世紀的統計基礎相當薄弱，不足以支撐起這樣一座用推測和計算建構的大廈。㉚至於福格爾那部有關奴隸制經濟學的著作所遭到的反對顯然帶有政治上涵義：他論證奴隸制在經濟上可以持續下去實際上是針對內戰而言的，如此自然不會受到美國自由派的歡迎。㉛這種批評也適用於他那部關於鐵路建設的著作。福格爾所提出的「向前和向後的聯繫」是個相當有創見的論點，從而使他得以想像出一個沒有鐵路的美國，儘管這個美國僅僅是在計算機的打印紙上。此外，他的方法還遭到了一種更為嚴肅的批評，認為他所說的反事實狀態缺乏合理性，原因不在於這是推導出來的，缺乏嚴肅性，而是因為他犯了時代顛倒的錯誤。當時就鐵路而發生的爭論焦點不在於是否要建設鐵路，而是在哪裡建設鐵路。為福格爾辯護的最佳方法是說明他計算鐵路所提供的「社會積蓄」目的並非為了設想出另一個合理的歷史，而是為了驗證有關鐵路在經濟增長中所起的作用的一個假設。事實上，誰也不會去「想像」一個沒有鐵路的十九世紀的美國。這種反事實產生的最終效果確實是為了把鐵路在整個經濟中所起的（相當重大的）作用計量化，從而精確地說明為什麼要建設鐵路。有關威瑪共和國末年經濟政策的選擇而展開的一場爭論也採取了同樣的方法，試圖表明在一九三〇年至一九三二年之間，除了布呂寧（Brüning）總理執行的緊縮通貨的措施外，在政治上來說，別無其它選擇。㉜

換言之，歷史學家們事實上使用了兩類完全不同的反事實，一類從本質而言是想像的產物，而且（一般說來）缺乏事實的依據，另一類則是為了用來驗證（據說）由事實構成的假設，並用計算取代了想像。前者傾向於依賴事後的認識所產生的靈感，提出推測性的解釋，因而會導致謬誤。後者則容易造成時代顛倒的論點。要克服這些問題是相當困難的，然而我們可以從傑弗里·豪索恩（Geoffrey Hawthorn）的著作中看到，他把這兩種方法的成份結合起來了。㉝他在一個所謂的「合理世界」中，把法國中世紀歷史上發生的瘟疫「取消」掉了，想像出由此造成的法國農村生育力的下降以及十八世紀法國經濟和政治現代化的加速。在另一個「合理世界」中，他想像了美國在二次世界大戰以後如果未曾干涉朝鮮而可能產生的後果。在第三個「合理世界」中，他把作為文藝復興先兆的那些創造從十二世紀末和十三世紀初義大利藝術的發展進程中取消掉了。也許，只有其中的第二個世界是最合理的，因為他依據了美國的外交檔案。㉞豪索恩的其它兩個世界卻是不可信的。他的第一個例子事實上論證了中世紀的人口與十八世紀的經濟和政治發展之間的聯繫，而即使是最大膽的克萊奧學派對此也存有懷疑。他的那個藝術的「非文藝復興」觀點則幾乎是完全依據一種有關藝術風格變化動力，本身就不可靠的論點。㉟至於他對一九八〇年代工黨文藝復興以及二十世紀摩爾人的超級大國（事實上是一九三二年格達拉那篇文章的續篇）所做的簡略概述，似乎並沒有超越斯誇爾新版的《如果事情不是那樣發生的》。㊱

所有這些試圖在使用明確的反事實分析方法上做出的努力所帶有的缺陷本身已經說明了反事實的方法不可能流行起來的原因。無論它是否提出了荒唐的問題，也無論它是否提供了荒唐的答案，反事實方法本身就難以取信於人。但是，另一個明顯的理由也可以說明歷史學家都不會使用這種方法來提出論點，即使他們認識到存在另一種結果的可能性時，也暗中把它當作一種不登大雅之堂的方法加以拋棄。這樣一種掩蓋起來的反事實方法卻成了近來許多「修正派」歷史著作的特徵。這樣的結果並不會使人感到驚奇，因為大多數修正派都傾向於向某種形式的決定論解釋提出挑戰。這裡舉一個例子。福斯特（R. F. Foster）那部值得稱道的《現代愛爾蘭》對民族主義者堅持的從「英國的」統治下獨立出來是不可避免的目的論提出了質疑。但是，在書中的任何地方，福斯特都沒有將隱性的選擇公開化（例如，他認為愛爾蘭如果繼續成為聯盟的成員國，也許是成功實現早期某個自治提案所帶來的結果）。㊲約翰·查姆利（John Charmley）對邱吉爾的嚴厲批評也屬於這種情況。他認為大英帝國如果採納了另一些諸如與希特勒媾和的政策，也許能維持到一九四〇年以後，但他沒有詳細說明可以如何來進行。㊳很明顯，在過去對反事實歷史學上所做的努力中，除了本身存在的缺陷外，還有別的原因迫使這些歷史學家沒有對書中所提及的歷史選擇做詳細的說明。其中就有對反事實方法的深刻懷疑在作祟，而這是一種深深紮根於歷史哲學的懷疑。

上帝的干預和天定論

歷史決定論佔據統治地位並不是必然的。正如赫伯特·巴特菲爾德（Herbert Butterfield）所指出的，在有文字以前的社會中，世界上似乎什麼都有，唯獨沒有決定論。生活由自然力量產生的效應所統治，某些是有節奏，可以預測的（如季節），另一些只能求助於超自然的力量來理解：

> 每當原因和結果似乎不相符，或塵世的解釋不夠充分的時候，每當機會和奇妙的狀況產生了與期望相衝突的東西時，每當在正常的情況下對無關的因素未加以考慮因而敘述不清的時候，在所有這種情況下，人們會相信（上帝）在進行干預。這種求助於神靈的干預來解釋意外，說明偶然性在歷史中佔有重要的地位。早期的發展階段缺乏把各種事件聯繫起來的能力，事物的發生中帶有的災變特徵；重大的後果能來自於細小的原因；世間的人們抱有恐懼，對此過程他們又不能理解；人們感覺到歷史是發生在他們身上的事情而不是由他們創造的；當人們無法理解和駕馭自然的運行，無法把握自然的發生，無疑會產生出依賴感……所有這一切都使活著的人們感到必須依賴上帝……[39]

因此，神靈的力量是作為一種最終選擇的解釋而產生的。然而，在多神論的宗教中，這往往只是指相互衝突的自然力量。由於對多神論的性質感到不滿才促使伊壁鳩魯學派拒絕了任何一種神靈的力量。這也許是最早表達出來的反決定論哲學。盧克萊修（Lucretius）聲稱無限的宇宙是由原子構成的，而原子本質上屬於散亂動力，因此而決定了宇宙的存在：

> 我們和世界是由自然通過自發的和偶然的碰撞和原子的各式各樣的、偶然的、散亂的、

無目的的集合和聚集才形成的。自然是自由的，不受傲慢大人物的控制，不需要借助於上帝而是靠自身運行宇宙。誰……有能力來統治這個由無數構成的整體呢？誰能夠用韁繩把深不可測的事物牢牢控制在強有力的手中呢？誰能夠隨時隨地用烏雲來遮蔽晴朗的天空，用雷聲來使之震撼呢？誰能發出往往使自己的殿宇遭致毀壞的雷電呢？誰能收回或馳騁他的震怒，讓砂石飛揚，而往往不能擊中有罪的人，卻傷害了無辜者和無可指責的人呢？㊵

在盧克萊修的思想中，唯一遙遠的決定性成分是他首先提出的理論：「萬物都在逐漸的腐化，隨著歲月的逝去而化為塵土。」㊶

於是，慢慢地產生出了那種存在一個最高的和有目的的超自然仲裁者的思想。最能說明古代的「命運」這個概念及其作用的觀點則可以從波利比阿（Polybius，寫於公元二世紀的）《羅馬帝國的興起》一書中找到：

我正是選擇了事件當中不可預測的成份來加以敘述，也正是這些成份向每個人提出了挑戰，推動他們……去研究系統的歷史……正如命運幾乎駕馭著人間的一切事情朝著一個方向前進，並迫使他們集中在一個同樣的目標上一樣，歷史學家的任務就是向讀者顯示一個總體的觀點，以認識她實現其總設計的過程……這個由事件所構成的總的和全面的計劃，何時開始，何時起源，如何產生最終的結果，〔全是〕命運使然……雖然命運永久在創造新事物，永遠在人類的生活中製造戲劇性的事件，然而，還沒有任何一個例子能夠證明她過去曾經創造過我們在自己的時代所親眼看到的那樣一種組合和上演這樣的場景。㊷

波利比阿所指出的由命運決定的「盛衰」事實上是有意所指的，即指羅馬帝國的勝利。這個觀點的提出是史學朝著神祇決定論發展的重大一步。在塔西陀（Tacitus）的著作中可以看到同樣的觀點，雖然在這裡指的是，羅馬帝國的崩潰才是神靈的目的：「羅馬遭受的空前災難充分證明諸神……急於想懲罰我們。」同波利比阿一樣，塔西陀也認為「事件的真實進程」所產生的「結果」「往往取決於機遇」，但事件「同樣也有它們自己內在的邏輯和原因」。㊸

波利比阿承認還有另一種超越人類的因素，那就是斯多噶學派的歷史週期論，其頂點則是週期性發生的自然災害：

當洪水或瘟疫或糧食欠收……造成人類的大批死亡時，所有的傳統和藝術也隨之毀滅，但隨著時間的推移，新的人口再次從災難的倖存者當中繁衍起來，就像地裡的種子長出了莊稼那樣，新的社會生活又從頭開始。㊹

這種週期性進程的歷史觀念當然也可以在《舊約》中找到：「事情一貫如此，也將會如此；過去怎麼做，將來也怎麼做。」㊺不過，希伯來諸神的計劃遠比希臘—羅馬的命運更為複雜。在《舊約》中，耶和華的目的是通過複雜的歷史敘事的方式呈現出來的，即創世紀、墮落、以色列的被選擇、先知書、出埃及以及羅馬的興起。在這個基礎上，早期基督教的《新約》加上了一些重大的結局，即現身、受刑和復活。因此，猶太教和基督教的歷史從最初階段開始就比古典史學帶有更加濃厚的決定論結構。對於早期的基督徒來說，「不僅上帝主宰著世間的事情，而且上帝的干預（以及他的既定目的）才是賦予歷史以意義的唯一事情」。㊻在優西比烏斯（Eusebius，約公元三〇〇年）的著作中，每個事件和個人一般都被描述成要麼是信仰基督教，要麼是反對基督教的，前者受到上帝的寵愛，而後者則注定滅亡。㊼

然而，把宗教歷史中的決定論過分誇大則又是錯誤的。在奧古斯丁（Augusttine）的《上帝之城》中，上帝並不一味偏袒基督教徒，獎勵他們，而懲罰壞人。在上帝看來，基督教徒同壞人一樣都受到原罪的毒害。奧古斯丁的上帝是全能全知的，但給予了人類以自由意志，即一種被原罪所削弱的自由意志，因而有趨惡的傾向。從神學的角度來看，此舉將奧古斯丁置於摩尼教的絕對宿命論和貝拉基主義的觀點之間的某個位置上。前者否定自由意志的存在，後者則認為自由意志與原罪的缺陷是無法調和的。從歷史學的角度來看，這使他得以把猶太教—基督教所主張的神的前定計劃的觀念與相對自主地描述人類的作用結合在一起，而後者正是早期希臘和羅馬的表述方式的獨特性所在。

從實際的角度來看，這為寫作基督教的歷史提供了一個相對靈活的框架。確實，在一千多年以後波蘇埃（Bossuet）的《世界史教程》（一六八一年）中可以看到同樣的靈活性。與奧古斯丁一樣，儘管全書的主題是論證神的意志，但第二位的原因畢竟是自主的：

> 締造和毀滅帝國的一長串具體的原因取決於神靈的法諭。高高在上且位於天堂的上帝主宰著所有的王國。他把每顆人心攢在自己的手中。他有時抑制其激情，有時又任其奔放，從而煽動著人類。上帝就是使用這樣的手段依據永遠正確的規則去執行他可怕的判決。就是他通過遠因準備了重大的結果，給予重大的打擊，其影響廣及人間。上帝因此成為了所有國家的主宰。㊽

當然，從奧古斯丁到波蘇埃的這條發展線索並不是直接的。例如在文藝復興時代，發源於古代有關神祇的目的與人類行動自由之間關係的某些觀點得到了復活。在馬基維利（Machiavelli）的歷史著作中，命運是個人的最高仲裁者，雖然這位仲裁者是一位任性的女性，「正直的」男人可以向她求愛。相反，在維科（Vico）那個本質上屬於週期論的（由神祇時代、英雄時代和市民時代相繼組成的）「理想的永恆歷史」的模型中，神祇的作用與奧古斯丁的完全一樣。自由意志是：

> 一切善良和公正的家園和中心……但是人類由於其腐敗性而置於自愛的專制之下，這種自愛促使他們把私利用作他們的主要出發點……因此只有依靠神靈〔人類〕才有可能作為家庭組成的社會成員，作為國家的成員以及最終作為人類的成員，在這些秩序內實踐正義。

維科的《新科學》因此成了「理性的和世俗的神祇神學，可以說體現了神祇的歷史事實，這必然是各種形式的秩序的歷史，是人類無法識別的，也非人類的意圖，往往與人類的設計相對立，而且是神靈給予了這個由人類組成的大城市。㊾維科的方法與阿諾德．湯恩比（Arnold Joynbee）的方法極其相似。湯恩比堪稱二十世紀最有雄心的歷史學家。他堅信「自由意志」，儘管他也信仰他稱之為「文明」的興衰的那種同樣的，而且在某些批評家看來完全是屬於決定論的循環理論。㊿

當然，在基督教神學中始終存在著比較強烈的決定論趨勢（奧古斯丁對此非常瞭解）。從上帝的全能全知這個事實可以完全符合邏輯地得出結論，他已決定把恩惠賜予何人。然而，這卻產生了一個問題，並在公元九世紀一場有關天定論的爭論中第一次出現。按照奧爾拜斯的戈爾德斯卡爾克（Godescalc of Orbais）的說法，如果上帝已經決定了誰應當獲救，那麼他也必定決定了其他的人應當毀滅。要說基督是為後一群人而死，按他們的說法就是白死，從邏輯上來說是不正確的。里米尼的格里高利（Gregory of Rimini）和奧爾維托的胡戈利諾（Hugolino of Orvieto）等中世紀神學家的說教一直堅持「雙重天定論」的原理，這個原理在喀爾文（Calvin）的《基督教原理》中再次被提出（雖然實際上是西奧多爾．貝扎〔Theodore Beza〕等喀爾文的信徒們把天定論提高到喀爾文主義的核心地位上）。然而，這又再一次造成了誤解，以致於把喀爾文主義的天定論與歷史決定論等同起來。因為神學家所主張的天定論所關心是人的身後，對今世的人類事務並無非常明確的意義。

簡言之，神靈干預的觀念限制了個人在可能的行為中有自由選擇的觀念，卻沒有將這種觀念消除。從這個意義上講，無論是古典神學還是猶太教—基督教神學並不必然排除用反事實的方法去對待歷史問題，儘管上帝具有最終目的的觀念顯然不會鼓勵這個方法的應用。如果說神學與完全成熟的歷史決定論之間存在著某種聯繫的話，這種聯繫肯定不是直接的，而是以十八世紀自覺的理性主義哲學為中介。正如巴特菲爾德所說的，啟蒙主義的許多思想不過是「發生偏離的基督教教義」，用「自然」、「理性」或其它說不清楚的實體來取代上帝。進步論的思想雖然自稱有事實作為依據，但顯然是從世俗化的角度去適應基督教的教義。不同之處僅僅在於這些新原理在決定論方面所表現出來的嚴謹性往往遠超過了它們所由產生的那些宗教。

科學決定論：唯物主義和唯心主義

牛頓（Newton）的重力「發現」和運動三大定律標誌著真正的決定論的宇宙觀的誕生。在牛頓之後，（正如休謨〔Hume〕所說的），「每個物體都在某種程度上決定於絕對命運和它的運動方向。因此，事物的運動被看作是必然運動的實例」，這個觀點的正確性似乎是不言自明的。無論是人們是否願意把這些定律視為上帝所規定的，在某種程度上依然是個語義學的問題。休謨提出了「絕對命運」的概念。萊布尼茲（Leibniz）卻採用了不同的方式：「因為上帝做了計算，因此創造了世界。」具體地說，萊布尼茲強調所有現象中的「複合屬性」，即每個事物之間的內部聯繫，似乎是要說明過去、現在和將來的永恆性（除非在另一個想像的世界中）。由此出發到達拉普拉斯

（Laplace）嚴謹的決定論只有一步之遙。在拉普拉斯的觀念中，宇宙只能「做一件事情」：

假設在某個瞬間，某種智力能夠理解所有因素以及構成它的萬物所處的各自地位，而自然正是憑藉著所有這些因素才擁有生命力，當這種智能大到了足以提供資料進行分析的時候，將會在同一個公式中既包含宇宙這個最大的物體的運動也包含了最輕的原子的運動。從此，再也沒有什麼東西是不能確定的，而未來就像過去那樣呈現在眼前。⑤①

這種類型的決定論唯一的缺陷是笛卡爾（Descartes）等人提出的概率。笛卡爾認為思想和事物是完全不同的物質，只有後者才服從決定論的法則。與拉普拉斯同時代的比沙（Bichat）所寫的著作可以反映出他對這個區別所做的另一種表述。比沙堅持認為決定論實際上只能適用於無機物，相反的，有機物是「不能進行任何計算的……被視為此類現象的任何東西都是不可能預測、預言和計算的」。⑤②然而，這種修正可以從兩個方面來加以反駁。

第一種就是用唯物主義的方式來解釋人類的行為。這種觀點早已出現，例如，希波克拉底（Hippocrates）解釋說，「由於亞洲大陸的季節溫差小」，因此，「亞洲居民表現出精神和勇氣方面的缺陷」。此外，他用「制度的因素」，特別是專制統治所引起的抵銷作用，來解釋東方人的膽怯。⑤③康多塞（Condorcet）和孟德斯鳩（Montesguieu）等法國啟蒙主義者完全接受並發展了這種解釋。孟德斯鳩的《法意》把社會、文化和政治差異與氣候等其它自然因素聯繫起來，典型地表達了他對這種唯物主義理論的信念。「如果一場戰役的偶然結果等特定的原因造成了一個國家的毀滅，那麼，就會有一般性的原因使這個國家的毀滅不會是因為某一場戰役所造成的」。因為，「盲目的命運（不會）造成我們在世上所看到的一切後果」。在英國，亞當．斯密（Adam Smith）的《國富論》奠定了對社會進行嚴格的經濟分析的基礎，說明了週期性的歷史進程。在這裡不是「盲目的命運」，而是一隻「看不見的手」，引導著個人即使是在追逐各自的自私目標的同時也會為共同的利益採取行動。

在德國哲學中也同樣發生了向決定論的轉變，雖然方式大不相同。正如同笛卡爾一樣，康德（Kant）的哲學也為人類的自主性留下了一席之地。但這是在一個類似的不可知的「實體」宇宙中。他認為在物質世界中，「人類行為所表現出來的意志，像其它所有的外部事物一樣，也是由普遍的自然法則所決定的」：

當用世界史的宏大尺度來考察人類意志的自由所起的作用時，在它的運動中將會發現有規則的進展。用這樣的方式，那些屬於個人的相互糾纏在一起並表現為無規則的東西，就可以從整個人類歷史的角度來認識，把它視為連續性的雖然是緩慢的進展，視為最初能力和稟性的發展。不用說，作為個人的人，乃至整個民族，當他們在追求自己的目標時……他們也依然不自覺地在他們所不知的自然目的的指引下前進。[54]

康德在《世界史的觀念》中提出了新歷史哲學的任務，就是「努力發現隱藏在這個無意識的事件進程背後的自然的目的，決定是否有可能以自然那種確定的計劃的方式去形成一種造物主的歷史，而這些造物主的行動並沒有自己的計劃」。[55]

起而應對這一挑戰的是黑格爾（Hegel），而不是其他德國哲學家。黑格爾和康德一樣，認為「人類的任意性，乃至外部的必然性」必須服從「更高的必然性」。「哲學研究的唯一目的」正如他在〈哲學的世界歷史〉第二稿中指出的，是「消除偶然性，我們必須在歷史中尋找總的設計，世界的最終目的。我們必須賦予歷史以這樣的信念和信心，即意志的領域是不受偶然性支配的」。但是，黑格爾的「更高的必然性」不是物質性的，而是超自然的，而且在許多方面確實類似於傳統基督教的上帝，特別是在他談及「永恆的正義和愛，其絕對和最終的目的是內在和內享的真理」時，最為明顯。黑格爾有時把他的上帝稱作「理性」。他的基本「論點」於是便成了「理性主宰世界而歷史則是一個理性進程的觀念」：

> 世界歷史被一種終極的設計所主宰……其合理性在於神意和絕對理性——這是我們必須假定其為真理的出發點。它的證據在於世界歷史研究本身，即對理性的想像和確立理性的合法性。任何人只要用理性的方式去看待歷史都會發現它具有理性的一面。……世界歷史的整個內容是理性的，而且只可能是理性的；神居於最高的統治地位上，而且強大到足以決定它的全部內容。我們的目標就是識別出這個實質，而要做到這一點，我們必須具備理性的意

識。⑯

這個帶有循環的論證是用以回答笛卡爾所說的決定論不適用於非物質世界的第二種可能的方法。黑格爾並不想把唯物主義放在主導地位上。他說：「精神及其發展進程是歷史的真實內容」；強調「物理屬性」的作用從屬於「精神」的作用。但是，他也論證了「精神」同物理屬性一樣完全從屬於決定的力量。

那麼，這些力量是指什麼呢？黑格爾把他所說的「精神」與「人類自由的觀念」等同起來。他指出，通過相繼出現的「世界精神」，借助於自由觀念，就可以將歷史進程理解為自我認識的獲得。他使用了蘇格拉底式的哲學對話（以他最關注的問題為例），提出在國民精神內部存在著本質與真實之間以及普遍和特殊之間的兩極對立。正是它們之間的辯證關係推動著歷史向前和向上運動，就像是一曲辯證法的華爾茲舞曲，由正題、反題和綜合而組成，但這是一曲弗雷德·阿斯塔爾（Fred Astaire）風格的上樓華爾茲舞曲。「精神朝著更高的自我概念的發展、進步和上升都伴隨著以前的現實的存在方式的下降、破裂和毀滅……普遍產生於具體、有限和它的否定……所有這一切都是自動發生的。」

黑格爾模式所包含的意義從許多方面來看比當時的任何一種歷史唯物主義理論都要激進。在其一切事物都是由矛盾推動的觀點中，個人的期望和命運說明不了什麼：它們都是「與世界歷史無關的東西，世界歷史僅僅是利用個人作為工具來推動的自己的進步」。無論個人面臨著什麼不公正，「哲學都將幫助我們去理解真實世界本來的面目」。因為「在世界歷史上人類的行動所產生的效果與他們自己的意圖完全不同」，「個人的價值是以他們在多大程度上反映和表達了民族精神來衡量的」。因此，「世界歷史上的偉大個人……是一些抓住了較高的普遍性並以此服務其目標的人們」。道德於是與此無關，「歷史的運動到了道德所不能達到的高度」。「主觀意志統一體和宇宙」的「具體體現」，即道德生活的總體和自由的實現就是黑格爾結論中的神物——（普魯士）國家。(57)

可以說，黑格爾通過這樣的論證把天定論世俗化了，把喀爾文的神學原理移植進了歷史學的領域。個人現在不僅失去了對自身來世得救而且失去了對今世命運的控制能力。從這個意義上來說，黑格爾代表了神學向徹底的決定論方向發展的頂點。如果承認存在著至高無上的神，這就是個符合邏輯的結論，但不是奧古斯丁和其它人竭力鑄造的那個神。與此同時，黑格爾和唯心主義歷史哲學與其它國家提出的唯物主義理論至少有表面上的相似之處。黑格爾所說的「理性的狡猾」與康德的「自然」和亞當·斯密的「看不見的手」相比是一個更加嚴厲的主宰者，但這些類似於神的東西都發揮著相似的作用。

黑格爾主義者推測唯心主義方法和唯物主義方法的綜合是不可避免的。但這樣的綜合至少在黑格爾去世之時，還是一種十分遙遠的可能。（正如鮑伊德·希爾頓〔Boyd Hilton〕等人所說的）與黑格爾同時代的英國偉大的唯心主義者也以隱含的宗教方式構築了自己的政治經濟學的模型，但在表面上，他們仍自覺地堅持貫徹經驗主義和唯物主義的原則。此外，十九世紀初出現的政治經濟學的明顯特徵之一，就是與黑格爾的樂觀主義相對而言是比較悲觀的，因為黑格爾同康德一樣都認為歷史是進步的。李嘉圖（Ricardo）提出的農業收入遞減的經濟法則，利潤率下降的法則和工資鐵率等，就和馬爾薩斯（Malthus）的人口原理一樣，把經濟描述成為一個自我節制的、自我平衡的和道德報應的系統，在經濟增長之後必然出現停滯和緊縮。因此，英國政治經濟學的結論從邏輯上來講是循環論的而不是進步論的歷史模式。

黑格爾的唯心主義歷史進程的模式與法國同一時代提出的各種唯物主義理論之間並沒有多大明顯的聯繫。孔德（Comte）的《實證哲學教程》提出要去尋找另一個「重大的根本規律」：「我們的每一個重要觀念，即每個知識分支，都相繼地經歷了三個不同的理論階段：神學的或虛構的階段；形而上學的或抽象的階段；科學的或實證的階段。」[58]泰納（Taine）提出了「實證主義」的另一種三階段論，即環境的、時間的和人類的三個階段。他們兩人都以自己的經驗主義方法而自豪。按照泰納的說法，專論是歷史學家最好的工具：「像小刀似地刺入過去，取出完整和真實的標本。人們經過了二、三十次這樣的探測以後去認識某個時代。」[59]簡言之，英國政治經濟學和被事實證明為最成功的決定論即黑格爾哲學之間的綜合是必然的。

馬克思（Marx）與十九世紀其它歷史哲學家的區別就在於他並不關注自由意志，這也許就是他成功的密訣。當約翰·斯圖亞特·穆勒（John Stuart Mill）呼喚「真正的科學思想家們通過理論把世界歷史上的事實聯繫起來」，並且尋找「由此派生出來的有關社會秩序和社會進步的規律」時，他實際上是響應了前於他的孔德和康德的觀點。然而，穆勒和十九世紀其他許多自由主義者一樣暗中擔心會從決定論滑入宿命論。讓自由主義者拋棄自由意志，即拋棄個人的作用，畢竟不是一件容易做到的事情。穆勒解決這個問題的方法是重新定義「因果原理，或不恰當地稱之為必然性原理」，也就是說人的行動是普遍規律、人性的環境和他們自身的具體性格共同作用的結果。這些性格又是自然環境和構成其教育的人為環境的結果，而在其中，自覺的努力必須把環境考慮在內」。然而，如果做一番更深入的考察，就會發現這一點是十分重要的。此外，穆勒在一段明確討論反事實的章節中公開承認「一般的原因可以解釋許多東西，但個人也會帶來歷史上的重大變化」：

> 可以肯定，對有關歷史事件的可能性所做的任何判斷都可以這樣來表述，即如果沒有泰米斯托克爾（Themistocles），就沒有薩拉米斯戰役的勝利，哪裡還有我們所有的文明呢？那麼，如果指揮喀羅尼亞戰役的不是卡雷斯（Chares）和呂西克勒斯（Lysicles），而是伊巴密濃達（Epaminondas），或提莫萊昂（Timoleon），或甚至是伊菲克拉特斯（Iphicrates），這樣的問題又有什麼不同呢？

穆勒以贊同的態度提出了另外兩個反事實的觀點：如果沒有凱撒（Julius Caesar），歐洲……文明的中心地點將會……改變，如果沒有征服者威廉（William the Congueror），「我們的歷史或我們的民族特徵將會不同」。既然如此，那麼他所得出的結論，即個人在集體層次上的「自覺的努力」將服從「人類生活的規律」，從長時期的角度來看是不可信的：

> 我們這個物種生存的時間越長，過去歷代人們對現代的影響就越大，整個人類對其中的每個個人的影響也超過了別的力量；……這個物種的集體力量日益佔據優勢，壓倒了所有的次要原因，持續地把這個物種的整個演進帶入了更加接近預先指定的軌道。[60]

在亨利·托馬斯·巴克爾（Henry Thomas Buckle）的著作中也可以發現同樣的不確定性。巴克爾的《英國文明史》（第一卷出版於一八五六年）顯然是要回答穆勒所描述的「科學的歷史學」。在這裡，它與自然科學的平行是明顯而又可信的：

> 在自然界中，表面看來最無規則和任意的事件都按照某種固定的和普遍的規律來加以解釋或證明……如果人類的事件也用同樣的方式來對待，我們便有充分的理由期待同樣的結果……每一代人都把前一代宣稱為無規則和不可預測的某些事件證明為有規則和可預測的：因此，文明進步的顯著趨勢就是增強我們對秩序、方法和規律具有普遍性的信念。

在巴克爾看來，社會統計學研究（它的數量剛剛開始增加並持續至今日呈指數的增長）將揭示「一個重大真理，即人的行動……實際上從不是不一貫的，無論它們表現出多大的任意性，也只不過是構成了一個龐大的宇宙秩序以及……道德世界中亙古不變的規則中的一個部分」。61 然而，巴克爾也關注於自由意志。他的因果模式同穆勒的一樣，認為「當我們付諸行動時，我們是作為某種動機或某些動機的後果才付諸行動的；那些動機又是某些先例的結果；因此，如果我們熟悉了所有的先例，熟悉了它們運動的所有規律，我們就有充分的把握預測它們所導致的全部直接後果」。所以，人們的行動完全是由先例所決定的，必定有統一的特徵，也就是說，在完全相同的情況下，必定會產生完全相同的結果」。不過，巴克爾補充說，「充斥於歷史的所有變化……必定是雙重行動的結果，一重是外部現象作用於頭腦的行動，另一個則是頭腦作用於現象的行動」。62 倘若沒有這一補充，那就是地地道道的宿命論了。

在十九世紀的作家中，最為絞盡腦汁去討論自由意志與決定論的歷史理論之間矛盾的莫過於托爾斯泰（Tolstoy）在《戰爭與和平》裡寫的最後一章。63 托爾斯泰不僅嘲笑了通俗歷史學家、回憶錄作家和傳記作家的無所作為，也嘲笑了黑格爾唯心主義者的無能，解釋了一七八九～一八一五年震撼世界的事件，特別是法國入侵俄國以及最終的失敗，即他所處的重大的時代背景。無論是神意的作用，機會的作用，偉人的作用，還是思想的作用，所有這些在他看來都不足以解釋發生在拿破崙時代的數百萬人的運動。托爾斯泰認為「新的〔歷史〕學派不僅應當研究權力的表現，還應當研究權力產生的原因……如果歷史的目的是描述人類和民族的流動，那麼需要回答的第一個問題便應當是：推動民族運動的力量是什麼？」他借用牛頓的術語來表明「唯一能夠解釋民族運動的概念是與整個民族運動等量齊觀的某種力量」。他反對用法學的方法來定義統治者與被統治者的關係，特別是那種意味著權力從後者轉移給前者的契約授權關係：

被執行了的每項命令都是無數個未被執行的命令中的一個。所有這些沒有可能執行的命令是與事件的進程不相符的，因而無法執行。只有可能執行的命令才與構成與一連串事件相符的一連串命令……不可避免發生的每個事件與表達出來的願望相符，看到了它本身的合理性，表現為某個人或某些人的意志的結果……無論發生什麼事情，情況總會是這樣，即這被預見到了並下達了命令……歷史人物和他們的命令取決於事件……一個人表達的觀點、理論越多，越是為集體行動辯護，他對這個行動的參與便越少……直接參與事件最多的人所負的責任最少，反之亦然。

此一論證顯然把他引入了一條死胡同：「從道德上講，權力顯然是引起事件的原因；從人員上講，是這些人服從了權力。」但是，道德的活動如果沒有人的活動是不可設想的，因此，事件的原因不能單獨從這一方或那一方去尋找，必須從兩者的結合點去尋找。換言之，原因的概念不能適用於我們考察的現象。但是，托爾斯泰以此認為他已經達到了目標，即社會運動的規律相當於物理學的規律：「電生熱，熱生電。原子相互吸引又相互排斥……我們無法說明為什麼會發生這些事情，因此我們說這是現象使然，是它們的規律。歷史現象也如此。為什麼會發生戰爭和革命？我們不知道。我們只知道為了產生這個或那個戰爭和革命，人們本身組成了某種大家都參加的結合。我們說這就是人的本性，也就是規律。」

乍一考慮之下，當然會發現對自然規律所下的這個定義是空洞的（即規律是我們不能解釋的相互關係）。但接下來的說法更加令人困惑，正如托爾斯泰接著討論的他的「規律」對個人自由意志的思想所具有的意義。「如果存在著制約人類行為的規律，自由意志便不復存在了。」出於決定論的理論，這位最偉大的小說家挺身而出反對自由意志的存在，而正是他對個人動機的洞察力給予了《戰爭與和平》持久的權力。他是否真的能說彼埃爾（Pierre）長期的焦慮全都與他的必然命運無關呢？看來似乎是這樣。按照托爾斯泰的說法，個人服從於托爾斯泰所說的權力規律就像他服從牛頓的重力規律一樣。正是這個人帶著對自由的非理性的認識才以承認後一個規律的方式去拒絕承認前一個規律：

> 人們通過經驗和推理知道了石頭會向地面墜落，於是毫不懷疑地相信而且在任何情況下都期望著會發現這個規律在發揮作用……但是，他同樣肯定地知道他的意志也要服從規律，對此他不相信，也不能相信……如果自由的意識對理性而言表現為無意義的矛盾……這只能證明意識是不服從理性的。

這個兩極對立對歷史學的意義就呈現在托爾斯泰的另一個（從知識角度而言更使他滿意的）規律中：「在我們考察的每個行動中，我們都看到了某種程度的自由和某種程度的必然性……自由對必然的此消彼長是依據有關行動的角度；但它們的關係永遠是反比關係。」托爾斯泰得出的結論認為歷史學家對自由意志與「外部世界的關係」瞭解得越多，就越不相信他對自由意志的服從。他所描述的事件在時間上的距離越遠，就越加認識到「理性所要求的那種無終止的因果鏈。在這個因果鏈當中，每個可以理解的現象……必須有確定的位置，那就是前面發生的事情的結果，以後發生的事情的原因」。

有趣的是，托爾斯泰在這裡被迫承認了在歷史寫作中「根本不存在絕對的必然性」，「因為想像人類的行動只服從必然的規律，而沒有任何自由，我們就必須假設出一種有關無數空間狀態、無限時間長度和無限因果鏈的知識」：

> 自由是內容。必然是形式……我們對人類生命的全部認識僅僅是自由意志與必然之間的某種關係，也就是自覺意識與理性規律的某種關係……自由意志力量在空間和時間上的表現以及對原因的依賴性構成了歷史的研究對象。

從邏輯上來說，這個陳述事實上並不是嚴格的決定論。然而，他又補充說：

> 我們把已知的東西稱作必然性的規律，把未知的東西稱作自由意志。自由意志對歷史而言只不過是一種表達，暗示我們對人類生命所不知道的那些東西……在歷史學領域中承認人

類的意志是一種能夠影響歷史事件的力量猶如在天文學中承認推動天體的自由力量……如果存在著某個因自由意志而產生的人類行動，那麼，任何歷史規律都不復存在了……。只有把自由意志的因素降低到最低程度……我們才能說服自己相信原因是絕對難以接近的，於是，歷史學將改變自己的任務，不再去尋找原因，而是去研究歷史規律……在承認個人服從空間和時間的規律和因果關係的道路上，阻礙在於每個人都難以抹去他個人的印象中對這些規律所保持的獨立性。

然而，實在令人不解的是，當歷史的行動者實際上已經認識到了自由意志的作用的時候，為何僅僅為了決定論的規律而有將其降低到「最低程度」的願望呢？而對於這種決定論的規律，歷史學家如果不能獲得近似於無限的知識便無法真正地加以理解。托爾斯泰試圖構築一種令人信服的決定論的歷史理論，結果卻以英雄式的失敗而告終。

只有一個人敢於說是在他（和其他人）遭遇失敗的地方取得了勝利。我們至少可以說，這就是馬克思的歷史哲學。在許多決定論中它是最能引起人們興趣的，雖然它的極盛時代顯然已經結束。它是黑格爾的唯心主義和李嘉圖的政治經濟學的完美綜合，即由物質衝突而非精神矛盾中產生的辯證的歷史進程。因此，（正如《德意志意識形態》所指出的）「真實的生產過程」取代了「思想的思考本身」成為了「全部歷史的基礎」。普魯東（Proudhon）曾經做過這樣的嘗試；馬克思將它完善起來，通過拋棄國家推動階級之間的和諧的觀點而「糾正」了黑格爾，並在《哲學的貧困》

中否定了普魯東的觀點。[64] 一八四八年出版的《共產黨宣言》宣稱「到目前為止的一切社會的歷史都是階級鬥爭的歷史」，是十九世紀最引人注目的語句之一，簡單而易懂。

馬克思從黑格爾那裡得到的不僅是辯證法，還接受了他對自由意志的蔑視。他說：「人創造了自己的歷史，但他們並不知道他們正在創造歷史。」「在歷史鬥爭中，人們必須區別」……「各種黨派從他們真正的……利益中產生的語彙和想像，從現實中產生的對自己的看法」。「在生產資料的社會生產中，人類進入了依賴於他們自己意志的確定和必然的關係中」。「人類有為自己選擇這種或那種形式的社會的自由嗎？決不可能。」但是，在黑格爾背後還可以看到喀爾文的影子，還有古代的預言家們。在馬克思的原理中，某些個人，即蒙受苦難和被拋棄的無產階級中的成員，構成了新的選民，他們必定要推翻資本主義，贏得這個世界。就像是《聖經》的預言一樣，《資本論》預言：

> 資本的壟斷成了與這種壟斷一起並在這種壟斷之下繁榮起來的生產方式的桎梏。生產資料的集中和勞動的社會化，達到了同它們的資本主義外殼不能相容的地步。這個外表就要炸毀了。資本主義私有制的喪鐘就要敲響了。剝奪者就要被剝奪了。[65]

應當承認，馬克思和恩格斯（Engels）並不總是像後來大多數的解釋者說的那麼教條。他們那些啟示錄式的政治預言沒能實現，從而迫使他們去修正他們在最著名的著作中所提出的決定論。

馬克思本人就承認「發展總趨勢」的「加速和停滯」可能受到「意外事情」的影響，其中包括「機會」和「個人的性格」。[66]恩格斯也不得不承認「歷史往往是跳躍式或迂迴式前進的」，這可能導致「思想鏈的中斷」。[67]他在後來的通信中試圖修正那種簡單的經濟「基礎」和社會「上層建築」之間關係的思想。

這種問題使俄國的馬克思主義者喬治・普列漢諾夫（Georgi Plekhanov）無所適從。儘管普列漢諾夫試圖從個人所發揮具有決定性作用且多少帶有說服力的事例的糾纏中擺脫出來，但他於「個人在歷史上的作用」一文結尾時實際上提出了與馬克思主義的社會—經濟決定論相反的觀點。普列漢諾夫承認，如果路易十五（Louis XV）是個性格不同的人，法國的領土（在奧地利王位繼承戰爭之後）將會擴大，作為這樣的結果，法國的經濟和政治發展可能走上不同的道路。如果彭巴杜夫人（Madame Pompadour）對路易的影響沒有那麼大，可憐的蘇比斯親王（Soubise）的將軍位置可能就不會得到寬容，法國則有可能取得海戰的勝利。如果巴特林將軍（General Buturlin）於一七六一年八月伊莉莎白皇后（Empress Elisabeth）剛剛去世一個月之時在斯特雷高向斐特烈大帝（Frederick the Great）發動了進攻，就有可能將他驅逐出去。如果米拉波（Mirabeau）還活著，或者羅伯斯庇爾（Robespierre）意外地死去，結果又會如何？如果拿破崙在早期的一次戰役中陣亡，結果又會如何？普列漢諾夫將這些難以處理的偶然事件和反事實統統放回到馬克思主義決定論中的企圖至少仍是拐彎抹角的：

> 「個人」作為必然性的工具，由於他的社會地位以及由此而產生的精神氣質和脾氣，是

必然要這樣做的。這也是必然性的一個層面。由於他的社會地位影響了他的性格而不是別的，使得他不僅是必然性的工具，也必然是要這樣做的。由於他熱切期望這樣做，因而無法不期望著這樣做。這又是自由的另一層面，更是從必然性中產生的自由的一個層面。更正確地說，這是與必然性一致的自由，也是轉化為自由的必然性。

因此，「個人的性格」只能在社會關係允許它在某地、某時或某種程度成為社會發展中的一個「因素」時它才成其為這樣的「因素」。「成為社會力量的每個有才能的人都是社會關係的產物。」普列漢諾夫先於柏里（J. B. Bury）道出一個同樣的觀點，即歷史的偶然事件是決定性的因果鏈發生碰撞的結果，但他從中得出了一個更加帶有決定論成份的結論：「無論心理和生理上的細小原因是如何複雜地交織在一起，它們在任何情況下都不會消除引起法國大革命的重大社會需要」。即使米拉波活得更長一些，羅伯斯庇爾死得較早一些，或者拿破崙被子彈擊中，

事件仍然會沿著同樣的道路發生……革命運動的最終結果在任何情況下都不會走向事實的反面。具有影響力的個人可以改變事件的個別特徵以及某些具體的後果，但不可能改變總的趨勢……因為他們本身就是這一趨勢的產物，如果這個趨勢不存在，他們決不可能跨越潛在和現實所劃分的界線。[68]

「生產力以及人與人之間在社會和經濟的生產過程中相互關係的發展」如何抵銷奧俄對斐特烈大帝的勝利所帶來的結果呢？普列漢諾夫並沒有說。他也沒有考慮過他所提出的如果沒有拿破崙，在法國可能出現哪些反事實結果的情況：「路易—菲利普（Louis-Philippe）或許會在一八二〇年而不是一八三〇年從他摯愛的親戚手中接受王位。」正如他所說的，如果事實真是這樣，又有多大的意義呢？

然而，正當馬克思主義者開始充滿懷疑之時，另一個與歷史學無關的科學領域中出現的突破為證實他們的社會變化模式提供了新的重要依據。在達爾文（Darwin）作出了自然選擇理論的革命性表述之後，恩格斯立即抓住這種理論來作為階級衝突理論的新證據。[69] 儘管種族衝突論的理論家們不久以後也提出了同樣的觀點，但他們卻誤解和歪曲了達爾文複雜（有時是自相矛盾的）的敘述。托馬斯・亨利・赫胥黎（Thomas Henry Huxley）和恩斯特・海克爾（Ernst Haeckel）等作者接過了戈賓諾（Geobineau）更早提出的種族理論，將它改造為一種簡化的自然選擇模式。在這個模式中，個人之間的競爭變成了種族之間的殊死鬥爭。在世紀之交激烈的政治辯論中，這個觀點成為共同的潮流。由於缺乏某種黨派政治紀律把社會主義知識的發展置於某種控制之下，於是「社會達爾文主義」便以各種不同的形式迅速湧現出來，如優生理論的偽科學著作，英國歷史學家弗里曼（E. A. Freeman）提出的過份自信的帝國主義論，威瑪共和國時期的史賓格勒（Spengler）的悲觀論，最後當然還有希特勒狂暴的反猶主義的狂想，把種族主義和社會主義結合為一種在二十世紀最具有爆炸性的意識形態。但是，把它們聯繫在一起的則是決定論的（在某種情況下是啟示錄式的）推動力以及對個人自由意志的漠視。儘管馬克思與達爾文的知識起源完全不同，但在表面上卻趨於一致，因此，在他們活著的時代以及去世以後，對於決定論的歷史規律可能存在的信念會如此廣泛地傳播開來，也就不會令人奇怪了。

可以肯定的是，在十九世紀，並非人人都贊成決定論。的確，蘭克（Ranke）及其追隨者的著作說明歷史學家可以從科學界學到完全不同的東西。蘭克對於過去的歷史學家和哲學家試圖從空氣中（或最多是從其他歷史學家和哲學家的著作中）採摘普遍歷史規律的做法表示懷疑。他相信只有通過正確的科學方法，即仔細和窮盡地研究檔案，人們才有可能希望實現對歷史中的普遍性的理解。出於這個原因，他在很早就發誓要像事實上所發生的那樣（wie es eigentlich gewesen）寫作歷史。他還反覆強調過去的事件和時代的獨特性。歷史主義據信是蘭克締造的運動，就是為了要在其真實背景下去理解實在的具體現象，但這並不意味著完全否定了決定論，因為蘭克在一些重要方面仍然受到了黑格爾哲學的影響。方法論本來可以發生方向性的根本轉變，從特殊到普遍，而不是相反，但在蘭克的著作中，就像他歌頌普魯士國家的著作中所表現的那樣，普遍性的性質和功能仍然無疑是黑格爾式的。總之，歷史學家應當注意像事實所發生的那樣（或者也許像「本質上」那樣）去描述過去。這個觀念暗中排除了對本可能發生的事情做認真的思考。蘭克像黑格爾一樣堅持這樣的觀點，即歷史是由某種精神的計劃所產生的。他對這個計劃的性質也許不像黑格爾那麼肯定，但對這個計劃的存在他是決不懷疑的，其終點就是普魯士國家的自我實現。

即使是那些將蘭克的方法論引進英國的歷史學家們也可以把他們的工作置於類似的目的論基

礎之上。斯達布斯（Stubbs）的主題以英國的憲政制度朝向完美的演變，取代蘭克的普魯士國家的研究，這個主題在傳統上與不那麼講究學術性的麥考萊（Macaulay）有著聯繫。⑰英國另一個蘭克的追隨者是阿克頓（Lord Acton）。他把同樣的觀念用在作為整體的歐洲史的研究上。二十世紀初的英國自由主義歷史學家們像法國的實證主義者一樣，滿足於科學方法的應用，不僅去揭示實際的政治「教訓」，而且去證明「改善」的整個過程——這個曾經使先於他們的列基（Lecky）著迷的主題。確實，阿克頓把歷史研究本身視為推動歐洲擺脫中世紀黑暗的動力之一。他用德語表達了這個觀點：「探索和發現這個普遍精神……一直都在發揮作用，直至取得主導地位。這個逐漸由從屬地位走向獨立的過程，對我們而言是個極其重要的現象，因為歷史科學成為了它的工具。」⑱因此，歷史學家們不僅關注於描述進步必然要取得勝利，而且在描述過程中實際上又為這一勝利的取得做出了貢獻。這種樂觀主義的暗示還可以在約翰·布魯姆爵士（Sir John Plumb）⑲和邁克爾·霍華德（Sir Michael Howard）⑳等較晚的自由主義歷史學家那裡看到。

偶然性，機會，以及對因果論的反抗

當然，這種進步論的樂觀主義，無論是由唯心主義還是由唯物主義推動的，都不可能不受到挑戰。托馬斯·卡萊爾在〈論歷史〉這篇有力的著名文章中宣稱：

最聰明的人能夠看到甚至能夠記載下來的僅僅是他的一系列印象；他的觀察因而必須是連續的，然而發生的事情又往往是同時的，當它被寫進歷史的時候就已經消失了。真實事件之間的關係決不像父母與子女的關係那麼簡單。每個單獨的事件不會是某個而是所有先於它或與它同時發生的其它事件的子女，而它反過來與所有其它的事件結合在一起又生出新的子女：它是永遠活著並發揮作用的混沌狀態，它本身一次又一次地被塑造出來，其中包含著無數的成份。這種混沌狀態……就是歷史學家將要描述的，我們可以說，是用一條帶有幾根彎管的直線把它們連接起來進行科學的測量。由於所有的行動從其性質而言都是從它的廣度、深度和長度的延伸來描繪的，而所有的敘述從其性質而言只有一個維度……敘述是線性的，而行動是立體的。當整體在廣度和深度上成為無限時，當每個原子同所有的原子「鏈接」在一起時，就成了我們的「原因和效果」所組成的「鍊條」或小鍊。⑭

與卡萊爾同時代的俄國歷史學家杜斯妥也夫斯基（Dostoevsky）以更加極端的方式表達了這種反科學的觀點。杜斯妥也夫斯基在《地下室手記》中向理性主義的決定論發動了致命的猛烈攻擊，無情嘲笑著經濟學家所主張的人是出於私利才採取行動的觀點，譏笑巴克爾的文明理論和托爾斯泰的歷史規律：

你似乎十分肯定人本身將會放棄錯誤地運用自己的自由意志；宇宙中存在著自然規律，

無論發生什麼事情都外在於他的意志。人類的全部行動羅列起來就像是一份對數表，可以說多達十萬八千個，並且轉化為一張時間表……他們會進行詳細的計算並精確預見將要發生的每件事情。然而，他們會出於無聊而做任何事情……因為人……會按照他的感覺去行動，而不是以理性和利益告訴他的那種方式去採取行動……某個人自己的自由，不受限制的選擇，某個人自己的狂想，某個人自己的幻想，有時會造成狂怒。這些都是最有利的優勢，卻沒有列入這份表格……人們會在有充分意識的情況下希望自己成為某種有害的、荒唐的以及甚至是完全愚蠢的東西……是為了確立他有權利去希望最愚蠢的東西。

這個觀點運用於歷史學則可以避免進步論思想的產生。歷史可能是「宏偉的」，「豐富多彩的」，但從杜斯妥也夫斯基的知己「病」來看，歷史的本質是單調的：「他們鬥爭，鬥爭，還是鬥爭；他們現在鬥爭，他們過去鬥爭，他們將來還是鬥爭……所以，你看，對於世界史你可以隨便怎麼說，唯獨不能說世界史是理性的。」[75]

然而，即使是杜斯妥也夫斯基也不能在他最偉大的著作中把這個觀點貫徹始終。在別的地方（最明顯的也許是在《卡拉馬助夫兄弟們》中），他又回到了宗教信仰，似乎只有東正教才能防止無政府主義的瘟疫，而他在《罪與罰》的結尾所描寫的拉斯科爾尼科夫（Raskolnikov）的惡夢預言了這場瘟疫。當然，卡萊爾的思想也發生了同樣的轉變，雖然只要通過更仔細的考察就能發現他所說的神的意志更加接近黑格爾的（也許還有喀爾文的）神的意志，而不是更加接近杜斯妥也夫斯基的東正教。卡萊爾重複了（雖然也補充了）黑格爾的觀點，認為「世界史」「到底是偉人的歷史」。「我們所看到的在世界上成就的一切都是被送往這個偉人頭腦中的思想外在物質化的結果；整個世界史的精華……是這些活生生的光泉……以及由於上天賜予的自然發光體放射光芒的歷史。」⑯這難以成為反決定論的歷史哲學的密訣。相反的，卡萊爾完全否定了新型的科學決定論，而傾向於過去的神意：

> 歷史……既是向前看的又是向後看的。確實，將要到來的時間已經在那兒等待著，雖然看不見，但肯定已經形成，已經預先決定了，是不可避免的。只有把兩者結合在一起才能將它們完成……（人類）生活在兩個永恆之間……人類會樂意地以明確的意識把自己融入與整個將來和整個過去的關係之中。⑰

事實上，直到柏里、費捨爾和屈維廉等英國歷史學家在二十世紀初完成的著作中，我們才看到決定論的觀點（包括卡萊爾回歸到喀爾文的觀點）遭到了全面的，但相當不成熟的挑戰。確實，世紀初的牛津大學和劍橋大學的史學並不十分嚴肅地強調偶然性的作用，他們也許主要是吸收了反喀爾文主義的思想。⑱查爾斯．金斯利（Charles Kingsley）說到「人的神秘力量可以衝破自己的規律」也許就是柏里和費捨爾提出的那種新的歷史哲學。費捨爾在《歐洲歷史》的序言中有一段誇大其辭的開場白：

> 比我聰明和更有學問的人在歷史中識別出了情節、節奏、事先決定的模式。這種和諧我卻看不見。我能看見的只是一個接著一個的偶然事件，就像是後浪驅前浪……進步決不是一種自然規律。[79]

於是，費捨爾要求歷史學家「承認偶然的和不可預見的因素在人類命運的發展中所發揮的作用」（至於他在自己的主要著作中是否做到了這一點則引起了爭論）。柏里走得更遠。他在〈克麗奧佩特拉的鼻子〉一文中提出了有關「機會」的作用的十分成熟的理論。他把機會定義為「兩個或兩個以上獨立的原因鏈之間有價值的碰撞」並在文章中列舉了一系列具決定性但卻又是偶然的事件，包括據說是由於這只鼻子引起的事件。事實上，這表明了他試圖把決定論和偶然性調和起來。在柏里令人不解的表達中，「機會因素的巧合……有助於決定事件」。[80]然而，無論是柏里還是費捨爾都沒有採取進一步的措施去詳細探索反事實歷史的發展，儘管前者說的鏈和後者說的波可以在不同的點上發生碰撞並產生不同的結果。確實，柏里修正過自己的觀點。他提出「隨著時間的推移，偶然性……在人類的演進中變得越來越不重要了」，因為對自然的控制力量在增強，而民主制度對政治家個人施加了限制。這聽起來令人懷疑好像是穆勒或托爾斯泰在談論的自由意志的衰落。

屈維廉在〈繆斯女神克萊奧〉一文中更進一步。他完全拋棄了「人類事務中原因和結果的科學」。並把它斥為「誤用了這類物理科學」。歷史學家可能「對原因和結果進行歸納和猜測」，但他的主要任務是「敘述故事」：「毫無疑問……〔克倫威爾的士兵們的〕事跡會產生後果，就像是推動著世界的潮漲潮落的千堆巨浪中的一個。但是……他們的成功或失敗在很大程度上是由難以勝數的機會決定的。在屈威廉看來，戰場上最能證明這一點：

> 機會從那麼許多的地點中選擇了這一個……去扭轉戰爭的趨勢並決定了國家和信仰的命運……但是，對於在村莊的尖塔旁發動進攻的某個士兵的勇氣和運氣而言，輸掉的這場事業現在卻被稱為任憑什麼都不能扭轉的「必然趨勢」。⑧①

在下一代人當中，這種方法表現在另一位偉大的歷史學家泰勒（A. J. P. Taulor）的許多著作中。泰勒從不停止地強調機會（「大錯」和「小錯」）在外交史中發揮的作用。雖然泰勒清楚地知道「去說那種本應做什麼的並不是歷史學家的任務」，但卻隨時都在暗示可能發生的事情。⑧②

強調歷史事件所具有的偶然性的並非僅有英國的歷史學家。像德羅伊曾（Droysen）等德國晚期的歷史主義者也認為歷史哲學的任務「不僅是確立客觀歷史的規律，還要確立歷史研究和歷史知識的規律」。德羅伊曾比蘭克更加關心「異常，個人，自由意志，責任，天才，……運動，人類自由和個人稟性帶來的結果」。⑧③最有資格被認為是歷史相對論以及不確定原則的創始人的威廉·狄爾泰也論證了這種觀點。⑧④邁乃克（Friedrich Meinecke）把歷史主義的方法向前發展了一步，試圖把各個層次的因果關係區分開來，從決定論者的「機械」因素直到「人類的自發行動」。⑧⑤

在他的最後一部著作《德國的災難》中，他十分明確地實踐了他所提出的區分方法，不僅強調了導致國家社會主義產生的「一般」原因（黑格爾的兩種偉大思想的災難性的綜合），而且還強調了導致希特勒在一九三三年掌權的那些偶然因素。[86]

然而，知識上的一些重要限制阻礙了十九世紀的決定論被完全推翻。在英國，最重要的是柯林烏（R. G. Collingwood）和奧克肖特所寫的兩部歷史哲學著作。他們是現代唯心主義者，受到布雷德利（Bradley）的《批判歷史的假設》很大的影響。柯林烏以批判實證主義關於歷史事實的那種簡單觀點而出名。在他看來，所有的歷史證據不過是「思想」的反映：「歷史思想是……體現了思想本身對半清晰的現實世界所做的思考。」[87]歷史學家所能做的事情充其量只是在他自己獨特的經歷影響下「重現」或「活化」過去的思想。因此，柯林烏反對決定論的因果模式是十分自然的。他說：「歷史中揭示的計劃是一個並非事先存在於它自身展示中的計劃；歷史是一場戲劇，不過，它是一場即席演出的戲劇，是其行為者相互合作並即時演出的戲劇。」[88]「歷史的情節」不同於小說的情節，僅僅是「對被認為具有重大意義的偶然事件的選擇」。[89]歷史學家不同於小說家，因為他們試圖確立「真實」的敘事，儘管歷史學家的每個敘事都不過是「我們歷史學在探索進步過程中的一份期中報告而已」。[90]

柯林烏對時間的性質所做的思考是非常有眼光的，也的確預言了現代物理學家在這個問題上提出的某些觀點：

一般說來，是我們用比喻的方法想像出來的，猶如一條溪流，或某種以連續和統一的方式運動的東西……〔但是〕溪流的比喻只能表明溪流兩邊有岸……未來的事件並非真的在等著自己出現的機會，就像是在劇場排除等待買票的人們一樣：他們根本還不存在，因此也不能用任何規則來將他們分組。唯有現在是真實的；過去和未來都是理想的，而且只可能是理想的。這個觀點必須堅持，因為我們對「空間化」的時間已經習慣，或將它表現為空間的方式，這引導我們去想像過去和未來也是以同樣的方式存在著，……就像當我們沿著牛津大街走向聖母院時，抹大拉學院和萬靈廟就在前面一樣。

然而，柯林烏的結論卻認為歷史學家的目標只能是「認知現在」，特別是認知「它是如何成為現在這樣的」。「現在是真實；過去是必然；未來是可能。」「一切歷史都是試圖通過在其確定條件下的重現去理解現在。」[91]從這個意義上講，他實際上是承認了失敗：歷史學只可能是目的論的，因為歷史學家只能從他現在的角度並帶有現代的偏見去寫作。此時此地是唯一可能的參照點。這是一種新的但非常無力的決定論，但明確地排除了討論反事實方法的可能性。

當然，通過否定因果論本身來否定現在是「確定條件」的觀點，是完全成立的。兩次大戰間，唯心主義者和語言哲學家們很熱衷於這種方法。路德維希．維根斯坦（Ludwig Wittgenstein）把「因果關聯的信念」斥之為「迷信」。羅素同意「因果論的規律，像君主制一樣，之所以是遠古時代遺留下來的陳跡，僅僅是因為錯誤地把它說成是無害的」。[92]克羅齊也這樣說，認為「原因的觀念」與「歷史學毫不相干」。[93]

初看上去，這似乎在堅決反對決定論的觀點。然而，從奧克肖特論述唯心主義觀點的著作中可以清楚地看出，他把反事實作為一種決定論的範疇完全摒除掉了：

> 每當我們將歷史世界中的某個時代抽離出來的時候，我們拋棄了歷史的經歷，並認為它是尚未發生的所有或部分事件的原因。於是，每個歷史事件都是必然的，無法區別必然事件之間有著不同的重要性。沒有哪個事件是消極的，也沒有哪個事件是不起作用的。把某個無法區別開來的事件（因為沒有什麼歷史事件可以與它的環境區別開來）看作是決定性的，從尋找原因和解釋的角度來看，那就不是事件構成整個先後進程是被歪曲或可疑的歷史，而是根本就沒有了歷史……歷史思想的觀念制止了它……再也沒有理由認為整個事件的進程是由這個或那個過去發生過的事件引起的……嚴格的因果論顯然與歷史的解釋無關……因果論因此被展示彼此有內在關聯的事件構成的世界所取代，而其中不容許有任何空白。

這也許可以提供某種哲學邏輯，但對實踐的意義是遠不能令人滿意的。用奧克肖特的話來說：「歷史中的變化就帶有自己的解釋」：

> 至今為止，豐富和完整的事件進程是沒有任何外部原因和理由需要去尋找或要求的……

> 歷史的統一性和連續性……是……唯一的解釋原則，與其它歷史經歷的假設是相和諧的……事件之間聯繫的永遠是另一些事件，是在歷史中靠事件的充分聯繫而建立起來的。

因此，歷史學家能夠用以改善對歷史事件進行解釋的方法唯有提供「更加完整的細節」。[94]奧克肖特清楚地表明這不是「總體史」的方法。在「重大的聯繫」和「機會性的聯繫」之間進行某種選擇是必然的，因為「歷史研究必定要形成文章，用有重大關聯的事件去回答歷史問題，不會給認識無關緊要的聯繫留下一席之地」。[95]但是，什麼才能使某個事件成為「重大」事件呢？奧克肖特對此只提供了一個間接的回答：「歷史學家對提出的問題所做的回答而產生的結果必須有某種內在的邏輯。目的就是通過把有關過去的敘述集合起來去構成對歷史問題的回答。這些敘述是由那些沒有保留下來但可以通過保留下來的言行推導出來的相關事件構成的。」[96]這似乎是指那種由柯林烏想像出來的敘事結構，但是，任何一種可理解的結構都有充分的邏輯。

唯心主義對十九世紀的決定論發起的挑戰，對一些從事實踐的歷史學家，特別是巴特菲爾德和納米爾產生了重要的影響。他們對外交史和政治「結構」研究的成果分別顯示了他們與決定論（特別是唯物主義的決定論）的根本對立。可以說，莫里斯・考林（Maurice Cowling）也帶有相同的唯心主義傳統。他的研究對象主要是十九世紀和二十世紀的高層政治和「公眾原理」中的半宗教性質，使他在本質上有別於同時代劍橋大學的歷史學家。[97]傑弗里・艾爾頓（Geoffrey Elton）的著作也表現出唯心主義以比較溫和的方式反對決定論的那種態度。[98]

然而，奧克肖特提出的理論是不完整的。奧克肖特否定了來源於自然科學的決定論模式，卻用另一件同樣嚴格的束縛來取代它。按照他的定義，歷史學家必須限制在過去的重大事件的相互聯繫中，實際上就似乎是必須以保留下來的史料為依據。然而，他卻沒有說明歷史學家區別重大事件和非重大事件或「機會」的過程。這顯然肯定是個主觀的過程。歷史學家在尋找某個問題的答案時發現了過去遺留下來的某些史料，並從自己的角度賦予這些史料以某種意義。同樣清楚的是，他所做的回答一經公開就必定會使其它的回答獲得某種意義。但是，誰來選擇最初的問題？誰來說明讀者對完成的文本所做的解釋是否符合作者的原意？總而言之，為什麼應當把反事實的問題拋棄呢？對於這些問題，奧克肖特並沒有做出圓滿的回答。

再論科學的歷史學

令人矚目的是，英國的許多唯心主義歷史學家都以他們政治上的保守主義而著稱。確實，正像五、六〇年代英國歷史學界內部的衝突所顯示的，歷史哲學中的反決定論與政治上的反社會主義有相當密切的聯繫。不幸的是，從唯心主義的角度來說，實際上是對方在這些衝突中取得了勝利。

十九世紀的決定論並沒有如人們所期望的那樣，因為這個名稱所包含的錯誤而在一九一七年以後信譽掃地。馬克思主義依然得到信任的主要原因是人們廣泛相信國家社會主義與它是對立的，而不是它的近親，而非僅僅是用人民一詞來取代階級一詞。馬克思主義在戰後的復興也主要是因為義大利、法國和英國的馬克思主義者願意擺脫與史達林（Stalin）和列寧（Lenin）的聯繫，甚至日益擺脫與馬克思本人的聯繫。這裡沒有必要太過注意沙特（Sartre）和阿圖塞（Althusser）等人開始進行的各種理論修正。他們的主要任務是把馬克思與歷史的複雜性區別開來，回到黑格爾的安全高度中去。這裡也不詳細討論葛蘭西（Gramsci）所提出的理論，儘管他的理論更加適用於歷史研究。他所解釋的無產階級的行為方式一直不像馬克思曾經預言的那樣是以霸權集團、偽意識和綜合性的贊同為方式。⑲這裡只要這樣說就夠了，這些觀念有助於馬克思主義的決定論獲得新生。歐洲大陸對英國的影響確實是慢慢地表現出來的。但同樣是在這裡，由於英國認為顯要人物應當行為高尚的特殊意識，即上層社會對下層階級激進主義的心態發揮了更大的作用，推動了馬克思主義的復興。

在所有英國社會主義歷史學家當中，最缺乏原創性的思想家也許要推研究布爾什維克制度的歷史學家卡爾。然而，卡爾為決定論所做的辯護影響極大，而且無疑會一直發揮著影響，直到別人寫出一本書名與《歷史是什麼?》具有同樣煽動性的更好的著作來。事實是卡爾試圖將自己與黑格爾或馬克思那種嚴格的單因果論的決定論有所區別。他說，他僅僅是在下面這個意義上才是一個決定論者，即他相信「每個事情的發生都有一個或多個原因，除非這個原因或這些原因也有所不同，否則事情就不可能以不同的方式發生」。這個定義的彈性如此之大，意味著承認事件的不確定性：

實際上，歷史學家並不認為事件在它發生之前是不可避免的。他們常常討論提供給這個事件的行為者進行選擇的其它道路，也就是說選擇依然存在著……歷史上沒有任何事情是不可避免的，除非正式地認識到如果它以其它的方式發生，前於它存在的原因也會是不同的。

直到這裡，一切都很順理成章。然而，卡爾很快又補充說歷史學家的任務就是去「解釋為什麼最後被選擇的是這條道路，而不是別的道路」；去「解釋究竟發生了什麼以及它的原因」。他不耐煩地指出，「當代史遇到的困難是，人們記住了當所有這些選擇依然存在的時候並且發現難以採取歷史學家的態度，因為對他們而言既成事實已經使這些選擇不復存在了」。可以證明卡爾已經轉變為舊式決定論者的還不僅僅是這一點。他問道：如果（正像他所承認的）「歷史偶然性的作用……存在的話，我們怎樣才能在歷史中發現一系列相關的原因和結果，怎樣才能發現歷史所包含的意義呢？」卡爾勉強地同意了唯心主義的方向（我不需要在其中增加某些哲學的歧解），並和奧克肖特一樣要求我們必須按照其「歷史意義」來選擇原因。

從多重因果關係中，〔歷史學家〕抽出了那些也僅僅是那些具有歷史意義的因果關係；衡量歷史意義的標準則是他把這些關係納入自己合理的解釋模式中去的能力。其它的因果關係則當作偶然的事件而被摒棄，不是因為原因和結果之間的關係有所不同，而是因為這個因果關係本身與此無關。這個因果關係對這位歷史學家來說毫無用處；這並不能補充合理的解釋，無論對過去還是對現在都沒有意義。

卡爾的說法於是完全變成了黑格爾歷史觀的再版，把歷史看作是一個理性的和有目的的進程。他得出的結論是，「證明勝者為王，敗者為寇」便是「歷史學家的任務」。因為「歷史的本質……是進步的」。這種情感的立場是很容易說明的。他在《歷史是什麼?》第二版的註釋中否定了以前的「宇宙是以某種任意的方式通過一次大撞擊而開始並注定要分解進黑洞的理論」。作為一名決定論者，他最後還是否定了這個理論中所暗示的「隨機性」並斥之為「無知之王」。[100]

湯普森與卡爾殊途同歸，也回到了決定論的立場。湯普森出於探索意義的動機，希望「理解……社會現象與因果關係之間的相互聯繫」[101]，也試圖在波普（Karl Popper）提出嚴格反理論的先驗論和阿圖塞提出的嚴格的反先驗論的理論之間尋找出一條中間道路。他和卡爾（和克里斯多夫·希爾〔Christopher Hill〕）一樣本能地反對有關偶然性的整個理論。他嚮往著「理解歷史進程中（因果關係等等）的合理性，即在與決定性的證據進行的對話中所揭示出來的客觀知識」。但是，湯普森所提出的「歷史邏輯」，即「一方面是概念與證據的對話，靠一系列假設進行的對話，另一方面是先驗式的研究」，並不會比卡爾所說的選擇「合理」的原因更令人滿意。究其根源，不過是黑格爾的再版。

由此看來，對於卡爾和湯普森都反對反事實論證一事，就不會使人感到奇怪了。然而，即使是英國的馬克思主義者也未必一定需要反事實分析。當卡爾本人在思考史達林主義造成的災難時，他不禁要提出這樣的問題：這究竟是布爾什維克原來的事業還是由列寧造成的不可避免的結果？如果「他同他的全體同志能夠活到二〇年代和三〇年代」，就不會有那麼專制的行為。在《歷史是什麼？》第二版的註釋中，卡爾實際上設想了一個壽命更長的列寧將有能力減輕並緩和強制的成份。如果在列寧的領導下，道路不會如此順利，但實際發生的事情將會完全不同。列寧不會允許竄改有關史達林行為不端的紀錄。⑩ 艾瑞克．霍布斯邦（Eric Hobsbawm）寫的一七八九年以後的世界史，共四卷本，被視為英國馬克思主義最重要的成果。其中的最後一卷《極端的年代》也使用了同樣的論證方法。這部著作從許多方面提出了一個重大但卻隱含的反事實論題：如果一個沒有史達林領導的蘇聯經過充分的工業化（和專制化），在第二次世界大戰中擊敗德國並「挽救」資本主義，結果將會如何？⑩ 不管人們設想卡爾和霍布斯邦如何回答這些問題，都會吃驚地看到儘管他們的整個思想是傾向決定論的，但最終也不得不提出這樣的問題。

令人遺憾的是，在年輕一代的馬克思主義歷史學家中幾乎沒有人擺脫這種嚴格的目的論的論證方式。他們在葛蘭西的推動下把注意力集中在工人階級受壓迫和受控制的問題上，隨著女權主義（在馬克思主義的衝突模式中用性別取代階級）的興起又轉而關注於婦女問題。新左派的「自下而上」的歷史學本可以最終推翻卡爾「勝者為王」的歷史格言。但是，它僅僅是更加堅定地阻止了歷史發展的決定論模式。

當然，並非現代所有的決定論者都是馬克思主義者。社會學作為一門獨立的學科誕生以後，產生了各色各樣不那麼僵化的發展理論，並很快被歷史學家所吸收。社會學的知識之父托克維爾（Tocqueville）和韋伯（Max Weber）像馬克思一樣堅信可以將科學方法用於討論社會問題，從分析方法上將經濟、社會、文化和政治區別開來。但是，他們不再堅持任何簡單的由此及彼，並推動歷史發展一往無前的因果聯繫。因此，托克維爾在《舊制度與法國大革命》中討論了法國大革命前行政制度的變化、階級結構和啟蒙思想所起的作用，不再把這個或那個因素當作解決「舊制度」的辦法。此外，他也率先對地區行政檔案進行研究並從中得出結論，他認為，到革命爆發前法國政府的基本架構並沒有發生重大的變化。引起他興趣的是對自由造成了潛在威脅的政府集權化和經濟升級的進程，而這是個長期的進程。這個進程早在一七九〇年代的重大事件發生以前就開始了，而且持續到一八一五年以後。[104] 韋伯則更進一步，在某些方面，他簡直就是把社會學看作是沒有因果關係的世界歷史，其本質是社會現象的類型學。[105]（例如）正像在《新教倫理和資本主義精神》一書中所說的那樣，他在進行歷史的思考時傾向於選擇性地加以說明，以粗線條的方式把西方資本主義的發展與新教派的特殊文化（並非目的論）聯繫起來。[106] 這裡的關鍵詞是「聯繫」。韋伯盡量避免提出宗教和經濟行為之間存在著簡單的因果關係。他說：「我的目的並不是用對文化和歷史的同樣片面的因果解釋去取代片面的唯物主義。每種解釋都是成立的……。」他所感興趣的歷史趨勢，即所有生活方式的理性化和解魅，似乎都是自我呈現的。[107]

擺脫事件的因果關係，注重事件的結構，關注長期的而不是短期的變化，所有這些對二十世紀史學的發展都具有重要的意義。這也許在法國表現得最為明顯。後來著名的年鑑學派把最終目標放在寫作「總體史」上，也就是說要考慮到某個社會的所有（或盡可能多的）方面，包括它的經濟、社會形態、文化、政治制度等等。正如馬克·布洛赫（Marc Bloch）所設想的，歷史學是各種不同的科學學科的混合物，從氣象學到法理學的各門學科都能發揮作用。理想的歷史學家應當掌握各門技術特長。[108] 這個整體觀也適用於歷史學家必須考慮的時期，用布羅代爾（Braudel）的經典語言來說，年鑑學派的歷史學家「一直希望抓住整體，社會生活的整體，把不同的層次，時段，不同類型的時間、結構、態勢，事件，都放在一起。」[109]

當然（正如麥考萊在一個世紀前提出的理由），如果沒有某種組織原則和重要性的差別，這樣的歷史是無法寫出來的。[110] 年鑑學派的歷史學家實際上是把地理的長期變化放在首位，這個次序最明顯地表現在布羅代爾的著作中。布羅代爾自稱是「農民出身的歷史學家」，本能地主張「必須把社會現實回歸到它發生的平面上」，這就是指「地理學或生態學」。[111] 「當我們說到人的時候，指的是他所屬的群體：這個人離開了，其它人進來了，但這個群體依然附屬於某個特定的空間和熟悉的土地。它紮根於那裡。」[112] 從這種不僅在表面上相似於而且根源於法國啟蒙主義的地理決定論出發，布羅代爾把長時段的發展置於短時段的事件之上。他在《地中海和腓力二世時代的地中海世界》一書中明確地把三種層次的歷史區別開來。第一層是「幾乎無法察覺其推移的歷史，即人類與其環境的關係的歷史，在這層歷史中所有的變化都是緩慢的，是包含著重複和反覆發生的週期的歷史」。第二層是「緩慢的但可以察覺到其節奏的歷史」，是「群體和集團—這些經濟制度、國家、社會、文明以及最後還有戰爭構成的潮流」的歷史。第三層是傳統的歷史，即「個別的人」和「事件」的歷史，是「表面上的動盪，在歷史潮流強有力的推動下的泡沫所構成的波峰，是短暫的、迅速的，情緒浮動的歷史」。⑬這裡還有最後一點，但決非是最不重要的一點，布羅代爾警告說：「我們必須逐漸懷疑這種被當時代的人感覺、敘述和親身經歷過的（事件的）歷史」，因為它僅僅關注於「像螢火蟲短暫生命那樣稍縱即逝的現象，在它的光芒熄滅之前什麼東西也看不到，更不會成為記憶」。⑭「一個事件產生的假象和煙幕可以塞滿當時人的頭腦，但它不能持久，它的光芒也無法辯認」。在布羅代爾看來，社會學的新史學擔負的使命是阻止「（傳統歷史學的）敘事史不顧一切、引入注目、屏住聲息地往前奔跑」。「短時段」只不過是「新聞記者的……時間」，是「任意和不可捉摸的」。⑮相反地：

長時段總是贏得最後的勝利。消除難以計數的事件，所有那些與前進的主流不相符的事件，無情地將它們拋在一邊，這無疑會限制個人的自由，甚至會限制機會的作用。⑯

很明顯，摒棄歷史的緩慢而有力的運動之下的那些「過去的瑣事」，即「少數親王和富人的行為」，本身就是一種新的決定論。布羅代爾不自覺地滑回到十九世紀的決定論者所使用的特殊語言，和馬克思和托爾斯泰的著作一樣，僅僅把個人「無情地放到一旁」，任憑超人類的歷史力量去踐踏。這遭到了來自兩個方面的明顯反對。第一種反對意見認為布羅代爾把歷史降低為當時代人的感覺和記載，也就是拋棄了全部的歷史證據，甚至包括他視為麵包和奶酪的經濟統計。正如凱恩斯（Keynes）所說的，「從長時段的角度來看，我們都是死人」；因此，我們也許有權去顛倒布羅代爾的歷史等級的次序。如果短時段的歷史學畢竟是關注於我們的前輩，而被我們當作瑣事而拋棄的不正是對他們的關注嗎？第二種反對意見涉及到布羅代爾有關環境變化性質的觀點。他假設長時段的生態變化具有不可察覺的性質，然而，氣候變化卻是具有節奏的、可察覺的特徵，顯然這是犯了認識自然的一個嚴重錯誤。

布羅代爾後來公正地改變了教條地堅持「長時段」的立場。隨著資本主義的發展，地勢和自然力的統治地位也消失了。「資本主義的主要特徵就在於有選擇的能力。」[117] 在資本主義社會中很難排列重點的順序。布羅代爾在《文明和資本主義》第三卷中自問哪個等級更重要？是財富等級重要，國家權力的等級重要，還是文化等級重要？回答是因時間、地點以及誰說話而定。[118]「於是，主觀的成份至少暫時擺脫了長時段的客觀限制：『社會時間並非按照某種平均時間流動，而是按照或快或慢的數千種速度流動。』[119]」至少在結構的嚴格外殼之外的空間內存在著一個「自由和無組織的現實區域」。[120]

如果馬克·布洛赫的壽命更長一些，他也許會把這個觀點再向前發展一步。從他的《史家的技藝》的最後幾章，即未能完成的第六章和第七章的手稿中可以清楚地看出他對於因果關係、機會以及「預感」等問題的理解已經遠遠超過了布羅代爾。[121] 正像他在這部著作已完成的部分中清楚表明的，布洛赫並沒有討論過「偽地理決定論」：「無論是面對自然界的現象還是面對社會事實，人類的行動決不會像鐘表一樣，永遠朝著同一個方向運動。」[122] 這本身就提出了一個反事實的問題：如果布洛赫能夠活到戰後，結果將會如何？法國的史學似乎有可能不會走向布羅代爾以及後期年鑑學派的那種隱藏的決定論。

法國以外的社會學的歷史學從未涉及過環境決定論（這也許是因為其它國家在十九世紀和二十世紀出現了更大規模的人口遷移和土地的變動）。儘管如此，在他們那裡還是可以發現類似的決定論。以德國為例，部分的原因是六、七〇年代馬克思主義思想的復興。「社會史」學派的聖徒是威瑪共和國時代的「異議份子」埃卡特・克爾（Eckart Kehr）。他以德國經濟發展與社會落後之間失調的思想為基礎提出了德國歷史越軌論的模式。[123] 一方面，十九世紀的德國成功地發展了現代工業經濟，然而另一方面，它的社會和政治制度卻仍繼續在傳統容克貴族的統治下。德國沒有按照馬克思主義提出的規則發展（也就是沒有像英國那樣向資產階級的議會制和民主制進步）。對於這個問題的解釋有時納入了葛蘭西的方法：具有操縱能力的貴族所構成的霸權集團成為一九六八年以後德國史學的一個令人厭惡的特徵。最近以來，由於對韋伯思想的興趣得以恢復，從而在漢斯—尤爾里希・威勒（Hans-Ulrich Wehler）等重要的社會史學家的著作中出現了比較隱蔽的決定論。然而，儘管德國以外的歷史學家試圖對資本主義、資產階級社會和議會民主制之間的這種理想類型的關係是否成立提出質疑[124]，但德國歷史學界依然極不情願去考慮另一種可能的歷史結果。社會歷史學家們依然迷戀於「德國的災難」有其深刻根源的思想。即使比較保守的歷史學家也對偶然性的作用不感興趣。有些歷史學家恪守蘭克的規則，堅持只能研究實際上已經發生的事情。其他歷史學家，例如邁克爾・斯圖爾默（Michael Stürmer），則躲進了一種更陳舊的地理決定論中去，用德國位於中歐來解釋如果說不是有關的全部問題的話，但至少也是其中的許多問題。[125]

在英美史學界，也有許多人贊同這種因社會學而引起的決定論。有些是馬克思主義者，有些是韋伯的追隨者。勞倫斯・史東（Lawrence Stone）的《英國革命的原因》值得提及，因為這部著作的基礎是另一種類型的三層模式。這次則是把前提原因、加速原因和觸發原因這三個層次區別開來。不同於布羅代爾的地方是，史東沒有明確地按照它們的重要順序來排列。他確實明確表示無須去「決定在引起革命的原因中，查理一世的剛愎自用是否比清教思想的傳播更重要」。[126]但是，這本著作強烈地暗示這些和那些因素結合在一起使英國內戰不可避免。保羅・甘迺迪（Pual Kennedy）的《大國的興衰》以同樣謹慎的語氣提出最重要的因素是「以生產力和國庫收入能力為一方，以軍事實力為另一方之間長期的重大關聯」。[127]當然，只要仔細閱讀這部著作就會發現他並非是個簡單的經濟決定論者。但是，他的論證畢竟表明在經濟因素和國際權力之間存在著因果聯繫。這也許是一種微妙的經濟決定論，但依然還是決定論。其他人則試圖以某種類型的社會學模式為基礎提出宏大的理論，從華勒斯坦（Immanuel Wallerstein）的馬克思主義著作《現代世界體系》到曼恩（Mann）有微妙差別的《社會權力的根源》，格魯（Grew）和比昂（Bien）的《政治發展的危機》，到昂格（Vnger）的《適應權力》等。[128]在這種宏大的理論中，最大的偽科學缺點典型地表現為「災難理論」，它帶有七大「基本災難」的簡化拓樸論。[129]社會學對統一的權力理論的探索無疑還會繼續下去。需要等著瞧的是這種探索最終是否會因其毫無用處而放棄，就像煉金術士探索哲學家的石頭一樣，或者是否會像醫治禿頭的探索那樣堅持到底。

還有一種替代宏觀簡化的辦法，即近些年來許多歷史學家喜歡使用的替代辦法，那就是在更加狹小的範圍內進行的簡化。布洛赫當然一直希望歷史學從許多其它學科中盡可能地獲得靈感。然而，這在實際上要以犧牲他和布羅代爾所期望的整體論方法為代價。近年來的確出現了科學歷史學的碎化，變成了眾多彼此之間多少缺少聯繫的「跨學科」的混合物。

將心理分析引進歷史學就屬於這種情況。佛洛伊德（Sigmund Freud）從本質上來說當然是個實證主義者。他的主要目標是揭示個人下意識的規律，他把這稱作「嚴格而普遍地運用於研究精神生活的決定論」。他的理論在歷史學中的嚴格應用似乎就是指寫作人物傳記。即使要寫作社會群體的「心理史」也必須在很大程度上依賴於個人的證詞；[130] 這種證詞的分析不適用於佛洛伊德用於分析病人的那種分析方法，因為佛洛伊德可以向病人提出一些主要問題，進行調查，甚至在某種情況下可以將病人催眠。正是由於這個理由，佛洛伊德對歷史寫作的真正影響只能是間接的：只能一般性地偶然借用他的術語（如「下意識」，「抑制」，「劣質情節」等），而不能嚴格地加以模仿。當近年來將行為心理學應用於歷史學的時候也產生了同樣的問題。這裡面同樣有決定論的傾向，最明顯地表現在將博弈理論和理性選擇理論引進歷史學。確實，囚徒在困境遊戲中形成的人類行為，及其衍生出來的行為往往比佛洛伊德所認為的更容易觀察到。但是，這也是決定論。因此，心理史學家在無法將暫時表達的意圖納入其模式時便將它拋棄，而使用葛蘭西的舊方法，藉口這是「偽意識」。專弈理論和心理分析學一樣也必然是個人化的。希望將它應用於社會群體

研究的歷史學家別無選擇，只能採用外交史的方法，因為在外交史中，國家可以用經受住時間考驗的光榮傳統方式獲得人格化。⑬¹

部分地由於這個個人化的傾向，使得人類學的集體心理模式或「心態」模式才能在歷史學家當中受到極大的歡迎。⑬² 特別是克里福德・吉爾茲（Clifford Geertz）提出的「厚描述」的方法，目的是把「有意義的符號」納入可理解的結構，吸引了許多人倣傚。⑬³ 其結果是誕生了一種新型的文化史。在這種文化史中，（廣義的）文化多多少少地從物質基礎的傳統決定性作用中解放出來了。⑬⁴ 由於各種各樣的原因，可能是人類學從事實地工作的方式，也可能是「國民性」的觀點名聲掃地，更可能是政治上流行「共同體」的說法，這種文化往往是指民眾文化和地方文化，而非高級文化和民族文化。埃曼紐・勒華拉杜里的《蒙大猶》和納塔莉・澤蒙・戴維斯（Natalie Zemon Davis）的《馬丹・蓋赫返鄉記》成為「微觀歷史學」的典型著作。⑬⁵ 不過，在國家乃至國際層次上的高級文化研究也使用了相同的技術其中，最成功的當推西蒙・沙馬（Simon Schama）的著作。⑬⁶

然而，也有人明確反對這種新文化史。首先，他們可以反對說這種「微觀歷史學」選擇那麼瑣細的對象來研究，標誌著回歸到了古典主義（雖然歷史學家的研究對象最好是永遠交給他自己，他的出版商和圖書市場去選擇）。還有一種更充分的反對意見與因果論的問題有關。人類學家和社會學家一樣，傳統上都是更多地關注於結構而不是變化的過程。當歷史學家試圖應用人類學的模式對諸如對巫術的信仰下降做出解釋時，實際上就傾向於拋棄了本學科的傳統資源。⑬⁷ 最後，也是最嚴重的是，出現了一種對心態進行「厚描述」的趨勢，退化到了無窮盡的主觀主義，這種遊戲僅僅是隨意地把證據做毫無意義的聯繫。這種歷史學自稱是科學的，而從任何一種意義上來看，這都是值得懷疑的。

敘事式的決定論：為什麼不能發明歷史？

部分原因是這種漸變的主觀主義，另一部分原因是歷史學家特別而長期地關注於變化，因而忽視了結構，因此近年來恢復了對敘事式歷史學的興趣。⑬⑧ 歷史學家的首要任務是把過去混亂的事件按敘事的順序加以編寫。這種觀點當然屬於老生常談。卡萊爾和麥考萊以不同的方式用這個概念來看待歷史學家的任務。路易斯．明克（Louis Mink）歸納說「歷史認知的任務」是「發現事件的語法」，把「一大推雜混無章的事件轉變為一連串的事件」，確實是再現了維多利亞時代人們的觀念。⑬⑨ 這解釋了海登．懷特（Hayden White）和其他人為什麼對上一個世紀重大的「文字產物」再次產生了興趣。⑭⓪ 這也可以解釋為什麼敘事史的復興受到了傳統學派，特別是把科學的歷史學與克萊奧學派隨意玩弄數字的做法（簡單地）等同起來的那些人的歡迎。⑭① 巴爾曾（Barzun）在批評新史學時十分欣賞歷史寫作中的主觀主義，回應了卡萊爾認為過去的事件完全是雜亂無章的觀點：

自然科學只有一門，而歷史學卻有許多種，有相互重疊和相互矛盾的歷史，有論證性的和公開的歷史，也有充滿偏見和模稜兩可的歷史。每個觀察者都讓過去與他的研究能力和觀點相一致。他的缺點也在著作中充分表現出來：誰也不會受欺騙。〔但是〕，各色各樣的歷史版本使它們不會全都是錯誤的。相反的，它反映了人類的特徵……如果人們始終一貫地克服其主要的結果……去展示……〔過去的〕由於人類強烈慾望而造成的奇怪而「無結構的」混亂以及為表達而鬥爭的運動……人類的實踐、信念、文化和行動都展現出不可比較的特徵。⑭

在巴爾曾看來，這是一個簡單的「常識」：歷史學家的任務不是成為一名社會科學者，「而是讓讀者去接觸」「事件」和「感覺」，以便「在故事中」滿足其「原始的歡愉」。另一方面，敘事史的復興就像是滿足時裝追求者的願望。他們只不過是為了把文學批判的技術應用於最終的「文本」，即過去的書面記錄本身。敘事史的復興因此有它的兩面性。一面是對歷史寫作的傳統文學模式重新產生興趣；⑭ 另一方面則是通過閱讀而灌輸（文本拆構，語義學等）時髦的術語。⑭ 即使後現代主義僅僅是把舊的唯心主義的靈方拼湊起來，宣稱歷史學是「詮釋性的實踐，而不是客觀和中立的科學」，實際上是對歷史學施加了打擊。⑮ 喬伊斯（Joyce）寫道，「歷史向我們展現的從來都是一種無層次的形態」，「過去的事件，結構和過程是不能同重現它們的檔案展示……和歷史話語的形式區分開來的」。這實際上是在重複柯林烏半個世紀以前講過的話，只是柯林烏講得更好。

敘事史的復興只帶來了一個問題，即把文學形式應用於歷史學這個長期未能解決的問題。文學風格的發展是可以預測的。這確實是它的部分吸引力所在。當我們閱讀一部心愛的小說或觀看一部經典電影時，往往已經清楚地知道了它的結局。即使是我們不知道，或者我們不瞭解故事的梗概，但往往依然能夠從其風格中大致推測出它的開展方式。如果一齣戲劇一開始就是喜劇，我們可以下意識地排除它的最後一幕會出現殘殺。如果它明顯是一齣悲劇，我們就會做出相反的推測。如果作者有意給讀者留下「懸念」，比如說是偵探小說，其結局大致上也能猜出來，因為按照這類風格，結局往往是罪犯被抓住，罪行被偵破。專業作家寫作時腦子裡已經有了結局，僅僅是為了製造效果才往往向讀者暗示。加利（Gallie）曾經論證說：「隨著故事的展開，開始對故事的趨勢和方向有了某種模糊的感覺，感覺到後來的事情將會如何依據前面發生的事情，會意識到要發生後來的事情，前面的事情就不會發生，或者不會按照實際情況那樣發生」。⑯斯克里文（Scriven）也提出了同樣的觀點：「一部精彩的劇本應當以這樣的方式發展，即讓我們看到它的發展是必然的，因而能夠做出解釋。」⑰馬丁・艾米斯（Martin Amis）的小說《時間之箭》只是明確地表明了所有敘事中暗藏著的東西：「用文字來表達，結局前於開始……。」艾米斯裝扮成一個敘事者，內心中「知道他似乎無法面對的東西：未來總會實現」，以倒敘的方法敘述了一位納粹醫生的生平故事。於是，這位老人從美國一家醫院的臨終的病床上「誕生」，「注定」要在納粹的死亡營中對囚徒做試驗，並作為一個無辜的嬰兒「降臨」世界。在文學中，借用恩斯特・布洛赫（Ernst Bloch）的話來說，「真正的起點不在開始，而在結尾」：時間之箭總是逆向的。⑱艾米斯通過描述一局棋勢的逆轉充分地表達了他的論點。一局棋開始總是「散亂」的走法，然後「經過穿插的階段」。但事情會好轉，「經過所有的痛苦，一切都會好轉，最後一著，吃掉了對方的棋子，完美的秩序得以恢復」。

按照小說和劇本的慣例寫歷史就是用一種決定論來描述過去：即傳統敘事形式的目的論。吉朋在考慮具體事件的時候對偶然性已有了充分的瞭解，他的書名以目的論的方式涵蓋了一千五百年的歐洲歷史。如果他發表的著作是《公元一〇〇年至一四〇〇年的歐洲史》而不是《羅馬帝國衰亡史》，他的敘述便會失去統一的主題。像麥考萊一樣，英國歷史有一個不可否認的趨勢，以此來描述十七世紀的事件，並導致了十九世紀的憲政格局。這是後來柯林烏所看到的那種融入歷史中去的目的論：把現在永遠說成是歷史學家選擇加以敘事的終點（並暗示這是唯一可能的結局）。但是，用這種方法寫出來的歷史（連同虛構）可以用倒敘的方法，就像一位名叫「AE」的作家在一九一四年所想像的愛爾蘭的倒敘史：

> 十九世紀和二十世紀的小農戶逐漸被控制在大土地所有者的手中。十八世紀取得了進步，自治的曙光已經出現，接著發生了宗教衝突和戰爭，直到最後一個英格蘭人斯特隆鮑離開這個國家。此後，文化開始形成，隨著公元四〇〇年帕特里克的消失，宗教迫害停止，我們於是進入了英雄和神祇的偉大時代。⑲

這個正如AE本人所開的玩笑一樣僅僅是個民族主義者的「神話的歷史」，完全是錯誤地顛倒了黑白。

交叉小徑的花園

就像真實生活中的棋局或其它遊戲一樣，過去是千差萬別的，沒有預先決定的結局；沒有作者，沒有神靈，也沒有其它任何東西，只有人物，而且是大批的人物（這一點不同於象棋）。過去沒有情節，沒有必然的「完美秩序」，只有結局，因為重疊的事件是同時展開的，有的只是曇花一現，有的則跨越了個人的一生。羅伯特．穆西爾又一次涉及了真正的歷史與僅僅為故事之間的本質差別。在《沒有品行的人》中，他問道：「人們為什麼不發明歷史？」烏爾里奇（Ulrich）登上有軌電車時所做的思考別具象徵意義：

數學問題不能用總的方法去解答，只能使用具體的方法，但把這些具體方法集合在一起，人們就接近了總的方法……〔他〕把每個人生提出的問題視為其中的一個。人們所說的時代……就是這個廣泛的、沒有規則的狀態的流動，其數量之多大致相當於在試圖解決這個問題上所做的努力的總和。這些努力是混亂的，又是一個接著一個的，不能令人滿意的努力，（若以單個的努力來說）則又是錯誤的。有些努力可以產生正確和總體的解決辦法，但條件是人類學會了把所有這些都結合在一起……只要仔細一想，歷史是一種奇怪的東西。仔細地一觀察，我們的這個歷史顯得既是相當安全的，又是混亂一團的，就像是一片半乾枯的沼澤地。從它的結局來看，實在奇怪，明顯是有一條軌道讓它在上面行走，這就是真正的「歷史道路」，誰也不知道它從何處而來。正是這種歷史的物質化使烏爾里奇感到憤怒。他乘坐的這個發光而搖動著的車廂在他看來猶如一架機器，幾個重達百斤的人在裡面搖搖晃晃，正處在通向構成稱作「未來」的某個東西的行程中。……有感於此，他開始反抗這種無可奈何的但不得不容忍的變化和狀況，反對這些無所作為的同行人，無系統地、恭順地、缺乏人格的線索，將各個世紀連在一起……他無意地登上了電車，並結束了徒步旅行。[150]

「世界歷史是一個故事，它的誕生與其它所有故事的誕生方式完全相同」，因為「作者並沒有看到任何新東西，只不過是相互的模仿」。但是，烏爾里奇否定了這個可能性。相反的，他認為，「歷史的誕生在很大程度上是沒有作者的。它不是從中心，而是從邊緣，從細小的原因發展而來的。此外，它是以一種完全雜亂無章的方式展現的，就像是從一排士兵的那一端小聲傳過來的命令。這位士兵開始只是個軍士長，然後升為排長，最後「隨著八名士兵立即陣亡」：

如果有人把整個一代還是嬰兒的歐洲人放在公元前五千年的埃及並把他們留在那裡，那麼，世界歷史就會從公元前五千年開始重新來一遍。起初一段時間是自身的重演，然後由於人們無法猜測的原因而開始發生偏離。

因此，世界歷史的規律完全是「一團混亂」：

歷史的道路……不同於撞球的軌跡。撞球一經擊打便沿著一定的軌跡滾動；相反的，歷史的軌跡卻像亂雲飛渡，或者像人們在街上的閒逛，或因這兒的一片陰暗地區，或因那兒有一小群人而改變了方向……最後到達了一個他既不知道又不想到達的地方。在歷史道路內部存在著某種使它偏離道路的因素。⑮①

這一段論述使烏爾里奇感到不安，以至於（似乎證明了這一論點）他迷失了歸途。

簡言之，歷史無非是一個類似搭乘有軌電車旅行一樣的故事。堅持不懈要把歷史寫成故事的歷史學家可能按照艾米斯或「AE」的方法寫成倒敘的歷史。歷史的事實正如同穆西爾所說在開始旅行的時候誰也不知道它的結局是什麼：並沒有一條事先鋪設好了的軌道將它引向未來，也沒有白紙黑字寫好的載明目的地的運行時間表。霍爾赫．路易斯．波赫士（Jorge Luis Borges）在短篇故事〈交叉小徑的花園〉裡提出了完全一致的觀點。這位作者想像了一個帶有迷宮的新花樣。這個迷宮是由一位他想像的中國智者崔朋（Tsui Pên）設計的。在這個迷宮花園裡，「時間是分叉的，伸向無數個未來」：

我自然地沉緬於這句話：我走向迷宮花園中的各種（並非全部的）未來。我立刻明白了「迷宮花園」是個混沌的新事物；「各種（並非全部的）未來」這幾個字對我來說意味著時間的，而不是空間的分叉……在虛構的作品中，一個人每次都面臨著多種選擇。他選擇了其中的一個，拋棄了其它選擇。在崔朋的虛構中，他同時選擇了所有的道路。他以這樣的方式創造了各種各樣的未來；各種不同的時間本身也在增加和分叉……在崔朋的著作中，所有可能的結果全都發生了，每個結果又是另一些分叉的起點。

這部著作想像的翻譯者繼續說道：

迷宮花園是一道謎，或一個寓言，它的主題是時間，是對宇宙所做的不完整的但無誤的想像……與牛頓和叔本華（Schopenhauer）不同的是，崔朋並不相信存在統一的，絕對的時間。他相信存在著無數系列的時間，在增長著的、令人迷惑的時間網絡內，其中包含趨異的、趨同的和平行的時間。這個網絡裡的時間於數個世紀以來一直在彼此趨近、分叉，分離，或相互隔離，包容了時間的全部可能性……[152]

　　波赫士的整個著作都圍繞著這個主題不停地發生變化。他在其中的一篇文章中描述了唯心主義者想像的世界，是一篇「包含著單獨的情節並帶有能夠想像到的無窮變化的虛構作品」。⑬在〈巴比倫的博彩遊戲〉中，一種想像出來的古代博彩遊戲發展成為生活方式中各個方面，它開始的時候是「機會的增多，定期地將混亂注入宇宙之中」，變成一種無限的過程，其中「沒有什麼決定是最終的，一切都向別的轉移」。「巴比倫只不過是個無限的靠機會取勝的遊戲。」⑭他在〈巴別爾塔的圖書館〉和〈扎希爾人〉裡使用的比喻發生了變化，但同一個主題卻在不斷地發展。這樣的想像也可以在馬拉梅（Mallarmé）的詩歌〈骰子一擲〉⑮或在羅伯特·福羅斯特（Robert Frost）的〈沒有採納的道路〉中看到：

帶著一聲歎息，我要訴說
很久很久以前，在某個地方：
樹林裡有兩條叉路，而我——
我走上了很少有人走過的那條，
從此，一切都迥然而異了。⑯

對歷史學家而言，其中的意義已經十分明顯了。連斯克里文也承認：

在歷史上，只要我們收集的資料達到了某個程度，就會出現若干可能的命運轉折點，而其中沒有一個是我們知道的。不可避免性僅僅是一種回顧……決定論的不可避免性只是解釋而不是預測。因此，在未來的可能之間進行選擇的自由與每個事件都有原因是並行不悖的。如果試圖把所有意外的事件都抹煞掉了，我們就不得不放棄歷史。⑮

混沌與科學決定論的終結

穆希爾和博赫士等作家對敘事決定論提出了質疑，而二十世紀的科學家也對拉普拉斯的古典決定論提出了質疑。這兩者極為相似（而且決非偶然）。遺憾的是，包括卡爾在內的歷史學家們面對黑洞理論時，往往忽視了這一點，或者乾脆做出錯誤的理解。本世紀的許多歷史哲學家提出歷史學是否是一門科學的問題，然而，他們並沒有發現他們對科學所持的概念只是十九世紀的一種過時的陳跡。此外，如果他們對科學界的同行們實際上正在進行的工作給予更加密切的關注的話，就會吃驚地、甚至慶幸地發現他們提出了一個錯誤的問題。自然科學取得的許多重大發展帶有一個明顯特點，那就是帶有歷史學的特徵。他們所關注的是隨著時間而發生的變化。正是出於這個理由，把這個問題顛倒過來問，不是問「歷史是不是科學？」，而是問「科學是不是歷史？」這並非是個笑話。

比較古老的熱力學第二定理就屬於這種情況。該定理聲稱，孤立系統的熵值永遠在增加，也就是說，如果讓事物任其自便，無序則會增強，即使試圖建立秩序，其最終結果也將減少可提供的有序的能量的數值。這個理論對歷史學而言，至關重要，因為這不僅意味著人類生命的歷史有一個最終和無序的結局，宇宙的生命也是如此。愛因斯坦（Einstein）的相對論對歷史思考也有重要意義，因為它否定了絕對時間的觀念。自從有了愛因斯坦，我們現在才認識到每個觀察者都有他自己衡量時間的尺度。如果我登上地球上的某個高度，由於重力場對光速的作用，低於這個高度的事件要發生就需要更長的時間。然而，即使是相對時間也只有一個方向，或一支「箭」，主要是因為熵和熵的效應會作用於我們對時間的心理感受：即使只是用於把事件記載在我們記憶中所花的精力就會增加宇宙中無序的總數。

無序永遠在增強。光的運動速度最快。然而，與十九世紀的實證主義者期望的相反，並非每個過程都可以歸納為這樣明確的定理。十九世紀末科學最重大的一項進展是認識到有關自然現象之間關係的大多數陳述從性質上而言只不過是個概率。美國的皮爾斯（C. S. Peirce）在《必然性原理的審視》一書中宣稱決定論早在一八九二年已經終結。他說：「機會本身滲透進了每個感覺渠道：這是萬物當中最輕率的事情。」「機會第一，規律次之，養成習慣的趨勢又次之。」[158] 一九二六年海森伯格（Heisenberg）證明不可能精確地預測粒子未來的位置和速度，因為它現在的位置至少只能使用光量子來衡量。所使用的光的波長越短，對粒子位置的測量就越精確，但光速的波動就越大。由於「測不準原理」，量子儀器只能預測粒子觀察的某些可能結果，並說明它的概率。這證明了皮爾斯的說法。正如史蒂芬．霍金（Stephen Hawking）所說的，在最基本的層次上，

「這給科學帶來了不可避免的不可預測或隨機的因素」。⑮⑨這正是愛因斯坦對他感到十分不快的拉普拉斯理想中的宇宙所留下的一點信念。他在給麥克斯・波恩（Max Born）的那封著名的信中說道：

你相信擲骰子的上帝，我卻相信客觀世界中存在著完整的規律和秩序，而且我要以廣泛的推論方法努力去抓住這個規律和秩序。我堅信，但我希望有人將發現比我所做的一切更為現實的方法，或更加堅實的基礎。即使是量子理論所取得的重大初步成就也不能讓我相信骰子遊戲，雖然我清楚地知道你們年輕一代的同事把這解釋為年邁的結果。⑯⓪

但是，不確定性比愛因斯坦的壽命更長，而且讓歷史決定論深感不安。與此相類似，歷史學家不應無視他們自己的「測不準原理」，也就是說，對證據所做的任何陳述都不可避免地會由於帶有偏見的選擇因而歪曲它的意義。

對歷史學來說具有重要意義的另一個現代科學概念是所謂的「人類學原則」。這種原則的有力表述聲稱「存在著許多個不同的宇宙。或在單一的宇宙中存在著許多個區域，每個宇宙有自己的初始形態，有它自己的一套科學規律……但是，可理解的事物只在我們這個宇宙中才得以發展起來」。⑯①這自然會引出一個問題：我們不知道應當賦予我們並不存在於其中的其它宇宙以什麼意義？按照豪金的觀點：「我們的宇宙並不是有可能的歷史的唯一的宇宙，而是最有可能的宇宇宙之一。它存在著特定的歷史家族，與其它的宇宙相比，可能的歷史多得多。」⑯ 物理學家米喬．卡科（Michio Kaku）把這種多重宇宙（或維度）的觀念向前發展了一步。在我看來，歷史學家不需要太多地從字面意義上去接受卡科的這些帶有更多幻想的觀念。時間穿過時空「蝕蟲洞」的旅行由於需要的能量太大，似乎值得懷疑是否可以認為它在「理論上」是成立的（別的暫且不論，正如人們常說的，如果時間旅行是可能的，我們這裡就會出現大批來自未來的「旅行者」。其中包括選擇不作時光倒流的旅行以挽救林肯之死或扼死新生的希特勒的那些人）。⑯ 儘管如此，宇宙數量無限的觀念非常重要，可以服務於詮釋的目的。正如一位物理學家所說的，在另一個世界上，克麗奧佩特拉著名的鼻子上有一顆消除了的斑點。這個想法不僅聽上去而且實際上也是十分虛幻的。但這確實能夠提醒人們，過去具有不確定性。

同樣的，生物科學近些年來也在試圖擺脫決定論。例如，理查．道金斯（Richard Dawkins）的著作把包括人類在內的個體有機體定義為「通過把長期的基因短暫地組合而建立起來的生存機制」，從而把決定論推進了一步，但是，他在《自私的基因》一書中明確指出，基因「僅僅在統計的意義上決定了行為……但不能控制它們的形成」。⑯ 他的這種達爾文進化論「無視未來」，在自然界中並沒有事先設計好了的藍圖。確實，有關進化的全部觀點均集中於一點：複製的分子（如DNA）也製造和複製了錯誤，因此「微小的影響能對進化產生重大的效果」。「基因沒有遠見，它們沒有長遠的計劃」。在某個意義上，道金斯之所以是個決定論者僅僅是因為他排除了「惡運」在自然選擇中的作用：「可以肯定，幸運的作用是隨機的，始終站在失敗者一邊的基因並非不幸。但它是個壞基因」。因此，「壽命比命運更長的有機體是為此而設計出來的最佳的有機體」。「基因必須執行類似於預測的任務……〔但是，〕在這個複雜的世界上，預測是件不確定的事情。倖存的機制做出的每個決定都是一場賭博。某些人的基因以這樣的方式構成了他們的腦子，使他們能正確地進行賭博，作為直接的結果，這些人更有可能生存下去，以繁殖這些基因。助長引起痛苦和歡樂的基本刺激因素，助長記住錯誤的能力，模擬選擇的能力以及與其它「倖存機制」進行交流的能力」。[165]

然而，其他進化論者對這一論證提出了疑問。他們依然帶著決定論思想，認為人類進化為一種強大的個體有機體（或稱「貯存體」，「擬表類型」，或道金斯的其它形式的複製體）。正如斯特凡·傑伊·古德（Stephen Jay Gould）在《奇妙的生命》中所證明的，某些偶然的事件，例如像所謂的寒武紀以後明顯發生過的重大環境災難，中斷了自然選擇的過程。[166]由於長期生態條件的完全改變，他們在一夜之間放棄了持續了數千年的屬性以適應這些條件。倖存者們得以生存下來不僅是因為他們的基因設計和組成了優越的「生存機制」，往往還是因為存留下來的屬性突然發生了有利的作用。總而言之，這裡並沒有抹煞偶然性在史前史中的作用。正如古德所證明的，進化論的鍊條和錐體是在英屬哥倫比亞的伯吉斯薩爾發現了五億三千年前的各種解剖圖案後才宣告過時。達爾文的自然選擇規律並沒有決定伯吉斯薩爾在兩億兩千五百年前天翻地覆的大危機中倖存的哪種有機體將保存下來。他們只不過是一場災難性的「博彩」中幸運的獲勝者。因此，如果那場災難以不同的形式發生，地球上的生命將會以完全不同的和無法預測的方式發展。[167]

人們嘲笑古德想像出來的另一種世界，那裡居住的不是人類（「如果小蟲統治了大海，我不相信南方古猿會在非洲大草原上直立行走」），而是「海上食草動物」和「肢體前伸並長著胡桃夾子般的前顎的海上食肉動物」。⑱ 但是，古德對偶然性在歷史上的作用所做的評述並非是荒謬的。用他的話來說，由於缺少反覆驗證的科學程序，研究進化的歷史學家只能構建敘事，即重放想像的磁帶，然後去設想如果最初狀態或進程中的某個事件有所不同將會發生什麼事情。伯吉斯時代以後多毛綱動物意外地戰勝了曳腮動物就屬於這種情況。猛瑪在始新世戰勝了巨鳥也屬於這種情況。地球歷史上千分之十八的時間是由人類居住的，同樣屬於這種情況。

古德的論點主要依據巨變的作用，例如那種因星際物體的作用而引起的巨變。但偶然性並不是僅僅以這種方式進入歷史的進程。正如「混沌理論」的倡導者所證明的，即使沒有流星墜落，自然界也是不可預測的，從而使得準確預測的任務幾乎沒有可能實現。

在現代數學家、氣象學家和其它人使用的術語中，「混沌」並不是指混亂。它並不是說自然界不存在規律。而是說這些規律相當複雜，以致於我們實際上沒有可能做出準確的預測，因此發生在我們周圍的許多事情似乎是隨機的和混沌的。揚．斯圖亞特（Ian Stewart）因此說「上帝能擲骰子，並在一口氣的時間裡創造了一個帶有完整規律和秩序的宇宙」，因為「即使是簡單的公式也（能）產生出了如此複雜，對測量如此微妙的運動，然而這種運動看上去卻又是隨意的」。⑲ 準確地說，混沌理論討論的對象是決定性系統中發生的隨機（即表面上是隨意的）行為。

這本來是法國數學家亨利．龐加勒（Henri Poincaré）創立的學科才會感到興趣的現象。龐加勒認為，在一個數學系統中，如果反覆出現轉變，最終必定產生週期，但是，又如斯特凡·斯莫爾（Stephen Smale）等人所認識到的，在多維的動態系統中並沒有出現龐加勒二維系統中所看到的那四種穩定狀態。運用龐加勒的拓樸變換系統就有可能識別出一些「奇怪的吸引物」（如康托爾點集），吸引著該系統。這些系統中的「奇特性」就在於要預測其行為是極為困難的。由於它們對最初狀態極為敏感，要做出精確的預測就有必要獲得有關其起點的幾乎不可能精確的知識。[170]換言之，事實證明，表面上的隨意性行為並非是完全隨意性，而是非線性的。「即使當我們的理論是決定論，它所預測的一切也並非都能導致可重複的試驗，只有在最初狀態發生微小變化的情況下保持穩定的才會如此。」從理論上講，如果我們準確地知道了一枚錢幣的垂直速度和每秒鐘轉動的次數，我們就可以預測拋出錢幣的結果。但這在實際上太困難了。複雜的過程更是如此。因此，雖然從理論上來認識，宇宙是確定的，但「所有確定的因素都取消以後，我們能做的事情只能是測定概率，因為我們太笨，無法看到模式」。[171]

混沌理論應用（和衍生）的實例很多。第一個就是經典物理學中的「三個天體」的問題，即兩個大小相等的天體對塵埃顆粒產生的重力作用是不可預測的。天文學家認為土衛七環繞土星運動的軌道是隨機的。液體和氣體的渦流也是混沌的。這是米切爾·費根鮑姆（Mitchell Feigenbaum）感興趣的主要領域。貝諾瓦·曼德爾布羅特（Benoit Mandelbrot）在《自然的分數幾何學》中發現了其它的混沌模式。他所定義的「分數」像費根鮑姆的「無花果樹」一樣，「在很大的尺度範圍內繼續呈現出詳細的結構」。研究對流的愛德華·洛倫茲（Edward Lorenz）認為天氣提供了運動中的混沌的典型事例。他用「蝴蝶效應」一詞來說明氣候微妙地依賴於初始狀態的特徵（意思是說，從理論上講，今天有一隻蝴蝶用翅膀拍打水面而決定了下個星期是否有一場颶風襲擊英國的南部）。換言之，空氣狀態的微小變動可能產生重大的後果，因此要大致準確地預報四天以後的天氣（即使用現有的最強大的電腦）也是不可能的。羅伯特．梅伊（Robert May）等人在昆蟲和動物數量的變異中也發現了混沌模式。從某個意義上說，混沌理論最終證實了奧里略和亞歷山大．波普（Alexander Pope）很久以前就直覺認識到的東西：即使世界顯然是「機會的結果」，但它依然是「有規則的和美麗的」結構，儘管是不可理解的結構。「自然的一切只是你所不知的藝術／一切機會和方向是你無法看到的。」

混沌理論明顯對社會科學有著重要的意義。對經濟學家而言，線性方程式是大多數經濟模型的基礎，但依據線性方程式做出的預測和預言又往往是錯誤的。混沌理論則有助於解釋其中的原因。[172]「簡單的系統未必掌握了簡單的動態性能」，這個原則大概也可以適用於政治界。[173]此外，並非不重要的是，對所有學問淵博的人來說，它警告要避免使用簡單的理論去衡量選舉中的決定因素。正如羅傑．本羅斯（Roger Penrose）所指出的，只要理解了混沌理論，我們可以從中得益最多的是「模擬典型的結果。預測的天氣可以不是實際的天氣，但有充分的理由說它依然是天氣」。[174]經濟和政治的預測也是如此。能夠做出的最佳的長期預測能為我們提供一些合理的狀態，使我們承認在它們當中做出的選擇只可能是猜測，而不是預言。

混沌歷史學

歷史學家所關心的事情不是預測將來，而是理解過去。那麼，混沌理論對於歷史學家有什麼意義呢？僅僅說人類和所有事物一樣都帶有自然界的混沌行為還是不夠的，雖然可以肯定，氣候直到十九世紀末仍然是決定大多數人福利的主要因素。然而，在現代歷史中，其他人的行動在這方面逐漸發揮著越來越重要的作用。在二十世紀，人的壽命更多地是由別人而不是由自然原因而空前地縮短了。

混沌的哲學意義在於它調和了因果關係和偶然性的觀點。它不僅把我們從奧克肖特等唯心主義者的荒謬的世界中解救出來，而且從同樣荒謬的決定論的世界中解放出來。前者根本否認原因和後果的存在，而後者則認為只存在著以規律為基礎的一條預先設定的因果關係鏈。混沌，即確定系統中的隨機行為，是指即使當一系列事件存在因果聯繫時，其結果也是不可預測的。

事實上，這種中間立場早在混沌理論提出以前就已經暗暗地包含在四、五〇年代討論因果關係的歷史哲學家所說的許多話中。決定論者的基本觀念認為因果關係的陳述只能根據規律來預測。正如我們已經看到的，這個觀念可以追溯到休謨。休謨在《人性論》中論證說，在事件 X_1，X_2，X_3，X_4 之後發生了事件 Y_1，Y_2，Y_3，Y_4，在這一系列情況被觀察到之後，才能認為現象 X 和現象 Y 之間存在著因果聯繫。這個系列應足夠長，才有充分的理由推論出現象 Xs 之後總會（或很有可能）出現現象 Ys。經過亨佩爾（Hempel）的提煉以後，這成為著名的「因果論的普遍規律」模型。它指任何因果性質的陳述都依據從反覆觀察中得到的規律（或「對〔假定〕的一般規則的明確表述」）。[175]

然而，卡爾・波普認為，如果「規律」是指類似於經典物理學規律的一種預測性陳述，那麼，對於建立這樣的歷史變化規律的可能性他表示了懷疑。波普的觀點十分簡單，科學方法是通過試驗去系統地驗證假設，不能應用於對過去的研究。不過，波普把決定論混淆地稱作「歷史主義」。他否定決定論並不意味著他像奧克肖特那樣完全否定因果論。[176] 波普承認事件和趨勢事實上是由「初始狀態」引起的。關鍵的論點是有可能在歷史中形成不以這樣的普遍陳述或推論出來的確定性為依據的因果解釋。柯林烏已經把亨佩爾（或法則式）類型的歷史因果解釋與「實踐科學」類型的解釋區別開來。後者認為原因是指「通過製造或防止而產生的事件或事物的狀態。據此，我們能夠製造和防止據稱為它的原因。[177] 在這裡，建立因果關係的最佳標準不是亨佩爾的普遍規律，而是所謂的「排除法」，或運用「除非原因發生或存在，否則結果不可能發生或存在」的原則，進行必不可少的驗證。波普提出了同樣的觀點：「存在著無數個可能的條件；在我們研究一個趨勢的真實條件時，為了能夠檢驗這些可能性，我們隨時都要努力去想像使我們所討論的趨勢消失的條件是什麼。」[178] 波普對歷史主義者提出的最嚴厲的指責是說他們無力提出這樣的問題，無力「想像變化條件下發生的變化」（正如我們所看到的，奧克肖特等唯心主義者也犯有同樣的錯誤）。

弗蘭克爾（Frankel）更為詳細地探討了這個觀點具有的意義。他列舉了某些歷史解釋的實例，說明它們簡單地陳述了某些「條件，而沒有這些條件，有關的事件就不會發生」：

如果盧梭（Rousseau）沒有寫過《社會契約論》，法國大革命會有所不同嗎？如果布思（Booth）像大多數可能的暗殺者一樣槍法不準，美國內戰以後的重建會有所不同嗎？坦白地說，當我們把某種類型的原因產生的影響歸之於盧梭或林肯，我們實際上是對這些問題做出了肯定的回答……事實是，這個歸納的背後還有諸如「克麗奧佩特拉的美貌使安東尼不願離開埃及」這樣一些歷史因果論的命題。⑰⑨

用加利的話來說，「歷史學家……靠指出此前的事件來告訴我們某個具體的事件是如何發生的，而此前的那個事件是迄今為止未受到注意，或至少低估了它的價值。但是，他們因此是在廣泛推導的基礎上聲稱有關的這個事件不會發生或難以發生」。⑱⓪ 科學和歷史學家之間的一個差別是歷史學家往往完全依賴這樣的解釋，而科學家可以把它們當作假設來運用，並使用實驗的方法來驗證。換句話說，如果我們想要談論過去的因果關係又不去涉及普遍規律，我們就不得不使用反事實，那怕只是為了驗證我們的因果假設。

研究因果關係的法學理論家同歷史學家一樣關注於過去事件發生的原因。他們殊途同歸，得出了同樣的結論。正如哈特（Hart）和奧諾雷（Honoré）所證明的，穆勒把原因定義為「從正反兩個方面集合在一起的全部條件的總和；全部的偶然性集合在一起……將實現此後不變的結果」。⑱①

然而，從律師的角度來看這個定義會產生實際的問題。因為律師需要尋找責任，債務，補償和懲罰，必須在多種原因中確定究竟是哪個原因「造成了差別」。⑱例如是失火還是死亡？這裡使用的方法同樣是提出「非此莫屬」或絕對必要條件的問題：只有說清了如果沒有被告的那個被指控的錯誤行為，某個傷害是否會發生，我們才能在法律上說這個行為是否是引起傷害的原因。用布雷思維特（R. B. Braithwaite）的話來說，與因果聯繫的事件是指這樣一些事件，它們被用來：

> 不僅證明對已發生或將要發生的事情所做的推論是正確的，還要證明反事實的推論是正確的，即證明如果某個實際上已經發生的事件在什麼樣的情況下將不會發生……，當據稱A是B的原因時，律師必須提問：如果不存在A，B會發生嗎？他們就是通過這樣的方式去接近因果陳述中的一般因素。⑱

哈特和奧諾雷承認絕對必要條件受到了實際的限制（例如，在一個假設的案件中，兩個人同時向第三個人射擊，造成了這個人的死亡）。⑱但是他們決不懷疑現實主義者對立法者的意圖所做出的不無主觀色彩的觀點依然是可以接受的。

反事實的哲學分支是十分複雜的。正如伽地納（Gardiner）所指出的，它們在很大程度上決定於反事實問題採用的形式，而這些形式往往又是不完整的：

「林蔭大道上的槍聲是引起一八四八年法國革命的原因嗎?」這個問題究竟是指:「如果沒有發生這樣的事情,革命會在它確實爆發的那一刻爆發嗎?」還是指:「如果沒有槍聲,這場革命遲早會爆發嗎?」如果我們接受了對後一個問題的肯定的回答,我們就會問道:「那麼,什麼是革命的真正原因呢?於是,再有必要對詳情做進一步的描述。因為會有若干個可能的答案……而且沒有絕對真正的原因等待著歷史學家去發現……⑱

這種形式邏輯的問題最終還是讓邏輯學家們去討論。⑱但是,從歷史學家的角度來看,更為重要的問題是決定首先提出哪些反事實問題?反事實狀態應當加以考慮的觀點遭到了有力的反對,其中一種意見認為能夠考慮的反事實狀態在數量上是無限的。就像波赫士想像中的崔朋一樣,歷史學家也面臨著無數的「分叉的小徑」。克羅齊在反事實方法中看到的主要缺點也在這裡。

然而,大多數可能的反事實問題實際上並沒有真正的理由需要提出。例如,任何有理智的人都不會想要知道,如果巴黎人全都突然長出了翅膀,一八四八年會發生什麼事情,因為這是十分荒謬的。反事實問題的形成需要合理性,這個觀點是以薩·柏林爵士(Sir Isaiah Berlin)首先提出的。柏林像邁乃克一樣批判了決定論,他們的出發點都是認為歷史學家需要對「個人的性格、目的和動機」做出有價值的判斷。⑱然而,他接著又把實際上已發生的事情、可能發生的事情以及不可能發生的事情區別開來(這種區別是納米爾最早提出的):

誰也不想否認我們在小說和戲劇中經常為了人類現在、過去和未來可能面臨的最佳行動道路而發生爭吵。歷史學家（以及法官和陪審團）確實在努力確定，而且也有能力確定其可能性。以這種方法劃線，區別了可信的歷史和不可信的歷史（與幻想、對生命的無知、或烏托邦的夢想相對而言的）。所謂的現實主義就是堅持要把發生了（或可以發生的）事情置於本來（或可能）發生的事情的背景之下，並且把它與不可能發生的事情區別開來；這就是歷史意識最終要實現的全部內容……歷史的（以及法律的）公正均依賴於這種能力……⑱⑧

在確實發生了的事情和本來可能合理地發生的事情之間做出這樣的區別具有重要的意義：

當歷史學家試圖確定發生了的事情及其原因的時候，否定所有那些從邏輯上來說是成立的大量可能性，其中絕大多數的可能性是荒謬的，他們像偵探一樣僅調查那些至少是合理的可能性，所謂合理指的是這個意思，即人作為人而可能做的那種事情或可能成為的那種人，這構成了與生活方式相一致的意識……⑱⑨

還有另一種方法可以說明這一點，那就是聲稱我們所關心的是在過去看來似乎有可能的那種可能性。對這個觀點，馬克．布洛赫顯然是認識到了：

評價一個事件的可能性就是權衡其發生的機會。就是去假定，是否有理由說過去的某件事是可能的？從絕對的意義上說，這顯然是不對的。唯獨未來才有偶然性。過去是既成事實，不會給可能性留下任何餘地。骰子擲出之前，概率是一到六的任何一個數字。但只要骰子盒空了，這個問題也就不復存在了。然而，在正確分析中，歷史學家所使用的可能性的觀念是根本不相矛盾的。當歷史學家自問過去某個事件的可能性時，他實際上是在大膽地運用頭腦把自己轉移到這個事件以前的某個時間，其目的是為了衡量它的發生有多大的機會，就像他們出現在事件發生的前夕一樣。因此，可能性依然存在於未來。但是，劃分現在的這條界線在想像之中已經向後移動了，從過去的某個時間來看，它是建立在某個時間片斷之上的未來，而這個片斷在我們看來實際上已經是過去。⑲⁰

特雷弗—羅帕也持幾乎完全相同的觀點：

在歷史上的任何一個時刻都存在著真實的選擇……如果我們僅僅看到所發生的事情卻從不考慮選擇，我們怎麼能「解釋所發生的事情及其原因呢？我們只有將自己置於過去的選擇之前，我們只有像當時的人那樣生活一段時間，處於當時仍然流動著的背景中，面臨當時尚未解決的那些問題，好像這些問題正對我們迎面而來，我們才能從歷史中吸取有益的教訓。⑲¹

簡言之，把我們考慮的歷史選擇縮小到那些合理的事情上去，因而用可能性的慎思去取代「機會」的猜想，這樣，我們就能擺脫必須在某個確定的過去與無法處理的無數個可能的過去之間進行選擇的困境。我們因此而需要建立起來的反事實狀態並非是純粹的幻想：它們是對這個混沌的世界中合理結果的相對可能性所做的慎密思考為基礎而進行的模擬（因此是「潛狀的歷史」）。

這自然意味著我們需要對可能性做出某種理解。例如，我們需要避免賭徒所犯的那種錯誤，因為他們相信，如果紅色在輪盤上連續出現了五次，下一轉賭黑的取勝機會更大。但是，事實並非如此。擲硬幣和擲骰子也屬於這類情況。⑲² 另一方面，歷史學家研究的對象是人類。他們不同於骰子，是有記憶和意識的。對骰子而言，過去決不會影響現在。在擲出骰子以後，制約其運動的關鍵因素是機會均等。然而，對人類而言，過去往往會發生影響。試舉一個（借自博弈理論的）例子。避開了兩次軍事遭遇的政治家在第三次受到挑戰時可能會變得有勇氣拿起武器，那完全是因為他記住了過去的那些恥辱。對於他是否有可能去戰鬥的判斷必須依據對他過去的行為以及他現在對此的態度做出的評估。因此，歷史的可能性比數學概率更為複雜。就像上帝不擲骰子一樣，人類也不是骰子。我們回到了柯林烏所說的真實的「歷史因果關係形態」，「被引起」的事情是有意識和有責任的主體的自由和深思熟慮的行動」。⑲³ 又正如德雷（Dray）所說的那樣，過去人們的「行動原則」並不總像我們以為的那樣是嚴格符合合理性的。⑲⁴

這裡還有一個問題需要回答。我們如何準確地把有可能的但未曾實現的狀態與不可能的狀態區別開來？反事實方法遭到反對，其中最常見的反對意見認為它所依據的是「根本不存在的事實」，因此，我們缺乏有關的知識可以用來回答反事實的問題。但事實並非如此。對這個問題的回答非常簡單：我們應當僅僅把那些我們能夠證明當時代的人實際上已經考慮過的當時代的證據為基礎的那些選擇當作合理的或可能的狀態。

這個觀點非常重要，而奧克肖特恰恰忽視了這個觀點。正如他常常說的，我們所說的過去曾經是未來；過去的人們對他們未來的瞭解不會比我們對我們未來瞭解得更多。他們能夠做到的是考慮可能的未來，即合理的結果。過去的某些人有可能對他們的未來並不感興趣。過去的許多人會肯定地以為他們對自己的未來一無所知，而且有時會認為這是理所當然的事情。但是，過去的人們當中有更多的人會認為未來並不止一個。雖然後來真正實現的未來只有一個，但在這個未來實現之前，它並不會比其它的未來更為真實（儘管從現在的角度來看它的可能性似乎最大）。那麼，如果所有的歷史都是（有記載的）思想的歷史，於是可以肯定，我們必須賦予所有考慮到的結果以同等的意義。如果歷史學家只允許自己去認識其中的某個結果後來會發生而取消了人們認為會發生的其它合理的結果，就沒有可能去重新捕捉「如同事實所發生的」過去。因為只考慮事實上已經發生了的可能性，便犯了目的論的最基本的錯誤。為了理解過去的事件是如何發生的，我們需要理解在當時代的人來說可能發生的事情為何沒能發生。更為重要的是，如果真正發生的結果是當時的人們沒有預料到的，那麼直到它真正發生之前，人們就沒有對它做過真正的思考。

這樣便大大地縮小了反事實分析的範圍。此外，我們還有充分的理由去考慮當時代的人不僅考慮到了而且記載下來的假設狀態，這些都存在於保留下來的檔案（或其它形式的記載）中。這些檔案則是歷史學家的可靠史料。很明顯，這裡面又增加了偶然的因素，因為沒有什麼必然的原因決定哪些檔案應保存下來而哪些檔案不應當保留下來。但與此同時，這使反事實的歷史得以實踐。

因此，反事實分析法有雙重的合理性。首先，當人們提出「非此莫屬」的問題時，實際上也提出了因果關係的問題，就要試圖去想像我們提出的原因如果不存在將會發生什麼事情。這樣做是邏輯的必然。為此，我們必須在有關可能性的判斷基礎上重現合理的另一類過去，而且只有依據歷史證據才能做到這一點。第二，這樣做又是歷史的必然。當我們試圖從蘭克真正意義上的「如同事實所發生的那樣」去理解過去是如何發生的，那麼，對於當時代的人在事實發生之前所思考過的所有的可能性，我們都必須賦予它們同等的重要性，對於這些可能性所給予的重要性要超過他們未能預見的結果。

本書的第一個前提是那些「非此莫屬」的論證所不可或缺的內容並明確的將它們表達出來。此外，從方法論的角度而言，本論文集主要限定在當時代的人們已經考慮到的那些反事實上。每一章中討論到的選擇都在當時被看作是現實的，從而為論證提供了必要的起點。

當我們做這樣的考慮時，便會產生幾個問題。第一，實際發生的事情往往不是當時大多數有識之士所認為可能性最大的結果。這個意義上的反事實狀態對於處在那個關鍵時刻的決策者而言，則是指比後來真正發生的事情更為「真實」的事情。

其次，我們開始看到了決定論在歷史中發揮的真正作用：人們相信這些理論而且相信自己被這些理論所控制。正如前面所提及的，自然界的混沌與歷史中的混沌有著重大的差別，因為人是有意識的，與氣體、流體以及低級有機體不同。不僅是人的基因決定了他們的生存；而且在一般的情況下他們也試圖把當前的行動放在首位，賦予過去以某種意義，並在此基礎上預測未來。問題在於他們在一般情況下進行預測時所依據的理論仍存在著許多缺陷。無論是假設最高存在、理性、理想、階級鬥爭、種族鬥爭、或其它決定因素的存在，他們都被誤導了，誇大了自己的能力，以為自己可以做出準確的預測。托克維爾曾經說過：「人們往往會因過多的回憶而遭到政治上的滅頂之災」，其實他應當說「因過多的決定論史學而遭致政治上的滅頂之災」。對決定論的信仰還以其它方式使本書研究的所有重大衝突，包括英國內戰、美國獨立戰爭、英愛衝突、第一次世界大戰，第二次世界大戰和冷戰，變得更加可能。正如本書試圖證明的，在這些衝突中死去的人們最終都成了純粹混沌的和無法預料的事件的犧牲品，而這些事件是不能以別的方式出現的。許多人可能是被確定的預言所產生的意外結果所殺，就像他們被自己的自我實現的趨勢所殺一樣。無論怎麼說，他們的殺手往往藉著天定論的名義而採取行動，或者是宗教天定論，或者是社會主義天定論，或者是種族主義的天定論，都是個不爭的事實。由此看來，對於「為什麼要費心提出反事實的問題？」所做出的最佳回答也許是非常簡單的：如果我們不提出這個問題，那麼又會怎樣呢？潛狀的歷史是克服天定論的天敵。

本書的各章實質上是分別駛入了「想像的時間」。這裡倒沒有必要為此道歉。它帶有科幻小說的特徵，帶領讀者去窺見一系列蝕蟲洞，從而進入八個平行的宇宙。但是，每一章立論的依據都不限於單純的想像或幻想。世界並非是神諭的，也不受理性、階級鬥爭或其它決定性的「規律」的制約。我們能夠有把握說明的是由於熵的原因，它必定會增強其無序。研究其過去的歷史學家必定會產生雙重的不確定性：因為他們用作證據的那些人類產物往往是僅憑機會才保留下來的；因為一旦把某個人類產物當作一件歷史證據來對待時，歷史學家立即歪曲了它的意義。他們試圖從這些史料中推導出來的事件原本就是「隨機」的，換句話說，明顯是混沌的，聽說物質世界的行為既不受線性公式也不受非線性公式制約的。（不能用公式的方式來表達的）人的意識增添進了混沌的印象。在這些情況下，探索歷史的普遍規律是無意義的。歷史學家能夠做到的事情充其量不過是考察以對可能性的判斷為基礎而建立起來的合理的反事實，從而做出有關因果關係的暫時判斷。最後，另類狀態只能從那些保留至今的由當時代的人對未來的可能性所做的判斷推導出來。以上幾點可以構成新的「混沌歷史學」的宣言，即以混沌的方法進行的歷史研究。但是，從許多方面來看，它把歷史學家多年來私下在自己的想像中所做的事情公開化了。

最後還有一個問題：如果本書沒有出版，另一本相同的（也許是更好的）的著作會更早還是更晚問世？我敢說這是肯定的。這並非出於謙虛。近幾十年來，科學中的因果論發生了重大的變化，人們甚至有理由認為歷史學家遲早要掌握這些觀念。可以肯定地說，如果當代歷史學家對數學、物理學、乃至古生物學的重視像他們給予社會學、人類學或文學批判的重視一樣多的話，本書也許早在十年前就已問世了。然而，歷史的研究方法畢竟不同於科學。庫恩（Thomas Kuhn）所論及的科學革命具有痙攣性的特徵也許是對的。過時的範式在它過時以後往往會持續一段時間。⑲⑤

範式最終發生轉變至少不是因為現代對史料的研究集中到了被認為是重要的問題上（即使事實證明這個問題並不重要，遲早會顯出其與事先設定的收穫不符）。歷史範式轉變的方式有更大的隨機性。現代歷史學界不再出現定期的「轉變」，而是表現為一種反應遲緩的修正。學者們注重於修正前一代歷史學家做出的解釋，卻很少（冒著自身學術生涯的危險）去挑戰他們的觀點。如果史學史一旦表現出本書在其普遍意義上加以否認其存在的某種週期性的特徵，這也僅僅反映了歷史學界固有的局限。確實，諸如「敘事史的復興」等時髦術語充分反映了歷史學界在方法論的創新上仍存在著倒退而不是向前看的趨勢。出於這樣的原因，似乎有理由得出一個帶有可能性的結論。有關這本書的寫作，不存在任何必然的東西。或者說，一本類似於這樣的書如果沒有思想相近的歷史學家們多次的會面討論是不可能問世的。這種會面也許從未發生過，從而把我們帶回到日常生活中那種確信無疑的混沌性質中去，也就是回到這篇導論開始的地方。正如後面各章所討論的反事實那樣，人們是願意接受事實上已經發生的結果，還是願意接受許多未曾實現但合理的選擇，這個問題還是留給讀者自己去判斷吧。

① 關於對想像中的另一個世界的分析，參見托馬斯・帕維爾：《虛構的世界》（Thomas Pavel, *Fictional Worlds*），劍橋，一九八六年。

② 羅伯特・穆西爾：《沒有品行的人》（Robert Musil, *The Man without Qualities*），第一卷，倫敦，一九八三年，第十二頁。

③ 卡爾：《歷史是什麼?》（E. H. Carr, *What Is History?*），第二版，倫敦，一九八七年。

④ 卡爾：《歷史是什麼?》，第四四頁，又見第九〇頁，第九十六頁，第一〇五頁。

⑤ 湯普森：〈理論的貧困〉（E. P. Thompson, 'The Poverty of Theory'），載於湯普森：《理論的貧困及其它》（*The Poverty of Theory and Other Essays*），倫敦，一九七八年，第三〇〇頁。

⑥ 克羅齊：〈歷史中的「必然」〉（Benedetto Croce, '"Necessity" in History'），載於《哲學、詩學、史學論文集》（*Philosophy, Poetry History: An Anthology of Essays*），塞西爾・斯普里格（Cecil Sprigge）譯，倫敦，一九六六年，第五五七頁註釋。克羅齊闡明了歷史學家可能更容易地就過去而不是就他們自己的生活提出反事實的問題。

⑦ 邁克爾・奧克肖特：《經歷及其方式》（Michael Oakeshott, *Experience and its Modes*），劍橋，一九三三年，第一二八～一四五頁。

⑧ 羅伯特・哈里斯：《祖國》（Robert Harris, *Fatherland*），倫敦，一九九二年。德國取得勝利的思想還引發了一大批並不那麼成功的作品，如腓利普・迪克的《高堡中的人》（Philip K. Dick, *The Man in the High Castle*），紐約，一九六二年；格里高利・本・福特和馬丁・格林堡編：《希特勒的勝利：德國在第二次世界大戰中取得勝利的十一個故事》（Gregory Benford and Martine Greenberg, eds., *Hitler Victorious: Eleven Stories of the German Victory in World War Two*），倫敦，一九八八年；彼得・索烏拉斯：《D日的災難：一九四四年六月德國擊敗盟軍》（Peter Tsouras, *Disaster at D-Day: The Germans Defeat the Allies, June 1944*），倫敦，一九九四年。

⑨ 金斯利・艾米斯：《選擇》（Kingsley Amis, *The Alteration*），倫敦，一九七六年。克思・羅伯茨的《宮廷舞》（Keith Roberts, *Pavane*，倫敦，一九六八年）想像了一個類似的天主教的烏托邦。以南方取得美國內戰勝利為背景的小說出版了數種，這也不會使人感到驚訝，包括沃德・莫爾的《五十大慶》（Ward Moore, *Bring the Jubilee*，紐約，一九五三年）和哈理・圖特爾多夫的《南方的槍炮》（Harry Turtledove, *The Guns of the South*，紐約，一九九二年）。還有兩部以共和國取得西班牙內戰勝利為背景的小說是英語讀者所不熟悉的，即費爾南多・迪亞士—普拉哈的《凱旋》（Fernando Diaz-Plaja, *El desfile de la victoria*，巴塞隆那，一九七六年）和赫蘇斯・托爾巴多的《今日》（Jesus Torbado, *En el dia de hoy*，巴塞隆那，一九七六年。感謝布倫丹・希姆斯（Dv Brendan Simms）為我提供上述資料。

⑩ 試舉這類著作的例子有威爾斯的《未來事物的形態：最終的革命》（H. G.Wells, *The Shape of Things to Come: The Ultimate Revolutions*，倫敦，一九三三年）；邱吉爾的《未來簡史》（R. C. Churchill, *A Short History of the Future*，倫敦，一九五五年），　約翰・海克特爵士的《第三次世界大戰：尚未說出來的故事》（Sir John Hackett, *The Third World War: The Untold Story*，倫敦，一九八二年）；威廉・克拉克的《災難：南北衝突》（William Clark, *Cataclysm: The North-South Conflict*，倫敦，一九八四年）；彼得・傑伊和邁克爾・斯圖亞特的《二〇〇〇年啟示錄：經濟崩潰和民主制的自殺，一九八九～二〇〇〇年》（Peter Jay and Michael Stewart, *Apocalypse 2000: Economic Breakdown and the Suicide of Democrary, 1989～2000*，倫敦，一九八七年）；詹姆士・戴爾・戴維森和威廉・里斯—莫格的《大推理：一九九〇年代的大蕭條中世界將如何變化》（James Dale Davidson and William Rees-Mogg, *The Great Reckoning: How the World Will Change in the Depression of the 1990s*，倫敦，一九九二年）。

⑪ 愛德華・吉朋：《羅馬帝國衰亡史》（Edward Gibbon, *The Decline and Fall of the Roman Empire*），倫敦，一九九四版，第五卷（第五二章），第四四五頁。

⑫ 夏爾・雷奴維埃的《尤克羅尼（歷史的烏托邦）：未曾發生過但有可能發生的歐洲文明發展的歷史啟示錄》（Charles Renouvier, *Uchronie* （*l'utopie dans l'histoire*）: *Esquisse historique apocryphe du développement de la civilisation européenne tel qu'il n'a pas été, tel qu'il aurait pu être*），第一版，巴黎，一八七六年；第二版，巴黎，一九〇一年》，前言第三

頁。

⑬ 雷奴維埃的此書專門研究了「新的人類自由黨這個過去似乎真正出現過的黨派」。他聲稱「我們決定的第一個得救是為了我們自己」，見雷奴維埃：《尤克羅尼》，第三一頁。

⑭ 屈維廉：〈如果拿破崙取得了滑鐵盧戰役的勝利〉（G. M. Trevelyan, 'If Napoleon had won the Battle of Waterloo'），載於《繆斯女神克萊奧及其它》（*Clio, a Muse and Other Essays*），倫敦，一九三〇年，第一二四～一三五頁。有關法國人近來所做的反駁，參見羅貝爾·阿倫：《滑鐵盧的勝利》（Robert Aron, *Victoire à Waterloo*），巴黎，一九六八年。

⑮ 斯誇爾編：《如果事情不是那樣發生：墜入想像的歷史》（J. C. Squire, ed., *If It Happened Otherwise: Lapses into Imaginary History*），倫敦／紐約／多倫多，一九三二年。

⑯ 有關稱讚林肯的反事實歷史，參見勞伊德·劉易斯的〈如果林肯依然活著〉（Lloyd Lewis, 'If Lincoln Had Lived'），載於蘭尼，勞伊德·劉易斯，卡爾·桑德伯格和威廉·多德：《如果林肯依然活著》（M. Llewellyn Raney, Lloyd Lewis, Carl Sandburg and William E. Dodd, *If Lincoln Had Lived. Addresses*），芝加哥，一九三五年，第一六～三五頁。

⑰ 一些報導出來的立法散發著這樣的氣味，如「強制就業法案」、「滑稽報紙審查提案」，「解散城市公司提案」等。當這些變成了一種饒有風趣的說法時，如蘇維埃化的英國，現代讀者會發現對這種說法不大熟悉了。這些說法都把諾克斯指責為超現實主義者，例如「公司董事最高工資提案」，賸餘牛奶湖，大學的合理化是把牛津大學的偉人換成工程師。

⑱ 斯諾曼編：《如是我是他的話……歷史幻想十篇》（D. Snowman, ed., *If I Had Been... Ten Historical Fantasies*），倫敦，一九七九年。

⑲ 吉朋：《羅馬帝國衰亡史》，第六卷（第六四章），第三四一頁。

⑳ 溫斯頓·邱吉爾：《世界危機：餘波》（Winston Churchill, *The World Crisis: The Aftermath*），倫敦，一九二九年，第三八六頁。

㉑ 威廉·德雷：《歷史中的規律和解釋》（William Dray, *Laws and Explanation in History*），牛津，一九五七年，第一〇

三頁。

㉒ 羅素：〈辯證唯物主義〉（Bertrand Russell, 'Dialectical Materialism'），載於帕特里克・伽地納主編：《歷史的理論》（Patrick Gardiner, ed., *Theories of History*），格倫科（伊利諾斯州）／倫敦，一九五九年，第二九四頁。

㉓ 約翰・梅里曼主編：《尋找一匹馬：歷史上的機會和幽默》（J. M. Merriman, ed., *For Want of a Horse: Chance and Humour in History*），列克星屯（麻州），一九八四年。實際上，其中只有半數的論文屬於反事實。

㉔ 康拉德・羅素：〈天主教之風〉（Conrad Russell, 'The Catholic Wind'），載於前引書，第一〇三～一〇七頁。

㉕ 休・特雷弗—羅帕：〈歷史和想像〉（Hugh Trevor-Roper, 'History and Imagination'），載於瓦勒里・帕爾，布萊爾・沃登和休・勞伊德・瓊斯編：《歷史和想像：獻給休・特雷弗—羅帕的論文集》（Valerie Pearl, Blair Worden and Hugh Lloyd-Jones, eds., *History and Imagination: Essays in Honour of H. R. Trevor-Roper*），倫敦，一九八一年，第三五六～三六九頁。這部書包含了一個近代的反事實，提出有「四個假設的事件」可以讓德國「最終」在一九四〇年以後取得西歐的勝利：如果沒有邱吉爾；如果沒有烏爾特拉情報；如果法國加入軸心國；如果墨索里尼沒有發動對希臘的入侵。

㉖ 約翰・文森特：《聰明人的歷史指南》（John Vincent, *An Intelligent Person's Guide to History*），倫敦，一九九五年，第三九頁起。關於他對反事實進行的討論，見第四五頁。

㉗ 見福格爾：〈新經濟史：發現和方法〉（R. W. Fogel, 'The New Economic History: Its Findings and Methods'），載於《經濟史評論》（*Economic History Review*），第二集，第一九卷（一九六六年），第六四二～六五一頁。又見罕特：〈新經濟史〉（E. H. Hunt, 'The New Economic History'），載於《歷史》（*History*），第五三卷，第一七七期（一九六八年），第三～一三頁。

㉘ 福格爾：《鐵路與美國經濟增長：解析式的計量經濟史》（R. W. Fogel, *Railways and American Economic Growth: Essays in Interpretative Econometric History*），巴爾的摩，一九六四年。這種方法也應用於英國史的研究，如豪克：《鐵路與英格蘭和威爾斯的經濟增長，一八四〇～一八七〇年》（G. R. Hawke, *Railways and Economic Growth in England and Wales 1840~1870*），牛津，一九七〇年。

㉙ 弗勞德和麥克洛斯基：《一七〇〇年以後的英國經濟史》（R. Floud and D. N. McCloskey, *The Economic History of Britain since 1700*），第二版，劍橋，一九九四年，第二卷。

㉚ 艾爾頓和福格爾：《哪條道路通往過去?·兩種歷史觀》（G. R. Elton and R.W. Fogel, *Which Road to the Past? Two Views of History*），紐黑文，一九八三年。

㉛ 福格爾和斯丹利·恩格爾曼：《苦難的時代：美國黑奴制經濟學》（R. W. Fogel and Stanley L. Engerman, *Time on the Cross: The Economics of American Negro Slavery*），波士頓，一九七四年；福格爾：《沒有同意和契約：美國奴隸制的興亡》（R. W. Fogel, *Without Consent or Contract: The Rise and Fall of American Slavery*），紐約，一九八九年。有關對立的觀點，見古特曼：《奴隸制和數字遊戲：對「苦難的時代」的批評》（H. G. Gutman, *Slavery and the Numbers Game: A Critique of 'Time on the Cross'*），倫敦，一九七五年。

㉜ 關於「波爾查德辯論」的綜述，見巴隆·馮·克呂埃登納編：《經濟政治和政治崩潰：威瑪共和國，一九二四～一九三三年》（J. Baron von Kruedener. ed., *Economic Policy and Political Collapse: The Weimar Republic, 1924～1933*），紐約／牛津／慕尼黑，一九九〇年。

㉝ 傑佛里·豪索恩的論文集，《合理的世界：歷史和社會科學中的可能性和理解》（Geoffrey Hawthorn's seminal, *Plausible Worlds: Possibility and Understanding in History and the Social Sciences*），劍橋，一九九一年。

㉞ 同上，第八一～一二二頁。

㉟ 同上，第一二三～一五六頁。

㊱ 同上，第一頁，第一〇頁。

㊲ 福斯特：《現代愛爾蘭，一六〇〇～一九七二年》（R. F. Foster, *Modern Ireland, 1600～1972*），牛津，一九八八年。

㊳ 約翰·查姆利：《邱吉爾：光榮的終結》（John Charmley, *Churchill: The End of Glory*），丹頓格林，一九九三年。

㊴ 赫伯特·巴特菲爾德：《歷史的起源》（Herbert Butterfield, *The Origins of History*），亞當·沃特森（Adam Watson）編，倫敦，一九八一年，第二〇〇頁。

㊵ 盧克萊修：《物性論》（Lucretius, *On the Nature of the Universe*），拉塔姆（R. E. Latham）英譯本修訂版，哈蒙德沃思，一九九四年，第六四頁。

㊶ 同上，第六六頁。

㊷ 波利比阿：《羅馬帝國的興起》（Polybius, *The Rise of the Roman Empire*），揚・斯各特—吉爾維特（Ian Scott-Kilvert）英譯本，哈蒙德沃思，一九七九年，第四一頁，第四四頁。

㊸ 塔西佗：《歷史》（Tacitus, *The Histories*），肯尼思・威勒斯利（Kenneth Wellesley）英譯本，哈蒙德沃思，一九七五年，第一七頁。

㊹ 巴特菲爾德：《歷史的起源》，第一二五頁。

㊺ 《舊約》第一卷，第五～九頁。比較斯特凡・傑伊・古德：《時光之箭，時光之環：地理時間發現中的神話和比喻》（Stephen Jay Gould, *Time's Arrow, Time's Cycle: Myth and Metaphor in the Discovery of Geological Time*），倫敦，一九八七年。

㊻ 巴特菲爾德：《歷史的起源》，第二〇七頁。

㊼ 巴特菲爾德：《歷史的起源》，第一七六～一八〇頁。

㊽ 摘自恩內斯特・納格爾：〈歷史上的決定論〉（Ernest Nagel, 'Determinism in History'），載於威廉・德雷編：《哲學分析與歷史學》（William Dray, ed., *Philosophical Analysis and History*），紐約／倫敦，一九六六年，第三八〇頁。

㊾ 維科：〈新科學〉（Giambattista Vico, 'The New Science'），載於伽地納編：《歷史的理論》，第一八頁。

㊿ 彼埃特・蓋爾和阿諾德・湯恩比：〈我們能夠認識有關過去的模式嗎？一場辯論〉（Pieter Geyl and Arnold Toynbee, 'Can We Know the Pattern of the Past? - A Debate'），載於伽地納編：《歷史的理論》，第三〇八頁。有關湯恩比的《歷史研究》（*A Study of History*），參見阿瑟・馬爾威克的《歷史的性質》（Arthur Marwick, *The Nature of History*），第三版，倫敦，一九八九年，第二八七頁。

(51) 彼埃爾・西蒙・德・拉普拉斯：《概率的哲學導論》（Pierre Simon de Laplace, *A Philosophical Essay on*

Probabilities），特魯斯各特和埃莫里（F. W. Truscott and F. L. Emory）英譯本，紐約，一九〇二年，第四頁。

52 揚・海金：《機會的馴服》（Ian Hacking, *The Taming of Chance*），劍橋，一九九〇年，第一四頁。

53 巴特菲爾德：《歷史的起源》，第一三五頁。

54 康德：〈從宇宙的觀點中產生的世界史觀念〉（Immanuel Kant, 'Idea of a Universal History from a Cosmopolitan Point of View'），一七八四年，載於伽地納編：《歷史的理論》，第二二頁，第二九頁。

55 邁克爾・斯丹福：《歷史研究手冊》（Michael Stanford, *A Companion to the Study of History*），牛津，一九九四年，第六二頁。

56 黑格爾：〈哲學的世界歷史第二稿〉（G. W. F. Hegel, 'Second Draft: The Philosophical History of the World'），一八三〇年，載於《世界歷史哲學講稿》（*Lectures on the Philosophy of World History*），劍橋，一九七五年，第二六～三〇頁。

57 同上，第三三～一四一頁。

58 孔德：〈實證哲學與社會研究〉（Auguste Comte, 'The Positive Philosophy and the Study of Society'），載於伽地納編：《歷史的理論》，第七五頁。

59 摘自以薩・柏林：〈科學歷史學的概念〉（Isaiah Berlin, 'The Concept of Scientific History'），載於德雷主編：《哲學分析》，第二八頁。

60 約翰・斯圖亞特・穆勒：〈論歷史科學〉（John Stuart Mill, 'Elucidation of the Science of History'），載於伽地納編：《歷史的理論》，第九六～九九頁，第一〇四頁。

61 摘自弗里茲・斯特恩主編：《從伏爾泰至今的歷史的多樣性》（Fritz Stern, ed., *The Varieties of History from Voltaire to the Present*），倫敦，一九七〇年，第一二一頁，第一二七～一三二頁。

62 亨利・托馬斯・巴克爾：〈歷史與普遍規律的作用〉（Henry Thomas Buckle, 'History and the Operation of Universal Laws'），載於伽地納編：《歷史的理論》，第一一四頁。

63 托爾斯泰：《戰爭與和平》（Tolstoy, *War and Peace*），第二卷，倫敦，一九七八年，第一四〇〇～一四四四頁。

64 參見拉德：《馬克思的歷史解釋》（M. Rader, *Marx's Interpretation of History*），牛津，一九七九年。

65 馬克思：《資本論》（Karl Marx, *Capital*），第一卷，第三二章。

66 卡爾：《歷史是什麼?》，第一〇一頁。

67 阿布拉姆斯：〈歷史學、社會學、歷史社會學〉（P. Abrams, 'History, Sociology, Historical Sociology'）。載於《過去和現在》（*Past and Present*），第八七期，一九八〇年，第一五頁。又見拉德：《馬克思的歷史解釋》，第四頁，第八頁。湯普森：〈理論的貧困〉，載於湯普森主編：《理論的貧困及其它論文集》，第三〇七頁。

68 喬治・普列漢諾夫：〈個人在歷史上的作用〉（Georgi Plekhanov, 'The Role of the Individual in History'），載於伽地納編：《歷史的理論》，第一四四～一六三頁。

69 斯丹福：《歷史研究手冊》，第二八四頁。托洛斯基（Trotsky）引用了達爾文同樣的話：「人們可以用生物學的語言來說，歷史規律是通過偶然的自然選擇來實現的。」見卡爾：《歷史是什麼?》，第一〇二頁。

70 赫伯特・巴特菲爾德：《惠格派的歷史解釋》（Herbert Butterfield, *The Whig Interpretation of History*），倫敦，一九三一年。

71 阿克頓勳爵：〈關於歷史研究的就職演講〉（Lord Acton, 'Inaugural Lecture on the Study of History'），載於麥克尼爾編：《自由主義的歷史解釋》（W. H. McNeill, ed., *Essays in the Liberal Interpretation of History*），芝加哥，一九六七年，第三〇〇～三五九頁。

72 布魯姆：《過去的消失》（J. H. Plumb, *The Death of the Past*），倫敦，一九六九年，第一七頁，第七七頁，第九七～一〇〇頁，第一二九頁。

73 邁克爾・霍華德：〈歷史的教訓〉（Michael Howard, 'The Lessons of History'），載於霍華德：《歷史的教訓》（Michael Howard, *The Lessons of History*），牛津，一九九一年，第六～二〇頁。

74 托馬斯・卡萊爾：〈論歷史〉（Thomas Carlyle, 'On History'），一八三〇年，載於斯特恩編：《歷史的多樣性》，第九五頁。

75 杜斯妥也夫斯基：《地下室手記》（Fyodor Dostoevsky, *Notes from Underground*），安德魯・麥克安德魯（Andrew R. MacAndrew）英譯本，倫敦，一九八〇年版，第一〇五～一二〇頁。

76 摘自斯特恩編：《歷史的多樣性》，第一〇一頁。

77 同上，第九一頁。

78 這種輕鬆的氣氛典型地表現在莫里斯・伊萬・哈爾（Maurice Evan Hare）一九〇五年寫的那首打油詩中：

從前有一個人說了一句「他媽的」！
我是相信的，因為我是
一台引擎，運動在
事先挖好的軌槽裡。
我不是一輛巴士，而是有軌電車。

79 費捨爾：《歐洲歷史》（H. A. L. Fisher, *A History of Europe*），倫敦，一九三六年，前言第五頁。

80 見柏里：《論文選》（J. B. Bury, *Selected Essays*），滕佩利（H. W. V. Temperley）編，劍橋，一九三〇年，第六〇～六九頁。

81 屈維廉：〈繆斯女神克萊奧〉（G. M. Trevelyan, 'Clio, a Muse'），載於屈維廉：《繆斯女神克萊奧》（Clio, a Muse），第一四〇～一七六頁，尤見第一五七頁。

82 泰勒：《第二次世界大戰的起源》（A. J. P. Taylor, *The Origins of the Second World War*），第二版，倫敦，一九六三年。

83 摘自斯特恩編：《歷史的多樣性》，第一四二頁。

84 狄爾泰不僅強調「人類有關事物相互聯繫的各種觀念之間的相對性」，而且認為所有的歷史證據都不可避免是主觀的製作。參見埃爾馬思：《威廉・狄爾泰：歷史理性之批判》（M. Ermarth, *Wilhelm Dilthey: The Critique of Historical Reason*），芝加哥，一九七八年。

85 邁乃克：〈歷史中的因果律和價值觀〉（Friedrich Meinecke, 'Causalities and Values in History'），載於斯特恩編：《歷史的多樣性》，第二六九頁，第二七三頁。

86 邁乃克：《德國的災難》（Friedrich Meinecke, *Die deutsche Katastrophe*），威斯巴登，一九四九年。

87 柯林烏：〈歷史哲學的性質和目標〉（R. G. Collingwood, 'The Nature and Aims of a Philosophy of History〔1924-5〕'），載於《柯林烏的歷史哲學論文集》（*Essays in the Philosophy of History: R. G. Collingwood*），德賓（W. Debbins）編，奥斯丁（德克薩斯州），一九六五年，第四四頁。

88 柯林烏：〈一六二六年的歷史哲學講稿〉（R. G. Collingwood, 'Lectures on the Philosophy of History, 1926'），載於柯林烏：《歷史的觀念：一九二六～一九二八年的講稿》（R. G. Collingwood, *The Idea of History: With Lectures 1926～1928*）萬・德・杜森（J. van der Dussen）編，牛津，一九九三年，第四〇〇頁。

89 柯林烏：〈歷史哲學的性質和目標〉，第三六頁，第三九頁。

90 柯林烏：《歷史的觀念：一九二六～一九二八年的講稿》，第三九〇頁。

91 同上，第三六三頁，第四一二頁，第四二〇頁，參見馬威克：《歷史的性質》，第二九三頁。

92 摘自戴維・海克特・費捨爾：《歷史學家的「幻想」：論歷史思想的邏輯》（David Hackett Fischer, *Historians' Fallacies: Toward a Logic of Historical Thought*），倫敦，一九七〇年，第一六四頁。

93 克羅齊：〈歷史中的『必然』〉，第五五八頁。

94 邁克爾・奥克肖特：《經歷及其方式》，第一二八頁。

95 邁克爾・奥克肖特：《論歷史及其它論文集》（Michael Oakeshott, *On History and Other Essays*），牛津，一九八三年，第七一頁。

96 同上，第七九頁。

97 參見邁克爾·本特利編：《公眾和私有原理論文集：獻給邁克爾·考林的英國史》（Michael Bentley ed., *Public and Private Doctrine: Essays in British History Presented to Maurice Cowling*），劍橋，一九九三年。尤見本特利寫的〈前言〉，第一～一三頁。

98 艾爾頓：《歷史學的實踐》（G. R. Elton, *The Practice of History*），倫敦，一九六九年，第四二頁，第五七頁，第六三～六六頁。

99 有關的綜述，參見里阿斯：〈文化霸權概念：問題和可能性〉（T. J. Lears, 'The Concept of Cultural Hegemony: Problems and Possibilities'），《美國歷史評論》（*American Historical Review*），第九〇卷，一九八五年，第五六七～五九三頁。

100 同上，第八八頁，第九五～一〇六頁，第一二六頁，第一三二頁，第一六四頁。

101 湯普森：《理論的貧困》，第二二七頁。又見史密斯：《歷史社會學的興起》（D. Smith, *The Rise of Historical Sociology*），劍橋，一九九一年，第八七頁。

102 卡爾：《歷史是什麼？》第一六九頁。

103 艾瑞克·霍布斯邦：《極端的年代》（Eric Hobsbawm, *The Age of Extremes*），倫敦，一九九四年。

104 阿列克斯·德·托克維爾：《舊制度與法國大革命》（Alexis de Tocqueville, *L'Ancien Régime et le Révolution*），巴黎，一八五六年。

105 羅思和施盧希特：《馬克斯·韋伯的歷史觀》（G. Roth and W. Schluchter, *Max Weber's Vision of History*），伯克萊，一九七九年。

106 馬克斯·韋伯：《新教倫理與資本主義精神》（Max Weber, *The Protestant Ethic and the Spirit of Capitalism*），倫敦，一九八五年版。

107 同上，第九一頁，第一八三頁。

⑩⑧ 馬克．布洛赫：《史家的技藝》（Marc Bloch, *The Historian's Craft*），曼徹斯特，一九九二年。

⑩⑨ 費爾南．布羅代爾：《論歷史》（Fernand Braudel, *On History*），倫敦，一九八〇年，第七六頁。

⑪⑩ 「完美的和絕對真實的歷史是不可能存在的。因為要做到完美和絕對真實，就應當記錄所有最微小的轉變中的所有最微小的細節……〔但是〕，歷史如果要按這樣的寫法，波得良圖書館就無法容納下每週發生的事件的歷史。」摘自斯特恩編：《歷史的多樣性》，第七六頁。

⑪① 布羅代爾：《論歷史》，第五一頁。史密斯：《歷史社會學》，第一〇四頁。關於德國這種地理決定論或生態決定論的起源，參見羅思和施盧希特：《馬克斯．韋伯的歷史觀》，第一六九頁。孟德斯鳩當然也做過同樣的思考。

⑪② 史密斯：《歷史社會學》，第一一四頁。

⑪③ 費爾南．布羅代爾：《地中海和腓力二世時代的地中海世界》（Fernand Braudel, *The Mediterranean and the Mediterranean World in the Age of Philip II*），雷諾茲（S. Reynolds）英譯本，倫敦，一九七二年，一九七三年。這種三層式的模式顯然來自於邁乃克。至於呂西安．費弗爾（Lucien Febvre）的三類歷史因果關係，即偶然性，必然性和思想、來源不詳。

⑪④ 同上，第二卷，第九〇一頁。

⑪⑤ 布羅代爾：《論歷史》，第二七頁。

⑪⑥ 摘自羅思和施盧希特：《馬克斯．韋伯的歷史觀》，第一七六頁。

⑪⑦ 摘自史密斯：《歷史社會學》，前言，第一一一頁。

⑪⑧ 同上，第一二〇頁。

⑪⑨ 布羅代爾：《論歷史》，第一二頁。

⑫⓪ 同上，第七二頁。

⑫① 布洛赫：《史家的技藝》，前言第二一頁。

⑫② 同上，第一六二頁。

⑬ 歷史社會學家亞歷山大・傑申克隆（Alexander Gerschenkron）不僅將這個模式運用於德國，而且運用於歐洲其它國家。

⑭ 戴維・布萊克本和喬弗・埃利：《德國歷史的獨特性》（David Blackbourn and Geoff Eley, *The Peculiarities of German History*），牛津，一九八四年。

⑮ 德國歷史學家不敢提出這樣的問題：如果希特勒沒有掌權，德國的歷史將會怎樣發展？而亨利・特納在《百年災禍：希特勒和他的遺產》（Henry A. Turner, *Geissel des Jahrhunderts: Hitler und seine Hinterlassenschaft*，柏林，一九八九年）中對這個問題做了討論。

⑯ 勞倫斯・史東：《英國革命的原因》（Lawrence Stone, *The Causes of the English Revolution*），倫敦，一九八六年，第五八頁。

⑰ 保羅・甘迺迪的《大國的興衰：一五〇〇～二〇〇〇年的經濟變化和軍事衝突》（Paul Kennedy, *The Rise and Fall of the Great Powers: Economic Change and Military Conflict from 1500 to 2000*），倫敦，一九八九年），尤見前言第一六頁，前言第二四～二五頁。

⑱ 華勒斯坦：《現代世界體系》（I. Wallerstein, *The Modern World System*），三卷本，紐約／倫敦，一九七四～一九八九年；邁克爾・曼恩：《社會權力的根源》（Michael Mann, *The Sources of Social Power*），兩卷本，劍橋，一九八六年；雷蒙德・格魯和戴維・比昂編：《政治發展的危機與美國》（Raymond Grew and David D. Bien, eds., *Crises of Political Development and the United States*），普林斯頓，一九七八年；羅伯托・昂格：《適應權力：經濟和軍事成功的制度條件的比較歷史研究》（Roberto Unger, *Plasticity into Power: Comparative-Historical Studies on the Institutional Conditions of Economic and Military Success*），劍橋，一九八七年。

⑲ 亞歷山大・伍德科克和蒙特・戴維斯：《災難理論：理解事情如何發生變化的革命性理論》（Alexander Woodcock and Monte Davis, *Catastrophe Theory: A Revolutionary Way of Understanding How Things Change*），倫敦，一九九一年，尤見第一二〇～一四六頁。這部著作的提要是一幅說明羅馬帝國衰亡的三維度的圖形（第一三八頁）。更有價值的是朗希

曼的著作，把現代的自然選擇觀與文化發展聯繫起來，見朗希曼：《論社會理論之二：實質性的社會理論》（W. G. Runciman, *A Treatise on Social Theory. II: Substantive Social Theory*），劍橋，一九八九年，尤見第四四九頁。

130 將佛洛伊德的不甚準確的方法加以應用的突出典型，參見克勞斯·瑟威萊特：《男人的幻想》（Klaus Theweleit, *Male Fantasies*），兩卷本，劍橋，一九八七年，一九八九年。

131 雖然有人相信馬克思主義的博弈理論同樣可以用於分析階段。

132 戴維斯：〈過去的可能性〉（N. Z. Davis, 'The Possibilities of the Past'），載於拉布和羅思伯格編：《八〇年代以後的新史學》（T. K. Rabb and R. I. Rotberg, eds., *The New History: The 1980s and Beyond*），普林斯頓，一九八二年，第二六七～二七七頁。

133 吉爾茲：《地方知識：再論解析的人類學》（C. Geertz, *Local Knowledge: Further Essays in Interpretive Anthropology*），倫敦，一九九三年。

134 布斯馬：〈從觀念的歷史到意義的歷史〉（W. J. Bouwsma, 'From the History of Ideas to the History of Meaning'），載於拉布和羅思伯格編：《八〇年代以後的新史學》，第二七九～二九三頁。

135 參見列維：〈微觀歷史學〉（G. Levi, 'Microhistory'），載於伯克主編：《歷史寫作的新視角》（P. Burke, ed., *New Perspectives on Historical Writing*），劍橋，一九九一年，第九三～一一三頁。

136 參見西蒙·沙馬：《地形和記憶》（Simon Shama, *Landscape and Memory*），倫敦，一九九五年。

137 托馬斯：《宗教和巫術的衰落：十六世紀和十七世紀英國民眾行為研究》（K. Thomas, *Religion and the Decline of Magic: Studies in Popular Belief in Sixteenth and Seventeenth Century England*），倫敦，一九七一年。

138 阿布拉姆斯：〈歷史學，社會學，歷史社會學〉，載於《過去和現在》，第八七期，一九八〇年，第三～一六頁。又見伯克：〈事件的歷史學與敘事史的復興〉（P. Burke, 'The History of Events and the Revival of Narrative'），載於伯克編：《歷史寫作的新視角》，第二三三～二四八頁。

139 路易斯·明克：〈歷史理解之解剖〉（Louis O. Mink, 'The Autonomy of Historical Understanding'），載於德雷編：《哲

學分析》，第一八二頁，第一八九頁。

140 海登·懷特：〈作為文字產物的歷史文本〉（Hayden White, 'The Historical Text as Literary Artefact'），載於卡納里和科吉基編：《歷史寫作：文字形式和歷史理解》（R. H. Canary and H. Kozicki, eds., *The Writing of History: Literary Form and Historical Understanding*）。又參見弗雷德里克·傑姆森：《政治意識：作為社會符號性行動的敘事史》（Frederic Jameson, *The Political Consciousness: Narrative as a Socially Symbolic Act*），倫敦，一九八一年；保羅·里科爾：《時間和敘事史》（Paul Ricoeur, *Time and Narrative*），凱瑟林·麥克拉林和戴維·佩勞埃（Kathleen McLaughlin and David Pellauer）英譯本，倫敦，一九八四～一九八八年。

141 巴爾曾：《克萊奧與醫生：心理史，計量史和歷史學》（J. Barzun, *Clio and the Doctors: Psycho-History, Quanto-History and History*），芝加哥，一九七四年。近來，另一位傳統的歷史學家格特魯德·希美爾法布把新經濟史的計量方法和心理史的主觀方法混雜在一起，提出了一種相當混亂的保守觀點。參見希美爾法布：《新史學與舊批判論文和重新評價》（G. Himmelfarb, *The New History and the Old: Critical Essays and Reappraissals*），劍橋（麻州），一九八七年。

142 巴爾曾：《克萊奧與醫生》，第一〇一頁，第一二三頁，第一五二頁。

143 戴維斯：〈論不完美〉（N. Z. Davis, 'On the Lame'），載於《美國歷史評論》，第九三卷，一九八八年，第五七二～六〇三頁。

144 例如參見斯皮格爾：〈歷史學，歷史主義和中世紀文本的社會邏輯〉（G. M. Spiegel, 'History, Historicism and the Social Logic of the Text in the Middle Ages'），載於《鏡》（*Speculum*），第六五卷，一九九〇年，第五九～八六頁。

145 參見司各特：〈歷史學在危機中嗎?事情的另一面〉（J. W. Scott, 'History in Crisis? The Others' Side of the Story'），載於《美國歷史評論》，第九四卷，一九八九年，第六八〇～六九二頁；喬伊斯：〈歷史學和後現代主義〉（P. Joyce, 'History and Postmodernism'），《過去和現在》，第一三三期，一九九一年，第二〇四～二〇九頁。關於馬克思主義者的批評，參見哈維：《後現代性的條件：文化變遷起源研究》（D. Harvey, *The Condition of Postmodernity: An Enquiry into the Origins of Cultural Change*），牛津，一九八九年。

146 加利：〈歷史的解釋和遺傳科學〉（W. B. Gallie, 'Explanations in History and the Genetic Sciences'），載於伽地納主編：《歷史的理論》，第三八九頁。

147 邁克爾·斯克里文：〈公理是歷史解釋的基礎〉（Michael Scriven, 'Truisms as Grounds for Historical Explanations'），載於伽地納編：《歷史的理論》，第四七〇頁。

148 馬丁·艾米斯：《時間之箭：攻擊的本質》（Martin Amis, *Time's Arrow or The Nature of the Offence*），倫敦，一九九二年。

149 福斯特：《愛爾蘭的故事：一九九四年十二月一日在牛津大學的就職講座》（R. F. Foster, *The Story of Ireland: An Inaugural Lecture Delivered before the University of Oxford on 1 December 1994*），牛津，一九九五年，第三一頁。

150 穆希爾：《沒有品行的人》，第二卷，第六五～六八頁。

151 同上，第六九～七一頁。

152 霍爾赫·路易斯·博赫斯：〈交叉小徑的花園〉（Jorge Luis Borges, 'The Garden of Forking Paths'），載於博赫斯：《迷宮：故事選及其它文集》（Jorge Luis Borges, *Labyrinths: Selected Stories and Other Writings*），唐納德·耶茨和詹姆士·埃爾比（Donald A. Yates and James E. Irby）編，哈蒙德沃思，一九七〇年，第五〇頁。

153 同上，第三七頁。

154 同上，第五九頁。

155 斯特凡·馬拉梅：《骰子一擲》（Stéphane Mallarmé, *Igitur. Divagations. Un coup de des*），伊維·邦納弗瓦（Yves Bonnefoy）編，巴黎，一九七六年。

156 安特邁耶主編：《沒有採納的道路：羅伯特·福羅斯特詩選》（L. Untermeyer, ed., *The Road Not Taken: A Selection of Robert Frost's Poems*），紐約，一九五一年，第二七〇頁。

157 斯克里文：〈公理是歷史解釋的基礎〉，第四七〇頁。

158 海金：《機會的馴服》。

159 史蒂芬・霍金：《時間簡史》（Stephen Hawking, *A Brief History of Time*），倫敦，一九八八年，第五三頁。

160 揚・斯圖亞特：《上帝擲骰子嗎?:新的混沌數學》（Ian Stewart, *Does God Play Dice? The New Mathematics of Chaos*），倫敦，一九九〇年，第二九三頁。

161 霍金：《時間簡史》，第一二三頁。

162 同上，第一三七頁。

163 米喬・卡科：《超空間：穿過第十維度的科學的奧德賽》（Michio Kaku, *Hyperspace: A Scientific Odyssey through the 10th Dimension*），牛津，一九九五年，第二三四頁。當然可以想像一位成功的時間旅行者會發現自己作為時間旅行者的意識在轉變時消失。

164 理查・道金斯：《自私的基因》（Richard Dawkins, *The Selfish Gene*），第二版，牛津，一九八九年，第二六七頁，第二七一頁。

165 同上，第四頁，第八頁，第一五頁，第二四頁，第三八頁，第四五頁。因此，我們本能地要保護其他生存機制的生命，只要他們的基因數量與我們是共同的，他們的年齡和生育能力與我們相當。在道金斯的模型中，連生育控制也是為了最大限度地增加有生存能力的後代的數量，因而要給予父母以最有生存機會的基因。

166 斯特凡・傑伊・古德：《奇妙的生命》（Stephen Jay Gould, *Wonderful Life: The Burgess Shale and the Nature of History*），倫敦，一九八九年，第四七頁。

167 柏里也提出了相同的觀點：「現存的和一直存在著的植物和動物的物種的出現似乎取決於偶然性。沒有哪種生命邏輯決定橡樹或河馬的存在是不可避免的。也不能證明有什麼東西決定了人類的出現是必然的。我們似乎是在遠古的歷史分水嶺發現了最古老的偶然事件，即人類的起源。」參見柏里：〈克麗奧佩特拉的鼻子〉，第六八頁。

168 同上，第二三八頁，第三〇九～三二一頁。關於對古德的著作的反應，出現了一些不信任的態度，試圖恢復決定論。參見羅傑・列文：《複雜性：混沌邊緣的生命》（Roger Lewin, *Complexity: Life at the Edge of Chaos*），倫敦，一九九五年，第二三～七二頁，第一三〇頁。古德的某些批評者試圖以地神該亞的形像來恢復神意以及整體宇宙的觀念，結果貽笑大方。這是新時代的黑格爾。

169 斯圖亞特：《上帝擲骰子嗎？》，第二頁，第六頁。

170 斯圖亞特：《上帝擲骰子嗎？》，第五七頁，第九五頁。舉一個具體的例子，在計算式 $x \rightarrow kx$（1-x）（即非線性等式 $x_{t+1} = kx_t$（$1-x_t$）的重複）中，如果k的值大於三，似乎就變為隨機性的。但是，如果k的數值是逐漸增加，便會產生一個這樣的模式：當x標為與k相反時，結果是一個無窮二向分叉的圖形，即所謂的「無花果樹」（根據其發現者邁克爾・費根鮑姆的名字命名）。同上，第一四五頁。

171 同上，第二八九～三〇一頁。

172 參見約翰・凱伊：〈水晶球的破裂聲〉（John Kay, 'Cracks in the Crystal Ball'），《金融時報》（*Financial Times*），一九九五年九月二十九日。

173 斯圖亞特：《上帝擲骰子嗎？》，第二一頁。

174 羅傑・本羅斯：《思想的陰影：探索失去的意識科學》（Roger Penrose, *Shadows of the Mind: A Search for the Missing Science of Consciousness*），倫敦，一九九四年，第二三頁。

175 卡爾・亨佩爾：〈普遍規律在歷史中的作用〉（Carl Hempel, 'The Function of General Laws in History'），載於伽地納主編：《歷史的理論》，第三四四～三五五；亨佩爾：〈歷史解釋中的理性和普遍規律〉（Hempel, 'Reasons and Covering Laws in Historical Explanation'），載於德雷主編：《哲學分析》，第一四三～一六三頁。亨佩爾在後一篇文章中依據與統計的關係把普遍的規律和機率的解釋區分開來，指出許多歷史解釋是依據後者而非前者。又參見納格爾：〈歷史中的決定論〉（Nagel, 'Determinism in History'）。他為合理的決定論進行辯護，重新使用普列漢諾夫和柏瑞所說的相互碰撞的鍊來解釋明顯的偶然事件。同上，第三七三頁。

176 有關的主要著作是卡爾・波普的《開放的社會及其敵人》（Karl Popper, *The Open Society and its Enemies*），倫敦，一九四五年和《歷史定論主義的窮困》（*The Poverty of Historicism*），倫敦，一九五七年。

177 柯林烏：《論形而上學》（R. G. Collingwood, *An Essay on Metaphysics*），倫敦，一九四〇年。

178 波普：《歷史定論主義的窮困》，第一二二頁，第一二八頁。

179 查爾斯・弗蘭克爾：〈歷史的說明和解釋〉（Charles Frankel, 'Explanation and Interpretation in History'），載於伽地納編：《歷史的理論》，第四一一～四一五頁。

180 加利：〈歷史的解釋和遺傳科學〉，第三八七頁。又參見邁克爾・斯克里文：〈歷史上的原因，聯繫和條件〉（Michael Scriven, 'Causes and Connections and Conditions in History'），載於德雷編：《哲學分析與歷史學》，第二三八～二六四頁。

181 哈特和托尼・奧諾雷：《法律中的因果關係》（H. L. A. Hart and Tony Honoré, *Causation in the Law*），第二版，牛津，一九八五年，第一〇頁。

182 同上，第二二～六三頁。

183 同上，第一五頁，第二一頁。

184 同上，第一〇一頁，第一〇九～一一四頁。

185 帕特里克・伽地納：《歷史解釋的性質》（Patrick Gardiner, *The Nature of Historical Explanation*），倫敦，一九五二年，第一〇七頁。

186 戴維・劉易斯：《反事實》（David Lewis, *Counterfactuals*），牛津，一九七三年；漢斯・雷申巴赫：《法律，形態和反事實》（Hans Reichenbach, *Laws, Modalities and Counterfactuals*），伯克萊，一九七六年；伊加爾・克瓦爾特：《反事實的理論》（Igal Kvart, *A Theory of Counterfactuals*），印第安那波利斯，一九八六年。

187 以薩・伯林：《歷史的必然性》（Isaiah Berlin, *Historical Inevitability*），倫敦，一九五四年，第七八頁：「那些（持決定論觀點的）人把歷史用作一種方法來逃避這個因某種原因而引起他們越來越憎恨的世界，遁入了幻想之中，一種非人格的實體為他們打抱不平並主持公道。」又參見蓋爾：〈歷史的必然性：伊賽亞・伯林〉（P. Geyl, 'Historical Inevitability: Isaiah Berlin'），載於蓋爾：《與歷史學家的辯論》（*Debates with Historians*），海牙，一九五五年，第二三七～二四一頁。

⑱⑧ 伊賽亞・伯林：〈決定論，相對論和歷史判斷〉（Isaiah Berlin, 'Determinism, Relativism and Historical Judgements'），載於伽地納編：《歷史的理論》，第三二〇頁。

⑱⑨ 伯林：〈科學歷史學的概念〉，第四九頁。

⑲⓪ 同上，第一〇三頁。

⑲① 特雷弗—羅帕：〈歷史與想像〉，第三六三頁。艾爾頓和胡伊津加一樣在《歷史學的實踐》中提出了同樣的觀點。

⑲② 劉易斯・沃爾伯特：《科學的非自然性質》（Lewis Wolpert, *The Unnatural Nature of Science*），倫敦，一九九二年，第二〇頁。

⑲③ 費捨爾補充了幾種類型的因果關係：分別以「反常的先例」、「結構性的先例」、「偶然的先例」、「突發性的先例」為基礎的因果關係。然而要把這些類型統一起來恐怕是有疑問的，就像要將它們之間區別遠不是那麼清楚一樣。

⑲④ 德雷：《歷史中的規律和解釋》。又參見德雷：〈再探行動的歷史解釋〉（Dray, 'The Historical Explanation of Actions Reconsidered'），載於希德尼・胡克編：《哲學和歷史學》（Sidney Hook, ed., *Philosophy and History*），紐約，一九六三年，第一〇五頁。關於對亨佩爾的其它批評，參見阿倫・多納岡：〈波普爾—亨佩爾理論的再思考〉（Alan Donagan, 'The Popper-Hempel Theory Reconsidered'），載於德雷編：《哲學分析與歷史學》，第一二七～一五九頁。

⑲⑤ 庫恩：《科學革命的結構》（Thomas Kuhn, *The Structure of Scientific Revolutions*），第二版，芝加哥，一九七〇年。

第一章　沒有克倫威爾的英國

如果查理一世避開了內戰，歷史將會如何？

約翰·亞當森

如果不考慮憲法，而僅從其自身考慮，英國人所經受的各種苦難，幾乎不值得一提；因為它們既不對人民的財產構成負擔，也無損於人類的天性……即使人們正確地理解了這一點，但是如果對這些先例逆來順受的話，最終仍將導致議會被廢除，以及獨裁權力的建立，查理一世並不畏懼人民的反抗，他們對結果通常並不十分關心，驅使他們反抗現有的政府還需要一些誘人的動機。

——休謨，《英國史》（一七七八年），第五十三章

一六三八～一六四〇年間，當查理一世尚未被財政危機和蘇格蘭戰爭攪得心煩意亂之前，他把精力放在一個更為心儀的目標上：在白廳修建一座新王宮。① 英尼戈·瓊斯（Inigo Jones）與其天

才的學生約翰．韋伯（John Webb）合作設計的方案採用了古典的風格，實現了國王長期以來更換那從都鐸王朝繼承來的佈局雜亂、式樣過時的宮殿的抱負。新白廳的構想規模宏大，王宮的環境足以與羅浮宮或埃斯科里爾皇宮的壯觀相媲美。倘使資金充足（這在一六三八年依然是難以實現的空想），它可能到一六四〇年代中後期就能竣工。屆時，這裏將成為與查理一世自一六二九年以來所建立的無議會的「個人統治」制度相匹配的政府府邸。至少在一六二九年以前，查理一世就是在這兒，在韋伯所設計的巴洛克風格的金碧輝煌的庭院與長廊中，夢想著在今後的十年以及往後更長的歲月中統治他的國家。②

這種野心勃勃的計劃所隱藏著的是認為查理一世的政權不僅能夠倖存，而且能夠昌盛繁榮的一種充滿自信的假設。這種自信是有根據的呢？還是像許多歷史學家所認為的那樣，是那個僻遠孤單的國家一種自欺欺人的愚行——是查理一世宮廷不現實特性的又一例證？對於這些問題的回答，人們很少從其歷史價值的角度加以考慮。對於上個世紀在歷史寫作中影響最大的兩派政治哲學—惠格主義與馬克思主義來說，查理一世的政權在一六三〇年代崩潰似乎是「不可避免的」。為了加強君主的權力（實際上是行政部門的權力），查理一世像卡奴特（Canute）那樣，試圖對抗王權所鞭長莫及的歷史潮流：議會權力的興起；對由普通法保障的個人自由的信仰；甚至一度有人相信「鄉紳的興起」（近來對英國十七世紀歷史的描述可以追溯到馬克思的「資產階級」觀）。在這些力量無情地席捲過後，理論也應運而生，帶來了議會在一六四〇年代內戰期間、以及一六八八～一六八九年光榮革命的勝利，最終於格拉斯東與狄斯累利的全盛時期，議會到達政治的光輝頂點。維多利亞時代的歷史學家塞繆爾・羅森・伽地納（Samuel Rawson Gardiner）的著作百年來一直是對查理一世統治時期所做的影響最大的研究。對他而言，反對國王者派代表了未來的方向；議員們在一六四〇年代所提出的解決王國問題的建議，在所有基本的方面，都預示了維多利亞統治時期盛行的制度。③為建立一六三〇年代的個人統治，即一種不受議會權力制約的強大的君主政體，查理一世所要面對的不僅僅是他的批評者，而且還要面臨歷史本身。

當然，對於該政權幻滅的不可避免性所做的這些假設最近受到了修正派的一些批評。④然而，認為查理實驗的無議會統治在本質上是行不通的觀點仍在以微妙的方式繼續流行，即使在那些反對馬克思主義與惠格派歷史學家的目的論方法的歷史學家中也是如此。國王的政策如此不得人心，以致於它們必定會在這兒或那兒激起反叛；何況沒有議會批准給國王津貼，他就不可能進行有效的戰爭動員，可以毫不誇張地說，統治者無度的花費已經成為查理一世無力承受的負擔。⑤從這一點來看，國王最愚蠢的行動就是在一六三七年決定將英格蘭祈禱書的「勞德」修訂本，強加給蘇格蘭教會。對後者而言，這個修訂本充滿了「羅馬天主教義與迷信」。隨著此一決定之後而發生的一連串事件表明了要支撐一個無議會的政權，無論在政治上還是在財政上都是行不通的。新祈禱書引起了蘇格蘭的全面叛亂，面對這次叛亂，國王拒絕與批評者妥協，決定以武力威脅在蘇格蘭重建王室的權力。⑥正是因為國王無情的拒絕了「聖約派」的要求，作出繼續戰鬥的決定，結果卻在一六三九年戰敗。所有這些都使樞密院的大臣們感到憂慮，在一六四〇年五月短期議會又拒絕為重啟戰端提供資金之後，導致了他的統治在政治與財政上的破產。接著「聖約派」又贏得了一六四〇年八月的「第二次主教戰爭」。隨著一支蘇格蘭軍隊佔領英格蘭的北部，使得查理統治時期第一次召開的議會是在當年於九月，由挫敗了的國王任意解散議會的情形下舉行的。議會兩院一開始舉行會議便把審訊王室大臣以及將作為查理統治核心的「改革措施」—從強行徵收船稅到把領聖餐禮的桌子的擺放—宣佈為非法，就只是時間的問題而已了。

有關「英國君主制衰落」問題的大量研究已經強調了這些事件的相互聯繫是非常偶然的。康拉德·羅素教授指出，至少到一六四一年二月為止，查理依然有可能與蘇格蘭和英格蘭的批評者達成一項本來可以避免內戰的妥協辦法。⑦他的論文將問題引向了更深的層面：人們不應該僅是探索查理是否本來可以避免內戰，而是應該看他是否能夠擺脫蘇格蘭危機，同時又能使他個人統治的架構絲毫無損。查理一世能否在沒有議會幫助的情況下，至少還能像一六三七年以前他成功做到的那樣繼續把他的三個王國統治到一六四〇年代及以後的歲月呢？在考慮這些問題時，一六三九年顯然是個關鍵的年份。現在的人們普遍認為，如果他沒有在第一次鎮壓「聖約派」叛亂的嘗試中失敗（也沒有由於那次失敗所引發的一系列災難性事件），查理將永遠不會召集一六四〇年十一月的長期議會。那是一個著手拆除個人統治大廈的機構。如果沒有一六三九年的軍事失敗，查理政權的未來或許會走上一條完全不同的道路。鎮壓蘇格蘭人如果獲得成功將給王室帶來威望乃至擁戴，從而消除了在為時不遠的將來，即在今後的幾十年內召集一屆議會的必要性。當然，最後一點仍可以商榷。

對於這些可能性進行討論將會遇到一些困難，因為這裏所涉及的是這樣一些領域，過去對英國所做的並為大眾所接受的描述已深入人心，以至於要設想另一條可供選擇的發展道路聽起來似乎就是難以想像的，怎麼可能會有一個沒有經歷過強大的議會演變的英國，一個沒有出現過既是新教徒的，同時又是（至少相對於十七世紀歐洲的大部分國家而言）在宗教上相對寬容的英國，一個沒有把私有財產的神聖性當作制約君臣關係的首要原則的普通法體系的英國。⑧如果查理一世政權的崩潰是必然的這個論點不能成立，那麼，對於任何一個這些發展來說就沒有什麼是必然如此的。英國（以及愛爾蘭）歷史發展的軌跡將會截然不同：當然不會發生內戰，沒有弒君，沒有光榮革命，也沒有奧利佛·克倫威爾（Oliver Cromwell）在伊里那些質樸的鄉紳中進行策劃的密謀行為了。

如果我們能夠將這些問題僅僅視為用歷史上的「如果——那麼」聊以自娛的個人嗜好，即被卡爾嘲弄為賣弄學識的那種「起居室遊戲」的話，那就可以心安理得了。然而，用休·特雷弗—羅帕著名的警句來說，「歷史不僅僅是發生了的事情；它是在有可能發生什麼事情的背景下而實際上發生了的事情」。⑨對於當時代的人而言，正如同一六三九年八月愛德華·羅欣漢（Edward Rossingham）報導的那樣，在一六三九年時，王室取得勝利的可能性是很大的，而且是符合邏輯的，這並不是一種不切實際的「反事實」假設。⑩晚至一六四〇年八月，王室的國庫大臣托馬斯·傑爾明爵士（Sir Thomas Jermyn）仍然相信：「對於這些麻煩我們將會作出圓滿的、成功的解決。」⑪大臣溫德班克（Sir Francis Windebanke）在權衡了可能性之後也認為：「我對這些反叛者不太理解。」⑫讓我們從考察一六三九年的戰爭形勢入手以進行分析，看看是國王與其近臣們對這些事件束手無策呢？還是鎮壓聖約派的這場戰役是一場查理一世本來可以取勝的戰役呢？

一六三九年的蘇格蘭，放棄的勝利

人們認為，一六三九年查理不召集議會而開啟一場戰爭的決定表明了他的政權對英格蘭地方的統治精英而言，總的來說是漠不關心（最終是致命的）。⑬遠在一三三三年愛德華三世（Edward III）以前，英格蘭國王試圖不召集議會就發起一場重大的戰爭動員，這個行為被公認為是一種不吉利的徵兆。⑭但是他也有不久以前的一個更為成功的先例。例如伊麗莎白一世（Elizabeth I）對議會的厭惡程度就不亞於查理一世，她曾經於一五五九～一五六〇年間在不依靠議會的情況下召集軍隊，並將法國人逐出了蘇格蘭低地。一五六二年時，她在沒有召集議會的情況下就重開戰事，並派遣一支遠征軍到勒阿弗爾。⑮當然，議會總是在戰爭期間召開，但是，它並不是軍事戰役成功的一個必要條件。

並非只有諂媚的弄臣才相信國王可以在一六三九年從事戰爭，而不需要議會津貼來換取他的勝利。諾桑普頓郡的清教徒愛德華．蒙塔古（Edward Montagu），即布頓的蒙塔古勳爵的兒子，在考察了當時能夠由國王支配的各種資源之後，他認為事實是十分明顯的：「國王不需要議會。」⑯查理及其顧問們計劃於一六三九年以一種能檢驗同時（他們希望）又能鞏固國王其個人統治支柱的傳統制度的方式來進行這場戰爭。王室恢復了古代的財政特權並加以延伸（包括兵役免除稅以及王室的佃戶們在北部邊郡的邊界服勞役這樣一些封建義務）；在地方上可動員的力量，其中包括負責各郡民兵的郡軍事長官以及他們的副軍事長官還有當地的行政官（治安法官），都把權力伸展到了極限，但結果各不相同，有些可資借鑒，有些則純粹是滑稽胡鬧。但是，到了一六三九年春天，在沒有召集議會的情況下，僅僅依賴個人統治的行政架構，就把英格蘭置於自一五八〇年代西班牙戰爭以來最大的一次戰爭動員之中。

查理用以征戰聖約派的策略，就如同一六三八到一六三九年冬天所策劃的那樣，是一個陸海軍聯合行動的方案。它有四個主要組成部分。⑰一是漢密爾頓侯爵（Marquess of Hamilton，一個極為英格蘭化的蘇格蘭貴族，國王駐蘇格蘭軍隊的將領）所率領的水陸兩棲部隊，由八艘戰艦、三十艘運輸船和五千名士兵組成（這是一六三〇年代徵收船稅的物質結果）。他們的任務是封鎖愛丁堡並在蘇格蘭東岸建立據點。⑱第二部分是由那位機敏的政治倖存者，第二代安特里姆伯爵蘭德爾．邁克唐奈（Randall Mac Donnell）率領對蘇格蘭西岸發起進攻；其任務是分散聖約派的兵力並把他們牽制在西部。在愛爾蘭，查理一世的堅強而勤勉的總督溫特沃斯（Wentworth）長官則作為發動進攻的第三部分力量，在蘇格蘭的西岸登陸，增援安特里姆的進攻計劃，並將一萬名愛爾蘭士兵（大部分為天主教徒）佈置在愛丁堡的侵襲距離內。第四部分，也是進攻的主力，是調來一支英格蘭的軍隊。這支力量將向（英格蘭與蘇格蘭的天然邊界）崔德河進發，不僅要擊退聖約派越過邊界的侵犯，而且在必要時越過邊界，把戰事推進到聖約派的腹地。無論查理是否準備如原先前計劃的那樣⑲仍打算奪回愛丁堡，但軍械署無疑為此做好了準備，甚至考慮到了是否有可能利用風暴來攻擊蘇格蘭的大本營。⑳總之，查理希望發動的是一場進攻性的戰爭。

戰事幾乎沒有按計劃進展。每場戰爭，無論是否由議會發起，都使財政部面臨破產的考驗，在這一點上，一六三九年的戰爭也不例外。㉑財政部在一六三九年實際撥出的款項相當少，約二十萬英鎊，由此可以肯定它低估了日常所需的開銷。㉒但是財政部供應不足的部分經常為地方鄉紳所籌集的大筆款項抵銷並用在軍隊的訓練上（到一六三九年三月，單是約克郡鄉紳就宣佈他們已經支出了二萬英鎊，而這些都沒有計入財政部的賬目）。㉓這個計劃的主要缺點恐怕在於沒有向蘇格蘭東北高地信仰天主教的亨特利侯爵（Marquess of Huntly）及其兒子艾博因勳爵（Lord Aboyne）所領導的反聖約派抵抗組織提供及時的支援——結果使國王喪失了於一六三九年在蘇格蘭建立一個「王黨」核心的機會。㉔在其他地方，查理計劃的各個部分也都因失敗而被迫放棄。溫特沃斯徵募的兵員不能及時得到調集。安特里姆也沒能如約交付它曾許諾的軍隊。漢密爾頓對歸他指揮的東盎格魯新兵作出了很大的保留。而且當貴族集團的成員們被召集到約克對戰爭進行擔保時，塞耶（Lord Saye）與布魯克勳爵（Lord Broke）發起了一場具有破壞性的公開抗議，反對查理這種不召集議會而從事戰爭的做法。此外，在五月二十二日又出現了不祥的日蝕現象。

但是，在別的地區還在進行戰爭動員時，仍有理由抱有一些希望。例如約克郡的反映很強烈，他們認為在蘇格蘭人的進攻面前這裏是首當其衝的，人們也認為當地鄉紳的支援對取得戰爭的勝利是極其重要的。即使北方委員會議長溫特沃斯這位嚴厲的地方長官負責人也被這個郡做出的努力所感動，並寫信給約克郡的副軍事長官（負責募集受訓軍隊），讚揚「（他們）在最近令人愉快且又具有責任感的奉獻中……在你許諾迅速投入（陛下的）的指揮中所表現出來的忠誠與智慧」。㉕一六三九年三月三十日國王抵達約克，在那裏建立別宮並親自監督為即將到來的戰役所做的準備工作。在那裏，他受到了自發流露的衷心歡迎。這在很大程度上有賴於北部的貴族與鄉紳集團的支援。這個集團是由在那次遠征中，由那些在保衛國家問題上渴望為陛下效勞的受訓軍隊的軍官們所組成。㉖到四月中旬，漢密爾頓興奮地發現他早期的悲觀情緒已經毫無理由了，「而且，總的來說，軍隊（在他的指揮下）狀態極佳，衣物充足，裝備也並不像我們所擔心的那麼糟糕」。㉗查理一世雖然濫用權力，但卻沒有失敗。到一六三九年五月底為止，投入戰場的軍隊在一萬六千到二萬人，相當於內戰期間新模範軍（它很少達到號稱的二萬一千四百人的數量）的規模，多於一六五〇年在敦巴頓徹底打敗蘇格蘭的英軍人數的三倍。㉘當查理的軍隊以「極為壯觀與尊嚴」的姿態從約克郡出發，朝邊界投入戰爭之時，沒有任何跡象顯示除了為國王奪取勝利外，他們還曾考慮過其他任何可能的結局。㉙五月份，當他的軍隊集結起來開始訓練時，他們的士氣更高了，過去的烏合之眾逐漸形成了一支極具戰鬥力的軍隊。「如果我們投入戰鬥，這將是流血最多的一次戰爭」，陸軍上校弗利特伍德（Fleetwood）誇耀道，「因為我們已決心不顧那些反叛者了，只要戰術運用恰當，我們的士氣就會很高。」㉚當國王把那些在六月初已經集結起來的部隊描述為「處於極佳狀態並急切希望與敵人決鬥」的時候，他正作出一個不失客觀的評價。查理一世的確很樂觀，「現在應當下定決心，在他應該得到服從的問題上不需再多做討論了」。㉛

然而，在一六三九年六月四日和五日這兩天，當雙方的軍隊臨近交戰時，國王卻產生了懷疑，因而有些猶豫。由霍蘭德伯爵（The Earl of Holland）所指揮的一支三千步兵和一千騎兵的偵察部隊四日在凱爾索與蘇格蘭軍隊遭遇，然而他卻下令在那支他誤認為是一支人數龐大得多的蘇格蘭軍隊的面前撤退。㉜六月五日，聖約派的指揮官亞歷山大・萊斯利（Alexander Leslie）把蘇格蘭軍隊佈置在崔德河北岸的頓斯洛高地，置於國王軍隊的視線內，其距離就如同雙方軍隊開始交戰那麼近，以製造出他們人數上的假象，從而增強了這種誤解。㉝由於國王隊伍中持異議者的過於多疑，又受到聖約派的戰術矇騙，使得他們相信有一支數量上遠遠超過自己的隊伍已經埋伏好了，國王也認定現在攻擊蘇格蘭人是不可行的。㉞於是，他選擇了談判，以贏取時間而不是去冒遭遇他所相信的力量占絕對優勢的敵軍的危險。六月六日，同樣急於避免作戰的聖約派領導人邀請國王進行談判，此一建議很快就被國王所接受。㉟

有人認為一六三九年六月查理一世與聖約派展開談判的決定是他一生中所犯的最大的一個錯誤。後來簽字的條約，即《貝里克和約》，使他恢復了對蘇格蘭要塞（包括愛丁堡）的監護權，並滿足了他解散聖約派叛亂政府的要求。㊱但是，作為條件，他被迫同意召開蘇格蘭議會以及蘇格蘭教會的最高會議。前者希望將苛刻的條件加諸於查理一世對蘇格蘭缺席統治的執行上；後者將廢除蘇格蘭教會中的主教職位。由於國王對這兩項要求都不予接受，因此這個條約能夠爭取到的只有時間。為控制蘇格蘭，他必須再進行一場戰爭。然而，更為嚴重的是英格蘭內部對於這次軍事失敗所作出的反應。對於英格蘭那些曾經參加過戰爭動員的人來說，他們投入的時間和金錢似乎已經被浪費了，正如眼下的情況所表明的，這是一場「不成功的，沒有結果的和不必要的」

戰爭。㊲一支莊嚴的軍隊曾經被召集起來，但唾手可得的勝利卻被不發一槍地失去了。

然而，國王談判的決定是依據於一個簡單的計算錯誤。即過於誇大了對蘇格蘭軍隊的規模與力量所做的估計。事實上，在一六三九年六月初時，國王的軍隊已經相當於甚至超過了聖約派的軍隊，超出的人數約達四千多人。㊳正如約翰．坦普爾爵士（Sir John Temple）當時所報導的那樣，英格蘭軍隊的力量在逐日增加，馬匹（從戰略上講是軍隊最為重要的組成部分）目前保持在四千匹。㊴即使當霍蘭德於凱爾索遭遇萊斯利的軍隊時，蘇格蘭人的鬥志也是極易摧毀的。英格蘭的一篇新聞報導寫道：「（在凱爾索的）那些蘇格蘭軍隊確實相信這一點，如果我們突襲蘇格蘭，我們（英格蘭人）本來是可以擊敗他們的。」㊵此外，蘇格蘭人正陷於糧食供給、武器和現金短缺等尖銳問題的困擾之中。㊶六月的最初幾天，萊斯利軍隊中的士兵已經開始逃亡。等待軍隊真實情況的暴露只是時間的問題而已。即使那些對查理一世政權在這次戰役中所犯錯誤指責最為嚴厲的現代批評家也認為，一六三九年六月國王一度處於勝利的邊緣：「具有諷刺意味的是，查理曾比他想像的更接近勝利。假如他將談判延遲一兩個星期，蘇格蘭軍隊可能已經崩潰了，因為他們已經彈盡糧絕了。」㊷到那時，由於他自己的軍隊完好無損，國王將不大可能與愛丁堡和解。六月六日，聖約派代表可以要求舉行和談；而在兩個星期以後，他們則是有可能被勒令投降。

對查理同時代的人來說，這件事的涵義是明顯的。愛德華．羅欣漢這位或許是消息最靈通的時事通訊撰稿人報導了一六三九年八月的輿論：「我曾聽到許多有正確判斷力的人說，如果陛下發揮他的長處去懲罰（蘇格蘭人的）傲慢，他可能現在已經在向愛丁堡挺進，並在他們中間激起足以使普通群眾拋棄他們的（聖約派）貴族的混亂了。」㊸雖然國王遇到了一些問題，例如行動遲緩的點名官、難以駕馭的塞耶與布魯克爵士之類的貴族，還有軍械署的職員等等，但對於當時代的人而言，一六三九年的戰爭似乎是一場查理一世本來可以取勝的戰爭。

清教派的命運：衰老而沒落

假設「擁有正確判斷力的人們」對一六三九年夏天的判斷是正確的，而且國王已經與聖約派「叛亂者們」交戰並打敗了他們，或是僅僅採用坐等蘇格蘭軍隊解散的辦法而佔據了上風。如果一六三九年由王室取得了勝利，那麼查理政權長期倖存直到一六四〇年代及以後的歲月的可能性有多大呢？對於這種假設有幾種不同的意見。即使不把惠格派或馬克思主義的目的論的觀點考慮在內，也仍然會有人反駁說，對一個特定歷史時刻的偶然事件進行考察是對他的統治獲得長期成功的可能性進行評估的錯誤方法。持相反意見的人會這麼說，一六三九年的勝利並不能為他的政權倖存下去提供長期的保證，只能是一種暫時的緩解。即使沒有蘇格蘭人及時的協助，他的政權難道不會被英格蘭其他方面的危機所傾覆嗎？

對查理一世的政權能否倖存下去所做的任何評估都必須從討論他是否有能力對政治上強制的潛在來源進行抵抗，或至少使其中立。㊹英格蘭是查理一世統治的三個王國中最富裕、人口最稠密的一個。政治上強制的可能來源極為稀少。查理是對貴族「解除武裝」的受益者，該過程事實上於一六二五年他即位時就已完成。十六世紀軍備與戰爭技術的迅速發展已經使舊貴族的軍械庫變得多餘。㊺一六〇一年埃塞克斯（R. D. Essex）叛亂的徹底失敗，用康拉德·羅素的話來說，標誌著「武力威脅不再成為英格蘭政治上的一個重要工具的時代（已經到來了）」。㊻如果在一六三〇年代有人企圖壓制查理一世，那麼他們必須承認這樣一個事實，即英格蘭臣民還沒有找到這樣做的方法，不管這個政權已經變得多麼不受歡迎。㊼

如果查理一世不僅僅受到挑戰，而是受到壓制的話，那麼必須從英格蘭外部去尋找這樣做的方法。愛爾蘭自一六六三年以來一直處於溫特沃斯勳爵（後來的斯特拉福伯爵〔Earl of Strafford〕）的鐵腕統治下，經常出現麻煩，但對王權來說卻並沒有直接構成武裝反抗的威脅。㊽而蘇格蘭事實上仍未受到「軍事革命」的影響，大軍火庫仍然保留在私人手中，因此，那裏的臣民依然有可能募集私人武裝力量來反對王權。如若沒有一六三九與一六四〇年聖約派的軍事成功，沒有一六四〇與一六四一年間獲勝的蘇格蘭人與查理的英格蘭反對者之間的共謀，長期議會將和其任何前任者那樣無力使國王屈從於它的意願。㊾假若一六三九年蘇格蘭人被打敗，查理被其臣民壓制的可能性實際上是很渺茫的。

但是，假設進一步的武裝叛亂在一六三九年國王取得勝利的情況下似乎不可能發生，該政權可能仍將不得不面對其他潛在的更為有害的挑戰。經常有人提出，英國政治文化中的兩個發展將繼續構成個人統治政策上不可逾越的障礙：第一，革命的清教派的興起，並在一六四〇年達到其頂峰；第二，立憲主義者合法地反對「專制統治」的風暴，包括反對國王不經議會同意而徵稅的

一整套做法，從船稅到森林罰金，星室法庭與特權法院的權力，以及王權對臣民自由與普通法傳統的專橫漠視。㊿

或許在一六三〇年代末與一六四〇年代初，比其他任何力量更能造成英格蘭社會不穩定的因素是對政府與英格蘭國教會打算聽任某種形式的天主教陰謀的恐懼。[51]正是在個人統治的最後幾年的背景下，一六三九年從英格蘭天主教會手中獲得戰爭動員的津貼以及在宮廷接待教皇密使的事件給了天主教滲透的謠言以實質的內容。這些謠言在相互傳播中變得越來越誇張。[52]倘若沒有一六三九年到一六四一年一系列反天主教恐慌與醜聞的相繼出現，很難想像西敏寺（與外省）議會的政治氣候會上升到足以使內戰爆發成為可能的程度。[53]

然而這次天主教威脅的範圍與表面上的真實性至少受到了與其說是當時歐洲大陸的，不如說是國內查理一世宮廷與樞密院的洞察力的限制。關於三十年戰爭中降臨到新教徒身上的災難的報導，使英格蘭人在對國內天主教陰謀形成的威脅進行評估時不可避免地蒙上了陰影，使他們感受到與真正的威脅不相稱的威脅。有人提出，如果哈布斯堡王朝與西班牙的盟國在歐洲取得勝利的話，英格蘭新教徒的命運將無法確定。對許多堅定的英格蘭新教徒而言，三十年戰爭是一場天啟的奮鬥，是反基督與正義之師之間的戰爭，是啟示錄中所預言的聖馬可（St Michael）與基督之間戰鬥的真實的歷史再現，而不僅僅是清教的堅貞信徒們有這樣的看法，連那些「主流的」英格蘭新教徒諸如艾伯特大主教（Archbishop Abbot，坎特伯理大主教勞德〔Laud〕的前任）等人也這樣認為。[54]一六三九與一六四〇年的蘇格蘭危機（以及他們召開的議會）正巧與三十年戰爭接近高潮，英格蘭對歐洲天主教交戰狀態的恐懼可能達到了自無敵艦隊以來最強烈的程度，在時間上正好相互巧合。

然而，如果說在一六三〇年代末與一六四〇年代初英格蘭精英們正處於對哈布斯堡的好戰性感到緊張不安，而且最容易受到國內有關天主教第五縱隊謠言影響的時候，這種可以感受到的威脅自一六四一年代初以來卻有了顯著的下降。這種下降平穩地持續到一六五〇年代。西班牙的勢力曾經是天主教諸國中最使人懼怕的一個，但它從一六四〇年起卻陷入了國內叛亂的包圍中；哈布斯堡軍隊於一六四三年在羅克羅瓦被孔代（Condé）所擊敗（從而突然失去了他們在軍事上的無敵聲譽）；到一六四〇年代中期，將天主教教義重新強加於歐洲的宗教以進行聖戰，明顯地已經不合時宜了。一六四八年，（三十年）戰爭結束。

如果一六三〇年代末查理政權承受住了眼前的風暴，它本來可以從容地從歐洲宗教教派政策改變的狀態中獲益。在歐洲，到一六四〇年代中期，新教看起來是已經有把握生存下去的了。正如赫斯特教授（Hirst）所指出的那樣，這種對好戰的天主教教義的神秘畏懼是支撐著十七世紀中葉英格蘭清教徒戰鬥精神的最主要原因之一。由於來自天主教的威脅減少，「反基督的幽靈消失了」，「反天主教教義的蒼白……進一步耗盡了改革者的熱忱」。到一六四〇年代末與一六五〇年代，認為新教將被天主教毀滅的說法聽上去已經明顯的不真實了，這在很大的程度上是造成一六五〇年代「神聖統治失敗」的背景上的一種轉變。55 一六四〇與一六五〇年代在查理一世的統治下，由於沒有長期議會也沒有克倫威爾政權提供的熱忱支援，清教的失敗很可能會更快地到來。

隨著時間的流逝，其他因素似乎本來也可能削弱查理一世對手的隊伍。許多王權的主要批評者到了一六四〇年代都已年邁；也並非所有人都能像伊麗莎白時代那位灰白頭髮的馬爾格雷維伯爵（Earl of Mulgrave）一樣活到那麼大的年齡。他是一六四〇年八月請求查理召開長期議會的十二名請願貴族之一。他提出的代理投票法曾使一六四五年創建新模範軍成為可能，事實上他也曾指揮一條船於一五八八年抗擊過西班牙無敵艦隊。但查理最有影響力的對手中絕大多數都屬於一五八〇到一五九〇年代出生的那一代人，那時正處於英格蘭新教可能會被哈布斯堡家族的西班牙消滅的威脅即將來臨並且真實存在的時候。他們的宗教觀是在一五九〇到一六二〇年之間的幾十年中形成的，這正是喀爾文教對英格蘭的宗教信仰產生影響的巔峰時期。但是，到了一六四〇年，那一代人當中最為雄辯的（而且在查理看來也是精神最旺盛、最勇敢的）一些人已經死了；約翰．艾略特爵士（Sir John Eliot）在一六二九年議會解散後被送入獄，一六三二年去世（毫無疑問，他的入獄加速了他的死亡）；愛德華．庫克爵士（Sir Edward Coke，一五五二年出生）是在一六二〇年代議會中曾給國王製造了很多麻煩的那個合法聖人，死於一六三四年；納撒尼爾．里奇爵士（Sir Nathaniel Rich），另一位「很可能是以國會議員領袖身分出現的」查理政府有力的批評者，死於一六三六年。[56]另一些人則在一六四〇年代中期死去：貝德福德（Bedford，生於一五九三年），一六四〇年反對國王的貴族聯盟中不可缺少的關鍵人物，死於一六四一年；約翰．皮姆（John Pym）死於一六四三年；威廉．斯特羅德（Willam Strode）死於一六四五年；埃塞克斯（生於一五九一年），在內戰最初的幾年中擔任議會軍的總司令，死於一六四六年。事實上在一六四〇年這十二位遞交請願書和恢復議會運動的先驅者當中，到一六四六年時多半都已去世，其中只有一人不是死於自然原因。㊼一六三九年，查理仍是一位三十多歲的君主，歲月迅速地削弱了他最主要的批評者的隊伍。正如基斯·費林爵士（Sir Keith Feiling）所說的，「哪裡有死亡，哪裡就會有希望」。從這一點來說，假使查理一世成功地擺脫了蘇格蘭危機，他未來的統治還是大有希望的。

如果我們著手研究一六四〇年代下議院詳細的統計資料，那麼年齡與對待查理政權的態度之間的關係問題就顯露無遺了。抽取五三八位人所共識的忠順的下議院議員的資料，一個明顯的模式出現了。布倫頓（Burnton）與本寧頓（Pennington）在一九五四年的經典研究著作中斷言，從中「立即可以清楚地看出各個地區的保王黨成員都比議會黨成員年輕，兩個黨派的全國平均年齡分別是三十六歲與四十七歲。這是一個很懸殊的差別」。㊽因此，查理一世的反對派，至少在下議院，主要屬於（相對年長的）一五八〇與一五九〇年代出生的那一代人。相反地，支援國王的人不相稱地多來自仍為三十多歲的那一代人。他們出生於詹姆士一世時代的和平歲月中，那時王室採取與西班牙如果不是特別親善的話至少也是和解的政策。一條幾乎相差十一年的代溝在一個生命週期相對較短的社會中卻是一條巨大的鴻溝，把那些用戰爭來反對查理一世的人與幫助捍衛保王黨事業的較為年輕的一代人截然分開。一六四〇年請求召開議會的十二位議員的平均年齡甚至更大，年齡最大的（拉特蘭〔Rutland〕和馬爾格雷維）分別為六十歲和七十四歲。從整個貴族階級的隊伍中同樣也能發現議會派和保王黨成員之間年齡上的不均衡現象。㊾

一六三〇年代進入大學的那些人對查理一世政權的情況做過紀錄，即便這些統計證據依然是零散的，但通過這些資料的考察，也可以得出類似的模式。大學要為那些不滿三十歲的人（這個年齡組不僅包括研究生，而且還包括許多大學生）的宗教情感提供思路。就這一點而言，大學裏的情況總的來說並非僅僅是被迫順從。一六三〇年代的「勞德改革」得到了心甘情願的默許，有時甚至是直率的熱情，加強了對王權的忠誠。一六三〇到一六四一年間勞德在擔任牛津大學校長時積極主張進行干預，用夏普教授（Kevin Sharpe）的話來說，一六四〇年代末的這所大學是「教會與王權的根據地」。當一六四二年長期議會分裂為騎士黨與圓顱黨時，「牛津大學裏大多數在勞德擔任校長期間入學的學生都支持君主政體」。⑥⓪劍橋大學的情況也很相似：「到一六四〇年代初，該大學已是公開的保王派。」⑥①勞德的教會改革似乎找到了一個得到廣泛支持的地方。一六四一年，由虔誠的羅伯特·哈利爵士主持的一個下院委員會對一六三〇年代進入該校的學生的行為進行了調查，表明「對天主教傳統的興趣，明顯地為許多（那個大學的學生）所有」，這種興趣甚至遠遠超過了勞德所要求的聖餐儀式改革的範圍。⑥②舊式的喀爾文主義在新勞德主義的眼中看來不僅是錯誤的，而且是陳腐過時的。正像斯蒂芬·馬紹爾（Stephen Marshall）這位困惑的喀爾文派的鬥士在一六四一年時向長期議會所提出的那樣，「我們對上帝交付給我們的真理似乎已經感到厭倦了」。⑥③對一六三〇年代的大多數大學生而言，現有的幾所「清教」學院，像劍橋大學傑出的以馬內利和西德尼蘇塞克斯學院，看上去與其說是令人恐懼的煽動叛亂的學校，不如說是古怪而有趣的過時的逆流，是保守謹慎的父輩能用以確保其子輩們按照二十年前他們年輕時所流行的神學觀而接受教育的地點。然而一六四一年下議院的調查者吃驚地發現，即使是以馬內利學院的大學生也偷偷地溜出去品嘗在極端的勞德主義彼得教堂中的小禮拜堂內被禁錮的樂趣。[64]到一六三九年，勞德派在劍橋大學佔據「支配地位，取得絕對優勢只是時間的問題而已」。[65]

這些資料必定是不可能完整的。從中進行推論時必須非常謹慎。[66]例如，對議會中的年齡與忠誠的關係進行計算時，是使用一六四二年有關忠誠的資料來說明三年前的情形，也就是一六三九年人們對待王權的態度，因此需要作出進一步的解釋說明，因為在內戰中支援國王的人並不一定在一六三○年代支援國王的政策。[67]籠統的年齡狀況會掩蓋具體的事實，當然也有比較年輕的人站在議會一邊，如布魯克或曼德維爾（Mandeville）等人，他們在一六四○年時只有三十多歲，而在未來的幾十年中本來會成為王權的眼中釘。同樣，一六四○年代有關忠誠的證據最多只能大致說明查理一世統治最後幾年的政治態度的狀況。但是，如果下議院五○○多名成員中明顯存在著的對待王權的態度與年齡構成之間的不相稱能夠粗略代表全國範圍的潮流的話，那麼，它所表現的政治意涵就是真實的，然而一個反對年齡組在整個社會中分佈的情形，仍需要考慮到更多的因素才能得出其結論。

在一六三一年到一六四一年間，在英格蘭和威爾斯人口中年齡組的分佈大致上沒有變化；三十歲以下的人占總人口的近百分之六十；人口中約三分之一是十五歲以下的兒童。[68]到了一六四○年，人口中的一半（百分之四十九點七）是一六一六年以後出生的。因此，查理一世在一六二五年即位時他們大約只有九歲或者更小。再從政治經驗的角度來看：在一六四○年，總人口中的三分之一不知道除了查理之外還有別的國王。此外，一六二八年發生的有關權利請願書的爭論等近期事件對於這三分之一的人口來說似乎也是相當遙遠的事情。一六二九年查理解散最後一屆議會時，他們只有四歲或者更小。假若查理一世的無議會統治至少持續到一六四九年，也就是他去世的那一年，英國全國可能會有一半以上的人口對議會沒有一點直接的經驗，對國家也沒有任何記憶。這不僅是一條政治上的鴻溝，而且也是記憶的鴻溝，可能會深刻影響到人們藉以理解政府及教會中國家「變革」的方式。

當然，文化記憶的傳播取決於比單靠年齡所能產生的更為微妙的、範圍更加廣泛的影響。喀爾文主義的精神傳統與議會是一個秩序井然的共和國所不可缺少的信仰的一部分，不會僅僅因為那些親身經歷過伊麗莎白與詹姆士統治時代的人不再成為人口中的大多數這一事實而被人們遺忘。即使在無議會時期，小冊子與宣傳品也在傳播（經常採用手稿形式），敘述其歷史、習俗與權力；人們沒有理由認為這種做法將會停止，哪怕是查理一世在一六三九年曾取得了勝利。㊾然而，即便如此，也不能忽視年齡與代溝對政治觀察力的影響。議會在一六四二年之所以成功獲得了人們的支持，原因至少有一部分是來自它對那些在詹姆斯士一世（James I）時期與查理一世早期議會中，尤其是一六二六年、一六二八到一六二九年間的激烈議會期間，為了「臣民的自由」而抗爭的那些人的深情呼喚。到了一六三九年，這些人已經成為少數派，雖然其數量仍然很多（約占人口的百分之四十），如果武裝起來保護議會的召喚遲來了五年或十年，那麼獲得回應的熱情很可能就會大為減少。對於皮姆和聖約翰（St John）、貝德佛德和塞耶這些人來說，一六三九到一六四〇年是真正的「議會危機時期」：也就是說，要麼立即行動起來，要麼就永無機會。

英格蘭司法部門的重建

假定國王在一六三九年取得了勝利，查理一世被國內叛亂所壓制或者被迫違背自己的意願而召開議會的可能性則很小，這一可能性還會因時間的推移而變得更小，然而，依然還有這樣一個機構迫使國王可能會改變政策，而且讓他行為的合法性受到公眾的評判。這就是法院。司法部門仍然擁有很大的權力，能夠對國王的財政政策（與威信）造成極大的損害，正如一六三七到一六三八年關於徵收船稅是否合法的漢普頓案所證明的那樣，在全體法官的面前，做出了有利於國王的判決，確認船稅徵收的合法性，即使它是不經議會同意而強行徵收的。但是，在這個案件中反對這個判決的力量使國王獲得了充其量只是一個皮洛士式的勝利。理查德．霍頓爵士（Sir Richard Hutton）與喬治．克羅克爵士（Sir George Croke）坦言，從法律的角度來看，船稅的徵收是非法的，他們的意見得到了廣泛的認同，並使船稅的合法性受到懷疑。⑩

儘管如此，這個例子說明，假使查理一世的個人統治能夠持續到一六四〇年，則法律以及作為其詮釋者的法官的作用或許能得以發展。普通法是否能夠通過規定不經議會同意不能徵稅來保證臣民的財產權利呢？⑪這個生死攸關的問題在十七世紀初曾以各種各樣的形式被詳細討論過。對於漢普頓（Hampden）的建議來說，以及對於全國大多數正當的觀點來說，它確實做到了這一點。臣民財產不能被分割，除非有議會的授權；徵收船稅沒有得到議會同意，因此，它是非法的。⑫

然而，對於查理一世來說（像對其父親一樣），法律的目的是為他服務的：它是達到王權界定的「開明統治」這一目的的實踐手段；而不是把法律視為遵從無法記憶的古老深奧戒律的智慧（即愛德華・庫克爵士）的抽象實體。普通法官本身也按照這兩種解釋誰佔上風來進行劃分。在這裏，爭論並不必然存在於「普通法」（作為某種憲政原則的固定實體）與君主「專制主義」之間展開；而是存在於關於普通法到底應該是什麼的兩種對立觀點之中。早在詹姆士一世的統治時期，普通法是王權統治的有效工具這個觀點已經被庫克的主要對手埃勒斯密爾大法官（Lord Chancellor Ellesmere，死於一六一七年）以及法蘭西斯・培根（後來聖・艾爾班子爵，死於一六二六年）細緻地研究過了，他們兩人都嫻熟普通法。從他們的觀點來看，庫克堅持臣民權力優先的觀點是錯誤的。[73] 保王派可能帶著某種似是而非的理由論證說，當面對一六二〇年代所要承擔的保衛國家的任務時，議會稅款所能籌集到的數目相對於這一任務而言是遠遠不夠的。[74] 稅收的主要形式是津貼，受到了制度化的欺詐行為的困擾，鄉紳藉此規定自己所應繳納的稅款僅佔其真實財富的極少部分。[75] 到了一六二〇年，津貼的價值（正如勞德曾經刻薄地指出的那樣）已經降低到了幾乎不值得一位國王與議會對其進行協商的地步。另一方面，船稅至少是被公平攤派的；它建立在臣民支付能力的基礎上；並提供一個實際數目，它與供應一支艦隊以保衛國家這一政府主要職責的實際花費是相稱的。[76] 既然征服者已經使所有被征服者的法律失去了效力（這幾乎得到了普遍的承認），那麼隨之而來的就是，一旦喪失對國家的保護能力，通常就不會有自由，更不會有臣民的個人權利和財產權利。[77] 霍布斯（Thomas Hobbes）幾乎和查理一世本人一樣對庫克的觀點感到厭煩。他簡潔地概括了這些論點。他力辯道：往往存在著這樣一種情形，國王實際上有道德義務取消不經臣民同意不能徵稅的許諾。「如果國王發現由於這樣一個承諾使他如果遵守諾言就不能夠保護其臣民的話，他就是在犯罪；那麼，他可以，並且應該不履行以前的承諾。」⑱

一六三〇年，司法部門一致拒絕同意普通法是「工具」這樣一種觀點，並成為國王創建一種可靠的和不須經過議會的收入來源的主要障礙之一。然而，改變法院的特徵是一件困難而細緻的工作。法官任職終身；儘管在特殊情況下他們可能會被革職，但是，正如查理付出代價以後才認識到的那樣，立刻革除一名法官可能會產生相反的效果，會引起法院的對抗，也會削弱宮廷的聲望。法院要作為國王個人統治的支柱而有效地運行，他們的宣判就必須或者至少在表面上是獨立作出的，而不是受白廳制約的。

然而，當談到與他難以相處的法官時，時間似乎又一次站到了查理的一方。到一六三〇年代末，查理正順利地逐步實現著他的目標：一個由能夠獲得其同輩尊重同時又能坦率地表示同情「最高綱領派」對國王特權與普通法之間關係所做的解釋的人所組成的審判法庭。在一六三七到一六三八年船稅案件中作出不利於國王判決的五名法官中，四個已是古稀老人，其思想成型時期始於一五八〇到一五九〇年代的伊麗莎白時代，但他們此時正處於事業的終點。古稀老人約翰·登哈姆爵士（Sir John Denham，生於一五五九年）作出了支持漢普頓的判決，在他宣佈反對國王的判決後一年之內死去。理查德·霍頓爵士（生於一五六一年）在登哈姆辭世的一個月之後（一六三九年二月二十六日）也去世。⑲普通上訴法庭的喬治·克羅克爵士（生於一五六〇年）於一六四一年因健康狀況惡化被迫要求從法院退休，死於一六四二年二月十六日。第四個古稀老人漢弗萊・達文波特爵士（Sir Humphrey Davenport，生於一五六六年）在技術細節上作出有利於漢普頓的判決，一直活到一六四五年；但是，他的裁決也清楚表明他打算承認這一不經議會同意而徵收的稅種的合法性。⑧⓪霍頓、克羅克、或許還有登哈姆是法院中三位最有力的王權反對者。到一六四一年，查理罷免了所有這三個人的職務。⑧①對船稅的批評，正像對查理政權其他方面的反對一樣，一六三〇年代末可能是對王權發動合法有效的挑戰的最後一次機會。

到一六四〇年初，在沒有議會挑戰的情況下，查理原本可以重建司法部門，而不需要採取任何會引起敵意的清除和遣散，從而使他們成為「王冠下的獅子」，每當需要他們批准新的苛捐雜稅時，就會在法院欣然批准。由於損害了司法部門的威信，就本應該為這種諂媚付出代價。⑧②然而，如果再假與幾年時間，漢普頓案件（假如他曾上訴於法院）就可能不是以一六三八年法院對船稅做出的半心半意的批准，而是以完全批准國王的財政政策而告終。⑧③

關於一六三九年王室勝利對以後法律的發展所具有的意義似乎是很清楚的。一六四〇年代，查理一世本可以仍然按照普通法統治英格蘭，但這可能是朝著培根與埃勒斯密爾所指出的方向發展英國的法律體系，即朝著政治權力更加集中於王權的方向，而不是沿著庫克鋪設的道路向前發展。羅伯特・貝克萊爵士（Sir Rober Berkeley）已經在一六三八年的船稅判決中指明了未來的道路。在否認漢普頓藉以提出建議的理由，即國王未經「議會的全體同意」不得「對其臣民徵稅」這一問題上，貝克萊沒有絲毫遲疑。「法律不懂得國王駕馭的政策：法律本身是國王一個古老而又值得信賴的僕人；是他藉以統治其人民的工具或手段。」⑧④這是一種必然會使那些在愛德華．庫克爵士的聖壇下頂禮膜拜的人感到大為沮喪的坦率說法。

斯圖亞特王朝的英國：國家的改造

隨著聖約派叛亂被制止，一個從未如此依順的司法部門（的建立）以及國際「天主教威脅」的日漸減少，斯圖亞特王朝的這三個王國會如何發展呢？這多半取決於一六三九年的勝利如何影響著宮廷內部權力與影響力的平衡。毫無疑問，在個人受到尊重與獲得聲譽方面，獲益最多的必定是國王本人。在正常情況下，從戰爭中凱旋而歸的國王們都會獲得臣民的讚揚；而且，儘管蘇格蘭有效的宣傳運動旨在贏得英格蘭的人心，但國王對聖約派的勝利將受到人們的廣泛擁戴並且會對平息國內對國王的批評產生重大影響，這一點是沒有什麼疑問的。軍事上的勝利將為查理一世實現其在三個王國間創建一個「帝國的」統一體的野心，實際上是給蘇格蘭與愛爾蘭更進一步地臣服英格蘭提供一個機會。在政府與法律問題上（正如在宗教問題中已經做到的那樣），英格蘭將為凱爾特人的王國應該遵從的「秩序與規矩」提供範例，勝利將為國王提供按照他所理解的臣民福利取決於其上的個人統治的做法而奮力前進的機會。如果用幾年之後國王在某種程度上招來災禍的那句話來說：「如果任何人愚蠢反常到竟會反對他們的國王，他們的國家以及他們自己的利益，我們在上帝的保佑下，將滿足他們，甚至不惜違背他們的意願。」⑧⑤

對於勞德大主教這位在一六三七年決定將英格蘭祈禱書強加在蘇格蘭人民頭上的樞密院中的主要狂熱分子之一而言，一六三九年王室的勝利將不僅僅是一次個人的勝利；它將成為國王的事業所具有的正義性是來自天意的一種辯護。他對英格蘭教會的影響將得到極大的鞏固。與此同時，一六三〇年代曾被戰爭打斷的教會政策似乎就有可能生機勃勃地重新開始實施：在教區教堂的東端擺放領聖餐禮的桌子，並用欄杆圍起，強調就佈道進行教義問答，堅持教義與儀式的一致，以及提高神職人員的財富與社會地位。倘使一六三〇年代末修改後的英格蘭祈禱書的文本已經成功送往蘇格蘭，那麼勞德計劃中的其他部分也有可能隨之實現。在愛爾蘭，斯特拉福與德里的主教約翰·布拉姆霍爾（John Bramhall）已經在使愛爾蘭的聖餐儀式與英格蘭一致這一計劃上取得了進展。在所有這三個王國中，統治教權主義化的趨勢在一六三六年任命倫敦主教為勞德所操縱的財政大臣這一事件體現出來，並有可能會取得進一步的發展。隨著伯頓（Burton）、巴斯崔克（Bastwick）與普林（Prynne）等著名清教派人士在寒冷而遙遠的地牢中逐漸勢衰，不信奉國教者將在大主教空前警醒的（有時是為了復仇的）統治下繼續吃盡苦頭。英尼戈·瓊斯對聖保羅大教堂的改造是勞德主義教會勝利的紀念碑，它那六十英尺高的科林斯式柱廊的柱頂線盤將向世人宣佈，查理一世作為教會領袖，其統治將持續到一六四〇年代。[86]

天主教會也一定會從中受益。他們對一六三九年戰爭動員的及時捐款（籌集到一萬英鎊左右）使他們有望在勝利後獲得一筆可觀的利益。一六三九年四月十七日，亨麗埃塔·瑪利亞王后（Queen Henrietta Maria）曾寫信給機要秘書，信奉天主教的約翰·溫圖爾爵士（Sir John Wintour），向他承諾

「從所有的……受到反對的不便做法之中」確保那些曾在財政上幫助過國王的天主教徒們的安全。這暗示著將給予天主教徒有限的寬容。[87] 天主教徒也會借機進一步爭取放鬆對不遵從國教者實行限制的法律（這大為勞德所厭惡，他不顧公眾聲譽，仍然強烈反對天主教）以及對天主教徒進一步開放宮廷的職位。信仰天主教的尼特斯達爾伯爵（Earl of Nithsdale）曾是一六三九年查理與之共同決定從事戰爭的顧問圈中的一名成員，也必然會獲得在蘇格蘭具有重要影響力的職位。[88] 贊成天主教的國務大臣及國王戰爭委員會成員弗蘭西斯・溫德班克爵士則會獲得白廳的重要職位。這些變動是否會造成對羅馬天主教的進一步反應，或是不失時機地要求一種事實上的寬容（正如同時代在尼德蘭聯合省所發生的那樣），這還很難估計[89]，但肯定不會出現在一六四〇年長期議會統治時期那樣的對天主教徒的罪惡迫害。在那次迫害中，有二十多名天主教神父被恐怖地吊死、拖死或分屍而死。與一六四〇年議會加在背棄國教者身上的那些恐怖刑罰相比，個人統治下所施加的（即使是加在伯頓、巴斯崔克與普林身上的那些）哪怕是最嚴厲的懲罰都似乎相對地仁慈多了。[90]

在查理一世的大臣們當中，一六三九年勝利的影響將是十分廣泛的。直接的受益者將是那些王室勝利的設計師們：樞密院中支持國王從事戰爭並且更捲入抗擊蘇格蘭戰爭的計劃與執行過程的那個圈子，尤其是漢密爾頓侯爵，阿倫德爾伯爵（Earl of Arundel）與亨利・文爵士（Sir Henry Vane）。在國王的描述中，這些人是一六三九年四月他完全信任的僅有的幾個大臣。[91] 漢密爾頓這位在一六三七年當愛丁堡出現「叛亂」徵兆以來一直是對查理一世最忠誠的蘇格蘭地方軍事長官，必然獲益最多。他晉升的地位，龐大的蘇格蘭地產以及完美的英格蘭風度都很容易使其本人受到國王的青睞，並使他在白廳佔據一席無人匹敵的地位。確實，漢密爾頓與查理一世的關係甚至親近到查理一世將其視為取代被處死的白金漢公爵（Duke of Buckingham，其騎兵總管的職位在一六二八年公爵死後被授予漢密爾頓）的程度。他獲得的「來自國王的信任與權力」據說在一六三九年一月「自新近在蘇格蘭任職以來」有了顯著的增加。到了一六四〇年一二月，他被說成是擁有「國王所給予的獨一無二的權力」。⑨²如果一六三九年打敗了聖約派，漢密爾頓在宮廷的地位（以及受國王寵愛的程度）將是不可動搖的。

作為勝利的結果之一而將遭受失敗的主要機構，除了議會以外，將會是英格蘭的樞密院。在國王對付蘇格蘭危機的計劃中，國王已經以樞密院的司法權限不得延伸到崔德河以北為藉口，成功地擺脫了他們。它向國王提出建議的諮詢功能可能會被逐漸削弱。其管理「帝國」方面的職權，即涉及到三個王國的所有事務，可能會集中在國王選定的一小撮受信任的寵臣們的手中，包括勞德、阿倫德爾、漢密爾頓、老亨利・文爵士，或許還有宮廷侍臣帕特里克・摩爾（Patrick Maule）、喬治・克爾克（George Kirke）以及威爾・莫雷（Will Morray）等人。這一過程在一六三七～一六三九年危機期間就已經開始了。⑨³

然而，有充分的理由認為，如果國王在一六三九年真的取得勝利，它所導致的更為專制的王權統治的趨勢將會被本身也是蘇格蘭失敗的結果所導致的宮廷中的抵消力量所中和。⑨⁴在宮廷中的地位將會由於一六三九年國王的勝利而得以加強的那些人當中，有一部分與一六三〇年代持「國家」觀點的「鄉居」貴族領袖們的關係密切。漢密爾頓的圈子包括威斯康特・塞耶與塞爾

（對船稅的合法性提出質疑的倡議者，後為漢普頓繼任），稍後又包括威斯康特・曼德維爾（後來為克倫威爾東部協會的指揮官），約翰・丹弗斯爵士（Sir John Danvers，一個未來的弒君者）以及蘇格蘭聖約派領導集團中的一些成員。[95]確實，漢密爾頓願意與國王反對派進行協商的態度致使他的忠誠度在一六三九年受到極端王黨派集團中一些人的懷疑，準確地說是「因為閣下大人與聖約派『小黨派』領導集團保持著某種私下的通信往來」。[96]

一六三九年其他一些引人注目的重要人物也會如此。查理一世宣稱一六三九年戰爭的總司令阿倫德爾伯爵是他完全信任的三位顧問中地位僅次於漢密爾頓的一個。然而，阿倫德爾在一六二〇年代曾是白金漢的主要敵人，並公認為是一位「舊貴族」，即斯圖亞特王朝以前的貴族特權的擁護者，查理一世的貴族反對派主要就是來自這些人。[97]與國王反對派更為接近的是阿倫德爾手下的兩個戰場指揮官，霍蘭德伯爵（騎兵將軍）與埃塞克斯伯爵（阿倫德爾的陸軍中將），據稱他們都因對「神聖」事業作出的功勳而獲得國王的恩寵。[98]信仰清教的沃里克第二代伯爵的弟弟霍蘭德因為維護受到教會特權威脅的不信奉國教派的大臣們的利益而為勞德所憎恨；他的哥哥貝德福德伯爵是包括威斯康特・塞耶、布魯克爵士、約翰・皮姆以及奧利弗・聖約翰在內的那個集團的密友。一六三九年的軍事勝利也將鞏固埃塞克斯伯爵的宮廷地位，霍蘭德（他的大堂兄）也正努力使國王恢復對他的寵愛。[99]埃塞克斯是伊麗莎白時代因一六〇一年的流產政變而被處決的那位受人愛戴的英雄的兒子。可以說，正是從他開始，英格蘭才算有了一位活著的新教派的英雄。

這場失敗迫使國王於一六四〇年作出決定（解除阿倫德爾、埃塞克斯和霍蘭德的指揮官的職務，而且關於羅馬教廷取得貸款的談判也已開始），對政策作出有實質內容的改進，晉升有關人員，而這樣的舉動正如使宮廷中漫延著「天主教陰謀」的致命謠言那樣，勝利也會消除產生這些謠言的諸多因素。霍蘭德、埃塞克斯與漢密爾頓（那位天主教的「狂熱的」敵人）⑩都是擁有新教派無懈可擊的聲譽的人物。霍蘭德與埃塞克斯都曾站在新教派的一方在歐洲參加過反抗哈布斯堡家族的戰爭；漢密爾頓在一六三一年曾與三十年戰爭中聖徒似的新教英雄，瑞典的古斯塔夫・阿道爾夫（Gustavus Adolphus）並肩戰鬥。他當時在宮廷中最密切的盟友是國王的內務審計官亨利・文爵士。一六三九年查理一世稱他為「最信任的顧問」小組中的第三位成員。⑩這些人地位的增強所可能發揮的作用將是平衡宮廷中由於一六三九年國王勝利而引起的天主教影響的增強，並減少人們相信王室已被天主教陰謀所控制的謠言。查理一世很有可能會繼續謙恭有禮地接待教皇的特使⑩，但是，國王不再需要為了從羅馬獲得財政補助而進行羞辱性的談判。隨之而去的還有因這種談判明顯會造成的對國王公眾形象的損害。

當然，如果認為一六三九年對聖約派的勝利會永遠消除人們對查理一世的反對，這種想法則是天真的。那麼，可能的燃點會是什麼呢？即使蘇格蘭危機得以成功解決，國王當然還會面對宮廷內部圍繞著教會人士在統治中的權力應當達到何種程度這一問題而產生的黨派紛爭。英國國教在宮廷中的影響已經在樞密院（勞德大主教在那裏受到了奔布魯克郡、諾森伯蘭郡與索爾茲伯里郡的痛恨）激起了一股強烈的反教權主義的反應。此外，教權主義無疑會在地方上日益引起痛恨，當地鄉紳正在不遺餘力地尋找他們的牧師，任命他們為治安法官，以便在一六三〇年代四季法庭開庭期間取代他們的位置。這正是圍繞優先權與司法權而展開的個人宿怨以及沒完沒了的爭吵所產生的諸多根源。但是，倘若英格蘭沒有出現一支勝利的蘇格蘭軍隊的話，這種緊張關係完全可以控制住。勞德和他的顧問之間的關係無疑將繼續令人感到棘手；但是，如果一六三九年取得了勝利，這位大主教將有各種理由認為他最終將舒適的善終於他那張朗伯斯床上。

蘇格蘭的問題將更為棘手，正像以前的國王在付出了代價才認識到的那樣，打敗蘇格蘭是一回事，限制這個國家的自由則完全是另一回事。即使查理一世取得了一六三九年的勝利，聖約派反叛的規模與狂烈程度說明它將繼續給國王製造麻煩。但是，只要查理一世的政權仍然控制著英格蘭，就沒有理由認為聖約派剩餘的抵抗者會失控，就像伊麗莎白政權的安全在十六世紀末雖然不斷受到愛爾蘭反抗的侵擾但卻很少受到嚴重威脅那樣。此外，聖約派領導集團本身並不是沒有黨派分歧與個人宿怨。⑩③假若查理在一六三九年取勝，他當然會加速最終發生於一六四一年夏天的那場不妥協的貴族（如阿蓋爾伯爵〔Earl of Argyll〕）與更為溫和的貴族（如蒙特羅斯〔Montrose〕）之間的分裂過程。⑩④

一六三九年以後大約十年左右的時間將不可避免地成為需要鞏固加強政治與財政力量的一段時期。這反過來又取決於查理一世能否保持自一六三〇年代初以來所採取的避免對外戰爭的外交姿態。與西班牙的戰爭似乎完全沒有可能發生。樞密院自一六三八年以來強烈傾向於與西班牙結盟；到一六三九年七月，貝利維爾（Bellièvre）沮喪的指出了這一轉變，他報告說大多數大臣已經接受了西班牙的津貼。⑩⑤此外，自一六四〇年的加泰隆尼亞叛亂以後，西班牙在此十年中的餘下幾年裏構成的威脅相對而言已大為減少。另一方面，與法國發生戰爭的可能性更大一些。查理一世在一六三八年曾給黎希留（Richelieu）的主要敵人，麥地奇的瑪麗（Marie of Médicis）以及拜倒在她裙下的那些過敏而傲慢的持不同政見者（包括旺多姆公爵〔Duc de Vendôme〕與蘇比斯公爵〔Duc de Soubise〕）提供了避難所。然而，由於法國深深得罪了哈布斯堡家族，自一六四三年以來又受到國內王室少數派問題的困擾，因此開闢另一戰線來反對英格蘭的前景就不值得一提了。與荷蘭的商業競爭也是構成衝突的一個潛在根源（正如一六五〇與一六六〇年代的戰爭將要證明的那樣）。但是，兩國關係在近期內仍是和睦的（儘管荷蘭的海軍司令特隆普於一六三九年十月侵入英國海域劫掠了西班牙的艦隊），而且因一六四一年查理一世的女兒瑪麗（Mary）與斯塔德霍爾德（Stadholder）的兒子與繼承人奧倫治—維索的弗雷德里克·亨德里克王子（Prince Frederik Hendrik of Orange-Nassau）的聯姻而得到進一步的加強。[106]

總之，只要查理一世不走出國門挑起戰爭，他的統治就很有可能至少到一六五〇年代一直避免戰爭，查理一世從他一六二〇年代以後的經歷中深知對外戰爭會讓他付出使國家日益虛弱的代價。即使他在一六三九年取得了成功，政府的借債也需要償還，而且在蘇格蘭重建王國政府也將耗費按年度反覆支付的鉅額開支。政府似乎不太可能有心去從事國外的軍事冒險。像諾森伯蘭伯爵（Eral of Northumberland）於一六三九年戰後所說的那樣，「我們在削弱蘇格蘭這一問題上如此堅決，以至於直到那一目標實現為止，我們將不會打算重建歐洲的破碎地產」。[107]

然而，最沒把握的一點仍然是王國的財權問題。國王能否在沒有議會津貼的情況下達到收支相抵？在和平時期，對這個問題的回答似乎可以毫不猶豫地加以肯定。查理一世曾成功的解決了不斷困擾他父親的財政問題，到一六三〇年代中期，他已經成功的平衡了收支。他的主要問題是當對財政部有額外要求時如何解決調動資金和獲得貸款的機會。一六三九年的經驗說明他可以做到這一點，即不依賴於議會而只要通過來自貴族與城市富裕商人的貸款（據說單從海關關稅承包商保羅・平達爾爵士〔Sir Paul Pindar〕一人手中就籌得十萬英鎊）來提供開支。⑱關於倫敦，似乎沒什麼值得懷疑。一六三九年的勝利必然會防止在倫敦政府中出現打擊一六四〇～一六四一年舊的市政精英的優勢，並有效切斷王國倫敦信貸的政變。聖約派失敗以後，王權與倫敦市政府之間大致上溫馨的關係一直持續到一六三九年六月，他們為了各自的利益很可能會把這樣的關係無限期的持續下去。⑲

真正的麻煩出現在財源上。⑪國王能否在一六三〇年代中期以後通過調整所得稅的徵稅額來增加其收入，以便在沒有召開議會的情況下，即使是長期不召開議會，仍能成功地達到足以支撐一場戰爭的程度呢？這裏有兩個問題需要解決。這個國家能否經受得起進一步不經議會批准而徵稅所必須付出的代價？第二，如果強行徵收這些稅款，那麼國內的大部分納稅人能否從政治與法律的角度上接受呢？關於第一個問題幾乎是沒有疑問的。總的來說，英國是歐洲稅收最輕的國家之一，即使考慮到一六三〇年代查理強行徵收的全部賦稅在內也是如此。正如我們所看到的，從一五八〇年到一六三〇年的這半個世紀的時間內，英格蘭鄉紳已經成功的使一套為了稅收目的而低估其財產的辦法制度化了，津貼名冊上列出的大部分財產額是按不到其真實財產的大約十分之一進行估算的。⑪然而，查理一世用在徵收船稅上的評估制度卻以個人真實財富的更為真實的估定為基礎（具有諷刺意味的是，這種制度在一六四三年被議會派採納作為「每週評估」的依據）。如果查理一世像他計劃中肯定會做的那樣，成功地把船稅變成一種按年度徵收的稅種並在全國強行徵收，他將獲得一種固定收益很高的收入來源。這將成為克拉倫登（Clarendon）所擔心的「任何時候的一種永久供應」。⑫一六三〇年代每年的稅款已帶來大約二十一萬八千英鎊的收入，在現款上相當於每年議會津貼的三倍。⑬

還有一種收入是國產稅或消費稅（長期以來一直作為一種可供選擇的稅種，並於一六四三年由長期議會首次採用），這將成為國王財政的主要依靠之一。隨著法院的重組，幾乎不用懷疑，司法部門將同意國王進一步延伸這種財政特權。一六四〇與一六五〇年代初的經歷幾乎使人們不再懷疑鄉紳可能會支援徵收更多的稅款：到一六五一年，大部分地區的稅收均為個人統治頂峰時期稅收的六～七倍。⑭正如傑拉爾德·艾爾默爾（Gerald Aylmer）所說的，一六四〇～一六五〇年代新的財政稅收「或許最令人吃驚的地方」，「是通過稅收所籌集到的數目以及人們對其徵收的持續抵制是那麼的稀少」。⑮倘若查理一世的個人統治持續到這一時期，王國的收入極有可能將持續增加，而激起的反抗也不會比克倫威爾統治下所遭到的最低限度的反抗更多。此外，只要查理避開了進一步的大規模戰爭，他就不必提高稅款以達到共和國時期所強徵的那種水準；在船稅所得上再增加兩倍或三倍的財富將使查理一世成為一個富足的國王。

當然，並非所有的法官都會表示贊同，尤其是林肯法律協會的法官們。那裏有愛德華·庫克爵士眾多的仰慕者。毫無疑問，他們會發起一場戰鬥以反對任何不經議會的同意而批准國王強行徵稅的權利的司法裁決。但就整個法律界來看，這位一六三九年凱旋而歸的國王不大可能會面對法律界的嚴重抵制。法官們像政治家們一樣，是聲名狼藉的追名逐利者。何況查理的統治倘若興盛到一六四〇年以後，他們中的大多數幾乎無可懷疑地將會泯滅其良心而任憑新的財政策略實施以確保自己的成功。勞德的朋友塞爾登（Selden）的力作《領海》在一六三〇年代的宮廷中備受尊崇。或許，他就會像一六四〇年代效忠議會派那樣誠摯地效忠於凱旋而歸的查理一世政權。[116]在相對於諸如奧利弗・聖約翰或威廉・普林之類令人討厭的法官面前，總會出現一個布林斯特羅德・懷特洛克（Bulstrode Whitelocke）式的甜言蜜語的人，隨時準備逢迎討好那個時代的政權。

確實，在查理一世個人統治期間，法律界已經以其慣常的靈活性適應了沒有議會的統治，發明了在多數情況下將阻礙立法需要的種種程式（諸如密謀行為）。康拉德・羅素教授曾經提出，到一六四〇年，「法官們發現自己沒有法律的幫助就不能實現」[117]的唯一事情幾乎只剩下使外國人入籍和改變教區的劃分了。[118]事實將證明，郡議會作為政府與臣民之間的「紐帶」功能，會變得更加困難。然而，不難想像，在沒有議會的情況下，郡縣立法會議，即巡迴法官以及各郡貴族與鄉紳召開的常設會議，在明確表達地方的不滿方面將起到更為獨斷的作用，就像是法國的各省法院在一六一四年三級議會消失後所做的那樣。

如果查理一世能活得像他父親一樣長久，他可能會死於一六五九年。有許多事情仍然是不能確定的，但至少有這種可能：查理一世將給他的兒子留下一個強大的、財力充裕的、中央集權的王國。在這個王國中，一六二九年下議院僅存的幾位遺老將在火爐邊講述三十年前下議院最後那些動蕩日子的傳奇。而歷史學家們將以事後諸葛的從容自信撰寫議會停止活動的不可避免性。這樣一種統治能否稱作「專制主義」統治，將會受到懷疑。事實上，查理的權力就像路易十四（Louis XIV）在法國的權力一樣，將會受到限制，受到地方精英們願意與王權合作程度的限制。在英國，地方割據的可能性和在法國一樣是很大的。然而，即使沒有一支常備軍，到該世紀結束時，創建一個更接近於路易十四的法國，即查理一世在一六二五年從父親手中繼承下來那種對英國的統治，而不是由國王與上下議院共用國家主權的「混合君主制」，這樣的夢想也是有可能實現的⑲（假使處於最壞的情形下，一六三九年查理挽救一個強大的王權統治的前景也永遠不會像路易在福隆德運動期間所面臨的前景那樣慘澹）。

但並非只有國王的事業將會走上迥然不同的軌道。一六四〇年代成為議會派的那些人當中究竟會有多少人將會反過來成為君主政權的忠實僕臣呢？在大多數的情況下，這仍將是一個沒有定論的問題。然而，至少有一點似乎是沒有多大疑問的。一六四〇年代，托馬斯．費爾法克斯爵士（Sir Thomas Fairfax，生於一六一二年）作為議會派的「勇士」，新模範軍的總司令、一六四五年納西比戰役中打敗王黨軍隊的決定性勝利的締造者、確保議會倖存的將軍而受到歡呼。⑳但在一六三九年，費爾法克斯卻在為國王而戰。他是贊成反對蘇格蘭事業的最熱情的人之一，曾籌集一支擁有一六〇〇名約克郡龍騎兵的隊伍，並由於那次戰役中的傑出表現而被查理一世挑選出來作為授予特別嘉獎的少數軍官之一，並獲得了爵士頭銜。如果費爾法克斯在一六三九年曾經如此忠誠奉獻的事業取得了成功的話，那完全有可能將讓議會在英國的活動停頓幾十年，或許幾個世紀，又或許，甚至直到一七八九年？這並不僅僅是歷史的嘲弄。

---

① 我要感謝尼爾·弗格森博士、阿蘭·麥欣尼斯教授（Professor Allan Macinnes）、約翰·莫里爾博士（Dr John Morrill）、拉塞爾伯爵教授（Professor the Earl of Russell）和戴維·斯科特博士（Dr David Scott）閱讀並評論了這篇文章的初稿。

② 對韋伯這套詳細的設計方案與圖紙年代的確定以及對其所做的分析，參見馬格麗特·溫妮的精彩評論：〈約翰·韋伯的白廳設計圖〉（Margaret Whinney, 'John Webb's Drawings for Whitehall Palace'），收在《沃爾波協會學報》（*Porceedings of the Walpole Society*），一九四二～三年，第三一卷，第四五～一〇七頁。雖然這些圖紙中有一份被註明為國王「御用」（整頁插圖第十八頁），但對這項計劃能否實現的可能性所做的評估通常受到人們的高度懷疑；參見提摩西·摩爾與布萊恩·厄恩肖：《沒有國王的建築：克倫威爾時期清教古典主義的興起》（Timothy Mowl and Brian Earnshaw, *Architecture without Kings: The Rise of Puritan Classicism under Cromwell*），曼徹斯特，一九九五年，第八五～八七頁。

③ 伽地納：《大內戰史，一六四二～一六四九年》（S. R. Gardiner, *History of the Great War, 1642～49*），四卷本，一八九三年，第四卷，第二四二頁。伽地納在書中提到了一六四八年十一月克倫威爾與艾爾頓（Ireton）提出的建議。

④ 卡羅琳·辛巴德：《查理一世與天主教陰謀》（Caroline Hibbard, *Charles I and the Popish Plot*），查珀爾希爾，一九八

三年；彼得・唐納德：《不納忠言的國王：查理一世與蘇格蘭叛亂》（Peter Donald, *An Uncounselled King: Charles I and the Scottish Troubles*），劍橋，一九九〇年；康拉德・羅素：《英國內戰的起因》（Conrad Russell, *The Causes of the English Civil War*），牛津，一九九〇年，以及《英國君主制的衰落，一六三七～一六四二》（*The Fall of the British Monarchies,1637～42*），牛津，一九九一年；阿蘭・麥欣尼斯：《查理一世與聖約派運動成功的原因，一六二五～一六四一年》（Allan I. Macinnes, *Charles I and the Making of the Covenanting Movement, 1625～41*），愛丁堡，一九九一年；凱文・夏普：《查理一世的個人統治》（Kevin Sharpe, *The Personal Rule of Charles I*），紐黑文，一九九二年；馬克・查理・費捨爾：《主教戰爭：查理一世反擊蘇格蘭的戰役，一六三八～一六四〇年》（Mark Charles Fissel, *The Bishops' Wars: Charles I's Campaigns against Scotland,1638～40*），劍橋，一九九四年。約翰・莫里爾對這場辯論所做的重要貢獻已收進他的《英國革命的實質：論文集》（*The Nature of the English Revolution: Essays*）中，倫敦，一九九三年。

⑤ 參見，例如，埃斯持・庫珀：《無議會的政治，一六二九～一六四〇年》（Esther S. Cope, *Politics without Parliaments,1629～40*），倫敦，一九八七年；里弗：《查理一世與通向個人統治的道路》（L. J. Reeve, *Charles I and the Road to Personal Rule*），劍橋，一九八九年；里弗博士否認「英格蘭自本世紀開始以來正處於通往內戰的快車道上」，同時也指出查理一世的這種性格使他不能「順應時代的變化」（出處同上，第二九三頁、第二九六頁）：他的徹底失敗，在某種意義上，是必然的。

⑥ 現代最好的描述，見麥欣尼斯：《查理一世與聖約派運動成功的原因》，第五～七章。

⑦ 康拉德・羅素：《英國君主制的衰落》，第九章。

⑧ 儘管如此，有些研究者已經在嚴肅地考慮其中的一些可能性；參見傑弗里・帕克：〈假如無敵艦隊曾經登陸〉（Geoffrey Parker, 'If the Armada Had Landed'），載於《歷史》（*History*），第六一卷，一九七六年，第三五八～三六八頁；羅伊・斯特朗：《亨利──威爾斯王子與英格蘭失敗的文藝復興》（Roy Strong, *Henry, Prince of Wales and England's Lost Renaissance*），倫敦，一九八六年；康拉德・羅素：《天主教之風》（Conrad Russell, 'The Catholic

Wind'），收入《未曾發生革命的英格蘭，一六〇三～一六〇四年》（*Unrevolutionary England, 1603～4*），倫敦，一九九〇年，第三〇五～三〇八頁；查理・格雷：〈議會，自由與法律〉（Charles M. Gray, 'Parliament, Liberty and the Law'），載於赫斯特編：《從伊麗莎白統治到英格蘭內戰期間的議會與自由》（J. H. Hexter, ed, *Parliament and Liberty from the Reign of Elizabeth to the English Civil War*），史丹福，一九九二年，第一九五～一九六頁。

⑨ 休・特雷弗—羅帕：〈歷史與想像〉（Hugh Trevor-Roper, 'History and Imagination'），載於瓦萊麗・珀爾，布萊爾・沃頓與休・勞埃德—瓊斯編：《歷史與想像：紀念特雷弗—羅帕論文集》（Valerie Pearl, Blair Worden and Hugh Lloyd-Jones, eds., *History and Imagination: Essays in Honour of H. R. Trevor-Roper*），倫敦，一九八一年，第三六四頁。

⑩ 藏於英國圖書館，增補本，手抄本一一〇四五，對開本，45r-v（愛德華・羅欣漢致斯丘達莫爾〔Viscount Scudamore〕），一六三九年八月十三日。

⑪ 藏於牛津大學博德利安圖書館，鞣皮手抄本六五，對開本一〇〇幀，托馬斯・傑爾明爵士致羅伯特・克萊恩爵士（Sir Robert Crane），一六四〇年八月二十日（關於這條附註我必須感謝戴維・斯科特博士提供的資料）。

⑫ 國家檔案館，特刊一六/四六四/七一，對開本一五九，弗蘭西斯・溫德班克致康韋（Viscount Conway），一六四〇年八月二十二日。

⑬ 有關近期對這些事件的傳統描述，見庫珀：《無議會的政治》，第一五三～一五四頁、第一六三～一七七頁。

⑭ 康拉德・羅素：〈斯圖亞特王朝早期英格蘭議會的本質〉（Conrad Russell, 'The Nature of a Parliament in Early Stuart England'），載於霍華德・湯姆林森編：《英格蘭內戰之前：論斯圖亞特王朝早期的政治與政府》（Howard Tomlinson, ed., *Before the English Civil War: Essays in Early Stuart Politics and Government*），倫敦，一九八三年，第一二九頁。

⑮ 費捨爾：《主教戰爭》，第八頁。

⑯ 歷史手稿委員會，《巴克盧與昆斯伯里》（*Buccleuch and Queensberry*），（蒙塔古協會）手抄本，三卷本，一八九九～一九二六年，第一卷，第二七六頁，愛德華・蒙塔古致布頓的蒙塔古第一代勳爵，一六三九年二月九日（關於這條附註應該感謝費捨爾教授提供的資料）。

⑰ 關於一六三九年戰役近期最好的描述，參見費捨爾：《主教戰爭》，第三～三九頁。

⑱ 麥欣尼斯：《查理一世與聖約派運動成功的原因》，第一九三頁；費捨爾：《主教戰爭》，第五頁；對漢密爾頓的作用所做的最為徹底的評估見斯卡利：《詹姆士第三代侯爵和第一代漢密爾頓公爵（一六〇六～一六四九年）一六四三年前的政治生涯》（J. J. Scally, 'The Career of James, 3rd Marquis and 1st Duke of Hamilton（1606～49）to 1643'），劍橋大學博士學位論文，一九九三年。

⑲ 博得利安圖書館，手抄本，克拉倫登一六，對開本二〇，弗蘭西斯・溫德班克爵士致亞瑟・霍普頓爵士，一六三九年三月十五日。

⑳ 公共文獻室，WO49/68，對開本22v～23幀。

㉑ 艾爾索普：《政府，財政，與財政部的活動》（J. D. Alsop, 'Government, Finance, and the Community of the Exchequer'），載於克里斯托弗・黑格主編：《伊麗莎白一世的統治》（Christopher Haigh, ed., *The Reign of Elizabeth I*），倫敦，一九八四年，第一〇一～一二三頁；費捨爾：《主教戰爭》，第一三七～一四三頁，費捨爾教授斷言（第一五一頁）：「財政部被寄望於履行一個在當時看來超出其能力範圍的任務。但是，（國王要求為戰爭動員而籌集的）錢款最終被繳納的事實證明了該機構的彈性及其全體職員的堅韌性。」

㉒ 公共文獻室，E403/2568，對開本72。

㉓ 公共文獻室，特刊16/414/93，對開本219，約克郡的副軍事長官致雅各布・阿斯特利爵士，約一六三九年三月十四日。

㉔ 一方面，漢密爾頓認識到了東北部的戰略意義，並於一六三九年初將其軍艦中的三艘遣往亞伯丁，此一行動確實加強了該地區保王黨人對聖約派運動的抵制。但這遠不足以阻止亨特利的武裝保王黨分子於四月份被（由蒙特羅斯率領的）聖約派軍隊制服；儘管一六三九年春天艾博因（亨特利的第二個兒子）重續的戰事暗示著東北部一場受到適當支援的保王黨運動可能會帶來某種潛在的破壞，儘管他沒有得到英格蘭軍事力量的援助，但直到貝里克和解條約締結兩天之後的一六三九年六月二十日，他的反叛才被聖約派平息。麥欣尼斯：《查理一世與聖約派運動成功的原因》，第

一九三頁。戈登：《布列塔尼的大瘟熱簡節本，一六三九～一六四九》（P. Gordon, *A Short Abridgement of Britane's Distempter, 1639～1649*），斯波爾丁俱樂部，亞伯丁，一八四四年，第一二～二八頁（我很感激阿蘭・麥欣尼斯教授與我談論這一點）。

㉕ 設菲爾德中央圖書館，溫特沃斯・伍德豪斯檔案，斯特拉福文件集，10（250～1）a，溫特沃斯子爵致約克郡副軍事長官，一六三九年二月十五日。（本條註釋以及本段中的其他註釋來源於戴維・斯科特博士那篇重要的即將發表的關於約克郡對兩主教戰爭的反應的論文：《議會職責的歷史》（Dr David Scott, *History of Parliament Trust*），倫敦，我很感激斯科特博士慷慨地允許我在其論文出版以前對其加以引用。

㉖ 約翰・拉什沃斯：《歷史文集，第二部分：一六八〇年》（John Rushworth, *Historical Collections*, Part II〔1680〕），第二卷，第九〇八頁，設菲爾德中央圖書館，溫特沃斯・伍德豪斯檔案，斯特拉福文件集，19（29），威廉・薩維爾致威斯康特・溫特沃斯，一六三九年四月二十六日。

㉗ 蘇格蘭檔案館，漢密爾頓，手抄本，GD406/1/11144，一六三九年四月十九日。

㉘ 關於新模範軍的規模，見伊恩・金特爾斯：《英格蘭、愛爾蘭與蘇格蘭的新模範軍，一六四五～一六五三年》（Ian Gentles, *The New Model Army in England, Ireland, and Scotland, 1645～53*），牛津，一九九二年，第一〇頁、第三九二頁。

㉙ 約克郡考古學社圖書館，里茲，DD53/III/544，（約克郡年刊）。

㉚ 博得利安圖書館，手抄本，阿什莫爾八〇〇號（雜集，政治文件），對開本五一幀（編張數號的第一序列），弗利特伍德陸軍上校致其父親賈爾斯・弗利特伍德爵士，約克，一六三九年四月五日。

㉛ 英國圖書館，增補本，手抄本 11045，對開本 27，愛德華・羅欣漢致斯丘達莫爾，一六三九年六月十一日。

㉜ 有這種可能性，即霍蘭德在向國王彙報聖約派的人數時故意誇大了他們的實力，以便阻止國王參加戰鬥；見康拉德・羅素：《英國君主制的衰落》，第六三頁。聖約派領導人（可能是正確地）相信霍蘭德同情他們的事業，並且在幾個星期以前就利用他作為接近英格蘭貴族領導成員的仲介人。至於說到他在頓斯洛向國王提出中立的建議，這完全是不

可能的。見蘇格蘭國家圖書館，克羅福德，手抄本 14/3/35（以前保存在約翰・賴蘭圖書館，曼徹斯特），一六三九年五月二十五日（關於聖約派的觀點，感謝羅素教授在此一問題上提供的看法）。

㉝ 霍奇森編：《北國日記六則》（J. C. Hodgson, ed., *Six North Country Diaries*），瑟蒂斯協會，一一八，達勒姆，一九一〇年，第二四頁。（印刷件，英國圖書館，增補本，手抄本，28566），東克爾德主教亨利・居特里：《反對國王查理一世的陰謀與叛亂——回憶錄》（Henry Guthrie, Bishop of Dunkeld, *Memoirs* [*of*]...*the Conspiracies and Rebellion against King Charles I*），一七〇二年，第四九～五〇頁（印刷件，克拉克紀念圖書館，洛杉磯，手抄本，O14M3/約1640/裝訂本，「對上次叛亂的起因與發展的觀察」）。

㉞ 蘇格蘭檔案館，漢密爾頓，手抄本，GD406/1/1179，老亨利・文爵士致漢密爾頓，一六三九年六月四日，這封信詳細說明了國王的懷疑：「陛下現在確實清楚地明白並對他自己的如下判斷非常滿意：在（白廳）畫廊中，陛下、閣下（漢密爾頓）和我本人所交談的事因此機會而被充分驗證了。」納爾遜列印了這封信，把有關畫廊談話的註釋曲解為英格蘭貴族與鄉紳「不願意」進攻蘇格蘭的做法或許是正確的。約翰・納爾遜：《國家大事紀文件集》（John Nalson, *An Impartial Collection of the Great Affairs of State*），兩卷本，一六八二～一六八三年，第一卷，第二三〇頁。

㉟ 納爾遜：《文件集》，第一卷，第二三一～二三三頁，似乎沒有證據可以證明以下這種觀點，即是國王首先提出談判的。見伽地納：《英國史》，一〇卷本，倫敦，一八九一年，第九卷，第三六頁；夏普：《查理一世的個人統治》，第八〇八頁。

㊱ 然而實際上，這一條件僅被部分滿足，稱聖約派行政部門仍作為管理機構一直存在到次年二月，這違反了條約的規定（對麥欣尼斯教授就此問題與我進行的討論表示感謝）。

㊲ 夏普：《查理一世的個人統治》，第八〇九頁。

㊳ 弗古爾：《蘇格蘭聖約派軍隊的宗教主張，一六三九～一六五一年》（E. M. Furgol, 'The Religious Aspects of the Scottish Covenanting Armies, 1639~51'），牛津大學，費城演講，一九八二年，第三頁，第七頁，弗古爾博士的看法被費捨爾教授接受，費捨爾的《主教戰爭》一書對這次戰爭做了最為詳盡的描述。

㊴ 布魯斯編：《弗內家族的通信與文件集》（J. Bruce, ed., *Letters and Papers of the Verney Family*），卡姆登協會，一八五三年，第五六卷，第二五一頁。

㊵ 英國圖書館，增補本，手抄本一一〇四五，對開本32r，羅欣漢致斯丘達莫爾，一六三九年六月二十五日。

㊶ 費捨爾：《主教戰爭》，第三一頁註釋；戴維．史蒂文森：《對聖約派事業的經費，一六三八～一六五一年》（David Stevenson, "The Financing of the Cause of the Covenants, 1638～51'），《蘇格蘭歷史評論》（Scottish Historical Review），一九七二年，第五一卷，第八九～九四頁

㊷ 費捨爾：《主教戰爭》，第三八頁。

㊸ 英國圖書館，增補本，手抄本一一〇四五，對開本四五，羅欣漢致斯丘達莫爾，一六三九年八月十三日。

㊹ 最近有人論證，一六三〇年代查理的統治實質上「從未真正穩固過」，因為「他不像伊麗莎白一世以及他父親（詹姆士一世）的統治那樣依靠著人們所贊同的基礎」（里弗：《查理一世與通向個人統治的道路》，第二九六頁）。然而，這要取決於以下問題的解決：是什麼人贊同的？查理並不需要依靠一種人們承認的委託契約來統治這個國家。此外，儘管鄉紳不「贊同」的確能使他對地方統治出現問題，但由於從來沒有一次叛亂取得成功。在這種情況下，查理一世的臣民們能夠用來發洩其反對情緒的手段很明顯是十分有限的。

㊺ 傑里弗．帕克：《軍事革命：軍事改革與西方的興起，一五〇〇～一八〇〇年》（Geoffrey Parker, *The Military Revolution: Military Innovation and the Rise of the West, 1500～1800*），劍橋，一九八八年，第一章。

㊻ 康拉德．羅素：《英格蘭議會中的蘇格蘭黨，一六三〇～一六四二；或曰，英格蘭革命的神話》（Conrad Russell, *The Scottish Party in English Parliaments, 1630～42, or, The Myth of the English Revolution*），國王學院就職講座，倫敦，一九九一年，第八頁。儘管英國在這個意義上已經「非軍事化」了，即只有少數貴族有權從其附庸中募集武裝部隊，但認為服軍役是鄉紳上流或貴族身分合適的相伴物的觀點仍然非常流行，一直持續到一六四〇年代，鄉紳或貴族（從閱讀或親身經歷中）瞭解到有關歐洲戰事的最新進展的例子也大量存在。參見芭芭拉．唐納甘：《英格蘭內戰中的法規與行為》（Barbara Donagan, 'Codes and Conduct in the English Civil War'），《過去與現在》（*Past and Present*），第一一

八期，一九八二年，第六五～九五頁；亞當森：〈查理一世時期英格蘭的騎士精神與政治文化〉（J. S. A. Adamson, 'Chivalry and Political Culture in Caroline England'），載於凱文．夏普與彼得．萊克編：《斯圖亞特王朝早期英格蘭的文化與政治》（Kevin Sharpe and Peter Lake, eds., *Culture and Politics in Early Stuart England*），倫敦，一九九四年，第一六一～一九七頁。

㊼ 杭廷頓圖書館的芭芭拉．唐納甘博士一本即將出版的著作將提供有關的證據，即一六三〇年代許多英格蘭家庭擁有真正的私人武器儲備。即便如此，在沒有公認的權威（在議會中止期間）來認可或調和其使用的情況下，叛亂在英格蘭的發生在查理個人統治時期依然只是一個遙遠的前景；政治精英們也不會普遍認為武裝抵抗是一種現實的甚至是必要的選擇（我很感激約翰．莫里爾博士與我討論這一點）。

㊽ 休．卡尼：《斯特拉福在愛爾蘭，一六三三～一六四一年：專制主義研究》（Hugh Kearney, *Strafford in Ireland, 1633～41: A Study in Absolutism*），第二版，劍橋，一九八九年。僅僅在斯特拉福被解除郡軍事長官一職以後的一六四一年，愛爾蘭才發生叛亂；它的矛頭並非指向這位殘暴的總督，而是指向那個似乎已經處於完全由國王好戰的新教反對派組成的臨時政府控制下的英格蘭議會。參見康拉德．羅素：〈一六四一年愛爾蘭叛亂的英格蘭背景〉（Conrad Russell, 'The British Background to the Irish Rebellion of 1641'），《歷史》，第六一卷，一九八八年，第一六六～一八二頁。

㊾ 有關這次混亂的證據，參見彼得．唐納德：〈關於一六四〇年英格蘭—蘇格蘭和約的新觀點〉（Peter Donald, 'New Light on the Anglo-Scottish Contacts of 1640'），《歷史》，第六二卷，一九八九年，第二二一～二二九頁。

㊿ 同一時代關於查理政權這種洞察力的證明，參見約翰．莫里爾：《查理一世，暴政，與英國內戰》（John Morrill, 'Charles I, Tyranny, and the English Civil War'），收入《英格蘭革命的實質》，第二八五～三〇六頁。

51 即使最堅定的「修正派」史學家也同意一六三〇年代末和一六四〇年代初「對天主教的恐懼」曾深深動搖了查理的政權，參見夏普：《查理一世的個人統治》，第三〇四頁、第八四二～八四四頁、第九一〇～九一四頁、第九三八～九三九頁。

52 曼徹斯特大學約翰．賴蘭圖書館，銅版手抄本七三七（有關天主教捐贈的文件，一六三九），對開本，3a，五～六；

又見卡羅琳·辛巴德：〈一六三九年的捐贈：王室與鄉村的天主教教義〉（Carolin Hibbard, 'The Contribution of 1639: Court and Country Catholicism'），《不信國教者的歷史》（*Recusant History*），第一六卷，一九八二～一九八三年，第四二～六〇頁。

53 一六四一～一六四二年間，關於邪惡的「天主教陰謀」的報導使長期議會內部的國王反對者為他們自己攫取「緊急權力」並集結一個黨派（開始在議會兩院，後來在整個國家）以捍衛新教並將國王從其邪惡的顧問的控制下拯救出來的做法提供了一個堅實的理由。關於這些謠言參見卡羅琳·辛巴德：《查理一世與天主教陰謀》（Caroline Hibbart, *Charles I and the Popish Plot*），查珀爾希爾，一九八三年，第一六八～二三八頁；安東尼·弗萊徹：《英國內戰的爆發》（Anthony Fletcher, *The Outbreak of the English Civil War*），倫敦，一九八一年，第四～五章。

54 安東尼·彌爾頓：《天主教與新教：英格蘭的羅馬教會與新教教會，以及新教思想，一六〇〇～一六四〇年》（Anthony Milton, *Catholic and Reformed: The Roman and Protestant Churches in English and Protestant Thought, 1600～40*），劍橋，一九九五年，第九三～一二七頁。

55 德雷克·赫斯特：〈英共和國神聖統治的失敗〉（Derek Hirst, 'The Failure of Godly Rule in the English Republic'），《過去與現在》，第一三二期，一九九一年，第六六頁。

56 康拉德·羅素：〈議會與國王的財政〉（Conrad Russell, 'Parliament and the King's Finances'），載於康拉德·羅素編：《英國內戰的起源》（Conrad Russell, ed., *The Origins of the English Civil War*），倫敦，一九七三年，第一〇七頁。

57 在這六人當中，貝德福德第四代伯爵死於一六四一年，埃克塞特第三代伯爵與布魯克第二代勳爵（在里奇費爾德之圍中陣亡）死於一六四三年，埃塞克斯第三代伯爵、博林布魯克第一代伯爵以及馬爾格雷維第一代伯爵死於一六四六年。

58 布倫頓與本寧頓：《長期議會成員》（D. Brunton and D. H. Pennington, *Members of the Long Parliament*），倫敦，一九五四年，第一六頁。

59 克魯門特：《議會中的世俗議員，一六四〇～一六四四年》（J. B. Crummett, 'The Lay Peers in Parliament, 1640～44'），

曼徹斯特大學博士學位論文，一九七〇年，附錄。

60 凱文．夏普：〈勞德大主教與牛津大學〉（Kevin Sharpe, 'Archbishop Laud and the University of Oxford'），載於珀爾．沃頓與勞埃德—瓊斯編：《歷史與想像》，第一六四頁。

61 約翰．特威格：《女王學院的歷史》（John Twigg, *A History of Queen's College, Cambridge*），伍德布里奇，一九八七年，第四八頁。

62 英國圖書館，哈利安手抄本 7019，對開本 52～93，〈劍橋大學的宗教改革與管理弊病〉（Innovations in Religion and Abuses in Government in the University of Cambridge）；《下議院期刊》（*Commons Journals*），第二卷，第一二六頁；戴維．霍伊爾：〈內戰前夕下議院關於劍橋阿米尼烏斯派與天主教派的調查〉（David Hoyle, 'A Commons Investigation of Arminianism and Popery in Cambridge on the Eve of the Civil War'），《歷史雜誌》（*Historical Journal*），第二九卷，一九八六年，第四一九～四二五頁，尤參見第四二五頁。

63 斯蒂芬．馬紹爾：《講道》（Stephen Marshall, *A Sermon*），一六四一年，第三二頁，引自羅素：《英國君主制的衰落》，第二六頁。

64 英國圖書館，哈利安手抄本七〇一九，對開本八二，「（以馬內利學院的）一些學者已經因其經常前往彼德豪斯小禮拜堂而受到懲罰……」。比較霍伊爾：〈下議院調查〉，第四二四頁。

65 約翰．特威格：〈劍橋大學與英國革命，一六二五～一六八八年〉（John Twigg, '*The University of Cambridge and the English Revolution, 1625～88*'），「劍橋大學的歷史：主題與研究」，伍德布里奇，一九九〇年，第一卷，第四一頁。

66 對布倫頓與本寧頓的發現的重要性應該更加謹慎地對待，見艾爾默爾：《叛亂還是革命？英格蘭，一六四〇～一六六〇》（G. E. Aylmer, *Rebellion or Revolution? England, 1640～60*），牛津，一九八六年，第四二頁（感謝托馬斯．科格斯威爾教授與我討論這一點）。

67 例如，威斯康特．福爾克蘭與愛德華．海德爵士到一六四二年以後成為了保王派，但他們反對一六三〇年代政府許多方面的行為，一六四二年查理創建保王黨取得成功的原因部分在於他在長期議會的頭兩年有效地重塑了自己的公眾形像，把自己描述為現有法律與國教會的保護者，把議會兩院描述為威脅教會與國家「改革」的機構。參見羅素對這一問題的精彩評論：《英格蘭君主制的衰落》，第二三〇頁、第四一三頁、第四二〇頁。

(68) 對英格蘭與威爾斯最可靠的估計如下表：

年份	總人口	估人口的百分比				
		年齡				
		〇—四	五—一四	一五—二四	二五—二九	總數小於三〇
1631	4,892,580	12.45	19.87	18.19	7.89	58.40
1641	5,091,725	11.83	20.48	17.34	8.01	57.66

摘自托尼·里格利爵士教授的私人信件，里格利教授向我提供了這些從統計資料中得出的詳細推斷，這些統計資料是為他與斯科菲爾德所寫的著作《一五四一～一八七一年英國人口史》（Tony Wrigley and R. S. Schofield, *The Population History of England 1541～1871*），劍橋，一九八一年而搜集的，我也因此受益非淺。

(69) 埃斯特·庫珀：〈議會在無議會時期的公眾形像〉（Esther Cope, 'Public Images of Parliament during its Absence'），《法學研究季刊》（*Legislative Studies Quarterly*），第七卷，一九八二年，第二二一～二三四頁。中世紀的《模範議會》可能是英格蘭早期斯圖亞特王朝中所有政治議題中流傳最廣的；見普羅瑙伊與泰勒編：《中世紀晚期的議會議題》（N. Pronay and J. Taylor, eds., *Parliamentary Texts of the Later Middle Ages*），牛津，一九八〇年，附錄一。《模範議會》的手抄本是在短期議會結束時搜查煽動性論文時在威斯康特·塞耶的書房中發現的，列為清單第一項物品，博得利安圖書館，鞣皮手抄本，八八*，對開本一一五。

(70) 正像吉爾博士所證實的那樣，漢普頓的案例表明，儘管徵收船稅的命令是與法律相符的，但仍不允許郡守單憑財政部一紙文書所授予的權力即對財產進行扣押（也就是說，如果有人拒絕付款，就將其等於所欠數目的財產沒收充公），當然，這一結論並不排除國王作出將那些拒絕支付的人收監這一決定的情形——這已被證明是國王願意使用的權宜之計，見吉爾：《查理一世個人統治時期的船稅：政治、意識形態與法律，一六三四～一六四〇年》（A. A. M. Gill, 'Ship Money during the Personal Rule of Charles I: Politics, Ideology, and the Law, 1634~40'），設菲爾德大學博士學位論文，一九九〇年。假使一六四〇年代沒有召集另一屆議會，而且船稅已經成為按年度徵收的稅種，那麼王室是否會按一六三〇年代的規模被迫將其收監，或者，對船稅的反對是否會逐漸減少，這仍是一個尚無定論的問題（感謝約翰．莫里爾博士與我就此問題進行討論）。

(71) 對這場辯論中展開的觀點所做的介紹，見薩默維爾：《英格蘭政治與意識形態，一六〇三～一六四〇年》（J. P. Sommerville, *Politics and Ideology in England, 1603~40*），倫敦，一九八六年，尤見第一六〇～一六二頁。

(72) 關於庫克的思想對一六三〇年代進入英格蘭法律協會的那一代人所產生的影響的一些頗具啟發性的評論，見阿蘭．克羅馬蒂：《馬修．黑爾爵士，一六〇九～一六七六年：法律、宗教與自然哲學》（Alan Cromartie, *Sir Matthew Hale, 1609~1676: Law, Religion, and Natural Philosophy*），劍橋，一九九五年，第一一～二九頁。

(73) 〈大法官埃傑頓對科克議員報導的意見〉（'The Lord Chancellor Egertons observacons upon ye Lord Cooks reports'），一六一五年，刊登於路易斯．納夫拉：《詹姆士一世時代英格蘭的法律與政治：埃爾斯密爾大法官的小冊子》（Louis A. Knafla, *Law and Politics in Jacobean England. The Tracts of Lord Chancellor Ellesmere*），劍橋，一九七七年，第二九七～三一八頁。關於普通法的地位和目的的各種看法，見克萊夫．霍爾姆斯：〈議會，自由，稅收與財產〉（Clive Holmes, Parliament, Liberty, Taxation, and Property），見赫克斯特編輯：《從伊麗莎白統治到英格蘭內戰時期的議會與自由》（J. H. Hexter, ed., *Parliament and Liberty from the reign of Elizabeth to the English Civil War*），史丹福，一九九二年，第一二二～一五四頁。

(74) 與此論點相反，可能有人會認為一六二〇年代王權從未給過議會為保護王國做充分準備的機會，見理查德．卡斯特：

《強徵的貸款與一六二六～一六二八年英格蘭政治》（Richard Cust, *The Forced Loan and English Politics 1626～28*），牛津，一九八七年，第一五〇～一八五頁。但查理一世的任何一屆議會是否會批准國王的津貼，使其等於一六三〇年代為國王的船稅艦隊所籌集的，並且完全花費在這上面的錢款總數，這一點仍然存在許多疑問。

75 關於估計不足的程度，見弗利西蒂・希爾與克萊夫・霍爾姆斯：《英格蘭與威爾斯的鄉紳，一五〇〇～一七〇〇》（Felicity Heal and Clive Holmes, *The Gentry in England and Wales, 1500～1700*），倫敦，一九九四年，第一八五～一八六頁；康拉德・羅素：《議會與英格蘭政治，一六二一～一六二九》（Conrad Russell, *Parliaments and English Politics, 1621～9*），牛津，一九七九年，第四九～五一頁。

76 安德魯斯：《船，金錢與政治：查理一世統治時期的航海業與海軍事業》（K. R. Andrews, *Ships, Money, and Politics: Seafaring and Naval Enterprise in the Reign of Charles I*），劍橋，一九九一年，第一二八～一三九頁。

77 有關這些爭論的源起，見《國王的特權》（*The King's Prerogative in Saltpetre*），一六〇七年，刊印在《英格蘭報導》，第七七卷，第一二九四～一二九七頁。摘自霍爾姆斯：《議會、自由、稅收與財產》，第一三六頁。

78 托馬斯・霍布斯：《哲學家與英格蘭普通法學生的對話》（Thomas Hobbes, *A Dialogue between a Philosopher and a Student of the Common Laws of England*），約瑟夫・克羅佩西編，芝加哥，一九七一年，第六三頁。又見後面的部分：「國王（正如各方面承擔的那樣）也肩負著保護人民免遭外來侵略並在王國民眾內部維持和平的使命（即責任）；如果他不能竭盡全力盡職盡責，他就犯了罪……」（見同著者）。

79 關於霍頓的觀點，參見威爾弗雷德・普萊斯特編：《理查德・霍頓爵士的日記，一六一四～一六三九年》（Wilfrid R. Prest, ed., *The Diary of Sir Richard Hutton, 1614～39*），塞爾登協會增補集，第九卷，一九九一年，第二六～三五頁，《國家名人辭典》，「理查德・霍頓爵士」。

80 康拉德・羅素：《布拉姆斯通與達文波特的船稅裁決》（Conrad Russell, 'The Ship Money Judgements of Bramston and Davenport'）收入《沒有發生革命的英格蘭》（*Unrevolutionary England*），倫敦，一九九〇年，第一三七～一四四頁。

81 約翰・布拉姆斯通爵士（一五七七～一六五四）在技術細節上做出不利於國王的裁決（從文獻上看，似乎徵收的款項不是他所應得的）；儘管如此，他仍同意大多數人關於該問題的意見，即這種服務是國王應該享有的。一六二九年布拉姆斯通曾為約翰·艾略特爵士辯護，本來他有可能仍作為王權的批評者留在法院直到一六四〇年代，即使在法院中其數量居於劣勢，而且很可能毫無效果。參見羅素：《船稅裁決》，第一四三頁。當然，年齡並非決定司法者觀點的唯一決定因素，小馬修·黑爾是復辟後法院中最有影響的人物之一，深受愛德華·庫克爵士與約翰·塞爾登的觀點的影響，參見克羅馬蒂：《馬修·黑爾爵士》，第一～二章。

(82) 科克伯恩：《英國巡迴法庭的歷史，一五五八～一七一四年》（T. S. Cockburn, *A History of English Assizes, 1558～1714*），劍橋，一九七二年，第二三一～二三七頁。科克伯恩教授討論了查理一世統治時期「公眾對（法官）行動公正性的信心」正在下降（第二三一頁），這是否將在英格蘭司法體系中造成不可克服的危機，在沒有議會存在的情況下，這仍是一個尚無定論的問題。

(83) 在漢普頓案件中做出支持王權的裁決的法官們徹底決定不作任何這樣的保證，因為國王財政政策的其他問題並未列入討論之中。芬奇與他的同僚認為國王有義務保護王國，並採取必要措施實現這一目的（我感謝拉塞爾教授就這一點向我提出的建議）。

(84) 弗朗西斯·哈格雷夫：《國家審判全集》（Francis Hargrave, *A Complete Collection of State-Trials*），一一卷本，一七七六～一七八一年，第一卷，第六二五列。

(85) 英國圖書館，增補本，手抄本 27402，雜集，歷史文件，對開本 79，查理一世致埃塞克斯伯爵，一六四四年八月六日。

(86) 約翰·哈里斯與戈登·希戈特：《英尼戈·瓊斯：建築草圖全集》（John Harris and Gordon Higgott, *Inigo Jones: Complete Architectural Drawings*），紐約，一九八九年，第二三八～二四〇頁。柱頂線盤上的銘文為：「Carolus…Templum Sancti Pauli Vetustate Consumptum Restituit et Porticum Fecit」（即：查理……重建聖保羅大教堂，〔該教堂曾〕因歲月而毀壞，並建造〔這一〕柱廊）。

(87) 曼徹斯特大學約翰·賴蘭圖書館，銅版手抄本七三七，對開本 3a，女王致約翰·溫圖爾爵士，一六三九年四月十七日。又見里維德·安東尼奧·錢普尼，英格蘭天主教世俗牧師致教長的公開信，一六三八年十一月三十日。在蘇格蘭危機期間，他呼籲天主教徒在向國王表示忠誠時應該尤為熱切。（銅版，手抄本737，第32號。）

88 唐納德：《不納忠言的國王》，第三二〇～三二七頁；費捨爾：《主教戰爭》，第四頁。

89 喬納森·伊斯雷爾：《荷蘭共和國：興起、繁榮與衰落，一四七七～一八〇六年》（Jonathan Israel, *The Dutch Republic: Its Rise, Greatness, and Fall, 1477~1806*），牛津，一九九五年，第六三七～六四五頁。

90 上議院檔案館，主要文件29/7/1648，對開本五九～六〇，收押或處死的教士名單，一六四三～一六四七年。相反，從查理一世即位到一六四〇年的這十五年統治期間僅有三名教士被處死。見羅賓·克利福頓：〈天主教恐懼〉（Robin Clifton, 'Fear of Popery'），載於羅素編：《英國內戰的起源》，第一六四頁。

91 蘇格蘭檔案館，GD406/1/10543，查理一世致漢密爾頓，一六三九年四月十八日，刊印在吉爾伯特·伯內特：《詹姆士與漢密爾頓大公威廉的生活與活動回憶錄》（Gilbert Burnet, *The Memories of the Lives and Actions of James and William, Dukes of Hamilton*），一六七七年，第一五五頁。

92 諾森伯蘭致斯特拉福，一六三九年一月二十九日，刊印在威廉·諾勒編：《斯特拉福伯爵通信文件集》（William Knowler, ed., *The Earl of Strafforde's Letters and Dispatches*），兩卷本，一七三九年，第二卷，第二七六頁。諾森伯蘭致萊斯特，一六四〇年十二月三十一日，刊印在亞瑟·柯林斯編：《國家信函與回憶錄……得自彭斯赫斯特·普雷斯的原件》（Arthur Collins, ed., *Letters and Memorials of State... from the Originals in Pensburst Place*），兩卷本，一七四六年，第二卷，第六六六頁。諾森伯蘭不喜歡漢密爾頓，認為他在誇大事實；但漢密爾頓即使不是淩駕於國王之上的「唯一權力」，也理所當然是一六三九～一六四一年宮廷中最有權勢的人物之一。

93 例如一六三八年夏，紐伯格議員（蘭開斯特公國的財政大臣）向大臣庫克抱怨道，在蘇格蘭危機中，宮廷侍臣之一的蘇格蘭人帕特里克·曼爾與漢密爾頓侯爵才是國王最主要的密友。凱文·夏普：〈美德的形象：查理一世的宮廷與地產〉（Kevin Sharpe, 'The Image of Virtue: The Court and Household of Charles I, 1625~42'），載於戴維·斯塔基編：《英格蘭宮廷：從玫瑰戰爭到內戰》（David Starkey, ed., *The English Court: From the Wars of the Roses to the Civil War*），倫敦，一九八七年，第二五一頁。

94 表明將要發生的事情的標誌之一是戰爭委員會（即由阿倫德爾主持的負責一六三九年戰爭籌劃工作的樞密院委員會）曾成功地說服國王取消一六三八～一六三九年間一系列不受歡迎的專利權與獨佔特權。博得利安圖書館，手抄本，克拉倫登一五，對開本三六，弗蘭西斯・溫德班克爵士與議員科廷頓的說明，一六三八年十一月十一日。又見費捨爾：《主教戰爭》中的有關論述，第六九頁。

95 蘇格蘭檔案館室，漢密爾頓，手抄本 GD406/1/1505，一五〇六，一五〇九，一五一〇（關於塞耶），GD406/1/1427（關於曼德維爾）；GD406/1/1316；一三一九（關於丹弗斯）。漢密爾頓獲得的美譽是願意聽取有關政府改革意見的人，以至於丹弗斯在一六四二年遞交給他一份就兩個王國的改革問題而委託亨利・帕克、威斯康特・塞耶與塞爾的任子撰寫的文章。蘇格蘭檔案館，漢密爾頓，手抄本，GD406/1/1700，丹弗斯致漢密爾頓，一六四二年七月一日，亨利・帕克：《是小集團還是合併委員會》（Henry Parker, *The Generall Junto, or the Councell of Union*），一六四二年，英國圖書館，六六九，對開本 18/1；又見米歇爾・門德爾：《亨利・帕克與英格蘭內戰：關於公共「財產」的政治思想》（Michael Mendle, *Henry Parker and the English Civil War: The Political Thought of the Public's 'Privado'*），劍橋，一九八五年，第一八～一九頁，第五四～五五頁，第九七頁，對約翰・斯卡利博士與我就這一點進行的討論表示感謝。

96 克拉克紀念圖書館，洛杉磯，手抄本 O14/c.1640/合訂本〔格思里主教〕，〈對上次叛亂的起因和發展的思考〉，第八二頁。漢密爾頓顯然不受王后的寵愛，他的管家曾指控他與蘇格蘭人共謀叛亂；又見芭芭拉・唐納甘：〈一個弄臣的進步：霍蘭德伯爵一生的貪欲與一貫性〉（Barbara Donagan, 'A Courtier's Progress: Greed and Consistency in the Life of the Earl of Holland'），載於《歷史雜誌》，第一九卷，一九七六年，第三四四頁。

97 關於阿倫德爾與「舊貴族」，參見凱文・夏普：《羅伯特・科頓爵士，一五八六～一六三一年》（Kevin Sharpe, *Sir Robert Cotton, 1586～1631*），牛津，一九七九年，第一四〇頁，第二一三～二一四頁，以及他的〈阿倫德爾伯爵，他的集團及其與白金漢公爵的對立，一六一八～一六二八年〉（'The Earl of Arundel, his Circle and the Opposition to the Duke of Buckingham, 1618～28'），載於凱文・夏普編：《宗派與議會：關於斯圖亞特王朝歷史的論文集》（Kevin

Sharpe, ed., *Faction and Parliament: Essays on Early Stuart History*），牛津，一九七八年，第二〇九～二四四頁。

98 阿倫德爾最初想讓埃塞克斯進入騎兵最高指揮部，見諾森伯蘭致斯特拉福的信，一六三九年一月二十九日，刊印在諾勒編：《斯特拉福伯爵信函》，第二卷，第二七六頁。

99 英國圖書館，手抄本二三/一，赫爾頓．科爾的赫倫（Hulton of Hulton corr.），對開本第一七〇～一八四頁，第一九〇頁，霍蘭德伯爵致埃塞克斯（未註明日期）。

100 這句話是伯內特說的，參見《漢密爾頓的一生》，第五一八頁。

101 關於漢密爾頓和享利．文為古斯塔夫的利益所作的努力，參見斯卡利：〈漢密爾頓第三代侯爵與第一代公爵詹姆士的政治生涯〉，第五〇～六七頁。

102 辛巴德：《查理一世與天主教陰謀》，第一〇四～一二四頁。

103 英國圖書館，增補本，手抄本，11045，對開本二七，（羅欣漢致斯丘達莫爾），一六三九年六月十一日。一六三九年六月有人報告說，漢密爾頓曾預言「蘇格蘭事件將很快結束，聖約派內部確實存在著很大的分歧」。這是一種誇大的說法，因為漢密爾頓低估了阿蓋爾在鄉紳與自治市中所獲得的堅定支持；儘管如此，聖約派領導人之間確實存在著分裂的可能性，而且這種可能性中隱含著聖約派的相互指責可能導致他們在一六三九年夏天必然會被打敗（對阿蘭．麥欣尼斯教授與我討論這一點表示感謝）。

104 對蘇格蘭叛亂的長期解決辦法都取決於國王至少同意聖約派的部分要求，以及在蘇格蘭創建一個保王黨以國王的名義來管理國家，即使是像蒙特羅斯伯爵那樣有希望加入保王黨新政府的人選也不可能同意全盤放棄聖約派的目標。當然，勝利後的寬宏大量並非是查理一世藉以獲取聲譽；但具有諷刺意義的是，一六三九年英格蘭的軍事勝利卻極有可能大大加強那些最有可能與聖約派貴族達成一項寬恕的戰後和解辦法的英格蘭顧問們的力量，尤其是霍蘭德（聖約派選定的「仲介人」）與漢密爾頓的力量。

105 國家檔案館，31/3/71，對開本八五，一四一幀（關於這一附錄的瞭解，我應感激凱文．夏普教授）。

106 伊斯雷爾：《荷蘭共和國》，第五三七～五三八頁，關於查理未來的另一種爭議很大的觀點，參見德里克．赫斯特：

《權威與衝突：一六〇三～一六五八年的英格蘭》（Derek Hirst, *Authority and Conflict: England 1603～58*），倫敦，一九八六年，第一七四～一七七頁。

⑩⑦ 科林斯編：《國家信函與回憶錄……彭斯赫斯特．普雷斯的原件》，第二卷，第六三六頁，諾森伯蘭致萊斯特，一六四〇年二月十三日。

⑩⑧ 瓦萊利．珀爾：《倫敦與清教革命的爆發》（Valerie Pearl, *London and the Outbreak of the Puritan Revolution*），牛津，一九六一年，第九六頁。

⑩⑨ 羅伯特．布倫納：《商業與革命：商業變革，政治衝突與倫敦海外貿易商人，一五五〇～一六五三年》（Robert Brenner, *Merchants and Revolution: Commercial Change, Political Conflict, and London's Overseas Traders, 1550～1653*），劍橋，一九九三年，第二八一～三〇六頁；有關王權與倫敦市之間關係的更為悲觀的觀點，參見羅伯特．阿什頓：《王權與金融市場，一六〇三～一六四〇年》（Robert Ashton, *The Crown and the Money Market, 1603～40*），牛津，一九六〇年，第一五二～一五三頁、第一七四～一八四頁；羅伯特．阿什頓：《城市與宮廷，一六〇三～一六四三年》（Robert Ashton, *The City and the Crourt 1603～43*），劍橋，一九七九年，第二〇二～二〇四頁。

⑪⓪ 關於十七世紀初王室土地收入減少的問題，參見霍伊爾：〈導論：王室地產的各方面，一五五八～一六四〇年前後〉（R. W. Hoyle, 'Introduction: Aspects of the Crown's Estate, C. 1558～1640'），載於霍伊爾編：《王室地產》（（R. W. Hoyle. ed., *The Estate of the Crown*），劍橋，一九九四年。霍伊爾博士指出，在一六〇〇年前後，王室所有收入的約百分之三十九來自王室地產；到一六四一年，這個比例下降到百分之十四（出處同上，第二六～二八頁）。

⑪① 康拉德．羅素：〈議會史〉（Conrad Russell, 'Parliamentary History in Perspective'），《歷史》，第六一卷，一九七六年，第一～二七頁；米歇爾．布萊迪克：《十七世紀初英國議會的稅收》（Michael Braddick, *Parliamentary Taxation in Early Seventeenth-Century England*），王家歷史協會，歷史研究，七〇，倫敦，一九九四年（對布萊迪克教授與我討論這一問題表示感謝）。

⑪② 愛德華．海德，克拉倫登伯爵：《英國叛亂史與內戰史》（Edward Hyde, Earl of Clarendon, *The History of the Rebellion and Civil Wars in England*），馬考萊編輯，六卷本，牛津，一八八八年，第一卷，第八五頁，即使不徵收船稅，查理一世只要避免捲入國外戰事，也很有可能達到收支平衡（關於這一點必須感謝莫里爾博士）。

(113) 羅素：〈議會史〉，第九頁。

(114) 關於一六四〇年代與一六五〇年代稅收的影響，參見安・休斯：《沃里克郡的政治、社會與內戰，一六二〇～一六六〇年》（Ann Hughes, *Politics, Society, and Civil War in Warwickshire, 1620～60*），劍橋，一九八七年，第二六二～二六六頁，第二八〇～二八二頁；約翰・莫里爾：《柴郡，一六三〇～一六六〇年：英格蘭革命時期的郡縣政府與社會》（John Morrill, *Cheshire, 1630～60: County Government and Society during the English Revolution*），牛津，一九七四年，第一〇七頁。

(115) 艾爾默爾：《是叛亂還是革命？》，第一七二頁，又見他的〈行政改革的嘗試，一六二五～一六四〇年〉（'Attempts at Administrative Reform, 1625～40'），《英格蘭歷史評論》（*English Historical Review*），第七二卷，一九五七年，第二三二～二三三頁。當然，可能有人會反對說這是內戰的後果；但是，正如近期研究所強調指出的，這些稅收是由地方人士徵集的，並不是靠軍隊用武力奪取的，見休斯：《沃里克郡》，第五章。

(116) 理查・圖克：〈「古代的自由法」，約翰・塞爾登與英格蘭內戰〉（Richard Tuck, '"The Ancient Law of Freedom": John Selden and the English Civil War'），載於約翰・莫里爾編：《對英國內戰的反應，一六四二～一六四九年》（John Morrill, ed., *Reactions to the English Civil War, 1642～49*），倫敦，一九八二年，第一三七～一六一頁。

(117) 羅素：《英國君主制的衰落》，第二二七頁。

(118) 感謝法國高等師範學院的奧利弗・沙利納教授與我討論這一點。

(119) 關於十七世紀末法國國王的統治受到的限制，見羅傑・麥塔姆：〈權力，地位與優先權：路易十四時代法國地方精英之間的抗爭〉（Roger Mettam, 'Power, Status, and Precedence: Rivalries among the Provincial Elites in Louis XIV's France'），載於《皇家歷史學會通訊》（*Transations of the Royal Historical Society*），第三八卷，一九八八年，第四三～八二頁；羅傑・麥塔姆：《路易十四時期法國的權力與派系鬥爭》（Roger Mettam, *Power and Faction in Louis XIV's France*），

牛津，一九八八年；又參見葉羅恩．迪安達：《權力之謎：諾伯特．伊萊亞斯與現代早期的歐洲宮廷》（Jeroen Duindam, *Myths of Power: Norbert Elias and the Early Modern European Court*），阿姆斯特丹，一九九五年，第四三～五六頁。

⑽ 克拉克紀念圖書館，洛杉磯，手抄本，W765M1/E56/c.1645/合訂本，〔約一六四六年〕《英格蘭的偉大先鋒》（*The Great Champions of England*），一六四六年，英國圖書館，六六九，對開本一〇/六九。

第二章 英國統治下的北美

如果美國革命沒有爆發，歷史將會如何？

喬納森・克拉克

「我認為我可以把它當作一個事實來宣告，即自行宣佈獨立既不符合那個政府（指麻薩諸塞政府），也不符合這個大陸上的其他任何政府的願望和利益，無論這個政府是單獨的還是聯合的……這並不是任何有思想的人的願望；相反地，對於這些極力追求自由的人而言，他們最迫切的願望，是以憲政為基礎所建立的和平及安寧，如此，內部分歧的危險才能得以避免。」

——喬治・華盛頓（George Washington）致羅伯特・麥肯齊上校（Captain Robert Mackenzie）的信

一七七四年十月九日於麥肯齊①

英屬美洲歷史的必然性

在那些充滿著對自身的正確性和必然性意識的社會中，歷史一直都在一個重大的阻礙下艱難地前進，無論是受到世俗觀念、共同的宗教信仰、還是受到一致的樂觀主義所驅使，這些社會精心製造出一些理論來抹殺它們先前對某些並未採取的策略的考量，包括這些策略的數目、可行性以及它們對那些做出最後決定的人們的吸引力，而不論這些人是博學的還是淺陋的，是有遠見的還是短視的。儘管英國在所有這些方面都堪稱典範，但若回顧北美大陸的秩序的重建過程，卻沒有哪個西方文明做得比美國更有系統、更為成功。美國例外論仍是一個強大的集體神話，其起源可推溯到其開拓時的經歷。這樣，人們就毫不奇怪為什麼美國幾乎沒有哪個歷史學家膽敢運用反事實的研究方法對美國的「領土擴張天命論」（manifest destiny）提出疑問了。即便是那些想像美國沒有發生過獨立的為數極少的歷史學家也傾向於將這種念頭視為玩笑話。② 研究這個新共和國早期歷史的一些歷史學家至少在試圖擺脫這種必然性的感覺，它產生於清教傳統中「神意保佑」（Divine Providence）的作用，並對偶然性的重要地位投以適當的重視，但這種嘗試並未堅持下去。對獨立的美利堅合眾國的「天定命運」的頌揚造成了一種壓力，它使得人們對近代西方歷史中兩個最重大的反事實的任何形式的重視都不可能產生。因為，要不是美國革命，要不是因為加入這場美洲戰爭而加諸於法國政府身上的財政負擔，那麼，法國的舊制度本不會像一七八八～一七八九年那樣分崩離析的，這一結局是人所共知的。在重建一七七六年事件的反事實的過程中，對受傷的英國感情的撫慰並不比盡可能的避免這一系列「偉大的」民族革命帶來的後果來得重要，而且人們已經正確地把一七八九年的法國大革命看作是一七七六年革命的第二個組成部分，不僅如此，這場革命還破壞了整個歐洲「舊制度」的文化。這些對倒塌的多米諾骨牌效應所帶來後果的稱頌使得歐洲歷史學家們根本沒有理由對引發這一系列後果的美國事件的必然性提出質疑。

美國的自負沒有受到來自外部的智力挑戰，美利堅合眾國於是成為法國大革命不為人們注意的遺產之一。不過，就不列顛與其前北美殖民地的關係而言，更加引人注目的是雙方缺乏一種建設性的重要協定。在某些方面來說，其原因是十分肯定的。一七八三年的獨立似乎使美國問題不再是原來完整的英國史中所不可或缺的一部分了。它本身構成了一個單獨的研究主題，對這個主題提出的問題或做出的回答，僅涉及其自身。更為重要的是，英國沒有對美國的反事實進行分析，這恰恰反映了英國歷史本身缺乏這種分析。充分的事實證明，直到最近，英國歷史學家們仍一致地感到當真實的結果已經產生之時，從他們的角度出發來考慮那些本來可以發生的事是沒有必要的。「惠格派的歷史解釋」中固有的目的論與美國歷史學家的目的論是完全一致的，惠格派歷史學家可能會允許自己概述一些本可以發生而又沒有發生的事，但這僅僅是為了突出其可惡性和不可容忍性。維多利亞時代的人視反事實就像神鬼故事一般，他們可能會被這種不能忍受的事情所嚇壞。如今，他們已瞭解到這是不可能的，因而感到放心了。

但是，仍有少數作家大膽地對英國歷史中的傳統定論重新提出問題。傑夫里・帕克（Geoffrey Parker）運用了反事實的架構，列舉證據來證明一五八八年西班牙陸軍力量的強大和英國陸軍的弱小。他還推測一旦西班牙軍隊登陸英格蘭，並取得一系列有限的軍事勝利後所帶來的種種後果。③對正統結論做出更具有挑戰性的否定是康拉德．羅素，他在一篇諷刺的文章中解釋了一六八八年詹姆士二世擊敗了奧蘭治的威廉（William of Orange）的入侵軍隊，並取得了勝利。這種解釋取消了短期的偶然性，把天主教和英國絕對君主制的勝利歸之於根深蒂固的和長期的原因。④約翰．波科克（John Pocock）也考察了一六八八年革命所帶來的思想後果，指出如若詹姆士二世沒有逃亡國外的話，當時英國的統治階級是不會贊成他退位的。⑤這些反事實的質疑都有其正當的理由，正如羅素所指出的，如果一六八八年光榮革命可以避免的話，那麼我們也很難避免提出一些關於美國革命的反事實命題了。「革命」這一術語並未賦予那些它所適用而又可以避免的事件以特殊的地位。

斯圖亞特王朝的選擇：一個多議會的帝國還是什麼也沒有？

就美國而言，如果要確立不列顛的跨大西洋帝國的憲政背景的話，一個反事實的概述是必要的。這個反事實將推論到斯圖亞特王朝的最後幾位國王，包括其流亡的繼承人，因為十八世紀英屬美洲的選擇之一是仍然作為英帝國的屬地，並由那個命運奇特的王朝來統治。這種結果將兩個截然不同且又符合憲法的解決辦法都包含進來了。其中任一種解決辦法本來都可以強化英帝國的長期連貫性。如果詹姆士二世對殖民地的改造計劃成功、並在一六八八年保住其王位的話，前一個解決辦法本可以得到實現；而如果詹姆士二世後代中的一個重新得到他失去的王位，並且如果此後不列顛與北美殖民地的關係是英帝國內各組成王國之間的憲政關係的反映的話，那麼，後一個辦法也應該得以實現的。

也許有人會認為，詹姆士對殖民地的改革計劃表明了他建立官僚制的中央集權和反對代議制議會的堅定決心。然而，由於詹姆士二世很早就廣泛地插手殖民地事務，這是對當時的美洲現實深思熟慮後所作出的一種反應。英國在第二次英荷戰爭中征服紐澤西和紐約後，詹姆士作為約克公爵而於一六六四年獲得了這兩個地區的所有權。在任紐約殖民地的業主期間，他經歷了殖民地的衝突，這使得他對當地建立自己議會的要求一向持反對態度。一六八三年，他不情願地承認了紐約殖民地議會，但在一六八五年即位後又迅速將之廢除了，紐約被改組為王室殖民地。⑥同樣的，當麻薩諸塞殖民地的特許狀被取消並於一六八四年重新頒布時，它也失去了自己的議會。然後，詹姆士進一步將康乃狄克、麻薩諸塞、新罕布夏及羅德島併入一個新政體，稱作新英格蘭自治領，由一名總督進行管轄。後來，新英格蘭自治領不斷擴大，把紐澤西和紐約也包括進來了。詹姆士的做法引起了人們的擔憂，他們認為他試圖以此為榜樣，將整個美洲殖民地併為兩或三個自治領，使得這種疑慮在不斷上升。⑦詹姆士抑制殖民地議會和擴大總督權力的首要目的是打算將殖民地變為防禦性的軍事單位，其次才是給桀驁不馴的公理派教徒以宗教寬容。但是，這兩種暗示結合在一起所產生作用是全面招致了在英國已為人們所熟悉的「天主教和專制權力的幽靈」。一六八八年十二月，詹姆士出逃的消息傳到殖民地，引發了一場突如其來的抵抗：美國也有自己的光榮革命。⑧

但是，如果英國沒有發生一六八八年的事件，就當時那種發展水準來說，美洲殖民者能否抵制住英國將各個殖民地政府集中為三個「自治領」並削弱或取消殖民地議會的做法，這一點我們並不清楚。此外，如果沒有殖民地議會在十八世紀所提供的結構，發生在殖民地的那場關於殖民地憲政的爭論就不可能以後來的那種方式出現。美洲在其早期階段就有效地從屬於英國的管轄，並由於宗主國的一個符合憲政的解決辦法而得到平衡，在這樣一個解決辦法中，西敏寺議會、愛丁堡議會和都柏林議會——特別是前者——所起的作用都相當小。使得這樣的一個美國在十八世紀六〇年代和七〇年代的潛在的抵抗能力是相當小的。⑨

正如當時惠格派人士所堅信的，第一個選擇表明斯圖亞特王朝的統治意味著議會的終結。這個說法至少仍需要加以修正：如果主要是因為宗教衝突而使得查理一世、查理二世（Charles II）和詹姆士二世難以與議會相容，那麼人們會提出另一種狀況，即在宗教問題上的妥協將使斯圖亞特王朝的國王們實際上不會比其他王朝更反對民主制的議會。一六八八年以後的斯圖亞特王朝的歷史至少證實了這種說法，因為一六八八年詹姆士二世的出逃並沒有解決王朝的問題。復辟的密謀在一六八八～一六九〇年、一六九二年、一六九五～一六九六年、一七〇四年、一七〇六～一七〇八年、一七〇九～一七一〇年、一七一三～一七一四年、一七一四～一七一五年、一七一六～一七一七年、一七二〇～一七二二年、一七二五～一七二七年、一七三〇～一七三二年、一七四三～一七四四年、一七五〇～一七五二年以及一七五八～一七五九年間「一再地策劃，但也一再地被揭穿或調查出來」。詹姆士黨人在一六九二年、一六九六年、一七〇八年、一七一九年、一七四四年、一七四六年和一七五九年所發動的入侵也一再被皇家海軍打敗。⑩伴隨著這些復辟密謀而來的是詹姆士二世及其子孫們越來越多地聲明，表示對他們以前似乎威脅到的憲政形式給予極大的尊重。一六八九年以後，對代議制議會表示不耐煩的反而是那些奧蘭治的威廉的支持者們——惠格派和漢諾威派。而流亡中的斯圖亞特家族並沒有因教會的贈與而變得腐化，他們開始呼籲自由的議會。⑪隨著在西敏寺議會、愛丁堡和都柏林議會實現自由的目標的出現，同時也產生了合法的憲政理論。這種理論通過強調王權，規定英格蘭、蘇格蘭、愛爾蘭應效忠於一個共同的君主。一六六〇年復辟的君主制解散了克倫威爾所建立的英格蘭與蘇格蘭和愛爾蘭的聯合。為爭取蘇格蘭人的支持，斯圖亞特家族還承諾解散一七〇七年的聯合。蘇格蘭的詹姆士黨人希望同時恢復斯圖亞特王朝和愛丁堡議會，愛爾蘭的詹姆士黨人則首先提出了幾十年來，即十八世紀八〇年代由愛爾蘭的惠格派政治家們以更加高亢的聲音所提出的論點，主張愛爾蘭享有與英格蘭平等的立法權。⑫如果詹姆士二世不是自毀於其宗教狂熱的話，對他來說這樣一種合乎憲法精神的妥協辦法本該是可行的。

北美的這樣一種結構本來是可以與英倫島上的一樣具有作用的。直到十八世紀七〇年代，美洲殖民地也不時地表達了這樣一種要求，即在確保帝國體制的前提下，增強他們立法的自主權。他們回到了以前所爭論的話題，在貌似極端托利派的漢諾威派看來，這個論點無異於是對國王表示出極大的尊重：他們認為每一個殖民地議會都享有與西敏寺議會平等的權力，同時，美洲殖民地的人民還宣稱，帝國的各個組成部分只是出於對一個共同君主的忠誠才聯合起來的。捲入這場爭論的並不僅僅是一些美洲殖民者，在英格蘭內部同樣存在著這種論點。這在一些改革者，如不服從國教派牧師和哲學家理查德．普萊斯（Richard Price）的著作中便可以看到。⑬正如詹姆士黨人的主張在後期演變為某種抗議活動的氣氛，這為其王朝增添了一系列社會不滿的因素，並導致了約翰．威爾克斯（John Wilkes）政綱的出現一樣，這種憲政原則開始在政治領域中許多出人意料的層次上得到了響應。然而斯圖亞特王朝的英國本可向大西洋兩岸的選民們尋求支持的。

獨立以後，美洲殖民者似乎一直是極力反對君主制的。美利堅合眾國的一些締造者的著作中也確實證實了這種解釋。如約翰．亞當斯（John Adams），他是同時代人中最早提出為完全獨立而奮鬥的人之一，後來又擔任美國的第二任總統。他在一七三五年指出，「大英帝國」的思想在美國憲法上是找不到依據的。它「以隱喻的方式提及了羅馬帝國，試圖暗示英格蘭帝國的國王所具有的特權」是絕對的，並不包括上院和下院。⑭不過，大多數殖民者還是為那種看似愛國的論點所吸引，它認為各個殖民地只不過是因其國王的聯繫而團結為一個帝國。即使在美國獨立以後，許多美國人仍然傾向於這種模式。還有詹姆士．麥迪遜（James Madison），他是維吉尼亞的革命家，也是《聯邦黨人文集》的作者之一，一八〇九年他當選為第四任美國總統。一八〇〇年，在回顧了當時聯邦政府和各州之間的權力平衡後，麥迪遜指出：

這場革命的根本原則是：各殖民地，無論是彼此之間還是與英國之間，都是帝國內的平等成員。這個帝國是由於一個共同的君主而聯合在一起的，這個君主擁有行政上而非立法上的權力。在美洲的各個議會與英國議會一樣，保留了完整的立法權。在每一個殖民地中，國王的特權是靠殖民地承認英王為其行政長官而發生效力的，這與在英國的情況一樣。⑮

這是有關特許狀、法令和普通法特權的爭論模式。當然，殖民地的論點最後是以自然法這種完全不同但被證明具有轟動效應的形式所表達出來的。它的起源可以追溯到十八世紀六〇年代的中期。例如，在一七七四年，波士頓律師，也是最早的一批愛國論者之一，詹姆斯·奧蒂斯（James Otis）就借助了洛克（John Locke）的反斯圖亞特王朝的自然法的論點論證道，一旦立法機構違背了人民對它的信任，並因此破壞了「這種根本的、神聖的和不可變更的自我生存的法律——而人類正是因為有了這個法律才組成了社會」——這個統治就將被解除。⑯根據「自然法」，革命的原則主張人們離開宗主國到別處去建立一個新的社會以「恢復其與生俱來的自由和獨立」。至少早在一七六六年時，這種革命原則就被維吉尼亞的資深政治家及小冊子作家理查德·布蘭德（Richard Bland）一再提及。按照布蘭德的說法，「被他們放棄的國家的司法權和主權業已終止」；這樣的一些人們「成為了一個主權國家，並獨立於他們所分離開的那個國家」。⑰革命發生以後，人們回過頭來重新組織這些論點，並為走向獨立鋪平了道路。不過，這種向自然法用語的轉變並不是必然的，只是到了十八世紀七〇年代它才開始廣為流傳。如果這個帝國從一六八八年開始就按照殖民地分離以及它們與國王的個人聯繫的形式建立起來的話，這種自然法的要求很可能根本不會出現。英美之間的爭端本可以就每項自由和特權進行具體協商的途徑來加以解決。⑱

英國法律提供了另外一個領域，它本可以把這場爭論引向一個不同的方向。表面上看來，美洲的所有土地都是由王室以「免費和普通租佃制」的方式授予當地定居者的，就像他們居住在（英國）肯特郡的東格林威治的莊園裡一樣。⑲在法律上它們僅僅是王室領地的一部分。一七六六年，班傑明．富蘭克林譏笑了英國土地法中這種陳舊的教條，但有人卻打算在建立共和國的事業中利用這一原則。⑳這也是一項雙方都可以利用的原則。約翰．亞當斯在論及獨立的利益時引用它來證實，直到詹姆士二世統治時期，英國法律並沒有為其「殖民化」和「在大西洋以外或四個海域以外通過議會的權力來統治殖民地，也沒有為國王給那些定居國外的居民頒發特許狀……作出規定」。㉑這個論點仍然十分有力，殖民者可以用它來對跨大西洋的憲政做出特別的解釋。不過，別人也可以從不同的方向來利用這個原則。他們的論點是，離開王國的人們憑藉自然法而獲得的權利總是十分脆弱的，因為國王享有習慣法所賦予的權力來阻止向外移民。如果殖民地是由王室授予的，一些殖民者就會提出他們仍然是英國領土的一部分，因而有權享有英國人所享有的一切權利，包括「無代議士不納稅」的權利（這與布蘭德所聲稱的殖民地是自由和獨立的國家的主張完全相反）。完全的獨立並不是一七六三～一七七六年間發生在美國的這場關於憲政和政治理論的爭論中所帶來的唯一或必然的結果。

儘管有自然法的論點以及由此產生的《獨立宣言》中所具有的不言自明的真理，但直到戰爭爆發之前，這種關於憲政的舊詞彙仍然是基本的。一七一五年，英國的最高法官曼斯菲爾德勳爵

（Lord Mansfield）在上院的一場辯論中提出，殖民地的不滿並非是針對立法上一些有爭議的細節，而是集中在英國至上的原則上的。他說：

> 如果我沒有弄錯的話，在某個地方，國會在一七六五年的《宣示法案》（the Declaratory Act）中的一個措辭概括了殖民地的所有不滿，這個法令確立了英國至高無上的地位以及在任何情況下為美洲制定法律的權利，這就是該論點的核心。他們極力否認的是這個權利，而不是實施這個權利的方式。他們可能會允許英國國王擁有對他們名義上的主權，但此外便不再有其它了。他們還將擺脫對英國王權而不是對國王本人的依附，他們將使後者成為一個無足輕重的人。最後，在與英國的關係上，他們會持像現在的漢諾威那樣，或更確切地說是像蘇格蘭在合併條約簽定前對待英格蘭的那種立場。㉒

憲政原則與實際目標就是這樣相互依賴著的。在斯圖亞特王朝統治下的十八世紀時的英國，這個原則可能更容易被人們用來重新確立帝國內部的關係，以應付殖民地日益增長的人口，財富和政治上的日益成熟。一八三九年《達勒姆報告》發表以後，帝國權力的轉移最終將成為宗主國可行的道路之一；這種情況是可能的：一個連續的或復辟的斯圖亞特王朝的體制將會發現自己將要在英倫島內堅持憲政原則，正是這個憲政原則在較早的時候已經在無意中推動了大英帝國權力轉移的進程，因而它對美國的野心給予了容忍而不是加以拒絕，這種斯圖亞特王朝的復辟當然不會徹底改變政治的格局。向前看的英國會發現自己越來越傾向於布萊克斯通（Sir William Blackstone）的原則，即國王在議會中享有絕對的權力，而向後看的美國人則仍然執著於十七世紀的法學家愛德華．庫克爵士的論點，並最終拿起武器進行抵抗。

一六八八和一七七六年：兩種類型的悲劇？

一六八八年發生在英倫島上和一七七六年發生在英屬北美殖民地的革命有一些基本特徵是相同的，例如革命的發生在最初看上去都是不可能的；儘管人們批評政府，但大多數人並不願訴諸於武力；而最終他們又在不得不採取行動這一點上達成了高度的一致性；此外，從歷史的角度回顧，對於那些實際發生了的事件的原因，仍存在著極大的分歧；但出於一個強大的政治需要，他們又宣稱這場革命具有深遠和明確的意義。然而，現在看來，這兩個事件的原因顯然是迥然不同的。詹姆士二世在極短的時間內倒台，在當時的人們看來這是一系列令人困惑的事件所造成的結果，而歷史學家將此解釋為是偶然因素的作用。無論在當時還是在以後看來，這場革命都受到某些不可理解的因素的決定。相反，研究十八世紀七、八〇年代衝突的歷史學家往往論證說這場革命有著決定性的因素，它是在法律和宗教領域中長期的社會、宗教和意識形態的衝突所帶來的後果，它本應發生得更早。那些研究英國政策的人，還有那些——特別是最近以來——認為革命的爆發主要應歸因於殖民地內在原因的人也持同樣的看法。㉓

不過，即使認識到了這場美國革命是屬於一個重大的先例，這也不妨礙反事實論題的存在，因為美國革命是一場內戰，而不是一場旨在驅逐一個完全外來的征服勢力、並得到一致支持的殖民地的解放戰爭。雙方都有其似乎合理的選擇。一六八八年，絕大多數英格蘭人和蘇格蘭人都採取了騎牆態度，靜觀哪一方能佔上風，而一七七六年北美十三個殖民地的情況卻極為不同。在北美，始於十八世紀六〇年代早期的原則衝突和地方上的高壓統治使得人們常常在政治上動員起來，並提前決定自己加入這一方還是另一方。一六八八年英國和平地實現了政府的更迭，但緊接著又為一些已發生的事件所具有的理論意義所折磨；一七七六年美洲殖民者已經經歷了理論上的爭論，正在迅速捲入一場與忠於不同目標的團體的艱苦內戰之中。只有當一七八三年和約簽定後，永久性地驅逐效忠派以及隨後而來的勝利狂潮形成了統一的民族目標，使得建立一個完全獨立的美利堅合眾國成為必然的。

因此，這種過分的決定論並不意味著必然性，而意味著兩個反事實論題，兩個明顯的並且是無法調和的選擇：一個是英國統治下的美國，甚至是更有保證地納入了英國教會和國王、商業與科學的現代性中去。另一個則是共和制的美國，它回到平民政治、宗派衝突以及農業自給自足的模式之中。㉔在許多英國觀察家看來，這是回到了十七世紀四、五〇年代。當然，政治的偶然性限制了這些選擇，因為英國為美國未來的社會所提供的榜樣並非是強制性地要求人們改變信仰。這並不包含源源不斷地將貴族和鄉紳輸出到種植園去的企圖：英國貴族的理想已經充分接受了殖民地的社會。然而，它確實包含了在美國推行國教的意圖，並把它作為在這個多元社會中實行寬容的基礎。這種野心在許多殖民者看來——不僅僅是其中的抗議教徒——卻是完全不同的，他們認為這樣的嘗試是對精神力量的一種災難。㉕

英國的霸權也被解釋為一種陰險的意圖，因為它越來越多地通過文化上的模仿而表現出來，包括消費主義，輸入英國式的審美和商業標準，它們日益給美國的上流社會帶來越來越濃的英國味。㉖然後，由於這個新共和國的獨立以及在設計憲法的過程中所取得的初步勝利引起了極大的興奮，這種英國影響又被迅速地遮掩掉了。這個年輕的社會拒絕舊大陸的政治腐敗，贊成共和的純樸㉗，並且摒棄現代消費主義給「鄉村式的純樸」帶來的奢侈。㉘這種念頭的強制力是如此之大，以至於它融入了一個民族的神話之中。當腐敗和奢侈必定捲土重來的時候，他們便屈服於這個神話，更不允許它的破滅：人們認為殖民地的文化特殊論已為美國的政治獨立指明了道路。不過，只有回過頭來看，才能明白美國的價值觀所發生的演變已使它的獨立成為了必然。

十八世紀七〇年代以前，反叛與自治的道路似乎是完全行不通的。這種在十七世紀六〇年代以前設計出來的英國的「舊政體」是一種十分有效的政府形式，它不可能使英國倒退到那種令十七世紀早期的歐洲感到害怕的宗教戰爭和社會動亂的恐懼中去。當時的許多人都帶著敬畏和懷疑的感情來看待這些在十八世紀七〇年代中期重複發生的重大事件。他們的共同反應是認為這些表面原因根本不能解釋這個大規模悲劇的發生。事實上也確實是這樣。

儘管很早以前就有一些評論家預測到了假想中的美國獨立，但誰也沒有預料到危機會在十八世紀七〇年代這麼早就發生。一七七六年二月十三日，班傑明·富蘭克林在下院作證時曾特別提

到了廢除印花稅法，他證實了殖民地的共和派主張維護的是一七六三年以前的現狀。當時他聲稱，

> 殖民地「心甘情願地服從英國王室的統治，並在所有的法院中遵從議會法案。在許多舊省區有為數眾多的人民，但無需你們在要塞、城堡、駐防地及軍隊方面花費任何費用，就能使他們順從。這國家只要花很少的一些如筆墨紙張的費用就能統治他們，一根繩子就可以牽著他們走。他們對英國及其法律、習俗和生活習慣不僅尊敬，而且迷戀，甚至對促進商業的時尚都有一種偏愛。英國的當地居民往往也受到特別友好的對待。做一名舊式的英國人本身就能獲得尊敬，被人們當作自己人」。[29]

經驗豐富的殖民地官員也贊同這種觀點。一七五七～一七五九年間任麻薩諸塞殖民地總督的托馬斯．波納爾（Thomas Pownall）在一七六四年時指出，指望通過加強白廳與各個殖民地的單獨聯繫，同時要小心地不讓各個殖民地結成聯盟，以此來加強宗主國在殖民地的地位。根據波納爾的看法，發展商業聯繫不可能造成大西洋兩岸聯繫的中斷：

> 如果獨立就意味著叛亂，那麼沒有什麼比這更背離他們的本性、興趣和思想了。如果有人建議脫離與宗主國的聯盟，那麼，應當說，而且可以肯定地說，他們的精神背離了這種意

識；他們對漢諾威王朝的新教繼承人的依戀之情將永遠保持，不會動搖，沒有什麼能從他們心目中消除他們對英國的這種有生俱來的、幾乎已經成為習慣的感情。英國在他們的心目中只有一種感覺，只有一個名稱，那就是「母國」。㉚

這本著作於一七六五年再版，這時已是殖民地強烈抗議印花稅法之後。波納爾原封不動地保留了以上這段話，僅僅用他給喬治・格倫維爾（George Grenville）的獻詞作為序言，來解釋最近發生的騷動是如何由那些「煽動家」製造出來的：

真正偉大和明智的人不會憑情緒來對人民做出判斷。他會去評價他們的原則和行為的整個核心。當他看到人們一致地忠於國王，順從其政府，在公共精神和公共福利的事業中都表現積極時，他不會被他們在驚慌和憤怒之下所說的話和採取的行動所誤導。最終他將十分高興地看到他們恢復了良好的本性、良知和原則。㉛

這些期望解釋了人們對於這場革命的驚訝之情。維吉尼亞的議員愛德蒙・倫道夫（Edmund Randolph）後來記述了一七六五年五月帕特里克・亨利（Patrick Henry）在維吉尼亞議會抗議印花稅法的壯舉。他寫道：

議會在一七六五年時並沒有受到直接的壓迫，沒有一個將狂怒的感情作為理論依據的理由，沒有對君主制的厭惡，只是懷著對在位君主的忠誠，對這個帝國中大西洋兩岸成員的友好之情，以及對他們的天分、學識和美德的崇敬和對培養他們舉止和風尚的服從，總之，由於將英國看作使一切事情偉大且令人尊崇的模範，才表達了這些原則。然而這些原則在不到兩年的時間內就擴大為一場革命。㉜

一七六六～一七七五年間任賓夕法尼亞議會議長的約瑟夫·蓋洛韋（Joseph Galloway）從一七七九年的角度提出：在「七年戰爭」期間，「北美十三個殖民地忠於陛下的居民所佔的比例比其它任何領地都多，當時不忠的想法幾乎不存在，即使存在，只要有所表達，必將受懲」。這只會帶來了一個問題：這種對母國的根深蒂固的依附感情怎麼會突然逆轉呢？

一個在不久以前還是忠誠的民族，怎麼會在沒有任何不滿和壓迫的先兆下突然變得人人揭杆而起，堅定擁護共和政府呢？這一切是怎麼發生的呢？殖民地的人民並沒有受到可能導致這種結果的罰款、監禁和壓迫……翻遍整個人類的歷史也找不到這種從完全忠誠到普遍不滿的突然轉變的事例。相反，任何一個事例都證明民族依附感的全面消失是一點一點慢慢造成的，是由於實際存在而不是猜測中長期持續的壓迫所造成的。㉝

蓋洛韋對這個問題的回答是激進的。他認為，總的說來殖民地人民並不像某些狂熱共和派所宣稱的那樣心懷不滿，他們可能會回心轉意，重新對英國表示忠誠。這個回答對於認為這場革命是醞釀已久的美國民族主義的頂點且已被人們接受的有關革命的解釋提出了挑戰。

蓋洛韋的觀點並不孤立。波士頓的法官彼得・奧立佛（Peter Oliver）也提出，這場革命是個「獨特的」現象，「因為在歷史記載上，無論是在諾曼人統治下還是在任何其它國家統治下，我們都沒有發現過殖民地的叛亂，除非是由嚴重的壓迫所引起的」。但美洲「從其幼年起就受到了溫馨的照料和關心……處處得到滿足，受到溺愛……在面臨破壞的時候一再得到解救」。這是「一次反常的叛亂」，僅僅是由極少數殖民者、「一些無聊的煽動家」煽動起來的。[34]達特茅斯伯爵（Earl of Dartmouth）的殖民地事務助理秘書安布羅斯・索爾（Ambrose Serle）目睹了紐約發生的事件，在有關紐澤西和維吉尼亞憲法的消息傳來時，他做出了同樣的反應。他說，「與上一個世紀在麻薩諸塞灣的省份發生的巫術相比，這是一場更令人吃驚，同時也更加普遍的流行性感冒！在任何國家的歷史上都無法找出這種起源於如此微不足道的原由卻又如此惡毒的叛亂的事例，更無法找到那些不幸的人民所聲稱的這種無法調解的瘋狂和憤怒。」[35]麻薩諸塞的律師和政治家丹尼爾・倫納德（Daniel Leonard）寫道：「當後世被告知目前這種渙散是起源於議會對每磅茶葉免收一先令稅而強徵三便士稅，並聲稱它在美國歷史上是比巫術更難令人理解同時也更可恥的狂亂時，希望他們不要覺得驚奇。」[36]只有在對那些最早的愛國者的正當理由的不解消失之後，他們才開始把這場革命解釋為是對內部巨大壓力的反應所形成的一次火山爆發。

一六八八年革命的悲劇性質可以用薄伽丘（Boccaccio）的話來比喻：「偉人的殞落」；命運之輪的倒轉毫無理由地將最高尚和尊貴的人淪為最卑下者。回過頭來看，這就是偶然性造成的悲劇。有人會說，一七七六年的情況也是如此；然而，這種把十八世紀七〇年代中期發生的事件納入創建一個偉大民族的神話中去的需要已造就了一個全然不同的印象。現在看來，一七七六年事件的悲劇性就在於即將到來的繁榮、一連串的事件正在逐漸發展為一場災難這樣一個殘酷的邏輯。它不是由悲劇性的錯誤而是由於對崇高理想和善意的追求而觸發的。歷史學家有權懷疑當時這樣一個因果鏈是否真像他們後來所以為的那樣是必然的。拋棄必然性就意味著提出反事實的論題。

「外因論」和目的論的缺陷

直到最近，在論及一七七六年革命的起因時，歷史學家們還傾向於使用那種為人們所熟悉的帶有目的論的說法，即把英國的政策和殖民地做出的反應分階段地進行敘述，兩者都用世俗憲政的用語來表達，如印花稅法、唐森德稅、波士頓茶黨、「不可容忍的法令」等等。㊲美國決定宣佈獨立就有必要指出美國革命的起因是來自外部的。於是，這場衝突的「表面原因」就成為了真正的原因，也就是說，僅僅用英國政策中的新變化就足以解釋殖民地做出的反應。㊳這種解釋方法本身就暗含著反事實的論題，但還不夠充分，它還不得不（缺乏說服力地）提出西敏寺和白廳的殖民政策發生的微小變化本可以維持帝國的現狀。儘管確實可以用這樣的方式對宗主國的政策提出懷疑，但僅僅用這種方式提出問題只會使美洲殖民地手中的合理選擇變得模糊起來。這種做法系統地取消掉了一個重要的反事實，即殖民地本可向著在帝國內部擁有較多的政治自主權和較少的文化自治權這樣一條明顯而主要的道路和平地發展。

出於民族文化的需要，美國一些研究獨立革命的歷史學家目前完全贊同這樣一種說法，即此一事件的起因來自於殖民地外部。[39]目前比較流行的有兩種有力的學術性觀點，儘管它們都未必能得到普遍的認可。一個是由伯納德·拜恩（Bernard Bailyn）在二十世紀六〇年代提出來的。按照這種模式，殖民地人民在十八世紀早期就從英國借用了一些起源於「聯邦派」（Commonwealthman）的政治詞彙，這些詞彙把政治美德等同於完全獨立、代議制度、宗教懷疑、紳士統治及民兵制度等，而把常備軍、官吏、任意徵收關稅、教士的權術以及專斷王權視為政治腐敗。在十八世紀六〇年代初，殖民者們認為他們在英國政策中已經看到了這些罪惡。拜恩論證說，由於英國政治和殖民政策變化的本質，使得他們有這樣的想法是合理的。[40]

另一種變體的「外因論」解釋起源更早。但其最新的版本是由傑克·格林（Jack P. Greene）系統地表述出來的。它描述了在十八世紀早期殖民地和宗主國的關係中出現了雙方一致同意並接受的憲政結構。這一結構據稱保證了各殖民地議會現有的自治權，還創立了一個殖民地自治的準聯邦系統。根據這些觀點，正是殖民地的人民一致認識到，一七六〇年代，在美洲已然廣泛存在的自治權受到了英國政策的挑戰，而且，由於英國不斷地進行挑釁，武裝反抗便成為他們最終和自然

的反應。㊶

拜恩和格林並未去證實這一點，而是指出只要英國政策不加改變，殖民地和英國的聯繫本來能夠相安無事地在很長一段時間裡繼續存在下去。他們論證說，如果英國政府採取另一種做法，殖民地的要求本來可以在帝國的範圍內得到撫慰的。㊷如果是這樣的話，對許多歷史學家來說，構建一個英國政治而不是美國政治的反事實就變得有意義了。

白廳走馬燈似的頻繁更換領導人創造了一個機會，它對引起帝國內戰發生了作用。幾乎每一個轉折性的事件都會造成相反的結果：如果一七六五年春天喬治三世沒有和格倫維爾發生爭吵；如果坎伯蘭（Cumberland）沒有死於那年的秋天；如果一七六六年初格拉夫頓（Grafton）和康韋（Conway）在庇特（Pitt, the Elder）出任首相的問題上不是那麼糾纏不休；如果皮特，即現在的查塔姆伯爵（Earl of Chatham），讓不情願的唐森德（Townshend）勉強入閣，而讓格拉夫頓擔任財政大臣；如果查塔姆的健康狀況好一點的話；或者如果唐森德在十二個月以前就能作出讓步的話；如果一七六七年羅金漢（Rockingham）沒有介入擊敗格拉夫頓的較量從而迫使他倒向貝德福德派的話；如果國庫大臣格拉夫頓在一七六九年堅持自己（關於茶稅）的財政政策的話，都可能產生不同的結果。要麼就是武裝衝突不是發生在一七七五年，而可能發生得更早，這時殖民地的資源還沒有得到充分地發展，精神上和心理上尚未做好準備；要麼就是謹慎壓倒一切，導致謀求在帝國內

部進行協調。這種狀況最終還是發生了，反對的人不多，而且避免了暴力。㊸

兩位著名的作者，一個英國人和一個美國人，在一九七六年出版的一部著作中有一段論述，它引人注目地刪去了殖民地一方各種類似的反事實，儘管他們並不反對就宗主國政治的反事實進行考察，但卻把人們的注意力引向社會和宗派矛盾，引向法律和宗教方面的意識形態上的爭論，以此來解釋殖民地從忠於王室到普遍不滿的迅速轉變。

學術界近來日益傾向於這樣一種觀點，即認為英國內閣政治在一七六五～一七七五年間無論發生了何種變遷，無論當時是由誰來掌權，英國殖民地政策可提供的各種選擇本身並不可能改變這個結果。一八五〇年代最瞭解情況的殖民地官員在以武力征服還是以仁慈降服殖民地這個問題上持截然相反的觀點。甚至連贊成使用武力的鷹派人物亨利・艾利斯（Henry Ellis）和著名的鴿派人物托馬斯・波納爾等這樣一些完全對立的人物在看法上也是相當一致的，就是強調宗主國對殖民地的主權。波納爾在一七六四年主張藉由加強白廳單獨與每個殖民地的聯繫，同時小心防止殖民地結成聯盟的可能性來加強宗主國對這個商業帝國的控制。但是，約翰・夏（John Shy）論證說，波納爾所主張的綏靖政策實際上預示了「糖法、貨幣法、印花稅法、唐森德法、擴大海軍副司令的司法權、建立西印度自由港和設立殖民地州務卿的職位，以至羅德島特許狀受到威脅、麻薩諸塞殖民地議會的變動以及堅決反對設立各殖民地聯合議會」等事件的出現。

由此可以推論，「如果讓波納爾和艾利斯來說明一七六三～一七七五年英國對美洲殖民地的

政策中可以接受的限度，那麼歷史可能性的範圍確實就變得很狹小了」。相反的，

大量有關美國革命的歷史著作至少包含著這樣一種主張，認為英國當時的政策仍有某些選擇的餘地，而實際上已經發生的事件可以看作是一個由於偶然、無知、誤解、也許還有些惡意而造成的悲慘故事。喬治．格倫維爾是個心胸狹隘的人，查理士．唐森德有前途卻有些傻氣，希爾斯波洛（Hillsborough）愚笨專橫，查塔姆則很不幸地生了病，而達特茅斯一向意志薄弱，再加上國王本人又十分固執並且不夠聰明。但如果政治不是處在這麼一個混亂的時期，老惠格派或有效率的查塔姆內閣就能保住權力，他們能夠制定和維持一種真正自由主義的殖民政策並力圖避免帝國的分裂。故事似乎就從這兒開始了。

正如歷史學家們現在所承認的那樣，由於在一七六三年的許多英國政治家的頭腦中，特別是在格倫維爾的頭腦中，尚未形成一個對自由造成威脅的新計劃，那麼「如果格倫維爾更博學一點，更老練一點，政治敏感性更強一些，結果可能是大不一樣的」。這一點看來是可能的。不過，如果連波納爾這麼一個本能的親美觀察家對已採納的政策也不表示異議，那麼，「一個最重要的事實就是，英國這個時期的殖民政策並不是偶然的，而且也不容更改……把大英帝國驅向內戰的推動力十分強大，甚至不允許做任何真正的選擇」。㊹

策略上的反事實

但是，在承認這樣一個帶有強烈宿命論的結果以前，我們還需要考察一下那些在當時和以後都引起了爭論的要點，即通過採取一些不同的政策，英國本可以使殖民地留在帝國之中（不過，帝國的含義還有待重新定義），這一整套政策選擇涉及到北美十三個殖民地的戰略背景。假設許多美國人在一七六○年代和一七七○年代就要求保持據稱在一七六三年巴黎條約簽定前就已形成的現狀的話，那麼，第一個方向性的變化是發生在一七五六～一七六三年的七年戰爭期間。從某些方面來說，七年戰爭是一個決定性的事件，它重新確立了宗主國的控制，取消了殖民地與宗主國的習慣性聯繫，表明了包括徵稅權在內的新權力。許多學者，特別是美國學者，於發現英國在那個年代適應了在北美擊敗法國而造成的責任和機會時，曾經用一種新的態度來對待英帝國。㊺

即使這是實情，但與七年戰爭前期的情況相反，英國在戰爭後半期的軍事勝利並沒有得到保證，包括米諾卡島的喪失，這給當時的人們造成了強烈的印象。沃爾夫（Wolfe）在魁北克取得的勝利就是軍事上典型的偶然事件。人們也無法預見加拿大被征服以後是否還能保持住。路易斯堡是法屬加拿大的主要據點，它在前一次戰爭中被殖民地的遠征軍征服，但一七八四年戰爭結束時又還給了法國。在一七五九～一七六一年間，對於在和約簽定後，如果加拿大和法屬西印度群島一些更有直接價值的征服地不能同時保留的話，究竟該保留哪一個，引起了一場爭論。㊻如果最終選擇了前者，結果很可能是完全不同的。在這個擁有北美的廣袤土地的帝國裡，當時的政治家都不會有這種不切實際的信念，也不會從中看到什麼商業潛力。甚至連反對巴黎條約卻贊成保留瓜德羅普島的威廉·庇特也認為：「北美征服地現有的貿易狀況相當差，我們無法對它的未來進行猜測，它即使能出現繁榮也是非常遙遠的事情。」㊼

英國不可能獲取加拿大，即使得到了，也可能保不住。確實，在是否保留加拿大的爭論中，威廉·柏克（William Burke）有一段著名的預言，即消除法國的威脅等於消除了使英國的其它殖民地從屬於宗主國的強大吸引力。因此，瓜德羅普島應該保留，而加拿大則應還給法國。這時，已經有人在假設殖民地爭取獨立的遠景：「閣下，如果我們的殖民地人民發現並沒有受到加拿大的阻礙，他們將會極力獲取廣闊的領土，無限制地向內陸擴張，我們可能會面臨危險，也許在不久以後，我們將會失去目前擁有的土地……一個時時讓我們感到害怕的鄰居並不是最糟糕的鄰居。」㊽這番論證並非無關緊要，因為威廉·柏克在一七五九年瓜德羅普島被征服的時候就已得到國務大臣的職位並擔任瓜德羅普島的行政長官。但在一七六三年簽訂和約時，英國失去的不僅是加拿大，瓜德羅普島也被歸還了。大多數觀察家認為，英國將來可能失去由英國移民組成的大陸殖民地，但這種可能性畢竟是十分遙遠的。儘管有人警告過北美未來的獨立，但英國政治家當時最重視的還是將殖民地當作一個整體來防衛，以抵禦法國的威脅。保留加拿大是為了保證其南部殖民地的安全。然而，這個行動卻會為他們的獨立提供一個必要條件。這是一個很少有人會給予重視的反事實。

一七六〇年，班傑明·富蘭克林在答覆威廉·柏克的宣傳冊時激動地爭辯道，加拿大在取得和平以後應該保留，這並不會給英國對它北美殖民地的控制帶來威脅。富蘭克林還以英國人的口氣匿名寫道：「在密西西比河的這一邊，一個民族在這個國家的領土上全面擴張，並通過控制加拿大來確保自己的安全。這個民族可能會在幾個世紀裡找到農業上的就業機會，因此可以使我們這些在國內的人有效地擺脫對美國製造業的擔憂。」確實，對英國製造業的依賴使他們與英國聯結在一起。富蘭克林預見到美國人口的迅速增長：

可能會在一個多世紀的時間裡，導致大洋彼岸英國臣民的數量比大洋此岸現在的人口還要多。但是，對這個算法我並不感到有趣，也決不擔心他們對我們來說是無用的，或是會給我們帶來危險。我認為這種擔心只不過是個想像，沒有任何的可能性。

現存的十四個殖民地政權也發現它們之間的聯合是不可能的：

我們目前所擁有的那些（殖民地）不僅處於不同的總督統治下，還有著不同的政府形式、不同的法律、不同的利益，其中一些還有著不同宗教信仰和行為方式。他們彼此之間的嫉妒很深，以至於儘管長久以來有著建立殖民地聯盟的必要性，建立共同的防禦和安全機制以對付共同的敵人，也無論各殖民地對這種必要性有多深刻的認識，他們決不能建立一個相互間的聯合，甚至在請求宗主國為他們建立這種聯合上，也不能形成一致的意見。

如果殖民地不能為反對「不斷地騷擾移民，焚燒村莊，殺害民眾」的法國人和印第安人而聯合起來，那麼，還有什麼理由可以假設存在著這種聯合反對這個保護和鼓勵他們、這個與他們有著那麼多血緣、利益和感情上的聯繫、這個他們對它的熱愛勝於他們彼此熱愛程度（這一點是眾所周知的）的國家的危險呢？」富蘭克林預見到，這樣一種聯合是「不可能的」（不過他立即做了一個補充，「除非有最令人難以忍受的暴政和壓迫」）。[49]

七年戰爭的第二個後果產生於它所終結的方式，因為調整後的英國內閣是在普魯士的斐特烈二世所認為的是對他的拋棄的環境下決定結束衝突的。其後果是英國在捲入一七七六年的美國戰爭時，它在歐洲大陸上找不到一個主要盟友。不為所動的英國本來是能夠控制或鎮壓美洲殖民地的叛亂的。但是，在一七八〇年代，它被拖入了一場反對法國和西班牙的波旁王朝和武裝中立同盟的重大戰爭之中。有一位歷史學家論證說，大陸同盟對於維持英國海軍的優勢是必不可少的：「政府的虛弱以及軍事和海軍的無能都不是造成約克鎮恥辱性災難的原因」，「決定性的因素是政治上的孤立」。[50]在一七六三～一七七六年間，一個大陸聯盟可以帶來完全不同的結果。但是，在這一時期，法國的擴張並沒有對歐洲造成威脅，這意味著其它任何歐洲大陸強國都沒有興趣為此加入英國的美洲大陸戰爭。[51]由此看來，英國之所以失去對北美殖民地的控制主要是它自身過度擴展軍事資源的後果。但這個後果並未像保留加拿大可能造成的後果那樣被人們廣泛地預見到了。

對大西洋兩岸關係的遠景所做的策略上的推測多半集中在另一個主題上。有些評論家推測說，英國與美國之間人口平衡的改變最終將導致帝國關係的重新確定。一七七六年，美國的一位朋友，理查德．普萊斯，就用這一點來證明美國獨立的必然性：

> 他們現在（的人口）比我們的一半還少些。以這些數量為起點，他們會從一個最初的由移民構成的小群體，以極迅速的速度增長起來。他們的數量不斷地增長是完全可能的，只要用五、六十年的時間，他們的人口就會是我們的兩倍……形成一個由許多州組成的強大帝國。所有這些州在給人類生活帶來尊嚴和快樂的藝術和成就的各個方面將與我們並肩，甚至超過我們。到那時，他們難道還會承認我們目前所要求的那種高於他們的地位嗎？[52]

然而，即使在那些持有這種觀點的人們當中（這些觀點可以追溯到好幾十年以前），誰也沒有預見到一七七〇年代的劇變，甚至連普萊斯本人在一七六九年寫信給班傑明．富蘭克林談論殖民地人口統計數據時也沒有預見到。這封信本來是作為一篇論文提交給英國皇家學會的，普萊斯在原信上就殖民者的問題加上了這麼一句話：「過去那些數量越來越多的朋友，由於一種不公正和致命的政策，現在會發生轉變，成為數量越來越多的敵人。」[53]但即使在這個時候，普萊斯所譴責的仍然是英國的政策，而非人口統計學的無情邏輯。

事實證明，普萊斯這封寫在美國革命爆發前的信並未預見到這一重大事件的發生，他與當時幾乎所有的人一樣顯然是盲目的。六〇年代的憲法衝突總算是通過談判得到了解決。到一七七〇年代中期（革命）爆發時，令人吃驚的是，殖民地人民迅速站到了獨立運動的前沿。作為非國教徒，普萊斯的興趣第一次被美洲事務所吸引。這時，殖民地人民眼看就要投入一場戰鬥，而這場戰鬥就像他本人向主教們這些「真理和自由的敵人」發起的戰鬥。「一旦他們在那兒站穩了腳跟，就極有可能在某個時候（在這兒的朋友的保護和幫助下）奪得一種超越教會並與其它宗教信仰所主張的平等和共同自由不相容的權力。」㊴普萊斯的出發點並不是美國即將實現的獨立，也不是它的憲政主張，而是來自於英國非國教徒天生的恐懼。

當然，人們可以做事後諸葛亮，提出不同的看法。一七七三年，陷入與殖民地議會發生爭吵的麻薩諸塞殖民地副總督托馬斯．哈欽森回顧過去，認為保留加拿大是個重大錯誤。如果沒有保留加拿大，「根本就不會出現反對宗主國的情緒，我認為它（奪取加拿大）產生的效果比我們因法國人和印地安人而引起的全部恐懼還要嚴重」。㊵從這個意義上講，這時他已經承認奪取加拿大是引起美國革命的一個「重要原因」。㊶但這只不過是個必要原因，而非充分原因。它只創造了叛亂可能發生的環境，並不能決定這場叛亂的發生。加拿大內部也存在同樣的原因（即消除鄰國的威脅），但在一七七〇年代試圖斷絕與宗主國的政治聯繫的並不是加拿大。

美國國內的反事實：殖民地聯盟、稅收和民主制

第二套可供選擇的政策涉及殖民地內部的發展。認為美國革命不可能發生的原因之一，正如富蘭克林所指出的，是在這數十年前根本沒有那種熱情去制定一個建立殖民地聯盟的計劃。一七五四年在紐約阿爾巴尼召開的會議上曾經討論過將包括徵稅權在內的重要實權賦予一個大議會的計劃，這個大議會的成員由下級殖民地議會提名。但是，這樣的一個聯合政府看上去權力太大，因而遭到各殖民地議會的一致否決。㊼一七五四年，貿易部的哈利法克斯勳爵（Lord Halifax）曾起草了一個比較溫和的計劃，實現各殖民地在軍事和印第安人事務上的合作，但唐森德否定了這個計劃。他說：「這麼多來自不同殖民地的不同代表，沒有共同的利益，又因妒忌和根深蒂固的偏見而相互疏遠，而又能在相互安全和互惠經費上形成一個計劃，這是不可想像的。」唐森德還認為各殖民地議會也不可能通過為聯盟提供資金所不可缺少的供應法案。相反地，通過逐步獲取對各殖民地財政的控制，它將會走向「已經形成的方案，以獲得由國王廣泛保留且得到保證的古老特權」。㊽

然而，即使殖民地議會一方提出的這種「對權力的要求」是真實的，也不能確定獨立就是不可避免的。甚至那些對革命起過最大催化作用的人也從未說過這場革命是殖民地人民長期以來所理解的那種趨勢所帶來的結果。潘恩（Thomas Paine）在的《常識》（一七七六年在費城出版）一書中提到了一七七五年殖民者的政策。他說：「無論當時有關各方的鼓吹者提出了什麼，它們都沒有超

越這一點，即與英國的聯合。各派之間的唯一差別僅在於實施的辦法上。一派主張訴武力，而另一派則主張通過友好的辦法……」[59]用傑克・格林的話來說，只要這個由沃爾波（Walpole）炮製的脆弱而難以實現的和解得以保持，那麼，隱藏在大西洋兩岸關係背後的「潛在的不信任」就不可能「成為英國與殖民地關係破裂的主動原因。然而，這種和解能否繼續維持又是無法預測的」。[60]既然殖民地人民都忠於他們稱之為共享遺產的憲政方法，那麼，人們也就不難理解，當時許多人都認為大西洋兩岸的爭端可以由通過談判達成妥協來解決。但是，潘恩的指責缺乏充分的證據，他是一個新移民，對這些證據也許並不瞭解。在一七六〇年代初，早在他到達美洲之前，殖民地許多人所使用的政治語言在極短的時間裡發生了變化，他們不再像帝國內部的英格蘭人那樣頌揚他們所享有的自由，而是變得公開譴責那種他們所認為的使英國社會深陷其中的腐敗和專制。正如戈登・伍德（Gordon Wood）所說的：「正是在人們從這種對英國憲法的廣泛和熱情的喝彩中來觀察的時候，美國革命採取了一種具有諷刺意味和無法理解的基調，一種革命家們自己並沒有忽視的基調。」通過借用這種以英國憲法為唯一立場的說法，「美國人非常容易地認識到他們自己僅僅是在維護英國人從遠古以來就珍視的東西……不過，這種喋喋不休的討論並沒有要求新的東西，它不過是希望回到舊制度中，而英國憲法的本質只不過是個光輝的假象。」[61]

關於那些經典的憲法要點，即美國革命的「表面原因」，殖民地人民自己都提出了一個反事實。一七六〇年代對印花稅法的反應說明如果這個新法得以廢除的話，一切都將變得十分順利。約翰・狄金森（John Dickinson）的暢銷書《農夫的來信》同樣包含著一七六七年反對唐森德稅的觀點。政府可能採用錯誤的措施，「但任何這樣的措施都沒有解除統治者與被統治者之間的義務。錯誤可以被糾正，憤激之情也會逐漸消失。」㊷富蘭克林在一七六九年寫道：

最近有一種呼聲日益高漲，難道沒有人能提出一項和解計劃嗎？難道我們非得在內部爭吵中自我毀滅嗎？最近在一個集會上，一位尊貴的勳爵問我是否能提出這樣一種計劃？我的回答是：「要提出一個計劃，非常簡單，我的計劃可以用幾句話來表達：廢除法律，否定權利，召回軍隊，還我金錢，恢復古老的請願方法。」㊸

一七七四年九月五日國會自己在《致英國人民書》中提出七年戰爭以前的憲政聯繫是合法的；這只得出這樣一個結論：「一項旨在奴役你們在北美臣民的計劃已經達成了……它把我們置於與上一次戰爭結束時同樣的處境中，我們過去的和諧將得以恢復。」㊹

然而，這個反事實根本無法用事實來證明，因為宗主國政府一再表示願意就六〇年代引起爭端的各點達成和解。㊺現在可以證明，六〇年代初英國對殖民地的貿易政策並不像舊史學所說的那樣經歷了從重商主義向帝國主義的驟變。一七六四年的糖稅法就是試圖增加來自殖民地的歲入，同時也是為了鼓勵貿易在傳統的重商主義渠道中流動。一七六七年，查塔姆減少北美殖民地的茶葉再出口稅，也是出於同樣的目的。㊻西敏寺議會於一七六四年頒布了「通貨法案」，它同樣制止了殖民地因發行紙幣而導致的通貨膨脹。在殖民地提出抗議之後，紐約殖民地根據一七七〇年的一項法令取消了這項措施。其它殖民地也在一七七三年放寬了這項措施的限制：爭端有可能在此基礎上得到解決。㊅後來，格倫維爾在下院辯論中承認，他「沒有預見到」反對印花稅法的程度。如果預見到了的話，他就不會提出這個法案了。㊈即使帝國政府不得不在殖民地提高歲入，但徵收這點數量微不足道的印花稅並不是個有效方法。這個說法是有道理的，從稅收中預計可得到的歲入只有十一萬英鎊，其中有五萬鎊來自西印度群島。㊉如果沒有這場內部稅收的爭端，倫敦的內閣本可以通過現有的關稅和消費稅立法，借助於海軍以及形式上已經擴大的海事法庭的判決大大增加其歲入。在殖民地的抗議下，倫敦的議會廢除了這項法案。

如果說印花稅法是在沒有預料到殖民地抵制的情況下通過的，那麼，一七六七年唐森德的歲入法案也是如此。它沒有提出內部稅收的問題，而且，表面上看來它是建立在殖民地人民自己把合法的外部稅和不合法的內部稅加以區分的基礎上的。連英國在殖民地的代表也沒有預見到將會發生的事情，更沒有提出過警告。⑰甚至富蘭克林在一七六七年四月在《倫敦紀要》報的一篇文章中也承認帝國徵收的外部稅從憲法的角度來說是正確的，他反對的僅僅是「內部稅」。⑪反之，人們也很難否認這樣一個結論，即反對將茶稅從每磅徵收一先令削減至三便士的呼聲，是由那些因暴利的走私貿易遭到鎮壓而受到損失的商人提出的。如果英國在北美海域能更早地動用皇家海軍來消滅走私的話，那麼很可能在它成為政治上的棘手問題之前就得到解決了。由於不存在嚴重的高壓，從北美殖民地方面來說，幾乎沒有妥協的餘地。這也是事實。在一七七六年，偶然性並不像在一六八八年那樣扮演著決定性的作用。

那些堅持傳統「表面原因」解釋的歷史學家可能會給這場衝突提出一個簡單化的替代性選擇。一七六九年五月一日，英國內閣召集會議，討論有關一七六七年六月下院通過的由當時的國庫大臣唐森德所提出的稅法在殖民地引起的不斷增強的抗議。這一次，內閣就廢除所有的稅法，但僅保留一項進行表決，結果是五票對四票。主張修好的財政大臣格拉夫頓公爵投下了關鍵性的一票，廢除了茶稅。據稱，「事實證明，這項決定是導致美國革命爆發的那一系列不可挽回的事件的起點。如果沒有這項茶稅，就不會有波士頓茶黨，也就不會出現後來英國與殖民地之間的攤牌」。⑫就像事實證明殖民地是造成叛亂的原因那樣，這個自信的判斷似乎並不會更合理。確實，人們可以從英國的政策方面來提出反事實。然而，更為重要的反事實卻都會涉及到殖民地內部的社會發展和思想衝突的方式。

殖民地方面的這些反事實幾乎並不涉及典型的憲法問題，即這場不可避免的革命的「表面原因」。代表權問題顯然是達成協議的最主要障礙。不過甚至這個問題也並不像後來所證明的那樣是一個不可逾越的障礙。當然，稅收和代表權問題是互相關聯的。然而，如果說稅收問題更容易通過談判來解決的話（稅收是包括共和政府在內的一切政府的特點），那麼，代表權問題則被看作是更具原則性也是更難以妥協的。但這也不是必然的，儘管從宗主國方面來看，憲法上的衝突是最微不足道的。正如托馬斯．威特利（Thomas Whately）所論證的：「英國所有的臣民都一樣，從實質上來說，所有的人都在議會中有他們的代表，但事實上誰也沒有議會中的代表，因為議會中每個議員並不是他自己選區的代表，而是那個莊嚴的殖民地議會的代表，以此代表了大不列顛所有的下院。」⑬換言之，除去那些作為上院或下院議員而在議會中佔有席位的人們以外，議員並不是作為所有不列顛人委派的代表，他們只是作為代表人而存在，是不由所在選區付薪，也不受人民的指示約束。與真實代表權原則有關的問題並不在於它毋庸置疑的非真實性，而在於它是一個公認的真理，因而在未加證明之前就引入了辯論，並且沒有作任何理論上的說明。但它本可以提供一種理論基礎，以有助於更好地理解帝國內部的關係以及英國政治本身的實際運作。

每個議員所代表的不僅是他的選區，而且是整個政治體；他代表的是包括未成年人在內的全體男女居民；他還代表占人口七、八成的尚未成為選民的人；不僅代表那些投票給他的人，也代表投票反對他和棄權的人，這是一個公認的道理。當然，這是進行統治必需的一個說法。但是，它與政府的日常運作有著更為密切的關係，而不是那種世代相傳的認為一個人只要參加了投票就有了議會代表的神話，以及那種規定在普選制當中，所有的非選民、投票給落選候選人的所有選民、和支持了議會中失利一方議員的所有選民都必須服從多數派的專制的理論。在後兩種情況下，國家是靠少數人有效地運作著。而在前一種情況下，這樣的事實比較明顯，但更受尊重。除了上層政治人物外，真實和實際的代表權都是形式上的概念。同樣，就像代議制的民主制取代了君權神授制一樣，歷史學家現在的任務是必須用事實來消除人們的這種看法，即歷史的必然性邏輯引導著人們用現代的不言而喻的「真實」取代了近代早期的「虛構」。⑭

確實，一七六六年，威廉·庇特曾宣稱，「美洲在下院具有真實代表權的想法完全是無稽之談，誰也不會去認真對待，因此也不值得去認真加以駁斥。」⑮但這是一種政治技倆，因為庇特本人所代表的只是一些小的可憐的選區，例如他所代表的第一個選區舊塞勒姆就是個人口劇減的選區，它（在最興旺發達的時候）以擁有近七位選民而自詡。一七五七年到一七六六年，他作為巴思的兩名代表之一入選下院議員，而巴思也不過只有近三十位選民。即使是庇特的那個席位，也從未舉行過投票。[76]儘管他善於言辭，但無論是他作為下院議員還是作為查塔姆第一伯爵而入選上院議員，人們並不清楚威廉·皮特究竟代表的是誰。美國人把他當作民主者加以吹捧，但他們忽視了這樣一個事實：在他整個的議員生涯中，只進行過一次競選活動。甚至連這一次也只是在那個被稱作五港的小小市鎮中舉行的。

無論當時鼓吹這種真實代表權思想的演說家們有多麼傲慢，但在創立一個美利堅民族時，他們把這個思想再次吸納進來了。潘恩為美國獨立的事業而歡呼，他說：「這並非是人們在那一天、那一年或那一個時代所關注的事情，我們的後代子孫事實上也捲入了這場鬥爭，甚至當這個時代終結時也將受目前進程的影響。」[77]儘管殖民地人民否決「真實的」代表權，但無論是他們自己還是他們在英國的支持者都沒有去尋求在西敏寺議會中建立「實際的」代表權，因為殖民地與宗主國的關係是從相互的自我利益方面展開辯論的，這只會把衝突帶入下院，而不能在盎格魯—撒克遜民族大團結的新背景下解決這個問題。唯一可行的選擇就是與殖民地議會合作並增強它的權力。甚至連那個後來被認為是絕對效忠派的約瑟夫·蓋洛韋也於一七七四年九月在費城召開的第一屆大陸會議上明確表示，英國議會的法案並不具備對殖民地的約束力[78]，他還認為一個人如果有這樣的傾向，就只能設想將帝國內部的關係調整為聯邦的形式，因此，完全不能設想能在殖民地獲得強大的支持來達成一個不包含西敏寺議會和殖民地議會之間的平等原則的解決方案。

確實，一七七六年以前半個世紀的顯著特徵就是殖民地議會作為一支反抗總督權力的力量的興起。然而，儘管這些議會明確地表示殖民地的財富和人口都有了不斷的增長，但他們根本沒有表現出推動這一趨勢並進而脫離宗主國的跡象。即使在一七七四～一七七六年，明確表達獨立要求的也並不是殖民地議會，而是一些在議會之外設立自我授權的代議制團體中的狂熱分子。像蓋洛韋那樣消息靈通並崇尚實際的人物直到很晚在採取行動時仍堅持這樣的信念，即雙方有可能通過談判來達成妥協。一七七四年九月二十八日，蓋洛韋在大陸會議上提出了一項調解計劃，其基礎是設立一個美國立法院，它由英國國王任命一位院長來領導，其成員在各殖民地議會中遴選產生。⑲當天，大陸會議對這項計劃舉行表決，每個殖民地一票，結果以六票對五票決定將這項計劃擱置起來，以便做進一步的考慮，實際上否定了這個提議。⑳但是，如果那天的表決能通過的話，來自英國的積極響應就有可能為談判的解決辦法掃除障礙。因為英國政府仍願意接受這種想法。

一七七五年一月，英國內閣通過了諾思勳爵（Lord North）提出的所謂「橄欖枝」方案：以強制性措施為後盾，中止與那些被認為不合作的殖民地之間的貿易。對議會而言，這個建議意味著如果某個殖民地通過正常和合法的渠道按比例繳納共同防衛的費用並支付其文官政府和司法部門的費用的話，就可以暫時停止對這個殖民地行使徵稅權。㉑這項計劃不可避免地要忽視大陸會議的地位，因為英國議會提出這項計劃的目的就是要確認它的合法性，而這正是爭論的焦點。同時，它還表達了一種合理的希望，即通過單獨地與殖民地打交道，從而有可能各個擊破殖民地的共同陣線。第二屆大陸會議以諾思的提議沒有充分滿足他們的要求而加以拒絕。它沒有滿足殖民地所要求的承認他們在自己認為合適並由他們自由處理的方面具有授予權，也沒有說明英國議會聲稱的在其它事務上為殖民地立法的權利，尤其是最近頒布強制法案以及更普遍地更改殖民地特許狀的權利。[82]但是，蓋洛韋的提案如果被採納的話，仍然還有可能達成妥協。

正因為如此，這個問題最引人注目和具有決定性的方案最後是由格洛斯特主教約賽亞·塔克（Josiah Tucker）提出來的。他清楚地看到，雙方當時的要求方式都排除了妥協的可能性。但是，英國的利益所在是與殖民地通商，而不是對其實行政治控制。塔克的方案是「通過宣佈北美殖民地為自由和獨立的民族，從而與它們完全分離開來」。[83]這個先發制人的行動將會立即使共和派的運動失去其存在的理由。如果這個方案在指責喬治三世個人行為的《獨立宣言》發表以前的任何時候被採納的話，有可能在殖民地人民要求通過保持對國王個人效忠的方式獲得與西敏寺議會平等地位的時候就將他們控制住。獨立將會消除使他們不再忠於國王的各種動機。美國人將被鎖定在喬治三世的臣民的地位上，而這位喬治國王也會被看作是一個真正的立憲君主。

同樣，如果獨立不是通過一場戰爭贏得的，那麼殖民地聯合的唯一和主要的動因也就不復存在了。即便是這個根據《邦聯條款》而形成的鬆散的邦聯制也只被允許用於緊急的軍事需要時。如果沒有戰爭，存在於北美殖民地之間的相互嫉妒、對抗和差異，使它們即使能形成一個聯盟，也只可能是個相當弱小的聯盟。因為缺乏天然的凝聚力，這些新成立的州很可能會因此保持它們對英國國王的效忠，把英國國王視為極有價值的保護人以保證其民選政府的合法性，並把他作為與舊大陸處於文化上的平等地位的象徵。因為，在一七七六年以前的數十年中，甚至在革命爆發的前十年中，這場政治爭論的一個顯著特徵就是缺少共和主義思想。回想起來，這是十分自然和明顯的。

在一七七六年潘恩的《常識》出版以前，美洲殖民地很少有人這樣公然批評君主制度，更難得有人會去設想共和國的模式作為殖民地統治和社會的一種選擇方案。[84]就連《常識》都沒有進一步伸展，進而討論共和主義的思想。它只對現有的憲政安排進行了否定性的批評，而沒有為未來的安排設計新的藍圖，而在一七七六年時這種藍圖幾乎不存在。同樣，儘管民主制常常被這個新共和國的人掛在嘴邊，但它並不是革命的原因。既然這兩個「表面原因」都不能說明革命發生的原因，那麼也就不能用它們來解釋革命的必然性了。即使沒有一七七六年的決裂，大西洋兩岸的關係也不會再相安無事地繼續下去了。殖民地內部不斷上升的意識形態的強大壓力就是一個明證。然而，事實仍然是，傳統的「表面原因」並不能決定美國革命必然會採取實際所採用的那種形式。

自由政體的鎮壓問題

與主動的暴政一樣，懶散的政府往往也引發了近代早期的一些叛亂，因為它容忍了地方自治的想法和實踐。從更早的時候開始，英國就可以用另一條途徑更有效地行使對殖民地的合法主權。這條途徑本可提供重新獲得對殖民地的行政控制的前景。這裡有必要探索一下這種途徑難以實現的原因。一七九七～一七九八年英國面臨著的愛爾蘭叛亂的威脅，但這場精心準備的起義最終仍歸於流產。一八五七年發生於印度的叛變，同樣遭到了武力的鎮壓。而對於在美洲的英國同胞，英國人只是相對地採取了限制手段。兩相比較，存在著極大差別。

甚至在戰爭開始以前，對於殖民地立法機構賴以確立其權力的許多小步驟，白廳的官員們還可以系統地加以限制。宗主國可以規定在國庫收入中對殖民地預算的財政撥款將維持一個較長的時期，或者是無限期的；可以保證殖民地總督和其他官員的薪俸不受地方政治壓力的影響；可以規定殖民地的財政官員由王室委派；可以建立總督對地方的庇護權，這種權力不是由倫敦的政府而是由總督來行使。如果當時能得到內閣同僚的必要支持，這些步驟似乎順理成章地應該由一七四八～一七六一年時任商務部大臣的精力充沛的改革家哈利法克斯伯爵來實行的。當然，他之所以未能做到，原因之一是當時在與法國交戰的情況下，大臣們的注意力全部都集中於確保殖民地的充分合作的需要上。[85]不過，還有一些其他原因，特別是大臣們不願回到與斯圖亞特王朝晚期的君主制發生聯繫的那種管理理念。

這種管理方式僵化不變，鮮有例外，說明這已經成為了制度。一七七三年一月，麻薩諸塞殖民地副總督托馬斯·哈欽森就有關的憲政原則建立起與議會交換意見的制度，並試圖在議會強行解決這個問題。這個提議產生的結果與哈欽森所期望的恰恰相反。因為議會，特別是眾議院，抓住這個機會，將他們對宗主國某些措施事實上的抵制變為公開的和不可調和地從法律上否定宗主國的權力。英國殖民地事務大臣驚駭地說：「這位總督激起了達特茅斯的希望，只要雙方都避而不談這種使他們分離的關鍵問題，這場爭吵本可以在適當的時候逐漸平息甚至可能消失。對達特茅斯而言，哈欽森等於再次觸及了這個只要將它忘卻就可能癒合的傷口。」㊱儘管從以後發生的事情來看，這樣的可能性似乎並不存在，但因此引出了一種觀點，認為這代表了一種可能的發展道路。

政治形勢也動搖了倫敦的政策。在整個一七六〇年代，或準確地說直到一七七四年底，英國對殖民地的政策由於內閣人事的頻繁變動和內部衝突而一直處於搖擺不定的狀態下。如果喬治三世真像後來美國人所形容的那樣是個專制君主的話，這種情況是不會出現的。事實上，由於上院和下院中的各個集團都提出了許多可能的政策，許多政治家做出的反應自然是達成一種妥協，使它在政策上留下了許多含糊的地方，在原則上它是堅定的，而實際做起來又是動搖不定的。確實，在一個行為上有著更多的連貫性和意圖明確的世界中，美洲的抵制活動本該發生得更早。但它也可能根本就不會發生。

從某種程度上來說，英國政策的無效反映了漢諾威王朝初期的人對專制權力的恐懼，它表現為設想斯圖亞特王朝復辟的威脅。這意味著在前三位喬治治下連續就任的惠格派大臣們經常受到限制，無法使用行政權來對抗他們的反對派。羅馬天主教徒、詹姆士黨人，拒絕宣誓派以及他們的追隨者們動輒受到迫害，有時還是血腥的殘害，托利黨人和詹姆士黨人的報紙也飽受法律的干涉和司法的壓制。相反的，歷屆的大臣們由於擔心被人指責為「教皇和專制權力」，並以此來對抗當局，因而在對待惠格派和非國教者的反對者的態度上極其小心謹慎。因此，從一七六〇年代初開始，殖民地的帝國官員幾乎沒有採取任何行動去防止那些叛國者組織起來。殖民地總督基本上沒有去鎮壓煽動性的報紙和宣傳小冊子，逮捕印刷商和作者，起訴煽動群眾不滿情緒的人，壓制反印花稅法聯盟等可能成為叛亂基地的組織的發展。在喬治一世、喬治二世統治時期，上述這些對策常常被用來成功地瓦解和摧毀秘密的詹姆士黨人的勢力，英國自覺的自由主義體制以一切必要的手段來達到保護自己免遭平民主義者顛覆威脅的目的。但是，隨著一七四〇年代斯圖亞特王朝復辟威脅的消除，漢諾威王朝放鬆了警惕。值得考慮的是，如果帝國政府對美洲殖民地保持著以前那種監視，並轉而對非國教徒和惠格派活動給予打擊的話，將會產生什麼後果呢？

當然，事實上這種情況並沒有發生。經過一段時間的延遲以後，駐紮在美洲殖民地的英國軍隊被鼓動家描繪為一種象徵，以喚起殖民地的人們對斯圖亞特王朝後期統治的回憶。但是，英國軍隊甚至在一七六八～一七七〇年佔領波士頓的期間也幾乎從未被用來鎮壓民眾的反叛：軍官仍受限制，因為這樣的干涉在英國會帶來法律上的危險。[87]甚至當英國內閣於一六七八年夏天決定派軍隊去波士頓之後，這支軍隊剛剛到達時，就發現僅憑當地的行政當局就可以請求軍隊（麻薩諸塞州議會和當地治安法官）的幫助來阻止他們的駐紮。但直到革命爆發前，殖民地並沒有使用過這種合法的請求。駐紮在波士頓的英國軍隊不斷受到由懷有敵意的殖民地的人士所組成的地方法庭的侵擾。[88]這是出乎預料的，議會也沒有採取措施來改變在北美殖民地使用軍事力量的法規環境。如果議會這樣做了，而且早就採取了措施，英國就可能對各個殖民地首府實行防禦性的軍事佔領。一七六九年二月，殖民地國務大臣希爾斯波洛勳爵曾經敦促內閣和國王針對麻薩諸塞海灣採取更為強硬的措施，包括授予王室中殖民地委員會以任命權，考慮沒收麻薩諸塞殖民地的特許狀。[89]喬治二世同意在萬不得已的時候可能採取這些措施，「但即使到那時也應避免諸如改變特許狀的做法，這種措施在任何時候都是不可取的」。當然，那是曾經給詹姆士二世帶來致命打擊的政策。上院也沒有同意按照麻薩諸塞殖民地總督伯納德（Bernard）的要求改變特許狀。儘管有謠傳說諾斯內閣上台後不久馬上就會在一七七〇～一七七一年提出一項改革特許狀的提案，但議會卻從未收到過這樣的提案。[90]

在一七六三年簽訂和約以後，在美洲殖民地第一次出現了一支「常備軍」，後來它引起了一場強烈的不滿，因為人們看不出它有存在的必要。在美洲駐紮常備軍根本不是宗主國試圖撲滅美洲自由權的陰謀，而是對七年戰爭中征服了大片新領地而帶來的戰略問題做出的自然反應，是出於控制被征服的人口和實現英國所聲稱的主權的需要。這一點可以從軍隊的分佈中看出來：一共有十五個營駐防在那裡，其中三個營駐紮在新斯科細亞，加拿大和佛羅里達各有四個營，只有四個營留在英屬殖民地，其中還有許多士兵還被派去守衛邊界。[91]很自然地，當時幾乎沒有引起殖民地人民的抗議。「七年戰爭結束後在美洲保留那樣一支軍隊的決定並沒有引起爭議，軍隊的規模和分佈基本上是決定於它將要行使的必要功能。」㊾

在革命爆發前的幾十年中，偶然地有些軍事評論家提出在美洲駐紮軍隊將有助於保證美洲人的忠誠，但沒有證據可以表明格倫維爾內閣考慮到了他們提高殖民歲入政策會招致抵制以及對殖民地實行強制的前景。不過，包括富蘭克林在內的許多殖民地的人們，也像格倫維爾一樣缺乏這樣的遠見。甚至當宗主國的稅收政策在殖民地受到挑戰的時候，殖民地人民的奮鬥目標還只是集中在關稅問題，而不是軍隊問題上。㊿只是到了後來在殖民地不滿情緒更為高漲的情況下，這些零星分佈的英軍才成為暴政的象徵。不過，這種做法完全是可以避免的，換一種不必運用高度想像力的狀況似乎也是合理的。

在英屬北美領地的大部分地區保留數量很少的軍隊依然是沒有爭議的。派往美洲的軍隊同時也帶去了有關他們在社會中應起何種作用的觀念。這些觀念當時在英國的軍隊中已經成為一種根深蒂固的心態，即努力不干預政治。軍隊沒有干預殖民地的選舉，也沒有強制殖民地議會。他們只在極不情願的情況下才充當警察的角色，以維持治安。引起戰爭的爆發點，即與殖民地民眾的衝突很少出現。當然可以試問這樣的事態是否能夠維持下去?這顯然使得強制行動很難發生。一七七四年秋，北美駐軍總司令蓋奇將軍（General Gage）正確地發出警告，提出新英格蘭的形勢已瀕臨叛亂的邊緣，只有動用軍事力量才能重申帝國的權威。他所掌握的三千人的軍隊不夠用，還需要增加二萬人才能重新確立控制，這些建議並沒有被倫敦接受，更沒有採取行動。㊿如果英國早點決定將大批軍隊派往新英格蘭，這場衝突又會如何發展呢？

即使在戰爭爆發後，仍可能出現許多不同的結果。戰爭曠日持久，且勝負懸而未決，究其原因部分在於它具有內戰的特徵，是由社會上那些不願承認失敗的強大的選民推動的，部分地還在於雙方在戰爭中都沒有出現傑出的軍事天才。無論是英國還是在成立了共和國的殖民地，都沒有出現一個具有支配力量的將領，沒有出現馬爾波洛（Marlborough）或威靈頓（Wellington）這樣的人物來指揮決定性的戰役，此外，戰爭拖延的時間過長，其高潮正在一點一點地下落。蓋奇給本國政府提出了有效的建議，但卻無法平息麻薩諸塞的革命。派去增援他的三個陸軍少將（約翰·柏高英〔John Burgoyne〕、亨利·克林頓〔Henry Clinton〕和威廉·豪〔William Howe〕）並不比他更好。另一方面，無論是在殖民地的叛軍中，還是在效忠派當中，都沒有出現軍事天才。大體說來，戰爭所顯示的特徵是久戰不下、費時持久、缺乏靈活機動和成功的征服。但從英國的角度來看，即使全面奪回殖民地的可能性極其渺茫，進行這場戰爭也是值得的，軍隊的前景可觀，可以迫使通過談判來達成和約，從而在憲政上的一些爭論達成和解，並保留某種形式的政治聯繫。雙方軍隊都記錄了自己在北美進行陸地戰鬥中取得的勝利，可以說是平分秋色。於是，人們不難設想一種狀態，只要有一些稍許更為成功的英國指揮官也許有可能根本改變戰爭的結局。[95]

事實證明，英國的軍事行動在兩個可供選擇的目標之間游移。一個是在與同胞和解的基礎上通過談判達成解決的辦法。另一個則是不惜任何生命和財產的代價在軍事上決定性地擊潰敵方。[96]它同樣地游移於兩個不同的軍事戰略之間。一個是維持美洲沿海地區的主要基地，並試圖由此控制美洲貿易。另一個戰略是試圖通過與效忠派軍隊的聯絡，以征服內陸的大片地區。㊼英國當局未能利用這些社會選民也是這場戰爭的重要特徵。由於在過去的數十年中一直缺乏準備，在美國革命期間，「作為平息叛亂的潛在的巨大軍事力量的效忠派幾乎沒有行動，沒有被作為鎮壓叛亂的一個手段使用」。㊽反之，效忠派受過最好的教育，他們對英國軍事指揮官給予了最嚴厲的批評。約瑟夫．蓋洛韋提出了這個問題：

既然英國司令官擁有一支力量遠勝於敵人的軍隊，那麼這場叛亂為何沒有很早就被鎮壓下去呢？閣下，無論在大西洋這端的報導有多少錯誤，這個原因在美洲已不是個秘密……敵方和友方都指出這是由於計劃過程中缺乏智慧而在執行時又缺乏活力所導致的。㊾

一七七六年秋天，豪將軍在長島和德拉瓦爾河似乎能夠打敗華盛頓的軍隊，但卻沒有取勝；柏高英未能將美國軍隊引入埋伏，而這原本可能會改變後來薩拉托加戰役的結局；考彭斯戰役之後，美國軍隊成功地擺脫了英國軍隊的追擊；一七八一年末，華盛頓決定向南進軍而不是執意繼續進攻紐約，這個決定帶來了約克鎮的勝利；美國革命戰爭的軍事史上充滿了許多關鍵的偶然事件和小插曲，如果作出了相反的決策，它們很可能會對最終的結果帶來重大影響。

「天定命運」嗎？對美國的反事實的否定

軍事衝突的細節所包含的意義更為廣泛。有人提出，如果戰爭的進程完全不同的話，那麼這個在戰爭中誕生的美國在形式上也將完全不同。如果英國軍隊能更成功一點，僅僅是由於美國更有系統的反擊才被打敗的話，「其結果很可能是產生一種全然不同的美洲公眾文化。這種文化更強調的是民族國家而非個人，是義務而非權利」。(100) 不過，軍事衝突的前景是難以預料的，就像這個事後看來已經確保其勝利的結果一樣，也是不確定的。當時一些研究革命的美國歷史學家已經認識到了這一點，因為他們更接近並常常遇到尷尬的事實，即這些戰役的結局往往取決於一些微不足道的事件。他們像威廉·戈登（William Gordon）一樣不安，並思考「這類偶發事件很可能會決定某些強大王國的興衰，決定權力、光榮、財富、藝術和科學日後從歐洲向美洲的傳播」。(101) 戈登對偶然事件的討論未作任何結論，說明他是一名現代的分析家，這是一個轉折點，它標誌著歷史學家已經突破了過去的清教天定論。他們試圖在偶然性的力量中注入某種歷史的精確性，使這個新誕生的共和國有了對其起源所做的認真而專業的描寫。但是，他們只獲得部分的解放。他們

> 通過混淆天意（providence）和機遇（chance）的界限，摧毀了神意天祐的傳統觀念。他們交替地和描述性地使用這兩個術語，指出實際發生的只是那些不可能的，無法預料的和無法解

釋的事件。此外，它們使用天定論和機遇的語言時，並不是把它們當作歷史解釋的方法，而完全是為了在原因尚未弄清的時候保留對它的判斷。歷史學家們打破了天定論和機遇之間的區別，就等於宣佈天定論對他們而言已不是一種充分的歷史解釋方法了。

天定論只是出於「意識形態和美學的目的」而得以留存至今的。[102] 不是上帝的天定命運而是美國的天定命運成為了終極的原因。

可以說，美國革命因此把歷史解釋的世俗化推到了一個重要階段。細小的事件（無法解釋的偶然性）和宏大的反事實（天定命運）從此不再結合在上天創造的秩序中，它們之間存在著潛在的互相排斥。不過，這同樣可能會出現人意料的結果，李斯特·科恩（Lester Cohen）描繪過一些早期的愛國主義歷史學家，說他們「混淆了天意和機遇，摧毀了把天意作為歷史解釋的傳統用法，把機遇當作一種獨立於天意的因素來使用」。如果科恩的描繪是正確的話，這些歷史學家便是試圖實現休謨和吉朋所提出的同樣的目標：「把偶然性的意識注入了歷史，將因果關係當作一個複雜的問題來表達。」[103] 然而，他們的成功僅僅在於給美國歷史帶來了新的儘管是世俗的目的論。

這些歷史學家「對它的需要來自兩個方面。一方面，他們的目標是寫出公正的歷史，致力於追求歷史真相，服務於人性，追求語言和風格的純樸；但另一方面，他們又想形成一種獨特的美國歷史，意在歌頌美國革命，為後世子孫灌輸共和主義的原則」。此外，他們還認為「在他們力求客觀的努力與他們所堅持的革命原則和價值之間並不存在任何矛盾」。[104] 據稱，這個問題一直存在著。與殖民地歷史上的清教時期相反，新誕生的美利堅合眾國並沒有接受這個反事實。作為美國革命的遺產，清教徒的教義認定未來僅對人類而言才是未知的，但上帝早在創造世界的時候就已經預先決定了未來，人類沒有力量憑自由意志採取行動來加以改變。相反，革命者所使用的新的「熱忱用語」表明了一種「緊迫感、焦慮感、批判感，而這種意識是由一個未知的將來以及人們對未來形成的責任所造成的」。⑩⁵ 他們有自由造就未來，但只能以一種方式來造就未來。

於是，革命的歷史學家們試圖為他們國家的誕生設計出一種更為成熟、更為專業的形式。他們這樣做不僅僅是用對機遇的新意識來修正清教的天定論。但是，他們卻無法繼續向專業化發展，因為偶然性的邏輯必須服從一個預定的結局，即一個獨立的美利堅合眾國的正當性和必然性。還有一種反事實指出了英屬北美另一種可行的發展狀態，但它從一開始就被暗中排除掉了。因此，歷史的真正動力，即反事實和偶然性的相互作用，從未被人們抓住過。相反，研究革命的歷史學家們採用預定論的殘餘觀點來暗示他們對美國的命運所做的目的論的理解，從而被引向將偶然性僅僅用來當作使天定論世俗化而不是取消其目的論的一種方法。通過這種方法，這個問題的概貌在較早的時候就已確立起來了。

被遺棄、被剝奪和被壓迫的人們

然而，懸而未決的並非只有殖民地白人的未來。如果英屬美洲當時能夠採取更自由而且不那麼平民主義的方向，那麼，對於在這個新共和國中處於如此劣勢地位的兩個群體——美洲原住民和在美洲的非洲奴隸，這種政治制度將意味著什麼，就值得認真考慮了。

在七年戰爭以前，每個殖民地都制定了自己對待美洲原住民的政策。這些政策並沒有起到緩解頻繁衝突的作用，相反有時還引發野蠻的衝突，這些衝突都是由於移民剝奪土著居民所造成的。歸化政策基本失敗，美洲原住民表現出根本不願意接受奴役，也不願放棄遊牧的生活方式而改為定居的農耕生活方式。那些特別是接受了喀爾文教預定論的移民實際上也不想把十七世紀初英國人發現這片新大陸時所承諾的那樣把那裡的原住民轉變為基督徒。然而，英國在北美大陸上遇到了一個主要的對手—法國人與印第安人的關係要好的多。天主教努力轉變土著的宗教信仰，意味著他們比新英格蘭清教徒獲得了更多的尊敬；法國人依賴於與印第安人的毛皮貿易，他們同樣會為了一些優惠條件而爭吵，而說英語的移民則著眼於定居和剝奪。

出於在戰爭時期，特別是在七年戰爭期間，與法國爭相取悅印第安人部落的需要，倫敦政府才開始制訂對印第安人的政策。當英美在美洲邊界的衝突擴大為一場重大的國際衝突之際，這個需求更變得十分緊迫，以致倫敦政府不僅準備制定英國人與印第安人進行貿易的規則，而且還準備解決土地這個重要問題。七年戰爭期間，英國政府先後三次（一七五八年在伊斯頓、一七六〇年在蘭開斯特、一七六一年在底特律）與印第安人簽訂了條約。這些條約規定白人移民的定居點不得超越阿帕拉契山這條界線。七年戰爭結束後，這些條約依然有效。一七六三年十月七日，英國很快的以國王法喻的形式公佈了對印地安人的政策。這樣，在從喬治亞到魁北克的廣大地區都實施著同樣的原則：阿帕拉契山脈以西的土地仍為印第安人的保留地，未經帝國政府允許，不得購買或定居，商人必須獲得許可證。這一地區的權力實際上由駐紮在北美的英軍總司令掌握，並由兩名負責印第安人事務的長官具體實施。很明顯，英國正在確立一個結構，以執行全面的印第安人政策。英國並不打算永久性地中止由帝國政府控制的購買印地安人的領土而引發的向西擴張的步伐，只是想制訂有關的規則。

一七六三年爆發了最大的一次印第安人的叛亂——龐蒂亞克起義。正如帝國政府所看到的，殖民地當局表現得驚慌失措，這使得宗主國對印第安人政策的控制變得更為必要。此外，在邊界部署一支常備軍來維持治安也變得更加必要了。正是維持這支軍隊的開支使得宗主國政府迫切需要向殖民地人民徵用稅收。不管這會引起多少麻煩，其最終目標還是相當明智的，就是要把殖民地人民和印第安人都從定期的屠殺中解脫出來。不管怎麼說，北美大陸需要一支英國軍隊來保證英國原有殖民地的安全，以解除新近由於征服加拿大和佛羅里達等地而帶來的戰略上的威脅。這本身就要求由殖民地的歲入來提供經費，因為帝國政府擱置印第安人的問題並不能解決由帝國稅收而引發的憲政問題。(106) 但是一個英國統治下的美洲本可提供一個解決方案，它為人們向西部移民的活動制訂了規則，並使之人性化了，至少它消除了往後西進移民中的屠殺和剝削的特徵。

如果美洲持續處於英國的統治下，黑人奴隸可能獲得一種截然不同的命運。一七七五年十一月，維吉尼亞殖民地總督鄧莫爾勳爵（Lord Dunmore）宣佈解放那些為英國的事業而效力的黑人奴隸。⑩⑦除去一些軍事上的迫切需要，這個事件也反映了英國在奴隸問題上的觀點正在發生更快和更深入的變化。但是，殖民地的白人把鄧莫爾的決定說成是對他們的背叛。同樣，在這個殖民地上有許多群體仍然強烈地反對天主教徒，這讓人聯想起十七世紀時的社會動盪，英國的觀點已開始轉向解放天主教徒。一七七二年，曼斯菲爾德勳爵在松默塞特案判決中確定了一個原則，即根據習慣法在英國立即解除奴隸制對黑人的束縛。鑒於英屬美洲殖民地大聲疾呼要擁有英國人的同等權利，那麼，這些原則轉移到殖民地只是個時間的問題而已。究竟需要多少時間呢？在英帝國內部，宗主國的一個最高政治權力機構再加上皇家海軍的力量，就可以根據一八〇六～一八一一年的立法中止奴隸貿易，並在一八三三年立法後著手解放英國海外領地上的奴隸；而在美國，政治上的現實則迫使傑佛遜（Thomas Jefferson）刪去了《獨立宣言》初稿中譴責奴隸制的內容。在革命戰爭期間，殖民地的黑人（就和許多人一樣）為英國王室而戰，並不是沒有理由的。⑩⑧一八六〇年代的美國戰爭從本質上說究竟是因為奴隸制，還是針對下級立法機構是否有權抵制威廉・布萊克斯通爵士的主權不可分割性和絕對性的原則而爆發的，歷史學家對此展開了一場辯論。不管屬於哪種情況，一八六〇年代的事件都可以當作美國的第二次內戰來分析，它回到了第一次內戰未能解決而遺留下來的問題上。因此，如果一七七〇年代的事件朝不同的方向發展，那麼就有可能出現談判和妥協的道路，也就可能繞過折磨北美大陸的第二次重大災難了。

跨大西洋的反事實的長期影響

樂於對這場革命的結果進行反事實思考的不僅有英國人及其前殖民地的人們，還有歐洲大陸的觀察家。一七七六年四月，法國政治經濟學家杜爾哥在一篇備忘錄中希望這場衝突能帶來一個獨立的美國。但是，萬一這場戰爭的結局正好相反，那麼英國在殖民地的軍事資源的規模將不可避免地導致英國征服從紐芬蘭到巴拿馬的整個大陸，並將法國人和西班牙人趕出路易斯安那和墨西哥。⑽ 一個橫跨大西洋的和平及貿易的世界將促進英屬美洲殖民地的經濟發展和人口的增長。如果沒有一七七六～一七八三年的戰爭對殖民地經濟的摧殘，並將它的發展推遲了數十年，那麼，一個自由的北大西洋政體所具有的財富和權力本可以在法國推動一場走向進步的改革，而不是那場由啟蒙主義者所鼓動的革命。如果美國革命不是以一七七六～一七八三年的那種形式出現，那麼法國本不會在一個致命的財政重負之下發生動盪，也就不會在一七八八～一七八九年間土崩瓦解。這一點是如此明顯，無須多加強調。

這個反事實太大了，與實際結果也相距太遠了，因而無法納入歷史研究的範圍。這個反事實的分析家必須瞭解那種論點提供的輕而易舉的逃避方法。但是，要不是由於某些最初的錯誤，某些悲劇性的錯誤，事情本可以進行得很好，人類也可以躲過這場本可避免的衝突，從而進入一個和平進步的黃金時代。如果從一九一四年或一九三九年的角度來回顧，英國觀察家們可能會十分遺憾他們失去了一個大好機會，即在北大西洋創立一個和平與繁榮且信奉自由和商業價值觀的英語國家的大好機會。英國惠格派的自由主義的史學傳統將美國革命的爆發歸因於英國政策中一些極易避免的失誤，特別是喬治三世個人的失誤，從而使這樣一個過程顯得十分合乎情理。但是，這個解釋越來越站不住腳了。即使這場衝突可以在一七七〇年代得以避免，也無法保證永遠保持平靜的局面。

在十九世紀三、四〇年代，奴隸制畢竟有可能打破這個光輝帝國的和平局面，正如不久以後它破壞了這個新共和國的平靜一樣。如果一七六〇年代的印花稅法導致了美洲殖民地人民一致的強烈抗議，而且（正如後來的事實所揭示的）即使是對殖民地的財產權最輕微的侵犯也會激怒它們，那麼，如果英國試圖解放美洲的奴隸，由此而引發的美洲人的抵制將會帶來多大程度上的暴力呢？如果宗主國對殖民地事務的這種干預——就像一八三四年對它其它殖民地的干預一樣——真正來臨的話，那麼，很有可能美洲殖民地人民會以大得多的熱情圍繞著經濟制度——其意義也比茶葉大多了——而聯合起來。後來的事實證明，對於一八六〇年代圍繞奴隸制而發生的衝突（其結果是北方的勝利和奴隸的解放），英國本能夠袖手旁觀的。如果這場衝突發生在一個跨大西洋的政治體制中，美國的勝利將帶來這樣的結果，即把這種獨特的經歷更深地滲透到國家生活中去。

真實世界不僅為令人沮喪的可能性蒙上一層面紗，同時也為令人興奮的可能性蒙上另一層面紗。而我們需要適應我們賴以生存的這個世界，這阻止了我們揭開這層面紗。但是，另一種研究方法可能將英國歷史上的許多重大事件解釋為不可能的和無法預料的。有些人找到了一些方法，回過頭來把這些事件描述成不可避免的。一六六〇年、一六八八年以及一七七六年的事件都屬於這一類。同樣，一些極有成功機會的嘗試性行動被佔據統治地位的觀念化解掉了。回顧這些行動似乎被削減為一場瘋狂的賭博，例如一七四四年法國的入侵企圖，以及一七九七～一七九八年在法國支持下可能發生的愛爾蘭叛亂。在這兩個事例中，一項計劃使得可能引起外國軍事干涉的國內起義未能發生。等到塵埃落定，就像一六六〇年，一六八八年和一七七六年那樣，歷史的面貌可能發生改變。

隱含的反事實支持對所有的重大事件都進行歷史的重現，只有那些帶有目的性的意識形態才會在不切實際的懷舊情結的支使下，譴責這種將其它選擇視為勿庸置疑的事情而進行公開的評判，認為這樣是極不體面的。不過，懷舊情結的理論結構無異於認識到了那些選擇未被採納的或潛在的可能從未實現。懷舊情結也包含情緒的成分，有時無疑會圍繞著過去生活的細節，有時則不加考證地依據民族神話和教派神話。但不管其內容是什麼，也不管其判斷正確與否，懷舊情結都具有方法論上的意義，說明民眾對歷史傾向於做非目的論的理解。⑩拉裴爾．塞繆爾（Raphael Samuel）提醒說，正是出於這些充足的理由，持正統思想的人本能地反對普通民眾對待歷史的態度，並試圖貶低他們，而不管懷舊情結在多大程度上真實地反映了與以往生活經驗上的聯繫，它所具有的非目的論結構與當代輕率的保證是根本對立的。

人們總是不重視反事實。當然，對本來可以發生而又沒有發生的事感到懊悔也是無益的，無論這樣的態度多麼符合邏輯：

他們流下了一些自然的淚水，但很快便將它拭去，
世界就是眼前的一切，他們可以在那裡選擇
賴以休息的場所和指引他們前進的天意，
他們手拉著手四處遊蕩
穿過伊甸園，踏上唯一的行程。

造成這種精神障礙的原因部分來自於心理：一個重要的決定一旦做出，一個重要的反事實便成為了事實，當人們回顧它的時候便要將它合理化，認為這在當時的環境下是必然的和合理的。價值觀於是適應於結果以便用來稱頌新的形勢。但是，還有一個更重要的原因可以說是來自方法論上的。加利提供了一個這樣的（也許過於自滿的）描述，說明具有破壞性的偶然事件是如何在歷史解釋中被吸收和容納的。他的描述還暗示在偶然性的領域中，即便是「空前毀滅了希望的災難」，也不是非要強行選擇另一個反事實不可。⑪

不過，如果做一番更嚴密的考察，偶然性與反事實只會在歷史研究剛剛開始之時發生重疊，很快就分道揚鑣了。反事實明確地假設了另一些可識別的發展道路，當歷史學家將它們納入未曾實現的未來時，它們的獨特性和連貫性是可靠的。相反，強調偶然性不僅是指事件展示的方向並沒有循著這條道路，不管是根據這個事例的價值，或是根據充分的論證，還是根據原則或制度的內在邏輯來加以識別。它還意味著所有的反事實本身迅速地分解為無限的可能性。⑫ 如果一個

反事實很快消失，分裂為由無數個千變萬化的偶然性所決定的選擇，那麼，人類就會為那些未採取的道路悔恨不已。這些困難應當成為一種理由，從而讓我們將它置於研究工作中的重要地位上。事實上，對安慰的需要勝於對解釋的渴望。偶然性的力量給歷史學家留下了深刻的印象。那些強調反事實的歷史學家同樣會相信，如果夏娃沒有將那顆蘋果拿給亞當，那也可能會在別的什麼事情上出錯。

---

① 見約翰・費茲帕恰克編，《喬治・華盛頓言論集》（Jone C. Fitzpatrick, ed., *The Writings of George Washington*），三九卷本，華盛頓，一九三一～一九四四年，第三卷，第二四四～二四七頁。

② 有少數人提出過這個問題，但態度並不嚴肅。見羅吉・湯普遜：〈如果我是一七六二～五年的謝爾本勳爵〉（Roger Thompson, 'If I Had Been the Earl of Shelburne in 1762~5'）和伊斯蒙德・萊特：〈如果我是一七七〇年代早期的班傑明・富蘭克林〉（E. Wright, 'If I Had Been Benjamin Franklin in the early 1770s'），載丹尼爾・斯諾曼主編：《如果我是……》（D. Snowman ed., *If I Had Been...*），倫敦，一九七九年，第一一～二九頁和三三～五四頁。

③ 傑夫里・帕克：〈如果西班牙艦隊登陸英國〉（G. Parker, 'If the Armada Had Landed'），見《歷史》，第六一期，一九七六年，第三五八～三六八頁。

④ 康拉德・羅素：〈天主教之風〉（Conrad Russell, 'The Catholic Wind'）再版於他本人的《非革命的英國，一六〇三～一

⑤ 六四二年》（*Unrevolutionary England, 1603~1642*），倫敦，一九九〇年，第三〇五~三〇八頁。「但是，從使用條件時態之時起，我們已開始考慮反事實問題。對於我們這種做法，存在著明顯的異議。歷史需要無數的偶然性變動，正因為如此，我們對反推測的選擇也必然是不受約束的。但是反歷史（counter-history）研究的並不是過去可能發生的事，也不是本該發生而又沒有發生的事；同樣，考慮那些事實上沒有出現，但根據那些已發生的事知道可能會出現（或我們憑藉事後觀察的優勢知道可能會發生的事）所帶來的結果能使我們更好地瞭解那些當事者糾纏其中的種種不確定性。任何歷史事件都是確實發生了的和本可以發生而又沒有發生的；對於這一點，沒有人比我們這些將時間都用於考慮這些不可思議的可能性上的人知道得更多，其中一些可能性在歷史上不時地出現。」見波科克的《第四次英國內戰：光榮革命過程中帝國的分離、放棄以及另一種可供選擇的經歷》（J. G. A. Pocock, 'The Fourth English Civil War: Dissolution, Desertion and Alternative Histories in the Glorious Revolution），載《政府和反對者》（*Government and Opposition*），第二三期，一九八八年，第一五一~一六六頁，尤其是第一五七頁。

⑥ 見羅伯特・里奇的《公爵的領地：對一六六四~一六九一年紐約政治和社會情況的考察研究》（R. C. Ritchie, *The Duke's Province: A Study of New York Politics and Society, 1664~1691*），查伯爾希爾，一九七七年。

⑦ 見維奥拉・弗洛倫斯・巴恩斯著：《新英格蘭自治領：對不列顛殖民政策的研究》（Viola Florence Barnes, *The Dominion of New England: A Study in British Colonial Policy*），紐黑文，一九二三年，第三五~三六頁，第四四頁。

⑧ 見大衛・洛夫喬伊著：《美國的光榮革命》（D. Lovejoy, *The Glorious Revolution in America*），第二版，米德爾頓，康乃狄克，一九八七年。

⑨ 關於一個由軍事統治者和官僚而不是代議制議會占主導地位的美國的觀念在斯蒂芬・桑德拉・韋伯的著作再次被提出，見《總督：英國軍隊和帝國的確定，一五六九~一六八一年》（S. S.Webb, *The Governors-General : The English Army and the Definition of the Empire, 1569~1681*），查珀爾希爾，一九七九年；及其《一六七六年：美國獨立的結束》（*1676: The End of American Independence*），紐約，一九八四年，和《查理士・邱吉爾》（*Charles Churchill*），紐約，一九九六年。這篇論文與當時流行的假設背道而馳，但並未收到預期的效果。

⑩ 傑夫里・霍姆斯和丹尼爾・什切青合著之《寡頭政治時代：工業化前的英國，一七二二～一七八三年》（G. Holmes and Daniel Szechi, *The Age of Oligarchy: Preindustrial British, 1722~1783*），倫敦，一九九三年，第九七頁。

⑪ 例如，一六九三年四月十七日的〈國王陛下致所有他熱愛的臣民的最親切的宣言〉（'His Majestie's Most Gracious Declaration to all his Loving Subjects'），見丹尼爾・什切青著《詹姆士黨人：一六八八～一七八八年的不列顛和歐洲》（*The Jacobites: Britain and Europe 1688~1788*），曼徹斯特，一九九四年，第一四三～一四五頁。

⑫ 查理士・愛德華・斯圖亞特的聲明要點包括在他一七五三年的宣言中，內容如下：「第七條，三個王國（英格蘭、蘇格蘭、愛爾蘭）的聯合由一個獨立的議會提出。」見什切青之《詹姆士黨人》一書第一五〇～一五一頁。但這是一個不切實際的反事實，而法國一七五九年的擴張企圖仍使一七〇七年的聯盟面臨著解散的局面。見克勞德・諾德曼之〈一七五九年舒瓦瑟爾和詹姆士黨人的最後一次復辟企圖〉（Claude Nordmann, 'Choiseul and the Last Jacobite Attempt of 1759'），見伊夫琳・克拉克香克主編的《意識形態和陰謀：詹姆士黨人的觀點，一六八九～一七五九》（E. Cruickshanks ed., *Ideology and Conspiracy : Aspects of Jacobitism, 1689~1759*），愛丁堡，一九八二年，第二〇一～二一七頁。

⑬ 見理查德・普萊斯的《對公民自由權本質、政府的主張以及與美洲的戰爭的公正性和政策的評論》（R. Price, *Observations on the Nature of Civil Liberty, the Principles of Government ,and the Justice and Policy of the War with America*），倫敦，一七七六年，第二八頁：「帝國就是一個由一些共同的約束和聯繫聯合起來的政權或團體的聯合。如果每一個政權都能擁有自由的憲法，並且在稅收和國內立法方面能獨立於其他政權，僅僅是通過簽訂協定或盟約、服從於一個代表全體人民的大議會，或者效忠於一個握有最高行政權的君主而聯合起來：在以上這些情況中，這個帝國將成為一個自由的帝國。」

⑭ 約翰・亞當斯，一七七五年二月六日，見約翰・亞當斯和喬納森・休厄爾〔丹尼爾，倫納德〕合著的《*Novanglus and Massachusettensis*》或發表於一七七四～七五年的政治論文《論大不列顛及其殖民地之間的主要爭論點》（*On the Principal Points of Contr oversy, between Great Britain and her Colonies*），波士頓，一八一九年，第三〇頁。

⑮ 見蓋拉德·亨特編：《詹姆士·麥迪遜文集》（Gaillard Hunt ed., *The Writings of James Madison*），九卷本，紐約，一九〇〇～一〇年，第六卷，第三七三頁。

⑯ 詹姆斯·奧蒂斯：《所宣稱的和得到證實的英國殖民地權利》（James Otis, *The Rights of the British Colonies Asserted and Proved*），波士頓，一七六四年，第二三頁。

⑰ 理查德·布蘭德：《對英屬殖民地的調查》（Richard Bland, *An Enquiry into the Rights of the British Colonies*），他打算把它作為對《針對殖民地的最新規定以及強加於它們身上的稅收》的一個答覆。見布蘭德致這本小冊子作者的一封信。威廉斯堡，一七六六年，一七六九年於倫敦再版，第一二頁。

⑱ 甚至連托馬斯·傑佛遜的《對英屬美洲權利的一些概括性評論》（Thomas Jefferson, *A Summary View of the Rights of British America*，威廉斯堡，一七七四年）一書中也響應了布蘭德和奧蒂斯關於人民建立一個新社會的權利的主張（第六頁）；他也同時使用了請求英國王室改變引起不滿的政策的祈求性語句和新的援引天賦權利的語句。

⑲ 見班納斯的《新英格蘭自治領》（Barnes, *Dominion of New England*）一書第一七八頁和查理士·安德魯的《美國歷史上的殖民時期》（C. M. Andrews, *The Colonial Period of American History*），四卷本，紐約，一九三四～八年，第一卷，第八六頁註釋。

⑳ 富蘭克林：〈東格林威治領地的保有期〉（Franklin, 'On the Tenure of the Manor of East Greenwich'），見一七六六年一月十一日的《公報》（*Gazetteer*）雜誌，載於雷納德·拉巴里等編的《班傑明·富蘭克林文件集》（L. W. Labaree *et al.* ed., *The Papers of Benjamin Franklin*）中。紐黑文，一九五九～，第八卷，第一八～二二頁。

㉑ 見《*Novanglus and Massachusettensis*》，第九四頁。

㉒ 威廉·科貝特和漢薩德著：《英國議會史：從最初到一八〇三年》（W. Cobbett & T. C. Hansard, *The Parliamentary History of England from the Earliest Period to the Year 1803*），三六卷本，倫敦，一八〇六～二〇年，卷一八，第九五七～九五八欄。

㉓ 最近有人認為獨立革命的起因從本質上講是存在於殖民地內部的。見戈登·伍德的《美國革命的激進主義》（Gordon

Wood, *The Radicalism of the American Revolution*），紐約，一九九二年；以及克拉克的《自由的語言，一六六〇～一八三二年：英屬美洲世界中的政治宏論和社會變遷過程》（*The Language of Liberty 1660～1832: Political Discourse and Social Dynamics in the Anglo-American World*），劍橋，一九九三年。

㉔ 見德魯．麥科伊的《令人費解的共和國：傑佛遜民主式美國的政治經濟學》（Drew R. McCoy, *The Elusive Republic: Political Economy in Jeffersonian America*），查珀爾希爾，一九八〇年；以及多倫．本—阿塔的《傑佛遜式商業政策和外交的起源》（Doron S. Ben-Atar, *The Origins of Jeffersonian Commercial Policy and Diplomacy*），倫敦，一九九三年。

㉕ 見卡爾．布里登博的《主教冠和權杖：大西洋兩岸的宗教信仰、思想、個性和政治，一六八九～一七七五年》（Carl Bridebaugh, *Mitre and Sceptre: Transatlantic Faiths, Ideas, Personalities, and Politics, 1689～1775*），紐約，一九六二年；以及威廉．納爾森的《美洲托利黨人》（W. H. Nelson, *The American Tory*），牛津，一九六一年。

㉖ 見布林的〈商品帝國：殖民地美洲的英國化，一六九〇～一七七六〉（T. H. Breen, 'An Empire of Goods: The Anglicization of Colonial America, 1690～1776'）一文，載《英國研究雜誌》（*Journal of British Studies*），第二五期，一九八六年，第四六七～四九九頁；以及〈不列顛的虛飾：美國與十八世紀的消費革命〉（'"Baubles of Britain": The American and Consumer Revolutions of the Eighteenth Century'）一文，載《過去與現在》，第一一九期，一九八八年，第七三～一〇四頁。

㉗ 見杜蘭德．埃切韋里的《西方的空想：一八一五年以前法國對美國社會印象的歷史》（Durand Echeverria, *Mirage in the West: A History of the French Image of American Society to 1815*），普林斯頓，一九五七年；以及弗朗索瓦．菲雷的〈從蠻荒人群到有史可載的人，法國文化中的美洲人的經歷〉（Francois Furet, 'De l'homme sauvage à l'homme historique: l'expérience américaine dans la culture française'）載於《美國革命和歐洲》（*La Révolution américaine et Ll'Europe*）雜誌，國家科學研究中心的國際研討會（Colloques Internationaux du Centre National de la Recherche Scientifique），巴黎，一九七九年，第九一～一〇五頁。

㉘ 埃克托爾．聖約翰．克雷弗克的《一個美國農夫的來信》（J. Hector St. John de Crèvecoeur, *Letters from an American*

Farmer），倫敦，一七八二年，翻譯本，巴黎，一七八七年，萊比錫，一七八八～九年。

㉙ 見《富蘭克林文件集》，第八卷，第一二四～一五九頁，在第一三五頁。

㉚ 托馬斯．波納爾：《殖民地政府》（Thomas Pownall, *The Administration of the Colonies*），倫敦，一七六四年，第二五頁。

㉛ 托馬斯．波納爾：《殖民地政府》，題獻，倫敦，一七六五年第二版，sigsA2v-A3r。

㉜ 維吉尼亞的議員史，維吉尼亞過去的社會，見凱特．梅森．羅蘭德的《約翰．梅森的一生，一七二五～一七九二》（Kate Mason Rowland, *The Life of George Mason 1725～1792*），二卷本，紐約，一八九二年，卷一，第一二三～一二四頁。

㉝ 約瑟夫．蓋洛韋：《給一位貴族的信》（J. Galloway, *Letters to a Nobleman*）中關於中部殖民地的戰爭行為的論述，倫敦，一七七九，第八～一〇頁。

㉞ 見道格拉斯．艾德爾和約翰．舒茨合編的《彼得．奧立佛的出身和美國叛亂的進展：一個托利主義者的看法》（Douglass Adair and John A. Schutz ed., *Peter Oliver's Origin and Progress of the American Rebellion: A Tory View*），聖馬里奧，一九六一年，第三、一四五頁。

㉟ 愛德華．塔特姆編：《美國期刊：豪將軍的秘書安布羅斯．索爾，一七七六～一七七八》（E. H. Tatum ed., *The American Journal of Ambrose Serle, Secretary to Lord Howe, 1776～1778*），聖馬里奧，一九四〇年，第一四六～一四七頁。

㊱ 丹尼爾．倫納德：《美國與大不列顛競爭的起源或麻薩諸塞灣特別是波士頓鎮當前的政治狀態》（D. Leonard，*The Origin of the American Contest with Great-Britain*），紐約，一七七五年，第一二頁。這些資料見戈登．伍德的《美洲共和國的產生，一七七六～一七八七》（Gorden S. Wood, *The Creation of the American Republic 1776～1787*），查珀爾希爾，一九六九年，特別是第三～四頁中關於獨立革命的「令人費解且不可解釋的」因果關係。

㊲ 在這種舊的說法中，開始有人對關係破裂的必然性提出疑慮，這類著作見伊恩．克里斯蒂和班傑明．拉巴里的《帝國

或獨立，一七六〇～一七七六》（Ian R. Christie and B.W. Labaree, *Empire or Indepence 1760～1776*），牛津，一九七六年；同樣是在這種說法中，羅伯特·塔克和大衛·亨德里克森合著的《第一英帝國的殞落：美洲獨立戰爭的起源》（R.W. Tucker and D. C. Hendrickson, *The Fall of the First British Empire: Origins of the War of American Independence*，巴爾的摩，一九八二）一書提供了一個強有力的反事實分析，不過它常常得出這樣一個結論，即英國的政策除了它後來所實行的辦法以外便別無他法。

㊳ 這個假設最近又被傑克·格林當作歷史解釋重新提出，見其〈殖民者為什麼會造反？〉（'Why Did the Colonists Rebel ?'）一文，見一九九四年六月十日的《泰晤士報》文藝增刊。

㊴ 通過設計一場大覺醒運動在政治動員中作用的爭論，較早時有人試圖以此使長期以來關於獨立革命的「表面原因」的長篇累述多樣化，但這又遭到反事實的否認。它堅持認為沒有這場大覺醒運動，「在同一時期裡殖民地的抵制運動仍將採取與它後來所採用的相同的形式」。見約翰·莫林，〈沒有大覺醒運動，就沒有美國革命嗎？一些反事實的深層思考〉（J. M. Murrin, 'No Awakening, No Revolution? More Counterfactual Speculations'）一文，載《美國歷史評論》（*Reviews in American History*），第一一期，一九八三年，第一六一～一七一頁，在第一六四頁上。

㊵ 特別是伯納德·拜恩的《美國革命的意識形態原因》（B. Bailyn, *The Ideological Origins of the American Revolution*），劍橋，一九六七年；以及《美洲政治的起源》（*The Origins of American Politics*），紐約，一九六八年。

㊶ 特別是傑克·格林的《邊緣區與中心區：大英帝國和美利堅合眾國持續政體中的憲政發展，一六〇七～一七八八年》（J. P. Greene , *Peripheries and Center: Constitutional Development in the Extended Polities of the British Empire and the United States, 1607～1788*），紐約，一九八六年。不過格林在一九六〇年來的許多著作中都有這種期望。

㊷ 塔克和亨德里克森，《第一英帝國的殞落》，第七一頁。

㊸ 克利斯蒂和拉巴里的《帝國或獨立》，第二七七～二七八頁。

㊹ 約翰·夏的〈托馬斯·波納爾、亨利·艾利斯以及可能性的範圍，一七六三～一七七五〉（J. Shy, 'Thomas Pownall , Henry Ellis, and the Spectrum of Possibilities, 1763～1775'），見艾立森·吉爾伯特·奧爾森和理查德·馬克思韋爾·布朗

合編的《英美政治關係，一六七五～一七七五》（A. G. Olson and R. M. Brown eds., *Anglo-American Political Relations, 1675～1775*），新布倫瑞克，一九七〇年，第一五五～一八六頁。

㊺ 這種解釋由格林加以強調，見其〈七年戰爭和美洲革命：對因果聯繫的再思考〉（'The Seven Years 'War and the American Revolution: The Causal Relationship Reconsidered'）一文，載《英帝國和英聯邦歷史雜誌》（*Journal of Imperial and Commonwealth History*），第八期，一九八〇年，第八五～一〇五頁。

㊻ 這類小冊子的書目見克拉倫茨·奧爾沃德的《英國政治中的密西西比河谷》（C. W. Alvord, *The Mississippi Valley in British Politics*），二卷本，克利夫蘭，一九一七年，第二卷，第二五三～二六四頁。關於這場辯論，則見威廉·格蘭特的〈加拿大對瓜德羅普，七年戰爭的一個插曲〉（W. L. Grant, 'Canada versus Guadeloupe, an Episode of the Seven Years' War'），見《美國歷史評論》（American Historical Review），第一七期，一九一一～一二年，第七三五～七五三頁。

㊼ 科伯特編：《議會史》，第一五卷，第一二六五欄。

㊽ 威廉·柏克：《對致兩個偉大人物的一封信的評論見致本篇作者的一封信》（W. Burke, *Remarks on the Letter Address'd to Two Great Men*），倫敦，一七六〇年，第五〇～五一頁。

㊾ 班傑明·富蘭克林：〈受尊重的大不列顛利益關於其殖民地以及英國對加拿大和瓜德羅普的征服〉（'The Interest of Great Britain considered'），倫敦，一七六〇年，見《富蘭克林文件》，卷九，第四七～一〇〇頁，在第七三、七七、九〇頁。

㊿ 傑拉爾德·格雷厄姆：《海軍霸權的政治學：對英國海上優勢的研究》（G. S. Graham, *The Politics of Naval Supremacy: Studies in British Maritime Ascendancy*），劍橋，一九六五年，第二七頁。

(51) 塔克和亨德里來森《第一英帝國的殞落》，第五〇～五三頁。

(52) 普萊斯：《對公民自由權性質的評論》，第四三～四四頁。

(53) 理查德·普萊斯於一七六九年四月三日給班傑明·富蘭克林的信，見伯納德·皮奇和托馬斯合編的《理查德·普萊斯通信集》（W. B. Peach and D. O. Thomas eds., *The Correspondence of Richard Price*），三卷本，加的夫，一九八三～九四年，第一卷，第五八～七九頁，在第七六～七七頁上。在論及王室社會時，「不公正和致命的政策」的字樣被刪去了。

54 查理德．普萊斯於一七七三年十一月二日給埃茲拉．斯泰爾斯的信，見普萊斯《通信集》，第一卷，第一六五頁以及一七七二年十一月二十日斯泰爾斯給普萊斯信件的回覆，同上，一四九頁。

55 勞倫斯．亨利．金普森：〈美國革命：為大英帝國而進行的偉大戰爭的後果之一，一七五四～一七六三〉（L. H. Gipson, 'The American Revolution as an Aftermath of the Great War for the Empire, 1754～1763'），載《政治科學季刊》（*Political Science Quarterly*），第六五期，一九五〇年，第八六～一〇四頁，在第一〇四頁上。

56 約翰．莫林，〈法國和印度戰爭，美國革命以及反事實的假設：對勞倫斯．亨利．金普森和約翰．夏的看法〉（'The French and Indian War, the American Revolution, and the Counterfactual Hypothesis: Reflections on Lawrence Henry Gipson and John Shy'），載《美國歷史評論》，第一期，一九七三年，第三〇七～三一八頁，在三〇九頁上。

57 奧爾森：〈不列顛政府與殖民地的聯合，一七五四年〉（A. G. Olson, 'The British Government and Colonial Union, 1754'），載《威廉瑪麗季刊》（*William and Mary Quarterly*），第一七期，一九六〇年，第二二～三四頁。

58 引自劉易斯．納米爾爵士和約翰．布魯克合著的《查理士．唐森德》（Lewis Namier and J. Brooke, *Charles Townshend*），倫敦，一九六四年，第三九～四〇頁。

59 見托馬斯．潘恩的《常識，致美國人民的信》（*Common Sense, Addressed to the Inhabitants of America*），費城，一七七六年，第三一頁。

60 格林的〈不穩定的聯繫：對美國革命先決條件的分析〉（'An Uneasy Connection: An Analysis of the Preconditions of the American Revolution'），見斯蒂芬．庫爾茲和詹姆士．赫特森合編的《美國革命文選》（S. G. Kurtz and J. H. Hutson eds., *Essays on the American Revolution*），查珀爾希爾，一九七三年，第三二～八〇頁，在第六四頁。其中，格林爭辯（第六五，七二頁）道，美國革命的顯著原因就是「不列顛的殖民當局（特別是哈利法克斯勳爵——一七四八～一七六一年的貿易委員會主席）的決策，他決定放棄沃爾波的調解政策而支持『依賴高壓手段』的主張」。但這個說法目前已很難與塔克和亨德里克森在《第一英帝國的殞落》中所列舉的證據相抗衡。

61 伍德：《美洲共和國的形成》，第一二～一三頁。

62 狄金森：《賓夕法尼亞農民給英屬殖民地居民的一封信》（*Letters from a Farmer in Pennsylvania, to the Inhabitants of the British Colonies*），費城，一七六八年，第七～一三，一六頁。

63 富蘭克林給蓋洛韋的信（一七六九年一月九日），見《富蘭克林文件》，卷一六，第一七頁。

64 華盛頓．昌西．福德編：《大陸會議期刊，一七七四～一七八九》（W. C. Ford ed., *Journals of the Continental Congress 1774～1789*），三四卷本，華盛頓，一九〇四～三七年，第一卷，第八四，八九頁。

65 塔克和亨德里克森：《第一英帝國的殞落》，第一一四～一一七頁。

66 同上，第一一七～一二七頁。

67 格林和傑利森：〈帝國與殖民地關係中一七六四年的通貨法案，一七六四～一七七六〉（Greene and Jellison, 'The Currency Act of 1764 in Imperial-Colonial Relations, 1764～1776'），見《威廉瑪麗季刊》，第一八期，一九六一年，第四八五～五一八頁；伊拉斯特的《一七五五～一七七五年美國的貨幣與政治：對一七六四年通貨法和獨立革命政治經濟的研究》（ Ernst, *Money and Politics in America 1755～1755: A Study in the Currency Act of 1764 and the Political Economy of Revolution*），查珀爾希爾，一九七三年。

68 懷特編：《亨利．卡文迪什在大不列顛第十三次議會召開期間在下院的辯論》（Wright, eds., *Sir Henry Cavendish's Debates of the House of Commons during the Thirteenth Parliament of Great Britain*），二卷本，倫敦，一八四一～三年，第一卷，第四九四～四九五頁，引自《第一英帝國的殞落》，第二一七頁。

69 同上，第二二六頁註釋。

70 同上，第二三八頁。

71 《富蘭克林文件》，第一四卷，第一一〇～一一六頁，在第一一四～一一五頁。

72 彼得・托馬斯：《美洲的革命：不列顛與殖民地，一七六三～一七七六》（P. D. G. Thomas, *Revolution in America: Britain and the Colonies, 1763～1776*），加的夫，一九九二年，第二九，三七頁。

73 托馬斯・威特利：《對殖民地所做的最新調整以及對殖民地徵收的稅收》（T. Whately, *The Regulations Lately Made concerning the Colonies, and the Taxes Imposed upon Them, considered*），倫敦，一七六五年，第一〇九頁。

74 關於這個認為「君權神授」和代議制民主都是虛構的重要研究，見愛德蒙・摩根的《創造人民：英國和美國民眾普遍主權的興起》（E. S. Morgan , *Inventing the People: The Rise of Popular Sovereignty in England and America*），紐約，一九八八年。

75 科伯特編：《議會政治史》，第一六卷，第一〇〇欄。

76 見納米爾爵士和約翰・布魯克編：《議會史：下院一七五四～一七九〇》（Sir L. Namier and John Brooke eds., *The History of Parlament: The House of Commons 1754～1790*），三卷本，倫敦，一九六四年，第一卷，第三六六，四一九頁。

77 潘恩：《常識》，第三〇頁。

78 《第一英帝國的殞落》，第三三五～三四一頁。

79 朱利安・博伊德：《英美同盟：約瑟夫・蓋洛韋維持英帝國的計劃，一七七四～一七八八》（Boyd, *Anglo-American Union: Joseph Galloway's Plans to Preserve the British Empire 1774～1788*），費城，一九四一年，第三四～三八頁。

80 蓋洛韋，見愛德蒙・伯納特編：《大陸會議成員來往信件集》（Edmund C. Burnett eds., *Letters of Members of the Continental Congress*），八卷本，華盛頓，一九二一～三六年，第一卷，第五九頁。

81 關於一七七五年二月二十日針對諾思的建議在下院展開的討論見科伯特編《議會政治史》，第一八卷，第三二〇欄。

82 《第一英帝國的殞落》，第三六七～三七八頁。

83 約賽亞・塔克：《大不列顛關於殖民地的真正利益的發起》（J. Tucker, *The True Interest of Great Britain set forth in regard to the Colonies*）收入其《關於政治商業主題的四條路線和兩條訓誡》（*Four Tracts, together with Two Sermons,*

On Political and Commercial Subjects），格洛斯特，一七七四年，第一九五頁。

84 保羅・亞當斯：〈一七七六年以前政治修辭學中的共和主義〉（W. P. Adams, 'Republicanism in Political Rhetoric before 1776'），見《政治科學季刊》，第八五期，一九七〇年，第三九七～四二一頁。在《人權宣言》第二部分（一七九二）中，潘恩記載了關於共和主義確切涵義的驚人的模糊性。

85 《第一英帝國的殞落》，第一六〇～一六一頁。這種策略可用於形成唐森德在十八世紀六〇年代計劃的一部分，同上，第二四一～二四八頁。但可能到那時它又顯得太微不足道也太晚了。

86 同上，第三〇四頁，伯納德・拜恩的《托馬斯・哈欽森的苦難經歷》（*The Ordeal of Thomas Hutchinson*），劍橋，麻薩諸塞，一九七四年，第二一二～二二〇頁。

87 托尼・海特：《喬治統治中期的英格蘭軍隊和民眾》（T. Hayter, *The Army and the Crowd in Mid-Georgian England*），倫敦，一九七八年，以及《第一英帝國的殞落》，第三二二頁。

88 《第一英帝國的殞落》，第二六一～二六三，三二二頁。

89 同上，第二六五～二六六頁。

90 同上，第二八九頁。

91 夏爾：《走向萊星頓：在美國革命形成過程中英國軍隊的作用》（Shy, *Toward Lexington: The Role of the British Army in the Coming of the American Revolution*），普林斯頓，一九六五年，第五二～六八，八二～八三頁。

92 《第一英帝國的殞落》，第八八頁。

93 約翰・夏：《走向萊星頓》，第一四二～一四三頁。

94 《第一英帝國的殞落》，第三五九頁。

95 傑里夫・布拉克：《為美洲而進行的戰爭：為爭取獨立而戰，一七七五～一七八三》（J. Black, *War for American : The Fight for Independence 1775～1783*），倫敦，一九九一年，第二四～二七頁。

96 同上，第一四～一五頁以及書中各處。

⑨⑦ 同上，第二三頁。

⑨⑧ 約翰．夏：《走向萊星頓》，序八。

⑨⑨ 蓋洛韋：《給一個貴族的信》，第三六頁。

⑩⓪ 布拉克：《為美洲而進行的戰爭》，第二四九頁。

⑩① 威廉．戈登：《美國獨立史：其興起、發展和建立》（William Gordon, *The History of the Rise, Progress, and Establishment of the Independence of the United States of America*），四卷本，倫敦，一七八八年，第二卷，第五六八～五六九頁。

⑩② 李斯特．科恩：《革命的歷史：當事者對美國革命的敘述》（L. H. Cohen, *The Revolutionary Histories: Contemporary Narratives of the American Revolution*），紐約州的伊薩卡，一九八〇年，第五八～六〇，六七，七一～八五頁。「歷史學家保留了其意識形態和文化上的價值，傳統上它們與天祐論相聯繫，甚至在它們否認天祐論是一個解釋性的概念時也是如此。」第八二頁。

⑩③ 同上，第八三頁。

⑩④ 同上，第一八五頁。

⑩⑤ 同上，第一一九頁。

⑩⑥ 關於印第安人問題，見《第一英帝國的殞落》，第八七～九五頁。

⑩⑦ 本傑明．誇爾斯的〈作為解放者的鄧莫爾勳爵〉（B. Quarles, 'Lord Dunmore as Liberator'），見《威廉瑪麗季刊》，第一五期，一九五八年，第四九四～五〇七頁。

⑩⑧ 克拉潘：〈獨立宣言的「內部叛亂」〉（S. Kaplan, 'The "Domestic Insurrections" of the Declaration of Independence'），《黑人歷史雜誌》（*Journal of Negro History*），第六一期，一九七六年，第二四三～二五五頁；和克拉潘及愛瑪．諾格拉迪．克拉潘：《美國革命期間的黑人勢力》（S. Kaplan & Emma Nognady Kaplan, *The Black Presence in the Era of the American Revolution*），修訂版，阿默斯特，麻薩諸塞，一九八九年。

⑽ 杜爾哥：《關於美洲殖民地的論文》（Anne-Robert Jacques Turgot, *Mémoire sur les colonies américaines*），巴黎，一七九一年，摘自安東尼・帕格頓：《全世界的君主：西班牙、不列顛和法國的帝國觀，一五〇〇～一八〇〇》（A. Pagden, *Lords of All the World: Ideologies of Empire in Spain, Britain and France, C.1500~C.1800*），紐黑文，一九九五年，第一九二頁。

⑾ 我將之作為一項大膽的革新工作的一個主題。見拉裴爾・塞繆爾的《記憶的戲劇》（R. Samuel, *Theatres of Memory*），倫敦，一九九四年。

⑿ 熱利：《哲學和歷史性的理解》（Gallie, *Philosophy and the Historical Understanding*），第二版，紐約，一九六四年，第四〇～四一、七二、八七～九一、一二五頁。

⒀ 反事實與偶然性之間的緊張關係在最近的許多歷史著作中都提到了，這些著作試圖結束原來的目的論，但不論是在歷史方法還是在內容上這種緊張關係都未得到解決。

第三章 英國統治下的愛爾蘭

艾爾文・傑克遜

如果一九一二年的愛爾蘭自治法案獲得通過，歷史將會如何？

總而言之，親愛的英國讀者們，愛爾蘭的新教徒們處在你們稱之為聯盟或帝國的這個相互讚美的英國社會之外。你們可以把代表權委派給愛爾蘭的新教徒，以此來收買一個共同的而且是不無效力的愛爾蘭新教，並且在事實上讓他成為壓迫者，而你卻成為給予他痛苦的凌辱者，讓他為你火中取栗，提供軍隊的給養；但是，他的忠誠如果只能換取英國人的天然優勢，那麼，好吧，你就試試，看看究竟會發生什麼事情？

——蕭伯納（George Bernard Shaw）：《約翰牛的另一個島嶼》

格拉斯東把愛爾蘭自治法案當作治理英國與愛爾蘭關係的秘方。一九一四年，格拉斯東式的第三個授權的自治法案被擱置起來以後，自治法案一直在戲弄著英國自由派的良心，（有時）還玩弄著他們的自豪感。自治法案從本質上說是賦予有限的自治權，但卻被說成是能夠同時滿足愛爾蘭民族主義的願望，又能把愛爾蘭約束在大英帝國內，減輕英國征服者的罪惡感，使擁擠的帝國議會得以擺脫英雄般的卻經常囉哩囉嗦的愛爾蘭議員的辦法。正如溫斯頓．邱吉爾於一九一二年在下院所說的：「我們認為愛爾蘭人在這個國家裡擁有太大的權力，卻在他們自己的國家裡缺乏足夠的權力。」①此外，自治法案給予了格拉斯東以最後一項重大的使命（他在一八八五年十二月公開表達了他主張向愛爾蘭授權的觀點），並提出了一項為個人和政治等多重目的服務的政策（這位知識淵博的政治家為此設計了許多提案）：自治法案似乎是把維多利亞晚期複雜的自由主義涵蓋在一個簡單的立法形態中；自治法案為這個在一位「舊偉人」的領導下而高度分裂的黨派如何劃分力量提供了機會。

一八八六年和一八九三年的兩項重大措施的失敗使格拉斯東從政治生涯的頂峰跌落了下來，讓他的黨徒們陷入了迷茫，不知所措。一九一四年第三個自治法案的措施同樣剝奪了立憲民族主義者取得勝利的機會，以一九一六年起義以及一九一九年以後愛爾蘭共和軍的組織方式為好鬥的共和派創造了政治活動的空間。因此，在一九一六年以後發生了英國和愛爾蘭之間的流血戰爭（一九一九～一九二〇年），在北愛爾蘭（特別是在一九六九年至一九九四年之間）出現了持續性的暴力行動。

在此期間，對於自由派的思想家們轉而思考愛爾蘭現代歷史上的一些重大的反事實問題就不會讓人感到奇怪了。這些問題包括：成功的自治法案是否能夠創建一個穩定和統一的愛爾蘭國家？這樣的自治法案是否能夠簡化和改善英國與愛爾蘭之間的關係？不過，這樣的思考並非僅僅是為受到曲解的格拉斯東派，即近代的托利黨辯護。他們背上了北愛爾蘭的包袱，他們的先輩在一八八六年、一八九三年和一九一二～一九一四年所提出的強烈的聯盟主義思想也使他們陷於尷尬的處境之中，使他們全面轉變成為當時的自由黨的辯論家，嚮往愛爾蘭實行自治法案後的田園牧歌式的景象。本文正是為了進一步復活鼓動自治法案的歷史。

觀念的歷史

十九世紀末，當愛爾蘭自治運動的鼓動達到巔峰時，愛爾蘭是個立憲制度的特例。②愛爾蘭統治的正式依據是（一八〇〇年）聯盟法案。該法案廢除了愛爾蘭在中世紀時的半獨立議會，在西敏寺創立了聯合王國議會，愛爾蘭獲得大批席位。但是，如果自治法案（如同聯盟派所斷言的）是立憲制度的半里亭的話，那麼，聯盟法案也同樣屬於這種性質，因為在一八〇〇年生效的大不列顛與愛爾蘭聯盟是不完整的，只是分別在一八八六年由格拉斯東和在一九一二年由阿斯奎斯（Herbert H. Asquith）的建議下，給予了立法的自主權。聯盟成立以前的行政制度中有許多成分被保留下來了。在整個十九世紀，愛爾蘭雖然是聯合王國的一個組成部分，但是實際上卻是很不相同的。此外，如果從英國的角度來看，愛爾蘭的政府機構是不相同的，那麼，以都柏林為中心的統治階級的心態卻充滿了幻想，帶有殖民地的心理。愛爾蘭僅僅在西敏寺議會有自己的代表，（在理論上）由倫敦統治，但在都柏林卻設有由國王任命的大臣或總督。愛爾蘭還保留獨特的行政制度。愛爾蘭有單獨的樞密院和基本獨立的司法院，由一名大法官和一名首席法官領導。愛爾蘭還有獨立的司法官員，甚至到了一八九九年以後還設立了獨立的愛爾蘭農業大臣（相當於農業和技術諮詢部副部長）。這一行政制度的核心集中了高級文官，其中絕大多數是英國人，一般都是正派但心胸狹隘的官員。他們對自己的職位帶有一種心高氣傲和自信，並把這些氣質奇怪地結合起來。因此，愛爾蘭的統治制度是古代的和半自主的行政機構的重疊，是從獨立王國的地位上衰落而來，又同聯盟的新機構結合在一起。它的整個組成有賴於一個生氣勃勃的帝國。

雖然十九世紀愛爾蘭政府是一套精心設計好了的機構，雖然大臣和官員們還是比較善良的，雖然到十九世紀末地方官員和治安官員一般都是愛爾蘭的天主教徒，但是，它內部的矛盾在於這個行政機構極為不得人心。這個聯盟從統治機構的角度來看是不完善的，事實證明它在獲取民眾的政治影響方面同樣是不完善的。這裡只能簡要地歸納一下其中的原因。第一，聯盟是於一七九八年鎮壓共和派起義取得勝利以後，藉由法律把它推上了合法的地位。聯盟的設計首先是為了滿足英國對安全的需要，保護愛爾蘭現有的既得利益者，即富人。雖然聯盟的設計師威廉·庇特考慮到了長期的政治利益，但只有靠英國的軍事優勢才得以成立。③庇特的原意是把這項措施與賜予天主教徒以完全平等的民主權利結合起來，但這顆政治糖果後來卻被拋棄了。天主教的各個等級一度支持過聯盟的建議，因為其中包含著讓步的可能前景，但後來他們感到自己成為了英國人背信棄義的犧牲品。一般說來，本來可以從一開始就同聯盟的試驗相聯繫的天主教團體基本上卻被排斥出去了。這種異化的結果有深遠的意義。從十八世紀末開始，由於愛爾蘭經濟狀況的好轉，由於新教的某些自由派的認可，由於政府在立法方面做出的有限讓步（例如，一七九三年重新給予收入達到四十先令以上的自由持有農以選舉權）等等，天主教的政治和經濟信念就有所增強。與這個經濟發展相聯繫的是愛爾蘭人口的迅速增長，特別是愛爾蘭勞工階級的人數增長最為迅速。這個鞏固的過程持續到十九世紀，其中包括一八二九年的「天主教解放運動」（此項成就或多或少地實現了民權平等）、一八六九年實行英國國教和愛爾蘭教會的政教分離等政治上的勝利。大多數這些勝利的取得犧牲了舊勢力的利益，克服了他們的反抗。不過，只要稍加分析，聯盟的弱點就立即顯現出來：儘管庇特的原意如此，但所有這些措施都是為英國和舊勢力的既得利益服務的；新誕生的體制實際上排斥了人口最多、動力最強大，同時又是主見最堅定的社會群體。

將這些社會群體排斥在外結果助長了對愛爾蘭天主教的民族同情心。④但這決不是說天主教民族主義精神的創立是預先決定的。雖然有許多民族主義作家以事後諸葛亮的明智看到在一六四〇年代的天主教同盟的抗議運動、一六八〇年代詹姆士黨人的事業，一七九〇年代統一愛爾蘭的事業，以及十九世紀的各種民族主義抗議活動之間存在著某種連續性，但天主教政治的現實比任何民族主義運動的展示都要複雜得多。⑤正如埃利・凱都里（Elie Kedourie）所論證的，如果說帝國主義引起了民族主義，那麼，英國對愛爾蘭的統治在某種程度上傳播了民族力量的可怕聯合。⑥

這未必會導致民眾共和主義的產生（可以肯定，愛爾蘭的共和主義僅僅在獨立戰爭的時候才獲得了大多數追隨者）。愛爾蘭的許多著名的政治家，從解放運動的締造者丹尼爾・奧康內爾（Daniel O'Connell）到愛爾蘭議會黨的最後一任領袖約翰・雷德蒙（John Redmond），都把愛爾蘭自治的願望與忠於英國國王，或愛爾蘭加入英帝國的意向，結合在一起。但是，英國歷屆政府沒有對愛爾蘭愛國主義的這種獨特傳統實行寬撫（否則的話便能取得極大的成功），促使愛爾蘭人相信必須採取更加強硬和徹底的民族主義壓力活動。從這些立憲民族主義者的角度來看，保留英國對愛爾蘭的統治顯然是可行的，這種聯繫的失敗完全是因為英國對愛爾蘭的政策所致，也是因為要求與英國分離的共和派的興起所提供的歷史機會所致。

到了一八二九年，天主教徒被允許進入議會，大多數政府職位向天主教徒開放。但是，當天主教解放法案為天主教徒的進取打開了大門時，卻無法強迫他們承認。雖然有某些例子說明天主教徒可能取得重要職位，例如奧哈甘勳爵（Lord O'Hagan）擔任了近代愛爾蘭歷史上的第一位天主教的大法官（一八六八～一八七四年），基溫文的羅素勳爵（Lord Russe of Killowen）是第一個由天主教徒擔任的英國首席法官（一八九四～一九〇〇年），但總的說來，在擔任政府官職的級別上以及從事的職業活動方面，對愛爾蘭人設置了一條不可逾越的無形界線。雖然愛爾蘭的天主教徒從一開始就可以擔任西敏寺議會的議員，但他們只代表了少數人的利益，只是在某些場合下才能發揮影響。因此，英國與愛爾蘭的聯盟不足以推動天主教的社會和政治的流動。

正是由於這個不足才引起了天主教徒的反應。他們的反應愈演愈烈，演變為要求對聯合法案進行修改，或將其廢除。奧康內爾發動了一場運動，要求廢除聯合法案，特別是在一八四〇年以後，他創立了全國合併取消派協會。⑦他獲得了愛爾蘭廣大天主教民眾的支持，但支持他的北方新教徒和英國的上層政治人物卻很少。雖然他的重點在於否定，即廢除合併條例，而非一個可以取代合併條件的統治方式，但基本上可以把奧康內爾視為愛爾蘭自治運動的先驅者。他還教導了一大批（基本上與各種形式的政府不發生接觸的）貧窮的天主教徒，要求取得立法的獨立。他以獨特的方式把議會壓力和民眾抗議結合起來，這種方法為後來的愛爾蘭自治運動成功地倣傚。

但是，對於「自治」的特定要求是在一八七〇年以後才提出。新教律師伊薩克·巴特（Isaac Butt）在這一年創立了愛爾蘭自治協會。實現了心懷不滿的托利黨人和天主教自由派之間似乎難以實現的結合。一八七四年，巴特的自治黨參加了大選，得到了愛爾蘭自由派選區的支持，成為西敏寺議會中最大的愛爾蘭黨團。這場選舉的重大勝利是由什麼原因造成的，引起了一些愛爾蘭歷史學家的興趣。這些原因包括廣大民眾對三名愛爾蘭民族主義革命者（曼徹斯特烈士）命運的同情；一八六七年（在許多人看來是不公正地）處死了殺害一名警官的兇手，從而發展成為一場全國性的鼓動，而使自治派得以利用；格拉斯東政府在一八七〇年提出的怯懦的土地法案以及一八七三年提出的大學改革建議流產以後更令人失望，從而使天主教民眾原來對他抱有的希望開始破滅。⑧此外，格拉斯東在他寫的小冊子《梵蒂岡的喻令》中攻擊了教皇，結果使許多原本稱讚他的愛爾蘭天主教徒背離了他。愛爾蘭的天主教民眾對英國司法制度的明顯缺限表示憤怒，使英國失去了潛在的同情者，而這正好為自治運動所利用。愛爾蘭自治運動的基礎是廣大民眾對受到挫折的革命民族主義者的同情（這與依然擁有少數人同情的革命民族主義的支持不同），另一個基礎則是他們認識到了愛爾蘭從英國黨派制度中能夠獲得利益的機會是十分有限的（自由派和某些托利黨人最初也同意這個觀點）。

愛爾蘭自治運動最後還得到了農村大動盪的推動。自治運動在一八七〇年代初發動時，農村出現了相對的繁榮。這在某種程度上決定了自治黨的特徵及其綱領的性質。自治黨議員最初是一批前自由派的地主。他們主張以文雅和漸進的方式實現立憲的目標。然而，一八七九～一八八〇年出現了查爾斯・斯圖亞特・巴涅爾（Charles Stewart Parnell）這位新的和權威主義的議會領袖，給自治黨的管理帶來了更強烈的民眾方向。巴涅爾解決了由於一八七八～一八七九年由於經濟衰退而產生的動盪。儘管他本人是新教徒地主，卻把自治運動和農民的利益結合起來。⑨換句話說，巴涅爾把推動一八四〇年代初的廢除聯合條例運動的力量，即民眾鼓動，與嚴格的、迫切的、吵吵嚷嚷的出席議會的活動有效地結合起來，加以重新組合。由於大豐收和（一八八一年格拉斯東通過的）慷慨的土地法案，農村危機得到解除，但農民對愛爾蘭自治運動的認同尚未解決。到一八八〇年代中期，巴涅爾同時當選一個有紀律的議會黨的領袖（一八八三年有成員八十五名）和內聚力很強的地方組織的領袖，獲得了富裕的農民和教會人士這兩種地方天主教力量的支持。

在一八七〇～一八八五年間，巴特和巴涅爾恢復了奧康內爾在四十多年前發動的要求廢除聯合條例的民眾運動。但是，即使是愛爾蘭天主教徒為心靈而進行的戰鬥得到恢復並取得勝利，愛爾蘭自治運動依然面臨著雙重的障礙，即英國政黨的反對和北方新教徒的深刻敵視。而正是這兩個障礙破壞了過去的廢除聯合條例的運動。這兩種反對力量的領域是相互聯繫的，這一點是值得重視的。如果愛爾蘭自治運動得到了阿爾斯特的新教徒那怕是不情願的默認，英國的任何一個主要政黨實際上都沒有可能有效地反對愛爾蘭自治運動。愛爾蘭自治運動無論是在取悅還是抑制北方的反對派上都沒有取得過成功，而事實證明新教徒的態度對於愛爾蘭自治運動的命運來說是至關重要的。這個問題現在已經有了詳細的研究。如果說把愛爾蘭天主教的政治過分簡單化或提供一種過於決定論的分析本身就是一種危險的話，那麼這些陷阱就存在於對十九世紀愛爾蘭新教政治的解釋之中。愛爾蘭的新教並非天生的合併派，就像愛爾蘭的天主教派不是天生的分離派一樣。在十八世紀，愛爾蘭的新教徒推動了在與英國保持主要聯繫並建立新教占主導地位的憲政制度的背景下實現了立法自主的運動。北方的長老派雖然在政治上是分裂的，但為一七九八年的起義軍提供了新生力量。英國與愛爾蘭聯合以後出現的經濟繁榮，加上阿爾斯特地區強烈認同感的增強以及「英國屬性」，即忠於英國和帝國的形象和態度的傳播，都有助於克服過去的那些政治態度。此外，而且是十分重要的一點，自信心的提高和備受歡迎的天主教民族主義的興起顯然造成了各種政治和文化上的挑戰。愛爾蘭的新教徒認為只有在聯合的背景下才能從內部克服這些挑戰。但是，如果想從十八世紀末愛爾蘭新教愛國主義當中，去解釋十九世紀末新教合併派的由來，則是一個嚴重的錯誤，因為在愛爾蘭自治運動期間，十八世紀愛爾蘭愛國主義的許多觀點仍然保留在內部統一的英國合併派的主張中。愛爾蘭合併派的一個主要矛盾在於，它的誕生確實是因為不相信英國人會願意保護愛爾蘭新教徒的利益，但同時又產生於對愛爾蘭自治運動的恐懼。

⑩對天主教統治的恐懼以及擔心成為經濟上的犧牲品就成為支撐阿爾斯特合併派的主要因素。它發揮的作用遠遠大於民族認同的抽象觀念，而後者確實是愛爾蘭合併派進行宣傳的重點所在。

對於阿爾斯特合併派的反對將作更詳細的考察，他們在一九一二～一九一四年作出的政治選擇也將在下文加以討論。無論是奧康內爾還是巴涅爾，都沒有有效地解決阿爾斯特合併派的問題。他們對北方政治的瞭解也是十分陳舊的。巴涅爾顯然僅僅是在他一八九一年臨終之前才認真考慮過北方新教徒所提出的挑戰。⑪然而，巴涅爾超出了奧康內爾的成就就在於他打破了英國政黨政治的僵局。奧康內爾廢除聯合條例的運動遭到英國的一致反對，而巴涅爾對愛爾蘭公眾輿論和建立強大的議會力量的要求卻贏得了格拉斯東對愛爾蘭自治運動事業的支持。格拉斯東的動機已有了詳盡的研究，他顯然誇大了巴涅爾的政治天份，把巴涅爾領導的愛爾蘭自治運動當作維持愛爾蘭和英國之間聯繫的手段，而且也許是唯一的手段。⑫他還（通過大量的閱讀）明顯地相信改正古代遺留下來的錯誤的歷史例證，主張重新建立愛爾蘭的議會。⑬此外，他可能還有對政黨和領袖等範圍較窄的考慮，認為愛爾蘭自治運動可以用來鞏固他對難以駕馭的和高度分裂的自由派運動的控制。⑭可以肯定，愛爾蘭自治運動是格拉斯東的典型的「重大問題」，它顯然是個簡單的政治口號，密切地聯繫到道德問題，同樣也可以阻止黨內挑戰者給他製造困難。格拉斯東在政治上的轉變於一八八五年十二月的報端上被披露出來，一八八六年初他開始悄悄地制訂愛爾蘭自治提案的細節（似乎不僅諮詢了內閣同事的意見，而且還得到了兩名資深文官的建議）。一九八六年春，他向下院提出了完整的措施。⑮

一八八六年六月，愛爾蘭自治提案在下院二讀中被否決，這個提案遭到失敗。但是，格拉斯東的行動有助於決定一九二一年以前英國議會政治的形態以及關心的焦點。在他突然提出愛爾蘭自治提案之後，一些惠格黨和激進的閣僚宣佈辭職，同時堅定了托利黨內合併派的信心。因愛爾蘭自治提案而產生的短期效應反過來形成了合併派的優勢，英國的兩大黨前所未有的與愛爾蘭的相應政黨發生聯繫（這正中格拉斯東的下懷）。自由黨與愛爾蘭議會黨結成非正式但持久的「心照不宣的聯盟」，而托利黨對愛爾蘭的合併派的信心則更加堅定。但是，政黨的調整帶來了舊的政治忠誠和友誼的中斷，其整個效果相當於內戰帶來的結果，政黨中的戰鬥分子由於受到過去所不熟悉的激烈衝突的創傷，而更加關注於同盟所發出的呼聲。極少數持異見的自由黨大臣直接轉到格拉斯東的黨內（喬治・屈維廉即其中之一），也有極少數托利黨人（即使是那些從不考慮需要獲得巴涅爾的政黨支持的人）拋棄了合併派的主張。雖然第二個愛爾蘭自治提案在一八九三年失敗，雖然其它問題一度佔據了主要地位，但直到第一次世界大戰乃至之後，愛爾蘭自治運動始終是區分英國政黨忠誠的試金石。格拉斯東於一八九四年辭職，一八九八年去世，但他的影響力對自由黨仍是十分強大的。新一代自由黨人一直冷靜地保持著對愛爾蘭自治運動的忠誠，在他們的競選宣言中堅持授權的主張，分別取得一九〇六年和一九一〇兩屆大選的勝利。一九一〇年的激烈競爭使他們重新依賴於愛爾蘭民族主義者的選票，自由黨首相阿斯奎斯雖然對舊偉人從不抱公正的信心，但對自由黨的優勢卻從未失去過信念。於是第三個愛爾蘭自治提案按照格拉斯東的思路起草，並於一九一二年四月提交給了下院。

解決愛爾蘭問題的前景

第三個愛爾蘭自治提案是本章以下部分所提出的反事實論證的中心。在描述這個提案的細節之前，對這一選擇（而不是選擇格拉斯東於一八八六年和一八九三年最初提出的措施為中心）有必要做出一些解釋。這裡需要做出兩個說明，也是它的前提。第一，一九一二年的提案提交的時間恰到好處，與前兩個提案相比有更大的取勝機會，因此從學術的角度而言，以它作為反事實論證的中心，有更大的價值。第二，在第一次世界大戰爆發前的那幾年裡，這種反事實的可能性與一八八六年和一八九三年相比是比較大的，也能引起更大的興趣。

一九一二年以後，許多自由黨人反思了第一個愛爾蘭自治提案，以沮喪的態度思考如果這個提案得到順利通過將會帶來哪些好處。⑯ 事實上，這樣的反思主要是針對愛爾蘭自治運動這個問題本身固有的困難性，以及在干涉的時期中對愛爾蘭的行政管理所引發的問題（和越來越大的支出），而不是對一八八六年的愛爾蘭自治提案抱有幻想。第一個愛爾蘭自治提案的失敗完全是因為保守黨人和反叛的自由黨人在下院結成了聯盟。即使自由黨內部的分裂得到解決（這種可能是完全存在的），這項提案毫無疑問會在上院遭到否決。支持合併派的人在上院佔有絕對的多數。此外，在一八八六年七月，就愛爾蘭自治提案的問題舉行了一次選舉，雖然愛爾蘭的選民堅決表示支持巴涅爾的政黨，英國選民卻明顯傾向合併派。這裡依然存在著一個令人感興趣的可能性，即保守黨如果接納了自由黨默許的政策，愛爾蘭自治提案也許能得到執行。雖然這個可能性不大，但它也並非如表面上那樣僅僅是個幻想。一八八五年，即在短命的一屆索爾茲伯里政府任內，（蘭道夫．邱吉爾勳爵〔Lord Randolph Churchill〕和卡納封勳爵〔Lord Carnarvon〕等）資深的保守黨大臣並沒有認真考慮過用某種形式去寬撫巴涅爾的想法。巴涅爾在他那項著名的建議中要求在英國的愛爾蘭選民們於一八八五年十一月～十二月的大選中支持保守黨的侯選人。⑰事實證明，托利黨對愛爾蘭自治提案和巴涅爾的熱情只是虛與委蛇而已。一八八五年十二月，當格拉斯東提出自由黨將支持保守黨針對愛爾蘭自治運動的措施時，遭到了斷然拒絕。此外，儘管托利黨的一些大臣們並沒有認真對待爭取巴涅爾的支持來鞏固少數黨政府的地位，愛爾蘭的保王派卻因獲得了榮譽和任命而受到寬撫。索爾茲伯里勳爵及其閣僚們仍然保留著選擇的可能，以支撐少數派的政府。⑱

另一方面，一個頗具說服力的觀點認為第二個愛爾蘭自治提案如果在一八九三年獲得通過的話，「和平解決這個問題的真實可能性確實是存在的」。⑲阿爾斯特的合併派尚未（像他們在一九一〇～一九一四年間，特別是在一九一三～一九一四年間所做的那樣）建立起準軍事結構，即使是武裝抵抗的口頭威脅也有相當大的保留，這要取決於來自都柏林的保王派消極抵抗的壓力有多大。從愛爾蘭民族主義者的角度來說，他們受到了愛爾蘭自治提案在財政方面的很大限制，唯一的選擇是阿爾斯特的合併派和解（東阿爾斯特是愛爾蘭島上的工業中心），而運動只可能是偶然地。然而，如果一八九三年愛爾蘭的狀況像愛爾蘭自治運動時期那樣有利的話，那麼，議會和政治上層所做的預測依然是特別暗淡的。下院通過了愛爾蘭自治提案，但只是取得了微弱的多數。一八九三年九月九日，該提案在上院以四百一十九票對四十一票（在哄笑聲中）被否決。這是事實。惱怒的格拉斯東提議解散議會並將上院實行高壓的問題提交表決，這也是事實。但是，格拉斯東及其下屬約翰．莫利（John Morley）和支持愛爾蘭自治提案的人們在自由黨內閣是少數。他的閣僚不同意採取這樣的做法。此外，格拉斯東這時不僅陷於孤立，而且當他提出第二個愛爾蘭自治提案時已年高八十四歲，「健康狀況已明顯地垮掉了」。⑳即使格拉斯東的健康狀況能夠滿足一場民眾運動的要求，自由黨是否能夠取得勝利，也是有疑問的。愛爾蘭自治提案正是在自由黨的三心二意和愛爾蘭民族主義者分裂的狀態下提交給了英國的選民。

格拉斯東的自由黨還有最後一個措施，即一九一二年提出的第三個愛爾蘭自治提案。不難看出這個提案的命運同前面兩個提案同樣暗淡。不過，這個判斷（充分考慮到阿爾斯特合併派的強烈反對）包含著從一九一四年時風雨欲來的暴力角度來對一九一二年進行解釋。到一九一四年八月的大戰前夕，阿爾斯特的合併派建立了阿爾斯特志願軍，這是一個人數眾多的，有武器裝備的準軍事組織。他們還為建立北方的臨時政府做了長期的準備。此外，他們明顯得到了英國保守黨中的同盟者的有力支持。保證和平地且令雙方都滿意的解決愛爾蘭問題的機會這時完全沒有可能。有人認為愛爾蘭發生內戰只不過是德國入侵比利時所造成的結果，這種傳統的結論似乎很難成立。

展望一九一二年愛爾蘭自治提案的前景雖然並不複雜，但不會得出不同的結論。即使考慮到了阿爾斯特合併派造成的困難，（缺乏自信的）自由黨政府官員威爾比動爵（Lord Welby）仍然相信愛爾蘭自治提案的前景在一九一二年初是「無比美妙」的。㉑下院內的自由黨、愛爾蘭黨和工黨聯合起來支持愛爾蘭自治提案。扼殺了一八九三年愛爾蘭自治提案的上院由於一九一一年議會法案的通過而失去了立法的否決權，實際上已被解除了武裝。在議會以外，合併派在英國仍佔多數，但被蘇格蘭、威爾斯，當然還有愛爾蘭對愛爾蘭自治提案的同情所抵銷。此外，從威爾比的觀點來看，英國的合併派「沒有像一八八六年那樣顯示進行出強烈或暴力反對的跡象」。㉒這個觀點的可信度可以從英國和愛爾蘭的競選人的經歷中得到證實。他們一再遇到的是廣大民眾對土地和社會福利的興趣。選民們對熟悉的愛爾蘭保王派的流亡問題不再感到興趣。相反的，熱情洋溢的英國合併派在一九一二年卻像愛德華時代的賜予者同樣的疲乏。對於愛爾蘭合併派在愛爾蘭自治提案中可能出現的命運給予的關心到這時已經消失殆盡。

為了確定一九一二年愛爾蘭自治提案的前景，還必須準確地衡量阿爾斯特合併派的抵抗究竟有多大。至少在一九一二年以前，低估阿爾斯特合併派的軍事實力顯然是錯誤的。克羅福特（F. H. Crawford）是阿爾斯特合併派中一位重要的鷹派人物，他顯然與其他資深的合併派過從甚密。他在一九一〇年十一月曾經向五家軍工廠訂購了二萬支步槍和一百萬發子彈。極端保王派的橙帶黨的士兵們從一九一〇年十二月開始進行簡單的訓練。㉓一九一一年四月，一位布爾戰爭的退伍軍官，也是貝爾法斯特的橙帶軍的領導人羅伯特．華萊士上校（Robert Wallace）透露「試圖在貝爾法斯特這個地區進行一些簡單的演習，學會把四路縱隊改變為兩路縱隊的行軍訓練，或者類似於這些的簡單訓練」。㉔但是，他們很快做出暫緩大規模購買武器的決定，雖然準軍事訓練仍在一九一一～一九一二年間不定期地舉行。直到一九一三年一月建立阿爾斯特志願軍以後，軍事訓練才開始集中地定期舉行。因此，在一九一二年提出第三個愛爾蘭自治提案的時候，阿爾斯特的合併派表現出了認真的關注，但他們基本上還沒有武裝起來，他們的軍事訓練（雖然已經有了一些傑出的退伍軍官指揮）也沒有相互協調。顯然還沒有出現一九一四年夏季在合併派的公眾當中出現的那種興奮和好戰的狂熱。

無論是英國還是愛爾蘭的合併派領袖都沒有超過一九一二年和平遊說的能力。有關英國合併派領袖波納．勞（Bonar Law）和卡森（Carson）的流行歷史著作基本上是依據表現他們鬥爭性的一些戲劇性的場面（例如一九一二年七月二十九日波納．勞在布琅海姆宮發表的講話，以激憤的態度稱讚了阿爾斯特合併派的極端主張）。㉕如果對他們的憤慨不予重視，也是錯誤的。他們兩人發表的公開演說與他們有時的私下談話一樣，證明了他們的力量（正如卡森於一九一一年七月致詹姆士．克雷格〔James Craig〕的信中粗率宣佈的，他「決不是玩弄虛張聲勢的遊戲，除非人們準備好了做出他們明白知道的那種犧牲，否則，談論抵抗是毫無用處的」）。㉖但是，如果從當時的背景來看這樣一些宣言，實際上無助於評價這幾位資深的合併派政治家在第三個愛爾蘭自治提案時代所起的複雜的政治作用。他們感到憤怒的只是自由黨通過議會法案成功地修正了英國的憲政制度。他們擔心的是新的愛爾蘭自治提案會像前兩個提案一樣根本沒有對愛爾蘭北方合併派做出任何讓步。正如提案所表現出來的那樣，他們的擔心是正確的。但是，他們在私下卻是相當鎮定和靈活的，遠不像他們在公開場合下的表現讓人們以為他們是那樣的好戰。

波納．勞與新教統治的阿爾斯特有家族上的聯繫，對那裡的願望給予了高度的同情。然而，在一九一〇年為了討論因人民預算而引起的憲政問題所舉行的黨內會議上，波納．勞（與史密斯〔F.

E. Smith」等其他托利黨人）顯然主張妥協，在愛爾蘭自治運動的問題上做出讓步。㉗一九一一年，托利黨圍繞著自由黨的議會法提案的爭吵分裂為強硬派（挖溝派）和溫和派（築籬派），波納・勞又一次傾向調和的立場。㉘他熱心於關稅改革，聲稱關稅改革和阿爾斯特問題是他政治生涯的兩個動力，但又依然勉強地接受極端的關稅改革派（聯邦派）和其他不那麼熱心的合併派。一九一三年一月，在托利黨內的反對下，他被說服同意了擱置關稅問題。㉙同樣的，儘管他所領導的好鬥的合併派從某種程度上說是托馬斯・瓊斯（Thomas Jones）所說的那種「原始情緒」的產物，但依然還有相當多的方面值得考慮。㉚

一種很有說服力的說法認為波納・勞特別陰險地捍衛合併派是藉以鞏固其黨內的領導地位並瓦解自由黨政府，從他們手中贏得大選的策略。㉛這裡面有相當豐富的內容，它所包含的意思是強調波納・勞在議會玩弄邊緣政策可能獲得的好處面前動搖不定。一九一三年十月至十二月，阿爾斯特（以及整個愛爾蘭）的形勢極為緊張。波納・勞在這個背景下三次會見了自由黨首相阿斯奎斯，慎重地提出為和平解決危機創造條件。十一月六日，即他們的第二次會見之後，很有可能達成了一項交易，基本內容是在若干年內將阿爾斯特的四個郡或六個郡排除在愛爾蘭自治之外。期滿以後再於這幾個被排除在外的郡舉行全民投票以決定它們未來的憲政地位。波納・勞明顯地誤解了阿斯奎斯的意圖（這位詭計多端的首相似乎對某項建議並不感興趣，他只想知道反對派能夠接受的最低要求是什麼），然而，波納・勞對這次會見所做的評價卻是有啟發意義的。他說，如果這項交易被接受的話，他看到的則是「將要丟掉大選的王牌」。㉜另一方面，如果形成了一項牢固的方案，「我不知道我們怎麼可能對它的否決負責任」。波納・勞一方面關注著黨的利益，另一方面又明顯地帶有某種政治家的本能。確實，黨的利益和高度的警覺是可以調和的，因為托利黨人無法拒絕英國選民可以將它解釋為合理的一種解決辦法。他的下一步行動是在一九一四年拒絕議會的極端策略（包括對軍隊提案進行補充以阻止在阿爾斯特進行軍事管制等），主張派遣一位有先見之明的，更加謹慎和更有責任心的人員。㉝

對卡森也可以做出類似的解釋。在其副官詹姆士・克雷格，一位嚴肅的維多利亞時代的人的家鄉克雷加文的公眾會議上，在巴爾摩拉爾一個適合用於軍事表演的場地上，卡森煽動起支持者的憤怒。但是，私下裡，在西敏寺和貝爾法斯特把門緊緊關上以後，他又要求人們要十分謹慎。一九一二年十二月至一九一三年五月之間，秘密警察有關合併派秘密集會的報告多次記載了卡森奉勸他的追隨者們「要尋找和平及和平的道路」㉞，特別是當他的某些鷹派副官主張阿爾斯特合併派實行全面武裝時，他卻對這種行動方式缺乏熱情。一九一四年一月，大批進口武器的決定最後得到批准，但這顯然是因為阿爾斯特志願軍內部的某些因素的動盪所迫使的，也是因為政府考慮到在阿斯奎斯的談判破產後可能不會做出真正的讓步而引起的。㉟卡森公開地稱讚強硬的保王派所採取的行動（例如一九一四年四月的拉恩軍火走私），但他肯定深切地關注於這類行動所包含的意義。一九一四年四月，他坦率地承認自己無力節制手下的力量。一九一四年五月，他試圖以聯邦的方式去打破愛爾蘭自治提案陷入的僵局，但卻被他的支持者粗暴地拒絕。到一九一四年初夏，阿爾斯特合併派的控制權已掌握在阿爾斯特志願軍內部的鷹派手中。㊱

到一九一四年，和平解決愛爾蘭問題的可能性已經從政治家的手中滑走了。但正如以後所呈現的，這並不是因為卡森或波納．勞的可詛咒的變態所造成的。他們兩人儘管都是預言家，但本質上仍是忠於憲法的政治家。此外，他們又（部分地）控制著一批容易改變立場的政治追隨者。特別是卡森，他極其擔心內戰的爆發，可能失去了對自己的支持者，尤其是強硬派支持者的控制。這並非要減輕他在煽動合併派的情緒上所起的作用（雖然在這個方面，任何政治家的作用在保王派長期動盪的歷史中都會被誇大）。這裡只是想說明卡森以及他的英國保守黨盟友們還是願意接受妥協，也有可能提出某種妥協。但是，這在愛爾蘭自治運動的早期階段上還是有可能的，到了一九一四年夏季，這樣的可能肯定不復存在了。

自由黨及其愛爾蘭議會黨中的盟友們能否在愛爾蘭自治提案危機一出現的時候，立即在一九一二年提出一項把阿爾斯特排除在外的某種形式的交易呢？如果說這樣的解決方案屬於現實政治的範圍內，是否應當提出來呢？必須記住的是，僅僅是到了一九一四年合併派和民族主義者的軍事實力已經得到了相當大的進展之時，才提出了真正的讓步，但這並不能掩蓋一九一二年確實存在著和平解決的機會。如果在愛爾蘭自治提案中包含了將阿爾斯特排除在外的某種形式，愛爾蘭的民族主義者肯定會非常憤怒。他們把愛爾蘭島視為一個不可分割的整體，無論如何都會取消阿爾斯特合併派的認真反抗。此外，無論以任何形式把北愛爾蘭排除在自治之外都會將北愛爾蘭天主教置於自治政府的保護之外。如果約翰．雷德蒙最有影響力的副手之一喬．德弗林（Joe Devlin）不是貝爾法斯特的天主教徒的話，但這從實際政治的角度來看關係並不大（因為他是地方性民族主義政黨組織愛爾蘭聯合聯盟的秘書）。㊲但是，如果簡單地看作是一個政治判斷，那麼，愛爾蘭議會黨在一九一二年在談判中會做得更好一些，而不會投降，並在一九一四年至一九一六年間一步一步地遭受恥辱，以致於在大戰期間，雷德蒙同意把六個郡排除在自治法案之外。如果自由黨政府在一九一二年要求做出比這更小的讓步（比如說暫時將四個郡排除在自治法案之外），便會出現民族主義者艱苦的反抗，但愛爾蘭黨會蒙受因此而來的羞恥並承受一度燃起而又破滅的民眾期望中的選舉結果。此外，雷德蒙別無選擇，只能接受自由黨的決定，因為政府依賴於他的黨的支持，而他的自治法案又要依賴於政府。愛爾蘭議會黨可能會在表決中幫助托利黨，把分離派的自由黨政府趕下台。但是，這又可能造成合併派佔據下院的多數，或在自由黨政府中的獨立派的多數。無論是哪種結果，都意味著愛爾蘭自治法案的貶值。

那麼，關鍵的問題在於一九一一年末和一九一二年初自由黨政府的觀點：他們是否把排除的問題看作是一種現實的解決方案？這要從一個有關的問題開始討論。有證據表明在提出這項提案之前應當認真考慮以某種方式對阿爾斯特的東北部給予特殊的處理。愛德華時代的一些著名的自由派學者提出了這個觀點，似乎並沒有引起多大的爭論。正如帕特里克·賈蘭德（Patricia Jalland）所論證的，格拉斯東在一八八六年對合併派的激烈反對程度的低估是可以原諒的，（從一八八六年起進入上院的）阿斯奎斯用了二十五年的時間來觀察阿爾斯特的保王派的固執和狂怒。㊳合併派的力量，包括感情的和機構的資源，在一九〇四～一九〇五年間極大的動員起來以反對授權，一九〇七年再次動員起來是為了反對愛爾蘭委員會提案，特別是反對北方保王派為反對第三個愛爾蘭自治提案而組成的核心組織阿爾斯特合併派委員會。阿爾斯特合併派委員會成立於一九〇五年，從一開始顯然就是個強大的組織。一九一〇年二月，一位極具才華的議員和律師卡森被任命為下院愛爾蘭合併派黨團的領袖，這也預示著即將出現的激烈戰鬥。

阿斯奎斯以及其他閣僚事實上也相信可能需要把阿爾斯特區別開來對待。內閣中兩名最愛爭論同時也是最有才能的大臣勞合・喬治（David Lolyd George）和溫斯頓・邱吉爾帶頭主張以某種形式特殊地對待北愛爾蘭。才能較差而且熱情不足的愛爾蘭事務大臣奧斯丁・比雷爾（Augustine Birrell）也站在他們一邊。早在一九一一年八月，比雷爾就私下考慮過選擇幾個郡暫時排除在愛爾蘭自治法案之外的想法。這個方案到一九一四年二月才（由勞合・喬治）提交給反對黨。[39]比雷爾從尋常事務中直接瞭解到合併派不願妥協的嚴酷事實，但邱吉爾和勞合・喬治的考慮卻帶有家庭和宗教的動機。邱吉爾的父親蘭道夫勳爵曾經為阿爾斯特請命，而勞合・喬治本人則是不信奉國教徒。一九一三年九月，阿斯奎斯堅決表示他「一直認為（而且說過）我們最後可能要就阿爾斯特的問題進行某種談判，以作為愛爾蘭自治法案的價碼」。但是，他對這整個問題的興趣並不高，而且在每次內閣的討論中他都有傾向多數派的自然願望。這兩個原因加在一起意味著他實際上對排除問題沒有任何主見。[40]一九一二年二月六日，邱吉爾和勞合・喬治向內閣提出一項計劃，將愛爾蘭合併派的幾個郡排除在愛爾蘭自治法案之外。他們得到了內閣的一些支持，但最後還是被包括首相在內的多數票所否決。[41]

儘管如此，最根本的一點是不應忽視的，那就是在一九一二年二月，即正式提交愛爾蘭自治提案的兩個月前，自由黨內閣裡面仍有相當強的力量支持排除的方案。格拉斯東的純潔派在克雷勳爵（Lord Crewe）和洛雷本勳爵（Lord Loreburn）的帶領下取得了勝利，但排除派除了以上提到的大臣以外還有哈爾丹（Haldane）、霍布豪斯（Hobhouse）和阿斯奎斯，他們至少在內閣辯論的前半段時間裡佔有多數。㊷假設卡森和波納・勞並非像他們表面上那樣是不屈不饒的強硬派，假設在自由黨內閣的內部出現了排除派的遊說活動（這種遊說隨著時間的推移而增強），形成某種形式的憲政解決方案並非是不可信的事情。依據以上的證據，還可能向前更推進一步來說明愛爾蘭自治提案的最佳機會，也就是愛爾蘭自治提案的黃金時期，是在一九一二年春天來到了但又失去了。本文的以下部分將集中考慮這樣的解決方案及其產生的廣泛後果。

第三個愛爾蘭自治提案的解釋

在描述愛爾蘭在愛爾蘭自治法案生效後所可能出現的情況之前，需要說明阿斯奎斯措施的細節內容及其建議的授予行政權的性質。㊸以上的討論證明愛爾蘭自治提案是把愛爾蘭作為一個整體來對待，雖然其中設計的某些保護措施是針對阿爾斯特聯合的眼前恐懼。提案的第一個條款是建立一個新的兩院制的愛爾蘭立法機構，規定了它與西敏寺的帝國議會之間的關係。雖然仍有一些愛爾蘭人（從一〇三名減為四十二名）進入西敏寺議會，但愛爾蘭的議會代表主要轉移到都柏林的新成立的下院，代表人數為一六四名，由選舉產生，任期五年，並成立一個由四十名成員組成的參議院，代表由提名產生。此外，該項規定還決定建立一個責任行政機構。經過計算以後認為合併派有可能贏得愛爾蘭下院一六四個席位中的三十九個，以及西敏寺議會中四十二個愛爾蘭議員席位中的十個。但是，他們（至少在短期內）擁有參議院中的另一項政治資源。參議院的成員最初由倫敦的政府提名。愛爾蘭黨的領袖雷德蒙清楚地知道提名的目的「是為了保證把愛爾蘭公眾生活中最有價值的成份納入進來，而嚴格地按照黨派劃分的選舉方式有可能會把他們排除在外。」雷德蒙的說法可能是針對南方的合併派，因為他們的人數太少，不足以在選舉中發揮重要影響。㊹

新成立的立法機構從屬於西敏寺議會。阿斯奎斯強調「帝國議會享有最高的權力，可以在任何時候廢除、補充和修改愛爾蘭議會的任何法案」。㊺提案除了在整體上宣佈了帝國議會至高無上的權力外，還規定了這個新立法機構無權涉及的具體領域，包括王位繼承、締結和約和宣佈戰爭、陸軍和海軍、外交關係和殖民地關係、授爵、鑄幣、商標和外貿與航海的某些方面等。此外還有一些領域稱作「保留部門」以其臨時性為由而排除在愛爾蘭自治提案之外，其中涉及到土地買賣、年金、全國性的保險業、稅收、愛爾蘭的王家衛隊，以及制訂有關郵局、儲蓄銀行、信託儲蓄銀行、聯誼會的法規等。提案還對禁止有關支持或反對任何宗教習慣的歧視性立法做出了廣泛的限制。特別規定議會不得就「規定任何宗教信仰和宗教儀式作為有效婚姻的條件」進行立法。㊻雖然提案中的其它大部分內容都是格拉斯東原來就規定了的，但這一限制卻是新增的，其目的是為了解除新教徒對最近頒布教皇教諭以及通婚的結果產生的憂心。這項限制只有緩和作用，實際上是不具效力的。除了這些永久性和暫時性的限制特別是對宗教歧視的禁止外，還規定了國王享有否決權，從而進一步限制了愛爾蘭議會的自由。愛爾蘭自治提案所規定的愛爾蘭行政機構的領袖置於英國和愛爾蘭聯合的框架內，稱作總督，儘管這個職位略為按照比較流行的方式做了重新的規定，例如這個職位不受宗教信仰的限制，不得插手英國的政黨政治等。他還有權根據倫敦的指示暫時解散愛爾蘭的立法機構和行使否決權。

在當時的許多人看來，提案中的財政條款是個技術陷阱，英國的普通議員也充分認識到此舉將會激起動盪。如果一九一二年初就愛爾蘭自治提案達成了協議，那麼可以肯定它的基礎是對阿爾斯特採取某種形式的區別對待。這將意味著提案的某些部分（即上面已經提及的那些部分）要做細小的調整，但這也意味著整個財政制度的崩潰。然而這個財政制度卻標誌著愛爾蘭是個統一的國家。因此，自由黨內閣中堅定的排除派與愛爾蘭自治提案中財政條款的起草人（其中最著名的是赫伯特．塞繆爾〔Herbert Samuel〕）有著密切的聯繫。[47]這決非偶然。因此，一九一二年就阿爾斯特問題達成的妥協也意味著對財政制度的全面調整。如果所有這一切是成立的話，提案中的財政問題就值得重視，因為它提供了最有力（但存在缺陷）的證據證明了制訂愛爾蘭自治提案的某些重要原則。正如下面將要證明的，正是在這個方面，當時許多人對愛爾蘭的未來所做的考慮都（依據他們的黨派立場）強調了愛爾蘭自治提案在財政條款上的優缺點。

根據塞繆爾精心策劃的方案，愛爾蘭的全部收入都要上繳給帝國財政部。財政部將總數達六百萬英鎊的「轉賬金」返還作為所有委任部門的開支，另外還將一小筆贖餘的經費，（至少為）五十萬英鎊，用來補償新的愛爾蘭政府的開支赤字。如果愛爾蘭政府徵收新稅，由此增加的收入也要返還，但新稅的收入實際上是非常有限的。新政府只要不與帝國的現有稅收制度衝突就可以開徵新稅（由英國政府控制下的聯合財政局來判定是否構成了「衝突」）。愛爾蘭政府也可以提高現有的稅收，但不得超過百分之十。部分稅收由帝國政府在愛爾蘭徵收，包括土地買賣年金，由使用政府貸款去購買土地的農民支付。這種年金的欠款由愛爾蘭的新政府支付，而在轉賬金中扣除。約翰·雷德蒙淒慘地評論說，「愛爾蘭的全部收入因此等於是代收土地購買法案的保證金」。[48]在當時人們的觀點中，這裡還有一個問題潛伏著新的愛爾蘭自治政府與帝國議會之間後來的激烈爭吵。

這些條款中還有一個有爭議的部份至少涉及到合併派，那就是推動愛爾蘭財政自主權的機制。事實很明顯，塞繆爾設計的立法機構在宏偉的外表下掩蓋著一種悲慘的財政崩潰的假設，但他承認這是可以做進一步的調整。如果聯合財政局判定愛爾蘭的收入連續三年與愛爾蘭的支出相抵或超出支出，聯合財政局可以要求西敏寺議會給予愛爾蘭自治議會以更充分的權力。愛爾蘭的民族主義者討厭塞繆爾的提議，堅持希望以後要進行更加慷慨的修正。愛爾蘭的合併派預言，由於愛爾蘭財政制度中存在不確定的性質，使得經濟崩潰成為無法避免的。

這項措施的命運一眼就可以看出。一直受到嚴厲批評的阿斯奎斯的策略已充分顯露出來，那就是盡量拖延修改阿爾斯特問題的條款，看看反對的程度有多大，再決定做多少讓步。[49]從卡文迪胥·斯誇爾（Cavendish Square）或從蘇頓·科特利（Sutton Courney）相對靜止的觀點來看，或者從上層政治賭博的觀點來看，這顯然是一種符合邏輯的行動路線，但這當然會激怒已經十分活躍的阿爾斯特的合併派。阿斯奎斯實際上已經給阿爾斯特合併派的領袖製造了很大的困難，這一點也許就在他原來的考慮之中。不過，他為此付出的代價遠超過了能夠獲得的利益。其實，正是這個財政方案而不是阿爾斯特的問題在最初引起了內閣最大的關注和靈活性。在自由黨的普通議員發動反叛以後，政府修改了提案，使得愛爾蘭的新政府無權削減關稅。㊿提案中除了向阿爾斯特的合併派提供少數的保護措施外（這些措施不僅被認為是不充分的，而且還存在著缺陷），到一九一四年首相的「建議」，即愛爾蘭自治提案中的愛爾蘭自治提案提交出來以前，並沒有向他們提供有力的調解方案。雖然一九一四年三月所提出的讓步更多一些（把暫時性的排除和郡的選擇結合在一起），並且把這些讓步寫入了五月的修改提案，但依然不能滿足合併派的要求，因為他們需要永久性地排除在愛爾蘭自治提案之外。此外，阿爾斯特合併派的軍事實力到這時已經有了很大的發展，正如卡森和克雷格這樣一些領袖已失去了活動的餘地。如果一九一二年的方案還可能為順利的談判形成基礎的話，如今已不可能再得到支持了。在一九一四年七月三十日，雙方仍陷入僵局，此時第一次世界大戰已迫在眉睫。根據阿爾斯特合併派的領導人提議，以及至少是為了保持一個國家的統一面貌，雙方達成協議，暫時停止愛爾蘭的衝突。阿斯奎斯做出了選擇，決定利用這個黨派休戰的機會，以便把愛爾蘭自治提案正式列入法典，但附加了一項措施規定在戰爭期間暫停成立愛爾蘭議會。

當時代的人在讀過愛爾蘭自治提案的詳細內容或考察了它在議會內的曲折進展經過以後，對國家的未來提出了若干推測。(51)當時代的人們所提出的反事實論證有一個共同的特徵，就是具有濃厚的黨派之見。合併派和民族主義都對愛爾蘭自治提案下愛爾蘭抱有自己獨特的看法，往往是相互衝突的。這些推測有時使用諷刺或戲劇的形式，但即使是那些最富想像力且令人難以接受的作品也往往以政治現實（或潛狀的現實）作為它們的核心。愛爾蘭新教徒家庭出身的多產小說家弗蘭克·弗蘭克福·莫爾（Frank Frankfort Moore）在第三個愛爾蘭自治提案期間發表了各種作品，包括《阿爾斯特的真相》（一九一四年）和《阿爾斯特人》（一九一四年），但他對愛爾蘭自治運動所做的最充分的評論還是在第二個愛爾蘭自治提案期間所寫的兩篇諷刺短文。[52]在喜劇作品《愛爾蘭內閣大臣的日記》中，莫爾把保王派的一些偏見寫進了一部啞劇，表達了獨立的愛爾蘭政府的觀點。這個新政府的特徵是對阿爾斯特持一種貪婪的態度（提議增加所得稅，再追加增收貝爾法斯特造船工業的利潤稅），對教會權威又持卑恭屈膝的態度（天主教的都柏林大主教對所有的立法享有否決權，一切官員的任命要徵求他的意見，還可使用新發明的電話與內閣大臣直接聯繫）。合併派的機構，如都柏林的三一學院和《愛爾蘭時報》都被封閉。新政府的經濟背景也同樣是暗淡的，國家信貸破產，政府官員拿不到薪俸，愛爾蘭證券所倒閉。莫爾的《穆爾東總督》發表於《愛爾蘭內閣大臣的日記》出版之後的幾個星期，描述的起點同樣是新成立的愛爾蘭自治政府，與其前面幾部作品一樣討論了新政府的命運。在這兩部作品中，阿爾斯特的合併派向都柏林政府提出了挑戰，因為他們被處以罰金，成為政府的收入來源（在《穆爾東總督》中，愛爾蘭的稅收有十五分之一或十六分之一是從北方強制收取的）。在總督制下，教權主義蔓延，由於公眾和政治的混亂以及官員的腐敗，商業活動陷於停頓。兩篇諷刺作品都假設了政治道德和政治辯論的水準低下，都得出結論認為民族主義者的新政府是爭鬥的舞台。這兩篇故事還假設了民族主義者的野心，把愛爾蘭自治法案的限制置於不顧（在《穆爾東總督》中，愛爾蘭議會很快就取得了提名總督的權利）。

要對這兩篇令人難以接受的諷刺作品做出充分的解釋當然是錯誤的（例如兩篇作品都以成功地重新建立英國和愛爾蘭的聯合為結束）。但是，這些作品獲得喜劇效果的原因實際上在於莫爾吸收了合併派對教權主義，對任何未來的愛爾蘭自治政府都具有貪婪和暴力本性的一系列流行的觀點。（正如後面所證實的）這些觀點連那些對愛爾蘭自治提案做出最莊重評論的人士也是同意的。

其他作者的作品前提是沒有達成的解決方案，與莫爾的作品相比，更直接地集中於阿爾斯特合併派可能的武裝抵抗上。在第三個愛爾蘭自治提案期間，至少有兩位小說家設想了北方所可能出現的態度，他們從不同的政治和民族觀點出發，詳細描述了阿爾斯特的合併派的鬥爭精神，其中包括比較廣泛的反應，也有個人的反應。這兩位作者是喬治·伯明翰（George Birmingham）和道格拉斯·牛頓（W. Douglas Newton）。伯明翰從自由派新教徒的立場寫了《阿爾斯特的紅手》（一九一二年），牛頓是英國小說家，他的作品是《北方之焰》（一九一四年），他們都探討了阿爾斯特內戰這個同樣的主題。這兩位作者都是在一九一四年八月第一次世界大戰爆發之前進行寫作的，並沒有認真考慮到英國的愛爾蘭政策所處的更加廣泛的外交背景。但是，這兩篇作品都值得注意，因為他們都是在沒有第一次世界大戰的情況下看待阿爾斯特與愛爾蘭自治提案的關係，為本文最後一部分所討論的反事實的假設提供了主題。

喬治·伯明翰陷在半喜劇和半諷刺的幻想中，非常清楚地描繪了合併派強硬政治的實際形態，對其它可能出現的發展提供了具有充分證據的猜測。一位愛爾蘭血統的美國百萬富翁約瑟夫·孔羅伊（.Joseph Conroy）認為，愛爾蘭內部潛在的最不忠誠最有暴力的因素就是阿爾斯特的合併派，因此選擇了他們，決定給予資助，幫助他們抵抗愛爾蘭自治提案（這顯然是不可能的，但這一設計事實上暗示了某些強硬的共和派對他們北方保王派的挑戰給予哪怕是吝惜的但卻是真正的讚許）。⑤③孔羅伊書中的合併派與英國軍隊和皇家海軍（完全沒有可能）進行了數次規模不大的戰鬥，並取得勝利，從而保證了全島的完全獨立。

道格拉斯·牛頓的著作顯然缺乏對愛爾蘭的直接瞭解，而且僅僅是一部充滿激情的羅曼史，對阿爾斯特合併派的叛亂的狀態和個人的反應做了一些不無可信的設想。書中的主角是英國的一個名叫科明斯·勞東（Comyns Loudoun）的軍官，在阿爾斯特的正義中，他發現自己的對手竟然是英國軍官和合併派的同情者。他與起義者中的一名婦女陷入了愛情，使他無法忠於職守。在伯明翰的書中，起義的頂峰是建立了橙帶黨的愛爾蘭共和國，而牛頓書中的叛亂卻像一閃而滅的火花，充滿了流血，但是經過兩個星期以後卻又在難以盡述的狀態下失敗了。

伯明翰的幻想令人特別感興趣，因為它著重描述了合併派內對暴力的各種複雜的態度，又預言了反愛爾蘭自治提案的阿爾斯特起義所由發生的某些可能的政治動力。合併派抵抗運動的領袖，莫因勳爵（Lord Moyne）和夫人（酷似倫敦德里勳爵和夫人〔Lord and Lady Londonderr〕）和天才的演說家巴貝利（Babberly，與卡森有些相像）在起義的初期便被更加強硬的勢力排擠到一旁。他們後來依賴美國的財政援助和德國的武器（真實的保王派軍隊利用了來自美國的資金，但未必是共和國的資源，也從德國私人供應商手中進口了武器）[54]，巴貝利以卡森的方式把公開場合下的鬥爭姿態與私下的溫和態度結合在一起，暗示了阿爾斯特的暴力對英國的潛在支持所發生的可能影響。他說：「我知道，如果我們訴諸於非法和暴力，將會犧牲他們的友誼，也會失去他們的同情。」[55]此外，這部小說以自相矛盾的結局說明愛爾蘭保王派所受到的高度限制，起義者寧可提出獨立的條件也不願回到與英國的聯合或某種形式的愛爾蘭自治中去。雖然這是自覺的喜劇式的同時也是不可能的結局，但它反映了當時愛爾蘭合併派的觀點以及他們對愛爾蘭自治提案的可能反應。例如，一位態度中庸的南方合併派的律師塞繆爾斯（A. W. Samuels）以散文的形式警告英國的觀察家：他們「可以確信如果他們把愛爾蘭的那些人拋棄給了因榮譽而聯繫在一起的人，那麼，毫無疑問，那些為英國的未來而竭力鼓吹的人們，無論他們把希望放在哪裡，他們以及他們的後裔也將受到同樣的背叛」。[56]

牛頓的幻想往前推到愛爾蘭自治提案通過後的幾個星期。由於一名橙帶黨人在警察的襲擊中被殺，激起了保王派的一場流血起義。阿爾斯特的新臨時政府「告誡」民族主義者離開家庭和財產，在阿爾斯特各地，當地的多數派，無論是合併派還是民族主義派，都向少數派發起了攻擊，引起了人員的傷亡和財產的破壞。搶掠財產的現象（例如工人把工廠付諸一炬）出現後，使宗派間的不滿變得更加複雜。英國政府起初不知所措，最後同意宣佈戒嚴法。英國軍隊與起義者之間在幾次流血衝突後，達成了妥協。[57]這個幻想在某些細節上是難以置信（例如他慷慨地給了阿爾斯特幾座煤礦，橙帶黨的一名英雄卻有愛爾蘭蓋利克基督教徒的名字），但他對保王派起義的發展和在當地產生的後果所做的推測卻是令人信服的。英國政府最終從容而有效地做出了反應，其中包含著拖延以及採取意外的行動，這些都是阿斯奎斯政府的特徵。他對短暫、流血和無目標的衝突，合併派指揮部裡某些重要部門的缺乏戰鬥精神，以及自由黨政府不願意捲入國內動盪的態度所做的整個描述也是可信的。

民族主義者的推測，無論是以歷史著作還是以政治論文或小說的形式出現，與英國和阿爾斯特的作者們相比，他們對北方的興趣並不大。合併派的政治論文和小說並一般不討論民族主義者關心的主題。但他們之間也有某些共同點。當時對愛爾蘭自治運動所做一個反事實推測是由蕭伯納在劇本《約翰牛的另一個島嶼》的〈致政治家的序言〉（一九○七年）中提出的。他認為「忠誠的」愛爾蘭人是根本「不存在」的（就像共和派的社會主義者詹姆士·康諾利〔James Connolly〕把阿爾斯特的合併思想視為一種虛假的意識一樣）。但是，蕭伯納強調在愛爾蘭的新教思想中存在著潛在的激進主義。[58]他認為愛爾蘭的忠誠與新教的社會優勢是相互聯繫的，隨著「英國」對愛爾蘭統治的結束以及由此而產生的統治階級的結束，愛爾蘭的忠誠便會消失。

蕭伯納從都柏林新教徒的角度詳細描述了阿爾斯特合併的鬥爭精神，說明他帶有雙重的宗教觀念，並非一味地維護愛爾蘭自治政府的主張。他的觀點潛在地但又充滿活力地在新政府中表現出來。從蕭伯納的角度來看，愛爾蘭新教徒決心影響國民的生活將會導致人們贊同「愛爾蘭民族主義和民主制度的進步，拋棄羅馬天主教和司鐸宗教」。這種新教徒將得到關心民族自由和推翻教會優勢的天主教選民的支持。[59]他對北方新教徒和南方新教徒都關心的某些問題做出了假設，但他的推測總的說來產生於新教的民族自豪感，因此與喬治·伯明翰等人一樣著意於強調阿爾斯特的忠誠和愛爾蘭先進的分離主義之間並沒有明顯的界線。他們都認為任何北方新教徒中的合併思想都是十分脆弱的。這兩位作者對愛爾蘭自治後的狀況所做的描述都帶有新教分離主義的鮮明色彩。

蕭伯納對愛爾蘭自治後的愛爾蘭天主教的看法頗有意義。他認為合併是推動教權主義的工具，因為它提供了迄今為止最重要的機構，天主教的政治和宗教的不滿都集中在這個機構上面。取消合併和建立愛爾蘭自治政府將把愛爾蘭的天主教徒從羅馬的奴隸地位上解放出來。獲得解放以後，他們將建立愛爾蘭的高盧教會。「愛爾蘭自治的這一天意味著梵蒂岡離開都柏林堡，島上的聖徒們將取得對自己教會的領導權。」㊿蕭伯納為自己這種似是而非的論述而激動，認為愛爾蘭的自治將保證橙帶黨人轉變為分離主義者，而虔誠的天主教將轉變為高盧教。

代表分離主義觀點的特倫斯・麥克斯溫尼（Terence MacSwiney）也寫作了一部有關愛爾蘭自治的最後一部作品。他是愛爾蘭的新芬黨，在一九一六年的起義中脫穎而出，一九二〇年十月經過七十四天的絕食鬥爭後死於獄中。他的劇本《革命者》出版於一九一四年，推測了在殘酷的愛爾蘭自治政府下分離主義者的困境。㊶這部劇本的基本前提和前面討論過的一些作品一樣都是第三個愛爾蘭自治提案的順利通過。劇本的主角是休・奧尼爾（Hugh O'Neill，他的原型據推測是十六世紀末的蓋利克貴族和起義者），他在自己的民族主義團體中遇到了一批色厲內荏的人，在天主教會中又受到權勢人物的深刻敵視。他的一些好友同愛爾蘭的大多數民族主義者一樣，對帝國的態度轉向溫和。在祭壇上，奧尼爾被當作一名無神論的革命者而受到譴責（他其實是一名虔誠的天主教徒）。他發現自己的一些熟人為個人的好處而在政治信念上做出了妥協。劇本展開時的背景是「帝國狂歡節」，這是一種民眾的娛樂，表面上是為了慶祝愛爾蘭自治，實質上卻是為了把善良的民族主義者引向帝國的道路。奧尼爾為分離主義的原則進行鬥爭，結果陷於孤立，其結局十分悲慘。但是，奧尼爾在經過劇烈的改變宗教信仰的鬥爭之後而去世。他的去世在劇本中被描繪為達到了完美和英雄主義的頂點。

關於愛爾蘭在自治下的前景，這些文學作品雖然在細節上有時顯得有些怪異和灰諧，但與那些表面上看去比較清醒的作者所做的推測十分接近。這些作品有一個顯著的特徵，它們同文學幻想一樣帶有鮮明的黨派色彩，但也有一些作品超越了黨派的劃分。和弗蘭克福．莫爾那樣的聯合派的諷刺作家可能會設想當愛爾蘭自治提案通過以後，在民族主義者內部會發生混亂的分裂，但這只是誇大了約翰．雷德蒙的推測。雷德蒙和農村激進派的邁克爾．戴維特（Michael Davitt）一樣設想了自治黨這個「功能黨」在目標實現以後發生了崩潰。㊷一般說來，雷德蒙實際上是在嫻熟地把對手的嘲笑變為政治資本。他想像聯合派預言愛爾蘭自治將動搖英國的憲政（例如著名的法學家戴西〔A. V. Dicey〕聲稱「愛爾蘭自治並沒有結束爭端，而是激起了一場革命」）。雷德蒙基本上同意這個觀點，但又稱愛爾蘭自治將推動一場對聯合王國的聯邦制度的健康改革。㊸雷德蒙雖然與聯合派的角度不同，卻同樣承認愛爾蘭自治提案的某些方面是十分不能令人滿意的，不過，他譴責提案中的財政條款充其量不過是臨時性的。他還同聯合派一樣預言了提案條款中的具體問題，包括把土地購買金的拖欠與轉賬金相聯繫的做法。㊹

但是，民族主義者和自由派提出的整個設想（用理查德．巴格威爾的話來說）自然都屬於對「未來牧歌田園式的幻想」，與保守黨和聯合派政治家揉合在一起的那種嚴肅的幻想形成了鮮明的對比。[65]自治派和合併派（出自不同的理由）強調在多大程度上把權力授予愛爾蘭的新政府。但是，雷德蒙認為愛爾蘭自治提案最終結束了英國人和愛爾蘭人之間的歷史爭端（雖然他也承認其中的某些細節仍存在著問題），相反的，合併派卻認為這只不過是走向更大限度的自治的第一個步驟。某些自由派作家主張向都柏林授權，減少愛爾蘭人在西敏寺議會中的代表，「作為第一個步驟以提高帝國的效力」，而在合併派看來這只會造成憲政的混亂（卡森的私人秘書朋布魯克．威克斯〔Pembroke Wicks〕說：「聲稱愛爾蘭自治提案的通過可以解決西敏寺議會的難題顯然是錯誤的」）。[66]雷德蒙相信愛爾蘭自治提案意味著在都柏林建立一個由賢人組成的國家議會（因為愛爾蘭的政治人才不再被西敏寺議會吸收過去了）。相反的，合併派認為建立的議會集中了一批追逐私利和殘害同胞的惡棍（戴西聲稱「十五號房間委員會就是都柏林的愛爾蘭自治下的議會生活的排練場」）。[67]雷德蒙預言愛爾蘭自治提案改善了愛爾蘭與英國之間的關係，也改善了愛爾蘭住在國外的居民與英國人的關係。他論證說，英國實際上從改善美國的愛爾蘭人的關係中得到了利益，認為愛爾蘭自治提案僅僅是為更充分地表達民族不滿提供了一個論壇，而英國為他們輕鬆的樂觀態度付出的代價是巨大的，特別是在戰爭的情況下。[68]

自由黨或自治派對授權政府所做的唯一的和最完整的敘述是由莫爾根（J. H. Morgan）主編的《愛爾蘭新憲法》（一九一二年）所提出。他在這部著作中把愛爾蘭自治提案描繪為慷慨的授權與帝國法律制約的完美結合。書中的作者們承認宗教擔憂的存在，但他們（同意蕭伯納用更加華麗的詞藻所表達的觀點）認為「充分和自由的政治生活是解決宗教迫害的最佳的也許也是唯一的方法」。[69]長老派中著名的自治派阿穆爾牧師（J. B. Armour，針對薩維安〔Shavian〕的觀點）論證「愛爾蘭自治提案對愛爾蘭的新教有好處，而不會摧毀它，因為它將新教從本身那種有害的反民主和反民族的團體中解放出來。愛爾蘭自治「給了新教一個機會，讓他們依據自己的善舉接受判斷」[70]，以此來擺脫心中的擔憂。

討論財政問題的作者威爾比勳爵同樣消除了合併派的擔憂。他指出愛爾蘭自治不會（正如合併派所聲稱的那樣）產生由惡毒的新教徒控制的愛爾蘭政府，因為英國市場對於愛爾蘭的產品來說實在太重要了。[71]合併派所預言的揮霍無度的政府同樣是沒有根據的。評論愛爾蘭自治提案的最敏感的作家之一約納丹・皮姆（Jonathan Pym）論證說新愛爾蘭面臨的最大可能的危險並非產生於超支，而是來自於過度的吝惜。「全體農民選民可能會要求政府過度的節儉，不願意把任何額外的負擔加在土地所有者的頭上，由此可能會產生一種政治的停滯。」[72]這與弗蘭克福・莫爾以喜劇的方式所描述的一九二〇年代腐敗、揮霍和獨立的愛爾蘭政府相去甚遠。合併派所設想的混亂的愛爾蘭舊皇家衛隊遭因受了曲辱而道德敗壞的情形在這部著作中並沒有出現。相反的，它提出了愛爾蘭的行政部門不能干預立法程序，隨著農村民主機構的建立，農村的騷動終於終止了。[73]

在保王派多年來的威脅緩和下去以後，民族主義者也解除了阿爾斯特聯合派的愚蠢威脅。（中心論點轉移到）阿爾斯特合併派在愛爾蘭自治下的強大實力防止了迫害的出現。雷德蒙預言自治黨的目標實現後將被解散，而愛爾蘭合併派在都柏林的下院中將佔據相當多的席位（約占四分之二）。分裂的民族主義者和強大的合併派集團兩者結合在一起意味著合併派可以在自治下的愛爾蘭產生重大的影響。⑭此外，民族主義者相信第三個愛爾蘭自治提案充分體現了合併派的敏感程度，例如前面所提及的，根據提案的條款，愛爾蘭議會不得做出有利於或損害任何一種宗教信仰的立法，特別是（一九一二年提案中新增的）不得以任何宗教作為合法婚姻的條件。後面這項限制是考慮到教皇關於通婚的教諭而增加的，目的是為了消除保王派廣泛認為的天主教將佔據的優勢而產生的擔憂。

合併派的作家們對於他們在愛爾蘭自治後的命運缺乏自信。前面已經概述了合併派對自治後的愛爾蘭的許多看法。但是，合併派的預言與民族主義者的預言一樣，都依據於他們當時所提供的猜測。無論是諷刺作家弗蘭克福·莫爾還是比較清醒的前愛爾蘭總檢察官坎貝爾（J. H. M. Campbell），民族主義者都預言了混亂的出現。莫爾書中的自治派議會派出代表到塔馬尼廳學習政治管理知識，而坎貝爾則預言（顯然不是諷刺）愛爾蘭自治以後愛爾蘭的政治是按照塔馬尼廳而不是按照聖斯特凡宮的方式組建起來。⑮戴西、彼得·克爾—斯密利（Peter Kerr-Smiley，阿爾斯特合併派中一名有影響力的議員）等人認為民族主義者無情地進行著內部的爭吵，將會把這種態度更廣泛地施加於自治後的議會內部。⑯

合併派的大多數作者和評論家預言愛爾蘭與英國之間不會像雷德蒙所說的那樣出現兄弟般的和諧，它們之間的摩擦將會繼續下去。許多人的確相信由於提案中存在著一系列複雜的制約和平衡的措施，只會成為培育不滿和不信任的溫床。朋布魯克·威克斯指出權利和愛爾蘭新政府承受的限制結合在一起只能助長與帝國權力的衝突，特別是前面所涉及的財政處理方法只能給愛爾蘭的財政部帶來最低限度的收入以及與英國財政部之間最大限度的摩擦」。⑰聯合財政局的建立作為維持和平的機制依然是一個以英國為優勢的機構，如此只能進一步激起愛爾蘭的民族主義。

合併派承認這樣繼續不斷的摩擦將會動搖愛爾蘭自治的處置方式，有助於在愛爾蘭燃起進一步的分離主義感情。合併派看待愛爾蘭自治的方式完全不同於雷德蒙。在雷德蒙看來，這是最後的，也是持久的憲政格局（但戴西抱怨說「我們的新憲法是無法持久的」）。大多數人認為精心策劃出來的對愛爾蘭的自主權實行扼制的體制（如是有效的話）則是對民族主義者感情的嘲弄，否則（如果無效的話），便是毫無價值的。例如，彼得．克爾－斯密利把總督的否決權斥為「冒牌貨」，把向英國樞密院上訴的權利斥為「沒有價值」。⑲一些合併派的作者預言英國與愛爾蘭的緊張關係將從土地購買金的支付問題上產生出來。理查德．巴格威爾（Richard Bagwell）等合併派作家同意特倫斯．麥克斯溫尼在《革命者》一書中提出的觀點，預言溫和的愛爾蘭自治政府將會承受來自進一步增強的分離主義感情的壓力。⑳許多人同意這樣的感情將被英國與愛爾蘭的緊張關係以及愛爾蘭自治中無可救藥的不穩定而燃起。

政治的不穩定對商業的正常運產生影響。弗蘭克福．莫爾對產生於愛爾蘭自治所造成的混亂的經濟進行了辛辣的諷刺。他的觀點與堅定的北方合併派中某些商人的看法並沒有本質上的差別。莫爾預言愛爾蘭自治議會將會向北方人民和北方商人懲罰性地徵收賦稅，而合併派當中的一些比較慎重的人也擔心會出現這樣的情況。不過，一些消息靈通的評論所擔心的問題並非集中於憂心很快就會無情地增加稅收，他們還有更加根本性的擔憂。正如合併派所相信的，如果愛爾蘭自治造成了政治的不穩定，那麼這也將威脅到股票市場和愛爾蘭的信用。愛爾蘭自治的危機與愛爾蘭股票的下跌有密切的聯繫。許多合併派人士擔心，如果愛爾蘭自治的立法得以通過，股票的貶值將會是永久性的。北方對愛爾蘭自治提案的一位最能幹的批評家，自由派和合併派的商人托馬斯・辛克萊爾（Thomas Sinclair）堅信愛爾蘭自治將對愛爾蘭所有形式的繁榮，包括工業、商業和農業的繁榮都帶來嚴重的破壞。他把「一切罪惡的根源」追溯到未來的任何一個愛爾蘭政府在財政上的不穩定。[81]新的愛爾蘭自治政府既失去了信用，又無能，不可能在國際貨幣市場上贏得信用，這將破壞全面繁榮的復甦。辛克萊爾的分析是令人沮喪的，但又是可信的，令人想起了弗蘭克福・莫爾所描繪的愛爾蘭的國債達一千萬英鎊之巨，及其失敗所帶來的混亂後果。[82]

但是，這些嚴肅的幻想所預言的愛爾蘭自治的不穩定不止產生於民族主義者的壓力，也產生於阿爾斯特合併派的反對。在一九一一年至一九一四年，一位最嚴肅的合併派評論說，至少在阿爾斯特將發生騷亂。許多人認為內戰即將爆發。彼得・克爾—斯密利把愛爾蘭自治後可能出現的財政混亂與北方的騷動聯繫起來。他指出新政府將背上治安的沉重負擔。[83]朋布魯克・威克斯也做了同樣的聯繫，但方式不同。威克斯預言如果愛爾蘭自治提案成為法律，將會「在阿爾斯特出現內戰，而愛爾蘭其它所有地區的公眾信心、安全和信用也將消失」。[84]最早預見到合併派的這些悲慘遭遇的人之一是佩西侯爵（Earl Percy）。他是一名軍官，第七代諾森伯蘭公爵的兒子。他在一九一二年寫作時就已經完全相信歐洲的一場大悲劇即將到來，並從在南非的親身經歷中得出了對愛爾蘭政治的預言。佩西的興趣主要在揭示愛爾蘭自治的軍事劣勢，他所提出的兩個假設將在本章的最後一部分中加以簡略的討論：他想像自治下的愛爾蘭把阿爾斯特除外，進而論證了愛爾蘭將和德蘭士瓦和奧蘭治自由邦一樣不可避免地走向獨立。㊄合併派將受到粗暴的對待，就像布爾戰爭前在南非的英國人所受到的對待一樣。相反，佩西設想了一個在自治政府統治下的統一的愛爾蘭，在最壞的情況下因內戰而發生分裂，而最好的「情況是引起了舊的相互之間的宗教仇視，導致了各色各樣的內部騷動」。㊅以他對北方正在建立自己的軍事實力這個判斷為基礎，佩西想像反抗愛爾蘭自治政府的起義是「極有可能的」。他同樣相信需要使用軍隊來鎮壓騷動並恢復都柏林政府的權威。㊆

佩西想像的「向大決戰進軍」在一九一四年實現了。但是，他對歐洲的預言所具有的準確性使他確信他對愛爾蘭的預言所抱有的擔憂至少是暫時消除了。因為隨著第一次世界大戰的爆發，保王派的起義自行消失，起義軍轉變為國王的軍隊。民族主義和合併派的政治未來學家們都沒有預測到愛爾蘭自治在歐洲大戰背景下的命運。包括佩西在內的人們都不敢猜測大規模的壕溝戰會給愛爾蘭帶來什麼樣的影響。只有佩西認識到了國際局勢的嚴重性，但他仍然沒有預見到他所想像的迫在眉睫的戰爭將帶來的政治後果。儘管如此，如果這些預言沒有考慮到歐洲發生的重大事件，也沒有考慮英國與愛爾蘭的歷史，但至少準確地預測了內部的某些因素的作用。如果沒有自治的愛爾蘭，那麼至少是一九二一年成立的自治領，即愛爾蘭自由國家。天主教和崇尚節儉的政治制度，渴望實現更充分的自主。如果是戰爭而不是阿爾斯特問題使格拉斯東的愛爾蘭自治提案流於破產，那麼，這些帶有黨派偏見但確實是相當精確和可信的幻想便成為了最佳的指導，使我們失去了自由黨所設想的牧歌田園式的愛爾蘭，一個從屬於英國卻享有自治的愛爾蘭，一個因宗教和文化而分裂但以愛國主義而統一起來的愛爾蘭。

自治下的愛爾蘭

以上概述和討論了當時代的人們為設想自治下的愛爾蘭政府的可能形態而提供的各種證據，概述了愛爾蘭自治運動的背景，描述了第三個愛爾蘭自治提案的細節，發掘了當時代的人們對自治政府的各種猜測。現在可以把這些素材集合在一起來構成一些反事實的假設。第一個假設的前提是前面已經提到的觀點，即愛爾蘭自治提案如果在一九一二年獲得通過。第二個假設則是以歐洲大戰能夠延遲或避免，而自由黨和阿爾斯特的合併派直接進入對抗的行動（而不是像雙方在一九一四年八月避開了危險）為前提。

愛爾蘭自治提案在一九一二年獲得通過，在暫時把阿爾斯特的六個郡除外的基礎上建立了愛爾蘭的自治。內閣在一九一二年二月六日舉行會議，勞合．喬治和邱吉爾提出了把阿爾斯特除外的計劃。會議發生了分歧，但是主張先發制人地提出計劃的觀點佔了上風。阿斯奎斯是獨立的，但他認識到需要進行談判，因而站到了主張將阿爾斯特除外的一方。[88]愛爾蘭事務大臣比雷爾也許是在勞合．喬治和邱吉爾的支持下向雷德蒙和愛爾蘭議會黨兜售他的建議。表面上統一和強大的內閣陣線再加上這個計劃的臨時性質有助於消除愛爾蘭領導人，特別是北方民族主義派的領袖德弗林的深刻敵意，迫使他們打消建立全愛爾蘭政治制度的計劃。[89]但是，代替拒絕的另一種可能是向愛爾蘭授權的方式以及合併在選舉中取得勝利。

因此，一九一二年提出的愛爾蘭自治提案是暫時分割的計劃。正如勞合·喬治所預料的，保守黨和阿爾斯特的合併派亂了陣腳，發生了分裂。保守黨的陣線分為好幾派。南方合併派最有影響的同情者蘭斯多恩勳爵（Lord Lansdowne）激烈反對提案，而奧斯汀·張伯倫（Austen Chamberlain）和休·塞西爾勳爵（Lord Hugh Cecil）等比較冷靜的人物卻把自由黨的提議看作即使不能作為解決愛爾蘭的方案，但仍可以作為談判的基礎。[90]波納·勞的直覺比人們想的更為微妙。他認識到在英國向阿爾斯特發動討伐的計劃因為自由黨的提案而受到根本的挫折。他有能力以號召保護陷入戰爭的阿爾斯特為由而把黨內的力量集合起來，但沒有能力以分離的談判的爭論為理由來動搖保守黨和國家，因此，他準備與自由黨合作。

但是，波納·勞需要制裁愛爾蘭合併派的領導人。在這一點上，自由黨提供的建議又一次起到分裂的作用。南方的合併派十分害怕，這與生活在被排除於自治地區以外的阿爾斯特的合併沒有什麼兩樣。來自運動核心地區東南部的合併派領導人比較謹慎，但其中也有一些人屬於鷹派，特別是布爾戰爭的退休軍官，他們並不為阿斯奎斯表面上的慷慨所動。[91]在一八八六年和一八九三年曾經為愛爾蘭自治提案而奮鬥的卡森認識到了阿斯奎斯的提案比格拉斯東的提案對他們更為有利，出於敏銳的政治理解能力，他也認識到為了愛爾蘭合併派的事業而提出的建議會帶來戰術上的困難。儘管他並不信任自由黨，但仍準備與他們合作。卡森接受了阿爾斯特的一些副手的建議，其中主要是詹姆士．克雷格的建議。克雷格的一生都反映出他極為關心以東阿爾斯特作為他的政治基地。由於自由黨的建議主張保護這塊核心地區，而克雷格作為英國和議會中一名經驗豐富的競選者，也意識到了要進行持續性抵抗的可能將遇到的困難，因此他的意見傾向於謹慎地接受自由黨的建議。

在暫時將阿爾斯特排除在愛爾蘭自治提案的基礎上雙方的判斷達成了協議，提案被通過並成為法案。新的愛爾蘭議會在新愛爾蘭自治法案規定的期限內，即一九一三年九月的第一個星期二召開。[92]儘管存在著壓力和預測，但過去的愛爾蘭黨的統一保持住了，並成為都柏林新議會下院中的多數黨，在愛爾蘭的新政府中佔有多數。約翰．雷德蒙為愛爾蘭的第一屆首相。在下院的一六四個席位中，有零星的南方合併派和新芬黨的代表，但南方合併派在參議院取得了較多的席位。愛爾蘭總督給予他們的席位達四十個，超過了它應占的比例。各種形式的立憲民族主義者的少數派也在下院和參議院中佔有一些席位。他們都是中央黨威廉．奧布雷恩（William O'Brien）的支持者。

愛爾蘭政府是否正如合併派的權威人士於一九一一～一九一二年所說的那樣在愛爾蘭建立起天主教和教權主義的優勢呢？愛爾蘭自治法案正式禁止任何形式的教會宗派的立法，但也有某些方法可以繞過這一禁令（有合併派的人士指出愛爾蘭自治政府的稅收制度給予了教會機構某些優惠）。[93]但是，一些重要的民族主義黨人士與新教家庭有聯繫，例如雷德蒙的母親和妻子都是新教徒。[94]此外，新議會內（和西敏寺議會中的愛爾蘭議會黨一樣）有相當多的新教徒，雖然人們普遍認為他們在政治上無足輕重，但有可能反對令人難以忍受的教權主義。扼制教會宗派優勢的最強大的力量也許是來自臨時分離的安排所造成的壓力。新的愛爾蘭政府有充分的理由向依然敵視他們的北方表示慷慨的意圖。在新議會中教會宗派勢力無疑是相當強大的，例如德弗林的黨派組織和古代愛爾蘭人團都在議會中佔有相當多的席位。[95]但是，這些勢力同樣被依然有很大影響力的中央立憲傳統以及尚未受到歐洲大戰削弱的南方合併派所抵銷。因此，這裡有充分的理由認為，雖然愛爾蘭自治提案是在教會宗派增強的背景下提出的，但新的愛爾蘭政府（至少在最初階段上）對宗教分歧的敏感實際上會超過一九二〇～一九二一年建立的愛爾蘭自由邦和北方愛爾蘭等這些政治機構。

新政府與北方關係依然是不穩定和複雜的。雖然在愛爾蘭自治法案中達成了某種解決方案，但仍具有臨時的性質。這意味著阿爾斯特的合併派還是十分謹慎的，保留了自己的防禦組織（例如名義上的阿爾斯特臨時政府）。他們的態度以及臨時除外的安排將會有什麼樣的前景，都是很難預測的。臨時的分離正如許多自由黨人所預測的將會消除阿爾斯特合併派內部正在增強的強硬態度，而這種可能性是存在的。要堅持六年不停地挑戰畢竟是件相當困難的事情，何況分離的處置辦法還有可能延長。為了在很大程度上取決於新的愛爾蘭自治政府，雷德蒙意識到在愛爾蘭自治的問題上取得了讓步，因而對自由黨政府承擔有義務。這導致他在一九一四年八月開始的戰爭中向英國表示支持，鼓勵招募愛爾蘭的志願者加入英國軍隊。[96]在相對穩定的憲政制度下，阿爾斯特的合併派感覺到這證明了雷德蒙的「忠誠」，加上合併派和民族主義黨對待戰爭的態度趨於一致，這也有助於鞏固民主的政治聯繫。⑰臨時性的排除，再加上第一次世界大戰，兩者結合在一起，喚起了英國合併派對阿爾斯特的熱情，新的愛爾蘭自治政府也可能因此來證明它在排除時期是勝任的。阿爾斯特的合併派只剩下一個選擇，如果他們繼續這樣的做法將失去英國對他們的支持，否則的話，只有加入新的愛爾蘭自治體制。後一種選擇並非完全沒有可能。一九二〇年以後，（事實證明包括詹姆士．克雷格在內的）許多阿爾斯特的合併派在比較嚴酷的環境下逐步相信分離只是一種過渡性的現象。戰爭帶來的團結成了憲政制度的基礎。至於這種一致的態度以及由此而支撐著的政治統一能夠維持多久，則是另一個問題。⑱

都柏林的新政府在阿爾斯特合併派的懷疑和英國的偏見夾擊下是否能夠勝任呢？民族主義黨的領導人如雷德蒙、德弗林和約翰．狄龍（John Dillon）等人發揮了突出的政治智慧，加上有行政紀律和自治法案規定的限制，有充分的理由持樂觀的態度。此外，如果朝前看，政治天賦不足以及經驗不夠豐富的自由邦大臣們在一九二〇年代如果說想像力不足但至少還是個十分稱職的新獨立的愛爾蘭政府。愛爾蘭自治政府中的立憲民族主義黨受過反對黨紀律的長期訓練，只可能以十分謹慎的方式行使行政權。

對憲政的穩定所造成的威脅不是來自愛爾蘭的新統治者，而是來自賦予他們權力的愛爾蘭自治法案。雖然法案包含了一些扼制及平衡的條款以避免與北方發生衝突，但仍然保留了與英國議會發生衝突的因素。法案所規定的權力分配方式或西敏寺議會的至高無上的權力將會引起爭端，總督對愛爾蘭立法機構的否決權也會造成困難，因為這項設計是為了英國議會的立法干預，但其中也存在問題。西敏寺議會中的愛爾蘭議員數量減少了，但依然保持很強的影響力，特別是（像一九一〇年那樣）在議會中與英國的兩大黨勢均力敵。愛爾蘭人在倫敦的影響力可以充分用來推動憲政方面的利益，特別是在愛爾蘭自治政府與帝國政府的衝突日益增加、增強的時候。

這類衝突也會增強人們對分離主義和共和主義事業的信心。[99] 都柏林和倫敦之間的每一次衝突都會激起立憲民族主義黨的憤怒，但是，他們也會受到新芬黨少數派的壓力。後者要求取得更多的獨立。此外，隨著反戰情緒的增長以及對愛爾蘭政府親英立場的敵視態度的加深，民族主義黨的事業得到了更多的支持。愛爾蘭自治政府可能控制住局面，但只可能使用分離主義者的理由，因為停戰以後將會提出進一步做出憲政方面的讓步。這是完全可能的，因為還有五萬名愛爾蘭傷員滯留在戰爭中。

這一反事實的思考產生了對一九二〇年代愛爾蘭狀況的看法，這些看法得到了歷史檔案的支持。無論是從真實的歷史還是從虛擬的歷史來看，愛爾蘭都成為了一個自治領，與英帝國保持著一種鬆散的聯繫。無論是把阿爾斯特納入還是排除在自治之外都與這個反事實的設想沒有太大的關係。在「背叛」了愛爾蘭自治以後，阿爾斯特的合併派不再會真心支持恢復英國和愛爾蘭的合併。還有充分理由認為，如果北方加入都柏林政府，合併派將成為這個政府中具有影響力的成員，並致力於鞏固自己的權力。阿爾斯特的合併派加入都柏林政府後雖然未必但很可能繼續保持愛爾蘭與英國國王之間的聯繫，但即便如此，愛爾蘭也只能在一九四九年成為一個共和國。[100] 不過，這裡也有必要再一次強調，雖然合併派擁有大批議會席位的獨立的愛爾蘭，但是從長期的角度來看，這未必是一個政治和文化上的問題都得到解決的政體。事實上有充分理由得出相反的結論。

如果愛爾蘭自治法案在一九一二年通過便會發生英國與愛爾蘭之間的戰爭的假設是不大可能成立的。同樣，分離主義者會發動反對（用麥克斯溫尼的比喻來說）似乎已經加入帝國狂歡節的愛爾蘭自治政府的起義的假設也是不大可能的。因此，民族主義黨的革命傳統在愛爾蘭不大可能消失，但由於他們關心的問題相當分散，有可能得不到民眾的支持。不過，民族主義黨的革命派會迫使愛爾蘭自治議會轉向反抗情緒更為強烈的立場。國內的騷動難以避免，但這些騷動可能是緣起於阿爾斯特問題，而不是如一九二二～一九二三年那樣緣起於民族主義黨內部的分歧。

這又引出了一系列其它的反事實思考。一種有關一九一二年的解決方式的想法認為，由於自由黨的控制和保守黨的冷淡態度這兩種因素結合在一起，阿爾斯特合併派的戰鬥力將扼制在襁褓中。但是，這種假設在當時並沒有引起重視。歷史檔案中並沒有任何證據表明到一九一四年北方的軍事實力羽翼豐滿之前曾經提出過解決自由黨政府與阿爾斯特合併派之間問題的建議。一九一三年底至一九一四年七月的外交檔案僅僅表明談判的各方陷入了僵局，只是因為大戰的爆發才消除了緊張關係。要是沒有這場戰爭，情況會如何呢？或者，正像本書的其它地方所指出的，如果歐洲其它地區都在向大決戰進軍，而英國依然保持中立，情況又會如何呢？難道阿斯奎斯政府會為了愛爾蘭的內戰而犧牲英國士兵的生命嗎？

歐洲戰爭的前景顯然是讓合併派的領導人和自由黨政府避免了阿爾斯特危機的原因。當時以及後來確實有人至少是從英國憲政穩定的狹隘角度認為，一場更大規模的戰爭防止了一場規模較小但也許是破壞性更大的衝突。當時的人們提出了這樣一些反事實的觀點：如果一九一四年沒有發生歐洲的這場災難，阿爾斯特可能會進行一場內戰嗎？阿爾斯特的內戰如何改變了現代愛爾蘭的憲政史？對這些觀點還需要做更加充分的考察。

如果一九一四年白金漢宮會議的失敗，愛爾蘭自治法案將包含整個愛爾蘭。阿斯奎斯在一九一四年七月提出的修正提案建議把阿爾斯特排除在自治以外，但是，他的提案在許多人看來是不能令人滿意的，因此實際上是失敗了。假設歐洲大戰並沒有導致英國黨派之間的休戰，假設英國的中立持續下去，愛爾蘭自治法案將生效運動，選舉產生新的愛爾蘭下院，新政府與倫敦之間的行政功能將逐步分離。

在愛爾蘭北方，愛爾蘭自治法案的生效標誌著阿爾斯特最初於一九一一年開始的運動將開展起來，從而建立起一個對立的政府。為了防止這種事件的發生已經制訂了一個計劃（雖然只是一個輪廓），而這個計劃將付諸實施：鐵路和交通線被投入服役，軍工廠和供應點將被佔領，通往北方的公路將被封鎖和設防。[101] 防暴部隊及其政治指揮官早已意識到警察部隊和國王衛隊會立即加入反對英國軍隊，因此制訂了一項將他們逮捕和解除武裝的計劃。[102] 愛爾蘭自治法案規定的機制，例如新下院的選舉要麼無效，要麼被利用來推動起義。北方的選舉可能會被用來向起義者授予權力（新芬黨在一九一八年和一九二一年就以同樣的理由利用了英國的選舉）。幾乎可以肯定的是，政府在發生起義的時候將不會立即採取鎮壓措施。阿斯奎斯擔心（暫時的）的非暴力違抗會轉變為流血起義，但他更關注於等待更有利的機會進行干涉。[103]

阿爾斯特臨時政府計劃用最少數量的軍隊取得並行使控制權（卡森強調出於戰術和人道主義的原因，阿爾斯特志願軍不會開第一槍）。英國政府同樣想盡可能地避免與合併派起義軍發生流血衝突。[104] 但是，雙方至少早在一九一四年三月就開始準備在愛爾蘭進行一場內戰。正當阿爾斯特合併派草擬軍事行動計劃的時候，英國政府內的強硬派（包括邱吉爾和國防大臣西利〔Seely〕）可能正在就實行軍事管制的可行性進行辯論。[105] 阿爾斯特的合併派這時已經武裝起來，一九一四年四月向北方（非法）進口了二萬五千支步槍和三百萬發子彈。除了這些武器，合併派還擁有一萬二千～一萬五千支各種類型和各個年代生產的步槍，到一九一四年七月，武器的總數達到三萬七千支步槍，而且這個估計可能還有些偏低。[106] 保王派從一九一〇年底開始軍訓，在一九一三年和一九一四年建立了大規模的教導營，例如一九一三年十月在蒂龍郡的巴隆斯科特建立了一座教導營。[107]

對保王派的軍事行動可能有兩種不同但有相互聯繫的反應。民族主義黨有一支對立的議會軍，即愛爾蘭志願軍，在分離主義情緒的鼓動下於一九一四年春迅速擴張，特別是擴張到大多數人支持愛爾蘭自治法案的西阿爾斯特。到一九一四年五月，全愛爾蘭招募了十二萬九千名志願軍。他們的武器裝備很差，但士氣很高昂。他們的指揮官過去是坎勞特別行動隊的軍官。他於七月宣佈「任何政府如果試圖把民族主義黨的郡劃到愛爾蘭以外，都必須考慮到我們」。[108] 試圖以任何的方式改變愛爾蘭區劃的政府都會遇到愛爾蘭王家衛隊和愛爾蘭衛戍部隊的反抗。這些軍事力量都是阿爾斯特合併派潛在的但決非是狂熱的對手。[109]

一九一四年愛爾蘭自治法案的通過很有可能引發阿爾斯特志願軍與愛爾蘭志願軍之間的戰爭。合併派和民族主義黨會在阿爾斯特的南部和西部以及在貝爾法斯特為各自的光榮事業進軍並顯示武力。阿爾斯特志願軍的軍事計劃是奪取南丹地區民族主義黨的戰略要地。如果他們一旦採取這樣的行動，毫無疑問會引發衝突。[110]阿爾斯特志願軍有優勢的武器裝備，（至少在北方）也佔有人數的優勢，可以暫時擊敗民族主義黨的反抗，但是為此付出的政治代價是巨大的，將會引起流血和教會宗派的騷動。合併派試圖和平解除當地的愛爾蘭王家衛隊的武裝的計劃非常粗糙，但要達到的目標又十分遠大。這個解除武裝的過程就十分可能引起主要是天主教警察部隊和新教志願軍之間的衝突。無論是警察部隊或是愛爾蘭志願軍與阿爾斯特志願軍發生戰爭，都會使英國對合併派的支持受到威脅，特別是難以看出保守黨在發生了流血的宗派衝突或愛爾蘭王家衛隊的成員受到殺害或負傷以後如何繼續保持對阿爾斯特合併派的支持。

阿斯奎斯政府會對這一事件公開表示遺憾，而在私下卻慶幸這為他增添了一個政治砝碼。此外，他還可以利用此個事件來讓英國陸軍和海軍對待阿爾斯特合併派的態度變得單純一些。這個態度暫時地（但僅僅是暫時地）確定為一九一四年三月在基德爾郡的克拉軍營中發生了「事變」或「兵變」。當時的一名准將和六十名軍官宣佈辭職，拒絕向北方進軍把愛爾蘭自治法案強加給阿爾斯特。[111]但是，這場軍事危機的產生並不是因為官方有計劃地試圖對阿爾斯特的合併派施行軍事管制，而是因為軍隊的指揮官亞瑟·巴格特爵士（Sir Arthur Paget）弄壞了事情的結果，因為他在通訊中曲解了來自作戰部的一份清楚無誤的命令。巴格特把警戒部隊部署在阿爾斯特，就像是要宣佈一場戰爭。他還單方面地向下級軍官們宣佈了他辭職的選擇。可以理解，從這個事件中人們往往推論出軍隊是堅定的合併派，不可能派他們去攻打阿爾斯特的志願軍。遲至一九一四年七月四日，軍事委員會明確承認不會在阿爾斯特實行軍事管制。[112] 同樣地，也有人強調在海軍官兵中也有類似的態度。[113] 但是，這個事件太容易造成誤解，它所揭示的不是說軍隊中存在反叛的情緒（他們沒有違背任何命令），而是說在軍隊中存在對合併派的廣泛同情，只要存在選擇的話，他們就會決定避免對阿爾斯特進行流血干預。不過，所有這些證據都表明如果不存在選擇的話，軍官們會違背要他們向北方進軍以實施愛爾蘭自治法案的直接命令。「叛軍首領」高夫准將（Gough）明確地宣佈「如果總司令部命令我的部隊向北開進貝爾法斯特，我將義無反顧地前進」。[114]

克拉事件毫無疑問地使愛爾蘭自治法案更加難以被接受，但其困難的程度依然有可能被誇大。時間的推移明顯緩和了克拉事件造成的負擔，特別是在一九一四年十一月反對實行軍事管制的最有影響的軍人陸軍元帥羅伯茨勳爵（Lord Roberts）去世以後。這當然是阿爾斯特合併派的一大損失。但是，更嚴重的是，正如前面所提及的，當阿爾斯特志願軍向天主教的愛爾蘭志願軍或警察開槍時，軍官們對合併派的同情將會受到最嚴重的考驗。在這樣的情況下，如果一名不像巴格特那麼糊塗的指揮官下達了一個不確切的命令時，完全有可能發生另一場「兵變」。

阿爾斯特的志願軍能夠取得軍事勝利嗎？[115] 毫無疑問，阿爾斯特志願軍能夠單獨取得對愛爾蘭王家衛隊或愛爾蘭志願軍的勝利。但是，正如前面所論及的，這樣一些勝利埋下了自我失敗的種子，因為這為英國政府和軍隊的干涉提供了機會。在這樣的情況下很難看到有可能獲得政治或軍事上的好處。阿爾斯特志願軍兵力充沛（約十萬人），武器精良，熟悉當地的地理環境。但是，隨著戰爭的臨近，軍隊的數量會減少。此外，武器的數量雖然十分狀觀，但也帶來了後勤的嚴重困難。合併派的一部分武器十分陳舊，步槍的類型太多，左輪槍太少，而在另一端，能夠用於有效作戰行動的機槍或野炮也太少。從阿爾斯特志願軍擁有大量的彈藥來看，顯然缺乏足夠的軍事訓練，更不用說將它裝備成一支能堅持長期戰爭的軍隊。有人說「在一場全面的軍事衝突中，阿爾斯特志願軍的武器造成了一場後勤的惡夢」，這個判斷是完全正確的。[116] 這些困難有可能克服，阿爾斯特志願軍還可以充分利用熟悉地方環境的條件來進行游擊戰。但是，他們卻根本不願意採取這種作戰方式。官方主張進行「標準的戰鬥」方式，阿爾斯特志願軍的訓練和組織都說明他們事實上在準備一場常規戰爭。[117] 毫無疑問，阿爾斯特志願軍會勇敢地與英國軍隊作戰，就像他們在索姆河和在默西拿同德國軍隊作戰一樣的勇敢。但是，同樣沒有疑問的是，他們的傷亡數字也會同樣多。無論是合併派的領導人還是英國的公眾輿論都不允許這樣的流血犧牲，正如小說《北方之焰》所指出的，就在衝突發生後的幾個星期裡，很可能就開始了對妥協進行的斡旋。[118] 可以肯定的是，談判基本上是根據阿斯奎斯和勞合．喬治在一九一四年春提出的臨時將阿爾斯特除外以及由各郡進行選擇的基礎上進行的。

所有的證據表明，如果軍隊開進阿爾斯特，阿爾斯特志願軍將遭受失敗。自由黨政府與阿爾斯特合併派之間妥協的條件完全有把握可以想像出來。但是，要評估這個事件所產生的長期後果則要困難得多。以當時的一些論點為依據，北方保王派中強硬的合併派分子不可能在英國政府（即使是在自由黨政府）和軍隊手中經受了恥辱以後又倖存下來。從英國軍隊在阿爾斯特的軍事行動中遭到傷亡的角度來看，保守黨顯然不能再給予同情。卡森和克雷格等領導人會因為軍事上的失敗而遭到拒絕，就像雷德蒙在一系列被設想出來的政治失敗以後被選民拒絕一樣。一些消極反抗愛爾蘭自治法案的人很可能會像當時的評論家所預言的那樣再次受到審判。⑲北方的合併派在國內遭受了失敗，又失去了英國的同情，有可能會像北方民族主義黨加入貝爾法斯特議會那樣，或者像一九二七年愛爾蘭戰士黨加入愛爾蘭議會那樣，以勉強的方式加入都柏林的自治議會。這些合併派的加入是否會像瑞士那樣成功地創造一個多元文化的民主制度，或者創造一個像加拿大那樣的不夠穩定卻有效率的聯邦，或者像捷克和南斯拉夫那樣失敗和分裂，是一個可以進一步討論的問題。但是，不管是走向哪條道路，英國與愛爾蘭之間的關係不會比事實上更好。合併派和民族主義黨將僅僅在敵視英國人壓迫的基礎上團結起來。

和平的樂土？

愛爾蘭的自治失敗了。愛爾蘭通過一九一九～一九二一年的戰爭以及一九二一年十二月的條約後取得了獨立。阿爾斯特問題通過愛爾蘭法案而成立的政府在一九二〇年制訂的分離計劃而獲得解決。英國與愛爾蘭的關係由於新愛爾蘭國家的建立所造成的環境而變得似乎永遠無法改善。

北愛爾蘭內部的教會宗派之間的關係由於分離的處置方式本身的性質和程度而變得永遠尖銳的。回顧這段過程，愛爾蘭自治法案就像是個瞬間即逝的機會，可以創造一個妥善處置的愛爾蘭，又能建立都柏林和倫敦之間富有成果的外交關係。

愛爾蘭自治法案可以避免北愛爾蘭「麻煩」的觀點本身仍存在著矛盾。阿爾斯特問題中的許多難題不是因為愛爾蘭自治法案的失敗，而是由於愛爾蘭自治法案規定的措施獲得了成功才引起的。北愛爾蘭存在的憲法依據是愛爾蘭法案的政府，是一個把分離和授權結合在一起的立法混合體，雖然不能讓南方的民族主義黨滿意，但得到了阿爾斯特合併派的承認。根據一九二〇年的法案，在貝爾法斯特建立了愛爾蘭自治的議會和行政機構，一直持續到一九七二年開始由倫敦直接管理。北愛爾蘭的自治帶來了無休止的財政困難（貝爾法斯特與倫敦之間的經濟關係一向惡劣，因此不得不在一九二四～一九二五年進行修改），使得合併成為佔有統治地位的政治傳統，這也意味著北方民族主義黨的邊緣化。人們經常強調合併派在北方自治政府中掌權是個諷刺，但是，一九二〇年代解決方案的真正諷刺是合併派通過這個方案給自治的生命帶來了最悲觀的預測。斯托蒙特的阿爾斯特的現實反映了自治下的愛爾蘭的潛在現實。

當然，並沒有什麼必然的因素造成了第三個愛爾蘭自治提案作為一項立法的失敗。前面已經說明，一九一二年春，自由黨政府和阿爾斯特合併派之間的一次和解機會錯過了。分離的解決方式也不是必然的。至少是把北方六個郡永遠排除在愛爾蘭自治方案之外的形式不是不可避免的。前面也論證過阿爾斯特的合併派有機會至少同都柏林政府達成暫時的和解，特別是在一九一四年統一的愛爾蘭決定向盟軍提供戰爭支持的背景下。

主張愛爾蘭自治法案可以在議會方面取得成功決不等於說它作為一項政策也會取得成功。主張愛爾蘭可以避免永久性的分離也決不等於說可以出現一個穩定而統一的愛爾蘭國家。一九一二年和平解決愛爾蘭自治危機的唯一條件可能是把四個或六個郡暫時排除在愛爾蘭自治之外。按照最樂觀的估計，這幾個郡可能會在法律期限過後勉強地承認愛爾蘭的自治。即使認為愛爾蘭可以不通過大規模的流血而取得統一，這個新產生的國家也含有一百萬以上，在文化上有巨大差異而不願加入的公民。如果說推動愛爾蘭國家產生的動力是成熟和穩定的民主制度，其中包含公認的天主教以及公認的對蓋立克文化的尊重，對於人數眾多和高度防禦性的北方新教徒所組成的社區來說可能是一場災難。全體愛爾蘭人為統一付出的代價比他們為分離付出的代價高得多。在分離的情況下是三十二個郡構成的不穩定的愛爾蘭對六個郡構成的不穩定的北愛爾蘭。

無論如何，愛爾蘭自治提案的失敗決不意味著英國失去了愛爾蘭，因為英國早在一九一二～一九一四年以前就失去了愛爾蘭。十九世紀愛爾蘭民族認同的取得是建立在他們自覺地否定英國屬性的基礎上。這與蘇格蘭的民族認同與英國屬性之間的互補關係是相對立的。愛爾蘭自治可能會在一九一四年以後的愛爾蘭議會中重新確定，就像他們在一九二〇年代重新確定他們的自治領地位一樣。確實，愛爾蘭自治可以作為取得自治領地位的第一階段。來自分離主義的壓力有可能促成在都柏林建立一個自衛性的民族主義自治政府。愛爾蘭自治的條件也有可能造成愛爾蘭新政府與西敏寺議會之間的對立。所有這一切，再加上阿爾斯特的合併派有可能被置於軍事管制之下，說明愛爾蘭自治並非建立起英國與愛爾蘭關係上的和平時代，而是開始了一個流血的和不斷衝突的國際間痛苦的時期。如果說一九一六年起義和英愛戰爭的犧牲者是多餘的，那麼北方將會失掉更多的生命，卻無法換來政治利益。把愛爾蘭自治看成是通往田園牧歌式生活的道路的觀點是更加深刻地根源於格拉斯東的樂觀主義和近視，而不是依據一九一四年的政治現實。

愛爾蘭自治提案可能被通過，但其中包含的政治危險是很大的，而且有可能變成現實。提案通過的唯一條件是暫時的分離，但也可能是永久性的分離，這給英國憲政帶來的結果與今天存在的狀態大致相同。如果阿爾斯特的合併派被納入了自治的愛爾蘭，完全可以設想一個穩定的和多元的民主制度可能迅速產生。但這是一個風險很高的策略，其中包含著自由黨的治國策略取得短期勝利的可能性。這個策略取得成功的代價是預言的延期實現。英國與愛爾蘭合併之下的北愛爾蘭相當於波士尼亞，而自治下的愛爾蘭就像南斯拉夫一樣不可能成為英國固定的和民主的伙伴。⑫⓪

①《漢薩公報》（*Hansard*），第五集，第三七卷，第一七二一列，一九一二年四月十六日。

②參見阿倫．沃德：《愛爾蘭的憲政傳統：責任政府和現代愛爾蘭，一七八二～一九九二年》（Alan J. Ward, *The Irish Constitutional Tradition: Responsible Government and Modern Ireland, 1782～1992*），都柏林，一九九四年，第三〇～三八頁；又參見麥克道威爾：《愛爾蘭的行政制度》（R. B. McDowell, *The Irish Administration, 1801～1914*），倫敦，一九六四年。對英國和愛爾蘭之間憲政制度的差異所做的扼要考察，參見克雷的評論，載於《漢薩公報》，上院，第五集，第一三卷，第四二三列，一九一三年一月二十七日。

③關於聯合法案的前史，參見詹姆士．凱利：〈聯合法案的起源：英國和愛爾蘭聯盟派觀點之考察，一六五〇～一八〇〇年〉（James Kelly, 'The Origins of the Act of Union: An Examination of Unionist Opinion in Britain and Ireland, 1650～1800'），載於《愛爾蘭歷史研究》（*Irish Historical Studies*），第二五卷，一九八七年五月，第二三六～二六三頁。關於聯合法案的通過，參見波爾頓：《愛爾蘭聯合法案的通過》（G. C. Bolton, *The Passing of the Irish Act of Union*），牛津，一九六六年。

④關於愛爾蘭的民族主義已出版了大批著作。主要參見湯姆．加爾文：《愛爾蘭民族主義政治的演進》（Tom Garvin, *The Evolution of Irish Nationalist Politics*），都柏林，一九八一年；及《愛爾蘭的民族主義革命，一八五八～一九二八年》（*Nationalist Revolutionaries in Ireland, 1858～1928*），都柏林，一九八七年；喬治．波伊斯：《愛爾蘭的民族主義》（D. George Boyce, *Nationalism in Ireland*），第二版，倫敦，一九九一年。

⑤有關這個主題，最傑出的思考請見福斯特：《愛爾蘭的故事：一九九四年十二月一日在牛津大學的就職講座》（R. F. Foster, *The Story of Ireland: An Inaugural Lecture Delivered before the University of Oxford on 1December 1994*），牛津，一九九五年。

⑥埃利．凱都里：《民族主義》（Elie Kedourie, *Nationalism*），第四版，牛津，一九九三年。

⑦ 有關新近對丹尼爾・奧康內爾的研究，參見奧利弗・麥克多納：《奧康內爾：丹尼爾・奧康內爾的生平，一七七五～一八四七年》（Oliver Macdonagh, *O'Connell: The Life of Daniel O'Connell, 1775～1847*），倫敦，一九九一年。

⑧ 有關巴特的生平及其成就的專著僅有一部，即戴維・托恩利的《伊薩克・巴特和愛爾蘭自治運動》（David Thornley, *Isaac Butt and Home Rule*），倫敦，一九六四年。有關這個時期愛爾蘭民族主義政治的分析，具有啟發性的著作有康默福特的《芬尼黨的來龍去脈》（R. V. Comerford, *The Fenians in Context*），都柏林，一九八五年。

⑨ 有關巴涅爾生平的簡明介紹，最好的一部著作是保羅・比尤的《巴涅爾》（Paul Bew, *C. S. Parnell*），都柏林，一九八〇年。

⑩ 阿爾文・傑克森：《阿爾斯特黨：下院的愛爾蘭合併派，一八八四～一九一一年》（Alvin Jackson, *The Ulster Party: Irish Unionists in the House of Commons, 1884～1911*），牛津，一九八九年，第五二頁。有關這個時期的愛爾蘭合併派的主張，參見帕特里克・布克蘭德：《愛爾蘭的合併派（上卷）：英國與愛爾蘭以及新愛爾蘭，一八八五～一九二二年》（Patrick Buckland, *Irish Unionism I: The Anglo-Irish and the New Ireland, 1885～1922*），都柏林，一九七二年；帕特里克・布克蘭德：《愛爾蘭的合併派（下卷）：阿爾斯特的合併派以及北愛爾蘭的起源，一八八六～一九二二年》（Patrick Buckland, *Irish Unionism II: Ulster Unionism and the Origins of Northern Ireland, 1886～1922*），都柏林，一九七三年；阿爾文・傑克森：《愛德華・桑德森上校：維多利亞時代愛爾蘭的土地和忠誠》（Alvin Jackson, *Colonel Edward Saunderson: Land and Loyalty in Victorian Ireland*），牛津，一九九五年。

⑪ 比尤：《巴涅爾》，第一二七～一三二頁。

⑫ 馬修編：《格拉斯東日記》（H. C. G. Matthew eds., *The Gladstone Diaries*），一四卷本，牛津，一九六八～一九九四年，第一二卷，前言第三六～四一頁。

⑬ 詹姆士・拉弗林：《格拉斯東，愛爾蘭自治運動和阿爾斯特問題，一八八二～一八九三年》（James Loughlin, *Gladstone, Home Rule and the Ulster Question, 1882～1893*），都柏林，一九八六年，第一七二～一九六頁。

⑭ 有關這個論點，參見庫克和約翰・文森特：《統治的情緒：英國的內閣統治和政黨政治，一八八五～一八八六年》

（A. B. Cooke and John Vincent, *The Governing Passion: Cabinet Government and Party Politics in Britain, 1885～1886*），布萊頓，一九七四年。

⑮ 沃德：《愛爾蘭的憲政傳統》，第六〇頁。

⑯ 參見威爾比勳爵：〈愛爾蘭的財政〉（Lord Welby, 'Irish Finance'），載於莫爾根編：《愛爾蘭的新憲法》（J. H. Morgan eds., *The New Irish Constitution: An Exposition and Some Arguments*），倫敦，一九一二年，第一五四頁。

⑰ 福斯特：《蘭道夫・邱吉爾勳爵的政治生平》（R. F. Foster, *Lord Randolph Churchill: A Political Life*），倫敦，一九八一年，第二二五頁，比尤：《巴涅爾》，第七二～七三頁。

⑱ 傑克森：《阿爾斯特黨》，第二五～三九頁。

⑲ 拉弗林：《格拉斯東》，第二七三頁。

⑳ 馬修：《格拉斯東日記》，第一二卷，前言第六一～六二頁，前言第八三頁。

㉑ 威爾比勳爵：〈愛爾蘭的財政〉，第一四〇頁。

㉒ 同上。

㉓ 傑克森：《阿爾斯特黨》，第三一五～三一六頁。

㉔ 同上，第三一八頁。

㉕ 羅伯特・布萊克：《無名的首相：安德魯・波納・勞的生平和時代，一八五八～一九二三年》（Robert Blake, *The Unknown Prime Minister: The Life and Times of Andrew Bonar Law, 1858～1923*），倫敦，一九五五年，第一三〇頁。

㉖ 海德：《卡森：愛德華・卡森爵士，敦凱恩的卡森勳爵的生平》（H. M. Hyde, *Carson: The Life of Sir Edward Carson, Lord Carson of Duncairn*），倫敦，一九五三年，第二八六～二八七頁。

㉗ 奧斯汀・張伯倫：《秘密政治：書信集，一九〇六～一九一四年》（Austen Chamberlain, *Politics from Inside: An Epistolary Chronicle, 1906～1914*），倫敦，一九三六年，第一九三頁。

㉘ 布萊克：《無名的首相》，第六九～七〇頁。

㉙ 同上，第一一五～一一六頁。

㉚ 托馬斯・瓊斯：〈安德魯・波納・勞〉（Thomas Jones, 'Andrew Bonar Law'），載於韋弗編：《國家名人辭典，一九二二～一九三〇年》（J. R. H. Weaver eds., *Dictionary of National Biography, 1922~1930*），倫敦，一九三七年，第四九一頁。

㉛ 傑雷米・史密斯：〈虛張聲勢的恐嚇和邊緣政策：安德魯・波納・勞與第三個愛爾蘭自治提案〉（Jeremy Smith, 'Bluff Bluster and Brinkmanship: Andrew Bonar Law and the Third Home Rule Bill'），載於《歷史雜誌》（*Historical Journal*），第三六卷，第一期，一九九三年，第一六一～一七八頁。

㉜ 布萊克：《無名的首相》，第一六五頁。

㉝ 同上，第一八一頁。

㉞ 阿爾文・傑克森：《愛德華・卡森爵士》（Alvin Jackson, *Sir Edward Carson*），都柏林，一九九三年，第三七頁。

㉟ 斯圖亞特：《阿爾斯特危機》（A. T. Q. Stewart, *The Ulster Crisis*），倫敦，一九六七年，第一一六～一二〇頁。

㊱ 傑克森：《愛德華・卡森爵士》，第三五頁。

㊲ 描述德弗林生平的一部最優秀的著作可推伊蒙・封尼克斯的《北方民族主義：北愛爾蘭民族主義的政治、劃分和天主教少數群體，一八九〇～一九四〇》（Eamon Phoenix, *Northern Nationalism: Nationalist Politics, Partition and the Catholic Minority in Northern Ireland, 1890~1940*），貝爾法斯特，一九九四年。

㊳ 帕特里克・賈蘭德：《自由黨與愛爾蘭：一九一四年以前英國政治中的阿爾斯特問題》（Patricia Jalland, *The Liberals and Ireland: The Ulster Question in British Politics to 1914*），布萊頓，一九八〇年，第五六頁。本特利・布林克霍夫・吉爾伯特：《勞合・喬治的政治生平：勝利的締造者，一九一二～一九一六年》（Bentley Brinkerhoff Gilbert, *David Lloyd George: A Political Life: The Organiser of Victory, 1912~1916*），倫敦，一九九二年，第九四頁。當時一名比較中立的觀察者也評論說政府「缺乏政治想像，我認為這就是造成目前僵局的原因」。見霍拉斯・普隆克特爵士：《更佳的道路：呼籲阿爾斯特不脫離愛爾蘭》（Sir Horace Plunkett, *A Better Way: An Appeal to Ulster Not to Desert Ireland*），倫敦，

一九一四年，第七～八頁。

39 賈蘭德：《自由黨與愛爾蘭》，第五九頁；吉爾伯特：《勞合・喬治》，第三～四頁。

40 賈蘭德：《自由黨與愛爾蘭》，第六七頁。

41 同上，第六三～六五頁。

42 同上。

43 第三個愛爾蘭自治提案在當時的出版物上廣泛印發。參見約翰・雷德蒙：《愛爾蘭自治提案》（John Redmond, *The Home Rule Bill*），倫敦，一九一二年，第一〇三～一五三頁；朋布魯克・威克斯：《愛爾蘭自治提案的真相》（Pembroke Wicks, *The Truth about Home Rule*），波士頓，一九一三年，第二二一～二九三頁。

44 雷德蒙：《愛爾蘭自治提案》，第一二頁。

45 同上，第三頁。

46 同上，第五～六頁。

47 賈蘭德：《自由黨與愛爾蘭》，第一六一頁。有關合併派對財政條款所做的持久批評，參見塞繆爾：《愛爾蘭自治法案中的財政方案》（A.W. Samuels, *Home Rule Finance*），都柏林，一九一二年。

48 雷德蒙：《愛爾蘭自治提案》，第二三頁。

49 羅伊・詹金斯：《阿斯奎斯》（Roy Jenkins, *Asquith*），倫敦，一九六四年，第二七九頁。

50 賈蘭德：《自由黨與愛爾蘭》，第四七頁。

51 有關愛爾蘭自治提案的早期小說所做的詳細討論，參見愛德華・詹姆士：〈英國與愛爾蘭的分歧：過去的愛爾蘭的未來〉（Edward James, 'The Anglo-Irish Disagreement: Past Irish Futures'），載於《亞麻廳評論》（*Linenhall Review*），第三/四卷（一九八六年冬），第五～八頁。又參見克拉克：《戰爭的預言，一七六三～一九八四》（I. F. Clarke, *Voices Prophesying War, 1763~1984*），牛津，一九六六年；蘇文：《英國維多利亞時代的科學幻想小說：論知識和力量》（D. Suvin, *Victorian Science Fiction in the U. K.: The Discourses of Knowledge and of Power*），波士頓，一九八三年。當

時出現了一批這類文學作品的傑出作家，其中包括格利高里夫人。參見詹姆士・佩希卡編：《格利高里夫人的日記》（James Pethica eds., *Lady Gregory's Diaries, 1892～1902*），傑拉爾德克羅斯，一九九六年，第一三頁。

52 關於弗蘭克・弗蘭克福・莫爾的介紹，參見帕特里克・毛姆：〈阿爾斯特的文人：弗蘭克・弗蘭克福・莫爾，桑・布洛克和聖約翰・愛爾文的聯合思想〉（Patrick Maume, 'Ulstermen of Letters: The Unionism of Frank Frankfort Moore, Shan Bullock, and St. John Ervine'），載於理查德・恩格利希和格拉昂姆・沃克：《愛爾蘭的合併派》（Richard English and Graham Walker eds., *Irish Unionism*），倫敦，一九九六年。

53 參見約因・麥克尼爾：〈北方開始〉（Eoin MacNeill, 'The North Began'），重印於馬丁編：《愛爾蘭志願軍，一九一三～一九一五：文件檔案集》（F. X. Martin, eds., *The Irish Volunteers, 1913～1915: Recollections and Documents*），都柏林，一九六三年，第五七～六一頁。又參見帕德雷格・皮爾斯：〈臨近的革命〉（Padraig Pearse, 'The Coming Revolution'），重印於上述檔案集，第六一～六五頁。（我高興，北方已經「開始」。我高興，橙帶黨人已經武裝，看到愛爾蘭人手中的武器，實在是件大好事情）。

54 有關合併派軍火走私的最精彩的描寫還是參見斯圖亞特的《阿爾斯特危機》。

55 喬治・伯明翰：《阿爾斯特的紅手》（George Birmingham, *The Red Hand of Ulster*），倫敦，一九一二年，第二一四～二一五頁。

56 塞繆爾：《愛爾蘭自治：這究竟是什麼！》（A. W. Samuels, *Home Rule: What Is It!*），都柏林，一九一一年，第三二頁。又參見戴希：《愚人的天堂：一位立憲派對一九一二年愛爾蘭自治提案的批評》（A. V. Dicey, *A Fool's Paradise, Being a Constitutionalist's Criticism of the Home Rule Bill of 1912*），倫敦，一九一三年，第一〇六頁。傑克森：《阿爾斯特黨》，第一二二頁。

57 道格拉斯・牛頓：《北方之焰》（W. Douglas Newton, *The North Afire: A Picture of What May Be*），倫敦，一九一四年，第一四二頁。

58 蕭伯納：〈致政治家的序言〉（George Bernard Shaw, 'Preface for Politicians'），載於《約翰牛的另一個島嶼》（*John*

Bull's Other Island)，新版，倫敦，一九二六年，第 xxiii-xxvi 頁。

59 同上，第 xxiv 頁。

60 同上，第 xxx 頁。

61 關於麥克斯溫尼及其劇本的寫作背景，見弗蘭西斯・科斯特洛：《永恆：特倫斯・麥克斯溫尼的生平》（Francis J. Costello, *Enduring the Most: The Life and Death of Terence MacSwiney*），丁格爾，一九九五年，第三八～四〇頁。

62 雷德蒙：《愛爾蘭自治提案》，第六五頁。弗蘭西斯・希西—斯開芬頓：《邁克爾・戴維特：革命的鼓動家和工黨領袖》（Francis Sheehy-Skeffington, *Michael Davitt: Revolutionary Agitator and Labour Leader*），倫敦，一九〇八年，第二六一頁。威廉・雷德蒙重述了其兄弟的觀點，見《漢薩公報》，第五集，第三七卷，第一四九列，一九一二年四月十五日。關於約瑟夫・德弗林的講話，見《漢薩公報》，第五集，第五三卷，第一五四八列，一九一三年六月十日。

63 雷德蒙：《愛爾蘭自治提案》，第六七頁。戴西：《黑暗中的躍進：評一八九三年提案中的愛爾蘭自治的原則》A. V. Dicey, *A Leap in the Dark: A Criticism of the Principles of Home Rule as Illustrated by the Bill of 1893*），倫敦，一九一一年，第一二七頁。

64 雷德蒙：《愛爾蘭自治提案》，第二三頁。

65 理查德・巴格威爾：〈南方的少數派〉（Richard Bagwell, 'The Southern Minorities'），載於羅斯鮑姆編：《反愛爾蘭自治：為合併辯護》（S. Rosenbaum, eds., *Against Home Rule: The Case for the Union*），倫敦，一九一二年，第一八四頁。

66 威克斯：《愛爾蘭自治提案的真相》，第二〇四頁。塞西爾・哈姆斯沃思：〈公眾事務的狀態〉（Cecil Harmsworth, 'The State of Public Business'），載於莫爾根編：《愛爾蘭的新憲法》，第三八七頁。

67 雷德蒙：《愛爾蘭自治提案》，第六六頁。戴西：《黑暗中的躍進》，第一六六～一六七頁。所謂的「十五號房間委員會」指的是一八九〇年十一月就巴涅爾在愛爾蘭黨內的領導權問題進行的一次著名而尖刻辯論的場所。

68 雷德蒙：《愛爾蘭自治提案》，第七五～七六頁。

⑥⑨ 約翰．麥克多內爾爵士：〈愛爾蘭立法權力的憲法限制〉（Sir John MacDonell, 'Constitutional Limitations upon the Powers of the Irish Legislature'），載於莫爾根編：《愛爾蘭的新憲法》，第一一一頁。

⑦⓪ 阿穆爾牧師：〈阿爾斯特的長老派教會〉（Revd J. B. Armour, 'The Presbyterian Church in Ulster'），載於莫爾根編：《愛爾蘭的新憲法》，第四六八頁。

⑦① 威爾比勳爵：〈愛爾蘭的財政〉，第一四六頁。

⑦② 約納丹．皮姆：〈愛爾蘭土地問題的現狀〉（Jonathan Pym, 'The Present Position of the Irish Land Question'），載於莫爾根編：《愛爾蘭的新憲法》，第一六九頁。

⑦③ 莫洛尼：〈司法，警察以及法律和秩序的維護〉（T. F. Molony, 'Judiciary, Police and the Maintenance of Law and Order'），載於莫爾根編：《愛爾蘭的新憲法》，第一五七～一六五頁。

⑦④ 雷德蒙：《愛爾蘭自治提案》，第一三頁，第六五頁。

⑦⑤ 坎貝爾：〈司法和警察的控制〉（J. H. M. Campbell, 'The Control of Judiciary and Police'），載於羅斯鮑姆編：《反愛爾蘭自治》，第一五六頁。

⑦⑥ 彼得．克爾—斯密利：《愛爾蘭自治的危機》（Peter Kerr-Smiley, *The Peril of Home Rule*），倫敦，一九一一年，第五六頁。

⑦⑦ 威克斯：《愛爾蘭自治提案的真相》，第一九六頁。

⑦⑧ 戴西：《黑暗中的躍進》，第一二七頁。

⑦⑨ 彼得．克爾—斯密利：《愛爾蘭自治的危機》，第五三頁。

⑧⓪ 巴格威爾：〈南方的少數派〉，第一八七頁。「沒有任何東西可以調解愛爾蘭的革命衝突，而且有充分的理由認為它只會趨於強大。」

⑧① 托馬斯．辛克萊爾：〈阿爾斯特的處境〉（Thomas Sinclair, 'The Position of Ulster'）載於羅斯鮑姆編：《反愛爾蘭自治》，又參見商人巴里（H. T. Barrie）於一九一二年五月二日發表的評論，載於《漢薩公報》，第五集，第三七卷，

第二一五九欄。

82 菲尼斯・奧弗蘭拉岡（弗蘭克福・莫爾的化名）：《一位愛爾蘭內閣大臣的日記》（Phineas O'Flannagan, *The Diary of an Irish Cabinet Minister: Being the History of the First*〔*and Only*〕*Irish National Administration, 1894*），貝爾法斯特，一八九三年，第二八～三一頁。

83 克爾－斯密利：《愛爾蘭自治的危機》，第六五頁。

84 威克斯：《愛爾蘭自治提案的真相》，第二二〇頁。

85 厄爾・佩西：〈愛爾蘭自治的軍事劣勢〉（Earl Percy, 'The Military Disadvantages of Home Rule'），載於羅斯鮑姆編：《反愛爾蘭自治》，第一九六～一九七頁。關於這個主題的充分討論，參見少將托馬斯・弗雷澤爵士：《愛爾蘭自治的軍事危險》（Sir Thomas Fraser, *The Military Danger of Home Rule in Ireland*），倫敦，一九一二年。與南非的對比常常被人們提及，例如莫尼本尼：《兩個愛爾蘭國家：論愛爾蘭自治》（W. F. Monypenny, *The Two Irish Nations: An Essay on Home Rule*），倫敦，一九一三年，第八〇～八七頁。

86 佩西：〈愛爾蘭自治的軍事劣勢〉，第一九六頁。

87 同上。

88 賈蘭德：《自由黨與愛爾蘭》，第六七頁。文中指出阿斯奎斯早就認識到了需要（以可能的方式）進行談判。

89 德弗林在一九一六年還能（在戰爭的環境下顯然有困難）向北方的民族主義者表示支持暫時將六個郡除外。參見封尼克斯的《北方民族主義》，第二九～三三頁。

90 關於英國的合併派在支持阿爾斯特的問題上發生的分歧，參見羅德納：〈聯盟派、聖約派和溫和派：英國對阿爾斯特的支持，一九一三～一九一四年〉，《愛爾蘭》（*Eire- Ireland*），第一七卷，第三期，一九八二年，第六八～八五頁。參見史密斯：〈虛張聲勢的恐嚇和邊緣政策〉，第一六一～一七八頁。關於張伯倫在保王派的軍事問題上支吾其辭的例子，見《漢薩公報》，第五集，第三八卷，第二六五欄，一九一二年五月七日。關於勞合・喬治預料保守黨有可能遇到困難的證據，見吉爾伯特：《勞合・喬治》，第九五頁。

91 Hard-liners appear to have kept a brake on the more consensual impulses of some Ulster Unionist leaders in 1913～1914.請參見傑克森：《愛德華．卡森爵士》，第三六～四〇頁。

92 雷德蒙：《愛爾蘭自治提案》，第一三二頁。

93 克爾—斯密利：《愛爾蘭自治的危機》，第五二～五三頁。

94 保羅．比尤：《意識形態與愛爾蘭問題：阿爾斯特的合併派和愛爾蘭民族主義黨，一九一二～一九一六年》（Paul Bew, *Ideology and the Irish Question: Ulster Unionism and Irish Nationalism, 1912～1916*），牛津，一九九四年，第六頁。

95 參見約瑟夫．德弗林的演說，載於《漢薩公報》，第五集，第五九卷，第二二八四欄，一九一四年三月十九日：「民族主義黨一方有真誠的願望去盡一切努力滿足他們的要求和他們的願望，甚至包括滿足他們最帶有暴力的偏見。」關於愛爾蘭人團，參見敦拉文勳爵（Lord Dunraven）的演說，載於《漢薩公報》，上院，第五集，第一三卷，第四八一欄，一九一三年一月二十七日。

96 比尤：《意識形態與愛爾蘭問題》，第一二〇～一二三頁。

97 由於戰爭的結果，南方合併派與雷德蒙重修舊好。有關的證據參見布克蘭德：《愛爾蘭的合併派》，第一卷，第二九～五〇頁。

98 卡森公開地考慮過被排除在外的阿爾斯特接受愛爾蘭自治法案的可能性。《漢薩公報》，第五集，第六〇卷，第一七五二欄，一九一四年四月二十九日。

99 參見阿默里（L. S. Amery）的評論，《漢薩公報》，第五集，第三七卷，第一七八一欄，一九一二年四月十六日：「財政條款的修改直接推動了愛爾蘭民族主義黨新一輪和更進一步鼓動運動的開始。」

100 蕭伯納：〈致政治家的序言〉，第xxiv頁，對這個問題做了一些令人感興趣的思考。又見《漢薩公報》，第五集，第三七卷，第一四九欄，一九一二年四月十五日：「可以設想，愛爾蘭的事情將順理成章地變為賦予來自阿爾斯特的政黨在愛爾蘭議會中也許是起決定作用的影響力。」（威廉．雷德蒙語）。

101 愛爾蘭國家檔案局，克勞托爾德文件，第D.1700/2/17～18號文件〈愛爾蘭自治運動檔案〉，卷宗號第一八七號。又參見愛爾蘭國家檔案局，斯本德文件，第 D.1295/2/7 號，〈執行愛爾蘭自治法案時的意外事件〉。又見查爾斯・唐森德：《愛爾蘭的政治暴力：一八四八年以來的政府和抵抗》（Charles Townshend, *Political Violence in Ireland: Government and Resistance since 1848*），牛津，一九八三年，第二五二頁。

⑩ 唐森德：《愛爾蘭的政治暴力》，第二五二頁。

⑩ 唐森德：《愛爾蘭的政治暴力》，第二六九頁。有關英國政府策略的某些證據，參見傑克森：《愛德華・卡森爵士》，第三九頁。關於合併派領導人擔心政府會煽動保王派發動起義的證據，見斯本德文件，D.1295/2/16 號，斯本德為布雷特・英格拉姆起草的備忘錄。關於合併派抵制新的愛爾蘭自治議會的企圖，又參見坎貝爾的評論，《漢薩公報》，第五集，第五五卷，第一六〇欄（一九一三年七月七日）和克拉維的演說，《漢薩公報》，第五集，第五八卷，第一一九欄（一九一四年二月十日）。

⑩ 唐森德：《愛爾蘭的政治暴力》，第二五二頁。

⑩ 揚・貝克特編：《軍隊與克拉事件》（Ian Beckett, eds., *The Army and the Curragh Incident*），倫敦，一九八六年，第九頁。唐森德：《愛爾蘭的政治暴力》，第二六九頁。

⑩ 斯圖亞特的《阿爾斯危機》，第二四四～二四九頁。

⑩ 參見腓利普・克雷克桑克：《阿爾斯特特志願軍蒂龍團：教導營檔案》（Philip Cruickshank, *The Tyrone Regiment, U. V. F.: Record of Camp of Instruction*），一九一三年。

⑩ 封尼克斯的《北方民族主義》，第一四頁。

⑩ 唐森德：《愛爾蘭的政治暴力》，第二六一～二七六頁。

⑪ 斯本德文件，第 D. 一二九五/二/七號：〈鐵路政策〉。這份檔案是阿爾斯特志願軍為愛爾蘭自治法案通過後的一系列應急方案中的一個，建議在他們進入阿爾斯特以後在鐵路線上建立一種牢固的陣線，禁止任何火車的通行」。很難看出他們的目標在南丹的民族主義黨進行反抗的情況下將如何實現。

⑪ 貝克特編：《軍隊與克拉事件》，第一～二九頁。又參見里昂：《克拉的兵變》（A. P. Ryan, *Mutiny at the*

Curragh），倫敦，一九五六年；詹姆士．費格森爵士：《克拉事件》（Sir James Fergusson, *The Curragh Incident*），倫敦，一九六四年。

112 貝克特編：《軍隊與克拉事件》，第二六頁。

113 同上，第二四頁。

114 理查德．霍爾姆斯：《小元帥約翰．弗朗奇爵士》（Richard Holmes, *The Little Field Marshal: Sir John French*），倫敦，一九八一年，第一七九頁，第一八三頁。

115 有關這個論點的完整論述，見阿爾文．傑克森：〈合併派的神話，一九一二～一九八五年〉（Alvin Jackson, 'Unionist Myths, 1912~85'），載於《過去和現在》（*Past and Present*），第一三六期（一九九二年），第一七八～一八三頁。

116 唐森德：《愛爾蘭的政治暴力》，第二五五頁。阿爾斯特合併派的一名議員麥克莫爾迪在辯論中聲稱在保王派手中有十萬支左輪手鎗，這似乎完全沒有可能。見《漢薩公報》，第五集，第三八卷，第二八九欄，一九一二年五月七日。

117 唐森德：《愛爾蘭的政治暴力》，第二五〇頁。

118 牛頓：《北方之焰》，第二〇〇頁。阿瑟．貝爾福考慮到了這樣的形勢，見《漢薩公報》，第五集，第五三卷，第一三〇六欄，一九一三年六月九日。

119 在愛爾蘭自治法案的通過和舉行大選之間，戴西鼓動阿爾斯特合併派進行消極反抗，參見〈愚人的天堂〉，第一二四頁。又參見龍斯達爾一九一二年五月二日的演說，《漢薩公報》，第五集，第三七卷，第二一二三欄。克雷勳爵遣責合併派威脅要扣留稅收，《漢薩公報》，第五集，第一四卷，第八七一～八七二欄，一九一三年七月十四日。

120 一九一四年就有人與巴爾幹進行類比，見波納．勞的演說，《漢薩公報》，第五集，第六〇卷，第一七五一欄，一九一四年四月六日。

第四章　德國皇帝統治下的歐洲聯盟

如果英國在一九一四年八月「袖手旁觀」，歷史將會如何？

尼爾・弗格森

> 這場可怕的災難沒有直接原因。
>
> ——愛德華・格雷爵士（Sir Edward Grey），《用假蠅釣魚》①

在厄斯金・奇爾德斯（Erkine Childers）的力作《沙灘之迷》中，卡拉瑟斯（Carruthers）和戴維斯（Davies）偶然發現了這樣一段描述：「滿載士兵的大批駁船……應組成七支井然有序的艦隊，同時從七個不同的狹小港口開出，在帝國海軍的護送下橫越北海，全部在英格蘭登陸」②，由此證實了德國入侵英國的計劃。像這樣惡夢般令人恐懼的想像在一九一四年前的幾年中並非僅有這一次。三年後，作家威廉・李勒克（William Le Queux）在其暢銷書《一九一〇年的入侵》中描寫了一場同樣駭人聽聞的德國人的入侵。此書在諾斯克立夫勳爵（Lord Northcliffe）仇視德國的《每日郵報》上首次以連載的方式發表。在其早期的寫作生涯中，李勒克作為一名「散佈駭人消息的人」，一直非常關注俄法入侵的危險，但（與巴登堡—鮑威爾〔Baden-Powell〕，這位馬菲金的英雄及童子軍的創立者一樣）他卻從一伙以比利時為基地的偽造者手中得到了偽造的德國入侵「計劃」。這些「計劃」為諸如「羅伊斯頓戰役」和「倫敦保衛戰」等頗具刺激性和快感的想像提供了靈感。③類似的最後一次想像，也是這一系列想像中最具想像力的作品出現在薩基（Saki，赫克托·休·芒羅〔Hector Hugh Munro〕）《威廉的到來：霍亨索倫王朝統治下的倫敦史》（一九一三年）的作品中。該書描寫了德國在取得勝利後所導致的後果，當書中的英雄，莫利·約維爾（Murrey Yeovil）——出身上層統治階級，受到良好的培養和教育——從最黑暗的亞洲回到英國後，卻發現英國已經被征服並且被「併入霍亨索倫帝國……成為德國的領土，亞爾薩斯—洛林的一部分受到北海而不是萊茵河的沖刷」，「攝政街」出現柏林式的咖啡館，並發現在海德公園踐踏草地者均要處以罰款。④儘管約維爾渴望對條頓人的佔領進行抵抗，但他卻發現自己被當時的保守黨人所拋棄。保守黨人（與喬治五世〔George V〕一起）已經逃往德里，留下的僅是一批卑賤低下的通敵者，其中包括他的情婦西西莉和她那些放蕩不羈的朋友，以及處於不同階層的小官僚和「無處不在的」猶太人。⑤

一九一四年英德之間的戰爭確實不可避免嗎？毫無疑問的是，在現代史上幾乎沒有一個事件比第一次世界大戰的發生具有更多的宿命論的解釋。但在當時，意識到戰爭即將爆發的並非只有英國這些深受大眾喜愛的小說家。在德國，人們普遍認為戰爭是不可避免的，在七月危機的關鍵時刻，德意志帝國總理貝特曼·霍爾維克（Bethmann Hollweg）曾對秘書說，他感到有「一股超乎人類力量的強大的命運的力量，在歐洲和我國人民的上空盤旋」。⑥幾天之後，戰爭真正爆發。此時，貝特曼·霍爾維克概述了戰爭爆發的原因。此後，他的這一概述成為對戰爭的宿命論解釋的典型。他概括說：「過去三十年中，帝國主義、國家主義和實利主義決定了國家政策的架構，現在則又為國家政策確定了只有經歷一場大規模的災難才能夠實現的目標。」⑦另一位更為著名的宿命論者則是德國參謀總部的參謀赫爾姆特·馮·毛奇（Helmuth von Moltke）。他早在一九〇五年就察覺到「象徵戰爭的女妖」在對他「露齒獰笑」。⑧他在一九一四年九月辭職後不久便聲稱「戰爭揭示了文明時代是怎樣依次遞進、向前發展的，闡明了每個國家應如何實現其在世界發展進程中早已注定的作用」。⑨毛奇的宿命論是世紀末的神秘主義與「社會達爾文主義」的混合產物，在其前同事貝恩哈迪（Bernhardi）⑩等作家中頗為流行，在奧地利的參謀長康拉德（Conrad）後來的言詞中也有所體現。⑪不過，同樣的結論可能以截然相反的意識形態為前提或基礎。正如沃爾夫岡·蒙森（Wolfgang Monnsen）所示，「戰爭不可避免的陳詞濫調」是德國右派和戰前的左派所共有的一個特徵。即使，希法亭（Hilferding）和考茨基（Kautsky）等馬克思主義知識分子——更不用說列寧和布哈林——沒有預見到戰爭的發生（當然，直到戰爭的爆發），就是社會民主黨領袖奧古斯特·倍倍爾（August Bebel）在一九〇五年十二月期待「資本主義世界上空的曙光」時，他也絕不是唯一的一位。⑫

英國的政治家有時也用宿命論的觀點解釋戰爭——雖然他們較多的是在回憶錄中而不是在戰

前的言辭中表達這樣的觀點，但這並非毫無意義。勞合・喬治的《戰爭回憶錄》中有一段精彩的描述：「處於危險邊緣的國家最終滑進了戰爭的漩渦」，然而這並不是他為了說明這一種巨大的、非人的力量在起作用而使用的唯一的暗喻。他還寫到，這場戰爭是「突然而劇烈的」，是一場政治家們所無法控制的「颱風」。當大本鐘在八月四日那個命運攸關的時刻響起時，「它就像命運的警鐘在我們耳邊迴盪……我感覺像站在一個突然偏離了軌道的行星上，……不知將要快速地旋轉向何方」。⑬邱吉爾在《世界危機》中也運用天體的說法進行了描述：

> 人們必須將那個時代的國家之間的相互交流視為……各種力量之間的奇異組合……就好像太空中運行的天體，彼此之間如果沒有巨大的磁力反應就不會互相接近。如果過於接近，它們將會發生摩擦並迸發出火花；如果保持……在某一點外……則可能互相吸引以至一同脫離軌道……最終發生碰撞而燃燒。

他認為，一種「危險的疾病」正在擴散，「強大的人類種族」處在生死存亡的危機時刻，「空氣中瀰漫著一種怪異的氣氛……在每塊土地的表層下，民族的熱情正在燃燒」。⑭與邱吉爾一樣，外交大臣愛德華・格雷也追憶了一種類似的「令人悲憫的不正常的氣氛」。與勞合・喬治一樣，他也產生了一種「被捲入戰爭漩渦」的感覺。

用所有這些自然災害進行具體的說明，其作用是極為明顯的。在爭戰被視為是現代最嚴重的一場災難時，它們具體地說明了政治家們要求得到承認的事實，即他們遠遠不具備阻止戰爭的能力。格雷在回憶錄中非常明確地指出，戰爭是「不可避免的」。⑮事實上，早在一九一五年五月，他就表達了這個觀點。當時他承認，在七月危機期間，「他最強烈的憤慨之一」就是「他本人無權決定政策」。⑯一九一八年四月，他又承認說：「過去我常常質問我自己能否憑藉我的遠見或智慧來阻止戰爭，但是我逐漸開始明白，單憑個人的力量是根本不可能阻止戰爭的。」⑰

同樣的，一些歷史學家也仍舊用巨大的自然力量來形容將各國推進戰爭深淵的力量。⑱譬如，霍布斯邦就形容七月危機猶如一場「暴風驟雨」；巴爾納特（Corelli Barnett）將英國政府比作一個「坐在水桶中，正在穿過尼加拉瓜瀑布的人」。⑲然而，在其他地方，——甚至在回憶錄中——那些相關人士大部分都承認，英國在一九一四年八月決定參戰之前，至少有一些機會可以進行考慮商談和決策。關於英國的參戰人們往往引用兩個較為明白的原因：首先，英國認為她在道義上和契約上對比利時的中立地位負有保護義務。正如，阿斯奎斯以在公學慣用的詞令指出：「當恃強凌弱者肆意鞭笞和踐踏對他毫無挑釁行為的受害者時……我們具有相同血緣和歷史的人民，絕對不會袖手旁觀。」⑳勞合・喬治對此表示贊同。他說：「如果德國尊重比利時的中立的話……她將有足夠的時間釋放民眾的激情。」㉑此後，歷史學家經常重述這個觀點，即英國不可避免地參戰是由於比利時的中立地位被破壞。四十年前，泰勒寫道：「英國在為主權國家的獨立而戰。」㉒新近，米夏埃爾・布洛克（Michael Brock）又指出，這一點是說服阿斯奎斯內閣中的大部分成員支持參戰的至關重要的因素。㉓

然而，對格雷和邱吉爾來說，另一個主張顯得更為重要，即「出於自身安全和獨立的考慮，英國絕不能容忍德國對法國的侵略行徑，聽任德國征服法國」。㉔邱吉爾聲稱，一個「大陸上的暴君」正在策劃奪取「世界的統治權」。㉕格雷在他的回憶錄中也闡述了這兩點。他寫道：「我們之所以團結一致地立即參戰，是因為比利時受到侵犯。」㉖「不過從內心的感情出發，我認為……我們應該援助法國。」㉗如果英國袖手旁觀，再加上土耳其將站在戰勝的德國一邊，「那麼德國將取得對整個歐洲大陸和亞洲次大陸的霸權」。㉘「袖手旁觀就意味著德國將取得統治地位，法、俄將淪為她的附庸；意味著英國會陷入孤立，並遭到那些害怕她介入戰爭和希望她進行干預的國家的仇恨；意味著德國最終將得以行使對整個大陸的所有權力。」㉙在威爾遜（K. M. Wilson）看來，這一關係自身利益的主張實際上比關乎比利時國家命運的觀點要重要得多。政府雖多次強調後者，但其主要目的還是為了爭取仍猶豫不定的內閣大臣們以排擠政府中的反對派。除此之外，英國參戰的原因還在於保護法、俄，並防止「歐洲統一於英國的一個潛在的敵對政權之下」，而這是英國的利益所在。㉚大衛．弗倫克（David French）即持相似的觀點。㉛近來大部分專著㉜以及保羅．甘迺迪的《英德對抗的源起》，對此也均有所表述。㉝

德國對英國形成威脅的觀點具有可追溯的文飾作用，因而不能被摒棄。上述事例說明，在一九〇〇年左右到一九一四年期間，人們普遍認為德意志帝國企圖藉由採取某種軍事行動以對英國的霸權提出挑戰。當然，英國的歷史學家總是對諸如薩基之流的作品嗤之以鼻，認為這類書表述的不過是其作者因畏懼而臆造出的「駭人聽聞的消息」，不過是在為右派激進分子呼籲徵兵的運動做宣傳。（其實，他們同時也受到了伍德豪斯〔P. G. Woodehouse〕等人的嘲諷。伍德豪斯成功地完成了一部仿文學作品《一次突襲》，又稱《克拉倫斯是如何拯救英國的》。在此書中，英國不僅遭到德意志人的蹂躪，同時也遭到俄國、瑞士、中國、摩納哥和摩洛哥以及「瘋狂的伊斯蘭教神學家」的入侵。）然而，不要忘記，包括外交大臣本人在內的英國所有的外交部高級官員對德國威脅英國的觀點均採取了非常嚴肅、認真的態度——即使對此一觀點的描述並不附加任何色彩。㉞於是外交部為製造仇德輿論做了一番努力，其中最有名的恐怕要數高級秘書艾爾・克羅（Sir Eyre Crowe）於一九〇七年十一月做的備忘錄。他警告說，德國妄圖在「世界舞台上發揮遠遠超過她目前依據實力劃分而享有的支配作用」，這極有可能導致她去「削弱所有競爭對手的權力，並通過領土擴張以加強自己的權力，同時阻止其他國家的聯合，最終分裂並取代大英帝國」。㉟克羅的分析是以法國在大革命後對英國提出挑戰這一類似的史實為基礎的。另一位仇視德國的外交官亞瑟・尼科爾森（Sir Arthur Nicolson）在一九〇九年初寫給格雷的信中也指出：「毫無疑問，德國的最終目標是奪取在歐洲大陸的優勢地位，並在力量足夠強大時，與我們爭奪海上霸權。」對此，外交部的觀點也非常明確。在外交部看來，德國奪取世界霸權的計劃分為兩個階段：首先是取得「歐洲霸權」，這樣在第二階段實現「其長久以來夢寐以求的目標就幾乎沒有任何障礙了」。㊱而對於把德國對英國所構成的威脅與歷史上法國對英國的威脅相比這一點，外交官們也並不感到吃驚。因為參謀部為了有力地論證建立大陸遠征軍的必要性，而在一九〇九年向帝國國防委員會遞交了備忘錄，其中就使用了同樣的類比。該備忘錄指出：「認為取得海上控制權就一定能夠決定大規模陸戰的勝負，這種想法是錯誤的。特拉法加海戰既沒能阻止拿破崙取得奧斯特呂茨戰役和耶拿戰役的勝利，也沒能阻止他佔領普魯士和奧地利。」㊲該觀點兩年後再次被提出，認為擁有歐洲大陸的統治權「就意味著具有海陸軍優勢，這將對聯合王國的重要地位和大英帝國的完整構成威脅」。甚至像伊捨子爵（Viscount Esher）等海權主義者有時也持這樣的觀點。一九〇七年伊捨寫道：「對我們來說，德國的聲勢比處於顛峰時期的拿破崙要可怕得多。德國企圖與我們爭奪海上霸權……因此說『敵人，即是德國』。」㊳邱吉爾也聲稱，如果沒有海軍，歐洲「將在一場突如其來的劇烈動盪之後落入條頓人及條頓體系的強硬統治下」。勞合・喬治對這個觀點也表示贊同。他說：「與拿破崙時代一樣，我們的艦隊是國家獨立的唯一保證。」㊴同樣，參謀總長羅伯遜（Robertson）也認為，他在一九〇六年二月的表述中所運用的誇張並不過分。他這樣寫道：「德國妄圖建立一個橫跨歐洲、從北海和波羅的海，直到黑海和愛琴海，甚至到達波斯灣和印度洋的大帝國。她的這一稱霸野心在二十年前甚至更早的時候就已廣為人知。」㊵

當時確信德國會對英國構成威脅的不單是這些掌權人物。自從弗里茨・費捨爾（Fritz Fischer）出版了令人深思的《奪取世界霸權》一書以來，德國整個史學界紛紛起來反駁，一致認為他們的做法是合理、正當的。因此可以說，即使薩基與其他散佈駭人聽聞者得到的是被歪曲的信息，並誇大了德國入侵的可能性，但他們認為在德國軍國主義分子控制了政權，並企圖以侵略行徑作為「奪取世界霸權的砝碼」的情形下，從而使戰爭無法避免。㊶這一點是正確的。近來德國的著作除了某些特例外，都趨向於對費捨爾的觀點進行提煉，而非修改，於是出現了許多闡述這一目的論觀點的著作。其中最具典型性的是伊曼紐爾・蓋斯（Immanuel Geiss）新近編著的《通向災難之路：第一次世界大戰前的歷史：一八一五～一九一四年》。該書認為，第一次世界大戰是大約半個世紀前德國統一的必然結果。[42]

然而，人們紛紛因英德戰爭注定要爆發的前景而感到不安——哪怕僅僅是因為八十年來，為戰爭付出的代價似乎遠遠超出了戰爭的收益。第一次世界大戰中英國人員的損失大大超過了第二次世界大戰時死亡的總人數。如果將大英帝國作為一個整體來考慮，英國在一戰中陣亡九十萬八千三百七十一人（超過了動員參戰人數的十分之一），總傷亡人數超過三百萬。因此，「大戰」仍縈繞於英國人的腦海中，並激發了帕特・巴克爾（Pat Barker）等現代小說家的靈感。這一事實並不令人感到驚奇。此外，戰爭的財政開支使國債從六億五千萬英鎊猛增至七十四億三千五百萬英鎊，再加上鉅額抵押，惡化了戰後十年的困難局勢，更限制了蕭條時期政治家決策的靈活性。英國進入了戰爭這一「世界銀行」，結果卻欠下美國五十億美元的債務。[43]近年來，有一些社會史學家試圖強調，第一次世界大戰同時給國內陣線帶來某種「積極的」影響，但他們卻忽視了戰爭給人們帶來的巨大且不可估量的心理創傷。這種心理創傷嚴重影響了千百萬倖存者及士兵家屬們以後的生活。

如果認為「大戰」中付出的巨大犧牲阻止了德國稱霸歐洲，那麼這一勝利也只是暫時的。在戰後僅僅二十年的時間裡，德國不僅對英國而且對整個世界構成了更為嚴重的威脅。[44]由於第一次世界大戰的沉重代價，英國被大大削弱，幾乎無力進行抵制。除了自身的衰落外，她過去的歐洲盟國也日益衰弱：法國陷入了政治分裂，俄國處於史達林的統治下，義大利則被法西斯主義所控制。於是，人們不禁要問：是否正如威爾弗烈德·歐文（Wilfred Owen）及其他詩人所言，四年來戰場上的血腥殺戮毫無意義可言？當然，勞合·喬治、凱恩斯等自由黨人在戰爭中所做出的努力是無人能比的，但他們也很快的認為，為挫敗德國而進行的戰爭根本是浪費鮮血和財富。可以說，假使綏靖政策尚有某種可行的理由的話，那麼一九一四～一九一八年的戰爭則無任何正當理由可言。反之亦然。

一些歷史學家意識到英國政府內部存在分歧，對英德戰爭不可避免的觀點提出了質疑。他們堅信，英國的政治家們實際上擁有比他們後來所辯解和宣稱的更多制訂策略的餘地。然而，關於參戰主題的各種選擇雖已經深思熟慮，但仍一直是飄忽不定的。李德爾·哈特（Liddell Hart）在第二次世界大戰的激戰時刻寫到，在第一次世界大戰中，假使英國的遠征軍被派遣到比利時而不是法國，或者假使在達達尼爾海峽受到入侵時就可以得到更多的軍隊，即使英國沒有捲入這場曠日持久的大陸戰爭，德國也極有可能在一開始就被擊敗。[45]實質上，這種看法只是重複了關於作戰戰略問題中的兩個觀點，在一九一四年以後此一戰略問題在政界和軍界中掀起了宣然大波。與此相反，霍布森（Hobson）新近指出，一九一四年之前對歐洲大陸的一個較大的承諾本來是能夠威懾德國並阻止她首先進攻法國的。[46]此一觀點也是對當時觀點的發展。法國政府一直堅持認為，如果英國在早期階段就明確聲明支持法國，那將足以威懾德國。隨後格雷的批評者，包括勞合·喬治、蘭斯多恩在內，不斷提出這個要求。[47]然而，格雷的支持者適時地對此提出質疑，懷疑英國遠征軍是否強大到足以使德國參謀總部憂慮的程度。㊽霍布森對此的回答是，倣傚陸軍的模式透過徵兵以擴大遠征軍的規模，使之成為一支擁有一百～二百萬士兵的軍隊。根據他的說法，通過高稅率或借貸，此一設想很容易得到資助。㊾但在當時的人看來，在自由黨政府的統治下，這個方案是不切實際的，而且在政治上也是不可能實現的。

然而，仍存在另一種幾乎被歷史學家所忽視的可能性，即英國沒有參戰。㊿與霍布森的不切實際不同，這個假設在政治上並非不可能實現。它來自於對阿斯奎斯和格雷回憶錄的星星點點的搜集。他們兩人一致強調，不存在一個契約義務迫使英國必須參戰。用阿斯奎斯的話來說，「當事件發生時，我們有決定是否參戰的自由……我們與法國沒有簽訂重要的軍事協約：我們所獲得的消息不過是我們必須研究事態發展的各種可能性而已」。(51)格雷也毫無保留地反對在政治上「未加考慮而被迫做出決策」，這使他在七月時尚無法對法國做出任何承諾。(52)換句話說，如果說格雷的手腳被束縛的話，那也是被他的內閣同僚們，而不是被命運的力量所束縛。他在回憶錄中清楚地表明，確實存在著一次選擇（即使他堅持認為自己是正確的，這是很自然的）：

假定我們必將介入戰爭，慶幸我們立刻這樣做了。——對於我們的威望、對於可能得到的有利結果來說，這樣做要比我們試圖避開戰爭，結果卻不自覺地被捲入要好得多。……〔假如我們沒有參戰〕我們將陷入孤立，在世界上沒有一個朋友，誰也不會希望從我們這兒得到什麼或懼怕我們，也沒有誰會認為我們的友誼值得珍惜。假使我們堅持要扮演一個不光彩的角色，那麼我們得到的將是不信任和憎恨。[53]

雖然當時這種「不切實際的」中立並沒有受到重視，但恰是這一點使得戰後極富情感的道歉頗具說服力。我們逐漸開始接受：由於道義和戰略上的原因，英國不可能「袖手旁觀」。然而，在對當時的文件檔案——不是那些頑固的宿命論者的回憶錄——進行了詳細的審查後，卻發現英國當時正朝這個方向走近。事實上，當奧德俄法之間的大陸戰爭不容置疑地將於一九一四年爆發時，並不存在迫使英國必須決定參戰的因素。因此，只有在試圖弄清楚假如英國不參戰結果會如何以後，我們才能確定這個決策是正確的。

一個早已存在的反事實：英德諒解

追根溯源，英德之間不可緩和的矛盾的發展可歸結到英國的自信心危機。這個危機在世紀之交一直困擾著大英帝國。儘管保守黨和自由黨在十九世紀九〇年代起都聰明而積極的打起了帝國主義的招牌，但布爾戰爭卻沉重地打擊了英國的銳氣。對「國家效能」的極力渲染和對締結軍事「同盟」[54]的極大熱情並不能消除官方和政界的憂慮，他們為維持英國龐大的海外統治所耗費的成本而感到不安。[55]實際上，時人有意誇大帝國的財政開支，抹殺了維持一個巨大的國際自由貿易市場所帶來的好處。一八八五～一九一三年間國防開支平均約占國民生產毛額的百分之三點四，其中包括布爾戰爭的消耗。一九〇五年以後，這個數字平穩地保持在百分之三至三點三，與一九四五年後的水準相比，這個比例是相當低的，比俄法德各國相應的比例都要小。[56]但是，「過度擴張」的感覺卻起了重要作用——貝爾福（Baofour）誇張地宣稱：「考慮到種種現實的目的，當前我們僅處於三流國家的行列。」[57]在如此日益複雜的體制架構中，帝國的戰略得以制訂（而在此體制下帝國國防委員會和新的帝國參謀部卻未能提高效能）[58]，並且形成了一致的輿論。由於英國在經濟和戰略上似乎不可能同時維護帝國及其本土，所以不能再推行孤立政策，於是不得不與對手達成外交上的諒解。

在這點上，有必要再次提出一個早已存在的反事實問題，同時也是德國自由派過去常常深思的問題，即：假如英德之間達成了諒解，即使雙方沒有締結正式的同盟，那麼事件的發展又會如何？雖然德國的出口商開始在海外市場挑戰英國、進而向英國本土的消費市場滲透，當時的一些人對德國在商業上的競爭深表憂慮，但認為經濟上的對立阻礙了良好的外交關係發展的觀點則純屬無稽之談。對那些不可理喻的經濟決定論者而言，關於關稅問題的爭論只不過是戰爭的前兆。[59]德國經濟上的成功不僅令別國欣羨，同時也帶來同樣多的對德國的敵視。此外，在大片海外地區，英德的潛在利益出現一致。一八八九年和一九〇〇年張伯倫（Joseph Chamberlain）建議英德在中國聯合對抗俄國。一九〇一年英德日三國就建立「三國聯盟」的問題展開了緊張而又毫無結果的討論。在英國多次表示憤憤不平之後，三國就一八九九年將薩摩亞給予德國達成協議。此一時期，英德在葡屬莫桑比克和委內瑞拉也表現出合作的姿態（一九〇二年）。甚至在奧斯曼帝國及其前屬國埃及和摩洛哥，兩國之間似乎也存在聯合的可能，儘管倫敦對此意見並不一致。⑥⓪由此進行了並不充分的推理認為，沒有明顯的理由能夠說明，為什麼「過度擴張」的國家（如英國自認為的那樣）和一個「欠擴張」的國家（如德國自認為的那樣）在國際舞台上不可能順利地進行合作。「每個國家在制訂政策時優先考慮的基本因素互不相同」，這個觀點並不符合事實。⑥①

那為什麼引人注目的結盟談判，即從一八九八年三月起由張伯倫和德國的哈茨菲爾德（Hatzfeldt）及埃卡德斯泰因（Eckardstein）之間所進行的時斷時續的談判一直持續到一九〇一年，但卻無果而終呢？⑥②關於這一問題，傳統觀點認為是因為德國宰相比洛（Bülow）渴望保留自由控制權，而這實際上意味著，比洛渴望建立一支有能力向英國海上霸權提出挑戰的海軍。確實，也許是因為，與英國人相比，比洛更加誇大了英國的衰落，從而不願與英國締結正式的同盟（不過，眾所周知，英國首相索爾茲伯里勳爵也不願這樣做）。⑥③毫無疑問，他這樣做的原因之一是，他認為與英國結盟將會阻礙德國海軍的增強。⑥④不過，認為德國的世界政策葬送了英德重建外交關係的觀點是誤導人的。至少，張伯倫的暴躁行徑也應負同樣的責任，因為他竟然將本應保密的外交上的初步行動作為演說及社論的素材。一八九九年十二月十一日比洛在德國議會發表演說，表示願意「在完全互惠和相互諒解的基礎上自然、和諧地與英國和平共處」——這次演講被張伯倫視為「表現冷淡」。比洛後來抱怨說，他建議結盟的結果卻「自討苦吃」。⑥⑤

但這也只是歷史發展的一部分。在眾多解釋英德結盟計劃失敗的原因中，最為重要的原因不在於德國的強大，而在於她的衰弱。畢竟，與德國放棄了結盟的念頭一樣，如果說不甚於德國的話，英國也扼殺了結盟的思想。他們這樣做並不是因為德國開始對英國構成了威脅，相反的，是由於他們認為德國對英國沒有構成威脅，這從英國對德國海軍計劃所做出的反應就可以證實。一九〇〇年海軍大臣塞爾伯恩（Selborne）悲觀地告訴希克斯．比奇（Hicks Beach），「與德國締結正式同盟」是「海軍不斷擴充和預算不斷增加的唯一取代方法」。[66]然而，到了一九〇二年，他卻完全改變了自己的觀點，逐漸開始「確信新的德國海軍處於與我們交戰的考慮，正在不斷地得到加強」。[67]對於德國人來說，英國的這一認識是可怕的。因為，即使在德國海軍的建設過程中，德國人也總能清醒地意識到自身的脆弱。比洛從一開始就堅持認為針對英國的行動必須要像「即將化蝶的幼蟲那樣」小心謹慎。[68]然而蛹繭卻過於透明了。到一九〇五年，隨著海軍大臣「傑基」費希爾（Fisher）首次的海軍改革的完成，海軍情報局局長能夠得以自信地宣稱，英國對德國的「海上優勢」是「不可一世的」。[69]英國突然意識到德國的脆弱有力地揭示了一九〇四年英國海軍先發制人的進攻將給柏林帶來的恐慌。[70]

當然，英國關心的主要問題是如何減少，而不是增加代價高昂的海外衝突的可能性。實際上，這類衝突的另一方，除了患妄想狂的德國外，更有可能是那些已經擁有龐大帝國和海軍的國家——而不是僅僅渴望得到這一切的國家。因此，英國終止對法俄實行的卓有成效的外交戰略是不會令人感到吃驚的。正如一九〇一年十一月外交部副外交大臣助理伯蒂（Bertie）指出，反對英德同盟的最有力的論據是，能否得出這樣一個結論：「我們永遠不會與法國，這個我們在歐洲及世界許多地區的鄰居，發展友好關係；也不會與俄國，與我們毗連或在亞洲與我們擁有很多共同邊界的國家，發展友好關係。」[71]關於法德兩國相對的優點，索爾茲伯里和塞爾伯恩的觀點頗為相似。一九〇一年德國由於害怕與俄國對抗，而不願支持英國的對華政策。這一事實恰好有力地證實了英國的觀點：雖然德國多次加以恫嚇，但她實際上仍是軟弱的。[72]

英國改善與俄國關係的基礎是她堅信必須要避免在帝國問題上與俄國交戰。緊接著，英國就表示願意在中國東北和西藏對俄國做出讓步，並且希望在黑海海峽、波斯灣——（使寇松〔Curzon〕感到震驚的是）甚至在阿富汗，避免發生不必要的摩擦。[73]假設俄國沒有被一九〇二年與英國締結同盟的日本打敗，那麼，英國謀求與俄國發展友好關係的努力極有可能使兩國達成正式的諒解，正如英國在改善與法國的關係時所做的那樣。英日同盟被視為優於與俄國的任何協定，這充分表明了英國政策——綏靖強國——的出發點。[74]同樣，在與法國的關係中，也有一系列類似的帝國問題可能達成協議，尤其是中南半島、摩洛哥和埃及等問題。[75]若不是因為被德國拒絕，而仍在惱怒的張伯倫希望這些殖民地交易能成為締結鞏固同盟的基礎的話，也許事態的發展就在此停滯了。[76]

一九〇四年四月八日英法「兩國間的諒解」幾乎等同於一場殖民地交易，但經證實其中包含有三個重要涵義。第一，這一諒解強化了英國改善與俄國關係的趨勢：與一個國家建立友好關係的同時，暗示著與另一個國家關係的改善。[77]第二，這一諒解進一步降低了與德建立友好關係的重要性，這一點在第一次摩洛哥危機期間開始顯露。[78]最後一點，也是最重要的一點，這一諒解意味著英吉利海峽兩岸的軍事制訂者們第一次開始考慮在法德交戰中，英國給予法國海軍和陸軍支援的問題。關於動用海軍封鎖德國的問題在此之前就曾討論過。然而，在一九〇五年卻制訂了兩國海軍劃分責任的計劃：法國海軍集中在地中海水域，英國海軍負責保衛「國內水域」。與此同時，英國參謀本部開始考慮向歐洲大陸派遣遠征軍來支援法國，此一想法馬上激起一場激烈的爭論。爭論的焦點是，派遣遠征軍防禦法德邊界和向德國北部發動水路進攻兩者孰優孰劣。⑲同時，關於比利時中立的老問題連同以前的戰略問題也都被提了出來⑳，雖然，正如前常務政務次長桑德森（Sanderson）指出的那樣，一八三九年的條約並沒有「明確承諾……無論在任何情況下，無論受到何種威脅，都要動用所有的力量來維持和保證中立」。他補充說道，「其中隱含的深意是：在情理之中這是一種不可能期望任何政府能夠做出的承諾。」㉑

簡言之，保守黨的外交政策是，與對英國構成最大威脅的國家達成和解，為此甚至不惜犧牲與次要國家的友好關係。需要弄清楚的關鍵一點是，德國（和比利時一樣）被列入後者，而法俄則屬前者。可以說，這一原則有一個明顯的特例是日本。在不會導致歐洲出現複雜局勢的情況下，尤其是考慮到一九〇五年後俄國的衰弱，英國可能與日本締結同盟。但與德國的同盟卻不是這樣。如果保守黨採納張伯倫最初的策略，與德國締結同盟，其結果將會惡化英國與法俄之間的關係。

如果那樣的話，是否總有一天會爆發另外一種世界大戰，即英國站在德國一邊作戰，企圖擺脫盎格魯—撒克遜的傳統敵人，採用當時的說法就是拉丁帝國和斯拉夫帝國的包圍呢？這個想法現在看來很可笑。但在當時並不荒謬，正如多年來英國與法俄結盟的主張一直被認為是不可能實現的，用張伯倫的話來說是「注定要失敗」的一樣。一九〇〇～一九〇五年間的外交任務似乎是在兩個選擇中擇其一：或者與法俄在海外建立某種友好關係，或者冒險在將來與兩國或其中之一進行一場戰爭。在這樣一場戰爭中，英國將不得不在英吉利海峽以及遠至地中海、博斯普魯斯海峽、埃及和阿富汗等戰場作戰。

英國的戰爭幻想

這就是一九〇五年十二月自由黨在貝爾福辭職後所繼承的外交傳統。必須要強調的是，這一外交傳統並未使英國注定要參加第一次世界大戰。確實，它使英國在外交上優先考慮其他大國，依次為法、俄、德（之後是奧地利、義大利和土耳其）。但英國並沒有明確承諾，在法俄兩國或其中一國遭到德國的入侵時，必須維護法國，更不用說是俄國了。總之，英國的外交政策並沒有導致英德戰爭像那些悲觀主義者，如著名的羅斯伯里，所擔心的那樣不可避免。㉜

乍看起來，自由黨政府，尤其是坎貝爾—班納曼（Campbell-Bannerman）政府，同前屆政府相比，似乎與德國發生衝突、與法國或俄國達成一致的可能性更小。雖然英國史學家曾試圖從德國引進「國內政治優先」的觀點，但一九〇五年時的觀察家幾乎都認為，政府的變動沒有增加戰爭爆發的可能性。㉝不信奉國教派的觀點、科布登（Cobden）的自由貿易與和平的信仰、格拉斯東優先考慮國際法規而不是現實政治的觀點，以及格拉斯東反對超額軍費開支和他一直對龐大軍隊的憎惡，也許還應加入自由黨長期堅持的轉移對愛爾蘭的注意力和進行議會改革的主張，所有這一切都只是自由黨傳統的一部分，似乎暗示了一種和平的政策。[84]在此基礎上，愛德華時期的「新自由主義」又增添了對國民財富再分配和「社會」問題的新的關注，以及許多從經濟角度討論戰爭不合理性且頗有影響力的理論——如諾曼·安吉爾（Norman Angell）的理論。[85]假使再找不到其他主張的話，新政府看上去可能會盡力去（用勞合·喬治的話說）「削減由於我們的前政府盲目擴大軍備而導致的巨大的軍備開支」。[86]

然而，當一個政府像當時的自由黨政府那樣一步步走向徹底分裂時，後果無法預測的方案是不可能得到實施的。一九〇五年九月，阿斯奎斯、格雷和哈爾丹（後來任陸軍大臣）一致同意在新政府內結成「自由帝國主義者」或「自由聯盟」派，以採取行動打擊那些令包括國王在內的其他人恐懼的激進傾向。[87]格雷能夠被任命為外交大臣是這一派取得的首次、也是最重要的勝利之一。當然，格雷並不是一個狂熱的帝國主義分子，他非常通曉安吉爾關於戰爭的令人迷惑的理論基礎。[88]與激進分子一樣，他希望能「在不必維持龐大軍隊的情況下推行歐洲政策」，並且在試圖控制印度政府時，對約翰·莫利等格拉斯東擁護者的支持表示歡迎。另一方面，由於他對推進和加深與法國的諒解以及與俄國締結類似的協定充滿熱情，因而與內閣中反對介入大陸糾紛的、「不惜一切代價維護和平」的派別產生了衝突。這個根本性的分歧本來可能會更早的引發衝突。不過，阿斯奎斯在一九〇八年四月繼坎貝爾—班納曼之後任首相，由於他善於掩飾格雷的立場[89]，而其限制內閣和議會對外交政策的直接影響也使雙方都很滿意，更不要說外交部的外交官員了。典型的事例是，格雷在一九〇六年十月抱怨說，下院的自由黨議員「現在已經掌握了提出問題和引起爭辯的技巧，外交事務中有許多引人注目的事件，但最好不要進行干涉」。當內閣同僚們對外交事務發表見解時，他試圖「說服他們相信那些事務好比砌成的磚牆」，他們這樣做只會碰壁。⑽

毫無疑問，反對派對其政策的默認支持了他。必須牢記，一九〇六～一九一四年間自由黨佔多數的席位正在持續減少。在一九一〇年十二月舉行的戰前最後一次普選中，自由黨和保守黨各自贏得二百七十二個席位，結果政府依靠由四十二名工黨的下院議員和八十四名愛爾蘭民族主義黨才佔了多數。因為保守黨在隨後補選的二十個席位中贏得十六席，所以到一九一四年七月這一多數降至十二席。這有助於解釋在命運攸關的那個月中，政府在預算和地方自治問題上猶豫不決的原因。⑼在這種情況下，反對黨的影響力必定會上升。假如當時保守黨的領袖們不贊成格雷的政策，他們可能會使格雷舉步維艱，正如他們因不同意勞合．喬治的財政政策和憎恨阿斯奎斯的愛爾蘭政策所做的那樣。但事實上他們並沒有那樣做。他們認為格雷正在繼續推行他們的政策。如一九一二年五月保守黨主席惠普．巴爾卡里斯（Whip Balcarres）所說，他的政黨「認為格雷將繼續推進蘭斯多恩勳爵所開創的英法諒解及由他開始的英俄諒解，據此，六年來一直支持格雷」。⑽的確，貝爾福在表面上不得不表現出非常「熱愛」這個政府，小心地避免觸犯該黨的右翼。⑽然而，事實是，與內閣自身相比，格雷派與反對黨的重要成員之間更可能達成一致。這就意味著，格雷政策的某些細節（和其中的邪惡成分）不能順利通過議會的審查。而且，連可能主持這類審查的部門——文職部門和軍事部門內部——也表現出迷惑不解。儘管伊捨做出了努力，自由黨控制的帝國國防委員會的重要性仍日趨下降。海軍部和陸軍部似乎不可能就戰略計劃達成一致意見，相反，政府中技術管理的倡導者們對後勤的成見卻得以滋生和發展。這一點在著名的「戰爭手冊」中有記載。該手冊的準確性和其中對於動員的目的及經濟影響的粗略說明是可以相互媲美的。⑭

實際上，與格雷在回憶錄中所表明的相比，所有這些給了他極大的行動自由。要知道，他並非是一個不習慣自由的人。他在戰前寫的一本不為人熟知的書中對此作做了很好的註解。用假蠅做魚餌的方法是格雷從兒時到暮年的喜好，但這並沒有使他染上宿命論的觀點。他在一八九九年出版的一本關於這個愛好的書中，大肆渲染了這一喜好帶給他的出人意料的樂趣，以及對這個活動所表現出的極大熱情。在其中一篇，他描述了抓獲一條八磅重的鮭魚的過程，這一段尤其值得一提：

> 這場可怕的災難沒有直接原因。但……我卻察覺到一絲不祥：整個事件必將經歷一個很長的過程，其最艱難的階段將出現在最後，不在於拉動線使魚疲乏，而在於如何捕獲它，……看上去似乎我企圖用網捕魚的每次努力都會帶來一場我所無力面對的災禍。我不止一次的失敗，而每次失敗都是可怕的……對我自身來說，我不知道有什麼樂趣能夠與用小型釣竿及精美的捕魚用具釣到出乎意料的大魚所帶來的興奮相比。⑮

我們在分析一九〇六～一九一四年間英國的外交政策時，腦海中應浮現出這樣一個格雷：他是江邊的一個既興奮又焦急的垂釣漁夫，而不是回憶錄中那個既心碎又失望的自我辯護的人。姑且拋開這一比喻不論，可以說大部分時間裡，尤其在七月危機期間，格雷正是在根據那種情況行事。他在希望捕獲那條魚的同時，也意識到「災難」即將來臨。無論那種情況，後果都是難以預料的。

必須指出，這個比喻在某種意義上是會誤導人的。因為，格雷在與俄法交往的過程中，成了他人垂釣和捕獲的魚。在與俄國的交往中，格雷後來堅持認為，雖然他引起激進派的憎恨和陸軍部的懷疑，但他仍有效地繼續推行了前任的緩和政策。㊻然而，我們再進一步觀察卻發現，格雷比蘭斯多恩走得更遠。這在一定程度上是因為他能夠依靠普遍議員的支持來削減保護印度所耗費的開支，因而能夠比較容易地壓倒傳統的「西北邊疆」的意見。㊼此外，他在波斯問題上向俄國做了實質性的讓步。甚至有跡象表明，他支持俄國既有的對土耳其和巴爾幹半島的野心，並以此與德國日益增強的影響抗衡。這些讓步也許鼓勵了俄國外交大臣薩佐諾夫（Sazonov），使他指望在戰爭中能夠得到英國的支持。因此，一九一四年五月召開聯合會議以商談海軍事宜的決定並沒有使他沮喪。㊽

作為一名自由黨的外交大臣，推行親法政策要比親俄政策容易得多，格雷在就任前就表明了實施這一政策的意圖。㊾保守黨的政策看上去得以再次繼續。但是，正如格雷自己所承認的，

「與前屆政府曾被要求的相比」，他在這個問題上走得更遠。⑩英法之間從一九〇五年開始的有關軍事問題的爭論標誌著一個新的發展。後來證實，這是格雷最嚴重的失誤——在此，他被法國大使保羅·康邦（Paul Cambon）釣住了。他准許軍事計劃制訂者們商討一旦法德交戰後英法雙方在海上和陸上聯合作戰的問題，從而使英國對法國負有了比當時尚在考慮之中的更大的保護責任。同樣重要的是，參謀總部提出，一旦法德交戰，就立即向法國或比利時派遣一支至少由十萬人組成的遠征軍，理由是單靠海上作戰並不能成功地阻止德國對法國的入侵。此一要求被順利通過。⑩可以證實，這些會談和隨後英國軍事計劃的發展使兩國之間的諒解具有了秘密軍事協訂的性質，而這當然是外交部內的主戰派所期望的。一九〇六年一月初，（當時駐巴黎大使）伯蒂就談到給予法國「除外交之外的更多的支持」，來保護法國在摩洛哥的利益，其實就相當於對法國做出了明確的「給予軍事支持的承諾」。這意味著，英國要承擔比在地中海和北海之間擔負責任的海軍更多的責任。⑩事實上甚至也可能表明，而且讓弗里茨·費捨爾感到難以理解的是，一九一一年八月二十三日召開的帝國國防委員會議才是真正的「戰爭會議」（而不是十六個月後，在德皇與其軍事首領之間進行的那次著名的會議），會中制訂了英德戰爭中的作戰方針。這看上去似乎是參謀總部的遠征軍戰略對海軍部設想的嚴密封鎖北德海岸線、進行水陸聯合作戰計劃的一場勝利。⑩在會議室外，當軍事行動的指揮官亨利·威爾遜（Henry Wilson）少將興緻高昂地向格雷及其他大臣，尤其是勞合·喬治，「推銷」參謀總部的戰略時，格雷這才清楚地意識到他在一九一四年初向康邦做出了怎樣的承諾。當時他做出了秘密保證：「如果法國受到不正當的威脅和入侵，無論哪屆英國政府都不會拒絕給予（法國）陸軍和海軍的援助。」⑭

是什麼原因促使格雷以這種方式，從繼續推行前任的海外諒解政策，轉向開始或多或少地明確承擔對法國的「大陸義務」呢？傳統觀念認為，是由於倫敦開始將德國的世界政策視為是對英國在非洲、亞洲和近東利益的一種不斷增強的威脅；而其中更重要的是因為德國的海軍建設對英國的安全構成了嚴重威脅。然而，進一步的觀察卻表明，殖民地問題和海軍問題並沒有不可避免地導致英、德在一九一四年之前攤牌。正如邱吉爾後來所說的：「我們不是德國殖民擴張的敵人。」⑮ 事實上，一個將為日益增強的德國得以進入葡萄牙在南非的前殖民地打通道路的英德協議幾乎要締結。⑯ 格雷在一九一一年曾親口說過，「我們在非洲的鄰居是德國還是法國」並不「十分重要」。他熱切希望葡萄牙「遺棄的」那些殖民地「盡可能快地」「置身於一種親德的氛圍之中」。⑰ 只是由於他的下屬不願公開違背十三年前英國對葡萄牙所做的承諾，這場公開交易才中斷；不過，介入這次交易的德國銀行（如著名的沃伯格公司）顯然認為這只是一個禮節性的問題；⑱ 甚至在格雷傾向於給法國以權益的地區——摩洛哥，英國與德國的交易也並沒有完全陷入僵局。一九〇六年，格雷曾樂於考慮在英國的大西洋海岸線上給予德國一個加煤港口。⑲ 事實上，政府在阿加迪爾危機後採取了進攻姿態，明確警告柏林不要以為「英國內閣毫無價值」。但是，連阿斯奎斯也不得不承認，法德之間關於在沒有英國勢力滲入的非洲地區的領地問題和影響問題達成的協議與他幾乎沒有任何關係。無論如何，德國放棄了對阿加迪爾的要求；當他們隨後將注意力轉向土耳其其時，對格雷而言，採取反德行動而不為俄國在兩海峽的利益謀取方便顯得異常困難。⑩他對德國在一九一二和一九一三年巴爾幹戰爭期間採取的行動感到滿意，於是便不再因利曼·馮·桑德斯（Liman ron Sanders）事件（一名德國將軍未能被任命為土耳其軍隊的總指揮官）而憂心忡忡。同時，德國對英國關注柏林—巴格達鐵路一事做出了和解反應，使兩國的關係進一步得到改善。⑪從這點看來，一九一三年十月《法蘭克福報》所論及的英德之間「重歸於好」和「無結果的、多年互不信任的終結」並非不合情理。⑫直到一九一四年六月二十七日——塞拉耶佛刺殺案的前夕——外交部仍認為，德國政府「洋溢著一片和平氣氛……並熱切地希望與英國發展友好關係」。甚至在七月二十三日，還聽到勞合·喬治在宣佈英德關係較「前些年」有了「很大的改善」。⑬

同樣，把英德海軍競賽視為第一次世界大戰爆發的「原因」也很容易誤導人民。兩國政府為達成海軍協議而展開了激烈的爭論，雙方都發現難以承受因海軍開支不斷增加所導致的政治後果。英國自由黨上台執政時曾許諾要削減軍備開支，因此，很難說服普通議員和眾多激進份子同意增加海軍預算。同時，不斷增加的國防開支使得推行更加進步的社會政策的任務更加艱難；而德國政府則處於更大的財政壓力之下。不斷增加的國防開支使德國聯邦體制處於高度的緊張和不安之中，從而疏遠了政府與其傳統的保守派支持者的關係，並增強了社會民主黨要求在全國範圍內提高累進稅率的理由。⑭實際上，很多情況都表明達成協議的可能性：一九〇七年十一月，當德國建議與英、法舉行一次北海會談時；一九〇八年二月，當德皇明確否認德國的目的是對英國的海上霸權提出挑戰時；六個月後，德皇在克羅諾貝里會見英國外交部高級官員查爾斯·哈定時（Charles Hardinge）；一九一一年三月，德皇要求締結一個海軍協議以限制海軍開支時；最顯著的是，當一九一二年二月哈爾登來到柏林時，他表面上是「因為一個大學委員會的事務」而來，其實他真正的目的是試探與貝特曼．霍爾維克、蒂爾皮茨（Tirpitz）及德皇商討締結一個海軍、殖民地及互不侵犯協約的可能性。那麼為什麼沒有達成協議呢？傳統的看法認為，是因為德國拒絕做出讓步。關於這一點，人們將許多責任推到了蒂爾皮茨和德皇的身上。⑮ 由於他們在哈爾登到達柏林前夕再次提出了增加海軍的要求，從而破壞了哈爾登此行的使命。另外，有的觀點認為，德國只有在英國無條件地做出在法德交戰中保持中立的承諾後，才樂於討論海軍問題。⑯ 然而，這只不過是歷史發展的一部分。阿斯奎斯在後來宣稱，「如果德國以任何一個藉口侵略法國」，德國的中立方案將會「阻止我們去援助法國」。實際上，貝特曼．霍爾維克在草案中就寫道：

> 在結成緊密同盟的國家中……任何國家都不能無端侵犯另一國，不能參與任何旨在侵略另一國的組織或陰謀……假如一方作為非侵略者被捲入戰爭，那麼另一方至少應關注捲入戰爭的另一方，並保持善意的中立。⑰

格雷最樂意做出的承諾是，不「發動或參與任何無端侵犯德國的行動」。因為，用他的話來說，「中立一詞……給我們以一種被捆綁的感覺」。⑱

同樣，英國隨後聲稱的海軍競賽的不斷升級完全是德方的錯誤，這種說法也值得懷疑。實際上在哈爾丹履行其使命期間，德國曾表示願意做出真正的讓步；會談失敗的原因更多的是因為在中立問題上，而不是在海軍問題上。⑪⑨ 事實證明，英國的立場更加不妥協——這並不令人感到吃驚，因為英國的立場是以無懈可擊的實力為基礎的。儘管在一九〇九年英國出現了「恐慌」，但德國並沒有得到機會來彌補其在海軍實力上既存的巨大差距。⑫⓪ 海軍部也從來沒有懷疑過封鎖德國的政策在戰爭中的效果。實際上，海軍部已制訂了清晰的對德發動海戰的藍圖，它的構想遠比蒂爾皮茨的方案還要殘酷得多。正如一九〇六年費捨爾的預測所示，在對德戰爭的最初幾個星期，皇家海軍就要肅清眾多在世界上航行的德國商船；然後，不顧海牙會議所達成的《倫敦協議》中的種種限制，強行嚴密封鎖德國。英國的優勢非常明顯，甚至包括費希爾、伊捨和威爾遜在內的高級海軍官員都很難想像德國會冒險對英國發動戰爭。⑫① 相應地，格雷的主張也變得日益強硬。他主張：任何海軍協議只能以保證英國的「永久」優勢為基礎。⑫② 實際上，邱吉爾調任海軍部後已經看到，德國被迫在一九一三年接受了這一點。作為海軍大臣，邱吉爾關注的是「對德國和世界上其他國家」維持「百分之六十的水準」。他曾粗率地質問：「為什麼要假設我們不能夠擊敗（德國）？戰艦實力的對比研究足以令人心安。」⑫③ 邱吉爾回憶說，到一九一四年，「海軍競賽已……不再是產生摩擦的原因……我們一直在向前邁進……相信我們不會被超過」。甚至連阿斯奎斯後來也承認：「海軍開支的競爭本身並不是一個引發直接危險的可能來源。我們曾決心保持必要的海上優勢，我們有能力實現這一決定。」⑫④

貝特曼．霍爾維克提出的交換方案是用承認英國的海上霸權來換取英國在歐洲大陸的中立。因此，要理解這個方案為什麼立即被格雷拒絕並不困難，原因很簡單，因為英國不必付出後者便能得到前者。但難以理解的是格雷的觀點。他認為，對英德諒解的任何一種形式的表達幾乎都是不可能的。假設德國既沒有對英國的殖民地，也沒有對英國的海上霸權構成威脅，那麼格雷為什麼如此地反對德國呢?答案很簡單，即格雷比其前任的保守黨們更在乎與法俄的友好關係——正如我們所看到的，他們的不同之處在於，格雷願為與法俄和解做出更多的努力（而為與德和解做出的努力則比他們少）。一九〇五年十月，他聲稱：「我們在與德國的關係中所做的事情，無論如何均不能損害我們與法國的現存關係。」接著，他在次年一月寫道：「在柏林闡明國內真實意見的危險性在於這有可能……被譯成法文，並解釋為我們不熱心支持協約國。」⑫⑤ 對此，他在一九一〇年四月向駐柏林大使愛德華．戈申（Edward Goschen）做了明確的說明：「我們不能與德國在政治上達成諒解，這樣做會導致我們與俄法的分裂。」⑫⑥ 不過，當他談到與德國的任何諒解必須「和維持我們與其他國家現存的友好關係一致」時，他實際上並沒有考慮任何實質性的諒解。⑫⑦ 在這一點上，格雷與外交部的高級官員譬如常務政務次官尼科爾森的觀點是一致的。尼科爾森在一九一二年曾反對與德國達成協議，其主要是因為這樣做將「嚴重損害我們（與法國）的關係——並馬上會影響到我們與俄國的關係」。⑫⑧

進一步的研究發現，格雷的推理有很大的缺陷。首先，格雷認為與法俄關係的惡化可能會導致戰爭發生的觀點是荒謬的。在這方面，他的境況與他的保守黨前任們有很大的不同。他本人當時認為，俄國要從戰敗和革命的破壞性後果中恢復過來需要十年的時間。而他也沒有把法國視為一種威脅：正如他在一九〇六年對羅斯福（Theodore Roosevelt）總統說過，法國是「愛好和平的，她既不會無端挑釁，也不會永不安寧」。[129] 與法俄達成諒解的最初出發點是解決與這兩國在海外的分歧。這一點實現之後，英國與其中任何一國發生戰爭的可能性已微乎其微。但極為荒謬的是，一九一二年九月格雷對《曼徹斯特衛報》的編輯司各特（C. P. Scott）說，「如果法國在與德國對抗時得不到支持，她將會加入德國及其他歐洲國家的行列，對我們發動進攻」。[130] 對於法國或俄國有可能「轉向中歐國家」的恐懼絕對不是幻想[131]，而且這個問題經常是外交部關注的焦點。早在一九〇五年，格雷就害怕會「既失去法國又不能贏得德國的諒解。（因為）如果德國能將法國同我們拆散，德國也將不再需要我們」。伯蒂警告說，假如英國對法國在阿爾赫西拉斯的提議不做出反應，「我們將會被法國視為背叛者……並為德國所鄙視」。具有代表性的是，尼科爾森主張，與法、俄結成正式同盟「以阻止俄國向柏林靠攏……並防止法國轉向中歐國家」。不斷困擾格雷及其官員的是，他們害怕失去他們「作為朋友的價值」，最終並陷於孤立——「沒有一個朋友」。他們經常做這樣的惡夢：俄國和法國表示屈服並投向了「條頓人的懷抱」。由於這個原因，他們往往把德國一切政策的目的視為是「摧毀……三國協約」。[132] 格雷在做了獨特的推理後認為，「假設……由於某種不幸的原因或過失使我們與法國的諒解破裂，法國將不得不與德國達成協議，那麼德國將會再次堅持使我們與法俄關係惡化的立場，使他自己在歐洲大陸處於支配地位。到那時，我們與德國之間遲早會爆發一場戰爭」。[133] 因此，格雷決定維持與法國達成的諒解，且甘願承擔與此有關的軍事義務。然而，對法國做出軍事支持的承諾卻使得與德國作戰的可能性更大而不是更小，更早而不是更晚。格雷在經過一番完整而嚴密的推理之後，渴望使英國承擔與德國作戰的義務——要不然英國將會處於與德國直接交戰的狀態。

當然，所有這一切都有利地證明了，德國的狂妄野心不僅威脅到法國，而且還威脅到英國本身。據我們瞭解，這個觀點得到了保守派新聞界人士與敵視德國的外交官員的廣泛支持。然而，一個顯著的事實是，他們那些大驚小怪的說法與戰爭期間外交部從柏林得到的真實情報並不一致。這一點至今仍被歷史學家所忽視。確實，由於缺乏現代化的偵察系統，在一九一四年之前幾乎沒有任何辦法可以從德國獲取有價值的軍事情報。[134] 不過，英國駐德國的外交官和領事們的報告卻具有很高的價值。與克羅在一九〇七年所做的分析相反，一九〇九年十一月邱吉爾絕對不是親德派。但他卻——明顯的根據這些情報——指出，「日益加重的籌集資金的困難正在有力地阻礙德國海軍的擴張：

德意志帝國的過度消耗危及到其維持社會和政治統一的每一道防線……在對糧食徵收重稅、使海關稅收比例增加的同時，也導致了土地所有者與工業家的嚴重分歧……直接稅在很大程度上被國家和地方系統佔有。有產階級擔心帝國議會通過的普選權會插手早已枯竭的直接稅領域，於是團結起來……另一方面，對各種大眾消費品徵收新稅或增加稅額，使（德國）左派政黨的力量大為增強，他們反對軍備開支以及其它支出。與此同時，在過去十三年持續和平的年代裡，德意志帝國的國債增加了兩倍多……其信譽也跌至與義大利相同的水準……通過上述情況，我們可以得出這樣一個結論：德國進入了一個國內局勢嚴峻和緊張的時期。[135]

並非僅邱吉爾一人察覺到了德國在財政上的衰弱。早在一九〇八年四月，格雷本人就指出「未來的幾年也許將證明財政問題是德國的一大困難，會影響和限制德國」。實際上德國大使梅特涅（Metternich）已將注意力集中在國內政治對第二年海軍開支的「抵抗」上。[136] 一九一一年，戈申就德國的財政問題發表評論，並對德皇的主張表示懷疑。[137] 在一九一三年的海軍法案引起爭議時，他注意到「每一個等級都樂意看到把財政負擔置於其它等級的肩上，而不是置於他們所在的等級。」[138] 一九一四年三月，尼科爾森進一步做出預測：「除非法國準備繼續為實現其軍事目標做出更多的財政犧牲，否則她在歐洲稱霸的時日將指日可待。」[139] 與此同時，他們也強烈地意識到了德、奧、義三國同盟的脆弱。簡言之，英國的觀察家們公認，德國的力量軟弱，並不強大，在財政和政治上沒有能力贏得與英國展開的海軍軍備競賽的勝利，也無力贏得與法、俄進行的陸軍軍備競賽。邱吉爾認識到，存在的唯一危險是德國政府可能會「冒險發動對外戰爭」、而不是盡力「緩和國內局勢」，來作為「擺脫國內困境的手段」。一九一四年七月，格雷本人從德國人的觀點出發做了兩次評論。他認為：從邏輯上講，在軍事平衡進一步惡化之前，德國會對俄、法發起先發制人的攻擊。

事實上，雖然德國政府此前曾懷有侵略的意圖……但現在俄國所做的軍事準備及其軍事力量的不斷增強，特別是有目的的軍事建設，和法國政府堅持並提供資金以將鐵路戰略供應集中於德國的邊界，從而使德國確實感到恐慌……然而，德國並不害怕，因為她認為她的軍隊是強大的。不過，她擔心在此後幾年內，她可能會產生恐懼……德國人對未來充滿了恐懼。[140]

那麼，格雷及外交部和參謀總部的大部分高級官員為什麼會幻想德國企圖建立拿破崙式的霸權，由此直接威脅到英國呢？有一種可能是，他們誇大了這個威脅——假設不是憑空捏造的話——這一威脅是為了證明他們所支持的對法國擁有軍事援助義務是正當的。換句話說，或準確地說，他們希望英國與法、俄能夠結盟，為此必須誇大奪取歐洲霸權的陰謀並將之推到德國人的身上。

德意志建立歐洲聯盟的企圖

德國在一九一四年的戰爭目標是什麼？對我們來說，這是個至關重要的問題。當然，弗里茨·費捨爾認為，正如英國的仇德派所擔心的那樣，這些目標是相當激進的。德國試圖通過這次戰爭「實現她的政治野心」，總之，就是要佔領法國、比利時甚至俄國，建立中歐國家關稅同盟和由德國直接或間接控制的新的波蘭和波羅的海國家。此外，德國為了使其在中非的殖民地連成一片加以鞏固，將向非洲提出新的領土要求。同時，德國還一致努力，企圖通過引起革命來瓦解大英帝國和俄羅斯帝國。[141] 然而，費捨爾的推理存在一個被大多數歷史學家忽視的根本性缺陷，他假定德國在戰爭爆發後宣稱的戰爭目標，與戰前制訂的目標完全一致，這是典型的宿命論史觀。[142] 一般認為，對戰前預定的作戰目標的第一次公開表達是貝特曼．霍爾維克的「九月計劃」，以德國在西線取得速勝的設想為根據，並與法國單獨媾和，起草「暫時性條款以決定我們的政策傾向」。[143] 如果確實如此的話，戰爭可以避免的觀點便無以立足了，因為，任何英國政府都不可能接受「九月計劃」對法國和比利時提出的領土和政治要求，[144] 因為讓德國控制比利時的海岸線實際上將會使這些國家聯想到「拿破崙式的夢魘」。然而，一個不可迴避的事實是，費捨爾，及其弟子都沒有發現任何證據可以證明這些目標在英國參戰前就已制訂。也許它們從未被附諸於文件的形式，或者有關文件已被銷毀或丟失，或者相關人士後來因為不願承認《凡爾賽和約》中「戰爭罪責」條款的合法性而寧願撒謊。但這些似乎都不大可能。費捨爾能夠提出的所有論據，只不過是一些泛德意志主義者和商人（如著名的瓦爾特．拉特瑙〔Walther Rathenau〕）的戰前狂想以及德皇不時發表的好戰言論。在這些泛德意志主義者和商人中無一人擁有公職，而德皇個人對政策的影響力也並不像他自己所認為的那樣是一貫的和超乎尋常的。[145]

要瞭解德國戰前的目標首先要意識到邱吉爾關於德國境況衰弱不堪的觀點是正確的。由於財政的原因，德國在與英國的海軍軍備競中賽實際上早已落敗，在與俄、法的陸軍軍備競賽也正在走向失敗。德國有充分的理由對其主要盟友奧地利的可靠性表示擔憂，但卻沒有任何理由去信任那些她一直爭取支持的其他國家。與此相反，三國協約的實力似乎卻因英俄海軍會談的傳聞而被證實。在這樣的形勢下，參謀總長毛奇長期堅持的主張，甚至在塞拉耶佛刺殺案之前就開始贏得權勢人物的贊同。他堅持認為，對俄國和法國發動某種先發制人的軍事進攻也許更適合軍事實力持續下降的現實。這裡以貝特曼・霍爾維克為例；可以肯定，貝特曼・霍爾維克在一九一四年七月的目標是贏得一場外交上的勝利。因為，他懷疑英國準備支持俄國為塞爾維亞的利益而進行的干預，所以他希望奧地利對塞爾維亞發動一場快速的軍事進攻，並能鞏固兩國同盟，分裂三國協約。⑭⑥他一開始就對與俄法交戰的可能性抱持樂觀態度。假設俄國不得已成為侵略國，德國估計英國在這種情況下不會干預，至少不會「立即」干預，那麼，她便準備進行一場歐洲大陸戰爭。⑭⑦

但關鍵在於，假設英國不立即進行干預，德國的戰爭目標與九月計劃制訂的目標將會有很大的不同。貝特曼・霍爾維克在一九一四年七月二十九日對戈申的談話中清楚地表明，他準備對法國和比利時（以及荷蘭）的領土完整做出保證以換取英國的中立。⑭⑧假設英國實際上一直置身於戰爭之外，那麼放棄這筆交易將是不可思議的。這樣一來，德國的目標當然就不會包含九月計劃所設想的領土變更（也許應把英國利益沒有染指的盧森堡的領土除外），當然也就不包括由德國控制比利時沿岸的計劃了，這一點是任何一屆英國政府都無法容忍的。如此得以保留的大部分條款如下：

一、法國……分期償還戰爭賠款。賠款總額必須足以限制法國在未來的十五～二十年內增加軍備。此外：簽訂一個商業條約，使法國在經濟上依賴德國，並且確保我國產品出口法國的市場……這個條約必須保證我國在法國享有金融和工業活動的自由，以這種方式確保德國企業在法國不再受到歧視性的待遇。

二、……我們必須建立一個中歐經濟聯盟，通過共同關稅條約將法、比、荷、丹麥、奧匈和波蘭，也許還有義大利、瑞典和挪威，一同囊括在內。該聯盟沒有共同的政治權力機構，所有成員在形式上一律平等，但實際上由德國領導，以維護德國在中歐的經濟優勢。

三、殖民地問題。其首要目標在於建立一個連成一片的中非殖民帝國。此問題與對俄作戰目標以後再一併加以考慮……

四、荷蘭。必須考慮通過何種方式和途徑使荷蘭與德意志帝國建立更密切的關係。鑒於荷蘭的民族性格，這種密切關係不能讓荷蘭人產生被強迫之感，不能改變荷蘭人的生活方式，也不能強加給他們新的軍事義務。故而，荷蘭必須保持形式上的獨立，但實質上必須依賴我國。也許有人會考慮建立一個包括整個殖民地在內的攻守聯盟，無論如何都必須建立一個緊密的關稅聯盟……[149]

上述幾點實際上是把佔領法國和比利時的條款除外的九月計劃中應增加的詳細計劃，其目標是「迫使俄國盡可能遠地撤離德國東部邊界，以打破俄國對那些非俄羅斯的附庸民族的統治」。其中設想要建立一個新的波蘭國家（與哈布斯堡王朝的加里西亞相連），並分割波羅的海各省（或者獨立，或者合併於波蘭，或者由德國佔領）。[150]但甚至連這個經過修改的九月計劃也可能誇大了德國建立霸權地位的戰前目標。當然，比洛這時已不再是首相，不過他在一九〇八年向親王提出的建議與貝特曼·霍爾維克的觀點並無多大區別。貝特曼·霍爾維克認為，戰爭將加強左派的政治力量並從內部削弱德意志帝國：

> 歐洲戰爭不會給我們帶來任何好處。在征服新的斯拉夫或法國領土時，我們不能獲得任何東西。如果我們強行將那些小國併入帝國，只會加強德國的離心因素……即使我們因受到挑釁而發動戰爭並取得了勝利，這樣的戰爭也會給我國帶來消極的影響……每次大戰後隨之而來的都是一個自由主義盛行的時期。[151]

以上概述的這些有限的戰爭目標是否對英國的利益構成直接威脅呢？他們是否表明的確是一個「拿破崙一世式的戰略呢？答案是否定的。約在八十年前制訂的九月計劃中，所有的經濟條款的目標是建立一個由德國控制的歐洲關稅聯盟，與今天的歐盟沒有多大不同。確實，當時官方對這個設想所發表的許多聲明引起了強烈的反響。譬如：漢斯·德爾布呂克（Hans Delbrück）宣稱，「歐洲只有建立一個關稅統一體，才具有足夠的能力來滿足橫跨大西洋的世界對生產資源的巨大需求」；古斯塔夫・米勒（Gustav Müller）竭力呼籲建立「一個歐洲聯合國家」（德皇在第一次世界大戰前曾使用該詞），其中「包括瑞士、尼德蘭、斯堪的那維亞各國、比利時、法國甚至西班牙和葡萄牙，貫穿奧匈帝國，還包括羅馬尼亞、保加利亞和土耳其」；巴龍・路德維希・馮・法爾肯豪森（Baro Ludwig von Falkenhausen）渴望「建立一個代表所有歐洲國家的相當穩固的經濟集團，與美國、大英帝國及俄羅斯帝國的大規模的嚴密經濟體展開競爭……這個經濟集團由德國領導，並具有雙重目的：（一）確保各成員國，尤其是德國，對歐洲市場的控制；（二）在可以互相進入彼此市場的條件下，作為一支統一的力量以聯合歐洲的整體經濟實力，與那些世界強國競爭」。⑮② 它們的不同之處在於一九一四年英國將不會成為德皇的「歐洲聯盟」的一員。相反的，英國在作為海上帝國仍然保持完整的情況下，憑藉自身的實力，仍將是一個強國。

當然，歷史的發展並非如此。正如我們所知，謀求英國中立的交換條件被拒絕了。然而，德國歷史學家根本沒有時間去斥責貝特曼・霍爾維克的建議，認為這是巨大的失策並拋棄它，甚至也來不及反駁說德國人自己並不期望確保英國的中立。但是文獻記錄並沒有證實，相反的卻表明貝特曼・霍爾維克希望英國不干涉是合乎情理的。他可以得到諒解，因為他沒有料到在最後一刻，格雷和克羅的主張在英國壓倒了數量佔優勢的不干涉主義者。

沒有對大陸做出承諾

英國在戰前以設想干預法德戰爭為基礎而制訂了軍事計劃，從而得出戰爭實際上是不可避免的結論是極其錯誤的。大多數的內閣成員（更不用說議會）從一開始就對與法國所做的討論一無所知。正如桑德森對康邦所說的，對法國承擔軍事義務的主張「引起各種不同的理解」，「任何稍為明確的表示都立即遭到內閣的否決」。令人驚奇的是，甚至連首相坎貝爾—班納曼最初也被蒙在鼓裡。他在得知此事後深表憂慮地說：「強調聯合備戰……幾乎就是一場榮耀的承諾。」哈爾丹也不得不向參謀總長利特爾頓（Lyttleton）「明確」表示，「我們決不受相互磋商已經開始的這一事實的約束」。⑬ 在這樣的情況下，格雷不可能再採取步驟朝著外交部強硬派成員馬萊（Mallet）、尼科爾森和克羅所支持的與法國建立正式同盟的目標前進。⑭ 正如行事謹慎的高級官員哈定於一九〇九年三月在帝國國防委員會小組會議召開前的誓詞中所強調的：「我們沒有做出在陸上援助法國的保證，……法國希望獲得軍事援助的唯一依據是法國軍事隨員與我國參謀部進行的一些半官方會談。」接著，小組委員會得出結論：「如果德國對法國發動進攻，我們是採取向外派遣一支陸軍的有利行動還是僅給予海軍支援則是政策問題，而且只能在那一時刻到來時，由當時的政府來決定。」⑮ 對於是否派遣陸軍進行干預也只是做了一些考慮（僅僅討論了一下它的邏輯涵義），正如在冷戰期間，美國對於如果蘇聯對西歐發動進攻時，她是否採取核武報復所進行的思考一樣。在此，有必要指出這兩種情況的共同點：戰爭的不可避免並非是因為制訂了作戰計劃。甚至連仇視德國的艾爾．克羅在一九一一年二月時也不得不承認：「基本事實……是這個協約並不是一個同盟，對於應付重大危急的目的並沒有任何實質意義，這個協約只不過是腦海中的一個架構，是兩國政府對全局的共有看法，但此一看法可能會變得日益模糊而失去所有的意義。」⑯

最終做出決策的是內閣，而不是格雷。用格雷的話來說，政府作為一個整體是「相當自由的」。⑰大法官洛雷本認為介入「一場純粹的法國人的爭論」是不可想像的，因為這樣做的唯一後果是「你會遭到基本上由保守黨構成的多數派和許多大臣的反對……這意味著現任政府將無力進行干預」。⑱一九一一年十一月，格雷在內閣中以絕對多數（十五票對五票）順利通過了兩個決議，明確否認對法國負有任何軍事義務。⑲當這個問題在一九一二年十一月再次被提出時，內閣中的激進派得到了海權主義者漢基（Hankey）和伊捨的支持，成功地迫使格雷在下議院否認曾向法國做出任何具有約束力的秘密軍事承諾。哈爾丹感到在決定性的內閣會議後，他「在任何實際問題上不再受到阻礙」，但阿斯奎斯卻不這樣認為。他向國王陳述了內閣的結論：「參謀總部和其他國家的參謀部之間不應進行任何交流，這些交流會直接或間接的使我國負有進行陸軍或海軍干預的責任……如果這些交流關係到在陸上或海上採取一致行動，並且在事先沒有得到內閣批准就不能進行。」⑳難怪法國駐柏林的軍事隨員這樣認為，在與德國交戰中，「英國將不會給予我們任何援助」。克羅繼續敦促「給予法國更廣泛和更明確的全面諒解」，但反對結盟者的實力卻在不斷增長。㉑邱吉爾在一九一二年就海軍責任劃分所發表的講話最清楚地說明了這一點。他主張法國海軍集中在地中海，而英國艦隊留守國內水域，邱吉爾認為這些部署是「獨立進行的，因為他們能夠更好地體現每一個國家的各自利益……這並不是依據某項海軍協訂……因為任何海軍或陸軍協約都沒有約束我們的效力……假使時機到來，我們決定繼續抵抗的話」。⑯

由於哈考特（Harcourt）和伊捨公開或私下的向國內灌輸這個觀點，使得格雷別無選擇，只能告訴康邦，沒有「一個協約能使任何一屆政府做出在戰爭中協同作戰的承諾」。⑯ 英俄海軍談判更不含有任何承諾之意。事實上，俄國要求英國在近東做出單方面讓步的企圖在倫敦引起極大的不安。⑯ 正如一九一四年五月格雷告訴康邦：「我們不可能與俄國達成任何軍事協訂，哪怕是最具假設意義的協訂。」一九一四年六月十一日，距塞拉耶佛刺殺案的發生僅有幾天的時間，他不得不向下議院保證：「如果歐洲國家之間爆發戰爭，沒有任何公開發表的協約會限制或妨礙政府和……議會決定大英帝國是否參戰的自由。」⑯

這樣，格雷的戰略所依據的唯一一條似乎合理的理由，即這能阻止德國進攻法國，也不復存在了。他在任外交大臣後不久說道：「我們與俄法之間達成的協約是絕對可靠的。如果有必要阻止德國的話，那麼這一點是能夠實現的。」⑯ 這就是他、哈爾丹和國王在一九一二年向德國代表發表聲明的基礎。他們都表示英國「在任何情況下都不能容忍法國被征服」。⑯ 歷史學家往往把這些聲明視為德國人在危險時期明顯忽視了的承諾。但事實正如德國政府所意識到的那樣，協約並不像格雷預料的那麼「絕對可靠」。實際上，他的內閣同僚迫使他公開否認了與法俄結成防禦同盟的主張。在德國入侵的形勢下，能夠繼續給予法國安慰的只剩下了格雷作為溫徹斯特學院的校友、牛津大學巴利奧爾學院的學生和作為一名紳士所作的個人承諾而已。但只要格雷能夠使大多數內閣成員轉而支持他的見解，那就意味著英國會進行干預，而他在一九一一年這樣做時則遭到了徹底失敗。如果這次不能成功，他和整個政府可能會辭職。這並不足以使德國感到恐慌，那麼貝特曼·霍爾維克甘願冒險是否足以令人如此驚奇呢？如果《曼徹斯特衛報》能自信地同它在一九一四年七月所做的聲明那樣，「〔英國〕不存在因同盟條約而被拖進〔奧塞〕衝突的危險」；如果阿斯奎斯本人最晚在七月二四日能明白「我們沒有理由超越旁觀者的立場」，那麼為什麼貝特曼·霍爾維克會產生不同的想法呢？⑱ 對此做一個綜合的考慮就會發現正是由於英國立場的不確定性促使了德國人去考慮發動一場先發制人的進攻，由此可能增加而不是減小了戰爭發生的可能性。⑲ 當然，這並沒有使英國介入戰爭成為不可避免。一九一四年七月事件的發展將證明恰恰與此相反。

塞拉耶佛刺殺案發生後，倫敦政府清楚地看到奧地利政府企圖要求「塞爾維亞做出屈辱性的賠償」。對此，格雷的第一個反應是對俄國作何反應表示憂慮。看到奧俄對抗的可能性後，他試圖通過柏林間接地向奧地利施加壓力以緩和其報復行動，希望重現幾年前他的巴爾幹外交政策的勝利。⑰ 首先，他敦促奧俄雙方「坐到一起討論問題」，希望能夠就塞爾維亞問題達成雙方均能接受的條件，但卻遭到當時正在聖彼得堡訪問的法國總統龐加勒的拒絕。格雷對自己是否有能力讓俄國發揮緩和作用表示懷疑，同時也懷疑德國政府實際上在慫恿奧地利，於是改變了策略，向德國大使利切諾夫斯基（Lichnowsky）提出警告，俄國將站在塞族一邊，預示著大陸戰爭一旦爆發，一八四八年的革命將會重演，藉此提議奧、俄在其他四國（英、德、法、義）斡旋之下進行調解。⑰

格雷從一開始就極不情願就英國對衝突不斷升級的反應做出任何說明。他知道，如果奧地利在德國的支持下向貝爾格勒提出極端的要求，俄國為保護塞爾維亞而進行動員，那麼法國就有理由介入戰爭。這正是法俄協約的實質，也是德國的軍事戰略目標。法俄協約的整體戰略是阻止法德戰爭的爆發。然而，格雷也害怕，如果像克羅和尼科爾森所要求的那樣向法俄表示過於強烈的支持，則可能會促使俄國冒險發動戰爭。他發現自己處於進退兩難的境地：怎樣在沒有對兩國協約產生鼓動作用的情況下，達到阻止兩國同盟的目的。⑱ 不幸的是，他給人的印象與他想要達到的目的恰恰相反。直到七月二十六日星期日這天，法國仍然認為他們可以指望英國，同時德國則「確信」英國的中立。正如亞戈（Jagow）對康邦所說：「你們有你們的情報。我們有我們自己的情報。」不幸的是，每一事件的來源都是完全相同的。⑲ 德國政府繼續表現出毫無威脅之意，佯裝對格雷調停的建議極有興趣，而實際上根本不想進行和解。⑳

公正地說，格雷有意運用含糊辭令的策略幾乎是失敗的。塞爾維亞政府感到自己被棄置於這樣的境地，儘管格雷對它的「可怕」措辭感到沮喪，只能接受奧地利的最後通碟，並試圖在最大限度上對它進行修改；㉑ 貝特曼．霍爾維克和毛奇也一直敦促奧地利不要在意格雷的調停建議。但令他們失望的是，德皇高興地將塞爾維亞的答覆視為外交上的勝利，敦促維也納「在貝爾格勒停止行進」，為了確保塞履行奧的要求，暫時佔領塞的首都（就像一八七〇年普魯士佔領巴黎一樣）。亞戈曾聲稱，如果俄國只是在南部邊界進行動員的話（也就是說，抵抗的是奧地利而不是德國），德國將不會採取行動。這使人們感到疑惑不解，而德國對奧地利態度的這種反應更加重了這一疑惑。[176] 與此同時，俄外交大臣薩佐諾夫出人意料地改變了對奧俄雙邊會談有可能進行的看法。格雷在逐漸認清德國實際上並不誠心誠意支持他提議的四國會談後，立即轉而支持了他的觀點。[177] 在一段時間內，大陸戰爭似乎可以避免。然而，對格雷來說不幸的是柏林和聖彼得堡之間早已存在一條不可逾越的鴻溝。一方面，薩佐諾夫不打算接受奧地利佔領貝爾格勒的現實。在他看來，這將表明俄在巴爾幹的影響遭受到嚴重挫折。[178] 另一方面，貝特曼·霍爾維克卻認為奧地利的最後通牒絕無任何討價還價的餘地。[179]

軍事邏輯這時開始取代外交上的考慮。甚至在奧地利炮轟貝爾格勒之前，薩佐諾夫和他的軍事同僚就發佈了局部動員的命令。他們得知，即使俄國實際上只實行了局部動員，德國也將進行動員。於是竭盡全力將局部動員變成為全面動員。[180] 很明顯，這是德國企圖進行動員以對抗俄法的藉口。[181] 出於國內輿論的考慮，德國企圖讓俄首先實行動員。俄國也一樣。在這場奇怪的「倒退競賽」中，俄奧會談的建議被棄置一旁。此刻，大陸戰爭確實是不可避免的。當貝特曼·霍爾維克終於認清英國可能因法國受到侵犯而立即進行干預時，他試圖迫使奧地利坐在談判桌前。但即使到了這時，奧地利仍然拒絕停止軍事行動。[182] 倫敦王室向聖彼得堡發出的呼籲也是徒勞的，因為俄國參謀總長亞努什科維奇（Yanushkevich）實行預防性動員的建議再一次被沙皇取消，便「猛然掛斷了電話」（用他自己的話說）。[183] 德國堅持說，如果俄國繼續實行動員，他們將別無選擇，只能採取同樣的行動。這意味著比利時和法國會遭到入侵。[184] 總之，在俄國決定實行局部動員時，泰勒稱之為「時間表上的戰爭」，即大陸國家之間在時間表上的戰爭已變得不可避免了。然而，與傳記文學和許多宿命論史學的觀點相反，英國的參戰仍然是可避免的。

法俄政府開始敦促格雷表明英國的立場，這並不會令人感到驚奇。[185] 法國認為，如果格雷「宣稱德法之間一旦發生衝突……英國將援助法國，那麼就不會發生戰爭」。[186] 但格雷知道他不能單獨向法國做出這樣的承諾。一段時期內他曾一直試圖向利切諾夫斯基說明這點。事實上，外交部主戰派在他的影響下一直堅持認為，三國協約締造了「道義上的聯合」，否認這一聯合將「使我們的聲譽招致嚴重批評」。[187] 但正如他在一九一二年明確表明的，如果沒有其內閣同僚和黨派的支持，更不用說既含糊又不得不爭取支持的「公眾輿論」了，他就不能採取行動。他能否依靠其中一種力量的支持對法國做出公開的承諾，這一點無法確定。據我們所知，自由黨政治家和新聞界人士組成了一個龐大的團體，強烈反對做出這樣的承諾。[188] 他們的主張因戰爭威脅給倫敦市帶來的嚴重的財政危機而得到了加強。[189] 七月三十日外交事務委員會的二十二名自由黨普通議員通過亞瑟・龐森比（Arthur Ponsonby）宣佈：「任何支持參與歐洲戰爭的決定不僅會遭到最強烈的反對，而且會真正減少對政府的支持。」[190] 事實證明，內閣和一九一二年一樣陷入了分裂。提議宣佈支持法國的人僅占少數，因此沒有達成任何決議，「因為（正如地方行政管理部大臣赫伯特・塞繆爾所說）如果兩派都不知道該怎樣做，那麼雙方都不願意去冒險」。[191]

格雷「為了使他自己在以後免於擔負不守信的指責」而能夠做到的唯一事情是再次秘密告訴

利切諾夫斯基，「如果〔德〕法捲入戰爭，那時……英國政府將……發覺自己被迫必須盡快做出決定。如果那樣的話，袖手旁觀、等待時機是不切實際的」。⑲ 這給貝特曼．霍爾維克留下了格雷以前的聲明所未曾留下的深刻印象。格雷首次表明英國將迅速採取行動支持法國的事實能夠說明這一點。⑲ 同樣，貝特曼．霍爾維克用來換取英國中立的條件在倫敦也留下了深刻的印象。他在聽到格雷對利切諾夫斯基提出警告之前便提出了交換條件，主要是因為它使得德國侵略法國的意圖極為明顯。⑲ 雖然這一條件被嚴辭拒絕，也並沒有激起英國做出干預戰爭的承諾。七月三十日邱吉爾所做的有限的海軍戰備不具有與陸軍動員法令同樣的效力。⑲ 與此相反，在做出秘密警告後，格雷明顯對德國採取了官方的軟化政策，最後一次提出了四國調停的觀點。⑲ 其實，在七月三十一日早晨格雷就對利切諾夫斯基說道：

> 如果德國能夠提出任何一個合理的建議以表明德奧仍將盡力維持歐洲和平，而俄法不合情理地對之加以拒絕，我將支持這一建議……進一步說，如果俄法不接受這一建議，英政府對其後果不承擔任何責任。

格雷設想的這個「合理的建議」，即「如果法國在俄德戰爭中保持中立（或將軍隊維持在本國領土內），德國將保證不進攻法國」。⑲ 得知這點後，甚至連持悲觀態度的利切諾夫斯基也開始認為「在可能要爆發的戰爭中，英國也許會採取觀望的態度」。⑲ 相比之下，巴黎反應暗淡。八月一日晚，格雷直言不諱地對康邦說：

如果法國不能利用這一有利形勢（即合理建議），那是因為她受到一個同盟的束縛。而我們不是這個同盟的一員，也不瞭解該同盟的條款……在這樣的時刻，法國必須在沒有寄希望於援助的情況下自己做出決定。而這時我們還沒有做出援助的承諾。……在這樣的時刻，我們不能建議議會向大陸派遣遠征軍……除非絕對涉及到我們的義務並深深關係到我們的利益。⑲⑨

格雷接著向康邦解釋，他個人對利切諾夫斯基的告誡不「等於是對法國的承諾」。⑳⓪

在這關鍵的幾天中，格雷的行為如實地反映了阿斯奎斯內閣內部的尖銳分歧。七月三十一日參加會議的十九人分為三派：一派與自由黨的多數保持一致，支持立即宣佈中立（其中包括莫利、伯恩斯〔John Burns〕、西蒙〔Sir John Simon〕、比徹姆〔Beauchamp〕和霍布豪斯）；一派贊成進行干預（僅有格雷和邱吉爾兩人）；第三派還沒有做出決定（知名的有克雷、麥基翁〔McKenna〕、哈爾丹和塞繆爾，可能也包括勞合·喬治和哈考特，當然還有阿斯奎斯本人）。⑳① 莫利強烈反對英國為支持俄國而參加戰爭，大多數人似乎也都傾向於支持他的觀點。然而，如果英國「毫不妥協地採取不加干預的政策」，格雷將威脅要辭職，這足以使僵局一直繼續下去。⑳② 於是內閣達成一致，認為「英國的民眾輿論使我們不能支持法國……我們不能做出承諾」。⑳③ 八月一日晚，當得知德對俄發出最後通牒的消息後，邱吉爾能夠說服阿斯奎斯准許他對海軍實行動員時，僵局實際上仍然沒有被打破，[204] 只不過促使了莫利和西蒙在第二天的會議上威脅要辭職。大多數人則再次靠攏本階層，反對格雷不斷要求明確宣佈干預戰爭。在那個關鍵的星期日舉行的第一次會議上最有可能取得一致的是「如果德國艦隊駛進海峽或是穿過北海對法國海岸線或船隻採取敵對行動，英國將全力保護法國」。[205] 考慮到德國採取這樣的海上行動的可能性極小，因此這並不是一次宣戰。既使這樣，貿易委員會主席伯恩斯也無法接受而宣佈辭職。正如塞繆爾聲稱的：「假設事件的發展有結果的話，阿斯奎斯將站在格雷一邊……其餘三人仍保持不變。我認為我們其餘幾個人將會辭職。」[206] 當天在比徹姆家的午餐桌上，包括勞合・喬治在內的七位大臣表示，甚至對有限的海軍措施也要有所保留。[207] 如果他們意識到格雷已暗中收回向利切諾夫斯基提出的在德俄戰爭中法國保持中立的建議，並且獲悉當天早晨利切諾夫斯基在阿斯奎斯的早餐桌前流下了眼淚的話，他們或許會按照那些保留措施行事。[208] 隨著事態的發展，莫利、西蒙和比徹姆加入了伯恩斯要求辭職的行列，同時要求履行對比利時的承諾。副大臣查理・屈維廉（Charles Trevelyan），也加入了這一行列。在此之前，格雷本人只有以辭職相威脅才能夠確保履行這個承諾。

針對保守黨的戰爭

那麼，政府為什麼沒有下台呢？正如阿斯奎斯的日記中所寫的，直接原因是勞合・喬治、塞繆爾和皮斯（Pease）要求那些辭職者「不要遞交辭呈，或至少要拖延一下」，因此「他們同意在當天一言不發，只是坐在議會的習慣席位上」。⑳⑨ 這些此前遲疑不定的人為什麼在這個關鍵時刻卻轉而反對辭職了呢？傳統觀點可用一個詞來解釋，即比利時。

當然，外交部很早就認識到「如果德國的侵略……必然會破壞大英帝國」在一八三九年的兩個條約中「保證要維護的比利時的中立」的話，英國「將很容易做出」為支持法國而參戰的決定。⑳⑩ 當然，從事後來看，勞合．喬治和其他人援引比利時的中立被破壞作為動搖他們以及「公眾輿論」去支持戰爭的唯一的、也是最重要的原因。⑳⑪ 乍一看，這一理由似乎是不容辯駁的。一九一四年八月六日，英國以法律和榮譽的名義維護比利時的中立以及她證實小國不受侵犯原則的「莊嚴的國際義務」，為阿斯奎斯在下議院所做的「我們為什麼而戰？」的演說提供了兩個主題。⑳⑫ 同時，也成為勞合．喬治成功開展的威爾斯徵兵運動的要旨。⑳⑬ 如果說格雷夫斯（Graves）和薩松（Sassoon）等鬥士們隨後做的備忘錄有任何影響的話（不用說當時滑稽的木偶漫畫了），比利時問題最終奏出了和音。⑳⑭ 然而，有一些理由讓人產生懷疑。正如我們所知道的，一九〇五年外交部的觀點認為一八三九年和約並沒有束縛英國使她不論處於什麼情況，不論有多大危險都「必須支持比利時的中立」。當一九一二年問題顯露時，正是勞合．喬治表示出這樣的憂慮：戰爭一旦爆發，比利時應該「對這個國家或者完全表示友好……或者……明確地充滿敵意」，因為中立將破壞英國的封鎖政策。⑳⑮ 重要的是，當七月二十九日這個問題提交到內閣時，內閣決定要根據「政策」而不是「合法的義務」，對德國侵犯比利時做出反應。⑳⑯ 因此，政府聲稱對比利時的侵犯可能會導致英國公眾輿論「發生變化」，以此間接地警告德國。這樣，格雷便能夠借助內閣對德國的警告，對德國搪塞這一問題做出反應。內閣一致警告德國：「如果比利時的中立被破壞……那麼公眾的情感將會變得極難控制。」[217] 但政府並沒有使自己為此承擔責任。因為許多大臣實際上相當渴望避不履行對比利時做出的保證，所以這並不令人感到特別驚奇。

比弗布魯克（Beaverbrook）回憶說，有些人認為德國人將「只是經過最南端」，說明德國將「在很小程度上違反中立」，勞合・喬治就是其中之一。他指著一張地圖說：「你們看，雖然只是在很小程度上，但德意志人將為他們的任何破壞行徑付出代價。」[218] 無論如何，人們廣泛期望（儘管不公正）在德國人通過阿登高原的時候比利時不會向英國提出給予援助的要求，而只是提出正式的抗議而已。七月三十日德國向提出要求英國保持中立的交換條件清楚地表明，德國將要侵入比利時；但甚至到八月二日早晨，在亞戈明確地拒絕保證比利時的中立之後，勞合・喬治、哈考特、比徹姆、西蒙、朗西曼（Runciman）和皮斯仍一致表示，只有當「比利時遭到大規模入侵」時，他們才會考慮參加戰爭。查理・屈維廉持同樣的觀點。[219] 隨後，克雷用謹慎的措辭向國王陳述了當晚的內閣決議，即「當主張干預的呼聲迫使我們必須採取行動時，對（比利時）中立的實質性破壞將使我們處於格拉斯東早在一八七〇年就已設想過的這種境況。這種情況可能會出現」。[220] 當八月三日早晨阿斯奎斯獲悉德國對比利時發出最後通牒的消息後，他徹底地放鬆了。毛奇提出要求不受阻礙地通過整個比利時後，艾伯特一世（King Albert）向喬治五世發出了呼籲。次日，德國的入侵明顯「使事情簡單化」，用阿斯奎斯的話說，因為這使得西蒙和比徹姆收回了他們的辭呈。㉑於是毛奇和利切諾夫斯基保障比利時戰後完整的最後努力無疾而終。㉒當貝特曼・霍爾維克深感惋惜地對戈申說：「為了比利時的中立，英國將與我們作戰」，「只是因為一張紙」時，他並沒有領會到英國參戰的真正意圖。毛奇在進入整個比利時的同時，無意間挽救了自由黨政府。

然而，正如威爾遜認為的那樣，英國參戰的原因與其說是因為德國對比利時的威脅，不如說是因為德國對英國的威脅。格雷和主戰派一直堅持認為，法國一旦淪陷，德國對英國的威脅就會顯現。這一點隱含在八月二日阿斯奎斯給維尼夏・斯坦利（Venetia Stanley）的照會中。他在其中提出了六條原則，只有第六條談到了英國「有責任防止比利時被德國利用和吞併」。而第四條和第五條也相當重要。其中聲明，雖然英國沒有支援法國的義務，但「法國作為一個大國被消滅是不符合英國利益的」，「我們不允許德國利用英吉利海峽作為一個敵對基地」。㉓同樣，八月三日，在德國向比利時發出最後通牒的消息到達之前，格雷在下院作了著名的演說。其演說的主要觀點是：「如果法國在生死攸關的戰爭中被擊敗……我認為……我們將不能或無法運用我們的力量……斷然防止我們對面的整個西歐……落入單一國家的統治下。」㉔不干預將帶來的戰略冒險是孤立無援，超過了進行干預的冒險性。正如第二天格雷在一次私人談話中所說的：「比利時不會是最後一個受害者，下一個將會是荷蘭，之後是丹麥……如果德國對歐洲的統治由此得到認可，英國將失去自己的地位。」他對內閣說：「德國的政策是名副其實的歐洲侵略者的政策，他與拿破崙一樣邪惡。」這個觀點看上去顯然也贏得了哈考特等搖擺不定的人的支持。㉕因此，

當莫利談及比利時曾提出「要求……為了法國的利益進行干預」時，他並沒有錯。㉖

然而，關於英國為什麼在一九一四年八月四日午時參戰，還有一個經過證實的更為重要的原因。在七月三十一日至八月三日，得以維持內閣團結的最為重要的因素是對保守黨入閣的恐懼。㉗早在七月三十一日，邱吉爾就透過史密斯秘密詢問波納．勞，如果辭職的人數超過八人，「反對黨」是否「準備藉由組織聯合政府來填補空缺……以挽救政府」。㉘波納．勞拒絕做出回答。不過在與貝爾福、蘭斯多恩和朗格（Walter Long）進行商談後，他寫信給阿斯奎斯明確闡明了保守黨的觀點，即「在目前的緊急關頭，對支持法、俄仍然猶豫不決是致命的。」波納．勞提出：「〔政府〕應該以她或許認為的為了達到支持的目的所必需的任何方式毫不遲疑地提供支持。」他提出的這種支持掩蓋著一個威脅，那就是如果政府不能夠就這些問題達成一致，保守黨將樂於取代自由黨的地位。㉙儘管阿斯奎斯多年來不斷受到保守黨媒介尤其是諾斯克利夫主編的報紙的挑戰性批評，但大概也只有這一點堅定了他的決心。他對內閣成員說，辭職看上去或許是政府分裂的自然過程。但是，他接著說：「現在全國的形勢不比往常，我無法說服自己並使自己相信，只有另一個黨的領袖或成員才有能力應付當前的局勢。」㉚塞繆爾和皮斯立即抓住這一點，對伯恩斯說：「對於內閣大部分成員來說，現在離開意味著一個戰爭內閣的出現，這是阿斯奎斯最後的期望。」正如皮斯所說的：「可供選擇的政府一定不像我們這樣急切地渴望和平。」三天後他向屈維廉說了同樣的話，而此時西蒙和朗西曼則採取了克制的態度。㉛

乍看之下，保守黨比自由黨更渴望戰爭的事實似乎加強了宿命論的論據。假設阿斯奎斯內閣垮台，波納・勞一樣會參戰。但是否只是一樣呢？讓我們假設勞合・喬治最近的財政法案被否決後，他本人為財政恐慌所困擾，並遭到《衛報》及《英國週刊》的反戰言論的攻擊，於是在一次關鍵的內閣會議上拋棄了格雷。格雷當然會辭職；邱吉爾馬上轉而加入波納・勞的內閣。阿斯奎斯及其因《愛爾蘭自治法案》帶來的壓力之下快要崩潰的微弱多數的支持者還能支持下去嗎？看上去不太可能。但是，一個保守黨政府需要多少時間才能建立起來呢？政府的最後這次轉變是一個長期問題。早在一九〇三年，貝爾福政府就在關稅改革問題上顯示出了第一個分裂跡象，一九〇五年七月二十日在下議院實際上被擊敗，一九〇五年十一月失去議會的信任，最終在十二月四日辭職。而使民主黨支持者的力量進一步增強的普選直到一九〇六年二月七日才結束。可以想像得到，假設阿斯奎斯在一九一四年八月的早些時候辭職，事情的發展會比較迅速。當然邱吉爾建議實行聯合的計劃是為了防止對參與戰爭的任何拖延。但是，在普選之前的局勢下可能對德國宣戰嗎？這在很大程度上要取決於國王。國王像他在柏林和聖彼得堡的堂兄弟一樣，在看到臨近地獄的邊緣時便對戰爭失去了任何熱情。[232] 根據以上的假設，政府的更迭將使英國派遣遠征軍的時間至少推遲一週，這個推測是合乎情理的。

即使沒有發生政府更迭，派遣英國遠征軍也不是必然的結果，也不會按照威爾遜與法國參謀總部協商制訂的計劃進行。[233] 正如我們所知道的，因為英國實際上從來沒有做出過明確決定和支持大陸的承諾，以至於當戰爭爆發時，過去反對給予大陸承諾的爭論立即再次出現。海權主義者一如既往地堅持認為依靠海上實力足以決定戰爭的勝負。[234] 他們傾向於支持將部分或全部陸軍保留在國內以維持社會穩定和抵禦入侵。其餘的人則擔心，即使六個師（加上一個騎兵師）的力量也不足以發揮決定性作用：可見並非德皇一人對「（英國）能夠投入戰場的幾個師能否帶來實際上的不同結果」表示懷疑。㉟ 對於遠征軍的派遣地及其應在多大程度上由法國指揮，也存在不同的看法。㊱ 爭論兩天的結果是決定僅派遣四個海軍師和一個騎兵師向亞眠而不是（威爾遜主張的）向莫伯日前進。㊲

那麼，正如其提議者斷言和以後的辯解者們辯駁的那樣，這一決定是否給戰爭的結果帶來了某種決定性的差異呢？㊳ 有些觀點不時地認為，即使沒有英國的遠征軍，施利芬計劃也必將失敗。這個失敗是由於毛奇的錯誤修改所造成的。㊴ 如果法國沒有試圖發動進攻而只是集中於防禦，那麼法國即使沒有獲得援助，也能阻擋德國的進攻。但他們事實上並沒有這樣做。即使考慮到德國的失誤，事情也有可能這樣發展：儘管英國在奧斯坦德發動的佯攻一開始就發生混亂的撤退並最終失敗，但八月二十六日英國軍隊在勒卡托和馬恩河（九月六～九日）的出現確實大大降低了德國取勝的可能性。㊵ 不幸的是，它並不能導致德國的失敗。在安特衛普陷落和第一次伊普爾戰役（十月二十日～十一月二十二日）後，西線進入了持續四年之久的充滿血腥的僵持時期。

沒有英國遠征軍的戰爭

假設英國沒有派遣遠征軍，德國將毫無疑問地取得戰爭的勝利。即使他們在馬恩河受阻，也必然能在幾個月內以不可壓倒之勢突破缺乏英國實質性援助的法國防線。早在八月十日，基欽納（Kitchener）就決定徵募一支援軍。[241] 即使英國向法國派遣了遠征軍，但由於倫敦的政治危機之故卻被派往另一個地方或推遲了一週的時間，那麼毛奇仍有可能重現他的前輩曾取得的勝利。但基欽納不願將遠征軍撤向埃納，那麼他想怎樣做呢？無疑，關於英國進行干預以阻止德國野心的爭論，尤其是與首相波納·勞的爭論，將繼續下去。但可以想像一種唯一的但與此不同的干預方式。法國的戰敗會使遠征軍的派遣失去意義；即使英國派遣了遠征軍，恐怕也必須進行一場敦刻爾克式的大撤退。海權主義者在德國海岸登陸的舊方案也必將掃進垃圾桶。事後看來，某種最可靠的利用陸軍發動對達達尼爾海峽的入侵極有可能出現（特別是如果邱吉爾仍然在海軍部的話。他幾乎必然要待在那裡）。當然，如果可以得到遠征軍充分的支援，這一行動的進展將會有所改善。但除了那個冒險行動外，英國最有可能做到的是運用其海軍力量向德國發起一場費捨爾一直主張的海戰，圍剿德國的商船、襲擊與敵國進行貿易的中立國船隻、沒收德國的海外資產。

這樣一個雙重戰略對柏林來說無疑是一個巨大的刺激，但並不會因此贏得戰爭的勝利，因為大量證據表明海上封鎖並沒有像其主張所希望的那樣迫使德國屈從。[242] 儘管對土耳其的勝利必然有利於俄國並實現俄國長期抱有的對君士坦丁堡的企圖那樣，這場勝利卻不能嚴重削弱德國在西線佔據的地位。[243] 如果沒有西線的消耗戰，英國就不必為了確保戰爭的勝利而運用其人力、物力和擁有巨大優勢的財力對德國施加壓力。可能性更大的結果是外交上的妥協（實際上是基欽納和蘭斯多恩後來提出的建議）。據此，英國將結束敵對態度來換取德國對比利時的完整和中立以及在奧斯曼帝國內進行某種權益劃分的保證。這一直是貝特曼．霍爾維克追求的目標。由於法國的戰敗和德國答應恢復比利時現狀仍舊只是停留在桌面上，因而很難看出，任何一屆英國政府可能會怎樣來證明將要繼續的是一場海戰、還是中東戰爭，其目的又是為了什麼。可以想像得到痛苦不堪的自由黨人仍在一如既往地呼籲發動戰爭來摧毀德國的「陸軍優勢」，儘管貝特曼．霍爾維克看上去極有可能繼續推行與社會民主黨合作的政策，但這一主張不會對海格（Haig）產生影響，也很難繼續下去。貝特曼．霍爾維克與社會民主黨合作的政策開始於一九一三年的稅收法案，隨後他們投票贊成戰爭貸款案並使之得以通過。[244]但戰爭的目標是為了維護俄國對波蘭和巴爾幹各國的控制，為了把君士坦丁堡交給沙皇嗎？雖然有時格雷似乎樂意進行這樣一場戰爭，但他定會遭到參謀總長羅伯遜等人的反對，他們在一九一六年八月可能仍主張維持「一個強大的……條頓人的……中歐大國」來制衡俄國。[245]

總而言之，歷史學家必然會問，是否正如格雷和其他反德分子當時的斷言及一代費捨爾派史學家後來所贊同的那樣，承認德國對大陸的勝利將會損害英國的利益。這裡的回答表明是不會的。而艾爾．克羅經常問：「如果戰爭爆發，英國袖手旁觀……德國、奧地利獲勝，法國被征服，俄國受辱，那麼沒有朋友的英國會面臨什麼狀況呢？」[246]史學家作出的回答是：比一九一九年精疲力竭的英國所處的境況會好一些。對德國戰前的作戰目標進行的重新分析表明，如果英國袖手旁觀即使只要持續了幾周的時間，歐洲大陸將變成一種類似我們今天所知的歐盟的組織形式，而不會出現兩次世界大戰帶來的英國海上實力的大規模收縮。也許俄國的徹底崩潰、陷入對內戰和布爾什維克主義的恐懼也會得以避免：儘管鄉村和城鎮仍然存在可怕的秩序混亂問題，但在一場短暫的戰爭之後，真正的立憲君主政體（尼古拉二世〔Nicholas II〕退位後）或議會制共和政體極有可能取得成功。當然，美國的金融和軍事實力也就不會介入歐洲事務，不會帶來英國世界經濟霸權的喪失。確實，歐洲在十九世紀二〇年代仍可能存在法西斯主義，但激進的民族主義者會在法國而不是德國出現。這樣的預測聽上去似乎更具有說服力。而且，如果沒有世界大戰的重壓，十九世紀二〇年代和三〇年代的通貨膨脹及通貨緊縮也許不會如此嚴重。假設德皇獲得勝利，希特勒可能會作為一名失意的藝術家或一名在由德國控制的中歐執行任務的士兵而度過自己的一生。對此他不能有任何怨言。

伊曼紐爾．蓋斯在一九九〇年發表的一篇文章中指出：

> 作出這樣的推斷是沒有錯的：如果歐洲齊心協力，德國和俄國以西的歐洲大陸將只能堅守各自的立場。而統一的歐洲幾乎將自動地處於最強大的國家—德國的領導下……但是為了勇敢地對付面臨的巨大經濟和政治權利集團，德國將不得不領導統一的歐洲去克服想像到的歐洲人不願被處於同等地位的國家統治的情緒……德國為了在一九〇〇年後的幾年中取得某種類似今天聯邦共和國的地位，將不得不非常清楚地表明歐洲的整體利益與德國開明的自我利益是一致的，以說服歐洲接受她的領導。(247)

雖然他的假設無意間反映出德國在再次統一後的時代的傲慢，但在某種意義上他是絕對正確的：如果德國在沒有經歷兩次世界大戰的情況下而能夠取得大陸霸主的地位，那將很容易被接受。但事情沒有這樣發生並不僅僅是德國的錯。確實是德國在一九一四年將大陸戰爭強加給了不願參戰的法國（和並非不情願的俄國）。但是，正如德皇所指出的，如果事情按計劃進行的話，那就是英國政府的最後決定使得大陸戰爭演變成了世界大戰。相比之下，如果接受俄國提出的第一個「建立歐洲聯盟的條件」可能帶來的後果相比，這場戰爭持續了相當於其兩倍的時間，損失了較之更多的生命。通過一九一四年與德國的對抗，阿斯奎斯、格雷和他們的同僚更加確信，當德國最終取得大陸的優勢地位時，英國的力量將不足以與之抗衡。

---

① 格雷子爵：《用假蠅釣魚》（Viscount Grey of Falloden , *Fly Fishing*），一八九九年第一版；斯托克斯菲爾德，一九九〇年，第一二、一五頁。在此對桑迪·森普里尼爾提供的資料表示感謝。

② 厄斯金·奇爾德斯：《沙灘之謎》（Erskine Childers, *The Riddle of the Sands*），倫敦，一九八四年，第二四八頁。

③ 莫利斯：《散佈駭人聽聞者》（A. J. A. Morris, *The Scaremongers*），倫敦，一九八四年，第一五六頁。又見克拉克：《預言戰爭的聲音》（I. F. Clarke, *Voices Prophesying War*），倫敦，一九六六年。

④ 薩基：《威廉的到來：霍亨索倫王朝統治下倫敦的故事》（Saki, *When Willim Came: A Story of London under the*

Hohenzollerns）。見《薩基作品集》（*The Complete Works of Saki*），倫敦/雪梨/多倫多，一九八〇年，第六九一～八一四頁。

⑤ 同上，第七〇六～七一一頁。在現代人看來多少有些驚奇，猶太人親德的觀點是一九一四年英國激進分子的謊言，更不用說童子軍運動公然蔑視失敗主義了。

⑥ 貝伯哈恩：《德國和一九一四年戰爭的到來》（V. R. Berghahn, *Germany and the Approach of War in 1914*），倫敦，一九七三年，第二〇三頁。

⑦ 參見凱澤：〈德國和第一次世界大戰的起因〉（D. E. Kaiser, 'Germany and the Origins of the First World War'），載於《現代史雜誌》（*Journal of Modern History*），第五五卷，一九八三年，第四四二～四七四頁。

⑧ 斯坦伯格：〈哥本哈根的狀況〉（J. Steinberg, 'The Copenhagen Complex'），載於《當代史雜誌》（*Journal of Contemporary History*），第三卷，一九六六年，第一期，第四一頁。

⑨ 毛奇：《總參謀長赫爾姆特・馮・毛奇：回憶、信札、文獻，一八七七～一九一六年》（E.von Moltke, *Generaloberst Helmuth von Moltke. Erinnerungen, Briefe, Dokumente 1877～1916*），斯圖加特，一九二二年，第一三頁。

⑩ 弗里德里希・馮・貝恩哈迪將軍：《德國和下一場戰爭》（General Friedrich von Bernhardi, *Germany and the Next War*），倫敦，一九一四年。關於毛奇的宗教觀點，見布霍爾茲：《毛奇、施利芬和普魯士的作戰計劃》（A. Bucholz, *Moltke, Schliffen and Prussian War Planning*），紐約/牛津，一九九一年。

⑪ 詹姆斯・喬爾：《第一次世界大戰的起源》（Jams Joll, *The Origins of the First World War*），倫敦，一九八四年，第一八六頁。

⑫ 蒙森：〈德國在一九一四年的前十年關於戰爭的陳詞濫調〉（W. J. Mommsen, 'The Topos of Inevitable War in Germany in the Decade before 1914'），載於貝伯哈恩和基欽編：《總體戰時代的德國》（V. R. Berghahn and M.Kitchen, eds., *Germany in the Age of Total War*），倫敦，一九八一年，第二三～四四頁。

⑬ 勞合・喬治：《戰爭回憶錄》（David Lloyd George, *War Memoirs*），倫敦，一九三八年，第一卷，第三二、三四、四

七頁。

⑭ 邱吉爾：《世界危機：一九一一～一九一八》（W. S. Churchill, *The World Crisis 1911～1918*），倫敦，一九二二年，第四五、五五、一八八頁。

⑮ 格雷勳爵：《二十五年》（Lord Grey of Falloden, *Twenty-Five Years*），倫敦，一九二五年，第一卷，第一四三、二七七頁；第二卷，第二〇、三〇頁。

⑯ 黑茲爾赫斯特：《一九一四年七月到一九一五年五月戰爭時期的政治家們：勞合・喬治勝利的開端》（C. Hazlehurst, *Politicians at War, July 1914 to May 1915: A Prologue to the Triumph of Lloyd Gerge*），倫敦，一九七一年，第五二頁。

⑰ 屈維廉：《格雷》（G. M. Trevelyan, *Grey of Falloden*），倫敦，一九三七年，第二五〇頁。

⑱ 關於馬克思主義宿命論的一個實例見，埃瑞克・霍布斯邦：《帝國的年代：一八七五～一九一四年》（Eric Hobsbawm, *The Age of Empire 1875～1914*），倫敦，一九八七年，第三一二～三一四，三二三～三二七頁。美國的自由主義傳統將戰爭責任歸為國際關係體系的危機，這一觀點仍擁有支持者；同樣，泰勒提出的「時間表上的戰爭」的觀點，即戰爭是由軍事計劃的堅決無情的「邏輯」引起，也仍有一批擁護者。

⑲ 霍布斯邦：《帝國的年代》，第三二六頁；巴爾納特：《英國霸權的衰落》（C. Barnett, *The Collaps of British Power*），倫敦，一九七三年，第五五頁。

⑳ 阿斯奎斯：《戰爭的起源》（H. H. Asquith, *The Genesis of the War*），倫敦，一九二三年，第二一六頁。

㉑ 勞合・喬治：《戰爭回憶錄》，第一卷，第四三頁。

㉒ 泰勒：《爭奪歐洲控制權的鬥爭：一八四八～一九一八》（A. J. P. Taylor, *The Struggle for Mastery in Europe 1848～1918*），牛津，一九五四年，第五二七頁。又見喬爾：《一八七〇年以來的歐洲國際關係史》（J. Joll, *Europe since 1870: An International History*），倫敦，一九七三年，第一八四頁。

㉓ 布洛克：〈英國參戰〉（M. Brock, 'Britain Enters the War'），載於埃文斯和波格・馮・斯特蘭德曼編：《第一次世界大戰的到來》（R. J. W. Evans and H. Pogge von Strandmann, *The Coming of the First World War*），牛津，一九八八年，第

一四五～一七八頁。

㉔邱吉爾：《世界危機》，第二〇二頁。

㉕同上，第二二八頁。

㉖格雷：《二十五年》，第二卷，第四六頁。又見第九頁。

㉗同上，第一卷，第七七、三一二頁。

㉘同上，第二卷，第二八頁。

㉙同上，第一卷，第三三五頁。戈登・馬泰爾：《第一次世界大戰的起源》（Gordon Martel, *The Origins of the First World War*），倫敦，一九八七年，第八九頁。

㉚威爾遜：《三國協約：論英國外交政策的決定因素：一九〇四～一九一四》（K. M. Wilson, *The Policy of the Entente: Essays on the Determinants of British Foreign Policy, 1904～1914*），劍橋，一九八五年，第九六、一一五頁。又見威爾遜：〈一九一四年七月英國對法國的「道義上的承諾」〉（T. Wilson, 'Britain's "Moral Commitment" to France in July 1914'），載於《歷史》（*History*），第六四卷，一九七九年，第三八二～三九〇頁。

㉛弗倫克：《英國的經濟和戰略計劃：一九〇五～一九一五年》（D. French, *British Economic and Strategic Planning, 1905～1915*），倫敦，一九八二年，第八七頁。

㉜舉例見霍華德：〈第一次世界大戰前夕的歐洲〉（M. Howard, 'Europe on the Eve of World War I'），載於同作者，《歷史的教訓》（*The Lessons of History*），牛津，一九九三年，第一一九頁；馬泰爾：《起源》，第六九頁。

㉝甘迺迪：《英德對抗的源起：一八六〇～一九一四》（P. Kennedy, *The Rise of the Anglo-German Antagonism 1860～1914*），倫敦，一九八〇年，第四五八頁：「即使沒有利用比利時問題作為政治幌子，最終的決定也是在預料之中的。」

㉞克羅、哈定和格雷都承認：「德國人早已開始並仍在研究入侵問題。」莫里斯：《散佈駭人聽聞者》，第一五八頁。又見弗倫克，〈英國的間諜熱：一九〇〇～一九一五〉（D. French, 'Spy Fever in Britain 1900～1915'），載於《歷史雜

誌》（*Historical Journal*），一九七八年第二一卷。

㉟ 蓋斯：《一九一四年七月第一次世界大戰的爆發：文獻選集》（I. Geiss, *July 1914: The Outbreak of the First World War: Selected Documents*），倫敦，一九六七年，第二九頁。

㊱ 威爾遜：《三國協約》，第一〇〇頁；Z．斯坦納：《英國和第一次世界大戰的起源》（Z. Steiner, *Britain and the Origins of the First World War*），倫敦，一九七七年，第四二頁。

㊲ 威爾遜：《三國協約》，第六六頁。

㊳ 卡因和霍普金斯：《英帝國主義：革新和擴張：一六八八～一九一四年》（P. J. Cain and A. G. Hopkins, *British Imperialism: Innovation and Expansion 1688～1914*），哈洛，一九九三年，第四五〇、四五六頁。

㊴ 邱吉爾：《世界危機》，第一二〇頁；勞合．喬治：《戰爭回憶錄》，第一卷，第六頁。

㊵ 古奇：《戰爭計劃：參謀總部和英國的軍事戰略一九〇〇～一九一六年》（J. Gooch, *The Plans of War: The General Staff and British Military Strategy c.1900～1916*），倫敦，一九七四年，第二五頁。

㊶ 經典論述見費捨爾：《德國在第一次世界大戰中的目標》（F. Ficher, *Germany's Aims in the First World War*），倫敦，一九六七年；作者同上：《幻想的戰爭：一九一一～一九一四年的德國政策》（*War of Illusions: German Policies from 1911 to 1914*），倫敦/紐約，一九七五年。

㊷ 蓋斯：《一場持久的災難歷程。第一次世界大戰前的歷史1815～1914年》（I. Geiss, *Der lange Werg in die Katastrophe. Die Vorgeschichte des Ersten Weltkrieges 1815～1914*），慕尼黑/蘇黎世，一九九〇年，第二三，五四，一二三頁。

㊸ 布爾科：〈第一次世界大戰中英美的財政流動員〉（K. Burk, 'The Mobilization of Anglo-American Finance during World War One'），載於德萊斯齊格爾編：《總體戰動員》（N. F. Dreisziger eds., *Mobilization for Totle War*），安大略，一九八一年，第二五～四二頁。

㊹ 正如我們即將得知的，實際上只有通過閱讀最具宣傳性的歷史記錄，才有可能認識到德國一九一四年時的戰爭目標與一九三九年是相同的。

㊺ 李德爾·哈特：《英國的戰爭方式》（B. H. Liddell Hart, *The British Way in Warfare*），倫敦，一九四二年，第一二二九頁。

㊻ 霍布森：〈陸軍裝備的差距和小心謹慎的巨人：英國國防政策的財政社會學一八七〇～一九一三年〉（J .M. Hobson, 'The Military-Extraction Gap and the Wary Titan: The Fiscal Sociology of British Defence Policy 1870～1913'），載於《歐洲經濟史雜誌》（*Journal of European Economic History*），第二二卷，一九九三年，第四六一～五〇六頁。

㊼ 阿爾貝蒂尼：《戰爭的起源》（L. Albertini, *The Origins of the War*），牛津，一九五三年，第三卷，第三三一，三六八，六四四頁；勞合·喬治：《戰爭回憶錄》，第一卷，第五七頁；黑茲爾赫斯特：《戰爭中的政治家們》，第四一頁；類似的觀點見戈登：〈國內衝突與第一次世界大戰的起源：英國和德國的狀況〉（M. R. Gordon, 'Domestic Conflicts and the Origins of the First World War: The British and German Cases'），載於《現代史雜誌》，第四六卷，一九七〇年，第一九五頁。

㊽ 屈維廉：《格雷》，第二五七頁；阿斯奎斯：《起源》，第二〇二頁。見尼科爾森：〈愛德華時代下的英國與第一次世界大戰的到來〉（C. Nicolson, 'Edwardian England and the Coming of the First World War'），載於奧戴編：《愛德華時代：一九〇二～一九一四年間的衝突和穩定》（A. O'Day eds., *The Edwardian Age: Conflict and Stability 1902～1914*），倫敦，一九七九年，第一四五～一四八頁。

㊾ 霍布森：〈小心謹慎的巨人〉，第四九五，四九九頁。類似的建議見，弗里德伯格：《疲倦的巨人：英國及其相對衰落的歷程一八九五～一九〇五年》（A. L. Friedberg, *The Weary Titan: Britain and the Experience of Relative Decline 1895～1905*），普林斯頓，一九八八年，第三〇一頁；奧布賴恩：〈答覆〉（P. K. O'Brien, 'Reply'），載於《過去和現在》（*Past and Present*），第一二五期，一九八九年，第一九五頁。但極具洞察力的評論見，麥基翁：〈一個衰落的強國的外交政策〉（T. G. McKeown, 'The Foreign Policy of A Declining Power'），載於《國際組織》（*International Organisation*），第四二卷，一九九一年，第二期，第二五九～二七八頁。

㊿ 其中的一個特例見，保羅·約翰遜：《沿海島民》（Poul Johnson, *The Offshore Islanders*），倫敦，一九七二年，第三

六五頁。

51 阿斯奎斯：《起源》，第五七，六〇，六三，八三頁。

52 格雷：《二十五年》，第一卷，第七五，八一，八五，三一三，三三四頁。屈維廉：《格雷》，第二五四，二六〇頁。

53 格雷：《二十五年》，第二卷，第三五頁。

54 關於「國家效能」見，瑟爾：〈評愛德華時代的社會：激進的右派〉（G. R. Searle, 'Critics of Edwardian Society: The Case of the Radical Right'），載於奧戴編：《愛德華時代》，第七九～九六頁；關於愛德華時代的「軍國主義」，見薩默斯：〈大戰前英國的軍國主義〉（A. Summers, 'Militarism in Britain before the Great War'），載於《歷史作坊》（*History Workshop*），第二卷，一九七六年，第一〇六～一二〇頁。

55 特里比爾科克：〈戰爭和工業動員的失敗：一八九九和一九一四年〉（C. Trebilcock, 'War and the Failure of Industrial Mobilization: 一八九九 and 一九一四'），載於溫特編，《戰爭和經濟發展》（J. M. Winter, eds., *War and Economic Development*），劍橋，一九七五年，第一四一頁。卡因和霍普金斯：《英帝國主義》，第四五二頁；巴爾納特：《衰落》，第七五～八三頁。又見蒙戈爾：《光榮孤立的終結：一九〇〇～一九〇七年英國的外交政策》（G. W. Monger, *The End of Isolation: British Foreign Policy 1900～1907*），倫敦，一九六三年，第九八，一五，一一〇，一四七頁。

56 數據見霍布森：〈小心謹慎的巨人〉，第四七八頁。我可與之比較的估計見，弗格森：〈公共財政和國家安全：再論第一次世界大戰的國內起因〉（N. Ferguson, 'Public Finance and National Security: The Domestic Origins of the First World War Revisited'），載於《過去和現在》，第一四二期，一九九三年，第一四一～一六八頁。

57 蒙戈爾：《孤立的終結》，第一三頁。

58 漢基勳爵：《最高命令》（Lord Hankey, *The Supreme Command*），倫敦，一九六一年，第一卷，第四六，四九頁；古奇：《戰爭計劃》，第四二～九〇頁；東佈雷恩：《戰爭機器和高層策略：和平時期的英國國防機構》（N. d'Ombrain, *War Machinery and High Policy: Defence Adminitration in Peacetime Britain*），牛津，一九七三年，第五，九，一四，七

六頁。

59 見布克海姆：〈重論十九世紀英德貿易政策的各方面〉（C. Buchheim, 'Aspects of 一九 th Century Anglo～German Trade Policy Reconcidered'），載於《歐洲經濟史雜誌》，第一〇卷，一九八一年，第二七五～二八九頁；甘迺迪：《英德對抗》，第四六，二六二頁；卡因和霍普金斯：《英帝國主義》，第四六一頁；斯坦納：《英國和第一次世界大戰的起源》，倫敦，一九七七年，第六〇～六三頁。

60 加文：《約瑟夫・張伯倫的生活。第三卷：一八九五～一九〇〇年》（J. L. Garvin, *The Life of Joseph Chamberlain*, vol. III: *1895～1900*），倫敦，一九三四年，第二四六，二五〇，三三一～三三九，五〇二頁；埃默里，《約瑟夫・張伯倫的一生。第四卷，一九〇一～一九〇三年》（J.L. Amery, *The Life of Joseph Chamberlain*, vol.IV, *1901～1903*），倫敦，一九五一年，第一三八，一五九，一六三頁；蘭霍恩：〈英德關於葡屬殖民地未來地位的談判一九一一～一九一四年〉（R. T. B. Langhorne, 'Anglo-German Negotiations Concerning the Future of the Portuguese Colonies 1911～1914'），載於《歷史雜誌》，一九七三年，第三六四頁；蒙戈爾：《孤立的終結》，第一九，二四～二九，三九，一一九，一四五，一八六頁。

61 科克：〈英德結盟的談判：錯過的機會還是一則神話〉（H. W. Koch, 'The Anglo-German Alliance Negotiations: Missed Opportunity or Myth'），載於《歷史》，第五四卷，一九六八年，第三九二頁；甘迺迪：〈德國的世界政策及一八九七～一九〇〇年與英國的結盟談判〉（P. M. Kennedy, 'German World Policy and the Alliance Negotiations with England 一八九七～一九〇〇'），載於《現代史雜誌》，第四五卷，一九七三年，第六二五頁。又見格雷：《二十五年》，第一卷，第二四五頁。

62 詳見加文：《張伯倫》，第二五九～二八三，三三二～三四一，五〇七～五〇八頁；埃默里：《張伯倫》，第一四四～一五五頁。

63 甘迺迪：〈結盟談判〉，第六一三頁。見加文：《張伯倫》，第二六八，二八七～二九一，五〇三，五一二頁；埃默里：《張伯倫》，第一四八～一五一，一六三頁。

(64) 斯坦伯格：〈哥本哈根的狀況〉，第二七頁；甘迺迪：〈結盟談判〉，第六一〇，六一九頁；貝格哈恩：《德國和戰爭的到來》，第四〇，五三頁。

(65) 見加文：《張伯倫》，第三卷，第四九八，五一一～五一五頁；埃默里：《張伯倫》，第四卷，第一五三，一五七，一六七～一八〇頁。

(66) 蒙戈爾：《孤立的終結》，第一二頁。

(67) 埃默里：《張伯倫》，第一九七頁。

(68) 甘迺迪：〈結盟談判〉，第六一八頁。又見同上書，第六二一，六二五頁；加文：《張伯倫》，第五一六頁。

(69) 馬德：《英國的海軍政策一八八〇～一九〇五年：英國海上強國之解剖》（A. L. Marder, *British Naval Policy 1880～1905: The Anatomy of British Sea Power*），倫敦，一九六四年，第五〇三頁。

(70) 斯坦伯格：〈哥本哈根的狀況〉，第三一～三八頁。

(71) 威爾遜：《三國協約》，第五頁。

(72) 蒙戈爾：《孤立的終結》，第一〇，一七，二三～二九頁。

(73) 威廉姆斯：〈一九〇七年英俄協約的戰略背景〉（B.Williams, 'The Strategic Backgrand to the Anglo-Russion Entente of 一九〇七'），載於《歷史雜誌》，第九卷，一九六六年，第三六〇～三六六頁；蒙戈爾：《孤立的終結》，第二，五，七，三三，一〇八，一一五，一二三，一三二，一四〇，一八五，二一六～二二〇頁；古奇：《戰爭計劃》，第一七五頁。

(74) 蒙戈爾：《孤立的終結》，第二〇〇～二〇二，二一四～二二一頁。

(75) 同上，第三九，一一三，一二九，一三四，一四四頁；安德魯：〈一九一四年的三國協約的來龍去脈〉（C. Andrew, 'The Entente Cordiale from its Origins to 一九一四'），載於韋特斯編：《困境中的鄰國：二十世紀的英法關係》（N.Waites, eds., *Troubled Neighbours: Franco-British Relations in the Twenties Century*），倫敦，一九七一年，第一一，一九頁。

(76) 加文：《張伯倫》，第二七五頁；埃默里：《張伯倫》，第一八〇，二〇二～二〇六頁。

(77) 威爾遜：《三國協約》，第七一，七四頁；安德魯：〈三國協約〉，第二二頁；蒙戈爾：《孤立的終結》，第一二九～一三三，一九二頁。

(78) 同上，第一八七，一九五，二二三頁。

(79) 奧弗：《第一次世界大戰：農業角度的解釋》（A. Offer, *The First World War: An Agrarian Interpretation*），牛津，一九八九年，第二二三，二三〇，二九一頁；蒙戈爾：《孤立的終結》，第一八八，二〇六頁；東佈雷恩：《戰爭機器》，第七六～八〇頁；弗倫克：《英國的計劃》，第二二頁。

(80) 英國檔案館，內閣 16/5 XC/A/035374 號，由首相任命的討論帝國軍事需要的帝國國防小組委員會議記錄，一九〇八年十二月～一九〇九年三月。

(81) 蒙戈爾：《孤立的終結》，第二〇九、二二九頁。

(82) 威爾遜：〈格雷〉，第一七三頁；勞合．喬治：《戰爭回憶錄》，第一卷，第一頁。又見布羅德里克、蘭斯多恩和索爾茲伯里的預見性警告，引自蒙戈爾：《孤立的終結》，第一三五，二一二，二二六頁；關於激進派演說者的疑慮，引自溫羅斯：〈英國的激進派和一九〇二～一九一四年權力的平衡〉（H. Weinroth, 'The British Radicals and the Balance of Power 一九〇二～一九一四'），載於《歷史雜誌》，一九七〇年，第一三卷，第六五九頁。

(83) 戰爭是轉移國內問題的一種手段的觀點適用於英國的事例，見丹傑菲爾德：《自由英格蘭的奇異消失》（G. Dangerfield, *The Strange Death of Liberal England*），倫敦，一九三五年；邁耶：〈第一次世界大戰的國內原因〉（A. J. Mayer, 'Domestic Causes of the First World War'），載於克里格和斯特恩：《強國的責任：紀念哈約．霍爾本的歷史論文集》（L. Krieger and F. Stern, eds., *The Responsbility of Power: Historical Essays in Honour of Hajo Holborn*），紐約，一九六七年，第二八八，二九一頁。批評意見，見拉默斯：〈阿爾諾．邁耶和一九一四年英國決定參戰〉（D. Lammer, 'Arno Mayer and the British Decision for War in 1914'），載於《英國歷史研究》（*Journal of British Studies*），第一一卷，一九七三年，第一四四，一五三頁；勒文伯格：〈阿爾諾．邁耶的「一八七〇～一九五六年歐洲戰爭的內部原因和目標」：人類行為、民族衝突和歷史轉變的一個不充分的範例〉（P. Loewenberg, 'Arno Mayer's"Internal Causes and Purposes of War in Europe, 1870~1956": An Inadequate Model of Human Behaviour, National Conflict, and Historical Change'），載於《現代史雜誌》，第四二卷，一九七〇年；戈登：〈國內衝突〉，第一九七，二〇〇，二〇三~二一三，二二四頁。但又見尼科爾森的評論：〈愛德華時代的英國〉，第一六一頁；威爾遜：〈英國內閣一九一四年八月二日的參戰決定〉（K. M. Wilson, The British Cabinet's Decision for War, 2 August 1914），載於《英國國際研究雜誌》（*British Journal of International Studies*），第一卷，一九七五年，第一四八頁。

84 本特利：《一九一四~一九二九年的自由思想》（M. Bently, *The Liberal Mind 1914~29*），劍橋，一九七七年，第一一~一一五頁。

85 諾曼·安吉爾：《偉大的幻想：軍事力量與國家優勢的關係研究》（Norman Angell, *The Great Illusion: A Study of the Relation of Military Power to National Advantage*），倫敦，一九一三年。

86 霍華德：〈愛德華時代的軍備競賽〉（M. Howard, 'The Edwardian Arms Race'），載於《歷史的教訓》，第八二頁。

87 威爾遜：《三國協約》，第一八~二二頁；蒙戈爾：《孤立的終結》，第二五九頁。

88 見他在七月危機期間向奧地利大使提出的警告，即戰爭「必定消耗大量的資金和極大地干擾貿易，以至於戰爭將伴隨著或緊隨戰爭之後的將是歐洲信譽和工業的徹底崩潰」，足以與一八四八年的情形相比：威爾遜：《三國協約》，第一三頁。莫利將之與一八四八年做了類似的比較，見弗倫克：《英國的計劃》，第八七頁。

89 勞合·喬治：《戰爭回憶錄》，第一卷，第二八，六〇頁；邱吉爾：《世界危機》，第二〇三頁。

90 蒙戈爾：《孤立的終結》，第二五七，二八七頁；威爾遜：《三國協約》，第三四頁。

91 本特利·布林克霍夫·吉爾伯特：《勞合·喬治的政治生涯：勝利的組織者，一九一二~一九一六年》（Bentley Brinkerhoff Gilbert, *David Lloyd George: A Political Life: The Orgniser of Victory, 1912~1916*），倫敦，一九九二年，第八一頁。

92 威爾遜：《三國協約》，第一七，三〇頁。

93 瑟爾：〈批評〉，第七九～九六頁。

94 古奇：《戰爭計劃》，第九七，二六五，二八九頁；東佈雷恩：《戰爭機器》，第一五～二二，八八，九三～一〇五，一三五，二六四，二七一頁。漢基：《最高命令》，第八四，一一八，一二二頁；弗倫克：《英國的計劃》，第七四～八四頁；特里比爾科克：〈戰爭〉，第一五二，一六一頁。

95 同注①。屈維廉：《格雷》，第七～二〇頁；羅賓斯：《愛德華・格雷爵士・格雷傳記》（K. Robbins, *Sir Edward Grey: A Biography of Grey of Fallodon*），倫敦，一九七一年。

96 格雷：《二十五年》，第一卷，第一五三～一五九頁；阿斯奎斯：《起源》，第五三頁。

97 威廉斯：〈戰略背景〉，第三六七～三七三頁；威爾遜：《三國協約》，第六，七六頁；蒙戈爾：《孤立的終結》，第二八五頁。

98 巴特菲爾德：〈一九一四年七月的愛德華・格雷爵士〉（H. Butterfield, 'Sir Edward Grey in July 一九一四'），載於《歷史研究》（*Historical Studies*），第五卷，一九六五年，第四，二〇頁；斯威特和蘭霍恩：〈一九〇七～一九一四年間的大不列顛和俄國〉（D. W. Sweet and R. T. B. Langhorne, 'Great Britain and Russia, 1907～1914'），載於欣斯利編：《愛德華・格雷爵士時期的英國外交政策》（F. Hinsley eds., *British Foreign Policy under Sir Edward Grey*），劍橋，一九七七年，第二三六，二四五～二五四頁。格雷：《二十五年》，第一卷，第二八四，二九七頁。

99 威爾遜：《三國協約》，第三五，七二頁；溫羅斯：〈激進分子〉，第六五七～六六一頁。

100 蒙戈爾：《孤立的終結》，第二七八頁。

101 詳見東佈雷恩：《戰爭機器》，第七五～九六，一〇三～一〇九頁；蒙戈爾：《孤立的終結》，第二三八～二五二頁；威爾遜：《三國協約》，第六三～六七頁；霍華德：《大陸承諾》（M. Howard, *The Continental Commitment*）倫敦，一九七二年，第三二～四六頁。這些談話源自一九〇五年十二月～一九〇六年一月在白廳花園舉行的帝國國防委員會會議。在此期間——即第一次摩洛哥危機期間——軍事情報局局長格里爾森在倫敦會見了法國軍事隨員，討論了法德戰爭中英國參戰的可能性。最早由伊捨和克拉克在帝國國防委員會上提出。然而，辯論並沒有像他們預期的那樣進行，這部分是由於伊捨不願做出海軍承諾，但主要是因為法國對遠征軍的想法更感興趣。因此，這些談話有利於參謀本部的大陸遠征軍倡導者。隨後的辯論則圍繞以下幾個問題：（A）這樣的一支遠征軍應派往哪裡，（B）其規模應多大，（C）是否應保留常規軍以保衛英國本土，及（D）派遣部隊到大陸需要多長時間。

102 漢密爾頓：〈一九一一～一九一四年間的英國和法國〉（K. A. Hamilton, 'Great Britain and France, 一九一一～一九一四'），載於欣斯利編：《英國的外交政策》，第三三一頁。威爾遜：《三國協約》，第八八頁；蒙戈爾：《孤立的終結》，第二七一頁。

103 英國檔案館，內閣二/二，帝國國防委員會——一九一一年八月二十三日第一一四次會議會議記錄。漢基：《最高命令》，第八一頁；尼科爾森：〈愛德華時代的英格蘭〉，第一四九頁；東佈雷恩：《戰爭機器》，第一〇二頁；弗倫克：《英國的計劃》，第三二頁；威爾遜：《三國協約》，第六四頁。

104 科利爾：《高級軍官：陸軍元帥亨利．威爾遜爵士傳》（B. Collier, *Brasshat: A Biography of Field Marshal Sir Henry Wilson*），倫敦，一九六一年，第一一七～一二一頁；安德魯：〈三國協約〉，第二七頁。

105 邱吉爾：《世界危機》，第九四頁。

106 蘭霍恩：〈殖民地〉，第三六三～三八七頁。

107 威爾遜：《三國協約》，第一〇頁；蘭霍恩：〈殖民地〉，第三六九頁；見文森特——史密斯：〈一九一一～一九一四年英德關於葡屬非洲殖民地的談判〉，載於《歷史雜誌》，第一七卷，一九七四年，第六二一頁。

108 馬克斯．瓦爾堡：《我的觀點》（Max M. Warburg, *Aus meinen Aufzeichnungen*），私人出版，第二七頁。

109 格雷：《二十五年》，第一卷，第一一七頁；蒙戈爾：《孤立的終結》，第二六六，二七五頁。

110 倫茨爾：〈一九一四～一九一五年英國、俄國及兩海峽〉（W. A. Renzl, 'Great Britain, Russia and the Straits, 1914～1915'），載於《現代史雜誌》，第四二卷，一九七〇年，第三頁。格雷：《二十五年》，第一卷，第一六二，一七六～一八九，二七二頁。

111 費捨爾：《德國的目標》，第四五頁；格雷：《二十五年》，第一卷，第二七二～二七五頁；巴特菲爾德：〈格雷〉，第四頁。

112 《法蘭克福報》（*Frankfurter Zeitung*），一九一三年十月二十日。

113 布洛克：〈英國加入了戰爭〉，第一六四頁。又見古奇：〈一九一四～一九一八年英國的士兵戰略和戰爭目標〉（J. Gooch, 'Soldiers' Strategy and War Aims in Britain 1914~1918'），載於亨特和普雷斯頓編：《大戰中的戰爭目標和戰略政策》（B. Hunt and A. Preston eds., *War Aims and Strategic Policy in the Great War*），倫敦，一九七七年，第二三頁。

114 弗格森：〈公共財政和國家安全〉，到處可見。

115 格雷：《二十五年》，第一卷，第一四九頁；貝格哈恩：《德國和戰爭的到來》，第六七，一一九頁；古奇和坦伯利編：《關於戰爭起源的英國文獻一八九八～一九一四》（G. P. Gooch and H. Temperley, eds., *British Documents on the Origins of the War, 1898~1914*），第六卷，倫敦，一九三〇年，第四四六號；邱吉爾：《世界危機》，第九六頁；蘭霍恩：〈一九一一～一九一四年的大不列顛和德國〉，載於欣斯利編：《英國的外交政策》，第二九〇頁。關於德國方面的這段歷史見，斯坦伯格：〈作為意圖和設想的外交：一九十二年二月哈爾丹勳爵的柏林使命〉（J. S. Steinberg, 'Diplomatie als Wille und Vorstellung: Die Berliner Mission Lord Haldanes im February 1912'），載於朔特柳斯和戴斯特編：《德意志帝國的海軍和海軍政策》（H. Schottelius and W. Deist eds., *Marine und Marinepolitik im kaiserlichen Deutschland*），杜塞爾多夫，一九七二年。

116 貝格哈恩：《德國和戰爭的到來》，第五九，一二一頁。

117 蘭霍恩：〈大不列顛和德國〉，第二九三頁。阿斯奎斯的解釋見其《起源》，第五五，一〇〇頁。

118 蘭霍恩：〈大不列顛和德國〉，第二九九，三〇三頁。

119 阿斯奎斯：《起源》，第七七頁；邱吉爾：《世界危機》，第一〇三，一一四，一五七頁；格雷：《二十五年》，第一卷，第二四九頁；蘭霍恩：〈大不列顛和德國〉，第二九六頁。

120 霍華德：〈愛德華時代的軍備競賽〉，第九一頁。悲觀派認為德國的目標是加快建造「速度」，以使得他們在幾年中將擁有比英國皇家海軍更多的無畏級戰艦。

⑿1 弗倫克：《英國的計劃》，第二八頁；奧弗：《從農業角度進行解釋》，第二三二～二四一，二五二，二六○，二七七～二八○，二九六頁；漢基：《最高命令》，第七七，八八，九一，九七～一○○頁；威爾遜：《三國協約》，第一○六頁；邱吉爾：《世界危機》，第一一四，一五七頁。

⑿2 古奇和坦伯利編：《英國文獻》，第六卷，第四五六號，第六一一頁。卡因和霍普金斯：《英帝國主義》，第四五八頁。斯威特：〈大不列顛和德國一九○五～一九一一〉，載於欣斯利編：《英國的外交政策》，第二三○頁。

⑿3 邱吉爾：《世界危機》，第一六八～一七七頁；邱吉爾：《溫斯頓・邱吉爾，第二卷，〈同僚〉，第三部分：一九一一～一九一四》（R. S. Churchill, *Winston S. Churchill*, vol. II. *Companion*, Part III: *1911～1914*），倫敦，一九六九年，第一八二○，一八二五～一八三七，一八五六頁；摩根編：《勞合・喬治家書：一八八五～一九三六》（K. O. Morgan, eds., *Lloyd George Family Letters, 1885～1936*），牛津，一九七三年，第一六五頁；勞合・喬治：《戰爭回憶錄》，第一卷，第五頁；威爾遜：《三國協約》，第八頁。

⑿4 邱吉爾：《世界危機》，第一七八頁；阿斯奎斯：《起源》，第一四三頁。

⑿5 蒙戈爾：《孤立的終結》，第二六○，二六七頁。

⑿6 古奇和坦伯利編：《英國的文獻》，第六卷，第三四四號，第四六一頁；格雷：《二十五年》，第一卷，第二五四頁。

⑿7 斯威特：〈大不列顛和德國〉，第二二九頁。

⑿8 威爾遜：《三國協約》，第九三頁；蘭霍恩：〈大不列顛和德國〉，第二九○頁；格雷：《二十五年》，第一卷，第二五一頁。

⑿9 斯威特和蘭霍恩：〈大不列顛和俄國〉，第二四三頁；屈維廉：《格雷》，第一四四頁。

⒀0 威爾遜：《三國協約》，第一○一頁。

⒀1 尼科爾森的措辭，引自威爾遜：《三國協約》，第三八頁。格雷最初可能受了害怕俄法結盟的影響。一九○五年德皇和沙皇曾試圖結盟，但最終失敗。巴爾菲爾德：〈格雷〉，第二頁；威爾遜：〈格雷〉，第一九三頁；蒙戈爾：《孤

立的終結》，第二九三頁。

⑬② 威爾遜：《三國協約》，第三五，三八，九四，一一一，一一四頁；蒙戈爾：《孤立的終結》，第二七〇頁；霍華德：《大陸承諾》，第五七頁；安德魯：〈三國協約〉，第二五頁；斯坦納：《英國和起源》，第五七頁；格雷：《二十五年》，第二五二頁。又見巴特菲爾德：〈格雷〉，第二頁。

⑬③ 屈維廉：《格雷》，第一一四頁。

⑬④ 弗倫克：〈偵探熱〉，第三五五～三五八，三六〇～三六五頁；安德魯：〈秘密情報〉（Andrew, 'Secret Intelligenc'），第一二頁；古奇：《戰爭計劃》，第三三頁。

⑬⑤ 博德利圖書館，牛津，《哈考特手稿》，五七七。在此非常感謝愛德華．李普曼先生的指導。

⑬⑥ 格倫．奧哈拉：〈幻想的英國戰爭。愛德華．格雷爵士和自由黨的外交危機〉（Glen O'Hara, 'Britain's War of Illusions. Sir Edward Grey and the Crisis of Liberal Diplomacy'），牛津大學出版社，文學博士論文，一九九六年。

⑬⑦ 古奇和斯坦伯利編：《英國的文獻》，第六卷，第四三〇，四三七號。

⑬⑧ 英國檔案館，外交部 三七一/一〇二八一，戈申致格雷，一九一三年三月三日。

⑬⑨ 奧哈拉：〈幻想的戰爭〉。

⑭⓪ 施密特：〈矛盾的立場和衝突的目標：七月危機〉（G. Schmidt, 'Contradictory Postures and Conflicting Objectives: The Jult Crisis'），載於捨爾根編：《躲進戰爭?：德意志帝國的外交政策》（G. Schöllgen eds., *Escape into War? The Foreign Policy of Imperial Germany*），牛津/紐約/慕尼黑，一九九〇年，第一四四頁；屈維廉：《格雷》，第二四四頁；正如一九一四年三月英國內閣所說的：「普魯士的軍隊若不渴望積蓄壓倒一切的力量，那她就是不通情理的。」：溫羅斯：〈激進分子〉，第六八〇頁。

⑭① 費捨爾：《德國的目標》，到處可見；作者同上：《幻想的戰爭》，第四七〇頁。

⑭② 巴特菲爾德：〈格雷〉，第一頁。

⑭③ 費捨爾：《德國的目標》，第一〇三～一〇六頁。

⑭ 第一點提出了「割讓法國的貝爾福和孚日山脈西側，摧毀諸要塞和割讓從敦刻爾克到布洛涅的沿岸地帶」的可能性。布里埃的礦區「無論如何一定要割讓」。第二點規定，比利時割讓列日和維爾維埃給普魯士，並且把「邊界地帶」割讓給盧森堡。關於「安特衛普，及通向列日的走廊，是否也應被兼併的問題」尚待解決。「重要軍事港口」由德國佔領；事實上，比利時的整個海岸線「出於軍事考慮由我們控制」。然後把法國的佛蘭德爾，及敦刻爾克、加來和布洛涅割讓給比利時。第三點聲明，盧森堡將成為德意志聯邦的一個成員國，可從比利時獲得隆維。第七點提出可能把安特衛普割讓給荷蘭，「以換取德國在安特衛普要塞和斯凱爾特河口駐軍的權力」。費捨爾：《德國的目標》，第一○五頁。

⑮ 費捨爾：《德國的目標》，第一○、二八，三二，一○一頁；蓋斯：《一九一四年七月》，第二一頁；貝格哈恩：《德國和戰爭的到來》，第一三八頁。當然，德皇確實曾不時地把自己比作拿破崙，但如此奇想並不等同於德國政府的政策。他這樣做只不過帶有提醒英國外交官的傾向性：「一百年前我們曾並肩戰鬥。我希望我們兩國能夠再次共同站立在滑鐵盧的比利時紀念碑前……難道我對奧地利及其工黨政治家抱有希望嗎？不，謝謝。」：古奇和坦伯利編：《英國的文獻》，第六卷，第四四二號。

⑯ 關於德國的最初目標，見亞戈在七月一八日給利切諾夫斯基的信；見蓋斯：《一九一四年七月》，第三○號。

⑰ 關於一九一四年德國政策的大量文獻摘要，見弗格森：〈德國和第一次世界大戰的起源：新觀點〉（N. Ferguson, 'Germany and the Origins of the First World War: New Perspectives'），載於《歷史雜誌》，一九九二年，第三五卷，第三期，第七二五～七五二頁。少數德國外交官公開承認他們預料到：「我們將發現我們英國的兄弟們站在我們敵人的一邊，那是因為英國害怕法國一旦遭到新的失敗，將會淪為二流國家」，齊默爾曼即其中之一；見蓋斯：《一九一四年七月》，第三三號文件。

⑱ 見格雷：《二十五年》，第一卷，第三二五頁；阿爾貝蒂尼：《起源》，第二卷，第五○六頁。然而，應當注意只有「假定比利時不反對我們」，比利時的完整才能得到保障；關於法國的殖民地卻沒有任何保證。從這點也許可以推斷出，貝特曼已經考慮過這些改變和比利時的地位，雖然在這種情況下，比利時默認的可能性微乎其微。另一方面，毛

奇的第八七條法令草案闡述了入侵比利時的理由，它不僅提出保證比利時的主權和獨立以換取她的中立，而且提出戰爭結束後立即撤出該國並為戰爭破壞做出賠償：蓋斯：《一九一四年七月》，第九一號文件。整個戰爭期間，比利時的未來一直是柏林爭論的問題，做出某種明確的、可能符合英國觀點的恢復比利時完整的承諾被證明是不可能的；不過應該注意到，如果正如剛發生的那樣，德國人能夠說服阿爾貝特國王放棄比利時中立的承諾，這個問題就可能會消失：費捨爾：《德國的目標》，第二一五～二二五，四二〇～四二八頁。

149 同上，第一〇四頁。

150 同上，第一一五頁。

151 凱澤：〈德國和第一次世界大戰的起源〉，載於《現代史雜誌》，第五五卷，一九八三年，第四四二～四七四頁。溫岑：〈比洛估計的戰爭。外交的災難還是走向權力擴張的機會〉（P. Winzen, 'Der Krieg in Bülow's Kalkül. Katastrophe der Diplomatie oder Chance zur Machtexpansion'），載於迪爾費爾和霍爾編：《戰前的準備。威廉二世時代德國的戰爭狀況一八九〇～一九一四。對歷史和平進程的貢獻》（J. Dülffer and K. Holl eds., *Bereit zum Krieg. Kriegsmentalitat im wilhelminischen Deutschland 1890～1914. Beitrage zur historischen Friedensforschung*），哥廷根，一九八六年。

152 關於戰爭期間得以發展的德國對中歐的看法，詳見費捨爾：《德國的目標》，第二〇一～二〇八，二四七～二五六，五二三～五三三頁。

153 蒙戈爾：《孤立的終結》，第二四八～二五五，二七三頁。

154 威爾遜：《三國協約》，第三九，四二，五一，一二三頁。又見格雷：《二十五年》，第一卷，第七三～八一，九五，二八一頁。

155 英國檔案館，內閣一六/五 XC/A/〇三五三七四，會議記錄……，〔一九〇九年三月二三日〕。東佈雷恩：《戰爭機器》，第九五～九八頁。

156 漢密爾頓：〈大不列顛和法國〉，載於欣斯利編：《英國的外交政策》，第三二四頁；威爾遜：《三國協約》，第三七頁。

⑮一九一一年四月一六日格雷對阿斯奎斯說的，引自格雷：《二十五年》，第一卷，第九四頁。第二個月他向帝國國防委員會重申了這個觀點：威爾遜：《三國協約》，第八五頁。

⑱威爾遜：《三國協約》，第五七，六九頁。關於伊捨的相似觀點，見東佈雷恩：《戰爭機器》，第一〇六頁，及奧弗：《從農業角度進行解釋》，第三〇七頁。激進主義者和海權主義者都同樣公正地懷疑遠征軍是徵兵運動的前兆。

⑲威爾遜：〈參戰的決策〉，第一四九，一五六頁。

⑯威爾遜：《三國協約》，第二八，一二四頁；奧弗：《從農業角度進行解釋》，第二九五頁；東佈雷恩：《戰爭機器》，第一〇六頁。

⑯威爾遜：《三國協約》，第二九，三九，四八，五二頁。

⑯漢密爾頓：〈大不列顛和法國〉，第三三二頁；邱吉爾：《世界危機》，第一一二頁。

⑯格雷：《二十五年》，第一卷，第九七頁。威爾遜：《三國協約》，第二六頁。奧弗：《從農業角度進行解釋》，第三〇四頁。東佈雷恩：《戰爭機器》，第一〇九頁。

⑯倫茨爾：〈大不列顛，俄國〉，第三頁。尼科爾森此時認為公眾對「俄國的友好關係對我們的重要性〔原文如此〕」缺乏「認識」，見威爾遜：《三國協約》，第四〇頁。

⑯格雷：《二十五年》，第一卷，第二八九頁。

⑯蒙戈爾：《孤立的終結》，第二八一頁。關於克羅對同一威懾論的看法見，同上，第二七一頁。關於尼科爾森的解釋，見威爾遜：《三國協約》，第四〇頁。

⑯蘭霍恩：〈大不列顛和法國〉，第二九八，三〇六頁。威爾遜：《三國協約》，第九二，九八頁。施密特：〈矛盾的立場〉，第一三九頁。費捨爾：《德國的目標》，第三二頁。

⑯布洛克：〈英國參戰〉，第一四六頁。從勞合·喬治一九一四年在倫敦市長官邸做的具有緩和作用的演說中也可以推斷出英國會進行干預：黑茲爾赫斯特：《戰爭中的政治家》，第二八頁。德國對於英國不干涉的最早假設見蓋斯：《一九一四年七月》，第九五頁，第一八，二八號文件。貝特曼認為英國對戰爭的干預將會太晚以至於不能決定危機

的結果，也許他這是在對英國干預的時間選擇而不是英國干預本身打賭。

⑯ 這一可能性被加以討論，只有伯蒂未對之加以考慮；見威爾遜：《三國協約》，第四六頁。蒙戈爾：《孤立的終結》，第二七九頁。

⑰ 阿爾貝蒂尼：《起源》，第二卷，第二〇三～二〇八頁；巴特菲爾德：〈格雷〉，第九頁；蓋斯：《一九一四年七月》，第九五，一三八頁。早在七月八日俄國駐維也納大使就表明，如果奧地利「貿然發動戰爭」，「俄國將被迫用武器來捍衛塞爾維亞」。在格雷看來，從塞爾維亞割讓領土和程度不太嚴重的報復行為有所不同。可是，聖彼得堡從來不這樣認為。經透露，格雷警告德國大使利切諾夫斯基：「考慮到目前英國在俄國不得人心」，他將「不得不小心對待俄國人的情緒」。

⑰ 阿爾貝蒂尼：《起源》，第二卷，第二〇九～二一四，三二九～三三八頁；蓋斯：《一九一四年七月》，第四四，四六，五七，八〇，九三頁。

⑰ 七月二四日他向利切諾夫斯基做了具有特色的複雜聲明：「沒有一個聯盟……使我們對法國和俄國負有責任……另一方面……雖然英國政府屬於這些國家集團之一，但她這樣做並非為了加重兩個歐洲集團的不和；相反，我們希望能夠防止任何使兩個集團處於對立的問題出現……我們永遠不會制訂侵略政策。如果發生歐洲戰爭，我們加入了戰爭，但我們不會站在侵略者一邊，因為公眾輿論反對那樣做。」無疑正如格雷的意圖，利赫諾夫斯基將之解釋為是預先的警告：「如果法國被拖入戰爭，英國將〔不〕敢仍舊無動於衷。」隨著危機的強化，他日益憂慮並不斷重複這點。但貝特曼和亞戈明顯地認為，德國表明支持四國調停將足以使格雷滿意：蓋斯：《一九一四年七月》，第六八，七三，八一，八二，八三，八五，九四，九七，九八，九九號文件；格雷：《二十五年》，第二卷，第三〇四，三一七頁。也見阿爾貝蒂尼：《起源》，第二卷，第三三六～三三九，五一四頁；阿斯奎斯：《起源》，第二〇一頁。七月二六日國王會見德國王儲時採取了近乎模稜兩可的態度，他說：「我不知道我們應該怎樣做，我們與任何一國均無矛盾，我希望我們將繼續保持中立。但是如果德國對俄國宣戰並且法國加入戰爭，恐怕我們也會被拖進去。不過，你可以放心，我和我的政府將盡全力阻止一場歐洲戰爭的發生。」同上，第四二九，四九七，六八七頁。海因里希親王斷定英

國在「一開始」將保持中立，儘管他對「因為她與法國的關係……她最終是否能夠這樣做」表示懷疑。不過，設若德國能夠足夠快地取得對法國的勝利，短期的中立是整個德國政府所必需的。

⑰ 阿爾貝蒂尼：《起源》，第二卷，第四二九頁。

⑰ 蓋斯：《一九一四年七月》，第二二一頁，第九五，九六號文件；格雷：《二十五年》，第一卷，第三一九頁。

⑰ 阿爾貝蒂尼：《起源》，第二卷，第三二九～三三四，三四〇頁；蓋斯：《一九一四年七月》，第五〇，七九號文件；邱吉爾：《世界危機》，第一九三頁。

⑰ 蓋斯：《一九一四年七月》，第一〇三，一一〇，一一二，一一四號文件。早在七月二六日德國人就開始散佈俄國實行動員的謠言：阿爾貝蒂尼：《起源》，第二卷，第三四三頁。

⑰ 正如尼科爾森評論道：「其實誰也不知道薩佐諾夫的立場。」蓋斯：《一九一四年七月》，第一〇八，一一九，一二〇號文件；阿爾貝蒂尼：《起源》，第二卷，第五〇九頁；格雷：《二十五年》，第一卷，第三一九頁；阿斯奎斯：《起源》，第一九〇頁。也沒有人知道貝特曼的立場：當時他堅持四國會議應等同於一個仲裁法庭。他把奧地利和塞爾維亞置於平等的地位上，同時卻故意不對利切諾夫斯基提及薩佐諾夫提出的雙邊會談的建議。他抱怨利赫諾夫斯基會把「一切都告訴愛德華〔格雷〕爵士」：蓋斯：《一九一四年七月》，第九〇，一〇〇號文件。

⑰ 蓋斯：《一九一四年七月》，第一二一，一二二，一二三，一二八號文件；阿爾貝蒂尼：《起源》，第二卷，第五一〇頁。

⑰ 蓋斯：《一九一四年七月》，第一〇一號文件。薩佐諾夫宣稱，只要「奧地利……宣佈準備刪除最後通牒中侵犯塞爾維亞主權的條款」，他表示願意停止動員。日益絕望的貝特曼趁機抓住這點作為談判的基礎，奧地利政府實際上也接受了薩佐諾夫於七月三十日進行會談的提議。但到這一時期，軍事上的考慮也已成熟：同上，第一四〇，一四一a，一五三號文件。

⑱ 事實上，七月二九日俄國在南部的敖德薩、基輔、莫斯科和喀山進行了動員——沙皇後來說，這一決定是在四天前做出的——德國大使確信這「並不意味著戰爭」。但是普塔萊斯告訴俄國：德國「一旦發現自己將被迫實行動員，她將

立即展開攻勢」，俄國由此推斷局部動員是遠遠不夠的，甚至可能會危及全面動員。隨後薩佐諾夫和他的同僚進行了一系列歇斯底里的會見和電話交談，試圖勸說舉棋不定的沙皇同意實行全面動員。七月三十日下午二時沙皇終於表示同意，第二天全面動員開始進行。正如在柏林，自吹自擂的君主權證明在做出重要決定的時刻是虛幻的：蓋斯：《一九一四年七月》，第二七一，二九一頁，第一一八，一二三，一二四a，一三七，一三八，一四七號文件。

⑱¹ 同上，第九一，一一一，一一四，一一五，一二五號文件。

⑱² 同上，第一三三，一三四，一四三，一四五，一五四號文件；阿爾貝蒂尼：《起源》，第二卷，第五二三～五二六頁。

⑱³ 阿爾貝蒂尼：《起源》，第二卷，第六三五～六三八，六四五頁；第三卷，第三七八，三九〇頁。

⑱⁴ 蓋斯：《一九一四年七月》，第二七〇頁，第一五八號文件；阿爾貝蒂尼：《起源》，第二卷，第六三四頁；第三卷，第三七三，三七八，三八六頁。

⑱⁵ 蓋斯：《一九一四年七月》，第一〇七，一四八，一四九號文件。

⑱⁶ 同上，第一五二號文件。

⑱⁷ 同上，第一六四號文件。黑茲爾赫斯特：《戰爭中的政治家》，第五二頁；安德魯：〈三國協約〉，第三三頁；威爾遜：《三國協約》，第九五頁；阿爾貝蒂尼：《起源》，第三卷，第三七四頁。

⑱⁸ 甘迺迪：《英德對抗》，第四五八頁。

⑱⁹ 七月二四日至三〇日之間，公債價格下跌大約五個百分點；歐洲債券也跌落了相同的點數。英格蘭銀行的黃金儲備下跌約百分之十六，被迫在七月三十一日將基本利息率（銀行利率）提高到百分之八，這對阿斯奎斯造成的印象見，阿爾貝蒂尼：《起源》，第三卷，第三七六頁。

⑲⁰ 黑茲爾赫斯特：《戰爭中的政治家》，第三六～三九頁；邱吉爾：《同僚。第三部分》，第一九九〇頁。

⑲¹ 黑茲爾赫斯特：《戰爭中的政治家》，第七八頁。又見格雷對龐森比反覆講的同樣方案：同上，第三七頁。威爾遜：〈決定參戰〉，第一四九頁。

192 蓋斯：《一九一四年七月》，第一三〇，一三三號文件。

193 阿爾貝蒂尼：《起源》，第二卷，第五〇一，五一四，五二三～五二五頁。

194 德國提出保證法國的領土完整（而不是法國的殖民地領土）事實上可追溯到七月二十四日宴會上德國船主阿爾貝特・巴林與邱吉爾的談話：邱吉爾：《世界危機》，第一九六頁；塞西爾，《巴林》（Cecil, *Ballin*），第二〇七頁。貝特曼的保證見蓋斯，《一九一四年七月》，第一三九、一六七號文件；阿爾貝蒂尼：《起源》，第二卷，第五〇六頁；格雷：《二十五年》，第一卷，第三二五頁。

195 蓋斯：《一九一四年七月》，第一五一號文件；阿爾貝蒂尼：《起源》，第二卷，第五〇七，五一九，六三三頁；格雷：《二十五年》，第一卷，第三二七頁；邱吉爾：《同僚。第三部分》，第一九八九，一九九三頁；威爾遜：〈決定參戰〉，第一五三頁；邱吉爾：《世界危機》，第二一三頁；奧弗：《從農業角度進行解釋》，第三〇八頁；黑茲爾赫斯特：《戰爭中的政治家》，第二三頁。

196 阿爾貝蒂尼：《起源》，第二卷，第五一一，五二一頁；阿斯奎斯：《起源》，第一九八頁。

197 蓋斯：《一九一四年七月》，第一七〇，一七三，一七七號文件。阿爾貝蒂尼：《起源》，第三卷，第三八〇～三八五頁。

198 阿爾貝蒂尼：《起源》，第二卷，第六三九頁。

199 蓋斯：《一九一四年七月》，第一六二、一七七號文件。

200 阿爾貝蒂尼：《起源》，第二卷，第六三八，六四六～六四九頁；第三卷，第三七三，三八〇，三八四，三九二頁。

201 比弗布魯克：《政治家和第一次世界大戰》，第一九頁。黑茲爾赫斯特：《戰爭中的政治家》，第四九，八四～九一頁；威爾遜：〈決定參戰〉，第一五〇頁；威爾遜：《三國協約》，第一三九頁。根據勞合・喬治一九一一年在倫敦市長官邸大廈所做的演說而認為他在某種程度上做出了參戰的承諾是錯誤的。

202 阿爾貝蒂尼：《起源》，第三卷，第三六九頁。

203 威爾遜：〈決定參戰〉，第一五〇頁。

⑳④ 比弗布魯克：《政治家和第一次世界大戰》，第二八頁；邱吉爾：《世界危機》，第二一六頁；邱吉爾：《同僚。第三部分》，第一九九七頁。

⑳⑤ 威爾遜：《三國協約》，第一三八頁；黑茲爾赫斯特：《戰爭中的政治家》，第九四頁；蓋斯：《一九一四年七月》，第一八三號文件；阿爾貝蒂尼：《起源》，第三卷，第四〇六頁。奧弗：《從農業角度進行解釋》，第三一七頁。

⑳⑥ 威爾遜：〈決定參戰〉，第一五四頁；阿爾貝蒂尼：《起源》，第三卷，第四〇三頁。阿斯奎斯估計他的議會黨中約有四分之三贊成「無論如何絕對不進行干涉」：黑茲爾赫斯特：《戰爭中的政治家》，第三三頁；本特利：《自由派的意願》，第一七頁。

⑳⑦ 阿爾貝蒂尼：《起源》，第三卷，第四〇五頁。莫利事後覺察到，如果勞合．喬治給那些搖擺不定者做出榜樣，「內閣在那個晚上無疑將會倒台」。哈考特徒勞地呼籲勞合．喬治「充當我們的代言人」：吉爾伯特：《勞合．喬治》，第一〇九頁。

⑳⑧ 阿爾貝蒂尼：《起源》，第三卷，第三八一，三八六，三九九頁。格雷隨後在下院否認他曾表示願給以支持，聲稱利切諾夫斯基誤解了他。這與他在八月一日寫給伯蒂的信是自相矛盾的，見蓋斯：《一九一四年七月》，第一一七號文件——除非格雷在向康邦描述他對利赫諾夫斯基的建議時故意誤導康邦。

⑳⑨ 阿爾貝蒂尼：《起源》，第三卷，第四八三頁；黑茲爾赫斯特：《戰爭中的政治家》，第一一六頁；威爾遜：〈決定參戰〉，第一五七頁；阿斯奎斯：《起源》，第二二〇頁。

㉑⓪ 英國檔案館，內閣一六/五 XC/A/〇三五三七四，會議記錄……，外交部備忘錄（帝國國防委員會文件 E~2），一九〇八年十一月十一日。威爾遜：〈教育〉（Wilson,'Education'），第四〇九頁。

㉑① 勞合．喬治：《回憶錄》，第三〇，四〇頁；邱吉爾：《世界危機》，第六五，一九九，二一九頁。

㉑② 阿爾貝蒂尼：《起源》，第三卷，第五一三頁；阿斯奎斯：《起源》，第二一一頁。

㉑③ 黑茲爾赫斯特：《戰爭中的政治家》，第一七七，三〇三頁。

214 格雷夫斯：《告別一切》（R. Graves, *Goodbye to All That*），哈蒙茲沃思，一九七七年，第六〇頁；薩松：《獵狐人回憶錄》（S. Sassoon, *Memoirs of a Fox-Hunting Man*），倫敦，一九七八年，第二四四頁。關於比利時的辯論的其餘例子見，布洛克：〈英國加入了戰爭〉，第一六七頁；黑茲爾赫斯特：《戰爭中的政治家》，第四七頁；威爾遜：〈決定參戰〉，第一五九頁；馬威克：《諾亞洪水：英國的社會和第一次世界大戰》（A. Marwick, *The Deluge: British Society and the First World War*），倫敦，一九九一年，第八五頁；阿爾貝蒂尼：《起源》，第三卷，第五一八頁；本特利：《自由黨的意願》，第一九頁。

215 奧弗：《從農業角度進行解釋》，第三〇五頁。

216 黑茲爾赫斯特：《戰爭中的政治家》，第七三頁；威爾遜：《三國協約》，第一三六頁；威爾遜：〈決定參戰〉，第一四九頁.

217 邱吉爾：《同僚。第三部分》，第一九九一，一九九六頁；蓋斯：《一九一四年七月》，第一六六，一七四號文件；阿爾貝蒂尼：《起源》，第三卷，第三八八，三九九頁；格雷：《二十五年》，第一卷，第三二九頁，第二卷，第一〇頁；阿斯奎斯：《起源》，第二〇九頁。

218 比弗布魯克：《政治家和第一次世界大戰》，第二二頁；布洛克：〈英國加入了戰爭〉，第一四九頁。

219 威爾遜：〈決定參戰〉，第一五三頁；布洛克：〈英國加入了戰爭〉，第一五一頁；吉爾伯特：《勞合·喬治》，第一一〇頁；黑茲爾赫斯特：《戰爭中的政治家》，第七〇頁。

220 阿爾貝蒂尼：《起源》，第四〇九頁。對勞合·喬治在這個問題上感到極度痛苦的形象的證明見摩根編：《勞合·喬治家書》，第一六七頁。又見勞合·喬治對斯科特的談話，載於吉爾伯特：《勞合·喬治》，第一一二頁。

221 阿爾貝蒂尼：《起源》，第三卷，第四九四頁；布洛克：〈英國加入了戰爭〉，第一六〇頁。

222 蓋斯：《一九一四年七月》，第一七九，一八四，一八八號文件；阿爾貝蒂尼：《起源》，第三卷，第四七九，四八九，四九七頁。

223 布洛克：〈英國加入了戰爭〉，第一四五頁。

224 阿爾貝蒂尼：《起源》，第三卷，第四八六頁；格雷：《二十五年》，第二卷，第一四頁；威爾遜：《三國協約》，第一四四頁。

225 阿斯奎斯：《起源》，第二一二頁；威爾遜：《三國協約》，第一二〇頁；黑茲爾赫斯特：《戰爭中的政治家》，第一一四頁；布洛克：〈英國加入了戰爭〉，第一六一頁。公眾接受戰略上的論證的一個恰當的實例，見霍奇森：《人民的世紀》（G. Hodgson, People's Century），倫敦，一九九五年，第二七頁。

226 威爾遜：《三國協約》，第一四六頁。這也是弗朗西斯·史蒂文森—勞合·喬治的情婦，和八月二日晚曾與勞合·喬治共進晚餐的拉姆齊·麥克唐納的觀點，見吉爾伯特：《勞合·喬治》，第一〇八，一一一頁。

227 威爾遜：〈決定參戰〉，到處可見。

228 比弗布魯克：《政治家和第一次世界大戰》，第一三～一九頁；黑茲爾赫斯特：《戰爭中的政治家》，第四一頁。

229 比弗布魯克：《政治家和第一次世界大戰》，第三一頁；阿爾貝蒂尼：《起源》，第三卷，第三九九頁；邱吉爾向內閣傳達了來自史密斯的同樣的一條消息：威爾遜：《三國協約》，第一四一頁。

230 拉默斯：〈邁耶〉，第一五九頁；威爾遜：〈決定參戰〉，第一五五頁。伍德沃德爵士：《大不列顛和一九一四～一九一八年的戰爭》（L. Woodward, *Great Britain and the War of 1914~1918*），倫敦，一九六七年，第四六頁，作為對保守黨一方的這個觀點的回應。

231 威爾遜：〈決定參戰〉，第一五四頁。

232 例如七月二十六日他向德國王儲做的略帶挑釁的評論：阿爾貝蒂尼：《起源》，第二卷，第四二九，四九七，六八七頁。

233 戰前，參謀總部曾設想與法國同時實行動員，並在十五天內（最多二十天）使遠征軍到達法國：英國檔案館，內閣 一六/五 XC/A/六三五三七四，會議記錄……尤爾特的陳述，一九〇八年十二月三日；英國檔案館，內閣 二/二，帝國國防委員會……一九一一年八月二十三日；蒙戈爾：《孤立的終結》，第二五一頁。

234 阿爾貝蒂尼：《起源》，第三卷，第五〇三頁；漢基：《最高命令》，第一六五頁。奧弗：《從農業角度進行解釋》，第五頁。

㉟ 弗倫克：《英國的計劃》，第八八頁；奧弗：《從農業角度進行解釋》，第三一二頁。戰前考慮的最大限度是六個師。關於提議的遠征軍規模的這個及其餘相反的評論，見威爾遜：《三國協約》，第四七，六三，六五頁；東佈雷恩：《戰爭機器》，第一〇三頁；霍華德：《大陸承諾》，第四六頁。又見英國檔案館，內閣二/二，帝國國防委員會……一九一一年八月二十三日；科利爾：《高級官員》，第一一七頁。

㊱ 英國檔案館，內閣 16/5 XL/A/035374，會議記錄……，弗倫克將軍的陳述，一九〇九年三月二十三日。科利爾：《高級官員》，第二九頁；東佈雷恩：《戰爭機器》，第一〇九頁。

237 事實上基欽納在六天後准許威爾遜回到莫伯日，九月三日內閣也同意派遣第六個師：威爾遜：《三國協約》，第一二五頁；阿爾貝蒂尼：《起源》，第三卷，第五一〇頁；漢基：《最高命令》，第一六九，一八七，一九二頁；古奇：《戰爭計劃》，第三〇一頁；比弗布魯克：《政治家與第一次世界大戰》，第三六頁；科利爾：《高級官員》，第一六二頁；摩根編：《勞合・喬治家書》，第一六九頁；東佈雷恩：《戰爭機器》，第一一三頁。

238 在一九一一年八月二十三日帝國國防委員會會議上，麥克唐納直接提出了這個問題，威爾遜作了肯定的回答。奧利萬特關於一九一四年八月一日的議題的備忘錄，載於黑茲爾赫斯特：《戰爭中的政治家》，第六三頁；「擁有或缺乏英國軍隊的援助將……極有可能決定法國的命運。」伍德沃德：《大不列顛》，第三二～三五頁。

239 見利特：《施利芬計劃。一個神話的評論》（G. Ritter, *Der Schlieffen Plan. Kritik eines Mythos*），慕尼黑，一九五六年。

240 漢基：《最高命令》，第一八七～一九七頁；科利爾：《高級官員》，第一七二～一九〇頁；吉恩：《英國的戰略和政治，一九一四～一九一八年》（P.Guinn, British Strategy and Politics, 1914~18），牛津，一九六五年，第三七頁。

241 一九一五年八～十二月間有五十七萬人自願參軍。到第一次伊普爾戰爭兩個新兵師和兩個印度師得以部署。

242 證據（不過不是奧弗的觀點）見奧弗：《從農業角度進行解釋》。

243 倫茨爾：〈大不列顛，俄國〉。

244 吉恩：《英國的戰略》，第一二二，一七一，二三八頁；古奇：《戰爭的計劃》，第三〇，三五，二七八頁。德國對法國的勝利不會——如經常性的假定——使德國的政治右轉，注意到這點很重要。泛德意志主義者和德國皇帝也許都這麼認為；但是，如我們所知，比洛和貝特曼非常清楚，戰爭的代價，無論勝利與否，會進一步推動議會的民主。

245 伍德沃德：《大不列顛》，第二二七頁；羅伯遜對義大利和法國的野心起了很大的疑心。

246 威爾遜：《三國協約》，第七九頁。

247 蓋斯：〈德國版的帝國主義：世界政治〉（I. Geiss, 'The German Version of Imperialism: Weltpolitik'），載於捨爾根編：《躲進戰爭？》，第一一四頁。

第五章 希特勒統治下的英國

安德魯·羅伯茲

假如德國在一九四〇年五月攻佔了英國，歷史將會如何呢？

英國在幾天的功夫裡失去了它常備軍的所有儲備與軍需，以及她那唯一的盟國；敵人距她的海岸已不到二十五英里；整個國家全副武裝且經過訓練的軍隊僅有幾個陸軍師；而她還信誓旦旦要在地中海與數量上佔優勢的敵人大幹一場；她的城市完全暴露於敵機的空襲之下，敵人的機場彷彿就在家門口；她的海路則受到了十幾個新軍事基地的威脅；當這一切明擺著的時候，甚至在約瑟芬爵士看來，按他所言的：「確切一點說，我認為這是一個偉大而實在的成功——戰爭進入了一個嶄新的、輝煌的階段。」

——伊林夫·瓦渥（Evelyn Waugh），《所向無敵》

一隊德國士兵穿著長統靴邁著笨重的步伐在倫敦穿梭，行走在通向白金漢宮的草廊上。常見於電影與小說中的這個畫面①，與德國侵入並攻取了英國這個事實有多大的相似之處呢？在打敗納粹五十年後的今天，我們認定英國在一九三九年一定會反擊希特勒，而不去考慮這個國家在面對一九四〇年這一多災之年時有完全相反的可能性，也一定會反擊，並最終獲勝。通觀一九九五年歐洲勝利日的所有慶祝活動，那種會有完全不同結果的可能性鮮被提及。相反的，盟軍的獲勝不僅被當作是公正和合理的、而且是不可避免的事情而留在人們心中。

然而，在歷史上，特別是在軍事和外交領域，很難說有什麼事件能真正視為是不可避免的。如果我們回到二十世紀三〇年代初，再考慮到當時歐洲糟糕的政治情況下大英帝國的選擇餘地，我們可以看到，在所有的選擇中，因一九三九年吞占波蘭而引起的對德國宣戰（更不用說在溫斯頓·邱吉爾領導之下長達五年的「鮮血、辛勞、眼淚和汗水」）是可能性最小的一種。一九三九年通往戰爭的道路是迂迴曲折的。我們只需設想一兩件往往還不是什麼特別重要的事情，就可以看到不同的過程完全可能演化出相反的結果。

希特勒的副官弗里茨·魏德曼（Fritz Wiedemann）宣稱哈利法克斯公爵尼維爾·張伯倫（Neville Chamberlain）在一九三七年前往慕尼黑簽與希特勒的特使兼外交部長簽訂協議時曾經說過：「我將元首和在英吉利國王在夾道歡迎中走進倫敦看作是我努力的最高成就。」②當然，我們知道，哈利法克斯在慕尼黑協議剛剛簽訂時就對綏靖政策產生了懷疑，但恰恰正是他在一九三九年提議英國應對保護波蘭作出承諾。但是，如果這種阻止希特勒的意圖一旦受挫，在對德宣戰的評估上他又極為悲觀；當戰爭在一九四〇年五月進入困境時，他還是那些提議和希特勒達成某種和平具有有影響力的人群中的一個。我們還知道，哪怕英國在法國崩潰之後面臨著孤軍奮戰的危險時刻，邱吉爾也反對這種觀點。我們同樣清楚，只要蘇聯和美國一道並肩戰鬥，英國是能夠挺住並最終取勝的。但是，這些都決非上天注定的。

一個古老的反事實：非綏靖政策

誠然，「如果……將會如何」這種方式的提問對引起第二次世界大戰爆發的事件不知提過多少次了。直到最近，歷史學家也一直沒有停止過這種發問的方式：為防止希特勒掌權或他還在位時就挖掉他的牆腳，是否該提早做更多的一些事情？如果英國對抗第三帝國，又會是什麼結果呢？這個問句已成為有關英國與希特勒的反事實論點的傳統基調。當然，這個問題是由邱吉爾本人提出的，正如他後來寫到的：「如果由英法在最後時刻釀成的戰爭的危險曾在恰當的時候被勇敢的面對過，同時又發出了語義明瞭的戰爭警告，那麼，我們預期的結果在今天將會有多麼不同啊！」對邱吉爾來說，第二次世界大戰成了「不必要的戰爭」。他和其他一些人相信，法國、英國和蘇聯如果發出了阻止德國入侵捷克的強烈信號，也許會給德軍中反對希特勒的批評者以足夠的勇氣，由此而來的即使不是希特勒的下台，至少也會有政策上的改變。邱吉爾說過：「如果在希特勒的早期，盟國曾強烈地遏制他——也許給予了德國生活中的理智成分一個機會，從而把德國人從瘋狂狀態中拯救出來，這種理智成分是非常有力的——尤其在他們的統帥部內。」

如果二十世紀三〇年代的英國政府不是一心只顧她的空中防禦，而是建立了一支像樣的陸軍，即使無力阻止德國入侵法國，也能抵擋一陣，結果又會如何呢？如果德國在一九三六年重新佔領萊茵地區時英法進行了抵抗，結果又會怎樣呢？希特勒自己曾經承認：「假如法軍開進萊茵區」——這種事情在二〇年代初確實發生過——「我們將不得不夾著尾巴撤回來。」③儘管英軍的實力有限是人所共知的，可是如果真正發出過一旦捷克斯洛伐克遭到入侵英國將有意保護它的清晰的信號，哪怕這個信號只是虛張聲勢，結果又會有何不同呢？如果英法在一九三九年曾說服史達林聯合對付德國，而不是疏遠他，以致於他屈從於里賓特洛甫（Joachim Ribbentrop）的那一套，最後又會出現什麼不同的結果呢？這些都是從歷史學家多年來回顧三〇年代時提出的可以讓人接受的反事實提問。然而，真正的情況是：這種二擇一的設想遠非另一種更加令人不快的可能性那麼合乎情理，那就是德國戰勝了英國。

第一次世界大戰後的英國只是走向一九一四年戰爭的光榮帝國的一個影子。經濟上，這個國家在為恢復到戰前的水準而奮鬥，背負著戰爭留下的巨大債務和一個重建昔日價值觀的沉重包袱。一九二〇年以來，史無前例的大規模失業是一種週期性復發的折騰，造成成百成千的人，旋即是上百萬人失去了職業。隨著一九二九年華爾街的金融崩潰和一九三一年的歐洲財政危機之後，資本主義本身似乎進入了垂死掙扎的時期。這些對英國的外交政策產生了兩個直接的政治後果。第一、社會治安的開銷前所未有地增加，遠比不見起色的經濟增加得還要快。第二，也是伴生而來的，可用於國防的資金是一百年以來最少的。一九二〇年至一九三八年，英國國防開支持續每年低於國家收入的百分之五，是自古以來最少的，而這時正當大英帝國的義務達到最大的限度。對財政部來說，必須把素來堅挺的貨幣和戰前的收支平衡政策放在優先地位上。鑒於戰時鉅額負債的增加以及由於通貨緊縮政策引起的持續性失業，嚴重地削減了可用於國防的資金數量。英國的國防狀況每況愈下，卻只有前海軍大臣邱吉爾之類的鷹派人物在為此擔憂。不幸的是，他和他的同僚並沒有得到多少民眾的支持。第一次世界大戰期間，邱吉爾因為在加利波裡的慘敗而得到戰爭販子的綽號。這還並非他名譽上唯一的污點，由於他對工聯與俄國革命的露骨敵意，引起了工黨的敵視；他在三〇年代擔任大臣時胡亂的經濟管理，使自由黨認為他是個大傻瓜。無巧不成書，那次，他也削減了國防開支；他在三〇年代先是反對印度的政治改革，然後又贊成愛德華八世與辛普森夫人（Mrs Simpson）的婚事，似乎是故意要引起本黨對他的厭惡。④

大部分選民都經受了戰爭的苦難。不僅是共產黨以及柏格斯（Guy Burgess）、菲爾比（Kim Philby）、麥克萊恩（Donald Maclean）和布倫特（Anthony Blunt）等劍橋大學的新黨員，也不只是工黨，連自由黨人，如凱恩斯，甚至前次戰爭時的首相勞合．喬治現在也把第一次世界大戰看成是年輕生命的浪費。共產黨人教條地反對一切「帝國主義」的戰爭（直到莫斯科改變其路線為止）；工黨所採取的和平主義態度可以用其領導人喬治．蘭斯伯里（George Lansbury）的誓言來概括：「關閉每一個徵兵站，解散軍隊，解除空軍的武裝」，一句話，要「消除令人恐懼的整個戰爭設施」。自由黨則認為一九一四年極其錯誤的外交後果極盡傷害德國人之能事，卻無助於削弱德國稱霸歐洲的野心；一大幫保守黨人戰後與德國人私交甚篤；這些都是綏靖政策的基礎。

避免戰爭的願望在很大程度上是可以理解的。戰壕裡的塗炭生靈激起了一種深刻的反思，反對為國捐軀而光榮的整個信念，而這個信念曾經是一代勇敢的（也是短暫的）的公立學校教育官員們的神聖格言。再說，還有一種恐懼：技術進步將使任何一場新的戰爭比第一次世界大戰奪去更多的生命。首相鮑德溫（Stanley Baldwin）預言「轟炸機將經常光臨」。邱吉爾預計作為猛烈空襲的結果，第一週將有四萬人死傷。⑤美國總統伍德羅・威爾遜（Woodrow Wilson）提出，外交應不再是秘密條約和結盟，而應維護新的國聯。這是一個充滿誘惑的信念，千萬選民投票給所謂一九三四～一九三五年度的「和平選票」就是明證。「好心的」牧師們，如約克大主教和坎特伯雷大主教不僅傾心於這種誘惑，而且擁抱起「共同安全」這種不切實際的原則。一九三三年，牛津聯盟的辯論廳之所以引人注目是因為它代表了由傳統守舊的牛津人所產生的這種感情。當討論到「此大廳內的人在任何情況下都拒絕為國王或國家而戰」這個提議時，塞瑞爾・約德（Cyril Joad）向聽眾們發出警告：「對一個西歐強國宣戰後，二十分鐘內，轟炸機將遍佈英國，一枚炸彈就可以殺死四分之三平方英里內的所有生靈。」當唱票員高喊選票，結果是顯而易見的，也同樣是激動人心的：二七五票贊成，一五三票反對。邱吉爾稱它是一個「卑劣、污穢、無恥的公開表白——一個十足擾亂人心且令人作嘔的喘咳」。但當他的兒子蘭多夫（Randolph Churchill）試圖從聯盟的會議記錄中抹掉提議時，卻沒有成功。⑥

財政的吃緊與民眾當中的和平主義相結合，幾乎比任何事物都能更好地說明尼維爾・張伯倫領導的笨拙的內閣的外部弱點。在那種形勢之下，應當為對德國的綏靖政策多說幾句。很多人因受凱恩斯的影響而相信一九一九年的《凡爾賽和約》對德國的處理太苛刻了。綏靖意味著為了在實踐中避免戰爭應允許德國提出合法的要求。可是其中所提出的至高無上的「自決」要求在凡爾賽和談中常常使用，這是一個為波蘭、捷克及其它中歐國家的獨立辯護的詞彙，卻故意不用於德國，因為按照實際情況，這意味著德國不得不把大約百分之二十的領土放棄給鄰國。問題是，如果歐洲的所有日爾曼人都合併在單一的德意志帝國內，其結果將使它的版圖比一九一四年的帝國還要大，如此龐大的領土內包括奧地利，以及包括捷克、波蘭和立陶宛的一部分。這個綏靖政策的根本缺陷在於德國「後院」這個用來為它佔領萊茵地區辯解的名詞，對歐洲的和平來說，代價實在是太大太大了。直至日後災禍來臨時，綏靖政策的吹鼓手們，尤其是哈利法克斯與英國駐柏林大使尼維爾・亨德森（Nevile Henderson），也沒有看透這一點。

每當哈利法克斯談起德國人時，他本人表達了很多上層保守黨人的觀點。他說「國家主義和民族主義是一股強大的力量。不過，我並不感到它是反常和邪惡的！我自己毫不懷疑這些傢伙是天生的共產主義的憎恨者！我敢說，如果我們處在他們的位置，我們也會有同感！」。當他第一次會見希特勒時，希特勒差點向他遞上大衣，哈利法克斯頓時把希特勒當作一個男僕。還有一個更為屈尊的態度尤具戲劇性。當元首告訴這位前總督如何去處理印度的民族主義（「槍斃甘地」）時，哈利法克斯用混和著驚愕、討厭和惋惜的複雜表情「睜大眼睛望著（希特勒）」。他給戈林留下的印象是「一個偉大的讀書小生」，他不能自制，但「更像是——那個小人」戈培爾（Joseph

Goebbels）。當他告訴希特勒，「但澤、奧地利和捷克」將「隨著時間的推移，注定會為建立歐洲秩序作出某些修改」時，哈利法克斯遞給希特勒的可不只是一件大衣，看來是他要把中歐奉送給希特勒。⑦

話又說回來，當英國還沒有為一場看來德國急於上陣的戰爭作好軍事準備時，一九三八年的綏靖政策當然遠非一種挑釁政策。希特勒確實感到被張伯倫所戲弄了，因為張伯倫的外交努力有效地阻止了他自一九三八年春以來一直在謀劃的對捷克的戰爭。在最近出版的戈培爾的日記裡，戈培爾把張伯倫描寫為一個「冷酷的」「英國狐狸」，通過一個又一個計謀破壞了希特勒針對捷克的速勝計劃。事實表明，張伯倫在柏特斯加登偶發的鬧劇似的外交表演成功地勸服了德國人：在英國有可能干涉的問題上，他可不是在嚇唬。「事情走得太遠了」，戈培爾寫道，「張伯倫突然起身離去，好像他已盡力而為，既然已經沒有繼續會談的共同點，他也就可以洗手不幹了」。九月二十八日，希特勒鼓足勇氣問張伯倫的助手賀瑞斯．威爾遜（Horace Wilson），「開門見山，英國是否想要一場世界戰爭」，我們從中可以推知他有可能是擔心張伯倫。戈培爾六天前還自信「倫敦極度懼怕強權」，這時也不得不得出結論：「我們沒有戰爭的藉口，人們不能執迷不悟而冒一場世界大戰的危險。」⑧

張伯倫如果不是反覆請求召開慕尼黑四強會談，而是做出了一旦捷克遭到攻擊英國將給予保護的毫不含糊的保證，又會出現什麼結果呢？我們知道，一九三八年四月三十日的內閣會議一致贊同「假如希特勒進軍捷克，我們將向他宣戰」；可是張伯倫堅持對此承諾保密，緣於他不想

「向希特勒元首發出警告」。如果他發出了這種警告呢？正如人們經常設想的那樣，會是一個阻止希特勒採取突然軍事行動的信號嗎？看起來極不可能，這不僅是因為參謀長路德維希・貝克（Ludwig Beck）這個關鍵人物在這次重要的內閣會議前就已經宣佈辭職（在內閣會議那天公開）。無論如何，張伯倫對顛覆希特勒的主意仍表示懷疑。⑨在慕尼黑會談前夕，他曾經問過法國將軍加麥林（Maurice Gamelin）：「誰能保證希特勒之後的德國不會變成布爾什維克呢？」

今天，慕尼黑留給我們的記憶是捷克被臭名昭著地出賣了。事實上也確實如此。為避免戰爭，張伯倫神通廣大的強迫他們不僅放棄了蘇德台地區，而且放棄了他們的自我抵抗能力。然而，當時的希特勒卻把這看作是他策略上的一次失敗，而不是成功：他本來想要的是一次快速的暴力解決，而不是一個外交妥協。他氣急敗壞的返回柏林，面對德國熱衷於和平的普遍情形，不禁怒火沖天，為了讓德國人為戰爭做好準備而部署新的宣傳攻勢。相反的，當張伯倫飛回英國時則被當作英雄而受到熱烈迎接。確實，在慕尼黑協議簽字時他的聲望是如此之高，以致假如他接受親信們的建議要求舉行一次普選的話，他將贏得甚至比一九三一年及一九三五年更多的壓倒性的勝利，應該是沒疑問的。

當然，張伯倫在慕尼黑的成功，結果只是曇花一現。一九三九年三月十五日，希特勒單方面侵入捷克，輕易地撕毀了他曾經許諾給殘山剩水的捷克的保證。這個事件經常被人們認為當時的戰爭是不可避免的。不過，此後依然存在強烈的呼聲，要求繼續推行綏靖政策。至於四月初許諾給波蘭的保證，也不是必然的。事實的確如此，張伯倫對布拉格被佔領的第一個反應是希望有那種「與獨裁者緩和緊張及回到正常關係的可能」。直到戰爭已經爆發，情報官員有意使這成為英國干預的一個理由時，波蘭事件依然沒有成為英國宣戰的理由。勞合．喬治和很多社會主義者批評貝克將軍（Jozef Beck）的反猶太思想以及他的反民主思想。他們相信，在慕尼黑危機中曾把特森從捷克手中奪去的方式是順理成章的。勞合．喬治提醒過人們，給予波蘭獨立就好比是送給猴子一隻精緻的袖珍手錶。如果希特勒重演蘇德台的故技，在「自決」基礎上，以普魯士的名義強調德國對但澤與「波蘭走廊」的要求，那麼，英國很難以此作為宣戰的理由。畢竟百分之八十的但澤居民表示他們願意站在德國一邊。

決定英國承擔保護波蘭的關鍵人物實際上卻是幡然醒悟的哈利法克斯。如果不是他成功的頂住了張伯倫、威爾遜、約翰．西蒙爵士、塞繆爾．霍爾爵士（Sir Samuel）、巴特勒（R. A. Butler）、約瑟芬．巴爾（Joseph Ball）以及其他人的強大聯合，也許就不會有對波蘭的保證。正是這樣，這個保證的出現並未經過商議，而是產生於一種恐慌的氣氛之中。這個恐慌是由德國即將入侵波蘭和羅馬尼亞的完全無稽的謠言所引起。哈利法克斯的見解被那些有關納粹德國真實意圖的源源不斷的情報所強化，這些情報公開地或秘密地到達英國。一九三八年十一月的所謂「打砸搶之夜」實際上是由希特勒一手推動，由戈培爾所組織、國家所發起的集體迫害。就種族政策所涉及的內容而言已經更加充分地暴露了納粹德國的真實嘴臉。現在，布拉格的陷落，對立陶宛的強行佔領，都證明哈利法克斯以前的論斷是多麼錯誤，因為他在一年前還曾認為希特勒總不至於把他對捷克的賸餘領土的強行吞占也宣稱是代表了「種族自決」的一種勝利吧。可正是這個遲來的現實，這種被蒙騙的感覺，導致下院兩邊都強烈的反對綏靖政策。在這樣的情形下，張伯倫對波蘭問題的處理還能回到過去對待捷克的那一套上去嗎？顯然是極不可能的。

不過，應當注意到希特勒對他（指張伯倫）的期望。八月二十二日，希特勒在奧布斯堡告訴他的指揮官們：「英國不希望在兩、三年內發生戰爭。」⑩與此同時，里賓特洛甫的傑作，納粹德國與蘇聯之間的條約於第二天在莫斯科簽字，看來只會使其羽翼更加豐滿。當希特勒有史達林站在他這一邊時，英國怎麼可能在波蘭問題上以干涉作為威脅呢？儘管希特勒似乎舉棋不定，把入侵波蘭的日期推遲至八月二十六日，可是只過了四天的時間，他就回到了好戰的狀態。（「英國瞧不起德國，他們將明白他們是在自我欺騙」）；次日，他駁斥了戈林和戈培爾，因為他們對英國的不會干涉表示「懷疑」，而「元首不相信英國會插手」。⑪

當然，希特勒錯了。但事實上，在戰爭爆發前夕他是可以用這種方式思考的：即設想英國執行了一條強硬路線的政策，反正得避免戰爭或甚至可能推翻他，可是那又顯得多麼不現實。實際上，一個更可能的反事實是英國的政策比綏靖政策走得更遠，即全然不顧納粹德國的外交政策中要求不斷擴張的內部動力，而同德國修好，逃避戰爭。

和平共存：一個誘人的反事實

與德國結盟，也是一種正式諒解，這種可能性在三〇年代的許多場合下曾經認真討論過。希特勒甚至在《我的奮鬥》出版之前就頻頻表達了他希望與英國簽訂此種協議的意願。⑫從一九三三年開始，他就尋求與英國簽訂海軍協議，結果在一九三五年六月如願以償。當時他提醒道：「一個盎格魯—日爾曼人的結合將比所有其它力量都強大。」⑬希特勒在入侵波蘭前夕，起初還緊張不安地擔心英國插手，但後來又浮現出這樣的念頭。一九三九年八月二十五日，他使亨德森相信，他曾經「一直希望追求英德之間的諒解」。⑭

在三〇年代的英國，積極看待英國與希特勒和解的也大有人在。這種情緒廣為擴散，遠遠超出了極端的反猶太組織。這些組織成員如威廉·賈伊斯（William Joyce）、亨利·漢密爾頓·比米希（Henry Hamilton Beamish）和阿諾德·李斯（Arnold Leese），他們中的一些人在戰爭中不再站在德國一邊。著名的組織還有奧斯瓦爾德·莫斯雷爵士（Sir Oswald Mosley）的英國法西斯聯盟，他曾經一度與工黨結為親密的伙伴，並追隨墨索里尼（Benito Mussolini）而墮落到法西斯的賊船上。可是還有其他人，他們遠非種族上的親德分子。帝國主義分子認為德國並不會對大英帝國帶來傷害，保守人士和天主教徒則把德國看作是抗擊主張無神論的俄國布爾什維克的屏障。報界鉅子們仰慕獨裁者的花言巧語，而商人們又認為綏靖有利於商業和貿易。⑮最有意思的是，相當部分的英國貴族有強烈的親德、有時甚至是親納粹的傾向。例如，里賓特洛甫擔任駐倫敦大使的最初幾個月裡就贏得了盎格魯—日耳曼貴族如阿瑟龍伯爵（Earl of Athlone）、親德分子如羅塞安勳爵（Lord Lothian）及社會名流寇拉德女士（Lady Cunard）之流的好感。羅塞安並非正式地把納粹的反猶太主義說成是「主要是第一次世界大戰以來德國一直遭受的外部迫害的反應」。同樣，當德比勳爵（Lord Derby）聽到戈林計劃訪問英國時特地邀請戈林住進勞伍斯雷宮以便觀看越野賽馬。倫敦德里侯爵及侯特伍德和斯坦浦的艾倫勳爵（Lord Allen）在會見希特勒以後，都對他留下了良好的印象。⑯

一個出身高貴的英國人如果沒有因愛情而放棄頗有影響的地位，或者由於後來的首相斯丹利．鮑德溫對離婚持有那種維多利亞時代的觀念的話，也許能為盎格魯—日耳曼的重歸於好做出最實在的努力。他就是國王愛德華八世。國王愛德華八世不僅愛上了辛普森夫人，也崇拜希特勒。當他還是威爾斯王子的時候，就被令人信服地描繪為一個「徹底親希特勒的人」。根據披露，他曾經宣稱：「不管是在猶太人或其他什麼問題上，插手德國內部事務不是我們的事情——這些年代獨裁者非常走俏，也許我們早就需要一個。」一九三五年，他的父親喬治五世因他的一次招人耳目的親德演說而不得不責備他。一年後，愛德華成功地登上了王位，他幾乎是迫不及待地就試圖說服後來的外交大臣安東尼．艾登（Anthony Eden）不要反對德國佔領萊茵地區。他在給德國大使一個回函中寫道「派人去叫首相來」（鮑德溫）。據一種說法，「給首相一點我的意見。我告訴這個老頭子如此這般，如果他發起戰爭的話我就退位。然後會出現一個可怕的情景，但你不必擔心，這裡不會有戰爭。」當里賓特洛甫繼任為大使時，德國大使館也一樣費盡心機培養辛普森夫人。⑰

如果斯丹利．鮑德溫沒有勸服愛德華遜位，結果又會如何呢？有兩種可能的選擇：一個是貴賤結合的婚姻。正如報界工商大亨比弗布魯克所提議的，可能已經准許辛普森夫人不用獲得王室地位就和愛德華結婚；另一種選擇是為王位犧牲婚姻。這個問題看起來與第二次世界大戰的歷史無關。但隨著挪威慘敗後張伯倫在下院蒙羞，這將會因國王在一九四〇年的關鍵作用而變得非常重要。愛德華的弟弟，也即勉強繼承王位的喬治六世（George VI），被指責為一個綏靖分子。他不希望張伯倫辭職，同意由哈利法克斯而不是邱吉爾作為張伯倫的繼承者。可是他除了很不情願的接受哈利法克斯的決定而靠邊站外，什麼事情也沒有做。愛德華八世是否會有不同的動作呢？完全有可能。他也許會向邱吉爾許諾，因為邱吉爾在退位危機中曾積極和頗為大度的支持了他。但是當遇到有可能與德國宣戰時，他的親德情結也許會佔上風。

與德國講和的可能性並沒有隨著一九三九年九月對波蘭的戰爭而終止，希特勒被英國的宣戰搞得不知所措。他對阿爾弗雷德・羅森伯格（Alfred Rosenberg）說他「把握不住」張伯倫的「真實目的是什麼」，「即使英國獲勝」，他指出，「真正的勝利者也將是美國、日本和蘇聯」。⑱於是他在十月六日又重提對和談的要求，不過再一次被張伯倫拒絕。但是，宣傳部長戈培爾直到一九四〇年仍一直在鼓吹這樣一種觀念：「英國種族觀念中的日爾曼因素遲早會加入進來，在未來白種人對黃種人或日爾曼民族對布爾什維克的現實戰鬥中同德國聯合起來。」⑲正如希特勒本人在一九四〇年五月所說的，他想「在瓜分世界這一點上向英國試探」。一個月後，他曾提到有可能與英國簽訂一個「合理的和平協議」。希特勒曾多次表示他為與英國宣戰而後悔，因為（用里賓特洛甫的話來說）他對「消滅大英帝國的想法」表示懷疑。⑳按照他在七月份最後和平倡議的六天前對哈爾德（Franz Halder）所說的，他「不喜歡」與英國開戰，「理由是如果我們摧毀了英國的軍事力量，那麼大英帝國將會崩潰。那對德國沒有好處——（反而）只會有益於日本、美國和其他國

家」。㉑

近年來，修正派歷史學家們如約翰・查姆利認為這種分析全是先入之見。他們堅持認為英國在一九四五年取得的勝利是得不償失，所以有必要提出另一種可能性。如果戰爭在一九三九年就開始，而英國隨之又尋求與德國講和，又會是什麼結局呢？這個假設基於德國隨後可能全力對付蘇聯，留下大英帝國不去觸動，讓執政的保守黨及英國經濟不受損害。按查姆利的說法，法國戰敗後，通過墨索里尼在一九四〇年夏天進行和談的想法不只打動了哈利法克斯與巴特勒，還打動了很多人。㉒在他看來，我們不能不加懷疑地就接受邱吉爾嘴上的觀點，他宣稱從希特勒那裡發出的任何東西必將是迦太基式的。即使邱吉爾本人在成為首相之前也力勸過張伯倫「不要對來自德國的任何有新意的和平倡議關上大門」。當戰時內閣開會討論尋求在五月二十六日進行和談的問題時，他並無法抵擋這條道路的誘惑，因為英國的戰略與經濟地位已經岌岌可危了。邱吉爾特別關心的是來自美國的實際支持太少，他已經把這種支持看作是戰勝德國的關鍵。他甚至說：「如果我們靠放棄馬爾他和直布羅陀以及某些非洲殖民地就能擺脫這種窘境，我將跳到那些地方去。」不過，他又加上了一句：「希特勒在我們可接受的程度上實行妥協是不可能。」兩天後，他重申「德國覬覦我們的艦隊——我們的海軍基地，還有其他更多的東西。我們將變成奴隸之邦」。㉓但查姆利的觀點認為這是在自談自唱，因為邱吉爾知道他作為首相必須有賴於取得「不惜一切代價的勝利」，只能在「勝利或死亡」這兩條路線中間選擇。阿蘭・克拉克（Alan Clark）也不承認這種區別是一個生死對立的概念。㉔依據克拉克的看法，隨著英國在非洲的獲勝和義大利的敗北，遲至一九四一年春天，同德國的協議應該是可能簽訂的。因為希特勒在轉向進攻蘇聯以前先想確保他的側翼。赫斯（Rudolf Hess）飛英企圖提出一個協議，但邱吉爾對他的使命卻秘而不宣。

英國政府如果由另外某個人而不是邱吉爾來領導，也許會同希特勒單獨媾和，從而放手讓希特勒去攻打史達林，這也並非是不可想像的。一個德國單獨挑戰蘇聯的戰爭至少會吸引英國右翼的某些支持。很多保守黨人長期以來就把共產主義看作是比法西斯更大的威脅。他們在一九四〇年就展開過支持芬蘭人反對史達林的鬥爭。可以設想一個由聖喬治軍團（也許會是由艾默里〔John Amry〕）率領的軍團，在德國的旗幟下與共產主義作戰，正如西班牙和法國的法西斯分子在東線所做的那樣，也不是太離譜的。即使在政府內部，儘管有新出現的邱吉爾的親俄傾向，但依然不乏有人偏愛促使希特勒與史達林相對抗的政策。後來，在一九四二年，保守黨大臣約翰・莫爾—布雷巴左（John Morre-Brabazon）不得不宣佈辭職，因為他說出了一部分人私下的想法：納粹德國與俄國的史達林之間的爭鬥「正適合我們」。這個想法同亨利・季辛吉（Henry Kissinger）在兩伊戰爭中所持的看法「遺憾的是不可能雙方都倒下」不謀而合。

但是當一方或另一方最後取勝時，因為這遲早必然會出現的，那麼最終的結果又會是什麼呢？如果不是由於在地中海戰役中分散了力量，勝者也許是德國，因為在那裡，義大利對希臘的愚蠢入侵招致英軍在利比亞的進攻。德國插手地中海，這不僅必須派軍隊去利比亞，而且還得佔領保加利亞、南斯拉夫、克里特，使進攻史達林的「巴巴羅薩」計劃的實施推遲了至關重要的一個月。反過來，如果希特勒同英國確定了某種協訂，他就可以避免在地中海分心而按計劃攻打蘇聯。他也可以投入全部的陸軍、海軍和空軍來專門對付蘇聯。西線的第第二次世界大戰場的開闢毫無指望，因為沒有任何保證和同盟，蘇聯經過紅軍的大清洗後，甚至無力擊敗弱小的芬蘭，也許早已敗退到烏拉山以外去了。那麼可能發生的是，德軍攻取史達林格勒，包圍列寧格勒並抵達莫斯科城郊的火車站。正如修正派歷史學家所提出的，假如英國在一九四〇年或一九四一年設法同德國和解，那麼德國在蘇聯的歐洲領土內取得勝利當然有更大的可能。正如邁克爾·伯雷在下一章中所論證的，那將使英國處於危險的弱者境地。

更加糟糕的一幕：入侵英國

查姆利—克拉克理論的主要假設是認為希特勒對英國提出的和平倡議是真誠的，或者至少可以說他在公開場合下是這樣看待這些倡議的。然而，在評估想像中的希特勒的親盎格魯傾向這一點上，我們必須區分兩種情況。一種是希特勒在偶然情況所做的理論上的思考。這種理論包含盎格魯—撒克遜人和日爾曼人之間的種族親和力。第二種則是希特勒戰略中的現實政治。這種想法如果不是更早的話，至少也是從一九三六年開始就一直隱喻著英國對德國強大力量的附從。由於受到里賓特洛甫的錯誤影響，希特勒認為英國已經日暮西山，他真的在一九三六年得出一個結論：「即便是一個真誠的德英條約，也對德國沒什麼實在和積極的好處。」因此，德國對「與英國達成協議毫無興趣」。㉕正如他在一九三七年十一月於軍事官員會議上（著名的「霍爾巴赫備忘錄中有記錄」）所叫囂的：英國（和法國一道）是一個「被仇恨所煽動的敵手」，它的帝國「用政治力量是維持不了多久了」。㉖里賓特洛甫也不斷強化這個觀點，把英國看作「我們最危險的敵人」。㉗

在希特勒侵略奧地利、捷克和波蘭的計劃中，他一方面相信英國是相當弱小的，根本沒有能力干涉，另一方面也相信德國將會擊退英國的干涉。他在這兩種想法之間搖擺不定。一九三九年五月，他對陸軍指揮官的談話中表示「對與英國講和的可能性有懷疑」。「為最後攤牌作好準備是必要的，英國很清楚我們的擴展和霸權的建立將會削弱她。所以英國是我們的敵人，與英國的攤牌事關我們的生死存亡。」㉘最能說明希特勒對英國真正態度的是一九三九年一月二十七日的海軍指令「Z計劃」。該指令要求在一九四四～一九四六年之前建立一支能在公海上挑戰任何列強（也就是說英國或美國）的艦隊。約翰·吉根（John Keegan）則進一步提出了德國海軍方面的一個反事實：「假如德國在戰爭伊始就投入三百艘潛艇的軍力，英國肯定早在太平洋戰事把美國捲入之前就失去了戰鬥力，而這正是多里茨（Karl Dönitz）忠告希特勒為贏得大西洋戰役所必需的。」㉙由於英國國內的糧食儲備只能滿足它一半的需要，所有的石油、橡膠和有色金屬全靠進口，這有可能使她在海上封鎖下被迫屈服。

希特勒因英國的宣戰而摔了一跤倒是千真萬確的，但由此就認為他隨後的和平倡議是真誠的那就大錯特錯了。正如他在一九三九年十月提出和平倡議兩天後口授給馮·布勞希奇（Walther von

Brauchitz）和哈爾德的命令中所說的：「德國的戰爭目標必須包括西方最終的軍事失敗——這個根本目標，為了宣傳的目的必須隨時調整——〔但〕這不會改變戰爭的目標本身——這個〔目標就是〕徹底摧毀英法的軍隊。」[30]甚至在他進攻蘇聯的決定中也包含著反英的目的，正如他向英國發出和平倡議僅僅十二天後，也就是一九四〇年七月三十一日所叫囂的：「蘇聯是英國的靠山——隨著俄國的土崩瓦解，英國的最後希望也將煙消雲散。」[31]事實上希特勒一再改變他的戰略，將其生存空間的種族主義目的同他自己對宏大戰略的說法攪在一起，他的最終意圖究竟是什麼，確實使歷史學家感到迷惑。這裡有一個簡單的事實。早在一九三六年，希特勒就認為最後衝突是不可避免的，他甚至為五年前過早地發生了種族領域的衝突而後悔。可以同「那傢伙」（邱吉爾這樣稱呼希特勒）締結和平協議並保住大英帝國及保守黨勢力的想法只不過是在做白日夢。假使英國沒有因為波蘭而對德宣戰，假使英國在一九四〇年五月或「巴巴羅薩」行動之前曾尋求締結和約；假使英國已被多里茨海軍上將向希特勒提議建造的三百艘潛艇所降服，由此而出現的任何一種反事實情形，結果都會一樣：英國對第三帝國俯首稱臣。

邱吉爾是對的。一九三八年十月五日，星期三，當時他逆著國內民眾一片歡呼的潮流，在下院大聲指責慕尼黑協訂。他一針見血的指出：

> 在英國的民主與納粹專制之間從來就沒有什麼友好可言，那種專制踐踏了基督教的道德，他被一種野蠻崇拜所指引，他鼓吹侵略與征服的幽靈，他從殘暴的屠殺中博取強暴和殘

忍的快樂，更有甚者，正像我們所看到的，他還使用毫無人性的謀殺來威嚇。那種專制強權永遠也不會是我們民主制的可信朋友。可是，我感到更不能容忍的是：我們的國家正在陷入納粹德國的強權、軌道和它的影響之中，還有我們的存在正變得依賴於他們的善心與歡悅。㉜

然而，當邱吉爾在說到英國正掉進德國的「強權、軌道和它的影響之中」時，他還沒有看到最壞的一種可能情形。還有另一種糟糕的可能也值得考慮：一次實實在在的德國入侵並佔領英國。

一九四〇年五月二十四日，星期五，海因茨·古德里安將軍（Heinz Guderian）的第一裝甲師抵達法國格拉威林斯南部的阿運河，經過激烈爭奪，確保了跨越此河的橋頭堡。他們與被困於佛蘭德斯海邊的精疲力竭的四十萬盟軍士兵只有十英里之遙。正當這位最傑出的坦克司令準備投入這支最精銳的裝甲部隊以進行二十世紀最偉大的軍事突襲時，他接到了一道命令而停了下來。儘管他提出抗議，但三天後命令還是生效了。與此同時，盟軍陣地加固了，在以後的九天裡，三三八，二二六名盟軍將士根據發電機計劃撤回了英國。

儘管參謀長哈爾德將軍及陸軍元帥馮·布勞希奇提出了反對，希特勒還是發出了這道命令。古德里安一直認為希特勒的這道命令是「一個遺害無窮的錯誤，因為僅僅俘虜英國大陸軍團——就會為德國成功地攻取大不列顛創造必要的條件」。㉝歷史學家們常常爭論人云亦云的理由，但他們極少問道：假使英國大陸軍團全部被俘虜，將會產生什麼結果？或者，在「發電機計劃」

中，盟國軍隊正是踏著位於摩爾東部的一條一千四百碼長、五英尺寬的地帶而步入安全區的碼頭，這花去了他們整整一個星期的時間，假如這個地區在斯圖卡斯計劃中被毀壞㉞，結果又會如何呢？

海軍司令艾里希・雷伊德將軍（Erich Raeder）是在一九四〇年五月二十一日與希特勒討論進攻英國的問題。他在一年前的十一月十五日已指示他的參謀研究這種可能性。㉟希特勒當時對此不感興趣。六月二十日，當這個話題重新提起時，看起來他依然是對把猶太人移居馬達加斯加島的問題更感興趣。儘管希特勒在一九四〇年七月十六日發佈了名為「準備打擊英國的大陸行動」的第十六號元首指令，但由於那個最為關鍵的時刻沒有抓住，使得進攻的最佳時機已經失去。㊱九月十五日，希特勒在七月底確定的這個日期，是視對英國海軍和空軍的摧毀情況而定的，這個被事實證明不會成功的對英國的進攻遭到三次推遲，到一九四〇年二月，為此而做的準備也純粹變成了進攻蘇聯（希特勒認為比橫渡海峽的侵略威脅性小）的掩護。㊲但是，假如希特勒是在最高軍事參謀部這個層次上來謀劃海獅計劃，而不是三心二意的，到最後時刻才由海軍參謀部臨時提出來；假如早已指定專人責辦數量巨大的船隻，估計需要一七二二艘駁船，四七一艘拖船，一一六一艘摩托船和一五五艘運輸艦，並在五月底運抵馬斯河和斯契爾德特河口；如果德國空軍艾哈德・米爾赫將軍（Erhard Milch）所決定的在英國東南部皇家空軍的七個重點戰區空降五千名傘兵的計劃（這個計劃的任務是搗毀英軍參謀部大本營）被戈林採納而不是加以拒絕；如果是倫敦，而非巴黎成為希特勒的進攻目標……如此等等，又會產生什麼樣的結果呢？㊳

對於德國入侵英國的懷特島，很多歷史著作和文學作品做過分析。大多數作品都認為它會發生在一九四〇年八月或九月甚至更晚的時間。但是，如果德國人在一九四〇年五月底就登上英國的領土，他們需要對付的將不是剛剛返回英國的大陸軍團，而僅僅是少數的留守部隊。㊴用來裝備國民軍的四八三九二四支第一次世界大戰時使用的「野戰步槍」直至一九四〇年八月才從美國運來，遍佈英國南部的一萬八千個軍事掩體在六月中旬前還沒有打下堅固的基礎。㊵那時，倫敦南部僅有四十八座野戰炮和五十四座能發兩磅炮彈的反坦克炮。正如最高軍事參謀部居特爾．布魯蒙特（Günther Blementritt）戰後以惋惜的口吻所說的：「假如計劃好了的話，我們也許只需要用在敦刻爾克的強大武力就能橫渡海峽直搗英格蘭。」反過來，用哈爾德的話來說，（對英國的）入侵「是從此以後讓希特勒忌諱的念頭」。㊶

假使德軍所向披靡的十三個陸軍師當初越過英國南部海灘的一條寬闊戰線而強行登陸，他們也許會迎面遇到從低空飛行的飛機上投下的一四九五噸第一次世界大戰時儲備的芥子氣炸彈，這倒是真的。但他們為此做好了準備並進行了訓練，那也是可能的事情。㊷假如他們精心計劃地渡過二十三英里寬的英吉利海峽，那麼像雷－希澤皇家海峽軍事設施之類的任何人造或天然的障礙是否能長期阻擋他們向北前進，著實令人懷疑。根據陸軍元帥格爾德．馮．魯因斯特德（Gerd von Runstedt）在一九四〇年九月十四日發佈的「英國本土早期戰鬥的預測」，「第一次突擊的早期階段，包括規模小但裝備完善的裝甲部隊」。㊸如果皇家空軍沒有在臨戰前才投入使用的雷達優勢，如果德國空軍密碼沒有被破譯。或者，如果空降部隊指揮官庫爾特．斯圖德因特將軍（Kurt

Student）花些工夫使道登（Hugh Dowding）的核心力量保持中立的話，空軍對制空權的爭奪也同樣可能產生完全不同的結果。

事實上，阿蘭．布魯克將軍（Alan Brooke）直至七月二十日才替換艾洛因西德（Ironside, William Edmund）成為「本土防衛部隊」的最高指揮官。他立即部署了駛近海岸的極少數坦克。不過，如果敵人是在五月底就發動攻擊的話，將會發現英國的大部分武器都集中在一條深入島內的暫時防線上，因此，德軍要在南部海岸建立橋頭堡是相當容易的。儘管德軍將領們戰後如同馮．魯因斯特德在一九四五年對逮捕他的人所說的那樣，聲明「海獅計劃」只不過是「一場遊戲，因為顯然沒有入侵的可能」，但就德國本身而言，還是希望按原訂計劃在早期階段抵達肯特海灘。[44]德國人固然神機妙算，預計九月中旬在灘頭陣地會遭遇激烈的抵抗，但他們如果在五月發動進攻的話，可能會驚喜無比。正如研究英國國防問題的官方歷史學家柯利爾（Basil Collier）所指出的：「從謝培到瑞埃的重要地段由第一倫敦師防衛，它裝備了二十三門野戰炮和大約其配額六分之一的反坦克步槍，沒有反坦克炮，沒有武裝的小車，沒有軍車。」[45]即使是那些設防較好的地段，例如在炮兵陣地部署了六英寸口徑大炮的休佈雷勒斯，也完全可能像「馬其諾」防線那樣輕而易舉地繞過去。

德國空軍與海軍是否能使皇家海軍無所作為，從而贏得橫渡海峽運送第一批士兵所必須的關鍵的十二小時呢？假如為此而冒險的話，德國人可能因此不得不拿他們全部的海軍力量來孤注一擲。再說，這還要在極其短暫的半天內將足夠的入侵部隊渡過（海峽）。此外，還有一些考慮是不能忽略的，參加「發電機」計劃的五十艘驅逐艦中的九艘已被擊沉，二十三艘受傷。一九四〇年六月，皇家海軍僅有六十八艘具有戰鬥力的驅逐艦，而在一九一九年則是完整的四三三艘。八七四年來（指從一〇六六年諾曼底入侵至一九四〇年正好八七四年——譯者注）將見到對英倫三島的第一次成功的入侵將如何實現，這當然並非沒有可能。

合作的反事實

佔領英國將意味著什麼？邁克爾·伯雷在下一章分別敘述了德國在西歐獲勝的可怕涵義。西歐各國的經歷有明顯的不同，但更適合英國的例子。在法國、低地國家和其它被佔領的西歐地區，種族歧視政策並沒有像在東部的那樣突出，除了猶太人，其餘的人不論國籍，統統都被送往集中營。然而，在西歐進行搜刮的例子更多的是加在經濟上的而非種族上的。尤其是法國，全然是作為對德國戰爭賣力的乳牛而被使喚，因為成千上萬的法國戰俘被扣押在德國作為苦力人質，提供勞動力，並確保維琪政府的良好表現。

最近有一種說法變得流行起來，那就是認為英國民眾對入侵和被佔領的反應與法國、捷克或盧森堡不會有什麼不同。這自然是一個觸及英國民族自我意識的核心問題。《保護神》雜誌記者馬德萊恩·邦亭（Madeleine Bunting）在一九九五年出版的關於戰時海島的一本書中論述道：因為「島上人民的妥協，合作與仁慈，這也正是被佔領的歐洲人民所普遍具有的」，由此而產生的問題是他們的經歷將「直接挑戰那種認為第二次世界大戰證明（英國人）天生就與其他歐洲人不同的觀念」。她認為這個島國在一九四〇年至一九四五年的所作所為，削弱了「英國與大陸歐洲國家相比有其獨特性的神話」的堅定信心。根據她的研究，「對戰爭所做的狹隘的和民族主義的理解」需要改變為「在那些動盪歲月中對歐洲共同歷史的理解」。㊻劇作家瓊．莫爾狄梅（John Mortimer）在評述她的書時把這個海島寫成是「考驗處於強壓之下的英國氣質與美德的理想場所」。她得出的結論是「英國在接受考驗時，其表現與很多歐洲人相比，既不更好也不更壞」。㊼記者安妮．阿普爾鮑姆（Anne Applebaum）甚至在保守黨的雜誌《觀察家》上寫道：「在納粹德國佔領這件事上，英國人的表現與其他戰敗民族相比，其實是半斤八兩。」㊽還有的作家設想了這樣的一個英國：「在英國人與德國武裝人員之間逐漸演化出某種關係——醫院裡的不少小孩接受帶著陌生口音的聖誕老人送來的禮物。」㊾另一位歷史學家相信「許多文雅的英國人可能會協助德國人平息敵對情緒，這正好帶來了某種和平」。㊿

所有這些評論都沒有注意到在英國周圍海島上的情形和英國大陸上的情形之間存在著巨大的差異。首先，戰時內閣命令周圍海島上的居民不要反擊侵略者，因為他們的戰略地位很不重要；相反的，邱吉爾卻於六月四日高聲呼籲人們要在整個英國範圍的「海灘上展開搏鬥」。邱吉爾也說過，斯特．赫利爾島的大小和倫敦差不多，幾乎連一支德國軍隊也容納不了。第二，這些島上人口的三分之一已經疏散，其中包括所有作戰年齡內有行動能力的人（他們當中的一〇，〇〇〇人在戰爭中表現出色），只留下六萬人讓三萬七千人以上的德國人來防衛。按這個比例，如果換成英國大陸上的人，將需要駐紮三千萬納粹德國的軍隊！第三，儘管海島上的建築都帶有薩里郡的特徵，但海島居民並不都是布里吞人。圭爾因塞人依然把吉爾塞人稱作「臭狗屎」。一九三九年，諾曼法語依然是海島上流行的本地方言。⑤1以海島只佔大陸人口的百分之零點一這個比例來看，從統計學的角度來看無論如何也是極微不足道的，因此它在任何意義上都不能代表聯合王國的其它地區。從地理特徵與社會組織上看，這些海島也不可能實行有效的抵抗。平坦的地勢，稠密的人口，大戰中每平方英里中的日爾曼人所佔的比例比德國本土還要高，又沒有組織抵抗的政治黨派、工會，也沒有形成明顯的核心，沒有任何跡象可以表明這些海島上的居民會像倫敦東區、威爾斯南部的礦山、東北的工廠或格拉斯哥的貧民那樣對納粹軍隊的到來做出可能的反應。甚至連邦亭也認識到：「島國沒有反對權威的傳統，他們是天生的等級制度和順從國教的社會。」⑤2

事實上，有證據表明，假如德國人在英國登陸，儘管他們憑藉武器裝備和野戰技術的絕對優勢可以贏得零星據點軍事交戰的勝利，然而他們隨後必將面對一個全副武裝（雖然只有暫時的替代戰備）且懷有深仇大恨和發自內心敵意的國家。為征服一個國家，德國步兵不得不去佔領一個個的村鎮和城市。軍隊被限制在它的坦克和兵營裡，這樣的勝利完全沒有必要。據我們所知，一九四〇年五月在英國所發生的事情十分清楚地表明，入侵的德國人不管多麼殘暴，都將面臨一個巨大而艱苦的任務。

五月十四日，陸軍大臣安東尼．艾登在無線電台上宣佈徵召「大批——年齡在十七到二十五歲之間的人們，現在就來，並提供他們的服務」作為國民軍的志願者。他的話還沒有說完，全國所有的警察局前已經擠滿了前來應徵的人群。第二天早上，一支大規模卻秩序井然的長長隊伍已經形成。在二十四小時之內，有二十五萬英國人參加了志願軍。到五月底，陸軍部本來預計只有十五萬新兵，卻不得不應付四十萬人，這個數字還有越來越多的跡象。到六月底，不少於一百四十五萬六千的人志願去打擊假想中的侵略者。⑬其中三分之一以上是參加過第一次世界大戰的老兵。

誠然，他們的武器裝備太可憐了。還沒有等到上級政府的指示，國民軍志願者組織就馬上開始巡邏，用農具、獵鎗和自製兵器把自己武裝起來，因為六個人當中只有一個人可以領到一支步槍。然而，正是在一九四〇年的這個時刻，諾伊爾・柯瓦德（Noël Coward）寫下了一首國民軍的詠歎詩：

您能否恩准我們一支勃倫槍？
要麼一顆手榴彈也無妨。
如此境地，心中悲傷，
我們必須得到彈藥和刀槍。
您看休斯少校，
老式火繩槍在手，
那是他在滑鐵盧時的老伙伴。

長柄叉、大鐵鏟，還有神甫來壯行，真是勇氣高漲，
足以守護飛機場，
如果不恩准我們一支勃倫槍，
國民衛士不如回馬保家鄉！⑭

但是，就像是在西班牙內戰和華沙起義中所表現出來的那樣，一支失控的民眾武裝可以變成一支很難對付的游擊隊起義力量。六月份，情報部在威特島上張貼的一張佈告中清楚地表明政府鼓勵進行各種形式的反抗：「這個島上的人民將眾志成城地反抗外來侵略者，每個公民將千方百計地阻撓和打擊敵人並把幫助我們的軍隊視為他的職責。」與此同時散發的題為「趕快行動」的傳單甚至要求「公民們不得單獨採取軍事行動」，不得不設法去緩和那種過分的熱心。⑮

設防地區的反擊也許是最有效的。最近，一位「修正派」歷史學家在《戰時倫敦》一書中描寫了「人們作為一個整體，如何以尊嚴、信心、果斷和驚人的良好幽默感，頂住了空襲」。⑯從事大眾觀察運動的湯姆・哈里遜（Tom Harrison）幾乎一直在大轟炸的戰時神話中出生入死，他依然相信在「空襲區」有「這麼多英國人取得了最後成功，令人無比滿意。也許為此而樹立起一座萬古永存的紀念碑亦不過分。他們從不讓士兵們或領導者失望」。⑰沒有任何理由可以認為他們對入侵與被佔領的反應同對夜間轟炸的反應會有任何不同。確實，他們身上所體現出來的活力，似乎比夜間轟炸的反應更強烈。倫敦空襲直到一九四〇年九月才開始，所以民眾的士氣可能遠遠

高於一九四五年五月的德國，當時的德國在盟軍四年的轟炸和一年的毀滅性空襲之後，抵抗能力遭到徹底崩潰。

儘管邱吉爾在唐寧街，或在草廊和騎兵衛士禁地一角的白廳避難所裡談到過死亡，但他自己最有可能遇見死神的地方是在更為無聊的里斯敦。那是一個位於倫敦北部高地的小牧場，偽裝得看起來像是巨石公園的一部分。裡面有一個地下城市，容納了戰時內閣的二百名政府辦公人員。邱吉爾是在廣播室裡號召首都人民重整旗鼓，進行抵抗。這個處所於一九九五年向新聞界開放，當時的一家報紙寫道，「通過小牧場可以看到邱吉爾進行的最後抵抗。一旦德國坦克攻至道里斯山路，徹底摧毀了都市高爾夫球場的草地防線，大英帝國的滅亡也許會發生於此」。㊽邱吉爾戰後寫道：「這場大屠殺對雙方都將是殘忍的、大規模的——我特意運用這句成語『在劫難逃啊！』」。

當然，海島的狀況並不能為解釋德國佔領下的英國將如何表現提供可能的依據。在某種程度上，與法國相比，英國應當獲得更多的稱讚。有人指出維琪政府的法國將在英國重現。他們顯然是大錯特錯了，因為他們並沒有看到一九四〇年的英國與法蘭西之間的國家形態有巨大的差別。法國第三共和遠不像英國國王和伊麗莎白那樣有凝聚力。從一九二四年到一九四〇年，法國有三十五屆內閣走馬燈似地更迭，而英國僅經歷了五屆政府。一九三四年二月六日，倫敦最為津津樂道的政治問題是駕駛考試制度的採用，而在巴黎卻發生了協和廣場周圍的街頭巷戰，有十五人斃命、二千多人受傷。法國社會和政治走向極端。在一九三六年的選舉中，左翼民眾陣線得到了百分之三十七點三的選票，新法西斯黨得到百分之三十五點九的選票，而此時英國的共產主義和法西斯主義則逐漸失去了地位。法蘭西行動會的查里・莫拉斯說萊昂・布魯姆（Léon Blum）這位猶太人部長「必須槍斃，但要從背後開槍」。⑲而在英國政界，根本不會有對萊斯利・霍爾・貝利沙（Leslie Hore Belisha）說那樣的話。腐敗叢生，黨派積怨、政治煽動、反議會聯盟、反猶太主義以及普遍存在的對制度本身的敵視，是三〇年代法國的政治特徵，以一種在英國根本不可能存在的方式出現。在法國，德雷弗斯事件長達半個世紀之久的分歧還沒有癒合，因此，一個反納粹的整體國家的努力是不可能的。一九四〇年七月九日，安德烈・紀德（André Gide）在他的日記中寫道：「如果德國的統治會帶來富有，那麼十分之九的法國人會接受，十分之三或十分之四的人將發出微笑。」⑳

此時，哈羅德・尼可森給他的妻子寫了一封信，說他將攜帶一枚自殺的藥丸（藏在一根粗針中）去西新赫斯特，而不願生活在納粹德國的屈辱之下：「我一點也不懼怕突然降臨而光榮的死亡。」㉑儘管三〇年代中期和平主義盛行，但隨著大戰爆發以來，強大的政治力量幾乎消失了。這一點可由芬尼戰爭期間舉行的那次多數人缺席的會議及工黨內部幾乎不存在法西斯意識的事實中得到證明。英國的和平主義在任何情況下都被置於宗教和道德的原則之下，而在法國，拒絕服役則經常帶有無政府主義和非道德的涵義：「（要我們）為但澤而犧牲嗎？」，這是一九三九年夏季巴黎的報紙上常出現的頭版標題。羅傑・馬丁（Roger Martin du Gard）在一九三六年九月寫道：「無論什麼東西也比戰爭強！無論什麼！——甚至是法國的法西斯：沒有什麼事情，沒有什麼審判，沒有什麼奴役可以同戰爭相比：真的，無論什麼，甚至連希特勒也比戰爭要好。」但是，從來就沒有一個英國評論家會這樣說。[62]在政治腐敗方面，英國沒有什麼人可以同斯達維斯基（Stavisky）、哈拿（Hanau）、歐斯特利（Oustria）或埃諾斯巴梯爾（Aérospatiale）的醜聞相匹敵。[63]法國於一八七〇年和一九一四年兩次被普魯士入侵，在第一次世界大戰中遭受了比英國更慘重的傷亡，以至法國的房地產廣告也要說明他們的房產是如何「遠離入侵的路線」。

忠誠的核心以及國家合法性的根本保證是英國王室。也許是迫於軍事環境的壓力，英國王室不得不離開本土。正如英國廣播公司的電台大樓一旦倒塌，在烏斯特夏備有伍德·諾頓大廈作為它的避難所一樣，英國王室也指定了四處移宮。如果溫莎堡不能居住，首先考慮是把靠近沃斯特的波切普公爵的馬德雷斯城堡用作避難所。[64]從那裡可以前往利物浦，然後再取道前往加拿大，繼續堅持帝國的抵抗。王冠早在一九三九年已藏於報紙中帶至溫莎堡，有可能會作為國王喬治六世合法繼承王位的象徵而在奧塔瓦重現。然而，還有一段鮮為人知的插曲：引起人們懷疑的是，究竟是把奧塔瓦的政府大樓、還是把百慕達作為王室最後可能的避難所。一九四〇年五月二十五日，羅斯福總統（Franklin D. Roosevelt）從國務卿科德爾·赫爾（Cordell Hull）那裡得知英國國王和王后抵達加拿大：

> 這將對美國產生不利的影響。他們一致認為，這會被政府中的政治對手們用來指責總統企圖在北美大陸建立君主制。他們建議國王應把避難所設在百慕達，從而避免招惹美國共和

黨。[65]

羅斯福對此非常關注，以致向英國駐華盛頓大使羅塞安勳爵提起此事。儘管這足以引起邱吉爾當時的強烈不快，但美國對英國的真正解放所給予的支持遠不止於此，在這個事件中，只要美國政府堅持的話，王室也許會移往百慕達、德里、坎培拉、或奧克蘭。值得注意的是，美國在英格蘭銀行中的黃金和證券也轉移到了加拿大。在這件事情上，美國倒沒有那麼保守。這些財富是六月二十四日開始用英王陛下的專艦《綠寶石號》駛離格林諾克。在此後的三個月裡，英國把全部財富都隱 藏到了一個地窖裡。這個地窖面積達六十平方英尺，高十一英尺，共三層，位於加拿大太陽生命保險公司蒙特婁辦公大樓之下，由二十四名加拿大騎警守護。[66]

英國大都市中的不列顛抵抗運動是由陸軍上校科林．古賓斯（Colin Gubbins）充當先鋒，他是特別行動執行官的後繼者。古賓斯是戰爭中一名未受到表彰的英雄之一，是他組織領導了一九四〇年五月的「輔助組織」。英國的吉恩．摩林（Jean Moulin）領導的留守組織希望成為全國抵抗運動的核心。他們以科雷斯西爾．赫斯為根據地，緊靠海瓦茲與斯文頓，有三五二四名男女成員接受了爆破、伏擊、游擊戰術和短波通訊的訓練。他們巧妙地隱蔽到樹林、地洞和近乎廢棄的獾穴中，夜晚神出鬼沒地三五成群地巡邏，在敵後騷擾敵人，什麼都做。[67]從歐洲其它佔領區的記錄來看，輔助組織以及上百萬未經過訓練的支持者們可能遭受了慘重的損失。針對人質的野蠻報復常常發生。敦刻爾克陷落之後，希特勒可能已有二十五萬人質在大陸的戰俘營裡。地方要人，例如市長、縣鎮議員、鄉紳和扶輪社的主席等等，必須在群眾面前保證引導他們順從，如果有一名德國士兵被殺，就要槍斃十人輔助組織的成員。正如邱吉爾所說的：「他們可能會使用恐怖手段，而我們也會做好應付一切的準備。」(68)

毫無疑問，用這種報復行動進行威脅會改變一些人的看法，懷疑繼續抵抗是否明智。當薩里郡的莎姆雷．格林等村莊遭到像捷克的里底斯或法國的奧萊多—蘇爾—格蘭恩同樣的命運時，這一點會變得更加清楚。威爾．斯賓斯爵士（Sir Will Spens）這位東部地區內務部的地方委員和劍橋大學的前副校長認為，只要德國獲勝，他的第一個職責將是去安撫民眾。他警告古賓斯的參謀長彼得．威爾金遜說，他將「捉拿發現在他的地盤上進行活動的任何〔輔助組織的〕成員」。(69)

德國集團軍司令陸軍元帥馮．布勞希奇被指定為英國的管理者。他在一九四〇年九月九日簽署了「關於在英國軍管政府的組織和職能的命令」，在佔領英國後的二十四小時之內必須收繳所有的武器和電台，必須抓獲人質以確保順從，公告頒布之日起必須立即執行。其中最厲害的一招是將「年齡在十七歲至四十五歲的有行為能力的男子，除非地方情況要求例外分配，將在最少的滯留時間內予以拘留，遣送至大陸」。(70)阿爾伯特．斯佩爾（Albert Speer）將因此而獲得大量的額外勞動力，以用於他的建築計劃。（德國）國防經濟指揮部的辦公室也將搶奪這個國家的原料和戰略設施。凡罷工者、遊行者和任何持有武器者將集中交戰爭法庭審判。只要戰爭仍在繼續，這就意味著饑餓和困苦。不過，法國的經驗也表明，情況變得越糟糕，對抵抗運動的支持就會越強大。

對於英國的四十三萬猶太人來說，更糟糕的命運還在後頭，即「遷居東方」，難逃此劫，也就是說，把他們轉移到波蘭的集中營。考慮到克里特或法國南部的猶太人運到奧斯維辛所強迫接受的漫漫長途已將希姆萊（Heinrich Himmler）折騰夠了，他不太可能在英國大陸建立毒氣室。邦亭設想英國的民眾和警察可能會在圍捕猶太人的事務上與德國合作，或者至少會把守門道。⑪不過，此種看法忽略了這樣一個事實：真正的英國人並沒有像眾多法國人那樣因戰爭或其它社會麻煩而怪罪於猶太人，英國法西斯聯盟的規模很小（它在一九三七年後期僅有四十名專職黨員，從來沒有贏得過一個議會席位）本就可以表明英國的反猶太主義遠不像法國那樣盛行。具有啟發意義的是，儘管德國軍事智囊的安全分部及特別小組絞盡腦汁想找出一個第五縱隊，在某些情況下甚至想變戲法似的製造出一個第五縱隊來，但戰時英國根本不存在納粹的第五縱隊。⑫英國人保護猶太人的事例肯定超過了告發猶太人的事例，例如倫敦東區激憤的人民起來反抗摩斯雷手下那些嗜殺成性的惡棍。猶太人在反納粹的民族抵抗運動中表現得最為堅決，並且因此而受到讚揚，與英倫三島之戰中自由波蘭和自由捷克的作為很不相同。

一九四〇年八月一日，戈林命令帝國中央安全局的雷因哈德．海德里希（Reinhard Heydrich）「與軍事入侵同時開始行動，目的是有效地抓獲和打擊英國大批敵視德國的重要組織和社團」，其中包括工會，互助會，公立學校，英國國教會，甚至童子軍運動組織。為協調肅清德國之敵的行動，分別在倫敦，布里斯托，伯明翰，利物浦，曼徹斯特和愛丁堡（如果第四座橋被炸毀了的話便在格拉斯哥）成立六個軍管區。海德里希任命黨衛隊上校弗朗茲—阿爾弗雷德．西克斯博士（Franz-

Alfred Six）擔任黨衛隊和高級警察局的頭子，負責監督行動。他是柏林大學經濟系的前系主任。但人算不如天算，西克斯是在斯莫稜斯克而不是在倫敦就完蛋了，他在那裡屠殺了大批蘇聯的政委，以此罪行使得他後來被判處二十年監禁。[73]為了幫助西克斯識別出將被送去「保護性監禁」的個人和組織，帝國中央安全部為他開出了一份共有二，八二〇個人的姓名與地址的名單。這種特殊的搜查名單在英國叫「特別搜查名冊」或「黑名單」，是在匆忙之中制訂的，例如這份名單中的佛洛伊德已經在一九三九年九月去世，利頓・史特拉切（Lytton Strachey）也早已死於一九三二年。雖然如此，這表明了納粹所認為的那些潛在敵人不只限於政治人物，在文化和文學界中也有。除了邱吉爾、艾登、馬塞尼克（Masaryk）、伯利茲（Beneš）和戴高樂（de Gaulle）等顯著的政治人物外，以下這些名字也列入了黑名單：威爾斯（H. G. Wells）、維吉利亞・吳爾芙（Virginia Woolf）、阿爾都斯・赫胥黎（Aldous Huxley，他從一九三六年起開始在美國定居），普雷斯特利（J. B. Prestley），斯諾（C. P. Snow）和史蒂芬・斯賓德（Stephen Spender），還有流亡的藝術史家弗里茨・薩克斯爾（Fritz Saxl）和左翼出版家維克多・戈朗茨（Victor Gollancz）。[74]當維斯特（Rebecca West）發現她和諾伊爾・柯瓦德名字也上了黑名單時，便打了一個電報給他：「天啦，這些人將同我們一道赴死！」期望「邱吉爾，溫斯頓・斯賓塞，英國首相」會在「肯特郡西漢姆的查德維爾莊園」耐心地等待著被捕，也許真是天方夜譚，但是這個黑名單徹底暴露了納粹妄想清除英國政治生活的上層精華。耐人尋味的是，那些鼓吹與德國和平相處的人並沒有列入這個黑名單，其中包括一些顯赫的人物，如蕭伯納（他於一九三九年十月七日在《新政治家》裡寫道：「我們該做的事就是和他達成和平」）和勞合・喬治（他在一九三六年宣稱「他真是一個偉大的人。元首這個名稱正適合於他，因為他是一個天生的領袖，是的，他是個——政治家」）。⑮

以薩・柏林爵士把這個試圖用來確定誰會真正與德國合作的遊戲稱作「英國人能夠玩出來的最邪惡的事情」。⑯在普通民眾的眼中，雖然這個國家可以讓那些狂熱的法西斯黨徒、被忽略的公僕以及野心份子來管理，但是，若要建立一個政治上合法的賣國政府，那些賣身投靠的文官和心懷叵測的反叛分子，以及全國知名的大人物仍然是必要的。據我們所知，最適合達到此項目的的人應是溫莎公爵。一九三九年他就私下地反對宣戰，他曾在一九四〇年十二月斥責美國記者說，英國應當與希特勒談判，否則地話，就無法防止布爾什維克取得必然的勝利。最近，有關公爵在一九四〇年夏天的言談舉止的危言聳聽的報導，誇大其辭的給了人們一個他串通納粹的印象。所有研究那段時間的嚴肅的歷史學家都一致認為，儘管他的虛榮與無知，他並沒有做出叛國的行為。⑰但是，假使英國陷落，他會做出什麼事來，就完全是另一個問題了。如果里賓特洛甫於五月底向住在法國南部的溫莎公爵，或更準確地說，也許是向充當馬克白夫人（Lady Macbeth）角色的公爵夫人諂媚地呈獻上一份禮品，即給其機會返回英國登上空缺的王位以撫平國家的傷痛，他們也許會毫不猶豫地接受。公爵可以為自己的決定辯護，把這說成是要維護大英帝國，並和德國一道共同作為一個可能的世界強國而發揮作用，而希特勒也一再宣稱他對大英帝國毫不反感。當然，恢復公爵的王朝必須以否定四年前的遜位宣言為基礎。戈培爾開動了他全部的宣傳機器，或許要靠擔任英國廣播公司總裁的威廉・賈伊斯來操縱，其直接目標是改變英國人對退位一事的看法。我們現在大略知道可能採納的基本綱領，因為賈伊斯在一九四〇年九月出版了他的政治遺囑《英國的黎明》，他在那本書中寫道：

> 看到這個神聖的憲政制度和人民代表制的所有原則如何在鮑德溫和坎特伯雷大主教這兩個頑固的策劃者的教唆下，只用了幾個小時的時間就土崩瓦解了，這是耐人尋味的。愛德華在一個周末被粗野的推下了王位。毫無疑問，在確定誰來當國王或總統的事情上，人人都有更多的受到諮詢的權利。然而，在解除他的王位之前，卻沒有人去問問英國人民。⑱

這樣一來，愛德華八世的重新登基將象徵著民主的創舉。

毫無疑問，通過對英國戰敗而產生的困惑，士氣的消沉和絕望，一些通敵分子將會帶著廣泛的（哪怕是偽裝的）愛國動機而產生出來。在阿倫·馬西（Allan Massi）的小說《皇室之迷》中，這位作者描述了一旦德國的勝利已成事實，某些維琪式的領導人至少在開始的時候會以保護戰敗人民的願望作為他的主要動機。⑲英國會出現這樣的爭論：「國王的統治必須繼續實行下去。」早在一六八八年，甚至在玫瑰戰爭中就有這種先例。這無疑會讓人們認為這種新制度是合法的。充當英國的貝當（Pétain）這個角色的候選人通常包括勞合·喬治、奧斯瓦爾德·莫斯雷爵士、塞繆爾·霍爾爵士，以及哈利法克斯勳爵。他們當中除了後者，沒有一個人上了帝國中央安全局的「黑名單」。勞合·喬治和貝當一樣曾經是第一次世界大戰中的英雄；他也是英國的前任首相。

希特勒相信能很好地與他合作。一九四二年一月，他告訴馬丁·鮑爾曼說：「如果勞合·喬治掌握了必要的權力，他肯定會成為德英諒解的建築師。」⑳德國人知道他對戰爭持懷疑態度，因而無疑地把他當作他們的第一人選。勞合·喬治在戰爭爆發時曾對哈羅德·尼可爾遜說過：「如果形勢對我們不利，那麼，我們當然應當不失時機地爭取議和。」㉑一九三九年十月三日，他在下院重申了這個觀點。到一九四〇年八月，比弗布魯克認為「民眾已經分裂成兩個陣營；一些人認為應當由溫斯頓來帶領他們，但另外一些人則認為希特勒會帶領他們前行」。㉒勞合·喬治本人在一九四〇年十月對秘書說：「我將要一直等到溫斯頓的破產」，這可能是要說服他自己，為了消除德國的直接統治而產生的最壞結果，他的職任是重新掌權。㉓

相反，對莫斯雷來說，即使他準備為德國人服務，但是否會被選中來統治英國也是值得懷疑的（只要考慮到他在一九四〇年五月九日曾下令戰鬥到「直至把外國佬趕出我們的領土」，這也是不太可能的）。㉔英國法西斯聯盟在和平時期惡劣的政治表現說明黑衫黨組成的任何內閣都是名副其實的傀儡政府，正如在法國那樣，德國人所需要的首先是合法性，哪怕是偽造的合法性。莫斯雷一直崇拜的是墨索里尼，而不是希特勒。因此，隨著戰爭的爆發，他對德國的價值並不高。一九四〇年十二月，諾曼·伯克特（Norman Birkett）在仔細審查過莫斯雷以後承認，他可以完全排除把莫斯雷當作叛國者的任何說法。這種說法認為，假如他們（德國人）登陸，他將拿起武器同德國人站在一邊戰鬥。㉕無論如何，莫斯雷本人在一九四〇年五月被逮捕，並有可能在德國人到達前就在比利克斯頓的監獄中被吊死了。他戰前的行為是如此不得人心，從而導致他的被捕，報刊也不斷對他進行口誅筆伐。

極度虛榮自負的塞繆爾・霍爾爵士過去是個主要的綏靖分子，到五月底擔任英國駐馬德里大使時，他也成了希特勒希望用來取代邱吉爾擔任首相的人選。⑧他也許會受到某種方式的吹捧。外交次長巴特勒也是一位政治家，他更加關注的是現實政治，而非情感。六月十七日，他對瑞典大使拜奧恩・普利茨（Byom Prytz）說，他的「正式立場到目前為止是主張戰爭應該繼續下去，但如果能夠達成合理的條件，又沒有強硬派的阻礙，那麼他也肯定英國不應錯過任何妥協的機會」。⑧巴特勒是位妥協大師，他把政治看著是一門「可能的藝術」，對邱吉爾之類拘泥於信仰的政治家表示懷疑。他接著對普利茨說，在同德國打交道的時候，必須用「常識而不是虛假的勇氣」去指導政府的行動。當有人問道維琪的英國是什麼樣子的時候，他的朋友與同僚埃諾奇・包威爾（Enoch Powell）說，充其量不過是讓「強盜來當統治者」。⑧巴特勒和張伯倫一樣熱衷於綏靖政策，也許會覺得與征服者一道建立一套可行的做法，以盡量緩解英國人民的苦難，是他應盡的愛國主義職責。

在另一方面，邱吉爾有可能選中哈利法克斯陪同（他最瞭解的）國王和王后前往加拿大去組織宗主國以外的持續抵抗。哈利法克斯是殖民地部的前任副大臣，擔任過印度總督，從一九三八年以來一直擔任外交大臣，對大英帝國有充分的瞭解，與殖民地的政治家私交甚篤，如果建立了自由英國政府，將要同這些政治家合作。如果他聽從了勸告而離開心愛的約克郡，很有可能會成為流亡政府的首相。如果沒有邱吉爾的話，他將會憑藉政治界的廣泛支持重新獲得他於五月上旬讓給邱吉爾的首相職位。除他以外，唯一潛在的領導人尼維爾．張伯倫已身患癌症，處於垂死狀態，到十月份時已失去了行為能力，並於十一月份去世。

如果德國在英國實行了與在法國同樣的政策，佔領它的首都以及工業發達和人口稠密的地區，英國的維琪政府如果要選擇一個有鄉村溫泉的市鎮作為傀儡政府的首都，這個市鎮也許就是哈羅格特。那裡有許多維多利亞時代的宏麗賓館，諸如大石碑旅館、皇冠旅館、帝豪旅館、老天鵝旅館、富麗華旅館和帝國旅館等等，也許可以用作為農業部、衛生部、運輸部和內務部等政府部門的所在地。外交和國防政策則可能會由在倫敦的布勞希奇操縱，或由希特勒任命的「將軍總督」或帝國的護國長官來掌管。法蘭西共和國最終是消失在一家改作它用的電影院裡。與此相較而言，英國的殘缺議會畢竟還擁有巴斯的王家聚會廳。

無論是在英國的「維琪政府」裡還是在流亡加拿大的英國政府裡，英國的政治家們都必須優先考慮大英帝國的地位。雖然希特勒在一九三七年為此提供過「保證」，在一九三九年十月六日提倡和約的演說中也主動地加以重申，然而，由真正的英國所控制的帝國不太可能維持長久。希特勒打敗蘇聯以後會把注意力轉向美國，英國在加勒比海的基地將成為德國海軍極有價值的橋頭堡。大英帝國將和法國一樣，很有可能成為兩個英國政府之間發生衝突的場所。如果哈羅格特的（維琪式的）政府和渥太華的自由英國政府都聲稱對印度和其他英屬領地擁有管轄權，那就不可避免地要產生衝突，就像法國的維琪政府與自由法國之間於一九四〇年至一九四二年在非洲發生的衝突一樣。用英國人來打英國人，將成為納粹德國所取得的最終勝利。

不難預想，戈培爾會向英國人民提供有關他們的災難的解釋。他會慫恿他們把失敗歸咎於猶太人、社會主義者和憂柔寡斷的民主派「老」政客、邱吉爾式的戰爭狂、生產軍火的美國資本主義、外國的金融資本家等等。他也會論證英國的王室和哈利法克斯採取了一條貪生怕死的逃跑路線。（人們似乎可以聽到賈伊斯對他們的「膽怯」嗤之以鼻）。但是，一個新的希望也會隨之出現，正如賈斯在他的書中所寫的：「英國的失敗也將是她的勝利。」約瑟夫・張伯倫在世紀之交關於盎格魯—日爾曼聯盟的言論將死灰復燃，「成功的」談判將在勞合・喬治和希特勒之間進行。德國人與英國人將被描繪為天然的雅利安同盟，共同反對布爾什維克的斯拉夫人和資本主義的美國人。戈培爾選擇用來散佈其言論的媒體，除了無線電台外，還有其它在被佔領的歐洲地區也有的那種眾所周知的「騎牆」出版物。在德占波蘭，軍管政府在不同的城市中操縱著八家（完全相同的）日報和六種期刊，由戰前已定居波蘭的德國人供稿，還有一百二十個波蘭人為他們提供幫助。十多家在政治上中立的專業雜誌也得到了寬容，它們所涉及的內容包括助產學與家禽養殖之類各種各樣的主題。⑧⑨

如果德國開始遭到像他們於一九四三年在東線遭到的那種形勢的逆轉，英國的「騎牆」出版物也會巧妙地改變它們的論調，會把重點從吹捧德國軍事和文化的榮耀轉向鼓吹共同的「反對布爾什維克的泛歐大搏鬥」。維琪政府的宣傳家所強調的是歐洲的共同未來，可以用作一種推動力來恢復光榮與自尊。這種論調在英國將逐字逐句地一再重複。希特勒對馬丁・博爾曼（Martin Bormann）說：「英國不應當去維護歐洲的對立，相反，她應當全力去爭取歐洲的統一。與一個統一的歐洲聯合在一起，這樣她才有機會保留它在世界事務中扮演仲裁者角色的能力。」一九四二年，帝國經濟部長與帝國銀行總裁瓦爾特．馮克博士（Walther Funk）寫了名為《歐洲經濟社會》一書的第一章，在這一章裡，他倡議實行單一的歐洲貨幣。在其它章節裡，他勾畫出了納粹德國的共同農業政策、貨幣兌換比例機制、單一市場和歐洲中央銀行的宏偉藍圖。化學巨頭法本公司的安東．賴欣格爾（Anton Reithinger）也寫了題為〈新歐洲和它的共同面貌〉的一個章節。⑨⓪納粹德國的吹鼓手們不遺餘力的塑造新歐洲的遠景，原因是多方面的，一個原因是要讓英國的失敗變得更加垂涎，另一個原因是用作為赤裸裸的德意志帝國的一塊遮羞布，還有一個原因是為了用作煽動反斯拉夫和反美情緒的手段。

地區的獨立運動也將受到德國的鼓勵以此來削弱倫敦的影響。一九四〇年夏天，位於比利時境內的「卡勒多娜電台」開始廣播，目的就是為了激起威爾斯和蘇格蘭的民族主義分子起來舉行反對英格蘭壓迫者的起義。只要能夠削弱戰敗民族當中的不列顛民族認同感，任何東西都會得到戈培爾的支持，一九四一年時希特勒說：「我們對居住在俄國廣闊領土內的那些民族的政策必須是鼓勵他們各種方式的爭端和分裂。」對蘇聯採取的那一套做法肯定要應用到英國克爾特人居住的地區。然而，對於這種宣傳，蘇格蘭人並不接受。一個蘇格蘭高地人在敦刻爾克海濱對他的同伴所說的話無意中被人聽到：「如果英國也投降了，那將進入一場持久的戰爭！」⑨①但是，另一方面，即使有人相信愛爾蘭自由國家的獨立會被納粹德國承認，但只要聯合王國陷落，他仍然會感到震驚。

納粹希望用來削弱不列顛民族認同感的另一個手段是建築。建築作為新秩序的外觀引起了希特勒的極大興趣。如人們所熟知的，他花了很多時間來制訂一個龐大的計劃，準備在柏林和德國的其它城市進行重建，一旦戰爭取得勝利就可以付諸實施。作為這項政策的反面則是對德國所佔領城市的建築進行破壞。帝國中央安全部第三局在一份名為「英國規劃」的備忘錄中設計了一個具有羞辱象徵的建築。這份報告說，「納爾遜圓柱」象徵著英國海軍的強大實力和它對世界的統治，「如果把納爾遜圓柱移到柏林去，用這種方法可以讓世人對德國的勝利留下深刻的印象」。⑫戈林列出了一份很長的清單，準備劫掠英國的藝術珍品。而且很難懷疑那一點——如果英國沒有把國家陳列館的繪畫從儲藏它們的場所北威爾斯礦井裡安全地轉移至加拿大，戈林將會如同他在其他歐洲國家所犯下的罪行那樣把這個國家最偉大的藝術瑰寶搶劫一空。這一點是不容懷疑的。不過，順便說一句，納粹也曾打算把倫敦博物館收藏的埃爾金大理石雕塑品歸還給希臘。⑬

決不會投降嗎？

當然，在有關這個問題的幾乎所有的著作、電影和劇本，都理所當然地認為英國將最終獲得解放。這些著作都認為，要麼是因為德國在東線戰場的失敗，要麼是因為美國的原子彈，要麼是因為納粹德國的經濟過度擴張而崩潰，納粹德國統治下的英國最終將獲得了解放，但都是因為得到了新大陸的幫助。其實，這是整個設想中可能性最小的一部分。正如我們所知道的，美國僅僅是在希特勒已經向她宣戰之後才捲入了歐洲的戰事。認為美國是出於對特殊關係的深厚感情而參加歐洲的戰爭（何況這種特殊關係當時並不存在），完全是一廂情願的想法。再說，如果英國的皇家海軍已落入德國手中，或者說，更有可能是癱瘓了或被擊沉了，那麼，美國將要獨自面對德國、日本、法國維琪政府、可能還包括義大利的聯合艦隊。邱吉爾拒絕對羅斯福作出一旦德國對英國發動入侵便把英國的皇家海軍轉移到加拿大的承諾。㊴此外，正如我們所看到的，如果希特勒沒有把關鍵的那幾個星期的時間浪費在南斯拉夫和東南歐，他是完全有能力按照自己的時間表入侵俄國。而美國則不同，即使假定他把重點放在太平洋與日本進行爭奪的同時，也願意與納粹德國敵對，也不可能如英國向法國和荷蘭提供物質援助那樣，以同樣的規模援助英國的抵抗。大西洋的寬度是英倫海峽絕對無法相比的，從而決定了這一點（美國和英國在第二次世界大戰期間對蘇聯提供物資援助時，他們可以進入蘇聯手中的友好港口。而在被佔領的英國卻沒有這樣的港口）。值得注意的是，一九四〇年五月，後來製造原子彈的大批科學家當時都還住在英國，如果德國成功發動了對英國的入侵，他們可能會被德國俘虜。假如希特勒在一九四〇年代末取得了核武能力，這將在力量對比的天平上再加上一個可怕的新因素。

因此，古德里安在他的回憶錄中寫道，希特勒於五月二十四日發佈的停止前進的命令所帶來的結果「對整個戰爭的未來造成了最具有災難性的影響」，他很可能是對的。㊵一切都取決於納粹德國是否能有足夠的軍事能力靠武力打倒英國。如果要對這個問題作出精確的回答就必須牢記在那些生命攸關的月份裡充滿於這個國家的精神。正如作家馬格里·阿林厄姆（Margery Allingham）

在一九四一年所寫下的那段話：

> 我想，在〔一九四〇年〕五月和六月的那幾個星期裡，百分之九十九的英國人民發現了他們的靈魂，無論那個靈魂是什麼，它都是一個光榮的經歷，一個勝利者的經歷，如果你在自己的一生中對任何東西都沒有熱烈的信仰，但卻能發現與其麻木不仁地生活在納粹德國的鐵蹄之下，還不如一死，這時，你才有了值得為之而生存的東西。㊻

無論如何，古賓斯上校的參謀長彼得·威爾金遜在一九四〇年五月底向他的下屬軍官道格拉斯·多茲—帕克爾（Douglas Dadds- Parker）發出了以下命令。他這時也許更加現實了一點：

> 如果聯合王國被推翻，就在外圍保持警惕。開進南非、澳大利亞、加拿大。不斷前進，並且保持同聯合王國國內輔助軍隊的聯繫，請記住，希臘人從土耳其人手中獲得自由也只用了六百年的時間！㊼

① 此類虛構作品有：道格拉斯·布朗與克里斯托夫·西貝爾合寫的：《艾登的過失》（Douglas Brown and Christopher Serpell, *Loss of Eden*），倫敦，一九四〇年；默頓：《我，詹姆士·布倫特》（H. V. Morton, *I, James Blunt*），倫敦，一九四〇年；諾伊爾·柯瓦德寫的劇本《我們時代的和平》（Noël Coward, *Peace in Our Time*），一九四七年；佛勒斯特：《假如希特勒入侵英國》（C. S. Forester, *If Hitler Had Invaded England*），倫敦，一九七一年和列恩·戴頓：《黨衛隊與英國》（Len Deighton, *SS-GB*），倫敦，一九七八年。有關這類主題的電影還有《一向可好?》（*Went the Day Well?*），一九四三年及《在此發生》（*It Happened Here*），一九六〇年。

② 見安德魯·羅伯茲：《高貴的狐狸：哈利法克斯勳爵傳記》（Andrew Roberts, *'The Holy Fox': A Biography of Lord Halifax*），倫敦，一九九一年，第一〇三頁。

③ 保羅·施密特：《希特勒的譯員》（Paul Schmidt, *Hitler's Interpreter*），倫敦，一九五一年，第三二〇頁。

④ 羅伯特·羅德斯·詹姆斯：《邱吉爾：失敗的研究，一九〇〇～一九三九》（Robert Rhodes James, *Churchill: A Study in Failure, 1900～1939*），倫敦，一九七〇年。又參見羅伯特·布萊克和羅根·路易絲編：《邱吉爾》（Robert Blake and W. Roger Louis, eds., *Churchill*），牛津，一九九三年。

⑤ 馬丁·吉爾伯特：《真理的預言家：溫斯頓·邱吉爾在一九二二～一九三九》（Martin Gilbert, *Prophet of Truth: Winstin S. Churchill 1922～1933*），倫敦，一九九〇年，第五七三頁。

⑥ 同上，第四五六頁。

⑦ 羅伯茲：《高貴的狐狸》，第五四～七五頁。

⑧ 《星期日時報》（*Sunday Times*），一九九二年，七月五、十二、十九日。

⑨ 羅伯茲：《高貴的狐狸》，第一〇八頁。

⑩ 諾克斯和普利達姆編：《納粹主義，一九一九～一九四五》（J. Noakes and G. Pridham, eds., *Nazism 1919～1945*），第

三卷，「外交政策，戰爭和種族屠殺」，艾克西德，一九八八年，第七四一頁。

⑪《星期日時報》所提及的內容，見邁克爾·布洛克：《里賓特洛甫》（Michael Bloch, *Ribbentrop*），倫敦，一九九二年，第二三三～二六二頁。

⑫喬弗雷·斯托克斯：《希特勒和主宰世界的問題：二十世紀二〇年代的納粹思想與外交政策》（Geoffrey Stokes, *Hitler and the Quest for World Dominion: Nazi Ideology and Foreign Policy in the 1920s*），西班牙的利明頓/漢堡/紐約，一九八六年，第九三頁。

⑬諾克斯和普利達姆編：《納粹》，第三卷，第六六七頁。

⑭同上，第七四六頁。

⑮里查德·格里菲：《右翼的同路人：英國的納粹德國同情者一九三三～一九三八》（Richard Griffith, *Fellow Travellers of the Right: British Enthusiasts for Nazi Germany, 1933～1938*），倫敦，一九八三年。

⑯布洛克，《里賓特洛甫》，第九一～一三四頁。

⑰見安德魯·羅伯茲的〈溫莎堡和綏靖政策〉一文，載於《傑出的邱吉爾派》（*Eminent Churchillans*），倫敦，一九九四年，第五～五四頁。

⑱諾克斯和普利達姆編：《納粹》，第三卷，第七五八頁。

⑲巴伊爾克：《戈培爾博士的秘密會議，一九三九～一九四三年》（Willi A. Boelcke, *The Secret Conferences of Dr Goebbels, 1939～1943*），倫敦，第一～六二頁。

⑳諾克斯和普利達姆編：《納粹》，第三卷，第七七七頁。

㉑同上，第七八三頁。

㉒約翰·查姆利：《邱吉爾：光輝的終結——政治傳記》（John Charmley, *Churchill: The End of Glory: A Political Biography*），倫敦，一九九三年。

㉓同上，第四〇三頁，亦見羅伯茲：《高貴的狐狸》，第二一〇～二二八頁。

㉔《泰晤士報》（*Thi Times*），一九九三年一月二日。

㉕諾克斯和普利達姆編：《納粹》，第三卷，第六七四頁。

㉖同上，第六八三頁。

㉗同上，第六九二～六九六頁。

㉘同上，第七三八頁。

㉙約翰·吉根：《第二次世界大戰》（John Keegan, *The Second World War*），倫敦，一九八九年，第二一四頁。

㉚諾克斯和普利達姆編：《納粹》，第三卷，第七六〇頁。

㉛同上，第七九〇頁。

㉜吉爾伯特：《真理的預言家》，第一〇〇〇頁。

㉝海因茨·古德里安：《裝甲司令》（Heinz Guderian, *Panzer Leader*），倫敦，一九五二年，第一一七頁。

㉞見阿里斯泰·霍姆：《打輸一場戰鬥》（Alistair Horne, *To Lose a Battle*），倫敦，一九六九年，第六一一～六一六頁。

㉟諾曼·里奧：《希特勒的戰爭目標、意識形態，納粹國家和擴張道路》（Norman Rich, *Hiiler's War Aims: Ideology, the Nazi State and the Course of Expansion*），紐約/倫敦，一九七三年，第一五九頁。

㊱彼得·弗雷明：《一九四〇年的侵略》（Peter Fleming, *Invasion 1940*），倫敦，一九五七年，第三七頁；諾克斯和普利達姆編：《納粹》，第三卷，第七八三～七八六頁；羅拉德·威特雷：《海獅計劃：德國入侵英國的計劃，一九三九～一九四二年》（Ronald Wheatley, *Operation Sea Lion: German Plans for the Invasion of England, 1939～1942*），牛津，一九五八年。

㊲里赫，《戰爭目標》，第一六一頁；更充分的準備被延遲到一九四一年八月，這個計劃被有效地無限期延遲至來年五月。

㊳邁克爾·格洛威：《一九四〇年的侵略恐嚇》（Michael Glover, *Invasion Scare 1940*），倫敦，一九九〇年，第五〇

頁。

㊴ 作為已列舉著作的補充，如果開列一份較短的著作目錄必須包括以下這些著作：科利爾：《聯合王國的防禦》（Basil Collier, *The Defence of the United Kingdom*），倫敦，一九五七年；大衛・拉姆普：《最後一道海峽》（David Lampe, *The Last Ditch*），倫敦，一九六八年；諾曼・龍格馬特：《假如英國陷落》（Norman Longmate, *If Britain Had Fallen*），倫敦，一九七二年；安德里因・吉爾伯特：《被入侵的英國》（Adrian Gilbert, *Britain Invaded*），倫敦，一九九〇年；彼得・施因克：《對英國的入侵，一九四〇年》（Peter Schenk, *Invasion of England 1940*），倫敦，一九九〇年；肯尼茲・馬克塞：《入侵：德國對英國的入侵，一九四〇年》（Kenneth Macksey, *Invasion*：*The German Invasion of England 1940*），倫敦，一九八〇年；肯尼茲・馬克塞：《希特勒的選擇》（Kenneth Machsey，*The Hitler's Options*），倫敦，一九九五年。

㊵ 見《窗口》（*Loopholes*）（掩體研究會舉辦的雜誌），第I-VI期。

㊶ 弗雷明：《一九四〇的侵略》，第三五頁。

㊷ 同上，第二九三頁。

㊸ 格洛威：《一九四〇年的侵略恐嚇》，第一八〇頁；威廉・西瑞爾：《第三帝國的興衰》（William Shirer, *The Rise and Fall of the Third Reich*），倫敦，一九六四年，第九一二～九一三頁。

㊹ 施因克：《對英國的入侵，一九四〇》，第二六三～二七〇頁；西瑞爾：《第三帝國的興衰》，第九一二頁。

㊺ 科利爾：《聯合王國的防禦》，第四九四頁。

㊻ 馬德萊恩・邦亭：《佔領的模式：德國統治下的海島，一九四〇～一九四五年》（Madeleine Bunting, *The Model Occupation: The Channel Islands Under German Rule 1940～1945*），倫敦，一九九五年，第六頁。相反的觀點參見查爾斯・克瑞克沙恩克：《海島的德國統治》（Charles Cruikshank, *The German Occupation of the Channel Islands*），牛津，一九七五年。

㊼ 《星期日時報》，一九九五年一月二十九日。

48 《觀察者》（*Spectator*），一九九五年四月八日。

49 吉爾伯特：《英國被入侵》，第一〇〇頁。

50 拉姆普：《最後一道海峽》，第一五二頁。

51 弗雷明：《一九四〇的侵略》，第二六六頁。

52 邦亭：《佔領的模式》，第六頁。

53 馬肯濟，《國民軍》（S. P. Mackenzie, *The Home Guard*），倫敦，一九九五年，第三四頁。

54 諾伊爾．柯瓦德：《諾伊爾．柯瓦德的抒情詩》（Noël Coward, *The Lyrics of Noël Coward*），倫敦，一九六五年，第二七五頁。

55 拉姆普：《最後一道海峽》，第六〇頁。

56 菲利浦．齊格勒：《戰時倫敦》（Philip Ziegler, *London at War*），倫敦，一九九五年，第一六三頁。

57 同上，第一七八頁

58 《星期日電訊報》（*Sunday Telegraph*），一九九五年四月十六日。

59 威廉．西瑞爾：《第三共和的崩潰》（William Shirer, *The Collapse of the Third Republic*），倫敦，一九六九年，第二六七頁。

60 尤金．韋伯：《空虛歲月：二十世紀三〇年代的法國》（Eugen Weber, *The Hollow Years: France in the 1930s*），倫敦，一九九五年。

61 尼格爾．尼柯爾遜編：《哈羅德．尼可爾遜的日記和書信，一九三九～一九四五年》（Nigel Nicolson, eds., *Diaries and Letters of Harold Nicolson, 1930～1945*），倫敦，一九六七年。

62 韋伯：《空虛歲月》，第一九頁。

63 西瑞爾：《第三共和的崩潰》，第一八八頁。

64 邁克爾．德—拉—羅伊：《王位後的女王》（Michael De-la-Noy ,*The Queen Behind The Throne*），倫敦，一九九四年，

第一一九頁。

65 龍格馬特：《假如英國陷落》，第一一五頁。

66 弗雷明，《一九四〇的侵略》，第九五頁。

67 彼得．威爾金遜與喬．奧斯忒雷，《古賓斯與SOE》（Peter Wilkinson and Joan Astley, *Gubbins and SOE*），倫敦，一九九三年，第六九～七四頁。

68 弗雷明，《一九四〇的侵略》，第二九三頁。

69 威爾金遜與奧斯忒雷，《古賓斯》，第七一頁。

70 西瑞爾，《第三帝國的興衰》，第九三七頁。

71 邦亭，《佔領模式》，第一一三頁。

72 辛普森，《極度可惡》（A. W. B. Simpson, *In the Highest Degree Odious*），倫敦，一九九二年。

73 他事實上服刑僅四年便在一九五二年被釋放，並參加了波斯赫的管理以及西德最早的秘密機構。感謝邁克爾．伯雷提供的資料。

74 帝國戰爭博物館：《黑名單》（Imperial War Museum, *The Black Book*），倫敦，一九八九年。

75 格里菲：《右翼的同路人》，第二二二頁。

76 對以薩．柏林先生的採訪，一九八八年十二月八日。

77 有關間諜理論參見吉因．湯姆斯：《傀儡國王還是黑騎士？溫莎公爵愛德華與阿道夫．希特勒串通叛國的動人故事》（Gwynne Thomas, *King Pawn or Black Knight? The Sensational Story of the Treacherous Collusion between Edward, Duke of Windsor and Adolf Hitler*），倫敦，一九九五年；《衛報》（*Guardian*），一九九五年十一月十三日；《觀察家》，一九九五年十一月十二日。有關歷史學家的反應參見邁克爾．布洛克發表在一九九五年十一月十八日《觀察家》（*Spectator*）上的文章；約翰．格利格在一九九五年十一月十四日《泰晤士報》上發表的文章；菲利浦．齊格勒一九九五年十一月十七日發表在《每日電訊報》（*Daily Telegraph*）上的文章；安德魯．羅伯茲在一九九五年十一月十九日發表在《星期日電訊報》上的文章。

78 威廉・賈伊斯，《英國的黎明》（William Joyce, *Twilight over England*），倫敦，一九九二，第五〇頁。

79 阿倫・馬西，《王室之迷》（*A Question of Loyalties*），倫敦，一九八九年。

80 休・特雷弗—羅帕編：《希特勒的桌邊談話錄》（Hugh Trevor-Roper, ed., *Hitler's Table Talk*），倫敦，一九五三年，第二六〇頁。

81 尼柯爾遜編：《哈羅德・尼可爾遜的日記和書信》，第三五頁。

82 滕普爾伍德文件集，劍橋大學圖書館，第 XIII/17 號。

83 科林・克羅斯：《與勞合・喬治一道生活的日子：西爾維斯特的日記》（Colin Cross, *Life with Lloyd George :The Diary of A.J. Sylvester*），倫敦，一九七五年，第二八一頁。

84 奧斯瓦爾德・莫斯雷，《我的生平》（Oswald Mosley, *My Life*），倫敦，一九六八年，第四〇一頁。

85 同上，第四〇二頁。

86 特雷弗—羅帕編：《桌邊談話錄》，第二五五頁。

87 引自托馬斯・蒙奇・彼得森：〈常識與不故作勇武：一九四〇年六月十七日巴特勒—普利茨訪談錄〉，《斯堪的亞》（*Scandia*），一九八六年。

88 根據個人資料。

89 魯克揚・多布洛斯吉：《騎牆雜誌：納粹統治時期波蘭文的官方出版物，一九三九～一九四五年》（Lucjan Dobroszycki, *Reptile Journalism: The Official Polish-Language Press under the Nazis 1939～45*），紐黑文，一九九五年。

90 《國際潮流評論》（*International Currency Review*），不定期論文第四號，倫敦，一九九三年九月。亦可見羅伯特・愛德溫・海茨坦因：《當納粹夢想成真時》（Robert Edwin Herzstein, *When Nazi Dreams Come True*），倫敦，一九八二年。

91 對克里斯托夫・畢蒙特一九九五年二月五日的訪問。

㉒ 龍格馬特，《假如英國陷落》，第一四五頁。

㉓ 同上，第一四六頁。

㉔ 公眾檔案部，CAB 65/13 WM142。

㉕ 古德里安，《裝甲司令》，第一一七頁。

㉖ 馬格里・阿林厄姆：《橡樹心》（Margery Allingham, *The Oaken Heart*），倫敦，一九四一年，第一六三頁。

㉗ 道格拉斯・多茲—帕克爾：《讓歐洲燃燒》（Douglas Dodds-Parker, *Setting Europe Ablaze*），倫敦，一九八三年，第四五頁。

第六章 納粹統治下的歐洲

如果納粹德國擊敗了蘇聯，歷史將會如何？

邁克爾・伯雷

等待我們的將是怎樣的使命啊！我們將享受一百年的快樂和躊躇滿志。

——希特勒

一九四一年六月二十二日凌晨稍過，在六千多門火炮的轟鳴聲中，「巴巴羅薩」計劃拉開了序幕。到上午時，德國空軍就殲滅了八九〇架蘇聯飛機，其中六六八架被擊落。至七月十二日，約有六八五七架蘇聯飛機不能服役作戰，而德國方面只損失了五五〇架飛機。①德國以及包括芬蘭、羅馬尼亞、匈牙利、義大利、斯洛伐克在內的三百多萬軸心國軍隊分成三個集團軍群，從北路、中路、南路越過邊境，分別向列寧格勒、莫斯科、烏克蘭進軍。作戰的基本意圖是徹底消滅德維納河—聶伯河防線以西的全部蘇聯紅軍。戰爭的進展如此之快，以至於總參謀部的弗蘭茲・

哈爾德將軍於七月三日時就在日記中寫道：「對俄國的戰役在兩周以內就可取勝。」而後，他把主要精力轉向了如何剝奪蘇聯的經濟資源，使其永遠不能東山再起；盡快結束僵持已久的不列顛空戰以及如何通過高加索地區以發動對伊朗的攻擊。②這種自信在武器裝備的策略中也有所反映：一九四一年七月十四日，希特勒下令將裝備重點從陸軍轉向海軍和空軍。③

眾所周知，哈爾德的樂觀預測因地面部隊的實際進程而化為泡影。地圖上的作戰路線與實際的戰爭進程遠不是同一回事。那裡的晴空是滿天塵土，雨天則所有輜重都深陷在泥濘之中。裝甲師和機械化部隊可以不顧機械疲勞，轟隆隆地向前開進；步兵和馬拉的裝備則遠遠地落在後面。④滿身重荷的士兵行進在單調枯燥的景色之中，看到的是一望無際的原野，他們時而惱怒，時而沮喪，而蚊子和其他叮咬的蟲子也準確無誤地叮在他們滿是汗跡的身上。儘管捕獲了數目龐大的蘇聯戰俘，卻未能使德國人在作戰意志上有任何的鬆懈。斯摩稜斯克戰役的俘虜為三十萬人，基輔戰役六十五萬人，維亞斯馬和勃良斯克戰役六十五萬人。但蘇聯人似乎很輕易地就徵集起了新的部隊，不管是來自西伯利亞或是經過匆忙受訓而成的民兵。⑤史達林的二七〇號命令規定：凡是在戰場上臨陣脫逃者，其家人全部逮捕；凡是投降的士兵，其親屬不再享受國家的援助。像巴甫洛夫（Pavolv）這樣一些將軍則因自身的過錯而被史達林下令槍決。民用生產能力迅速地轉為軍工生產：自行車廠不久就生產出了火焰噴射器；大量的工廠被整體拆散遷往烏拉山區、西西伯利亞、哈薩克斯坦及中亞地區。例如到一九四一年十二月底，位於烏克蘭的扎波洛薩爾鋼鐵廠在六周之內就整體搬遷到了烏拉山區的切里雅賓斯克，儘管當時的地面必須加熱後才能打下地基，水泥在攝氏零下四十五度的氣溫中也凍結了。⑥這一切針對德國人的行動被稱為「經濟上的史達林格勒戰役」。⑦

蘇聯人的抵抗恰逢德國人的戰略失誤。七月底，希特勒不顧一些將軍提出的集中攻陷莫斯科的建議，命令中路集團軍群在斯摩稜斯克停止推進，分散其兩翼進攻列寧格勒和南部的頓涅茨盆地及高加索地區。到八月十一日哈爾德已經不像以往那麼自信了。他注意到了蘇聯的一些戰鬥師團依然存在，而德國人並未將其計算在內，「按照我們的標準，他們毫無武器裝備，……但他們一直存在著，我們消滅了他們十二個師，蘇聯人又輕易地集結了一打」。⑧中路集團軍群進攻莫斯科的「颶風」作戰計劃於十月份重新開始，但令人擔憂的是冬季就要來臨了。十一月上旬氣溫已經降到攝氏零下三十度，機油和潤滑油都凍結了，地面也結冰了。士兵衣著單薄，無以禦寒，只有將報紙和傳單塞進大衣裡，可憐地圍擠在火堆旁。光是這些火堆就消耗了寶貴的儲備汽油。食品也只是用斧頭砍下的結成冰的馬肉。希特勒拒絕考慮戰略撤退計劃。他曾經諷刺地問一個主張戰略撤退的將軍：「先生，以上帝的名義，你建議我們後退到哪裡？後退多遠？……你想後退五十公里嗎？你以為那兒就不冷了嗎？」⑨十二月底德軍離莫斯科越來越近，但他們已經精疲力竭，驚恐萬分。在身穿越冬的厚大衣、裝備有湯姆衝鋒槍的新增西伯利亞師的阻擋下，德軍被迫在離蘇聯首都莫斯科二八〇公里處停駐下來。希特勒的閃電戰企圖在冬季來臨之前消滅蘇聯，但是這一戰略失敗了，隨之而來的是一場曠日持久的消耗戰。二月十九日希特勒在對博爾曼的談話中說：「博爾曼，你知道我痛恨下雪。我一直就痛恨它。現在我知道原因了。這就是預感。」⑩

希特勒命令部隊瘋狂抵抗，從而挫敗了蘇聯人的冬季攻勢。對於一九四二年夏季戰役（「藍色」作戰計劃），希特勒的野心並不大。目標是在南部油田地區的作戰取得較大進展。他意識到為了將這場失敗的閃電戰演變成一場曠日持久的消耗戰，他需要利用這一地區的自然資源，因為在這場戰爭中他將對抗世界上主要大國結成的聯盟。他說：「如果我得不到邁科普和格羅茲尼的石油，我的這場戰爭就泡湯了。」⑪希特勒又一次鬼使神差地干涉了軍隊的部署，根據兩個目標將部隊分開。一個目標是爭奪南部的石油資源，另一個目標就是在伏爾加河以西與蘇聯的全部兵力一決雌雄。他和史達林一樣，都將史達林格勒戰役變成了一場真正的、同時也是富有象徵意義的意志大較量。每一堆燒焦了的磚頭、每一座毀壞了的建築都是用大炮、手榴彈、火焰噴射器和狙擊槍爭奪來的。莫斯科中央火車站在三天以內由於雙方你爭我奪共易手十五次。保盧斯將軍（Paulus）的部隊試圖消滅在瓦礫中頑強抵抗的蘇聯人，但是蘇軍的鉗形包圍圈將他們圍在正中，使他得不到救援，德國空軍也未能從空中給予支援，最終導致保盧斯及其部下九萬多人繳械投降。⑫史達林格勒戰役結束後，希特勒的盟國芬蘭、匈牙利和羅馬尼亞開始敦促他達成一個妥協的和平協議，但是一九四三年七月四日希特勒繼續發動進攻。這一次他將部隊相對集中在一五〇公里的戰線上，目的是要拔除庫爾斯克要塞。這場第二次世界中規模最大的坦克戰役導致蘇聯人開始取得戰略優勢，從而掌握了戰場上的主動權。

這是一場在兩種敵對意識形態之間進行的最終較量，同時也是一場針對猶太人和斯拉夫「劣等民族」而進行的政治上和生物學意義上的「十字軍東征」。德國對蘇聯的侵略與西線上所進行的戰役有著本質上的不同。這一點可以從以下的事實中得到說明。一九三九年～一九四五年間西方盟軍的戰俘只有百分之三點五在德國羈留期間死亡；有百分之三十一點六即一百萬德國戰俘在蘇聯關押期間死亡；而竟有高達百分之五十七即三三〇萬蘇聯人死在德國條件惡劣的集中營裡，有些死在路途上，有的則死在黨衛隊或德國國防軍手中，其中大部分是在一九四二年夏天以前死亡的。⑬三月三十日希特勒在對二五〇名將軍的演說中定下了這樣一個基調：「我們要除掉士兵中所謂的同志友誼。共產黨從頭到腳都不是我們的同志。這是一場滅絕的戰爭，……這與西線的戰鬥截然不同。東線現在的殘酷只意味著將來的溫和。」⑭各種充滿納粹意識形態的指令和條例，其中特別是一九四一年五月十三日有關軍事正義的訓令和六月六日在入侵蘇聯以前由高級軍事指揮官發佈的惡名昭彰的政治委員條令，都試圖混淆傳統戰爭和納粹的種族意識形態戰爭之間的區別，也將納粹國防軍變成了黨衛隊和其他各式各樣的警察頭目在掠奪過程中不折不扣的幫兇。⑮

他們的行為也證明了這種軍事犯罪是有預謀的。這種預先設定的意識形態性質的戰爭也逐漸地把作戰的士兵轉變成了政治性的士兵。這不僅導致了在帝國後方有計劃地大規模屠殺二二〇萬猶太人，就連精神病院裡的流浪漢也未能倖免。由於濫用「特務」、「匪徒」、「游擊隊」、「破壞者」、「間諜」、「抵抗者」這些概念和罪名，整個村子的人被槍殺以後，屍體被吊在電線杆上，或趕進穀倉和教堂裡被燒死。希特勒曾經說過，游擊隊的活動「使我們有機會消滅一切違抗我們的人」。這真是一語道破天機：這些受害者都是沒有違抗任何人的平民。黨衛隊頭目埃里希・馮・巴赫—澤拉維斯（Erich von Bach-Zelewski）後來也承認說：

> 對游擊隊的戰鬥逐漸變成了實施其他措施的藉口，諸如滅絕猶太人；消滅流浪者；有計劃地將斯拉夫人口減少三千萬（以確保日爾曼民族的優勢）以及通過燒殺搶掠以對平民實行恐怖統治。⑯

根據這種邏輯：凡是有游擊隊的地方就有猶太人；凡是有猶太人的地方就有游擊隊；由於一個德國軍人在賓斯基被殺，就有四千五百個猶太人被殺害。⑰ 一些有思想的德國軍官開始對有人提出的所謂「六千比四百八十問題」的不解之謎表示擔憂：為什麼在六〇〇〇多個被殺害的「游擊隊員」當中只找到四百八十支步槍？⑱ 游擊隊的活動一方面是由於德國在佔領區實施的高壓政策，同時也是史達林為了在敵占區保證其存在的後續手段。除了少數死心塌地的中堅分子外，大部分游擊隊員只是「志願者」（這是對於那些在撤離時家人被殺害而應徵入伍者的委婉稱呼）。他們之所以這樣做，而不願生活在敵占區裡，也只是為了尋求心安理得。

對於「千年帝國」的「如果怎樣……，又將怎樣……」的主題演繹，也著實令流行小說家、軍事史迷和某些職業歷史學家興奮了好一陣子。萊恩・戴頓（Len Deighton）、羅伯特・哈里斯等作家以及近來的美國政治家紐特・金里奇（Newt Gingrich，以一定程度的歷史準確性）將第三帝國作為其通俗驚險小說的背景。⑲ 其他作家如拉爾夫・喬丹諾（Ralph Giordano）也不無臆測地描寫了「如果希特勒贏得了戰爭」，後果將會如何。但是這些作家無一例外地忽視了這樣一個事實：在勾心鬥角的納粹機構體系中表現出了意識形態的多元化趨向，這就意味著不止一種可能的結果。⑳這些作品也反映了（英美式或德國式）潛在的憂慮，即對最近德國實現重新統一後的政治和經濟實力以及由此而產生的影響深感不安。與此相對的是軍事史學家在這一領域的文章中充滿了各種「軍事行動」的描述：為了其研究的方便，軍事史學家簡直就是在大規模地調兵遣將。㉑在與此完全不同的另一領域，專業歷史學家例如喬肯・西爾斯（Jochen Thies）則集中研究了納粹的狂妄自大及其象徵性的表現，從納粹德國對戰後世界的構想中演繹出了其「統治世界」的計劃，有的則研究了納粹的偽歐洲聯盟和單一貨幣計劃。㉒

然而對於東線戰場的情況，現存大量有關未來短期或長期目標的文獻資料，這也使得想像假設性的主題成了多餘。德國人在東線三年的作戰中佔領了蘇聯的大片領土，有些地區距戰線縱深達二千多公里，我們也因此可以清楚地看到勝利後的德國將會如何處理被肢解的蘇聯領土。有關的各種計劃層出不窮。本文所要做的就是構想一個建立在軍事勝利基礎之上且令人信服的反事實模式。

羅森伯格的反事實模式

如果像軍事史學家詹姆士・盧卡斯（James Lucas）在「沃坦行動」中所設想的那樣，希特勒聽從了他的將軍們的建議，在一九四一年冬季來臨之前就設法攻陷莫斯科，情況又將如何呢？㉓我們可以從這樣一個事件進入想像：假如在他們逃離被圍困的首都之前或在此過程中，某一個變故降臨到史達林及其戰時的領導集團之上，並由此導致蘇聯紅軍戰鬥意志的崩潰而不能組織抵抗。從上一節對戰爭實際進程所做的簡短敘述中，我們可以清楚地看到，如果由希特勒支持的納粹野蠻的種族原則和政治軍事需要的結合沒有成為當時的現實，那麼在被佔領的蘇聯進行的統治就有幾種可供選擇的戰略方案。佔領者可以壓制分離主義傾向，從而在波羅地海國家、白俄羅斯、高加索地區和烏克蘭扶持起一個個由德國總督控制的傀儡政府。布爾什維克大廈的基石就會由於政治的非集權化、財產的私有化和宗教自由的恢復等原因而動搖。由於蘇聯的地形和跨烏拉山區兵工廠的存在，抵抗活動不可能停止，但是這種抵抗會由於大量通敵者的活動而消解，這些人認為布爾什維克的統治已經完蛋了。

這種策略可能會起明顯的作用。在德國入侵以前，烏克蘭西部的民族主義者在班德拉（Bandera）的領導下就在拉沃夫舉行了反蘇起義（並因此被屠殺）。在被佔領土上有較多的當地人都投靠了德國。大約有一百萬蘇聯人不同程度地與德國軍隊有牽連，其中大部分是沒有裝備的輔助部隊，用德國人的簡稱，把他們叫作「候補志願兵」（HIWIS）。但是，還有二十五萬多武裝的軍事合作者，其中包括鎮壓一九四四年華沙起義的卡明斯基旅、甫拉索夫（Vlasov）的蘇聯解放軍以及各種哥薩克、卡爾梅克或韃靼兵團，不過他們遠不如在波羅地海國家或烏克蘭等類似黨衛隊的組織那樣為人熟知。在一些少數民族當中，加入德軍的人數比加入蘇聯紅軍的還要多。㉔正如蘇蘇聯一些歷史學家在蘇聯解體後所披露的那樣，不少前蘇聯共產黨員加入到了協助德國佔領者的行列之中，這些人的道德觀念敗壞，但卻是一些精於控制、善於做警察工作和進行恐怖活動的行家。

一些對政治戰爭有著深刻見解的人，例如那些在國防軍宣傳部門的人就提出警告，不要因為流亡的分離主義者朝三暮四的行為而忽視了大部分蘇聯人，應當在「解放而不是征服」的口號下將蘇聯政府和大部分俄國人區分開來。㉕從另一個角度來看，儘管希特勒的東方領土佔領部部長阿爾弗雷德・羅森伯格和他的元首一樣懷有狂熱的仇俄情緒，但他還是能將各民族人群區分開來，並在戰略上充分利用這種差別。他設想在立陶宛、拉脫維亞、白俄羅斯、烏克蘭和高加索邦聯實行保護國制度，並在這些地區的分界線以外建立一個面積小得多的新莫斯科公國，其主要力量對準亞洲地區。他甚至還起草了一份管理高加索和莫斯科的帝國政治委員會計劃。羅森伯格和他的東方問題專家們還心血來潮地幻想在蘇聯的中亞地區劃出一個克里米亞伊斯蘭國家或一個廣大的「泛都蘭」國，以便迎合德國宣傳機關對韃靼人和突厥人（典型的「劣等民族」）所做的描述。

正是在前蘇聯的這一地區，更準確地說，就是在北高加索地區，德國的佔領政策才成功地從對當地人的讓步中獲得了利益。這些人有非斯拉夫人的性格；車臣人和卡拉恰耶人在德國人到來以前就擺脫了蘇聯的束縛；為了給鄰國的土耳其留下好印象，這些地區的軍隊處於德國人的控制下。所有這些因素都導致了德國對這一地區實行明顯的安撫政策。這一點在以下的軍事條例中表現得很清楚：

一、要把高加索人當朋友對待。
二、在山區人民廢除集體農莊的道路上不設置任何障礙。
三、允許各教派重新開放宗教禮拜場所。
四、尊重私人財產，對徵用的物品要付款。
五、以模範行為贏得當地人的信任。
六、對影響當地人的嚴厲措施要說明理由。
七、要特別尊重高加索婦女的名譽。㉖

德國軍事當局承認了卡拉恰耶人的國民委員會，並把前蘇聯的國有企業和森林委託其管理。巴爾卡族的穆斯林歡迎德國人參加庫爾曼的宗教儀式，並用馬匹同他們交換《可蘭經》和武器。當特別保安隊想要殺害山區的猶太人時，當地的委員會就向軍方說情，軍方也因此阻止了他們的行動。家畜被重新私有化，也很少出現徵用當地勞動力的情況。作為回報，大部分居民在戰爭中站到了德國人一邊。希特勒也因此宣稱：「我認為只有穆斯林人靠得住。」連同被蘇聯人驅逐到哈薩克斯坦和中亞地區的約二五〇萬其他少數民族，他們在戰爭中和戰後都為此付出了可怕的代價。㉗

希特勒的幻想

對於提出與少數民族合作戰略的人來說，他們的問題是缺乏實權。同時，希特勒本人的講話表明這種合作實際上是德國取得軍事勝利後，在政治上可能性最小的結果。希特勒的《閒談集》裡面記載了他的許多奇談怪論，例如雅利安人的耶穌、凱撒軍團的素食主義、史前的犬類和諸如「韃靼人崇拜偷獵者」之類的插科打諢。從中可以判斷，希特勒既嚮往「東方」，同時也厭惡「東方」。為了表現他對這種諷刺無動於衷，希特勒把俄國稱為「沙漠」，而他的戰爭將為這個國家提供歷史。㉘他下令將道路修建在山脊上，以便山風能把路面上的積雪吹得乾乾淨淨，而這些寬闊的道路將通向德國的城鎮和村落。㉙克里米亞也將成為德國的旅遊勝地。

從希特勒的性格來看，他的幻想有明顯的消極方面。他要將這些「土著人」置於一種格外野蠻和粗暴的殖民統治之下。他似乎是從一本令人毛骨悚然的書上讀到了這麼慘無人性的東西。他特別喜歡把英國在印度的統治來作比較：「我們在俄國的作用就好比英國在印度的作用……俄國的空間就是我們的印度。我們要像英國人一樣，只用幾個人就能統治俄羅斯帝國。」㉚他想把德國的「士兵—農民」，即服役十二年後的德國退伍軍人，移居到這一「空間」。儘管在波羅地海國家還有廣闊的土地可以讓丹麥、荷蘭、挪威和瑞典移民定居，但對他們往往有一些古怪而莫名其妙的條件，而且要經過「特別的安排」。德國的殖民者將擁有廣闊的農場，官氣十足的豪華住宅區和當地總督的「宮殿」。德國的殖民社會將是一個名副其實的、也是象徵性的「堡壘」，外人不能進入，因為「我們最差的馬伕也要比任何當地人優越，當地人天生就是一群奴隸，非要主人的管束不可」。作為「外來者」的德國人要在這裡實行有組織的社會管理，否則這些人就會像「兔子」一樣進行反社會的活動。㉛健康和衛生條件將成為過去：「不給俄國人注射疫苗，沒有肥皂給他們洗去滿身的污垢……，但他們若想酗酒抽煙，那就由著他們了。」㉜他以一種典型的希特勒式的冷酷無情，在一九四一年十月十七日說道：

我們不是在玩護士和小孩的遊戲。對於這些人，我們絕對沒有關心他們的義務。說什麼要改善簡陋的住房啦、清除跳蚤啦、提供德語教師啦、發放報紙啦——這些都與我們無關！……至於其他，只要讓他們認得路標就夠了，以免走在路上被我們的汽車壓死！㉝

如果蘇聯人造反，「只要往他們的城市裡扔幾個炸彈，問題就解決了」。㉞至於經濟關係，則純粹是剝削性的：

收穫時節我們要在所有的重要地區都設立市場，收購所有的穀物和水果，然後把對我們不太有用的產品賣給他們。……我們的農業機械廠、運輸公司、日用品製造商都可以在那兒找到他們產品的廣闊市場。那裡也將是銷售廉價棉織品的絕佳市場，而且色彩越亮越好。我們為什麼要阻止這些人對亮色的渴求呢？㉟

對於烏克蘭人，只要用圍巾、念珠和「所有殖民地人喜歡的東西」就可以激起他們的購買慾望。[36]

希特勒的將軍們大部分都有與此類似的幻想，而正是諸如此類的幻想奠定了德國在蘇聯佔領政策的基調。這也阻止了任何試圖在地廣人稀的布爾什維克統治區實行資本主義化的前景，特別是在史達林通過蘇德條約條款而佔領的地區更是如此，因為他們無法充分利用蘇維埃帝國內部潛在的種族和宗教矛盾。雖然希特勒的興趣在於如何贏得當地人的支持，但是他總是不願意放棄意識形態方面咄咄逼人的架子。他的日耳曼民族優越感使他不能在民族自治方面作出任何讓步，除非是在納粹德國不願意殖民的那些地區或在他的殖民政策進行得異常順利的穆斯林和突厥人居住區。

這些政策對羅森伯格及其支持者產生了直接的政治後果。在他的名義下取得的面積遼闊的封地內，羅森伯格甚至無權決定一個高級官員的任命，因為他必須請示在烏克蘭的全國政治委員會的埃里希・科赫（Erich Koch）以及東方領土全國委員會的亨里希・羅瑟（Hinrich Lohse）。前者對「斯拉夫奴隸」的輕蔑與希特勒如出一轍，後者則斷然拒絕了羅森伯格試圖給予波羅地海三國極為有限的自治權利的請求。分離主義活動，更準確地說就是政治版圖的重新劃分，實際上是嚴格地在德國的支持下進行的，因而不允許有任何民族自決的因素。[37]形形色色的法西斯主義者、民族主義者和宗教流亡分子都是一時頭腦發熱，幻想從德國的入侵中分一杯羹，但結果都是無疾而終。

他們先是被扶植起來，然後又被拋棄，有的被監禁或被槍殺。他們大部分人的命運都是最終落入充滿報復心理的保安特務手中（斯特凡·班德拉五〇年代曾經在慕尼黑的自由歐洲電台工作。）㊳

希姆萊的反事實模式

反對羅森伯格策略的不只希特勒一個人。他和羅瑟都感到他們在當地的權力受到了來自某些獨立於羅森伯格在柏林的東方領土部的經濟部門的挑戰，特別是受到了來自於希姆萊的黨衛隊高層人物和警察頭目的挑戰。㊴

政治和經濟的需要不容許對布爾什維克的社會和經濟秩序朝有利於當地人的方向改革。從上一節的討論我們得知，希特勒構想的未來德俄經濟關係的基礎是粗暴的剝削和掠奪。現實的利益也只允許對集體農莊作某些裝潢門面的和零打碎敲式的改變。如果非集體化運動的改革失當，就會大大削弱向軍隊提供食品的能力。黨衛隊將集體農莊直接變成了地產，這比最近由於將土地分到個人手中，同時又要將這些小農莊合理化省事得多。作為負責任的農業部長，巴克（Herbert Backe）說過，即使布爾什維克沒有建立集體農莊，德國人也會創造這種制度。德國的宣傳海報上宣稱「集體農莊完蛋了！自由的農民站在了屬於自己的土地上」，並描繪了德國士兵用槍托將騎在農民頭上、整天泡在伏特加裡的蘇聯官僚掀翻在地，從而為他們解除了負擔。然而事實卻並非如此。羅森伯格於一九四二年二月十五日頒布的土地法令建立了在個人農場基礎上的「公社經濟」，但是那是一種半封建制的「工作日」和什一稅上繳制度，與人們痛恨的蘇聯體制並沒有多大的區別。㊵工業體制也全是德國式的。這就牽涉到各種機構和私人公司，像弗立克、克虜伯和曼尼斯曼之類的公司就統治了其所屬地區的蘇聯公司。

如果這種經濟剝削在遙遠的蘇聯仍和德國在西歐（特別是法國）的政策那樣成功，設想一下它的結果是很有意思的。但事實並非如此。這主要是因為對被佔領土的決策權越來越轉移到了最陰險毒辣的納粹梟雄——黨衛隊的全國領袖海因里希·希姆萊的手中，其決策重點是出於種族主義的而非經濟的考慮。因此，希姆萊的東歐計劃就為我們提供了一幅可靠的圖景：如果德國人贏得了戰爭，他們將如何進行統治？

希姆萊認為東方「屬於」黨衛隊所有，他們有權驅逐、遣返、甚至滅絕那裡的所有人口。㊶這種權威甚至在執行「巴巴羅薩」計劃開始以前就在佔領的波蘭領土上形成了。一九三九年一〇月二十四日在他獲得加強日耳曼民族中央長官的頭銜後不久，希姆萊在波森就德國在波蘭的安頓問題對黨衛隊發表演講。㊷他宣稱每一個安頓區都將建立一個佔領導地位的核心，由（從黨衛隊中挑選的）士兵—農民組成。其周圍是「舊帝國」居民的農場，外圍是其他日耳曼民族的居民。波蘭人將成為農場的幫工和勞動力。以其典型的迂腐和自以為是，這位中央長官煞有介事地規定了農場磚牆的厚度，並堅持要在地下室裡安裝盥洗和淋浴裝置，「以便從地裡歸來的農夫洗去滿身的臭汗」。在農場的室內禁止懸掛「俗氣的藝術作品和城裡亂七八糟的東西」，因為這樣「既不豪華又不原始，簡直就是不倫不類」。㊸

一九四〇年五月，希姆萊在一份題為《處理東方異族的幾點意見》的重要備忘錄中，勾勒出了波蘭人命運的輪廓。波蘭人將從真正的或想像的民族中徹底消失。那些被認為不適宜德意志化的人將從「這一盤大雜燴」中「被篩選」出去，淪為奴隸。他似乎是在經過深思熟慮以後，又煞有介事地提出了這樣心懷叵測的條件：「這些人必須拋棄布爾什維克式的從身體上滅絕一個民族的做法，這根本不是日耳曼人的方式，因而是不可能的。」這些奴隸將接收基礎教育，也就是「會做五百以內的簡單算術，書寫自己的名字，教育他們服從德意志人、老實、勤奮、有禮貌，這是上帝的戒令。我認為沒有必要教他們閱讀」。這種「劣等民族」將在沒有領導的總轄區內為德國提供人力資源，參加採石場、公共設施和修路等工程。㊹一九四〇年六月二十四日希姆萊決定親自處理波蘭勞動力問題。波蘭人將被用於修建城鎮和村莊以及改善基礎設施，此後，其中的「十之八九」將被驅逐到總轄區內。他們將構成一支後備的勞動力大軍，以便在採石場或收穫季節使用他們。德國人和波蘭人之間不存在友愛，對他們要像「我們對黑奴一樣」。凡與德國婦女發生性關係的波蘭人將「被絞死」；凡與波蘭人通婚的德國人，不論男女，都要送往集中營。㊺希姆萊的加強日耳曼民族中央委員會成員將他這些雜亂無章的想法轉變成了冷酷的專家治國方案。其中最引人注目的是野心勃勃的黨衛隊高級長官，三十九歲的農學家康拉德．邁爾教授（Konrad Meyer）。他於一九四〇年二月寫了《重建東方領土的計劃摘要》，試圖立即驅逐三百四十萬波蘭人和所有猶太人。㊻有一大批思想古怪的專家對希姆萊的計劃趨之若鶩，邁爾只不過是其中最突出的一個。他們為黨衛隊出謀劃策，提供了包括民族關係、種族生理以及適宜於寒帶地

生長的植物類型等方面的專業知識。㊼很顯然，希姆萊把同這些人的深夜談話當作是每天殫精竭慮工作後的一種放鬆。㊽

一九四〇年十月二十二日，希姆萊在馬德里發表演講，宣稱對波蘭的殖民是在「科學研究的最新發現的基礎上進行的，並將產生革命性的結果」。「總計劃」將於一九四一年上半年執行，將使二十萬平方公里的佔領領土的面貌煥然一新。㊾這樣的「總計劃」在這一階段實際上也許並不存在，但是到處兜售這一概念卻為移民大造聲勢，而移民也的確開始了。到一九四〇年底，大約有二六一五一七名波蘭人被逐出瓦爾特高地，一七四一三人被逐出上西里西亞地區，三萬一千人被逐出但澤—西普魯士地區，一萬五千人被逐出澤肯高地，總計將近三十二萬五千人。一九四一年巴巴羅薩計劃開始後，由於運輸重點的轉移而不能驅逐更多的人。但是，到一九四五年仍然有四十萬波蘭人被逐出家園，以便為遣返日耳曼人而騰出空間。凡是在這條分界線以內的俄羅斯人也遭受同樣的命運。

對蘇聯的入侵為希姆萊提供了更廣闊的活動空間。為了達到他的目的，在入侵蘇聯後的第二天，希姆萊就命令邁爾教授在三周以內擬定一個德意志將來在更廣闊的領土上實行殖民的計劃綱要。在黨衛隊內部，「總計劃」也是一個炙手可熱的話題。一九四一年十月二日雷因哈德·海德里希新任波希米亞—摩拉維亞護國主。海德里希在布拉格舉行的就職演說中對佔領區的舊官僚宣佈了他的東方殖民計劃綱要。這些計劃似乎是基於兩個完全不同的領域。德國人將以某種程度上體面的方式對待當地與日耳曼人同宗的荷蘭人、佛萊芒人和斯堪的那維亞人。他補充說，「如果我說得嚴重一些的話」，在東方，德國的軍事精英將統治「這些奴隸」，這些人將是重大項目的勞動力。這也將修起一道人造的圍堤：外圍將是德意志士兵—農民，他們將永遠阻擋來自亞洲的人流。在這一防護線以後將是一道從但澤—西普魯士到瓦爾特高地的輔助「堤壩」。這道堤壩將保證德意志人在一個又一個的「空間」內殖民。㊿

一九四一年底，黨衛隊全國中央保安局提出了自己的「東方總計劃」方案，其內容可從艾爾哈德·韋澤爾（Erhard Wetzel）於一九四二年四月對這一計劃的批評中推測出來。此人曾在羅森伯格的東方領土部種族政策辦公室任職。這一計劃將在戰後三十年內完成，主要涉及波蘭、波羅地海國家、白俄羅斯、烏克蘭部分地區以及「因格爾曼蘭區」（列寧格勒地區）和「哥特區」（克里米亞地區）。黨衛隊的這份計劃的起草人設想將一千萬德意志人移居到東方領土，將四千五百萬當地人中的三千一百萬驅逐到西西伯利亞。在此，韋澤爾小心翼翼地糾正了黨衛隊的計算錯誤。他們最初的數字四千五百萬當地人口中明顯包含了六百萬猶太人，而這些猶太人在移民以前就已經被「處理」了。況且，若將新增人口包括在內，將會有六千萬至六千五百萬人，其中的四千六百萬至五千一百萬人將被「重新安置」。這份計劃將按比例驅逐不同種族的人口，以實現其目標。這樣將會有百分之八十至百分之八十五（即二千萬至二千四百萬）的波蘭人被疏散。韋澤爾不願見到形成一個流亡的「大波蘭國」，因為波蘭人的存在將引起西伯利亞人的反感，而西伯利亞人希望有機會報復「大俄羅斯」人。處理波蘭人的方式理所當然地不能像對待猶太人那樣，不能滅絕所有的波蘭人。對此，韋澤爾提出了另一個選擇方案：為了安置遣返的日耳曼人，「鼓勵」波蘭知識階層移民到巴西南部，波蘭的下層人將被驅趕到西伯利亞。與其他被「擠進去」的民族一起，這裡將形成一個沒有民族差異的、「美國化」的大雜燴，以區別於鄰近的俄羅斯人。百分之五十六的烏克蘭人和百分之七十五的白俄羅斯人也將隨波蘭人一起遷移到東方。韋澤爾毫不客氣地指出中央保安局的「東方總計劃」對如何處理俄羅斯人隻字未提，他針鋒相對地提出了一系列詳盡的方案，以抑制蘇聯人旺盛的繁育能力。除了工廠要大量地生產避孕藥物以外，他還建議對助產醫師加以培訓使之成為人工流產醫生；減少對兒科醫生的培訓；實行自願的絕育措施；中止所有旨在降低新生兒死亡率的公共醫療服務。他最後指出，這份計劃所涉及地區的某些氣候條件不適宜習慣了北歐生活的移民，他建議在烏克蘭的大平原上植樹以改善其氣候條件。[51]

「總設計」方案中明顯的統計錯誤和缺乏邏輯促使希姆萊（他必須將計劃呈報希特勒）將它的制訂全權委託給更有專業水準的邁爾教授。一九四二年五月，邁爾提出了名為《東方總計劃：開發東方的法律、經濟和空間基礎》的備忘錄。這份以提要為形式的計劃設想建立三個龐大的「行進者殖民點」（因格爾曼蘭區、梅梅爾—拉雷夫區和哥特區），其中將有一半的日耳曼殖民者。這些地區將通過每隔一百公里的三十六個「殖民堡壘」（其居民將是百分之二十五的日耳曼人）與帝國相連。計劃將在二十五年內完成，涉及五百萬日耳曼移民，並將耗費六百六十億馬克。東方領土部將無權干涉「行進者殖民點」，因為這是黨衛隊的封地。希姆萊對這份計劃的要點總體上感到滿意，但他希望將時間期限縮短為二十年，並將亞爾薩斯、洛林或波希米亞—摩拉維亞納入計劃之中，還要將總轄區、愛沙尼亞和拉脫維亞等地區盡快德意志化。邁爾把這些修改意見融入了「總體殖民計

劃」之中。㊷

儘管一些早期的歷史學家認為這些計劃不屑一顧，因為它們只不過是一些學術瘋子紙上談兵式的奇思怪想，但是現在許多德國歷史學家認為這些計劃並非兒戲。納粹在總轄區東南部的查莫西奇地區的所作所為也證明了這一觀點。一九四一年七月，希姆萊命令盧布林的當地黨衛隊和警察頭目奧迪羅·格羅博什尼克（Odilo Globocnik）在這一地區開始「德意志化」。格羅博什尼克是「雷因哈德行動」滅絕營的組織者。希姆萊可以利用格羅博什尼克這個既有效率又心甘情願的工具。希姆萊之所以選中這一地區還有幾個原因。首先，查莫西奇是德國通向烏克蘭和黑海地區的門戶，同時也是德國從波羅地海到跨塞爾維亞地區廣闊殖民地中最重要的連接紐帶。這裡土地肥沃，日耳曼人口眾多，而且波蘭人和烏克蘭人之間的緊張關係有利於實施對當地人「分而治之」的策略。第二，盧布林城是一個交通樞紐，也是黨衛軍通向俄羅斯東南部的裝備補給點。建設黨衛隊城的計劃包括三處黨衛軍的軍營，和各種黨衛隊控制的工廠，這些工廠的勞動力將來自附近的馬亞但尼克集中營。㊸

一九四一年十一月，格羅博什尼克在八個村莊實行了移民試驗，以檢驗計劃的可行性。雖然東線作戰推遲了大規模的殖民行動，但到一九四二年十一月這項移民計劃又重新開始執行。黨衛隊在這一年的秋天制訂了篩選殖民人口的標準。移民人口一共包括四類：第一、二類包括有日耳曼血統的百分之五的人口；第三類包括十四到六十歲的波蘭人，他們將作為帝國的強制勞動力，而他們的那些沒有勞動能力的「附屬人員」，如年齡太小或年紀太大的家人將被集中到由猶太人騰出的村子裡，其生死聽由天命；第四類（其中包括百分之二十一的查莫西奇的人口）將被直接送到奧斯維辛集中營。烏克蘭人將被集中到赫魯比斯措夫縣，作為一個緩衝區，以防止波蘭人居住區的仇恨情緒。㊹而查莫西奇殖民點則產生了另一個最重要的作用。一九四三年冬，載滿第三類強制勞工的火車從查莫西奇開往柏林，此後又裝滿所謂「武裝猶太人」及其家屬開往奧斯維辛集中營，在那裡將他們殺害。火車再返回查莫西奇，裝滿第四類的波蘭人，將他們載往滅絕營。移民進來的日耳曼人當然不能坐在這種裝牲口的車廂，他們乘坐的是普通的旅客列車。㊺

從一九四二年十一月二十八日至一九四三年八月，超過十萬的波蘭人從三〇〇多個村莊中在兩次大清洗中被趕出家園。天剛亮，整個村子就被包圍起來，居民必須在幾分鐘內打點行裝。消息迅速傳開了，從而引起了恐慌和大逃亡。第一次清洗只裝走三分之一的波蘭人，其中多數是老弱病殘者和婦女兒童。大約有四千五百名波蘭兒童被從他們父母身邊奪走，送到德國扶養。年輕人則逃進了森林，參加了游擊隊。這就意味著一九四三年夏天開始的第二次清洗是帶有「安撫」性質的戰役：整個村子被消滅，所有居民被屠殺。儘管在執行過程中還有缺陷，然而在查莫西奇的驅逐行動中證明了大面積的「種族清洗」還是可行的。

明天的世界將會如何？

由於戰爭的進展每況愈下，邁爾教授被迫於一九四三年春中止了計劃的起草工作。蘇聯軍隊已越過了東普魯士邊境，然而希姆萊還在幻想著他的東方殖民計劃。眾所周知，盟軍在道義上和物質上的優勢最終阻止了黨衛隊夢魘般的幻想，接下來就是上百萬的日耳曼人被趕出東歐以及德國長達四十五年的分裂，但是有一點不應該忘記，就是德國在東線的勝利比起蘇維埃帝國可能會產生更廣泛的影響。

歷史學家長期以來一直在討論希特勒的最終目的是否只是在東歐佔領「生存空間」，或者說這僅僅是其統治世界（意味著與英國和美國的最終決戰）的前提條件。一些歷史學家，其中包括休・特雷弗—羅帕和伊貝爾哈德・賈克爾（Eberhard Jäckel），堅持認為希特勒只是一個「大陸主義者」，他的最終目的是在東方獲得「生存空間」和解決「猶太人問題」。其他一些歷史學家以古恩特・莫爾特曼（Günther Moltmann）、米蘭・霍曼（Milan Hauner）和麥爾・麥克里斯（Meier Michaelis）為代表，認為希特勒的野心是「全球主義的」。[56] 實際上，這兩種立場並非完全是相互排斥的，只不過是側重點有所不同而已。主張大陸主義者的歷史學家指出希特勒經常談論東方問題，並將他的言論歸結於統治世界的幻想；而主張全球主義者的歷史學家則將他對殖民地或與美國宣戰的雜亂無章的言談拼湊在一起，而信以為真。一些歷史學家，如安德里斯・希爾格魯伯（Andreas Hillgruber）則將希特勒的講話系統地歸納成一個侵略的「進程」：

> 征服俄國將是其建立一個歐洲大陸帝國的有力支持。帝國擴張的第二階段將是奪取中非領土和一系列的基地，並建立一支強大的大西洋—印度洋艦隊。與日本結盟（若有可能，也將與

英國聯合）後，德國將首先孤立美國，並將其局限在西半球一隅。然後，下一代人將發起一場「大陸之間的戰爭」。在這場戰爭中，「德意志的日耳曼帝國」將與美國爭奪世界霸權。

隨後的研究儘管證明了與「進程」有所出入，但也的確證實了希特勒的目標是征服全球。這些研究也注意到了赫爾曼．勞什林（Hermann Rauschning）在一九三三年至一九三四年間對希特勒的談話記錄。這些記錄的主要內容是為了阻止當時某些思想保守者與希特勒的「危險關係」，儘管不是如實記錄，但畢竟反映了希特勒言談的主旨大意。就在希特勒「上台」後不久，他就宣佈了他的意圖是在巴西建立一個新德國，接管荷蘭在中非及「整個新幾內亞」的殖民帝國。北美的盎格魯—薩克森人的統治將變成「一個包括美國在內的日耳曼全球帝國的統治」。伴隨這些目標的是近似於預言式地宣佈將「重塑世界」，或者說是將人類從知識、自由和道德的束縛之中「解放」出來。

希特勒及其追隨者在取得最初的勝利後對這一主題樂此不彼。一九四〇年里賓特洛甫和外交部的官員就設想擴張「大歐洲經濟圈」，包括從以下地區獲得的補充殖民地：英法的西非殖民地；法國佔領的赤道非洲；比利時佔領的剛果、烏干達、肯亞、桑給巴爾和北羅德西亞，並將馬達加斯加島作為安置猶太人的地區。德國納粹的種族政治辦公室開始制訂在非洲建立殖民地和調整白人和黑人關係的詳細計劃。至於歐洲國家，不管是中立的、善意的或其他國家，都免不了要遭受攻擊。聖誕樹計劃則旨在征服並瓜分瑞士；北極狐計劃就是要奪取瑞典的鐵礦資源；伊莎貝拉和費立克斯計劃就是要佔領葡萄牙；不管佛朗哥（Franco）是否同意，都要奪取直布羅陀海峽。

東線戰場獲勝以後，希特勒就有條件對付英國。如果英國政府再次拒絕希特勒提出的和平共處的建議，那麼東方領土的資源就會被用來對付英國，從而發起一場持續不斷的空戰。如果德國獲勝，將最終導致海獅計劃的成功（見前一章）。戰爭可能延續到四〇年代末，只有蘇聯在烏拉山以東的重新崛起和美國的原子彈干預，才可能逆轉納粹在歐洲大陸和侵佔的蘇聯領土上建立鞏固的統治。如果英國戰敗，以上的一切都是空想。57 誠然，如果希特勒更有效地利用其與日本的結盟來對付蘇聯或英國，這一切更是不可能的，因為日本已於一九四〇年九月正式加入了德國—義大利軸心。希特勒可以集中力量將英國逐出埃及和中東，讓日本進攻在新加坡和印度的英國軍隊，另一個方案就是日本協同德國共同進攻蘇聯，以上兩種方式可以形成無堅不摧的鉗形攻勢。當然，美國可能作壁上觀，因為此時珍珠港還沒有遭到襲擊。

相反，日本被默許在巴巴羅薩計劃開始執行前兩年零半個月的時候內與史達林簽訂中立協定，希特勒於一九四一年十一月縱容日本進攻美國。一個月之後，即十二月六日，蘇聯發起反攻。兩天以後，日本偷襲珍珠港，將美國拖入了戰爭。希特勒忙中出錯，於十二月十一日對美國宣戰。這個決定通常被看作是缺乏遠見的致命失誤。然而希特勒似乎期望盡早同美國交戰。曾幾何時，他還沉湎於這樣一種幻想之中：英國可能會在「復活的」新歐洲中接受德國的領導，並與德國共同對付美國，「我也許看不到這一天了，但是我為德國人民而歡呼，因為將來會有一天他們將看到英國和德國共同對付美國」。如果與英國的結盟和經濟封鎖都不能使美國屈服，他開始考慮跨大西洋的侵略。他還幻想以亞述爾群島和加那利群島為基地空襲美國，並下令開始研製銳不可擋的四引擎轟炸機，其有效炸彈負載為八噸，航程一萬一千～一萬五千公里。同樣，在一九三九年一月二十七日海軍條例的特別「Z計劃」中，希特勒的野心也昭然若揭：計劃到一九四四年～一九四六年間將在高緯度海面上建成一支足能挑戰任何海軍強國的艦隊。龐大的海軍基地將建在托倫特海姆。八百艘軍艦中包括長達三百公尺、裝備有五十三厘米口徑火炮的十萬噸級戰艦。

總之，有跡象顯示希特勒的目標幾乎是沒有止境的。他的計劃從來不受費用和人力資源的限制，因為在他看來，戰爭對於改善種族和國家的「健康」大有裨益。他曾經說過：「我們也許要進行一百年的戰爭，這樣更好，因為這使我們不至於睡著了。」

如果希特勒擊敗了蘇聯，或至少部分地實現了他的計劃，那麼納粹帝國究竟能延續多久？難道真像他所設想的那樣會有一百年嗎？當然，他對於戰後重建德國城市的狂妄計劃就是建立在這一假設的基礎之上的。作為一個來自波希米亞小鎮、建築學不及格的學生，希特勒對建築設計一直耿耿於懷。在戰爭即將結束的最後幾周，當蘇聯士兵往來穿梭於已經成為一片瓦礫的柏林街頭時，他還在模擬太陽光的刺眼燈光下不厭其煩地擺弄那些建築模型。希特勒的主要建築意圖就是要建造令人望而生畏的龐大建築，為其統治籠罩上一層權威和永恆的光環，相形之下，人好像是來自於小人國。對於建築的功用，希特勒在一九四一年就表明了他的觀點：「凡是進入帝國大使館的人都會感到，站在他們面前的就是世界的主人。」對於被征服的俄羅斯各民族，希特勒以其典型的野蠻口氣說：「一年一度都會有一大幫的吉爾吉斯人被領著通過帝國首都，以便讓他們對首都大理石建築的威嚴和輝煌充滿敬畏。」㊽

伴隨這種令人望而生畏的風格的是近乎幼稚地對比例的迷戀。一九四一年希特勒對希姆萊異想天開地說：

要將柏林美化到無以復加的地步……。人們來到這兒就要看到寬闊的林蔭大道，還有凱旋門、軍隊萬神殿和人民廣場。所有這一切都要令他們瞠目結舌！我們只須讓羅馬這個我們在這世界上的唯一對手黯然失色，建築規模要足以讓聖彼得大教堂與其廣場相比之下顯得不過是小孩的玩具！㊾

希特勒對於漢堡的重建計劃也同樣顯示其好大喜功的特點。這些計劃中包括跨易北河的懸索大橋以及高達一百八十公尺的鐵塔。他這樣對他的軍事將領解釋這項工程：

你們也許要問：為什麼不建一條隧道呢？我認為隧道毫無用處。即使我建了隧道，我還是要在漢堡建造世界上最大的橋，以便讓從海外回來的德國人或有機會將德國和其他國家作比較的人說：美國和它的那些橋樑有什麼了不起！我們同樣能做到！這就是我為什麼要建造足以同美國相媲美的同樣宏偉的摩天大樓的原因。

這些摩天大樓包括新建的德國社會主義工人黨地區總部大樓，設計的目的就是要將紐約的帝國大廈在世界最高建築的排名上比下來（由於地表土層欠佳，從而影響了其規模，建築高度降到了二五〇公尺）。在其建築的頂部將樹立由霓虹燈組成的巨大的納粹黨黨徽，將現代風格、狂妄自大和粗俗的品味揉合在一起，儘管晚上能引導易北河上的船隻。

最宏偉的建築當然要建在柏林。這項工程計劃於一九五〇年完工，到那時柏林將被重新命名為「日耳曼尼亞」。⑥⓪柏林城區將以一個巨大的中軸網為中心向四周幅射，其間的林蔭大道將寬達一百公尺。遊客只要走出中央火車站，就會為寬闊的街景和大理石鑲嵌的巨大建築所折服。新建的凱旋門無論在高度和寬度上都兩倍於拿破崙的凱旋門，上面銘刻有陣亡將士名單，基座上將展示繳獲敵人的武器。新建的「元首宮」將配備一個足以供幾千人同時進餐的大廳和一個私人劇院。遊客經過「元首宮」就來到了世界最大的大廳，這裡可以容納二十五萬人。裝飾在大廳圓形屋頂上的燈就足以繞萬神殿一週，因而產生了所謂室內凝聚降雨的問題。距地面二九〇公尺的圓形屋頂的穹窿頂塔上將是一隻鷹的雕塑，最初的設計是鷹棲於納粹黨徽上，後改為鷹立於地球之上。⑥①這些建築連同閱兵廣場一起，將成為數百萬人演出的舞台，在上百盞耀眼的探照燈光束的閃爍下是人群的海洋，人們或者遊行，或者歌唱，或者歡呼。這些建築按其設計是要永存的。希特勒曾說過：「花崗巖將使我們的建築永遠存在。即使過了一萬年，它們還將矗立在那裡，除非海洋再次湮滅了我們的大陸。」建築材料將由黨衛隊新設立的集中營裡的人從附近的採石場裡運來。

在德國以外的建築就成了威廉·克雷斯（Wilhelm Kreis）對戰死士兵的紀念碑，斷斷續續地從非洲一直延伸到俄羅斯平原。更重要的是，帝國還將大力改善歐洲的基礎設施建設。運河將把俄羅斯的穀物和石油沿多瑙河運進來。三線道的公路使德國旅遊者乘坐大眾牌汽車從加萊迅速直達華沙，或從克拉根福特到托倫特海姆。一九四二年初，希特勒與他的總工程師弗利茨·托特（Fritz Todt）開始設計四米軌幅的鐵路，時速達一九〇公里的雙層列車將直通裏海沿岸和烏拉山區。在史達林格勒戰役和庫爾斯克戰役失敗以後，希特勒還在設計客廳和餐廳式的列車，以便使日耳曼移民往來於俄羅斯境內。

當然，歷史學家強調了第三帝國的混亂和最終的自我毀滅特徵，力圖使我們相信所有這些計劃只不過是幻想罷了，因為第三帝國於一九四五年提前崩潰了。然而，他們對納粹德國失敗的必然性在多大程度上是基於對未來的客觀評價之上，或者說在多大程度上是基於一廂情願的目的論思維方式。所有這些都還不甚明瞭。可以肯定的是，納粹德國計劃的諸多方面在我們看來是離奇古怪的，也難以想像其實現的可能性。但也並非完全如此。當希姆萊計劃其種族革命、希特勒建立其建築模型時，其他的機構也正在為普通的德國人設計未來。按照他們的觀念，這些計劃並非全是空想。羅伯特·萊伊（Robert Ley）構想的龐大的「德意志勞動前線」計劃有其社會的「進步性」，儘管這一計劃以其壓制和恐怖統治而著稱。通過其下屬的「勞動之美」和「歡樂的力量」兩個組織，這個計劃試圖改善人們的生活條件，提供廉價消費的體育活動和假期，培養「德意志工人」的價值觀，從而提高工人的勞動生產率，並打破傳統的階級界限，就連流亡的德國社會民主黨領導人也不得不承認這些計劃的有效性，儘管他們指責了這份計劃前幾部分所顯示的「小資產階級傾向」。在戰爭的最初幾年，「德意志勞動前線」的「科學勞動機構」對實施廣泛的健康、保險和養老金制度提出了詳盡的方案，同時也使人們在經歷了戰時物資的匱乏之後可以在戰後得到補償充滿了期望。作為一項總體的福利改革計劃，雷及其下屬決定改善公共住房條件，但由於要修建紀念性建築，使得這一領域長期被忽視了。他們的建議從表面上看與貝弗里奇報告頗有相似之處。例如，根據即將實施的全國養老金保障計劃，六十五歲以上的老人將獲得其工作期限最後十年內平均收入的百分之六十作為養老金。連同這項計劃一起出爐的還有一項兒童福利計劃和健康保障措施。[62]

只要仔細研究這些計劃，就會發現享受這些福利的條件要看過去的「行為表現」。凡是有種族問題或有「不合群」行為的人就被排擠在所有的保障措施之外。包括提供公共醫院、工廠醫生和廉價的療養院在內的醫療改革計劃也隱含了集權主義和對人類的機械認識觀念。這些觀念集中體現在一些令人不寒而慄的口號之中：「你的健康不屬於你個人」，還體現在對德意志人口進行「定期的大清查」，就好像是「清洗發動機一樣」。凡是被囚禁、絕育和因認定是「社會渣滓」、「不合群」或種族「異類」而被處決的人是不屬於這種福利國家的。[63]這種勝利後的反事實模式是最令人不寒而慄的，然而正是這種膚淺的「現代性」使人易於相信它會成為事實。

① 霍爾斯特・布克：〈德國空軍〉（Horst Boog, 'Die Luftwaffe'），載於霍爾斯特・布克等：《向蘇聯進軍》（Horst Boog, et al, *Der Angriff auf die Sowjetunion*），法蘭克福，一九九一年，第七三七頁。有關的英文著作有約翰・埃里克森：《通向史達林格勒之路》（John Erickson, *The Road to Stalingrad*），倫敦，一九九三年；約翰・埃里克森和大衛・迪爾斯克編：《巴巴羅薩計劃：軸心國和同盟國》（John Erickson & David Dilks, eds., *Barbarossa, The Axis and the Allies*），愛丁堡，一九九四年。關於這一主題最新的優秀德文著作有格爾德・烏伯捨爾和沃爾弗拉姆・維特編：《德國突襲蘇聯》（Gerd Uberschär & Wolfram Wette, eds., *Der deutsche Überfall auf die Sowjetunion*），法蘭克福，一九九一年；優秀的論文集有韋格納主編的著作（見註三）和由萊茵哈德・呂魯普編著：《對蘇聯的戰爭：一九四一年～一九四五年》（Reinhard Rürup, ed., *Der Krieg gegen die Sowjetunion 1941～1945*），柏林，一九九一年。

② 傑里米・諾克斯和傑弗雷・普里達姆編：《納粹主義：一九一九年～一九四五年》（Jeremy Noakes & Geoffrey Pridham, eds., *Nazism 1919～1945*），艾克塞特，一九八八年，第三卷，第八一八～八一九頁。

③ 克里納：〈「凍僵的閃電戰」：德國對蘇聯的戰略優勢及其失敗的原因〉（B. Kroener, 'Der "erfrorene Blitzkrieg": Strategische Planungen der deutschen Führung gegen die Sowjetunion und die Ursachen ihres Scheiterns'），載於伯恩德・韋格納編：《通向莫斯科的兩條道路》（Bernd Wegner, ed., *Zwei Wege nach Moscow*），慕尼黑，一九九一年，第一四四頁。

④ 阿蘭・克拉克：《巴巴羅薩計劃：一九四一年～一九四五年的俄德衝突》（Alan Clark，*Barbarossa: The Russian-German Conflict 1941～1945*），倫敦，一九九五年，第五六、八〇、八八頁。

⑤ 伯恩德・韋格納：〈通向失敗之路：德國在蘇聯的戰役，一九四一年～一九四三年〉（Bernd Wegner，'The Road to Defeat: The German Campaigns in Russia 1941～1943'），載於《戰略研究雜誌》（*Journal of Strategic Studies*），第一三期，一九九〇年，第一一二頁。

⑥ 約翰・巴伯和馬克・哈里森：《蘇聯的國內前線，一九四一年～一九四五年》（John Barber & Mark Harrison, *The Soviet Home Front 1941～1945*），倫敦，一九九一年，第一三九頁。

⑦ 貝里科夫：〈蘇聯工業向東部的轉移，一九四一年六月～一九四二年〉（A. M. Belikov, 'Transfer de l'industrie Sovietique vers l'Est, juin 1941～1942'），載於《第二次世界大戰史評論》（*Revue d'Histoire de la Deuxieme Guerre Mondiale*），第一一卷，一九六一年，第四八頁。有關蘇聯的戰略措施可參看理查德・奧維里的優秀著作《盟國勝利的原因》（Richard Overy, *Why the Allies Won*），倫敦，一九九五年，第六三～一〇〇頁。

⑧ 諾克斯和普里達姆編：《納粹主義》，第三卷，第八二〇頁。

⑨ 同上，第八二九頁。

⑩ 特雷弗—羅帕整理：《希特勒的閒談集》（Hugh Trevor-Roper, *Hitler' Table Talk 1941～1944*），牛津，一九八八年，第三一九頁。

⑪ 韋格納：〈通向失敗之路〉，第一一五頁。

⑫ 有關這次戰役的最新德文著作可參看沃爾弗拉姆・維特和格爾德・烏伯捨爾編：《史達林格勒：一次戰役的神話與現實》（Wolfram Wette & Gerd Uberschär, eds., *Stalingrad. Mythos und Wirklichkeit einer Schlacht*），法蘭克福，一九九三年。

⑬ 韋格納：〈通向失敗之路〉，第一〇九頁。

⑭ 諾克斯和普里達姆編：《納粹主義》，第三卷，第一〇八七頁。

⑮ 修正派和後修正派有關德軍在蘇聯的情況所做的描述參看O・巴托夫：《希特勒的軍隊：第三帝國的士兵、納粹和戰爭》（O. Bartov, *Hitler's Army: Soldiers, Nazis, and War in theThird Reich*），牛津，一九九一年；迪奧・舒爾特：《蘇聯領土上的德國軍隊和納粹的政策》（Theo Schulte, *The German Army and Nazi Policies in Occupied Russia*），牛津，一九八九年。這一主題的最新代表著作有漢尼斯・西爾和克勞斯・諾曼編：《毀滅：德國國防軍的罪行，一九四一年～一九四四年》（Hannes Heer & Klaus Naumann, eds., *Vernichtungskrieg. Verhrechen der Webrmacht 1941～1944*），漢堡，一

九九五年。

⑯ 馬修·庫柏：《影子戰爭：德國對蘇聯游擊隊的戰鬥，一九四一年～一九四五年》（Matthew Cooper, *The Phantom War: The German Struggle against Soviet Partisans 1941～1945*），倫敦，一九七九年，第五六頁。該書提供了關於游擊戰的最有價值的資料。

⑰ 魯斯·貝迪納·伯恩：〈兩種現實？東方戰場對游擊隊的失敗戰例〉（Ruth Bettina Birn, 'Zweierlei Wirklichkeit? Fallbeispiel zur Partisanbekämpfung im Osten'），載於韋格納編，《兩條道路》，第二八三頁。

⑱ 庫柏：《影子戰爭》，第八三～八八頁。

⑲ 萊恩·戴頓：《黨衛隊與英國》（Len Deighton, *SS-GB*），倫敦，一九七八年；羅伯特·哈里斯：《祖國》（Robert Harris, *Fatherland*），倫敦，一九九二年；紐特·金里奇和威廉·弗金：《一九四五年》（Newt Gingrich & William R. Forstchen, *1945*），紐約，一九九五年。

⑳ 拉爾夫·喬丹諾：《如果希特勒贏得了戰爭》（Ralph Giordano, *Wenn Hitler den Krieg gewonnen batte*），慕尼黑，一九八九年。

㉑ 肯尼斯·麥克西編：《希特勒的選擇：二戰的另一種決策》（Kenneth Macksey, *The Hitler Options: Alternate Decisions of World War II*），倫敦，一九九五年。

㉒ 喬肯·西爾斯：〈希特勒的歐洲建設計劃〉（Jochen Thies, 'Hitler's European Building Programme'），載於《當代史雜誌》（*Journal of Contemporary History*），第一三期，一九七八年；及〈納粹的建築——統治世界的藍圖〉（'Nazi Architecture- A Blueprint for World Domination'），載於大衛·韋爾奇編：《納粹的宣傳》（David Welch, ed., *Nazi Propaganda*），倫敦，一九八三年；羅伯特·赫爾斯坦：《當納粹夢想成真時》（Robert Edwin Herzstein,*When Nazi Dreams Came True*），倫敦，一九八二年。有關法西斯和納粹德國對歐洲統一的設想可參考史密斯和斯泰克編：《建造新歐洲》（M. L. Smith & P. M. R. Stirk, eds., *Making the New Europe*），倫敦，一九九〇年。

㉓ 詹姆斯·盧卡斯：〈沃坦行動：攻陷莫斯科的鉗形攻勢，一九四一年十月～十一月〉（James Lucas, 'Operation Wotan :

The Panzer Thrust to Capture Moscow, October-November 1941'），載於麥克西編：《希特勒的選擇》，第五四頁。

㉔ 澤爾蓋·庫德亞肖夫：《隱秘的戰線：在蘇聯的戰時通敵行為》（Sergei Kudryashov, 'The Hidden Dimension: Wartime Collaboration in the Soviet Union'），載於埃里克森和迪爾克斯編：《巴巴羅薩行動》，第二四六頁。也可參考喬爾根·托瓦德：《幻想：希特勒軍隊中的蘇聯士兵》（Jurgen Thorwald, *The Illusion: Soviet Soldiers in Hitler's Armies*），紐約，一九七五年；澤爾蓋·弗洛里奇：《甫拉索夫將軍：希特勒和史達林之間的德國和蘇聯》（Sergei Frohlich, *General Wlassow. Russen und Deutsche zwischen Hitler und Stalin*），科隆，一九八七年；喬吉姆·霍夫曼：《東方軍團，一九四一年～一九四三年》（Joachim Hoffmann, *Die Ostlegionen 1941～1943*），第三版，弗賴堡，一九八六年；《德國與卡爾梅克人，一九四二年～一九四五年》（*Deutsche und Kalmyken 1942 bis 1945*），第四版，弗賴堡，一九八六年；《甫拉索夫軍隊的歷史》（*Die Geschichte der Wlassow Armee*），弗賴堡，一九八六年；卡瑟琳·安德里耶夫：《甫拉索夫與蘇聯解放運動：蘇聯的現實與流亡理論》（Catherine Andreyev, *Vlasov and the Russian Liberation Movement: Soviet Reality and Emigré Theories*），劍橋，一九八七年；塞繆爾·紐蘭德：《德國軍隊中的哥薩克人，一九四一年～一九四五年》（Samuel J. Newland, *Cossacks in the German Army 1941 to 1945*），倫敦，一九九一年。

㉕ 亞利山大·達林：《德國在蘇聯的統治，一九四一～一九四五年：佔領政策研究》（Alexander Dallin, *German Rule in Russia, 1941～1945: A Study in Occupation Policies*），倫敦，一九八一年第二版，第五〇九頁。

㉖ 同上，第二四一頁。

㉗ 巴伯和哈里森：《蘇聯國內前線》，第一一四頁。

㉘ 《閒談集》，一九四一年十月十七日，第六八頁。

㉙ 同上，一九四二年一月九日～十日，第一九八頁。

㉚ 同上，第一五、二十三、二十四、三十三頁。

㉛ 同上，一九四一年九月十七日，第三十四頁。

㉜ 同上，一九四二年二月十九日～二十日，第三一九頁。

㉝ 同上，一九四一年十月十七日，第六九頁。

㉞ 同上，一九四一年八月八日～九日和九日～十日，第二四頁。

㉟ 同上，一九四二年八月六日，第六一七頁。

㊱ 同上，一九四一年九月十七日，第三四頁。

㊲ 同上，第四六頁。達林的比較陳舊研究主要涉及羅森伯格無實權的東方領土部，這一機構對軍隊、黨衛隊及警察並沒有多大的約束力。

㊳ 卡爾—海恩茨．雅森：〈統治、管理與剝削！〉（Karl-Heinz Janssen, 'Beherrschen, verwalten, ausbeuten!'），載於《現代》（*Die Zeit*）雜誌，一九九一年六月二十七日～二十八日，第四五頁。

㊴ 魯斯．貝迪納．伯恩：《黨衛隊和警察高級頭目：希姆萊在帝國和佔領領土上的代理人》（Ruth Bettina Birn, *Die höheren SS- und Polizeiführer. Himmlers Vertreter im Reich und in den besetzten Gebieten*），杜塞爾多夫，一九八六年。

㊵ 達林：《德國的統治》，第三二二頁。也可參考約翰．埃里克森：〈戰時蘇聯的納粹海報〉（John Erickson, 'Nazi Posters in Wartime Russia'），載於《今日歷史》（*History Today*），第四四期，一九九四年，第一四～一九頁。

㊶ 對希姆萊的意識形態觀點最好的敘述可參考約瑟夫．阿克曼：《作為理論家的海恩里希．希姆萊》（Josef Ackermann, *Heinrich Himmler als Ideologe*），哥廷根，一九七〇年，第一九五頁。從中可以瞭解他對東方問題的觀點。

㊷ 羅伯特．科耶爾：《加強日耳曼民族中央委員會：德國一九三九年～一九四五年的殖民和人口政策：加強日耳曼民族中央委員會的歷史》（Robert Koehl, *RKFDV: German Resettlement and Population Policy 1939～1945: A History of the Reich Commission for the Strengthening of Germandom*），劍橋，一九五七年。該書仍不失為一本標準的敘述。

㊸ 希姆萊的演講見諾爾夫—迪特．繆勒：《希特勒的東方戰爭和德國的移民政策》（Rolf-Dieter Müller, *Hitlers Ostkrieg und die deutsche Siedlungs-politik*），法蘭克福，一九九一年，第一一九～一二一頁。

㊹ 赫爾穆特．克勞斯尼克：〈處理東方異族的幾點意見〉（Helmut Krausnick, 'Denkschrift Himmlers über die Behandlung der Fremdvölkischen im Osten），載於《當代史季刊》（*Vierteljahreshefte für Zeitgeschichte*），第五期（一九五七年），

第一九四～一九八頁。

㊺ 巴恩德薩奇夫・克布倫茨：〈希姆萊有關東方領土問題的記錄〉（Bundesarchiv Koblenz，'Niederschrift Himmlers über Probleme der deutschen Ostsiedlung'），一九四〇年六月，第二四期。

㊻ 〈重建東方領土的計劃〉（'Planungsgrundlagen für den Aufbau der Ostgebiete'），載於繆勒：《希特勒的東方戰爭》（R. D. Müller, *Hitlers Ostkrieg*），法蘭克福，一九九一年，第一三〇～一三八頁。

㊼ 邁克爾・伯雷：《德國轉向東方：關於第三帝國的東方研究》（Michael Burleigh, *Germany Turns Eastward: A Study of 'Ostforschung' in the Third Reich*），劍橋，一九八八年，第一五五頁。又參見〈專家的時代〉（Die Stunde der Experten），載於羅斯勒和什萊爾馬赫編：《東方總計劃：納粹滅絕政策的主要方針》（M. Rössler & S. Schleiermacher, eds., *Der 'Generalplan Ost': Hauptlinien der nationalsozialistischen Planungs- und Vernichtungspolitik*），柏林，一九九三年，第三四六～三五五頁。

㊽ 格爾特・格萊寧和喬吉姆・沃爾什克—布爾曼編：《對土地的熱情》（Gert Gröning & Joachim Wolschke-Bulmahn, eds., *Der Liebe zur Landschaft*），《第三部，對東方的渴望：社會科學中自由發展的勞動》（*Teil III: Der Drang nach Osten. Arbeiten zur sozialwissenschaftlich orientierten Freiraumplanung*），第九卷，慕尼黑，一九八七年，第三一頁，引用康拉德・邁爾的自傳。

㊾ 〈希姆萊論土地問題〉（'Himmler über Siedlungsfragen'），載於卡爾・海茵茨・羅斯：〈康拉德・邁爾的第一個東方總計劃'，一九四〇年四月～五月〉（Karl Heinz Roth, 'Erster "Generalplan Ost"（April/May 1940）von Konrad Meyer'），載於《納粹社會政策文獻集》（*Dokumentationsstelle zur NS-Sozialpolitik, Mitteilungen*），一九八五年，第一期，有文獻附錄。

㊿ 關於海德里希的演講，參見迪特里希・艾克霍爾茨：〈東方總計劃：帝國主義者的奇思怪想和政策〉（Dietrich Eichholtz, 'Der "Generalplan Ost". Über eine Ausgeburt imperialistischer Denkart und Politik'），載於《歷史年鑒》（*Jahrbuch für Geschichte*），第二六卷，一九八二年，文獻附錄，第二五七頁，

51 赫爾穆特・海伯：〈東方總計劃〉（Helmut Heiber, 'Der Generalplans Ost'），載於《當代史季刊》，第六期（一九八五年），第二八一頁。

52 有關邁爾的章節參見繆勒：《希特勒的東方戰爭》，第一八五～一八八頁。

53 布魯諾・瓦瑟：〈「東方總計劃」實施階段盧布林地區的德意志化〉（Bruno Wasser, 'Die "Germanisierung" im Distrikt Lublin als Generalprobe und erste Realisierungsphase des 'Generalplans Ost'），載於羅斯勒和什萊爾馬赫編：《東方總計劃》，第二七二頁。

54 有關查莫西奇的殖民參見捷斯拉夫・馬德楚克：《納粹德國在波蘭的佔領政策：一九三九年～一九四五年》（Czeslaw Madajczyk, *Die Okkupationspolitik Nazideutschlands in Polen 1939～1945*），科隆，一九八八年，第四二二頁。

55 格茨・阿里和蘇珊娜・海姆：《毀滅的幻想：奧斯維辛與德國的歐洲新秩序》（Götz Aly & Susanne Heim, *Vordenker der Vernichtung. Auschwitz und die deutschen Pläne für eine neue europäische Ordnung*），漢堡，一九九一年，第四三六頁。

56 特雷弗─羅帕：〈希特勒的戰爭目標〉（H.R.Trevor-Roper, 'Hitlers Kriegsziele'），載於《當代史季刊》，第八期，一九六〇年，第一二一～一三三頁；伊貝爾哈德・賈克爾：《希特勒的世界觀：權力的藍圖》（Eberhard Jäckel, *Hitler's World View: A Blueprint for Power*），康乃狄克州，米德爾城，一九七二年；古恩特・莫爾特曼：〈希特勒的世界統治觀念〉（Gunter Moltmann, 'Weltherrschaftsideen Hitlers'），載於布魯納和格爾哈德編：《歐洲與海外：艾克蒙特・澤赫林紀念文集》（O. Brunner & D.Gerhard, *Europa und Übersee. Festschrift für Egmont Zechlin*），漢堡，一九六一年，第一九七～二四〇頁；米蘭・霍曼：〈希特勒妄圖統治世界嗎?〉（Milan Hauner, '*Did Hitler Want World Domination?*'），載於《當代史雜誌》（*Journal of Contemporary History*），第一三期，一九七八年，第一五～三二頁；麥爾・麥克里斯：〈世界強國還是世界統治?〉（Meier Michaelis, 'World Power Status or World Dominion?'），載於《歷史雜誌》（*Historical Journal*），第一五卷，一九七二年，第三三一～三六〇頁。

57 邁克爾・伯雷：〈明天的世界〉（Michael Burleigh, '*...And Tomorrow the Whole World*'），載於《今日歷史》（*History*

Today），第四〇卷，一九九〇年，第三二～三八頁；迪米特里・奧萊尼科夫和澤爾蓋・庫德亞肖夫：〈若希特勒擊敗了蘇聯，結果如何？〉（Dimitry Oleinikov & Sergei Kudryashov, eds., *'What If Hitler Had Defeated Russia?'*），載於《今日歷史》第四五卷，一九九五年，第六七～七〇頁。

58 《閒談集》，一九四一年八月八日～九日，第二四頁。

59 同上，一九四一年十月二十一日～二十二日，第八一頁。

60 同上，一九四二年六月八日，第五三二頁。又參見漢斯・萊哈爾德和沃爾夫岡・捨赫編：《從柏林到日耳曼尼亞：阿爾伯特・斯皮爾斯的新安排：對帝國城市的破壞》（Hans J. Reichardt & Wolfgang Schäche, eds., *Von Berlin nach Germania. Über die Zerstörung der Reichshauptstadt durch Albert Speers Neugestaltungen*），柏林，一九八五年。

61 沃爾夫岡・捨赫：〈從柏林到日耳曼尼亞：建築與城市規劃〉（Wolfgang Schäche, 'From Berlin to Germania: Architecture and Urban Planning'），載於大衛・布里特編：《藝術與權力：獨裁統治下的歐洲，一九三〇年～一九四五年》（David Britt, ed., *Art and Power: Europe under the Dictators, 1930～1945*），海華德畫廊，倫敦，一九九五年，第三二六頁。

62 有關這些計劃參見考爾—海茵茨・羅斯編：〈為日耳曼民族提供就業：德意志勞動前線的社會保險新計劃一九三五～一九四三年〉（Karl-Heinz Roth, ed., 'Versorgungswerk des Deutschen Volkes: Die Neuordnungspläne der Deutschen Arbeitsfront zur Sozialversicherung 1935～1943'），載於《納粹社會政策文獻集》（*Dokumentaionsstelle zur NS-Sozialpolitik*），第二卷，漢堡，一九八六年。

63 有關這些政策的一般討論參見邁克爾・伯雷和沃爾夫岡・維伯曼：《種族國家：一九三三年～一九四五年的德國》（Michael Burleigh & Wolfgang Wippermann, *The Racial State: Germany 1933～1945*），劍橋，一九九四年。

第七章　史達林的戰爭與和平

如果冷戰被避免，歷史將會如何？

喬納森・哈斯拉姆

如果根本沒有雅爾達會議，結果也許會完全相同。我認為，不管有沒有雅爾達會議，歷史將自我實現。

——格拉德溫・傑布（Gladwyn Jebb）①

為什麼說「歷史將自我實現」？為什麼結果會「完全相同」？在一九四五年或隨後的時間裡，事態的發展存在其它的可能性嗎？

首先最好承認，作者對上述問題的價值明確持懷疑態度。一種讓人疑惑不解的做法是，歷史學家武斷地選擇一個自己所偏愛的變數，改變它的意義或真實構成，同時卻拒絕所有其它變數按照同樣的方式演變。在很多情況下，此舉意味著選擇一個歷史上的失敗者，在縛住其他人的雙手並降低更多的、根本性的歷史動因的重要性的情況下，重新編排歷史，然後讓這個歷史人物一帆風順地取得勝利。在西方關於蘇聯的歷史著作中，此類不著邊際的想法並不少見。莫什・萊溫（Moshe Lewin）這位自稱為反史達林教條主義的馬克思主義者相信布哈林原本可以使蘇聯避免強制推行農業集體化，並確保工業化的實現和社會主義的前途。②當然，按照傳統馬克思主義的觀點，一個歷史人物的成功或失敗將取決於大環境中的各種因素綜合作用的結果，而不是由某一變數單獨決定的。歷史學家對某一特定人物的過分偏愛通常會伴隨著對於該人物的主要競爭對手的深深厭惡。但其中的危險性在於這使他看不到決定歷史的其它因素。義大利歷史學家和歷史哲學家克羅齊對於反事實主義提出了更加嚴肅的批評。③正如他所言，很難判定這種做法是否正確，即在一個人為選定的點上武斷地跳進歷史長河中，然後在那一點上重新編排歷史，而不去考慮過去對現在的影響。為什麼不選擇更早一點或更晚一點的時間去切入歷史呢？

至少是為了部分地打消克羅齊的擔憂，在選擇反事實問題時應該盡可能做到清醒、謹慎和公正。也許，還應該在許多點上切入歷史，並且在任何一點上選擇多個變數，展示可能出現的不同結果，從而在這一過程中證明其中任何一種因素的作用。因此，讓我們選擇三個反事實問題，這些問題將從不同的角度來探討冷戰的起源：

一、假如美國沒有原子彈？

二、假如蘇聯的情報機構沒有成功打入英美國家的高級部門？

三、假如史達林將蘇聯的擴張限制在與民主國家觀念相似的那種勢力範圍之內？

第一個問題探討了原子彈對莫斯科和西方關係的影響。有人認為，投放原子彈並非是為了擊敗日本，而是為了嚇唬蘇聯人。④這就提出了一個關鍵問題，即蘇聯人與民主國家相互對抗的格局究竟是由美國還是蘇聯政策造成的。美國的「修正」歷史學派從未懷疑過：「一九四五年初杜魯門（Harry S. Truman）的對蘇戰略明顯受到這種信念的影響，即一旦原子彈試驗成功，美國的外交地位將大大增強；」⑤「與其前任的合作政策大相逕庭的是，杜魯門上台伊始即採取了強硬的外交措施，目的是降低或限制蘇聯在歐洲的影響；」⑥因此，在一九四五年之後，「史達林的行為似乎出現了謹慎的節制」。⑦

第二個問題關係到一個很重要的間諜問題。蘇聯人在英國政府高級部門中安插了大批間諜已經是人所共知的。但同樣出名的是，蘇聯雇傭的間諜向他們提供了後來製造出原子彈的試驗進展的關鍵信息。從美國政府已經解密的資料中可以看出，當時關於原子彈的間諜活動相當深入。⑧假如蘇聯人在一九四五年八月之前對於原子彈一無所知；假如他們不知道西方對他們針對民主國家的擴張行為做何反應：史達林會冒險行動嗎？

還在戰爭進行中，蘇聯、英國和美國都有人主張將歐洲劃分為蘇聯和西方的勢力範圍。持這種觀點的人，包括馬克西姆・李維諾夫（Maxim Litvinov）、卡爾和沃爾特・李普曼（Walter Lippman），都曾設想過一種傳統的相對溫和的勢力範圍體系。根據這種體系，國家內部的政治和社會經濟結構將不受臨近大國的干預，只有國防和外交事務除外。這並不是史達林所設想的那種勢力範圍。在他看來，勢力範圍最終意味著全面控制。這種解釋的內涵以及它在中東歐的實施挑起了蘇聯與西方的衝突。如果史達林選擇了李維諾夫所提出的方式，情況會是怎樣？冷戰會不會因此而避免？

這就是我們希望探討的問題。但在我們開始討論之前，讀者應該瞭解在解釋冷戰起源時所必須依據的資料方面的一些問題。由於美國政府最先開始解密檔案，第一批關於冷戰的著作完全依據美國國家檔案館的資料。近來英國和法國也開始開放關於四〇年代的更多的檔案資料。但蘇聯政府堅決拒絕這樣做，相關資料僅對官方歷史學家做有限透露。因此，這一時期的歷史著作當然是一面之詞。研究美國外交和英法對外政策的歷史學家們只能滿足於對蘇聯行為的動機作出無法確定的推論。正是在這一點上，相對保守的歷史學家和「修正派」之間出現了分歧。既然除了推論本身無法斷定蘇聯外交政策背後的動機，那麼意識形態偏見就取代了以檔案資料為依據的判斷。

一九九一年蘇聯政府的垮台促成了莫斯科公佈迄今為止一直保密的檔案。一九九二年，蘇聯外交部同意向研究者開放資料，從那時起，一九四五～一九五五年間的大量資料已經可以找到。⑨但是，由於外交部和軍事部門的反對，最重要的文件，即密碼電報卻不在解密範圍之內，而這些在蘇聯駐外使節與外交部長之間關於外交事務的通信中卻佔據相當大的比例。另外，與外交問題相關的其它重要檔案管理部門，包括蘇共中央委員會國際部、國防部、克格勃（KGB）以及總統檔案館（其中包括中央政治局關於外交事務的文件），都拒絕向研究者提供它們所掌握的關於正在討論的這段時期的資料。因此，目前任何通過分析蘇聯外交政策的演變來探討冷戰起源所依據的蘇方資料，都與在美國、英國和法國檔案中發現的資料相類似。但這並不是說這些蘇方資料毫無用處。通過努力分析目前可以得到的外交部的檔案，諸如外交信件、備忘錄、大使日記和年度報告等，再加上對西方檔案的研究成果，仍然可以取得重大發現。但此刻我們是在討論正在進行中的研究，其定論遠未出現。

那麼，在這些限制條件中，讓我們來討論上面所提出的問題。

假如美國沒有原子彈？

儘管大量證據表明杜魯門時期的美國政府決定對日本使用原子彈的原因主要是預告盟軍即將對日本發動一場全面的流血進攻，但也有足夠多的證據表明美國人也希望使用原子彈會產生一個附帶效應，即節制蘇聯的行動。⑩自從蘇聯軍隊在一九四四年進入羅馬尼亞和保加利亞，以及隨後在一九四五年出現在波蘭和其它中東歐國家，西方領導人便開始清楚地認識到蘇聯人不甘於在太平洋戰爭的收尾階段扮演一個完全無足輕重的角色；非但如此，許多人相信蘇聯人正在越出已經確定的勢力範圍，走上一條堅決擴張的道路。

在投放原子彈前夕的波茨坦會議上，杜魯門曾把史達林拉到一邊，預先通知他美國人將對日本使用一種新的致命武器。史達林表現出著名的無動於衷。但在私下場合，莫洛托夫（Molotov）聲稱：「他們在提高價碼。」史達林則笑著答道：「隨他們去。今天我們得與庫爾恰托夫（Kurchatov，蘇聯計劃的負責人）談談如何加快我們自己工作的進展。」⑪可見，原子彈對於史達林及其同事所起的作用是相同的。史達林當然希望美國不得長期壟斷這種新的武器系統。但是，推動史達林加快發展的因素並不是對日本人使用原子彈，或是原子彈試爆成功。因此，杜魯門一方所施加的限制對於蘇聯計劃的進展並沒有起到顯著效果。

許多人認為原子彈在東西方關係的惡化中起了決定性的作用，但它的作用還不僅於此。他們認為美國通過擁有原子彈來恐嚇蘇聯，結果反而導致蘇聯在受驚之下決定阻止西方的影響，反對西方提出的主張，最終並促成了冷戰。

但是，假如沒有原子彈，東西方的關係會是另外一種樣子嗎？關於武器系統是冷戰衝突根源的觀點很受那些主張削減核武人士的歡迎。⑫這種觀點在本質上與一九一四年前後認為大國間的軍備競賽導致第一次世界大戰爆發的觀點如出一轍。無論是證明還是反駁這種觀點，我們都必須尋找蘇聯對於原子彈態度的有關證據，因為那些主張原子彈在事態發展中起到關鍵作用的人認為，蘇聯的政策完全是反應性的，也就是說，蘇聯人是在針對美國人的恐嚇而採取行動的。

事實上，蘇聯的態度更多地體現出了自信而不是畏懼。有證據表明，史達林認為原子彈在戰爭中不會起到決定性作用，因此也不是外交談判中的決定性因素。事實上，他對美國多少還有一些輕蔑，因為在他看來，美國並未擁有足以稱霸全球的意志，而這才是最重要的。

例證之一是副人民委員李維諾夫發表的一份聲明，由於他對蘇聯新政策的急劇變化表示強烈不滿，於是打破常規，輕率而不加修飾地同時向西方記者和外交官發表了簡短評論。一九四六年六月，美國記者霍特利特（Hottelet）向李維諾夫提問關於美國的原子彈壟斷以及蘇聯對於國際原子能管制的態度。李維諾夫說「蘇聯不會贊成對原子能進行管制，不會高估原子彈的重要性，而且也不一定會懼怕原子戰」。他還說，領導層堅持這種看法，即一個國家「遼闊的疆域、豐富的人力和資源以及分散的工業佈局將給它提供很大的保護」。⑬九月，史達林本人對《星期日時報》的記者沃思（Werth）說，他「並不像一些政治家那樣認為原子彈是一個重要的因素。原子彈只能嚇唬那些神經脆弱的人，但它們不能決定戰爭的結果，因為並沒有足夠多的原子彈。」⑭此一觀點在莫洛托夫後來由丘耶夫（Chuyev）執筆的回憶錄中再次出現：「他們（美國人）懂得，當前他們根本無法發動一場戰爭；他們所有的不過是一兩顆原子彈而已。」⑮這是史達林的一項非比尋常的聲明，因為它表明美國核彈儲備的機密（或者，更確切地說，沒有核彈的狀況）已經為蘇聯情報機構所掌握（下文對這一問題有更詳細的敘述）。這樣做的確有一種虛張聲勢的考慮。如果美國人的確有通過原子彈的威脅來敲詐蘇聯人的意圖，有必要讓他們相信這種威脅並不足為慮。但李維諾夫並不是奉史達林的命令行事；相反，他的舉動被看作是對國家的背叛，莫洛托夫後來證實了這一點。莫洛托夫回憶道：「李維諾夫對我們完全持敵對的態度，我們竊聽了他與一個美國記者的談話錄音……那是徹頭徹尾的背叛。」⑯

這種對於原子彈的冷靜分析，正如李維諾夫已經表達的那樣，反映出對於戰爭的一種觀點，而這種觀點正是建立在蘇聯自身實力和西方明顯虛弱的基礎之上。如果西方並不準備派地面部隊進入蘇聯去擊敗蘇聯軍隊並佔領這個國家，那麼它就無法將最後的威脅變成現實；而如果西方做不到這一點，蘇聯人為什麼要拿這些威脅當真？在一九四六年十二月二十一日接受艾略特・羅斯福（Elliott Roosevelt）的一次採訪中，史達林表達了充滿自信的觀點，他說他

> 看不出和平破裂或一次軍事衝突有什麼可怕的。沒有任何一個大國，就算它的政府願意，現在能夠集結大批軍隊來攻擊其它盟友，或者其它大國，因為當前沒有任何一個國家可以在得不到其人民支持的情況下作戰，而人民不想作戰。人民已經厭倦了戰爭……我認為新的戰爭威脅並不存在。⑰

最後一個例證來自一九四九年八月底蘇聯人完成第一顆原子彈試爆之後。一九五二年七月，當韓戰爭還在進行的時候，史達林對親蘇的義大利社會主義者南尼（Nenni）發表了評論。他說：「誠然，美國有一些人在談論戰爭，但他們並不具備發動一場戰爭的條件；美國有技術，卻沒有戰爭所需要的人力；它有空軍，它有原子彈，但它從哪兒才能找到發動第三次世界大戰的士兵呢？」他繼續說：「美國人無法摧毀莫斯科，正如我們無法摧毀紐約一樣。佔領莫斯科和紐約都需要軍隊。」⑱最後，美國前國務卿伯恩斯（Byrnes）在提到原子彈時也承認蘇聯人「並不害怕」。⑲

旨在重建歐洲的馬歇爾計劃第一次明確表示美國將認真考慮限制蘇聯在歐洲的擴張。這個計劃在一九四七年七月付諸實施。蘇聯的反應多少有一些歇斯底里，至少在公開場合是如此。史達林在九月份就督促東歐各共產主義政黨組建共產黨和工人黨情報局以便強迫它們服從自己。另外，一股罷工和暴力示威的浪潮襲擊了西歐的大街小巷。但是，直到十二月，蘇聯領導人再次向義大利社會主義者南尼保證，他們並不認為戰爭「迫在眉睫或者為時不遠。美國並沒有準備好發動一場戰爭。它是在製造一種精神上的冷戰，目的是為了『敲詐』，蘇聯政府不會接受恐嚇，而是要堅持自己的政策」。⑳蘇聯的一名外交官曾經在法國這樣提到美國人：「不出幾年，他們將從這裡被趕出去。」㉑

蘇聯在估計核武的威脅時表現得過分自信，儘管這種自信在史達林死後無疑被更加清醒的認識所取代。與此同時，它在各方面都顯示了自信心。今天的許多人在知道軸心國軍隊給蘇聯帶來了毀滅性的打擊，因為蘇聯在戰爭中大約損失了二八〇〇萬人之後，將會覺得蘇聯人這種幾乎無所畏懼的感覺真是不可思議。但是莫斯科關於勢力均衡的估計既是建立在認為美國缺乏戰爭願望的觀點上，也是建立在想像中的社會主義生產方式相對於資本主義的優勢上。而且，一旦美國陷入一次莫斯科翹首以盼的新的衰落，美國的戰爭願望將進一步受到削弱，以至於華盛頓很可能如一九二九年以後那樣再次退回到孤立的狀態。

並不是說史達林及其屬下對美國沒有畏懼感——儘管他們對美國的畏懼遠比民主國家所希望和相信的要小的多——而是這種畏懼已經由於以下估計而大為削弱了，即美國軍火庫中最厲害的武器僅具有極其有限的價值；資本主義世界經濟中存在的結構性問題將導致其進一步的崩潰；美國與正在走下坡的大英帝國的關係即使在最佳時期也是不穩定的，美國畢竟沒有史達林在邱吉爾眼中看出的那種決心。儘管疏遠西方國家的舉動分明有些草率，例如鎮壓中東歐反共產主義的抵抗力量，堅持在德國東部保持大量駐軍，對土耳其提出領土要求（一九四五年），試圖在伊朗北部維持一個共產黨政府（一九四五～一九四六年），接管捷克斯洛伐克（一九四八年）以及封鎖西柏林等等，但史達林事實上只是在進行有把握的冒險，他採取了虛張聲勢的政策。

假如西方的情報機構沒有被滲透？

史達林對美國軍事能力的局限性得出了相對樂觀的結論，這部分是由於他懂得核武並不具有壓倒一切的威力，但同時也歸因於情報部門的分析。這些情報讓他知道核武的儲備量為零，而且，在一九四八年夏季被運往英國以壯西方軍威的 B-29 九型飛機其實並不具備核武能力。這些內容構成了出版最多的一類冷戰故事。如果史達林沒有得到那些情報，情況會出現什麼樣的變化？他是否會更加謹慎行事，甚至在考慮原子彈的作用時有所保留呢？

答案取決於如何解釋第二次世界大戰結束後蘇聯擴張主義的動機。如前所述，我們面臨著兩種選擇：史達林要麼是在冒著戰爭的危險而自覺地採取一條擴張路線，要麼是在採取防禦性行動以便阻止他潛在對手的進攻。李維諾夫可以被認為是當時史達林和莫洛托夫政策的最準確的分析者，因為他是從內部看著這些政策出爐的。他認為這些政策是上述兩種可能性的綜合，但這種綜合極具危險性，如果不是採取了先發制人的預防措施，就很可能會引發一場戰爭。李維諾夫對霍特利特說，蘇聯已經退回到「過時的地區安全的概念上。你獲得的土地越多，就越安全」，如果民主國家在壓力下屈服，「西方遲早將面臨著新一輪的要求」。在談到這種政策的根源時，李維諾夫說：「在我看來，根本原因是這裡（指蘇聯——譯者註）普遍存在的意識形態觀念，即認為共產主義和資本主義兩個世界之間的衝突將不可避免。」這些談話發生在一九四六年六月。㉒隨後李維諾夫與英國代表團副團長羅伯茨（Norman Roberts）有一些談話，後者認為克里姆林宮並不想要戰爭，「李維諾夫對此表示同意，但經常要加上一句：『希特勒也不想要戰爭，然而，如果舉措不當，事態對那些試圖要駕馭它們的人而言將會變得過於猛烈。』」㉓這些談話的涵義已經很清楚了。但是，真正起作用的是史達林如何看待擴張的實質，是防禦還是進攻，所有證據都表明原子彈並沒有發揮明顯的效果。史達林是在按照原子彈登台之前就已經確定的計劃來行動的。蘇聯人在一九四五年七月和八月原子彈接受測試以及隨後投放到日本時只表現出了短暫的擔憂，但這種擔憂很快就讓位於堅決的挑釁，如果不是完全無動於衷的話。

但是，史達林的冷靜在多大程度上可以歸因於他對西方的實力甚至它們的意圖有著詳細的瞭解？蘇聯人獲得情報的能力讓人吃驚。僅舉一例：在共產黨情報局的檔案中可以發現這樣一份文件，是由蘇聯國家安全委員會第一司（外國情報處）主管菲丁（Fitin）向共產黨情報局總書記季米特洛夫（Dimitrov）送交的報告，文中列出了倫敦警察廳特別部準備在下周對英國共產黨員加以監視的詳細名單和住址。對我們討論的問題來說，最重要的是以下五名間諜：菲爾比、伯格斯、麥克萊恩、布倫特和凱恩克羅斯（Cairncross）。他們可以獲得有關國家的外交、防務和情報等一切重要秘密。國家安全委員會（克格勃的前身）第一司第三分部，即英國部，整個第二次世界大戰期間的工作主要集中在「原子彈研究、戰時經濟和英國與其它國家的關係」上㉔，當然，各項工作的重要程度的順序不一定是一成不變的。菲爾比受雇於英國秘密情報處，並升至副主管的位置；伯格斯前後在許多不同的部門待過，包括在英國情報部和外交部中的短暫任職（他後來成了麥克尼爾首相〔McNeil〕的秘書）；麥克萊恩也在外交部中任職（從一九三五年開始），並最終在升任美國局主管之後叛逃；布倫特在英國軍事情報安全服務處；凱恩克羅斯先在內閣辦公室和密碼局，後又進入財政部。菲爾比、伯格斯和麥克萊恩在冷戰初期都先後服務於英國駐華盛頓大使館。㉕關於如何處置這些情報，尤里・莫丁（Yuri Modin）寫道：

> 倫敦的情報大都是以密碼形式傳到莫斯科。然後，我們秘密情報部門的頭號人物與政治局（指史達林、莫洛托夫和貝利亞〔Beria〕）直接聯絡。我們的報告很少會到達人民委員部外事部的低層。事實上，莫洛托夫全權負責我們提供的情報，他隨心所欲地處置這些情報。㉖

通過這些渠道，克里姆林宮「完全知道關於原子彈發展的技術和政治層面的一切情況」。㉗

當然，他們知道的遠遠不止這些。在一九四四年十月，菲爾比被任命為英國秘密情報處第九局反共產主義局的主任。蘇聯國家安全委員會總部認為這是一次「難以估量」的成功。[28]事實上，在一九四五年二月，菲爾比報告說，英國秘密情報處頭目孟席斯（Menzies）發出一項指示：「『旅館』（指英國秘密情報處）要重視採取積極行動來反對紅軍佔領地區內的蘇聯機構。」[29]秘密政治間諜的重要性一點也不遜色。在一九四五～四九年間盟國所舉行的會議中，莫洛托夫知道盟國們是怎樣在他背後評論蘇聯政策的。我們知道當一九四七年六月美國國務卿馬歇爾（George C. Marshall）宣佈他的歐洲復興計劃時，莫洛托夫強烈意識到蘇聯應該接受這一提議，於是他率領一支代表團去巴黎進行關於蘇聯加入馬歇爾計劃的談判。[30]但沒過多久，他們就退出了談判，還把東歐各國也一起拉走，因為蘇聯人已經接到情報：英國外交大臣貝文（Bevin）與美國財政部長克萊頓（Clayton）討論過西方將如何通過此一計劃迫使蘇聯在東歐做出必要的政治讓步。[31]我們還知道，當莫洛托夫剛剛抵達巴黎時據說曾大發雷霆，因為他沒有看到「資料」（即英美之間的秘密通訊），而僅僅被告知倫敦和華盛頓都還不知道蘇聯代表團已經到達巴黎！[32]

然而，獲取情報與正確使用這些情報完全是兩回事。真實的情況是，史達林和莫洛托夫相信那些能夠證實自己對盟國的不信任傾向的情報，而不相信或忽視那些似乎表明英美意圖中好的一面的情報。也就是說，當史達林和莫洛托夫對某一問題提出一個基本立場後，國家安全委員會負責立即尋找能夠證實和說明這一立場的情報。前駐英國大使邁斯基（Maisky）看來已經使領導層相信，戰後英美之間將出現長期對抗。當然，一旦莫斯科和其盟友之間的關係開始嚴重惡化時，克里姆林宮將不得不修正這一基本觀點。但克里姆林宮的觀點似乎從未根本改變過，仍然堅持英美遲早將發生爭吵。這就使得蘇聯人更不願接受這一事實，即一個緊密的西方集團正在形成中，蘇聯人只有適時讓步才能避免強化該集團這一對己不利的行為。根據莫丁的回憶：「核心層通常對英美關係以及兩國之間可能出現的各種問題特別感興趣。」[33]對於原子彈的過分關注自然也助長了這種期盼。美國人吸收了英國的專家，卻拒絕英國從這一項目（指原子彈研製計劃——譯註）中受益。莫丁說：「我們還知道，美國人試圖在每一個步驟上都讓英國人蒙在鼓裡。可以肯定的是，起初他們在研究方面遠遠落後於英國人，他們的計劃就是要利用盟國的專家……一旦他們趕上來就拋棄他們。當然，這正是他們所做的。」[34]

如果沒有這些情報，史達林是否會更加謹慎，冷戰能否避免呢？對於第一個問題的回答，我們的結論是：史達林在按照他已經確定的既定路線行事，他對美國的畏懼還沒有達到要修改這一路線的程度，但他的決定是建立在有把握的冒險基礎之上，而不是他後來的繼承者赫魯雪夫（Khrushchev）的那種輕率而直覺的冒險。如果此一結論正確的話，如果目前所能得到的資料能夠證實這一點的話，那麼，情報部門的信息就在這些思考中起到了關鍵性的作用，這就解釋了莫洛托夫對情報的熱衷和完全依賴。研究蘇聯情報的歷史學家至少向我們提供了一個事例表明史達林從情報管道聽取了美國的立場後主動退縮。這就是一九四五年史達林向土耳其提出領土要求，並在一九四七年重提此事的原因所在。[35]儘管目前尚無法從檔案中獲取相關證據，但下面的事件完全有可能是真實的。一九四九年史達林在西柏林問題上最終付出了讓步，這是因為他在直接獲悉西方的正式考慮後終於認識到他不可能成功地按照自己的方式完全切斷民主國家進入位於蘇聯佔領地中心的這塊自由孤島。因此，當史達林通過情報部門瞭解到西方國家在內部討論中一致決定持強硬立場時，他將會採取謹慎的態度；但是，當有關情報使他冷眼旁觀英美間的不諧和衝突時，可以有把握地推論，這種情況將鼓勵他保持對抗態度。在史達林沒有得到情報的情況下，一切將取決於民主國家對本身立場的堅定程度，以及史達林對他們這種堅定性的相信程度。㊱

假如史達林接受了西方對於「勢力範圍」的定義？

在這場遊戲中，史達林是否真的遠在西方意識到之前就已經確定了他的行動計劃呢？史達林很早就採取了一種決策方式，這種方式與極權主義理論家和簡單的傳記作家的觀點相反，這種決策方式也包括對各種不同的可供選擇的途徑進行討論。㊲我們知道，在蘇聯戰後與歐洲和遠東的關係方面，史達林曾從不同角度出發制訂過不同的計劃。其中一份計劃曾由李維諾夫領導的一個委員會匯總而成，主張戰後英國和蘇聯在歐洲分享霸權，其基礎是與民主國家的觀點類似的那種勢力範圍劃分，而不是史達林所最終採取的那種。如果史達林採納了李維諾夫的模式而不是最後由他自己決定的模式，會出現什麼結果？冷戰會不會因此而避免呢？

這可能要歸因於西方國家的天真，因為直到紅軍解放了中東歐地區，西方國家才完全明白史達林所說的勢力範圍實際上接近於通常意義上的殖民地。構成勢力範圍或利益範圍的公認理念是美國在美洲維持其統治的指導性原則「門羅主義」：該地區之外的國家絕對不許干預本地區的內部事務。在美國暫時及間或的武裝干預下，這些國家基本上可以按照自己的意願進行自治。同樣的原則也體現在英國與低地國家的關係上，英國認為自己的安全依賴於這些國家不受外部的直接干預，它在一七九四年和一九一四年參加戰爭的部分原因就是為了維護這一關鍵原則。對於這種保證國家安全的最簡化途徑，那些新近沒有遭受過侵略的國家要比剛剛經歷過納粹德國佔領惡夢的國家更易於接受。但民主國家認為，在共同擊敗德國之後，莫斯科會把盟國當作維護其安全的重要（如果不是主要的）保證者。

一種通常的說法認為蘇聯人和西方國家在劃分勢力範圍的問題上之所以沒有達成共識，真正的原因是美國總統羅斯福堅決拒絕承擔任何責任。雖然一九四四年邱吉爾和史達林達成一項協議，但蘇聯人是按照殖民地的方式而不是英國人所希望的方式來實施這項協議的。蘇聯的行動和野心同樣使民主國家傷透腦筋。因此，那種認為如果羅斯福在這一問題上更加積極蘇聯人就會多一些友善的觀點並沒有多少根據。

但是，假如史達林滿足了西方的願望，情況將會如何？在否定這種可能性之前，應該考慮到史達林在外交政策上一直是出名的現實主義者，而且事實上一個根據他的要求而設立的委員會確實也提出過這種選擇。對先驗主義者如美國政治學家塔克（R. C. Tucker）而言，史達林的性格已經提前決定了結果。然而，如果就此斷定史達林的外交政策完全取決於他的性格，那麼如何解釋在三〇年代時他完全違背最初的選擇而從一項政策轉到另一項政策呢？這樣說也許更慎重一些：儘管史達林的猜忌是出了名的，但他的決策過程無疑也有一些現實主義的成份，他的選擇也在一定程度上受到其他人的影響。

在西方，提出傳統意義上的勢力範圍建議的是沃爾特·李普曼（美國）和卡爾（英國）。一九四三年三月十日，《泰晤士報》的一篇社論最為明白地贊成這一做法。在文中，卡爾認為：「只有東歐安全了，西歐才會安全，而東歐的安全只有在蘇聯軍事力量的支持下才會取得。」他接著說：「一件最清楚不過的事實是，任何一個頭腦開通和公正的人都會相信英國和蘇聯將在戰後進行緊密合作。」他接下去說道：倫敦和莫斯科之間特別應該在這一問題上達成「自願而無條件的共識」，即「如果說英國的邊界在萊茵河，這還算是比較恰當的說法——儘管事實上並沒有這麼說——那麼在同樣意義上，蘇聯的邊界就在奧德河」。

這種帶有爭議性、試探性的提議自然對莫斯科產生了影響。不出意料，僅僅在幾個星期之後，即一九四四年三月三十一日，一個旨在準備和約與戰後重建的小組就在主管外交的副人民委員李維諾夫的主持下建立起來。㊳從八月四日起，遠在九月二十一日該小組的活動結束之前，李維諾夫就開始總結他的研究結果，並於十一月十五日正式提交。一九三九年李維諾夫被免去了人民委員的職務，儘管珍珠港事件把美國拖入歐洲戰爭之後他被又重新啟用為駐美國大使，史達林對他還是既猜忌又敬重。如果史達林認為有必要與民主國家保持更密切的關係，他還會需要李維諾夫；因此，其他許多人儘管並沒有異端思想，也還是被無情地送進了警察局、監獄或是被槍斃，而李維諾夫卻可以倖存下來。李維諾夫最初被解職就是因為他信任民主國家。而莫洛托夫決不會這樣。史達林不願輕易排除國際關係中的任何一種選擇，不管這種選擇看起來是多麼不現實，正是這一點促使他建立李維諾夫委員會。確實，這一委員會的級別比較低，無權接觸機密文件，只能依靠國外的文摘。但李維諾夫個人的非凡才能和他在蘇聯外交政策核心決策層中工作二十多年的豐富經驗發揮了作用。李維諾夫利用帝國之間的爭吵而非意識形態的差異來解釋英俄之間在遠東地區的長期對抗。換句話說，這些利益衝突並非無可挽回，而是能夠進行談判的。在他看來，這一原則既然適用於沙皇時期，那麼也就同樣適用於蘇聯時期。至少從一九二〇年起，他就開始堅持這一觀點。事實上，正是主張用非意識形態的途徑來解決外交事務使他有別於蘇聯主流的思維方式。李維諾夫的集體防禦政策在三〇年代遭到失敗，這不正是強調了確實存在不可調和的意識形態分歧嗎？但李維諾夫希望以在反對希特勒德國的過程中形成的暫時利益為基礎，建立一種長期的合作架構。鑒於倫敦和莫斯科在戰後爆發衝突的可能性非常大，李維諾夫主張應該達成一項協議，以便英蘇可以共享歐洲霸權。

很顯然，李維諾夫所說的勢力範圍與英語世界的理解完全一樣，因為他同時援引了李普曼和《泰晤士報》（卡爾）的有關內容來證明盟國政府也願意向這一方向發展。他寫道：

要取得那樣一種協定，唯有先根據友好睦鄰的原則盡可能密切地合作以便就安全區域達成某種界定。就最大利益範圍而言，蘇聯可以考慮芬蘭、瑞典、波蘭、匈牙利、捷克斯洛伐克、羅馬尼亞、巴爾幹半島上的斯拉夫國家以及土耳其。至於荷蘭、比利時、法國、西班牙、葡萄牙和希臘則應無可爭議地包括在英國的範圍內。

他還考慮到對英國在伊朗、阿富汗和新疆（中國）的利益做出（有利於英國一方）一些讓步。㊴

這種構想與卡爾在《泰晤士報》社論中的提議相呼應。卡爾雖然是英國外交政策重要的、經常是權威的代言人，但他的這一主張並不代表一致確定的意見。事實上，民主國家在是否朝這一方向發展的問題上還在舉棋不定。美國的重大外交政策需經國會討論，這個政治原則的束縛使它斷然拒絕採取實際行動，而邱吉爾在一九四四年十月對莫斯科的訪問則表明英國人正在朝這個方向靠近。但那時骰子已經擲出了，史達林已經把軍隊派往羅馬尼亞和保加利亞。在後來的一次談話中，李維諾夫相信一次真正的機會已經喪失了；如果民主國家早一點行動——特別是在蘇聯還較弱的時候——是會達成一項協議的。

如果史達林和莫洛托夫選擇了這種策略，而不是將他們自己的制度強加在他們所解放和佔領的國家之上，冷戰會避免嗎?如果蘇聯決定讓東歐其它國家按照民主制原則走自己的道路，這就等於向民主國家非常肯定地保證蘇聯無意於用武力擴張共產主義。這也將證實卡爾的觀點，即那種革命的野心已經在戰爭結束時消失了。毫無疑問，西方確實擔心蘇聯人將在中歐和西歐煽動共產主義革命，特別是在戰爭造成了極度的物質破壞和普遍的經濟和社會混亂的情況下。社會騷亂怎能不會在那種環境中找到肥沃土壤，並且導致希臘式的革命呢?法國和義大利的共產黨得到大量選票就清楚地表明了這樣一種趨勢，英國選出了工黨政府也是一個例子。在這種情況下，就革命問題所做的保證已經被紅軍佔領區內的蘇維埃化所斷然否定了。

然而，事情絕非這樣簡單。值得注意的是，李維諾夫的建議忽略了德國問題，而這正是由伏羅希洛夫（Voroshilov）為首的另一個委員會的任務。㊵在許多方面，德國問題是東西方分歧的關鍵所在。史達林堅持認為，德國的命運不應該由民主國家決定而蘇聯沒有發言權。這也是一個事實：即使不是史達林也是他的其他同事們仍然抱有在十月革命後十年間的希望——將紅旗一直插到柏林。為了保證莫斯科在決定德國命運中起到關鍵的作用，唯一的辦法是維持軍事佔領，然而如果沒有安全穿越波蘭的交通路線，怎能確保這種佔領呢？而如果允許波蘭選舉政府，或者隨其自由地發生軍事政變並可能導致對蘇聯利益持敵對態度的強權人物上台，這些交通路線又怎能得到保護呢？

可以肯定的是，即使暫且不考慮在東歐發生的蘇維埃化，盟國之間還是會在德國問題上產生分歧的。事實上，不管蘇聯是由史達林還是沙皇來統治，結果都會這樣。但這表明，問題的關鍵肯定在於：東歐的蘇維埃化並不僅僅是面對長期安全挑戰的一種自然的地緣政治意義上的反應。不管一些人如何努力，正如卡爾和李維諾夫都出於一種誠意而按照他們自己的方式做出的努力一樣，根本不可能在國際關係中取消意識形態的因素，代之以作為十八世紀和十九世紀下半葉重要特徵的勢力均衡的機械哲學。在這意義上，正如格拉德溫·傑布所說的，冷戰也許是不可避免的。

① 格拉德溫·傑布是在接受邁克爾·查爾頓的採訪中發表上述談話的，見《雄鷹和小鳥——蘇聯帝國的危機：從雅爾達到團結工聯》（Michael Charlton, *The Eagle and the Small Birds-Criss in the Soviet Empire: Fore Yalta to Solidarity*），芝加哥／倫敦，一九八四年，第五〇頁。

② 萊文：《農民和蘇維埃政權》（M. Lewin, *The Peasant and Soviet Power*），倫敦，一九六八年。

③ 克羅齊：《作為自由的故事的歷史學》（B. Croce, *History as the Story of Liberty*），倫敦，一九四一年，第二七～八頁。

④ 此類著作中的第一本是最近再版的阿爾佩羅維茨的《原子彈外交：廣島和波茨坦》（G. Alperrovitz, *Atomic Diplomacy: Hiroshima and Potsdam*），倫敦，一九九四年。

⑤ 同上，第三一三頁。

⑥ 同上，第六三頁。

⑦ 同上。

⑧ 這是維諾納（Venona）電報：是駐紐約的蘇聯使團與莫斯科之間的一部分被破譯的通信，現由美國國家安全局公佈。

⑨ 這是國際諮詢組織與蘇聯達成協議的結果，該組織是應設在奧斯陸的諾貝爾基金會的要求而於一九九二年一月成立。這一組織的主席最初由阿內·韋斯塔德擔任，目前則為作者本人。該組織通過籌措資金來促成檔案解密，已經使一九一七年以後的大量蘇聯外交檔案得以公佈，其中相當一部分是一九四五年以後的資料，當然，材料解密的程度尚不能令人滿意，也沒有達到預期的水準。

⑩ 捨溫：《一個被摧毀的世界：原子彈與偉大的同盟》（M. Sherwin, *A World Destroyed: The Atomic Bomb and the Grand Alliance*），紐約，一九七五年。

⑪ 據馬沙·朱可夫的記述，見《回憶錄》（*Vospominaniya I razmyshleniya*），第三卷，莫斯科，一九八三年，第三一六

頁。

⑫事實上，這一觀點的主要代表者在他新近再版的一本書的結尾部分收錄了一九四六年由基督教聯合會議發表的一份報告（附錄Ⅳ），以及一九八三年美國基督教主教國家聯合會對於戰爭與和平發表的公開信的摘要（附錄Ⅴ），見阿爾佩羅維茨的《原子彈外交》，第三二一～三三九頁。這至少表明作者對核武器的厭惡可能會對他的寫作產生影響。

⑬《華盛頓郵報》（*Washington Post*），一九五二年一月二十二日。讀者可以最早在喬納森·哈斯拉姆：〈史達林對戰爭可能性的判斷（一九四五～一九五三）〉（J. Haslam, 'Le valutazioni di Stalin sulla porbabilita della guerra〔1945～1953〕'）一文中見到這一觀點和資料，該文收錄於納托利和蓬斯主編的《史達林主義時代》（A. Natoli and S. Pons, eds., *L'eta dello stalinismo*），羅馬，一九九一年，第二七九～二九七頁。

⑭《布爾什維克》（*Bol'shevik*），一九四六年九月，第一七～一八期，重印於麥克尼爾主編的《史達林文集》（*I. V. Stalin: Sochineniya*），卷三，一九四六～一九五三年，史丹大學出版社，一九六七年，第五六頁。

⑮莫洛托夫曾在幾年的時間內向詩人費利克斯·丘耶夫口授回憶錄。錄音磁帶至少在某一個軟片製造者那裡可以找到。全文見第聶伍尼卡婭切瓦的《與莫洛托夫的一百四十次談話》（*Sto sorok Besed s Molotovym: Iz dnevnika F Chueva*），莫斯科，一九九一年，第八一頁。

⑯《與莫洛托夫的一百四十次談話》，第九六～七頁。莫洛托夫將時間記錯了，他記得這件事（指李維諾夫的談話——譯者）發生在一九四四年。

⑰《真理報》（*Pravda*），一九四七年一月二十三日。

⑱南尼：《冷戰時期：一九四三～一九五六年間的日記》（P. Nenni, *Tempo di Guerra Fredda: Diari 1943～1956*），該書由南尼和祖卡羅主編，米蘭，一九八一年，第五三七頁。

⑲引自福雷斯塔爾日記，見阿爾佩羅維茨的《原子彈外交》，第三六四頁。

⑳南尼：《冷戰時期》，第四〇〇頁。

㉑《挺進報》（*Entry*），一九四八年四月十九日，見奧里奧爾：《七年歷程，一九四七～一九五四》（V. Auriol, *Journal du Septennat 1947～1954*），第二卷：一九四八年，巴黎，一九七四年，第一八九頁。身為法國總統的奧里奧爾在日記中摘錄了公報。

㉒《華盛頓郵報》，一九五二年一月二十一日。

㉓倫敦檔案局，外交部第371／56731號文件，羅伯茨自莫斯科發給倫敦的貝文，一九四六年九月六日。

㉔莫丁：《我的五個劍橋朋友》（Y. Modin, *My Five Cambridge Friends*），倫敦，一九九四年，第四七頁。

㉕安德魯和戈迪伍斯基：《克格勃：從列寧到戈巴契夫的外交活動的內幕》（C. Andrew and O. Gordievsky, *KGB: The Inside Story of its Foreign Operations from Lenin to Gorbachev*），倫敦，一九九〇年。

㉖莫丁：《我的五個劍橋朋友》，第一三九頁。

㉗同上，第一四二頁。關於一九四二年以後蘇聯原子彈計劃的進展所受到的影響見霍洛韋著《史達林和原子彈：蘇聯和原子能，一九三九～一九五六》（D. Holloway, *Stalin and the Bomb: The Soviet Union and Atomic Energy, 1939～1956*），紐黑文／倫敦，一九九四年，第二三六頁。

㉘見博羅維克根據蘇聯國家安全委員會檔案所著的《菲爾比檔案：大間諜的秘密生涯——克格勃解密文件》（G. Borovik, *The Philby Files: The Secret Life of the Master Spy - KGB Archives Revealed*），該書由奈特利編輯並撰寫前言，倫敦，一九九四年，第二三六頁。

㉙同上，第二四〇頁。

㉚《與莫洛托夫的一百四十次談話》，第八八頁。

㉛蘇多普拉道夫：《特殊的任務》（P. Sudoplatov, *Special Tasks*），倫敦，一九九四年，第二三〇～二三一頁。蘇多普拉道夫曾經是一名間諜，他的話並不一定可信，但就這一事件而言，他得到了英國外交部文件的佐證，見納林斯基的〈蘇聯與馬歇爾計劃〉（M. Narinsky, 'The Soviet Union and the Marshal Plan'），收錄於帕裡什和納瑞斯基的《蘇聯拒絕馬歇爾計劃的新證據，一九四七：兩份報告》（S. Parish and M. Narinsky, *New Evidence on the Soviet Rejection of the Marshal Plan, 1947: Two Reports*），伍德羅·威爾遜學者中心，華盛頓特區，一九九四年，第四五頁。該書由以伍德

羅・威爾遜中心為大本營的冷戰國際史學會出版，並被列為系列叢書中的第九部。

㉜ 莫丁：《我的五個劍橋朋友》，第一六八頁。

㉝ 同上，第一九三頁。

㉞ 同上，第一四二頁。

㉟ 同上，第一四五～一四六頁。

㊱ 當然這裡會進一步提出一個新的反事實問題：假如美國不夠堅定？這一問題無法在這裡展開。

㊲ 更多的資料參見筆者的《蘇聯和爭取歐洲集體安全的努力，一九三三～一九三九年》（*The Soviet Union and the Struggle for Collective Security in Europe 1933～39*），倫敦／紐約，一九八四年，以及《蘇聯和來自東部的威脅，一九三三～一九四一年》（*The Soviet Union and the Threat from the East 1933～41*），倫敦和匹茲堡，一九九二年。

㊳ 〈李維諾夫委員會關於在戰後組織中締結和約的長期準備，委員會的會議記錄〉，一九四四年三月三十一日～九月二十一日。見《蘇聯外交政策檔案》（*AVPR*），莫洛托夫基金會，第六宗，第一四卷，第一四一條。

㊴ 〈一九四四年李維諾夫委員會關於在戰後組織中締結和約的長期準備〉，見《蘇聯外交政策檔案》，莫洛托夫基金會，第六宗，第一四卷。

㊵ 最先對伏羅希洛夫委員會作過詳細描述的是菲利道夫的文章：〈蘇聯和波茨坦協定，一個漫長而痛苦的歷程〉（A. Filitov, 'Die UdSSR und das Potsdamer Abkommen. Ein langer und leidvoller Weg'），這是一篇向一九九五年五月二十二～二十六日在德國埃森豪森召開的會議所提交的論文，會議的主題是「五十年前的波茨坦會議，在此之前、之後以及未來的德國、歐洲和世界」。

第八章　加美勒的傳說在延續

假若約翰·甘迺迪活著會怎樣？

黛安·庫恩茲

曾經有過污點
卻不要將它忘記
只因那短暫而輝煌的一刻
才是人們瞭解的加美勒①

——《加美勒》

冷戰結束了，馬克思和列寧的塑像轟然倒地。約翰·甘迺迪的形象儘管有些黯淡，卻毫無損傷。在他身後的歲月裡，波托馬克河上的加美勒傳奇也應運而生了。這個神話在很大程度上是甘迺迪家族和法院所吹噓出來的。根據這個傳說，約翰·甘迺迪是身著現代衣飾的亞瑟王似的人物。他的顧問們是現代的圓桌騎士，而賈桂琳・甘迺迪（Jacqueline Kennedy）則是他尊貴的圭尼維婭（Guinevere）。最近，人們已經清楚，甘迺迪的私生活絕非亞瑟王式的。作為一位公眾人物，他是在風華正茂時遭到刺殺的偉大總統，但他的聲望卻很少有人去深究。

無庸置疑，與甘迺迪神話中的各方面來相比，這樣一種看法似乎更加深根蒂固：如果他還活著，美國絕不會陷入越戰的泥沼。那場遙遠的戰爭是在一個美國人知之甚少的國家中進行的。它讓許多美國人開始懷疑民主的價值，從而嚴重削弱了民主黨的力量。它不只是美國徹底輸掉的第一場戰爭，而且美國在那場戰爭中也擔當了不光彩的角色。況且，美國最後一批駐留人員於一九七五年春天蒙羞撤離西貢（胡志明市）時還激起了喧囂的反正統主義運動，這也造成了美國社會的分裂。假若我們能夠確信美國在越南的徹底失敗並不是不合時宜、不明智的美國觀念所造成的，而只歸咎於一個人，即李・哈維・奧斯華（Lee Harvey Oswald），那將會多麼令人欣慰。

這個神話擁有眾多地位顯赫的支持者。作為前總統顧問，麥克喬治・邦迪（McGeorge Bundy）和羅勃・麥克納馬拉（Robert McNamara，一九九三年和一九九五年）推斷甘迺迪在一九六四年總統大選後會結束美國的軍事行動。②導演奧利佛・史東（Oliver Stone）則在影片《誰殺了甘迺迪》中提出：因為甘迺迪打算從越南撤軍，軍火製造商和軍官們卑鄙地合謀，也許還要加上林登・詹森（Lyndon Johnson）的支持，而把他殺掉了。③這種說法雖不像前者那樣令人敬畏，卻更具影響力。

美國社會內部持續不斷的種族分化構成了甘迺迪神話的國內因素。甘迺迪和他的兄弟羅勃（Robert Kennedy）與美國黑人之間有著特殊的默契。畢竟，當民權運動發端時，不正是傑克在主持在主持大局嗎?美國各種族對振奮人心的一九六三年八月的華盛頓進軍仍記憶猶新，依舊為甘迺迪兄弟搖旗吶喊。這樣一來，論據增加了:若甘迺迪還活著，美國第二次的南方重建可能無需過去三十年的流血和種族分化就能夠取得成效。

童話故事對孩子們來說是必不可少的。歷史學家們卻不該滿足於此。事實上，約翰·甘迺迪是個平庸的總統。假如他能連任，二十世紀六〇年代的聯邦民權政策的實際成果會更少，美國在越南的舉措也將與現實情況毫無二致。遭到暗殺僅是他的個人悲劇，而非美國歷史進程的悲劇。

神話的起源

約翰·菲茨傑拉德·甘迺迪生於一九一七年五月二十九日。他的名字表明他具有雙重的愛爾蘭血統。他的外祖父和與他同名的約翰·菲茨傑拉德（John Fitzgerald）屬於從新英格蘭的英國新教徒精英手中奪取政治職位的第一代愛爾蘭人政治家。一九〇六~一九〇八年和一九一〇~一九一四年，「可愛的菲茨」兩度出任世界上最大的愛爾蘭人城市—波士頓市的市長。作為一位道道地地的政治家，他因與一位名叫圖德斯（Toodles）的二十三歲的香煙女郎有曖昧關係而被逐出公眾生活。④他的女兒羅斯則接受教育以適應天主教婦女充滿順從和奉獻的生活。

在波士頓的愛爾蘭移民中，甘迺迪家族處於較低的社會階層。帕特里克·甘迺迪（Patrick Kennedy）是酒店老闆的兒子，後來成為當地政治家和權力掮客。誠然，他的兒子約瑟夫·甘迺迪

（Joseph P. Kennedy）得以進入哈佛大學這座美國最古老的大學。與西奧多・羅斯福或富蘭克林・羅斯福這樣的英國國教徒的後裔相比，甘迺迪的劍橋生涯則大相逕庭。這兩位羅斯福在回憶其輝煌的大學生活時屢屢提及的各種精英俱樂部都對喬・甘迺迪（Joe Kennedy）之流大門緊鎖：那些排外的領域並不歡迎愛爾蘭天主教徒。這兩位羅斯福很早就堅定地將政治作為最重要的個人理想。與之相反，儘管甘迺迪的父親和岳父都是政治家，他還是打算去賺大錢。一九一二年畢業之後的二十年間，他的人生軌跡即使不在社會地位上，但至少在經濟上是在不斷地攀升。他先後做過銀行家、鋼鐵銷售商人、電影大亨、走私者和股票投機商。他感覺敏銳，在一九一二年春夏兩季賣掉了手中大部分的華爾街股票，毫髮未損地逃過了這一劫，並積累下了一筆驚人的財富。他希望這筆錢可以為他帶來社會威望和全國性的政治權力。二十世紀二〇年代，喬對波士頓和紐約的社交界已經不屑一顧了。當時，他正支持富蘭克林・羅斯福爭取一九三二年民主黨的總統競選提名，以期望得到豐厚的回報。喬當上了新成立的證券交易所管理委員會的主席，由偷獵者搖身一變成了警察，並採取措施禁止別人用他自己用過的卑鄙手段去賺錢。儘管他對後來的職位，即海事委員會主席感到失望，但仍然對自己在政治舞台上繼續擔當的角色大加利用。他成功地進行了機構重建，並且堅信「人們認為你做了什麼，比你做了什麼重要得多」，從而贏得了公眾的穩定支持。

作為對甘迺迪出色工作的獎賞（也讓他遠離華盛頓），羅斯福在一九三八年任命他為駐英大使。從小到大聽慣了英國國教徒的後裔對愛爾蘭移民的冷嘲熱諷，甘迺迪對成為聖・詹姆斯宮的第一位愛爾蘭裔美國大使感到十分愜意。同他一道前往倫敦的還有羅斯和他們的九個孩子。長子小喬輕鬆地擔起重任，充當父親為進一步成功而選定的工具。小喬將涉足政界，什麼都無法阻止他爬向頂端。傑克作為他哥哥的劣質翻版，成了家中的小丑。但甘迺迪家的孩子們都接受了同樣的規則：贏不是一切，而是唯一的東西。為了成功，什麼都可以做；除了家族—甘迺迪家族，不存在任何偶像，僅此而已。很少有人談到這個家族熱衷於權力的原因，人們一般認為權力本身即是回報。傑克在一九六〇年所說的話直接表明了這種普遍的態度。他說過富蘭克林的遺孀埃莉諾·羅斯福（Eleanor Roosevelt）不喜歡他，因為「她恨我的父親，她無法忍受他的孩子們比她的孩子還要優秀」。他從來沒有想過埃莉諾·羅斯福有可能是出於政治立場的原則而不喜歡他。⑤毫無疑問，家族崇拜是次要的美德。但民主原則建立在執著的信念，而非兄弟情誼之上。儘管甘迺迪們將自己扮成華盛頓、傑佛遜和羅斯福的繼承人，然而事實證明，他們更像麥地奇。

傑克的人生道路體現了他的家庭教養。由於他的哥哥喬在戰爭中陣亡使他成為當然的繼承人。按照父親的計劃，他取代喬並成功地於一九四六年當選為國會議員、一九五二年當選參議員、一九六〇年當選總統。至今仍有謠言說甘迺迪家族「偷取」了大選。理查德·戴利（Richard Daley）是芝加哥的市長和可怕的庫克城民主黨競選機器的老闆。在伊利諾州南部的共和黨選票數統計完畢之前，他對芝加哥大量的民主黨選票保持緘默。在這次競爭中，芝加哥市投給甘迺迪的票數接近全州投給民主黨候選人的票數；德州幾乎將全州的票都投給了甘迺迪—詹森這一對競選搭擋，也引起了人們的注意；副總統候選人林登·詹森的同盟者也控制了它的選舉機器。然而，從表面上看，每個戰役都是整個家族努力的結果，特別是羅斯為民主黨婦女設的茶會，哥哥博比（Bobby）是將軍，更重要的還有喬的錢。有其父必有其子：傑克的熱情在追逐權力和追求女人上幾近平分秋色。喬的獵物包括電影明星格洛麗亞・斯旺森（Gloria Swanson）那樣的名人以及兒女們不甚知名的朋友。他兒子的興趣更加廣泛，從瑪麗蓮夢露（Marilyn Monroe），到納粹和東德間諜嫌疑分子以及黑手黨人的情婦，乃至他朋友的妻子和他妻子的朋友。

第二次解放

甘迺迪執政的歲月中，民權運動達到了頂峰。自一個世紀前美國爆發南北戰爭以來，南部黑人仍令人駭異地被剝奪了法定和天賦的權利。為爭取這些權利，他們掀起了民權運動的浪潮。一九五四年最高法院對布朗訴教育管理委員會一案作出判決，認定種族隔離制度為非法，由此孕育了美國南部諸州的變革和反變革的運動。受到這一判決的鼓舞，美國黑人前所未有地組織起來，以打破梅森—迪克森路線下美國特有的在學校、公園、公共汽車、住房和公共設施中實行種族隔離的雙重制度。與此同時，南部白人保守階層決心挫敗一切挑戰，推行「我們的生活方式」。雖然德懷特・艾森豪總統（Dwight Eisenhower）本人不希望最高法院推翻各州制訂的種族隔離政策，但是當一九五七年阿肯色州的小石城中心高中准許黑人子弟入學時，他也不得不派聯邦軍隊去維持秩序。⑥時任參議員的甘迺迪譴責總統派兵的舉動。聯邦軍隊用槍對著憤怒的家長們的照片為蘇聯提供了一頓宣傳大餐。⑦

在六〇年代的競選中，甘迺迪們盡量不讓民權成為話題。但是，十月十九日，牧師小馬丁·路德·金恩（Martin Luther King Jr）在亞特蘭大試圖廢除里奇百貨公司的種族隔離制度，遭到當地警察的逮捕。他迅速成為這場運動中最傑出的人物。其他示威者獲得保釋，六天後法官判處金恩四個月監禁。在嚴峻的現實之下，人們普遍擔心金恩在監禁期間會遭到殺害。副總統和共和黨總統候選人理查德·尼克森相信金恩會被小懲大誡，但為了維護法律公正，他不會加以干預。作為他哥哥的競選負責人，羅勃·甘迺迪做了這方面的努力。傑克打電話給金恩的夫人表示安慰。一九五六年金恩投票給了共和黨，而他的父親─老馬丁·路德·金恩牧師過去曾支持尼克森，但他們最後都改變了立場。老金恩宣稱：「我已經拿到一手提箱選票，我要把它們送到甘迺迪先生那兒，倒進他的衣襟。」尼克森曾指望對「林肯的黨」仍心存感激的黑人給予他重大支持，此時他的打算卻落空了。⑧

一月二十日，地凍天寒，甘迺迪發表了他的就職演講，號召美國人「負起黎明前漫長鬥爭的重擔」，「不要問你們的祖國能為你們作些什麼，而是要問你們能為祖國作些什麼」。⑨儘管馬丁·路德·金恩沒接到出席就職典禮的邀請，但其千百萬追隨者仍把甘迺迪豪邁的話語當作行動的號角。一九六一年春，種族平等委員會成員發起了所謂的「自由進軍」運動。一九六〇年十月，最高法院宣佈在州際旅行的服務設施上實行種族隔離政策的做法違憲。自由進軍者們想檢驗一下執行的情況。但是，當他們到達南卡羅來納的羅克希爾時，一群白人暴徒猛烈毆打了一位五十五歲的自由進軍者。隨後，阿拉巴馬的安尼斯頓也陷入一片混亂。一群白人伏擊兩輛公共汽車，在自由進軍者拚命逃離起火爆炸的汽車時，襲擊他們。五月十五日，關於這些暴行的照片令全世界都觸目驚心。甘迺迪第一次遇到了民權危機。他十分惱火自己對自由進軍者監督不力，而共和黨抓住這個絕佳時機發動的宣傳攻勢更使他暴跳如雷。甘迺迪和時任美國司法部長的弟弟羅勃商議後，作出兩個結論：「整個事件以及背後指使的人都討厭至極」；儘管不甚情願，聯邦政府不得不站在進軍者這邊。⑩甘迺迪察覺到民權示威者和民權反對者觀點極端對立，就力圖走中間路線以保持平衡。這也是他的習慣做法。總之，在這個問題上，總統不想與黑人或南部白人發生任何衝突。

考慮到政治因素，甘迺迪更不願意介入民權運動。由於南部確立了一黨制，南方民主黨人已積累起優勢，操縱了坐擁實權的國會委員會。這些所謂的南方人在國會中權傾一時，可以使甘迺迪尋求通過的立法統統落空。甘迺迪的對策不是與他們辯論，而是買通他們。比如，任命由南部議員提名的頑固的種族隔離主義法學家到阿拉巴馬州的聯邦法院就職。⑪總統只想逃避原則性的要求。甘迺迪認為實施民權領袖提出的議事日程尚為時過早，因此希望黑人能保持忍耐、低調的態度。⑫可以想見，為了獲得平等的權利，黑人足足等了一個世紀，再也無法忍耐下去，因此拒絕遵照總統的日程安排，甘迺迪也就一次又一次地遭遇民權危機。一九六二年，空軍老兵詹姆士．梅雷迪斯（James Meredith）試圖解除密西西比大學的種族隔離制度。第二年，志願者試圖解除阿拉巴馬大學的種族隔離制度。在處理這兩個事件時，總統最初並沒派聯邦軍隊，以討好賣弄的種族隔離主義官員，密西西比州的羅斯・巴奈特（Ross Barnett）和阿拉巴馬州的喬治・華萊士（George Wallace）。其他政要則向人民發出了號召，而他左右搖擺，盡量不作類似的總統呼籲。他沒有自己的立場，也就無法為了美國而堅持原則。

然而，民權問題不會煙消雲散。當時，甘迺迪兄弟正考慮如何應對，關鍵在於政府能否取得國會對新的聯邦《民權法案》的支持，於是，他們以令人驚異的方式收集信息。據稱，中央情報局局長埃德加・胡佛（J. Edgar Hoover）調查共產主義對民權運動的影響時，竊聽了金恩的律師兼顧問史丹利・萊維森（Stanley Levison）的電話。當胡佛首次提出對司法部長也如此這般時，他名義上的上司羅勃只得同意，因為這位中央情報局的頭目掌握了傑克在性生活方面的證據，於是總統和司法部長都成了他的囚徒。甘迺迪兄弟瞭解到金恩的性生活情況（他與甘迺迪有同樣的嗜好）後並未加以利用，也更不情願用這種方法來對付金恩。⑬後來，由於阿拉巴馬州州長，做作的喬治・華萊士的緣故，甘迺迪只得就民權問題發表電視講話，而這是他一直惟恐避之不及的。針對華萊士在位於塔斯卡盧薩的阿拉巴馬大學校門前的態度，總統不得不在全國性的電視節目中作出回應。一九六三年五月二十一日，在十八分鐘講演的末尾，他發出美國白人無法漠視的原則性呼籲，激起了人們的林肯式的精神。一週以後，甘迺迪要求國會通過一項廢除在公共住房上的種族隔離政策並包括聯邦強制條款的民權法令。為此付出的代價立即顯現出來。六月二十二日，政府所作的針對《地區發展法案》的緩和性資金提案在眾議院以二〇九票對二〇四票之差遭到否決。甘迺迪發佈民權講話之後，十九位南方民主黨人和二十位共和黨人投票反對該提案，造成了這一差距。

⑭

事實上，甘迺迪尋求通過的提案在國會中遭到拖延，直到一九六四年七月才成為法律。只有甘迺迪的死才使它的通過成為可能。這次暗殺解除了一位內心裡並不贊同民權的總統的職位，代之以詹森。詹森出身於德克薩斯州的一個窮苦家庭，因而對任何種族的窮人都懷有發自心底的同情。他真誠地信奉一九六四年的《民權法案》和一九六五年的《選舉權法案》所體現的原則。這些法案得以通過也有賴於他的政治手腕。詹森知道，由於他的立法，民主黨將失去對「堅固的南部」的絕對控制。但他毫不怯懦，施展出渾身解數，將甘迺迪最初的民權計劃變成了一九六四年法案。人們對於認為詹森是他那代人中最具天才的議員的說法尚存爭議。他對議員們威逼利誘，歷經八十天，挫敗了阻撓。憑藉一九六四年總統選舉中贏得的民眾支持，使得他獲得連任。在那場鏖戰中，詹森提出「向貧窮宣戰」，意在「通過向每個人開放體面地、有尊嚴地生活的機會」以消除窮困。⑮第二年，他在國會贏得立法，將這項計劃付諸行動。同時，他提出《選舉權法案》，並獲通過。來自德克薩斯的總統同情美國的窮人，而富家子約翰·甘迺迪從來做不到這一點。總統親身體驗過貧窮和歧視，並願意為改革付出巨大的政治代價。在他的任期內，才有可能開展進一步的改革——對權利和財富進行再分配。

甘迺迪絕對不會像詹森那樣將前途押在民權運動路線上。可以想見，一九六四年，他幾乎注定要面對更為嚴峻的現實。哪怕初戰告捷，他也不會像詹森那樣鬥志昂揚，為實施民權計劃而犧牲政治利益。甘迺迪為黑人提供了法律、道德和經濟方面的支持，二十世紀六〇年代，美國社會才得以發生重大的變革。依照甘迺迪的習慣，假如他分清諸多提議的差別的話，他絕不會支持黑人。

美國最長的一次戰爭

英國立足現實，贊同法國對中南半島實行帝國統治。到了一九四五年，華盛頓不再反對英國這一決定，轉而開始插手越南事務。⑯三十年後，當共產黨軍隊顛覆西貢時，最後一批美國人倉皇逃離這座城市，美國對越南的干涉也就此告終。

這是冷戰時期美國和共產黨在亞洲的第三次交鋒。一九四九年，毛澤東成功地控制了中國。長期以來，許多美國人相信美中之間存在著特殊的關係。事實上，富蘭克林・羅斯福已將中國提高到與蘇聯、英國、美國平起平坐的地位，成為「四巨頭」之一，統治戰後世界。接下來的二十年中，「是誰輸掉了中國？」這個問題始終陰魂不散，令民主黨大傷腦筋。於是，一九五〇年，美國在亞洲大陸上又開始了新一輪的對抗。共產黨北韓入侵南韓的事件發生後，杜魯門政府陷入從未預料過的窘迫當中。法國四處征戰，想維持對中南半島的統治，卻越來越力不從心。美國大力援助法國，直至血流成河，陷入僵局。僅僅為了維護韓國的地位，民主黨政府就葬送了五萬名美國人的生命，留下了又一個污點；道格拉斯・麥克阿瑟將軍（Douglas MacArthur）開赴北方，中國人的猛烈打擊隨之而來，杜魯門關於共產主義軍隊滾回去的豪言壯語也就化為泡影了。

一九五四年，英國和蘇聯共同主持了日內瓦會議。會上明確指出老撾是一個獨立的、中立的君主國。而後，老撾的中立組織－共產黨巴特寮和前美國軍事本部之間爆發了歷時長久的國內戰爭，國家局勢因此而混亂不堪。日內瓦會議也試圖促使越南衝突達成和解。法國放棄了對越南的統治。胡志明領導越盟，打敗帝國主義軍隊，暫時控制了北部。南部反對安南省皇帝保大的領導，傾向於建立共和國。一九五五年十月二十六日，南部宣佈成立以吳庭艷為首的共和國。《日內瓦協訂》要求在一九五六年夏天舉行全越大選。做為民族主義領袖的胡志明得到民眾的廣泛支持，且由於北部人口較多，共產黨人必然大獲全勝。艾森豪和國務卿約翰・福斯特・杜勒斯（John Foster Dulles）意識到這一點後，便鼓動吳庭艷取消選舉。⑰艾森豪並沒有派作戰部隊赴越參戰；但他在任期間，美國政府接過了法國的擔子，為越南訓練軍隊，並提供經濟援助。到了一九六一年，在美國對外援助的名單中，吳庭艷政府位列第五；在駐南越的各國使團中，美國的規模最為龐大，部分資金則用於安置難民。在美國的鼓動下，近一百萬北越人逃向南方。這些逃亡者絕大多數信奉天主教，因而支持同是天主教徒的吳庭艷。比起土生土長的佛教民眾來，他們也得到吳庭艷額外的關照。⑱

吳庭艷還向美國天主教集團和「中國院外活動集團」求助。一九四九年，中國國民黨的前領袖蔣介石逃往台灣。從此，在「中國院外活動集團」的努力下，美國對他的援助始終居高不下。很明顯，甘迺迪是「美國的越南朋友」的組織者之一。一九五六年，他解釋道：「越南是自由世界在東南亞的基石、拱門的頂石、伸進屏障的手指。」吳庭艷的父親是順華帝國法庭的官員。像甘迺迪家族一樣，吳庭艷也把家族利益置於至高無上的地位。他的弟弟吳庭儒十分偏執，毒癮很大，負責國內安全事務，還統領可怖的國家警察部隊；他的另一個弟弟吳庭軾在順華任天主教大主教；他的第三個弟弟吳庭練任駐英大使，弟媳吳夫人任政府的首席發言人，美國人對此頗為遺憾。而她的父親陳萬洲則是南越駐華盛頓大使。⑲

二十世紀五〇年代，反共產主義的審查鋪天蓋地。在總統競選時，民主黨總統候選人在外交政策方面不得不與右翼勢力苦戰。甘迺迪熱衷於批評艾森豪的外交和防務政策。這位來自麻薩諸塞州的年輕議員認為，將軍出身的年邁總統無所建樹，任由美國的聲望下降、防務衰退。結果，蘇聯靜候冷戰的勝利。與此同時，甘迺迪利用與尼克森進行電視辯論的機會，譴責艾森豪政府，指責它在金門和馬祖島問題上對中國共產黨人態度軟弱、並將古巴拱手讓與共產主義者。甘迺迪在就職演說中表達了這種好戰情緒：

> 讓所有國家——不管它們對我國抱有善意也罷，抱有敵意也罷——都瞭解這一點：我們將不惜付出任何代價，甘願承受任何重擔，不畏任何艱難，支持一切朋友，反對一切敵人，確保自由的流傳和勝利。我們宣誓——並非僅此而已。

在艾森豪政府任內，中央情報局曾策劃搞一次突襲，以達到推翻卡斯楚的目的。甘迺迪當選後瞭解並接受了這一方案。他後來為此追悔莫及。一九六一年四月十七日，豬玀灣行動開始而且很快失敗，成為甘迺迪政府的最大敗績，並顯得美國及其領袖十分軟弱無能。六個月後發生了柏林危機，似乎又驗證了美國的衰落。蘇共總書記赫魯雪夫和東德領導人瓦爾特．烏布利希（Walter Ulbricht）決定環繞西柏林建一座圍牆，向西部盟軍發出了挑戰。當然，他們無力應戰。顯而易見，在維也納高峰會上，赫魯雪夫就摸透了對手，發覺他是個愚笨的低能兒。現在，歷史學家們得出這樣的結論：事實上，修建柏林圍牆是蘇聯承認美國力量的一種表現；另一方面，這也象徵著美國的軟弱，就像甘迺迪在老撾接受了討價還價的停火協議一樣。

老撾協議簽訂後，越南更加不堪一擊。在美國對付國際共產主義的鬥爭中，它也更具分量了。一九六一年一月十九日，艾森豪最後一次會見甘迺迪，告訴他說老撾的局勢惡化、已到了危機的邊緣。⑳但是，正如甘迺迪對他的官員們所說：「如果非在東南亞打一仗不可，我們就在越南打。」㉑一九五九年，南方的共產黨游擊隊即越共得到胡志明政府的允許，加強了對吳庭艷政權的攻勢，局勢從此不斷惡化。一九六〇年，北越黨代會重申了這一決定。兩個月之後，一場軍事叛亂動搖了西貢政權。㉒吳庭艷的決策屢屢失誤，為越共謀反鋪平了道路。由於他對農民實行強化統治，使得轉而擁護越共的人數猛增。即便有些人願意支持反共產主義行動，也會因為他的「獨裁方式和缺乏交流」而變得離心離德。㉓吳庭艷曾起用北方官員來管理農村，然而在那些人的暴政下，農民像法國人統治時那樣很快就淪落到半農奴的地位，而這正是他們深惡痛絕的。當宣傳攻勢不大奏效時，越共愛用不大文雅的方式爭取農民。很快，西貢政府對農村的控制就土崩瓦解了。

甘迺迪政府的官員們陷入了恐慌，提出一個新的方針。《時代》雜誌及更高的權威機構一致指責總統，說他在對付共產主義上軟弱無能。他明白，在越南必須知其不可而為之。這個國家本身並不重要，但在與國際共產主義進行的鬥爭中，美國再也輸不起了。總統創建了「特種部隊」，派赴越南。副總統林登·詹森也奉命前往南越。一九六一年五月三日，特種部隊提交的報告評論道，政府「進行軍事安全部署，無疑表明我們支持南越反對共產主義的入侵……」。同時，這份報告敦促政府採取應急措施，以便讓吳庭艷政權繼續保持經濟和政治活力。㉔一週後，甘迺迪批准了《國家安全法案第五二號備忘錄》，其中涵蓋了報告中的許多主張。它反覆強調美國要「在軍事、政治、經濟、心理和政府人員等方面相互配合」，以避免共產主義者統治南越。它還要求國防部「全面評估」軍隊的恰當規模與合理構成，以備派兵赴越南之需。同時，華盛頓要「盡力增加吳庭艷總統和他的政府對美國的信任」。為此所做的諸多努力當中，詹森出訪是至關重要的一環。㉕毫無疑問，副總統詹森並不是甘迺迪內部班底的成員之一。他於五月十一日抵達南越，作了三十六個小時的訪問。當吳庭艷滔滔不絕、大肆吹噓南越的艱苦創業史時，詹森和隨訪的許多政要連話也插不上。總的說來，美國的同盟者更熱衷於經濟援助，而非華盛頓提出的建議。在西貢，詹森公開讚美吳庭艷是越南的邱吉爾。然而，他對南越領導人卻不再心存幻想了。飛機離開西貢時，一位記者問副總統是否言為心聲，詹森回答道：「廢話！我們唯一要從那兒趕走的就是吳庭艷這傢伙。」㉖他在報告中表示支持這一政權，同時強調美國有必要幫助南越進行廣泛的軍事和經濟改革。㉗

夏季，這些建議成了國家的政策。但是，在全球各地，自由世界力量的形勢日漸不妙。對此，美國的要員們深感憂慮，催促盡快提出更多的措施。七月十九日，越共分子在南部成功地進行了恐怖主義行動。當時，副國務卿威廉姆·邦迪（William Bundy）專門負責遠東事務。他建議參謀長聯席會議主席萊曼·萊姆尼策將軍（Lyman lemnitzer）「著手評估美國北越進行可能採取的軍事措施」。㉘國家安全委員會成員羅勃·科默（Robert Komer）勸告他的同事沃爾特·羅斯托（Walt Rostow）說：「繼老撾之後，柏林形勢又露端倪，我們再也輸不起了，只得盡力整頓南越。」㉙

儘管這些建議制訂者懷有同樣的目標，但在策略上卻相去甚遠。為尋求解決辦法，十月份，甘迺迪派出一個特使團前往越南進行實地調查。該使團以馬克斯韋爾·泰勒將軍（Maxwell Taylor）為首，成員有羅斯托和反恐怖主義專家愛德華·蘭斯代爾（Edward Lansdale）。總統要求泰勒評估「東南亞條約組織或美國向南越派兵可能取得的實效」。㉚十一月三日，一份調查報告提交給總統，以樂觀的口吻要求美國增加干預的力度。總統的密使們確信他們見到的是一場赫魯雪夫式的「解放戰爭」。這份報告認為形式是「嚴重的」，但「絕非毫無希望」。它提議美越之間由顧問關係轉為有限的伙伴關係……美國人必須在各個方面以朋友和伙伴的身分，而不是作為保持一定距離的建議者，告訴他們該怎樣辦。㉛在接下來的十二天裡，甘迺迪與他的助手和下屬共同討論了美國對越政策的前景。泰勒主張在越南部署美國軍隊，羅斯托也同意這種觀點。㉜國防部長麥克納馬拉是政府中的強硬派之一。他認為「如果共產主義征服了南越，共產主義勢力就會在東南亞大陸的其它地區乃至印尼得到迅速發展」。這位國防部長在敦促增派美軍的同時也告訴總統：

「我們必須正視軍事援助可能達到的最終規模……所需的地面部隊最多不超過六～八個師，約二二十二萬人，我相信我們有能力承擔……」㉝

按照傳統的習慣，甘迺迪就各種選擇向來訪的各式人物提出諮詢，其中包括十一月七日訪問白宮的印度總理賈瓦哈拉爾・尼赫魯（Jawaharal Nehru）。八天後，總統召集國家安全委員會緊急會議。很明顯，他對干預南越仍持懷疑的態度。他說自己「仍有相當充足的理由反對涉足一萬英里以外的地區，以二十萬名在南越的士兵去對抗一萬六千名游擊隊員。況且，幾百萬美元已經空耗卻無任何結果」。甘迺迪還問萊姆尼策將軍，在古巴共產黨政府仍然存在的情況下卻增兵越南，這該如何解釋。萊姆尼策急忙說：「參謀長聯席會議感到即使在此刻美國也應該探討古巴問題。」㉞一九六一年十一月二十二日，甘迺迪批准了《國家安全法案第一一一號備忘錄》。這一決定的提出至少部分原因是不想為古巴太傷腦筋。國務院的法律顧問認為，美國派兵去越南並不違背國際法。甘迺迪認可這一觀點，批准了泰勒報告中增派美軍的部分要求。與此同時，為了強化「軍事─政治情報系統」，他授權擴大美國對南越共和國軍隊的後勤、人員、設備等方面的援助；他還增加了也許是必不可少的經濟援助，使南越政府得以實施「有效的救災和重建計劃」。㉟總統排除了兩種極端的可能性，即停火談判或立即部署美國作戰部隊，而是按自己通常的做法，選擇了中間路線，使美國由南越的顧問變成了它的伙伴。這樣一來，他把戰爭「美國化」了。美國義無反顧地捲入衝突當中。將來，人們仍會爭論這樣的問題：華盛頓該不該令它的盟國大失所望。美國的官員們不得不糾纏在這樣的問題中：美國自己肯承認挑戰共產主義叛亂而遭遇了挫折嗎？這時，歷史發生了轉折，甘迺迪已跨過了盧比孔河，此後，他和他的繼任者們都難逃此劫。

美國顧問一股腦的湧進越南，一九六一年十二月有三千兩百零五人，一年後增至九千多人。防禦性的載人航空母艦和三百多架美國製造的軍用飛機抵達越南，揭開了全面反擊叛亂計劃的序幕。㊱然而，美國的人員和物資都於事無補。一九六二年年底，越共重新掌握了主動權。在十二月十二日舉行的新聞發佈會上，總統至多只能說：「我們還未能看到曙光，但我必須說，我認為形勢並不比一年前嚴峻，在某些方面還有所好轉。」㊲古巴飛彈危機之後，美國絕無可能消滅共產主義者卡斯楚了，而他的基地距美國海岸僅九十一英里。想到這一點，上述言語就頗令人心寒。不久以後，一九六三年一月二日的北村之戰則打破了美國人殘存的幻想。多年來，美國軍界高層人士一直認為，如果越共放棄游擊戰術而採用陣地戰，南越陸軍就會勝利。他們終於如願以償。越共則表現出了大無畏的英雄氣概。為了搜捕越共的一台無線電發報機，美國顧問約翰・保羅・凡恩（John Paul Vann）召回了一千二百多名南越最好的騎兵，並用美國軍用直升機將他們運至新會邑。當天，三名美國顧問和六十一名南越軍人陣亡。而越共擊落了五架美國直升機，擊傷其餘九架，發報機卻毫髮未損，躲過了一劫。更糟糕的是，南越陸軍將軍拒絕下令進攻。正如《紐約時報》記者戴維・哈伯斯特拉（David Halberstram）所寫，駐西貢的美國官員被勢態的變化搞糊塗了。㊳

關於吳庭豔政府失利的原因，美國人逐漸找到了自己的解釋。吳庭豔感到，如果南越陸軍的指揮官對美國顧問惟命是從，發動密集的、人員傷亡重大的軍事行動來對付越共，他的政府將無法承受由此造成的政治後果。於是，這位南越領導人命令戰地指揮官避免擴大對抗，結果卻造成了北村的大潰敗。㊴此外，儘管美國要求越南實行政治、社會、和經濟改革時已經許下了空頭支票，吳庭豔卻從一九六二年起嚴厲鎮壓批評者。在他詭密的、日漸瘋狂的弟弟吳庭儒的建議下，吳庭豔驅逐了哥倫比亞廣播公司和英國國家廣播公司的記者，還禁止出售《新聞週刊》。他的行為表明與這樣的同盟者打交道既令人失望又毫無意義。整個冷戰期間，美國常常時運不佳，擁有腐敗透頂的同盟者，而共產主義體制卻培養了罪大惡極的代理人。在上帝的眼中，犯下不可饒恕的罪過更加糟糕；與自我約束的、信奉極權的劊子手合作卻比與腐敗貪婪的代理人打交道容易得多。

到了一九六三年五月，南越的國內政局明顯惡化。佛教徒民眾約占人口的百分之八十，他們心存不滿，與吳庭豔的天主教政府處於敵對狀態，五月八日這天，爆發了公開衝突。南越警察使用催淚瓦斯、棍棒、槍擊阻止佛教徒懸掛宗教旗幟，佛祖生日的慶典於是變成了一場流血暴動。美國官員在報告中說有六名兒童和兩名成人喪生。㊵警方的鎮壓激起了進一步的示威活動。佛教徒要求享有與天主教徒相同的宗教自由。對此，吳庭豔堅持說「民族解放陣線和越共正在利用這一局勢」，拒絕作出任何妥協。㊶六月十一日，七十三歲的和尚鄭廣德在西貢的一個繁華路口自焚，將運動推向了高潮。㊷當地的衝突變成了美國的危機。甘迺迪本人相信「歷史上再沒有別的新聞照片在世界上激起了如此強烈的情感」。華盛頓認為，吳庭豔政府不聽從美國的建議，拒絕向抗議者妥協，這種做法更加惡劣。與佛教徒進行的談判無疾而終。又一個和尚自焚。八月一日，吳庭儒夫人對哥倫比亞廣播公司的新聞記者說：「佛教徒只不過是用進口汽油烤焦了一個和尚。」如果說美國顧問認為南越若想贏得戰爭就必須作出改變的話，到現在，白宮官員對此已不抱任何希望了。因此，國務院指示美國大使弗雷德里克·諾爾廷（Frederick Nolting）向吳庭艷提出建議，請他的弟媳離開美國。㊸

顯然，美國的解決方法是換一個政府。國務院得出的結論是，我們不知道吳庭艷是否真的願意採取必要措施以維持他的政權。於是，華盛頓開始割斷與這一家族的聯繫，儘管長期給它進行援助。㊹美國外交官告知南越副總統阮玉壽：一旦吳庭艷失勢，美國將支持他。總統則再次選擇中庸路線，簽署了《國家安全法案第二四九號備忘錄》，並且立即生效。備忘錄反對美國撤軍或全力出擊，僅提出增加軍事援助和增派顧問。㊺甘迺迪還挑選共和黨強硬派的亨利·卡伯特·洛奇（Henry Cabot Lodge II）任美國大使和總統私人特使。八月十五日在與洛奇會見時對他說「很明顯，吳庭艷政府正走向墳墓」。㊻甘迺迪的決策將預言變成了事實。誠然，吳庭艷的政權長期以來，一直為軍事政變所累。八月份，南越將領失去了耐心，發動了最嚴重的叛亂。此次叛亂事先得到了洛奇的首肯，但卻以失敗告終。

為了從雜亂的陣地報告中理出頭緒，九月份，甘迺迪派出了兩個調查使團赴南越。在第二個使團中有時任參謀長聯席會議主席的泰勒，但此次是由國防部長麥克納馬拉作陪。他們返回美國後樂觀地告訴總統，如果一切順利，一九六五年即可撤回人數已達一萬六千人之多的美國顧問。

泰勒和麥克納馬拉還建議年底撤回一千人的建設部隊。㊼十月十一日，甘迺迪下令實施麥克納馬拉－泰勒建議，但指示不公開發佈撤軍的消息。㊽然而，美國與吳庭豔的關係不斷惡化。吳庭儒這時公開指責美國，說美國減少援助「引發了越南的分裂」。華盛頓接連不斷地聽到傳聞，說吳庭儒正和共產黨進行談判。南越陸軍將領們不止一次與美國官員接觸，力圖弄清如果他們發動叛亂，美國會作何反應。與此同時，洛奇自視為地方總督而非總統特使，試圖做出安排以支持南越軍方的叛亂，並通過一系列秘密電報向總統匯報。十月底，甘迺迪主要致力於維持「控制和安排」，即支配叛亂的能力，以免一旦形勢不妙，好推說不知，從而陷入尷尬境地。㊾十一月一日萬聖節那天，盼望已久的事終於發生了。按照美國人的策劃，南越陸軍軍官推翻了西貢政府。然而他們卻沒依策劃行事，處死了吳庭豔和吳庭儒。兩人的死被說成自殺，這一點頗令人懷疑。對他們的死，總統始終心存愧疚，倘若他知道美國本來可以救下這兩人的性命，他這種感覺就會更加強烈。㊿一九六三年十一月二十二日下午，為美國放棄干涉製造輿論所作的講演中，總統想警告美國人，不管冒多大的風險、付出怎樣的代價，也「不要對支持南越感到厭倦」。(51)

甘迺迪活著會如何？

甘迺迪死了，身後留下一個決心在總統墓前頂禮膜拜的國家。事實上，他生前並沒有受到特別的尊敬。甘迺迪家族決定以傑克的死推進他弟弟的事業，全力鼓吹甘迺迪神話。實際上，甘迺迪死後的一段時間裡，羅勃仍支持這場戰爭。一九六八年初，林登．詹森總統將戰爭升級，很明顯，羅勃面臨著巨大的挑戰。甘迺迪家族的宣傳機器馬上開動起來，將有關他的記載搞得含糊不清。到了六月份羅勃被暗殺的時候，若傑克．甘迺迪還活著、一定會從越南撤軍這一神話已經根深蒂固了。

但是，正如我們所看到的，這一觀點得不到嚴肅的史實的證明。例如，一九六三年九月，美國最受人尊敬的電視記者沃爾特．克朗凱特（Walter Cronkite）對甘迺迪作了專訪，人們經常以此作為論據。那次特別安排了三十分鐘的夜間新聞節目。甘迺迪決定利用這次採訪對吳庭艷和他的弟弟施加壓力。他解釋道：「歸根結底，這是他們的戰爭。他們或贏或輸，別無選擇。」接著，總統通過全美電視網明確告訴吳庭艷該如何處理國家內政，包括停止鎮壓佛教徒，改變政策，調整人事，否則就會失去美國的支持。十一月十四日，在他舉行的最後一次新聞發佈會上，總統聲稱「我們的目標」是「讓美國人回家，讓南越繼續作為一個自由國家獨立存在」。㊾可是，僅在兩個月之前，在另一個晚間新聞節目中，他說：「我們不應該退縮。」事實上，這更符合他的一貫政策。如此矛盾的說法僅是甘迺迪面臨抉擇時心情沮喪的真實寫照而已。在他之前的艾森豪與後來的詹森和尼克森也都落入這樣的兩難境地。他們在任時都發現要抽身而出、徹底拋棄南越是不可能的。

甘迺迪死了，留給了詹森一個有毒的聖盃。叛亂首領比吳庭艷更加無能。一月二十九日，在中央情報局支持下，叛亂再次發生，推翻了前反叛者的統治。泰勒敦促麥克納馬拉「不要再作繭自縛，拋棄目前束縛我們手腳的諸多限制，採取可能更具風險的大膽行動」。[53]在任何一個關口，詹森都明瞭美國擴大干預可能導致的後果，但他仍身不由己地捲入他畏懼的戰爭升級。他害怕戰爭失敗會引起國內動盪，還狂熱地相信多米諾骨牌理論。於是，他不顧一切地擴大了越戰。一九六四年，國會批准了《北部灣決議》，賦予總統發動戰爭的無限權力；一九六五年，第一批美國作戰部隊抵達越南；一九六七年，駐越美軍超過了五十萬。

如果傑克·甘迺迪還活著，他會發現他將飲自同一個有毒的聖盃。他作過兩個使戰爭「美國化」的決定。一九六一年，他大幅度增加湧入南越的美國人員和物資總量，將顧問關係變成了伙伴關係。兩年後，他積極鼓動推翻吳庭艷政府。美國的干預得到進一步的擴大和深化。吳庭艷以生命作為補償的罪過就是他沒按照美國制訂的贏取戰爭的計劃行事，而甘迺迪是輸不起的。由於吳庭艷的死，美國注定對南越負有義務。甘迺迪雙手沾上了鮮血，無法從衝突中解脫。一九六三年，美國決定繼續駐軍，這預示了戰爭升級是不可避免的。甘迺迪總統即將辭任，一心保全自己和弟弟的政治前途，絕不敢逆流而動。理查德·尼克森也不能這樣做，儘管在其它任何方面，他都來了個一百八十度的大轉彎。

由此，我們想到了一個甘迺迪神話的擁護者們很少提出的重要的反事實問題：要是甘迺迪還活著並參加競選，他能贏得一九六四年的總統選舉嗎?只要他還履行對越南的義務，答案可能是肯定的（儘管比詹森贏得的優勢還要微弱），因為二十世紀六〇年代，反對共產主義在國內政治中處於壓倒一切的地位，就像政治家呼吸的空氣一樣，無處不在。到一九六八年，美國的陣亡人數達到三萬六千名，反戰浪潮在大學校園裡迭蕩起伏，但半數接受民意調查的美國人仍然認為應該增加干預越南的力度。人們對此依然健忘。四年以前，甘迺迪幾乎肯定會遭遇到共和黨右翼的旗手巴里·戈德華特（Barry Goldwater）的挑戰（一九六二年，尼克森競選加利福尼亞州長失利，大發雷霆，也就將自己淘汰出局了；東部大亨候選人納爾遜·洛克菲勒〔Nelson Rockefeller〕在政治上不為共和黨接受，又因離婚和匆忙再婚而身敗名裂）。戈德華特正積極找尋在共產主義問題上心慈手軟的蛛絲馬跡，那麼，甘迺迪將不得不重申他的干預論，不管他自己是否樂意。

即使甘迺迪在一九六四年大選獲勝，他也不大可能減少美國對南越的援助。在大選年裡，詹森按甘迺迪手下的建議作出了某些決定。一九六五年，他遇到了巨大的壓力。如果作出同樣的決定，甘迺迪也會面臨類似的壓力。他像詹森一樣別無選擇，只能在任何關鍵時刻都採取中庸之道。他既不會將戰爭升級到軍界要求的程度，也不會爭取在談判的基礎上簽訂和約。在他的領導下，作戰部隊的行動將與詹森任職期間毫無二致。如果說有所不同的話，那僅僅是他援助的規模將會更龐大。甘迺迪本人更樂於作一個外交總統。與詹森相比，他在國內政績不佳，因此在處理國際事務時就必須取得成功。為自己在歷史上的地位考慮（更不用說他弟弟的政治生命），他絕不會在政治上冒險，下令從越南撤軍。

甘迺迪偶爾也會考慮反對出兵越南的種種意見。但是，這很難證明他要改弦易轍。像許多高級官員一樣，甘迺迪向辦公室裡川流不息的人們諮詢各種戰略，因此在甘迺迪的報告書中，美國任何一種可能的決定都能找到依據。事實上，一旦越南衝突激化，他就找不到任何輕鬆的出路。

他無法放棄美國人至高無上的信念，美國不得不進行冷戰，而這正是他本人為所有人樹立的。簡而言之，自始至終都是甘迺迪一手包辦的。

正像詩中所說，約翰．甘迺迪的任期相當短暫。輝煌卻談不上。若他活下來、並獲連任，情況也不會有所不同。美國不會從越南早日退兵，可能也沒有「偉大社會」。

前共產主義世界已經失去了偶像。現在該輪到美國人拋棄他們的神靈了。

---

① 加美勒（Camelot）：英國傳奇故事中亞瑟王王宮的所在地。——譯者註

② 麥克喬治．邦迪：《一九九三年在耶魯大學的講座》（McGeorge Bundy, *1993 Stimson Lecture ci Yale University*）；羅勃．麥克納馬拉：《回顧：越南的悲劇和教訓》（Robert S. McNamara , *In Retrospect: The Tragedy and Lessons of Vietnam*），紐約，一九九五年。

③ 史東的荒謬觀點得到了歷史學家約翰．紐曼的支持。他在《甘迺迪和越南》（John Newman, *JFK and Vietnam*），紐約，一九九一年，一書中提出，詹森上任伊始，就將越南戰爭升級到違背甘迺迪意圖的地步。喬治．伯諾的小說《待實現的諾言》（George Bernau, *Promises to Keep*）也持同樣的觀點。英國諷刺作家馬克．勞森的近作《蠻荒》（Mark Lawson , *Idlewild*），倫敦，一九九五年，卻是此類作品的糾偏之作。

④ 多麗絲．卡恩斯．古德溫：《菲茨傑拉德家族和甘迺迪家族：一個美國傳奇》（Doris Kearns Goodwin, *The Fitzgeralds and the Kennedys: An American Saga*），紐約，一九八七年，第二四六～二五三頁。

⑤ 戈爾·維達爾：〈神聖家族〉（Gore Vidal, 'The Holy Family'），選自他的《一九五二～一九九二年論美國文集》（Gore Vidal, *United States-Essays 1952～1992*），紐約，一九九二年，第八〇九～八二六頁。

⑥ 史蒂芬·安布羅斯：《艾森豪總統》（Stephen E. Ambrose, *Eisenhower: The President*），第二卷，紐約，一九八四、一九八五年，第一九〇頁。

⑦ 理查德·里夫斯：《甘迺迪總統：權力的側面》（Richard Reeves, *President Kennedy: Profile of Power*），紐約，一九九三年，第三五六頁。

⑧ 史蒂芬·安布羅斯：《尼克森：一位政治家接受的教育，一九一三～一九六二年》（Stephen E. Ambrose, *Nixon: The Education of a Politician 1913～1962*），紐約，一九八七年，第五九六頁；泰勒·布蘭奇：《告別水門：一九五四～一九六三年的美國》（Taylor Branch, *Parting the Waters: America in the King Years 1954～1963*），紐約，一九八八年，第三四四～三七八頁。

⑨ 《美國總統就職演說：兩百周年紀念》（*Inaugural Addresses of the Presidents of the United States-Bicentennial Edition*），華盛頓，一九八九年，第三〇八頁。

⑩ 里夫斯：《甘迺迪》，第一二二～一二六頁。

⑪ 同上，第四九八頁。

⑫ 同上，第一二六頁。

⑬ 同上，第四九八～五〇二頁。

⑭ 哈佛德·西特科夫：《一九五四～一九九二年爭取黑人平等的鬥爭》（Harvard Sitkoff, *The Struggle for Black Equality 1954～1992*），紐約，一九九三年。第一四五～一四七頁。

⑮ 《一九六四年經濟機會法》的序言。

⑯ 喬治·卡欣：《干涉：美國是怎樣捲入越南的?》（George M. Kahin, *Intervention: How America Became Involved in*

Vietnam），紐約，一九八六年，第一七～二〇頁。

⑰ 喬治・赫林：《美國最長的戰爭：美國和越南，一九五〇～一九七三年》（George C. Herring, *America's Longest War: The United States and Vietnam 1950～1973*），紐約，一九八六年，第二版，第五七頁。

⑱ 赫林：《最長的戰爭》，第五一頁，第五一頁；卡欣：《干涉》，第七五～七七頁。

⑲ 里夫斯：《甘迺迪》，第二五四頁，第五五九頁。

⑳ 亞瑟・小施萊辛格：《約翰・甘迺迪在白宮的一千天》（Arthur M. Schlesinger Jr, *A Thousand Days: John F. Kennedy in the White House*），紐約，一九六五年，一九七一年，第一五六頁。

㉑ 里夫斯：《甘迺迪》，第一一二頁。

㉒ 《一九六一～一九六三年美國對外關係》（*Foreign Relations of the United States 1961～1963*）第一卷：《越南：一九六一年》（*Vietnam 1961*）第四二號備忘錄，由國防部副部長於一九六一年五月三日呈遞總統，華盛頓，一九八八年，第九三頁。

㉓ 同上，第九七頁。

㉔ 《對外關係》第一卷，第四二號備忘錄的附件〈防止共產主義統治南越的行動計劃〉（'A Program of Action to Prevent Communist Domination of South Vietnam'），一九六一年五月一日，第九三～一一五頁。

㉕ 同上，《第五二號國家安全行動備忘錄》，一九六一年五月十一日，第一三二～一三四頁。

㉖ 勞埃德・加德納，《不計代價：林登・詹森和越戰》（Lloyd C. Gardner, *Pay Any Price: Lyndon Johnson and the Wars of Vietnam*），芝加哥，一九九五年，第五四頁；羅伯特・舒爾津格：《戰爭年代》（Robert D. Schulzinger, *A Time for War*），牛津，待出，第五章。

㉗ 《對外關係》第一卷，第六〇號，副總統的報告，未署日期。

㉘ 同上，第九九號，一九六一年七月十九日邦迪致萊姆尼策的通信，第二三三頁。

㉙ 同上，一九六一年七月二十日科默致羅斯托的通信，第二三四頁。

⑳ 舒爾津格，《戰爭年代》，第五章。
㉛《對外關係》第一卷，第二一〇號，一九六一年十一月三日馬克斯韋爾·泰勒的信件及隨信附寄的報告及附件，第四七七～五三二頁。
㉜ 同上，第二三三號，羅斯托提交給總統的備忘錄，一九六一年十一月十一日，第五七三～五七五頁。
㉝ 同上，第二一四號，國防部長提交給總統的備忘錄草稿，一九六一年十一月五日，第五三八～五四〇頁。
㉞ 同上，第二五四號，國家安全委員會會議記錄，一九六一年十一月十五日，第六〇七～六一〇頁。
㉟ 同上，第二七二號，《國家安全法案第一一一號備忘錄》，一九六一年十一月二十二日，自第六五六頁始；舒爾津格，《戰爭時代》，第五章。
㊱ 赫林，《最長的戰爭》，第六五頁。
㊲ 里夫斯，《甘迺迪》，第四四四頁。
㊳《紐約時報》，一九六三年一月七日；里夫斯，《甘迺迪》，第四四六頁。
㊴ 里夫斯，《甘迺迪》，第四四六頁；舒爾津格，《戰爭年代》，第五章。
㊵《對外關係》，第三卷：《越南，一九六三年一月～八月》，華盛頓，一九九一年，第一一二號，發自順化領事館的電報，一九六三年五月九日，自第二七七頁始。
㊶ 舒爾津格，《戰爭年代》，第五章。
㊷《對外關係》，第三卷，第一六三、一六四號，西貢發給國務院，一九六三年六月十一日，第三七四～三七六頁。
㊸ 同上，第二四九號，邁克爾·福里斯特爾給總統的備忘錄，一九六三年八月九日，自第五五九頁始；舒爾津格，《戰爭年代》，第五章。
㊹《對外關係》，第三卷，第二三〇號，國務院發給駐越大使館的電報，一九六三年七月十九日，第五一七頁。
㊺ 里夫斯，《甘迺迪》，第五二八頁。
㊻《對外關係》，第三卷，第二五四號，編者按，第五六七頁。

㊼《對外關係》，第四卷：《越南：一九六三年八月～十二月》，華盛頓，一九九一年，第一六七頁，參謀長聯席會議主席和國防部長遞交總統的備忘錄，一九六三年十月二日，第三三六～三四六頁。

㊽里夫斯，《甘迺迪》，第六二〇頁。

㊾同上，第六三八頁。

㊿《對外關係》，第四卷，第四二七～五三七頁；里夫斯，《甘迺迪》，第六四三～六五〇頁。

51 舒爾津格，《戰爭年代》，第六章。

52 麥克納馬拉，《回顧》，第八六頁；里夫斯，《甘迺迪》，第五八六頁。

53 舒爾津格，《戰爭年代》，第六章，有關詹森總統辛勤工作的情況見加德納著的《不惜代價》，和舒爾津格著的《戰爭年代》。

第九章　沒有戈巴契夫的一九八九年

如果蘇聯共產黨沒有垮台，歷史將會如何？

馬克・艾爾蒙德

人們常常責備世界上的偉人，因為他們沒有做他們所能做的。他們會回答：且想一想我們可能做但未做的一切壞事。

——格奧爾格・克里斯托夫・利希滕貝格（Georg Christoph Lichtenberg）

共產主義的崩潰現在已成為歷史。這似乎已經是不可避免的。但值得記住的是，現代史上沒有那一件大事情像一九八九年柏林圍牆坍塌，或者是一九九一年紅旗最終從克里姆林宮頂上降落下來這樣的大事，是連專家們都沒有預言到的。大革命和大帝國崩潰所遺留下來的殘垣斷壁總是給人以深刻的印象，它那非同尋常的規模吸引著人們去尋找那些事件的根本原因和長期原因。無論如何，尋找歷史變化的根源是歷史學家的天職。這些事情的發生在當時可能未必如此，或者可能是以另一種方式，只是到了很晚以後，才成為一件不可避免的事。

一九八九年秋季的戲劇性事件離我們還太近，使我們不可能有一個適合的觀察點。但有一點已經是十分清楚的，那就是西方人所認為的西方必然戰勝龐大、低效率和暴虐的共產主義的神話是站不住腳的。諷刺的是，正當馬克思主義者試圖證明共產主義制度的興起有其不可阻擋的邏輯時，儘管西方理論家曾對此一邏輯不屑一顧，但正是這種結構決定論和經濟決定論者的觀點證明了西方的勝利是事先就決定了的。但願如此，由於內部的矛盾，所有未來的競爭對手都同樣注定要蒙受失敗的恥辱；但這個想法是為私利服務的，無法讓人信服。總之，自從一九八九年法蘭西斯·福山（Francis Fukuyama）自信地宣告了「歷史的終結」以來，那位變幻莫測的女神針對我們的沾沾自喜已作了恰如其分的嘲諷。現在還有誰能夠確信民主贏得了勝利？對當時的許多觀察家來說，一九八九年東歐政體的徹底崩潰是那麼突然，顯得那麼徹底，似乎證實了無所不在的腐敗已經侵蝕了共產主義制度的驅體，使其奄奄一息。一位的目擊者詢問到：「到底發生了什麼事？」並且作了回答：

數千人，接著又是成千上萬的人湧上街頭，他們喊著口號：「辭職！」「我們不願再做奴隸！」「自由選舉！」「自由！」於是，耶里科城牆倒塌了。隨著城牆的倒塌，共產黨就

完全崩潰了……①

然而，在這以前已多次發生過同樣的事情，一九五三年在東德、一九五六年在匈牙利、一九六八年在捷克斯洛伐克、一九八〇年在波蘭。權傾一世的共產主義體制一夜之間就失去了權威。但是，每次當坦克碾過街頭，人群隨即被驅散，但隨後又再一次聚集在一起。甚至在一九八九年六月，當中國大陸正以武力鎮壓北京和其他城市的示威群眾時，鄧小平也曾說過：「一百萬也不是多大的數字。」

共產主義的崩潰無法用民眾的不滿來解釋。民眾的不滿在任何時候都存在，只是被扼制了而已。問題在於當公眾再次舉行抗議時，為什麼當局不能及時地加強對自由化的控制。人民可以創造歷史上受人同情的角色，但在一九八九年事件中（像往常一樣，而至少不是在革命中），他們不過是充當了舞臺上的臨時演員，他們的狂熱行為轉移了歷史學家和其他觀察家的注意力，使他們無法專心於探究真實的行為。如果一九八九年中歐發生事件往往能使觀察家想起一八四八年發生的短暫的「人民之春」，那麼一八四九年就真的那樣完全不可想像嗎？一九九〇年代初中東歐的前共產黨在第二輪自由選舉中重新掌握政權，在許多方面都說明了那是一個漸進的，大規模的非暴力運動。但無論如何，它在一八四九年已經發生過了。人民很快就對捲入政治感到厭煩。一九八九年革命的一個顯著特徵是沒有組織的，只有波蘭團結工會是個例外，其他國家的異議份子則沒有使用過動員社會的手段。他們當中的大多數可以為《紐約書評》的讀者所熟知，但對於布拉格郊區或萊比錫電車上的乘客來說，他們卻是陌生的。

一九八九年的真正問題在於為什麼共產黨政權的秘密警察、士兵和工人民兵的部隊一槍不發？黨的「劍與盾」這次究竟出了什麼問題？更重要的是，克里姆林宮為什麼會那樣被動地聲明放棄它的帝國，從而為北大西洋公約組織這個數十年來的對手打開了道路，任憑它滲透到本身的社會和經濟體制中去，甚至有可讓它的軍事力量滲透到這個地區？蘇聯的領導階層為什麼會放棄中歐？即使是在一九八九年，鎮壓公眾抗議並不需要多大的力量。畢竟，一九八一年賈魯塞爾斯基將軍（Wojciech Jaruzelski）用來反對團結工聯的最有力的武器只不過是高壓水柱。而在八年後，東德的領導人幾乎沒有任何武器來對付遍及全國的示威遊行者所發動的攻擊。

這把我們引回到一個更為基本的問題上：一九八五年戈巴契夫啟動的改革進程真有必要嗎？在一九八〇年代中期，是否有另一批蘇聯領導人可以採取完全不同的政策，否則就沒有出路嗎？只有非常武斷的決定論者才會堅持認為，因為戈巴契夫必須改革，所以戈巴契夫才進行改革。哪怕是戈巴契夫自己採用了不同的方式，也有可能導致完全不同的結果。西方學者和分析家運用他們的思維來分析蘇聯的社會問題以及無法滿足消費者需求的問題形成了本身的共同看法。但是，在開放和改革開始了十多年後，要回顧戈巴契夫撤消審查的障礙之前有關蘇維埃制度的理論和制度上一致觀點，則是非常困難的。如果戈巴契夫是一個如某些西方人最初所害怕的那樣能操縱公眾輿論的人，那麼，那些地方性的問題依然會被其大部分的政策以及西方的輿論製造者緊密地掩蓋起來。確實，科爾（Helmut Kohl）在會見戈巴契夫之前曾經將其比作一位宣傳家，就像戈培爾一樣。雷根（Ronald Reagan）時代的冷戰勇士們關注的那些問題，在「理性的」學者和政治家眼裏並不重要。相反地，在一九八〇年，塞維林．比亞勒（Severyn Bialer）等專家就讓《時代》雜誌的廣大讀者們相信蘇聯是第一個能同時提供「步槍和奶油」的國家，即能夠像西方國家一樣在提高生活水準的同時也取得軍事上的成就。② 一九八四年，經濟學家肯尼思．加爾佈雷思（J. Kenneth Galbraith）的權威著作讓西方人相信，蘇聯的平均勞動生產率高於美國。一年後，社會學家戴維．萊恩（David Lane）也論證說：

> 如果以市民的心理贊同為基準來衡量合法性的話……，那麼，蘇聯的制度和西方的制度一樣，都具有「合法性」。但這還必須從它自身的歷史、文化和傳統的角度來理解那個制度的合法性。在現實的世界中並不存在「真正」的民主。對蘇維埃政體的支持日漸增加了。它不再是靠強制性的把人們凝聚在一起……人們不應期待戈巴契夫或任何蘇聯領導人會有非常激進的變革……它是一個團結的政府：它的決策是不容懷疑的，至少是在公開場合之下……它是一個得到認同的政府：在得到「民眾認可」的這個意義上，它的決策過程和結構都是合法的。有組織的異議人士，就和英國或美國的共產黨人士那樣幾乎不會受到公眾的注意。③

遲至一九九〇年，美國著名的蘇聯學家傑里．霍夫（Jerry Hough）肯定會對「蘇聯正在變得無法進行管理」的觀點念嗤之以鼻。他認為這種觀點只不過是：

反映了一九八九年政治發展中出現的新變化所做判斷，其實並不是一種有充分證據支持的嚴肅的評價……其中最不應當的是它假定這個國家將要分裂。美國從來沒有經歷過由於語言方面的要求而發生的種族騷動，對於他們在蘇聯所看到的一切，他們基本上會表現出過度的反應……從比較的角度來觀察，蘇聯看上去更像一個穩定的多民族國家……一九八九年的騷動有利於戈巴契夫……從經濟上來看，這場騷動也有利於戈巴契夫。④

這裏引用了這種觀點其關鍵並非是由於它具有洞察力。這些觀點其實並沒有任何洞察力，而是因為他們代表了據說是西方所是熟知那種普遍性的操作方式。

為什麼共產黨不能採取嚴厲措施呢？對此問題有人回答說，那是因為共產黨失去了自己合法性的意識。確實如此。但是，究竟是誰使黨員的幻想破滅呢？肯定不是那些極少數受到恐嚇的異議份子，也不是數百萬黨員中追求新奇的那一群野心家和春風得意的共產主義者，至少在中歐的情形一直是如此。應該受到責備（或讚賞）的是共產黨內的高層官員。他們為了維護自己的權力，瓦解了共產黨人的意志，是戈巴契夫的開放和改革導致了共產主義的崩潰。在世界上的其他地方，其他的共產黨領導人決不像戈巴契夫那樣幼稚，試圖重新鼓動一次革命來讓國家生存下去。當然，在古巴或北韓，由於人民貧窮，不少人鋌而走險，不顧邊防戰士開槍和騙子的敲詐勒索而逃往國外，但是，那並沒有造成制度的動搖。因為貧窮和穩定是這些國家的制度得以生存的秘密，而不是制度垮臺的原因。真正難以理解的是，為什麼戈巴契夫會放棄那個在全球許多國家中曾經試行和檢驗過的權力。

意識形態的終結和意識形態專家的結局

顯而易見，戈巴契夫的行為在一定程度上導致大多數共產黨員放棄了他們的信仰；但是用宗教的類比來解釋共產主義者之所以放棄他們的精神的原因會使人們誤入歧途。共產黨畢竟不同於嬉皮組織，不是以某一位具有超凡魅力的領袖為基礎，也不訴於那些心理敏感的方式。它是一個由無數平庸者所組成的官僚政治，其中有許多人有武裝。然而，就連最利己的派系也需要一些意識形態的粘合劑將其結合在一起，然而，利益的考慮可能是造成相反結果的基礎。

贊同意識形態的終結是戈巴契夫最大的一個錯誤。討論「趨同」是西方提出的一個鼓勵知識份子解除思想武裝的口號，但對克里姆林宮非常有用，但實際上，鼓勵「趨同」無異於自取滅亡。然而，戈巴契夫卻把它當作談話的基調。一九八八年十二月，戈巴契夫在聯合國發表演說，其中提到了不久將要舉行紀念十月革命七十周年和法國大革命二百周年的慶祝活動。他說：

> 那兩次革命所形成的思想方式在很大程度上仍然在社會意識中流行著……但今天我們所面對的是一個完全不同的世界，為此我們必須開闢一條通向未來的不同道路……我們已經進

入了這樣的一個時代，全人類的利益將影響世界的進步；全人類的價值也將指導世界的政治。⑤

事實上，隔絕與西方的交往對於穩定蘇聯的制度而言是必要的。戈巴契夫和克格勃一方面相信蘇聯必須以西方的方式競爭，一方面又試圖保留控制一些過去的舊東西，於是慌亂地採取了一系列災難性的步驟，試圖打破停滯的穩定，卻沒有提供任何真正有益的前景。列寧多次論證過，當革命者處在壓力下時，最好的做法是退卻到一個更好的位置上。然而戈巴契夫所承受的壓力卻是由他自己不斷施加的。冷漠在蘇聯成為常事，可能是對政府灰心喪氣，但還不至於是致命的。

沒有人會懷疑一九八九年變革的真正動力是來自於蘇聯體制的內部，特別是來自秘密警察。戈巴契夫和克格勃的關係已被文件證實。在東歐，他所喜歡的改革者都與克格勃有直接的聯繫，或者是由他們自己國家的保安警察與克格勃發生間接聯繫。例如，羅馬尼亞的伊利斯古（Ion Iliescu）早在一九五〇年代於莫斯科求學的歲月裏就被克格勃吸收為成員，儘管他極力否認當時曾經會見過戈巴契夫。在那些日子裏，另一位瞭解戈巴契夫的共產黨改革派領袖是漢斯．莫德羅（Hans Modrow）。他是東德的最後一位共產黨總理，也是東德國家安全機關影子改革領導人馬庫斯．沃爾夫（Markus wolf）的親密朋友。如今事情已經清楚了，一九八九年十一月十七日發生在布拉格的重大事件牽涉到歷史上一件惹人惱火的事。由於異議份子無法煽動起足夠的不滿以說服黨的領導人進行變革，使得秘密警察不得不自己組織起來舉行抗議。當然，參加示威的許多學生

（令人回憶起五十年前一場反納粹的示威活動）是被鄰近的東德所發生事件而所激發的。但是人們把一些重大的事件，即所謂的「大屠殺」，搬上了舞臺。死亡的學生馬丁・施密德（Martin Schmid）被證明他仍然活著，而且活得很好，而且還是受雇於秘密警察的一個充當密探的官員。在布拉格，施密德被「毒打致死」成為點燃進一步大規模抗議的火花，也導致了強硬路線者的垮臺。

任何多黨制的民主都是難以操縱的，這就是史達林喜愛「人民民主」制的原因，因為實行人民民主制，其他各黨派都必須承認共產黨的「領導地位」，在波蘭和東德，不同的黨派的存在也只是名義上的。然而，在一九八九年，這些「前線政黨」突然恢復了活力，並獲得了真正發揮作用的機會，就如同畢諾奇（Pinocchio）一樣。確實，在多黨選舉的情況下，他們以前苟安的領導人有各種理由遠離不受歡迎的共產黨人以扮演一個獨立的角色。蘇聯本身從一九八九年三月第一次實行多黨代表選舉以來，經由六月波蘭選舉，到翌年的爭奪選票的波動，同樣的現象一再出現。凡是被允許舉行多黨選舉的地方，那裏的人民都利用選舉機會來反對共產黨。幾年後，他們的幻想可能會破滅，因為非共產黨人並不能解決他們的問題；但是在自由帶來最初的欣喜，甚至當自由是從上面授予時，他們願意對數十年不民主的統治表達一個否定的結論。

到一九八九年秋季的中旬，事態已經變得很清楚，僅僅免去何內克（Erich Honecker）及其最親密助手的職務依然不能平息東德市民最近被激起的勇氣，由於政府一再讓步，使得示威規模已經發展成全國性的。何內克的垮臺非但沒能誕生一個實行改革的共產黨政權，反而鼓勵人民最終推倒柏林圍牆和徹底將國家廢除。因為改革進程威脅到要解釋沃爾夫—莫德羅集團實施假民主化的計劃，使得莫德羅尋找各種方法，以便把共產黨中的其改革派和國家安全機關的聯繫放在政治進程的首位。律師和告密者格雷戈爾．居西（Gregor Gysi）就是他們中的一位。一九八九年十一月二十一日莫德羅告訴國家安全機關的領導們：「居西屬於智囊團之一，正等待著被啟用。」⑥

不幸的是，這些「智囊們」至少在東德承擔了力所不及的事。一旦這個政權出現不穩定並開始涉及現實政治，共產黨通常使用的一切模仿力和控制力都失去了威力，至少是因為戈巴契夫和沃爾夫低估民族主義和德國馬克對東德的雙重吸引力。這批試圖操縱民主化的人們只會維護自己的利益，事態的變化讓他們不知道該何去何從。像布里茲涅夫（Leonid Brezhenv）這樣的老狐狸決不會天真或過分自信地認為克格勃的專家可以放鬆對人民的束縛，他們必定要讓人民仍然保持循規蹈矩。這明顯是利用了非常特殊的一種政治智慧去與帝國的命運搏鬥，然後才會舉手投降。

公正地說，戈巴契夫許多錯誤估計歸咎於他對現實的缺乏瞭解。領袖的禮節和特權使他脫離了蘇聯的現實狀況（他在克里米亞半島的福羅斯有一座的富麗堂皇的別墅就是一個象徵），他與西方領導人的接觸也難以推動其自我反思。戈巴契夫一向受到人們的讚美，以致於對自己的宣傳竟然確信不疑，甚至連他的前任（他們常被斥之為受到過於抬舉的老農）都從未犯過這樣的錯誤。經歷了幾代庸碌的和刻板的領導人安全地把蘇聯引向超級大國的地位之後，接著下來便由眼睛明亮的戈巴契夫來掌舵，然而他卻把國家這艘船直駛向岩石撞去。

經濟危機中的政治情勢

這似乎可以用戈巴契夫的理想主義來加以解釋。但是，蘇聯政治局的最高層卻從未形成一種純粹的理想主義。戈巴契夫常常公開讚揚蘇聯的愛國主義不僅表達了真正的社會主義取向，而且還反映了他自己認為蘇聯必須繼續發揮超級大國作用的信念。他一廂情願地認為蘇聯能和美國在科技力量上相抗衡。這導致他改變了史達林遺留下來的久經考驗和值得信賴的國內力量的結構。「西方馬克思主義」的學者們堅持認為國內政策政治做為政治的基本因素，應當放在首位。然而克里姆林宮的領導人卻熱衷於蘇聯的國際地位，這就導致戈巴契夫去批評國內的經濟停滯以致於對制度造成了威脅。他的顧問和克格勃的專家都支援他，因為他們能夠得到秘密情報，充分瞭解西方在技術上怎樣領先於蘇聯，但是他們並沒有看出任何美國政府如果試圖要使用它的力量來直接反對蘇聯還需要十多年的時間。恰恰相反，西方卻高興看到蘇聯和它的制度以一種沒有威脅的方式生存下來。

諷刺的是，戈巴契夫為了打破停滯的局面，卻使蘇聯錯失了為自己的優勢而改變力量平衡的最好的機會。蘇聯本來可以坐待優勢的取得。戈巴契夫改革蘇聯的狂熱努力，瓦解和扭曲了其原有的結構，使得蘇聯的情況更為糟糕，遠遠比不上從布里茲涅夫手中繼承下來的遺產。⑦

一九八九年東德的破產是偶然的嗎？只要從資本家的觀點來看就可以作出肯定的回答。當然，從利潤與成本的比較而言，東德多年來已每況愈下。它必須努力得到通貨來支付西方債務的利息，因此變得比任何時候都更加瘋狂，但是，要使西方銀行家感到滿足，真正的壓力不是來自蘇黎世和德累斯頓的銀行，而是來自於克里姆林宮。東德要從西方銀行取得新貸款並沒有困難。⑧凱因斯對此曾經做出充分的解釋。他說，如果一個債務人欠銀行一千鎊但無力償還，那是債務人的問題。但是，如果這個債務人欠了銀行一百萬鎊且又不能償還，這就需要銀行來操心了。如果假設東柏林對它的通貨債務採取「無力償還又不願償還」的態度，西方銀行能把它送上法庭嗎？對此做出的可能反應當然是重新規定還債的時間並向他提供新的貸款，或者，最壞的情況是將他的債務一筆勾銷。事實上，經濟壓力的感覺是來至東方。戈巴契夫想中止對蘇聯幾十年來一貫給予「小兄弟」的慷慨資助。一九七三年遭遇到第一次石油輸出國家組織的油價衝擊以後，蘇聯對東方集團調整了它的能源價格，但仍讓他們以低於世界市場價格結算。⑨與蘇聯內部可能產生完全由市場定價所帶來的困難相比，東歐國家面對調價而增加的困難是微不足道的。一九八九年後整個前共產主義集團的許多工業部門和其他經濟部門的崩潰，證明了它們如果貫徹了戈巴契夫的改革提議，那麼上述的經濟現象完全有可能發生。

波蘭和匈牙利置身於其他華沙公約國之外，那是因為早在一九八九年之前它們就已經多次進行過自由化的經濟改革。一九八九年後，它們顯然已經分道揚鑣。波蘭採納了最激進的形式，實行休克療法（儘管其成就從總體來看並不像許多讚美者所承認或看到的那麼多），匈牙利的私有化進程仍然比較緩慢。在一九八九年夏天團結工聯所領導的政府當選之前，儘管雅魯澤爾斯和他的部長們向合作社和小規模的私人企業提供各種鼓勵，然而波蘭的經濟依舊頑固地抵制各種刺激。很明顯的，釋放企業家的能力需要進行政治改革，雖然首先下海的那批人是積累了黑市資本並有良好政商關係的共產黨人。一九九四年十月二十三日，華勒沙（Lech Walesa）在美國的水牛城對聽眾說：

> 共產黨員是今天最好的資本家，他們與以往不同，願為資本主義辯護。我們當然不喜歡這樣，這有一點兒不道德，因為現在這些特殊的人正在建設資本主義並充當了先鋒。但是，他們更有效率，更有活力。我們不能阻止他們，我們必須讓他們存在下去。⑩

匈牙利欠下的鉅額債務當然不會因為非共產黨政府在一九九〇年的當選而取消，也不會因為匈牙利共產黨改革派於一九九四年重新獲得權力而取消。匈牙利的人民平均債務負擔大於墨西哥，對經濟造成了沈重的壓力，使得某些有效益國有部門難以實行私有化，因為政府仍將償還債務利息放在首位。儘管如此，匈牙利還是生存下來了。

市場也也希望蘇聯能生存下來。儘管在資本主義當中市場是無法抵制的，但它可能而且確實造成了失誤。很不幸，如果引用拉狄克（Karl Radek）關於共產黨永遠正確的說法，那麼因實行市場經濟而導致的失誤也要比反對市場經濟更為有利。一九八八年，克里姆林宮第一次發行的歐洲債券（十年後到期，利率達百分之五）被老練的資本家全部認購。瑞士的管制機構對此事放棄了正常的要求，因為一個國家發行債券就必須透露它的債務和外匯儲備，由此可見西方對這位新的商業夥伴充滿了信心。⑪使西方債權人和潛在的援助者人突然產生信任危機的是蘇聯領導層，是他們對不穩定的政局撒手不管。

戈巴契夫和總理雷日科夫（Nikolai Ryzhkov）堅決主張經互會成員國改變其地位，由原來靠進口蘇聯廉價能源和原料對他們實行資助，轉變為兄弟國家之間的交易實行通貨結算的制度。直到一九八九年七月，經互會成員國已利用這種支付方式中的秘訣，通過可兌現的盧布制度來避免或減少了令人不快的貿易赤字。隨著這種狀況的迅速變化，蘇聯領導階層決定在經互會成員國之間強行使用美元代替可兌換盧布作為結算貨幣。這種迅速和蠻橫的轉變給華沙公約國造成了經濟災難。實際上，在克里姆林宮要求向市場轉變產生充分影響之前，他們的政治制度已經崩潰。這是十分明顯的事實。新選舉上臺的民主政府承擔了由此造成的後果。

這一切難道都是必要的嗎？再從市場觀點來看，這當然有意義。對兄弟共和國的支援降低了蘇聯人民的生活水準。但它要達到的根本不是社會的目的，甚至也不是經濟的目的，而是政治的目的。東歐國家之所以和蘇聯拴在一起是因為他們對蘇聯的經濟的依賴和蘇聯的軍事優勢。正是由於他們的貧困才使得蘇聯優勢得以建立。如果這些兄弟共和國都變成市場導向的國家，它們就會用世界價格支付他們購買的原料和燃料，那麼有什麼明顯的理由非要從蘇聯購買原料和燃料不可呢？各種經濟的因素都使他們想到要轉向西方尋找供應商。

改革蘇聯集團經濟的嘗試深刻地動搖了它的政治實體。戈巴契夫抱怨東歐過去的那些傀儡們抵制他的改革，儘管何內克和西奧塞古（Nicolae Ceausescu）在如何維護共產主義的生存上比作為暴發戶的斯塔夫羅波爾（Stavropol）表現得更明智，更不用說那些小兄弟國家的領導人還在倚老賣老，認為戈巴契夫還在穿開襠褲的時候，他們已經是活躍的共產黨員了。這使戈巴契夫非常惱火。然而諷刺的是，戈巴契夫聲稱，他有權作為列寧和史達林的正統繼承人，是馬克思列寧主義唯一正確的解釋者，然而與此同時，他卻正在清除他們的遺產。

到一九九一年八月為止，戈巴契夫集團已造成了政權的瓦解，而他的一些同志試圖讓他停止下來，以免陷入混亂，但已為時太晚。在他被軟禁後返回莫斯科的行為暴露了戈巴契夫的天真。這位蘇維埃共產主義的路易十六並沒有像許多人期待的那樣努力挽救其地位以避免共產黨因受到攻擊而遭致顛覆，卻仍然在那裏談論共產黨在使社會獲得新生中應當發揮的作用，甚至連他的評論者都感到為難，充分證明了他是多麼脫離實際。只有在西方他才受到真正的重視。

改革加速了蘇聯基礎建設的停滯。戈巴契夫的「重大」影響不僅未增強蘇聯經濟在高科技商品中的競爭能力，反而破壞了蘇維埃國家還能按自己道路走下去的經濟領域。自從一九八五年以來，蘇聯經濟的能源和原料基礎的管理十分混亂、浪費和偷竊公行。石油和天然氣管道破裂以及伴隨而生的人類和生態的災禍，近些年來，已司空習慣。即使是在舊的蘇維埃制度下也不會這樣粗心大意。（的確，只有史達林不在乎他的計劃所耗費的人力資源代價，但他也不會喜歡浪費物質資源。只有在風紀敗壞的情況下忽視了基礎設施，才會導致大量災難的出現。）

尤其是在一九九一以後，從前的國家經濟管理人員狂熱地盜賣資產，達到前所未有的程度，中飽私囊，用以賄賂他們的上司，蘇聯的原料（如有色金屬），石油和天然氣的蘊藏資源被胡亂開採，結果進一步壓低了這些產品在世界市場上的價格，也削弱了國家生存的基礎。與此同時，資本主義的新企業主還沒有開始提交稅利。蘇聯國家的新稅收基礎不穩定，也威脅到了自身的生存，因為這些資源一旦損毀就無法恢復。雖然人們已經習慣於將蘇聯掠奪資產的資本主義階段與一個世紀以前美國「強盜大亨」的時期相提並論，但事實上，蘇聯今天以最低價格出售前蘇聯的資產與十九世紀晚期的洛克菲勒家族和卡內基家族大規模建築管道、鐵路及鋼鐵廠完全相反。後蘇聯時期的許多原料商實際上正在忙著毀掉他們賴以生存的經濟支柱。

改革和「休克療法」到目前為止只不過是毀壞了蘇聯的財產基礎和基礎設施。至於這些行為是否為民眾帶來巨大的物質利益，仍存有爭議。但是，與史達林模式產生的經濟貧困不同的是，蘇聯的改革甚至沒有產生權力的紐帶。停滯也許不是人們所期望的模式，但對蘇聯來說它比改革更為有利。從事後來看，那種認為它是致命的說法言過其實。作為為政府和軍事力量提供必要手段的一種制度，它仍然產生了應有的作用。可以肯定的是，蘇聯在與西方進行高科技武器的競爭能力上大有問題；但西方也難以測試蘇聯的中程防禦能力。無論如何，國家控制的原料和燃料的出口可能已經在繼續為蘇聯透過傳統途徑非法購買技術提供資金，也為購買消費品提供了資金。如果現在每年有一七〇億美元的資金流出蘇聯，進入西方銀行帳戶，而且作為不動產永不歸還，那麼在蘇聯內部，只要廉價銷售一部分動產，就足以為許多穩定化的措施提供資金。

遠非客觀的經濟標準造成了蘇聯的解體，應當對此負責的是蘇聯的精英們錯誤的思想分析和期望。毫無疑問，西方的「戈巴契夫迷」把這位總書記弄得飄飄然：如果資本家都能為我所用，那麼對集體農莊有怨氣的農民當然也會被爭取過來！

西方對鎮壓如何反應？

一九八九年天安門事件後，西方與中國關係以及西方對南斯拉夫解體和俄羅斯入侵車臣的反應表明，如果蘇聯集團依然保留下來的話，並不會引起歐洲或美國的政治界的太大惋惜。

一九八九年夏天，布希（George Bush）總統在烏克蘭最高蘇維埃所作的「基輔雞」的不光彩的演說表明了美國並不希望蘇維埃帝國消失。布希反對「自殺的民族主義」對戈巴契夫帝國構成的威脅，甚至連烏克蘭共產黨代表團對他提到的「蘇維埃民族」也大為困惑。與此同時，美國國務卿詹姆斯．貝克（James Baker III）正式宣佈美國絕不會承認退出聯盟的斯洛凡尼亞和克羅埃西亞。從某種意義上說，布希是結束共產主義的梅特涅。和十九世紀的這位前輩一樣，布希為了保護舊秩序免遭民主和民族主義者的攻擊而勇敢鬥爭，結果像梅特涅一樣，他也失敗了。⑫

布希在任職初期就清楚表述過，槍殺反共產主義的示威者並不會影響他的國際政策。一九八九年七月，他派遣他的兩個最親密的顧問勞倫斯．伊格爾伯格（Lawrece Eagleburger）和布倫特．斯考克羅夫特（Brent Scowcroft）前往北京，向中國共產黨的老人統治集團再次保證，天安門事件不會損害美中貿易和安全關係（在南斯拉夫衝突中，伊格爾伯格和斯考克羅夫特也是高聲支援貝爾格「聯邦」的兩個人）。此後，布希的繼任者柯林頓（Bill Clinton）宣佈停止把給予中國的最惠國待遇和它的人權記錄掛鉤的虛偽做法。如今中國可以不受約束把中國勞改犯人所生產的商品充斥美國市場，卻無需年年藉口可能失去這一權利。如果中國大陸的老人集團可以藉由宣傳以避開一九八九年六月事件的注意的話，西方國家還會還會對東柏林和萊比錫施予致命的一擊嗎？（我們可以注意到，白宮和Hardliner 共謀的案例，也就是當伊拉克於一九九〇年八月侵略科威特時，布希期待著中國能支持聯合國的決議案，「因為他已經緩和了對於一九八九年六四天安門事件的批評」。）⑬

除了柴契爾夫人（Margaret Thatcher）領導的英國以及梅傑（John Major）首相的政策變化，布希的歐洲盟國同樣希望看到冷戰的秩序能在整個歐洲維持下去。一九八九年十月，科爾所謂的最親密的盟友法國總統密特朗（Francois Mitterrand）仍堅持：「那些談論德國重新統一的人簡直是一無所知，蘇聯決不會同意德國統一。因為那意味著華沙公約組織將壽終正寢。你能想像那個後果嗎？德意志民主共和國就是普魯士。它絕不會贊同巴伐利亞的玩笑。」甚至在十一月二十七日，也就是開放柏林圍牆後的十八天，當科爾謹慎地開始重新統一德國時，法國總統仍然期待克里姆林宮能阻擋德國統一的趨勢：「戈巴契夫會大發雷霆，他不可能承認德國統一。不可能！我自己不需要反對德國統一，蘇聯會為我反對它，因為他們決不會接受一個偉大的德國……」⑭密特朗對戈巴契夫的反對者同樣抱持敵視的態度。其政府在一九九一年四月仍然不願正式接待葉爾欽（Boris Yeltsin）。俄羅斯聯邦總統訪問歐洲議會時，還遭到了讓—皮埃爾．科特（Jean-Pierre Cot）的訓斥，歐洲議會主席巴倫．克雷斯波（Baron Crespo）使地確信：「我們寧願選擇戈巴契夫。」這事自然是發生在維爾紐斯電視塔蘇聯軍隊對手無寸鐵的立陶宛人展開大屠殺後不久，也是在蘇聯軍隊殺害了幾十個巴庫人之後不久。一九九一年八月，當反戈巴契夫的政變發生時，密特朗向法國電視觀眾保證：「政變已經取得了初步成功。」接著他還提到了「新的蘇維埃政權」。⑮（當然，後來當葉爾欽調遣坦克轟擊俄羅斯議會或進攻車臣時，他已成為西方關注的對象，希望不要因為道德上的反動而削弱他的地位。）

和密特朗一樣，歐洲其他國家的政府領袖也會樂意看到，如有必要，蘇聯將會用武力阻止德國的重新統一。例如，義大利總理朱利奧·安德烈奧蒂（Giulio Andreotti）也反對德國重新統一，並且主張在街頭使用坦克（有時是必要的）來鎮壓維爾紐斯和其他地方的反蘇維埃示威。只有柴契爾夫人堅持了民主的行為準則，雖然她對德國的重新統一表示懊悔，但對於柏林圍牆的坍塌以及它所象徵的專制制度的崩潰還是感到由衷的高興。⑯

毫無疑問，科爾如今面臨了與天安門事件類似的局勢，然而宣傳機構的論點卻已經削弱其對手的勢力。宣傳輿論認為，東德示威者正在危及緩和，正在喚起新納粹主義對一個統一的德國的懷舊之情。科爾在試圖與東德一起重建他的疆界以前，必須使用嚇唬的手段削弱對手。社會民主黨和西德知識精英肯定會支持所有的努力，讓萊比錫示威者埋葬他自己的同伴，而讓恢復緩和的神聖典禮繼續進行。遲至一九八九年，西德社會民主黨依然拒絕支持東德組織他們自己（非法的）社會民主黨所做的努力。相反，他們謹慎地藉由一系列聯合文件和聯合會議，培養與東柏林「同志們」之間的關係。

在西德，沒有任何一派嚴肅的政治勢力曾鼓動過重新統一。綠黨反對統一；社會民主黨人甚至不再對這一理想口是心非；自由民主黨不討論這個問題。他們的同盟者基督教民主黨為搶先發佈了關於一九八七年九月誘惑何內克訪問西德的獨家新聞而自豪，因為這是勃蘭特（Willy Brandt）和施密特（Helmut Schmidt）從未做到過的、或者只說而不敢做的事。阿克西爾—施普林格（Axel

Springer）的報紙《世界》以往在任何場合下提及「德意志民主共和國」時都要強上引號，凡是為德國重新統一效力的人都不是西德人。但在一九八九年夏，他們也不再孤獨地堅持拒絕承認德意志民主共和國的存在，而是恰到好處地把握時機，將這個引號刪除了。⑰

除此之外，西德還是一個「被徹底滲透了」的社會。馬庫斯·沃爾夫的情報人員遍佈波昂，而且都在西德經濟和文化的重要部門供職。從總理辦公室的秘書到媒體輿論製造者，都有（東德）國家安全機關的耳目，必要時，他們還是東德的喉舌。如果把東德安全部門與西德的所有聯繫一一列舉出來，那將是一本與波昂的電話號碼薄一樣厚的書。其中有幾個人是值得一提的，包括西德國防部部長弗雷德·韋爾納（Manfred Worner），時任北約秘書長。他床邊的電話就被安裝了竊聽器。一九八〇年代初，弗利克（Flick）醜聞震撼了西德政壇，揭露了西德的大部分政要都接受了獻金，阿道夫·坎特（Adolf Kanter）是分配獻金的主要人物，他是基督教民主聯盟的成員，同時也為東德國家安全部門工作。⑱

直到一九八九年九月，維利·勃蘭特仍然輕蔑地把德國重新統一看視為聯邦共和國的「活生生的謊言」。一九八九年一月，西柏林的新任市長瓦爾特·蒙佩爾（Walter Momper）宣告德國重新統一問題已成為過去。在與東德官員的私下會晤中，蒙佩爾認為，西柏林人最討厭柏林圍牆的地方是那條禁止他們帶寵物狗訪問德意志共和國的首都城市的規定。何內克同志總是善解人意，修改了這條法規，去掉了他那過分令人討厭的「反法西斯主義防護屏障」的內容。一個月後。柏林圍牆的最後犧牲品，克里斯·蓋弗魯瓦（Chris Gusffroy），像一條狗一樣被何內克的邊防衛士槍殺。⑲

德國人當中普遍存在著反波蘭的情緒，不管他們是左派還是右派。勃蘭特在一九八五年拒絕會見華勒沙（儘管他邀請了共產黨的波蘭總理拉科夫斯基〔Mieczyslaw Rakowski〕出席他的生日宴會）。德國總理科爾堅決反對波蘭任何類型的民眾運動，認為這些運動可能向穩定提出挑戰，而正是穩定使西德能在安全環境中富裕起來。一九八五年三月，科爾告訴密特朗：「我們將必須幫助雅魯澤爾斯基。在他以後發生的任何事情還會更糟糕。波蘭人的眼睛始終比他們的胃口更大，他們的野心超過了他們的能力。」⑳

如果戈巴契夫和謝瓦納澤在一九八七年真的正視了德國重新統一的現實，並且認為如果「沒有德國問題的解決」，歐洲就不可能出現正常的關係，那麼，戈巴契夫確實打開了一扇絕大多數西德上層人士過去希望牢牢關上的大門。㉑雖然戈巴契夫在一九九〇年把德國統一送上門去的時候，科爾高興地接受了，但他長期以來一直認為德國統一是不可能實現的。

作為一位政治家，科爾更多地強調個人的感染力以及與談判對手的接觸。除了身材高大之外，他一點也不像德國重新統一的締造者：俾斯麥（Otto von Bismarck）從來就沒有科爾那種小資產階級式的對外國政治家的多愁善感。要設想俾斯麥（或阿登納）會帶著真誠的個人同情心對待外國領導人的國內危機，就像科爾在葉爾欽於一九九四年十二月發用武裝力量反對車臣以後所做的那樣，這是不可能的。科爾當時對聯邦議院說：「我為能與葉爾欽建立友好的關係而感到自豪。如果我的朋友有難而我拒絕支援他，那我就是一個可鄙的人……即使葉爾欽犯了許多錯誤，我現在也不願意認為他就失敗了。」㉒如果何內克的軍隊在幾個月後鎮壓了反對派，那麼他在一九八九年六月訪問西德期間喚起了那為多西德人狂熱的「戈巴契夫之風」就會遭到徹底的譴責嗎？戈巴契夫是否也像平時那樣，每當蘇聯軍隊在他的帝國內橫衝直撞時，就被安排「睡著」了？（奇怪的是，每當危機發生時，雷根就進入了夢鄉，這也一直被當作是不宜工作的信號。一九八九年四月九日，當戈巴契夫的特別武裝部隊屠殺第比利斯人民時，他乘坐噴氣客機所患的時差綜合症，當然可以用來證明他是清白無辜的。）如果戈巴契夫發覺自己因國民的反叛而處於「困難」之中，而且當葉爾欽於一九九四年十二月派出坦克和戰略轟炸機時，科爾會拒絕給予他貸款支援嗎？一九九三年十月當葉爾欽對俄國議會新當選的左派政敵發動嚴厲攻擊時，西方的反應竟然是欣喜若狂。在炮轟之後，柯林頓立即打電話給葉爾欽，感情衝動地稱讚他：「你身體更棒了，氣色更好了。」㉓

俄羅斯人也注意到了西方人很快就接受了這樣的一種觀念，認為只有獨裁的改革才能對他們的社會奏效。一九九一年八月，當反對戈巴契夫的鬧劇式的政變發生時，俄國代表加林娜·斯塔羅沃伊托娃（Galina Starovoitova）正在英國訪問。她做了如下的記述：「密特朗、科爾和整個西方在第一天的反應非常順應時勢的。在政變開始時我得知他們說我們應該等待，看看蘇聯人民是否承認這個陰謀集團——但這個消息不是從柴契爾夫人那裏獲得的。」斯塔羅沃伊托娃得到了一個深刻的印象，西方領導人想像不到會有一個民主化的俄國，更不用說是一個分裂的蘇聯：

他們也希望用一隻強有力的手去支援我們。西方企業家和政治家舉出中國的事件例子：

是的，他們說，中國領導人用坦克鎮壓了民主，但他們的經濟現在正在正常發展，經濟的發展可以自動導致民主。他們宣稱，西方需要穩定。〔蘇維埃〕帝國崩潰是令人擔心的。㉔

除了雷根和柴契爾夫人之外，西方政治上層不是由意識形態上反對共產黨的人物所組成，而是恰恰相反。一九八九年雷根卸任。柴契爾夫人在一九八七年的選舉前訪問莫斯科時如果沒有戈巴契夫對她表示同情，她的政治生涯有可能在一九九〇年以前就結束了。她可能要讓位於尼爾．金諾克（Neil Kinnock），而金諾克正在考慮「是否有必要秘密」地與一九八九年十一月繼何內克之後的東德共產黨的領導人埃貢．克倫茨（Egon Krenz）打交道；或者與一些更溫和的、古典的、來自於保守黨中的張伯倫派的保守分子來往（後來的確如此）。㉕

決定性的石油衝擊

在蘇聯的危機中，一個關鍵性的因素是石油價格的暴跌。戈巴契夫的外交政策減緩了緊張並促進了油價下跌。然而，蘇聯的石油收入也隨之暴跌。這個政策與蘇聯作為強國利益的要求是相違背的，因為它忽視了一九八〇年代末期形勢所提供的可能性。

我們可以做以下這樣的設想：倘若薩達姆．海珊（Saddam Hussein）得到了擁有核武器並堅持強硬政策的克里姆林宮的默許，在一九九〇年入侵科威特，結果將會如何？當戈巴契夫支持聯合國對巴格達制裁時，要取得科林・鮑威爾將軍（General Colin Powell）支持對伊拉克進行一場常規戰爭將是非常困難的。華府會冒核武戰爭的危險去挽救那個被強迫退休到西方別墅去的阿爾—沙巴王朝嗎？㉖即使在雷根在一九八八年任滿第二任總統任滿以後，美國仍維持它的軍費開支，但布希（或杜凱吉斯〔Michael Dukakis〕）會甘冒核武災難的危險去阻止海珊控制中東石油儲藏量的最大比例嗎？這樣的可能性非常小。只要回顧一下在一九九一年的參議院投票，在「沙漠風暴計劃」的撥款上票數是那麼接近就夠了。在不太有利的戰略形勢下，參議員愛德華・甘迺迪（Edward Kennedy）等命運預言家肯定至少已獲得了必要的三票以上的贊同票以支持制裁。㉗如果美國一直堅持制裁的政策，那麼，海珊的戰略核子武器和生化武器現在能由什麼組成呢？

這個預測可能沒有充分說明這樣一種選擇方案所包含的意義。如果雷根在執政的八年期間裏高達萬億美元的赤字並沒有讓蘇聯的裁軍政策發生重大的轉變，結果將會如何呢？事實上，蘇聯軍事工業集團從一九八〇年代起已把資源消耗在製造坦克和 SS-20S 型飛彈上。正如我們所看到的，後期蘇聯資本的外流證明它仍擁有豐富的原料，那些原料後來被兌換成現金，進入西方銀行帳戶。如果美國的聯邦赤字和貿易赤字都急劇上升，又沒有任何地緣政治上的收穫加以補償，似乎很難相信美國民眾會支援布希或另一位共和黨人作為雷根的繼任者。或許到一九九〇年夏天，美國的軍事力量將完全進入了雷根時代以後新一輪的削減國防開支。由於蘇聯威脅的繼續存在，美國不可能（像一九九〇年所採取的行動那樣）冒險從西德把大批軍隊、坦克和飛機調往波斯灣。美國的武裝部隊幾乎沒有後備武力與海珊作戰的同時又要保衛北約。反對以色列捲入戰爭的爭議至少像一九九一年以色列的實際力量一樣強大。誰會想冒一場總體戰爭的危險去反對阿拉伯國家？

波斯灣戰爭可能會延長。戰爭將使得能源價格上升，可能會使蘇聯的經濟獲得穩定。西方的一些石油公司很可能會謙恭地對待克里姆林宮，以便讓他們在裏海或哈薩克建立合股企業，開採蘇聯傳說中儲藏的石油和天然氣。為了避免海珊在中東的石油問題上掣肘，為了保證莫斯科向西方提供石油，西方可能不得不慷慨向莫斯科支付金額，甚至提供輸油管的技術。終於，不顧美國的抗議，作為一九八一年波蘭軍事管制法宣佈的結果，德國人也參與了進口天然氣的交易，由蘇聯共青團志願者和其他強制勞動者鋪設一條從西伯利亞經由波蘭通向德國的輸氣管。為什麼石油不應來自同一渠道呢？誰能拒絕這樣一個既可以建立歐洲合作又可以回避中東緊張局勢的機會呢？㉘

自然，蘇聯的普通公民是貧窮的，更為糟糕的是他們的預期壽命在下降。但是，一九八五年或一九九一年以來的改革幾乎沒有給他們帶來任何好處，而他們也沒有顯露出反抗的跡象。稅收的增加至少能讓克里姆林宮滿足社會上層對西方消費品的渴望。數百萬從事不同職業的成員已得獲得了西方的新牌電視機、微波爐和汽車，甚至時裝，以及清教徒戈巴契夫從黨的招待會上完全取締的名牌酒，能給社會主義聯邦中的每個國家大廈都增添光彩。從經濟上來看，新史達林主義的體制之所以更具有可行性，恰恰是因為世界範圍內緊張關係的增加，這樣的環境更有利於它的生存。石油、天然氣和黃金價格都有可能驟然升高，以支援蘇聯的外匯收入。蘇聯因此更加容易地為經濟和技術間諜活動提供資金，並為援助兄弟國家提供基金。㉙

戈巴契夫認為緊張的緩和對蘇聯有利的信念是極其錯誤的。只有分裂成「兩個陣營」的世界才能為蘇聯經濟這樣一種奇特動物的運行提供全球的場合。也許是自發產生的外部壓力一旦消除，蘇聯的新陳代謝注定要受到致命的影響。

戈巴契夫在一九八〇年代中期的某個時候似乎走得更遠，實際上放鬆了對西方上層人士施加的壓力。西方當時的輿論製造者和大學十分強烈地提出了單方面實行裁軍的要求。西方政府中新一代官員們整日地受到反雷根主義和反柴契爾主義思想的影響。經歷了一九六〇年以代的和平主義的形成以及結伴旅行，再加上核武恐慌，所有這些結合在一起，長途的行進差不多快要達到終點了。只是由於共產主義在內部的衝擊下出人意料地完全崩潰才使得西方許多知識份子承認右派對「真實存在的社會主義」所做的分析基本上是正確的。如果柏林圍牆還在那裏原封不動，西方的許多精英至少要在一代人的時間裏，可能還仍然不會注意到共產主義的缺陷，包括精神方面和物質方面的缺陷。

蘇維埃共產主義得以生存到一九九〇年代以後，與一九八〇年代末西方重新經歷的經濟衰退，也許是個巧合，與那些年間海珊可能取得的勝利也是個巧合。西方的成功實際上是基於蘇聯的制度突然失去了功能以及隨後的解體。假設蘇聯依然保持著長期以來使西方決策者為之著迷和矇騙的表面上的強大，那麼，克里姆林宮在當時可能並不會造成什麼傷害，然而，誰又能夠確信它不會獲得成功呢？

一個腐敗和殘暴的制度使億萬人民失去了生命，它的消失是帶來喜悅的一個原由。但是，它的崩潰並不是被控制著歷史上經濟力量的那隻看不見的手所操縱的。這遠比教科書上的說教更接近現實。共產主義控制大部分世界的時代已經過去，這無疑是件好事；但是，如果它像在一九八九年十月的萊比錫那樣變得暴怒起來，那麼，西方至少會有一群人會為之高興。假如蘇維埃制度得以倖存下來，各色各樣的蘇聯學家和歷史學家可能會說：「我們告訴你們，事實就是如此這般」。

這一次他們說的是實話。

---

① 蒂莫西・加頓・阿什：《我們人民：目睹華沙、布達佩斯、柏林及布拉格的一九八九年革命》（Timothy Garton Ash, *We the People: The Revolution of '89 Witnessed in Warsaw, Budapest, Berlin & Prague*），康橋，一九九〇年，第一三九頁。

② 《時代》（Time），一九八〇年六月二十三日。

③ 戴維・萊恩：《蘇聯的國家和政治》（David Lane, *State and Politics in the USSR*），牛津，一九八五年，第二五七頁，第三一一頁，第三一三頁。

④ 傑里・霍夫：《俄國和西方》（J. Hough, *Russia and the West*），紐約，一九九〇年，第二〇五～二〇七頁。

⑤ 引自丹尼斯・希利：《我生活的時代》（Denis Healey, *The Time of My Life*），哈蒙沃斯，一九九〇年，第五三一頁。

⑥ 莫德羅的話引自《焦點》（Focus），一九九四年十月三十一日，第二九頁。莫德羅政府和所謂民主社會主義黨有一個很長的，但並不準確的國家安全機關官員和告密者的名單，見《鏡報》（*Der Spiegel*），一九九五年十月九日，第八四～九二頁。

⑦ 關於蘇聯經濟衰弱因改革而持續加強，見馬歇爾．戈得曼：《改革出了什麼毛病？》(Marshall I.Gddman, *What Wrong with Perestroika?*)，倫敦，一九九一年。

⑧ 關於德意志民主共和國「客觀的」經濟問題以及解決這些問題的非常規手段，見沃爾夫岡．賽費特和諾貝特．特羅伊特文：《黑幫文件：在東西方之間的德意志民主共和國與黑手黨》（Wolfgang Seiffert and Norbert Treutwein, *Die Schalk-Papiere: DDR-Mafia zwischen Ost und West*），慕尼黑，一九九二年。有關東德仍能輕易地從西方籌款的問題，見彼得．懷登的評述，《柏林圍牆：分裂柏林的內幕》（Peter Wyden, *Wall: The Inside Story of Diviaed Berlin*），紐約，一九八九年，第六〇六頁。

⑨ 見羅伯特．哈欽斯，《蘇聯和東歐的關係：團結與衝突》（Robert L Hutchingsons, *Soviet-East European Relations: Consolidation and Conflict*），麥迪遜，一九八三年，第一九三頁。

⑩ 引自英國廣播公司（BBC）：《世界廣播摘要》（*Summary of World Broadcasts*）,EE/2135，一九九四年十月二十五日，A9。又參見喬．明克和讓．夏爾．蘇賴克編：《奇怪的後共產主義：中東歐的崩潰和轉變》(Georges Mink and Jean-Charles Szurek eds., *Cet étrange post-communisme: rupture et transitions en Europe centrale et orientale*)，巴黎，一九九二年，第七五～七六頁。

⑪ 見朱迪．謝爾頓：《蘇聯解體的來臨：戈巴契夫在西方金融市場拼命追求信譽》（Judy Shelton, *The Coming Soviet Crash: Gorbachev's Desperate Pursuit of Credit in Western Markets*），倫敦，一九八九年，第一七一～一七二頁。

⑫ 見我的《歐洲後院的戰爭：巴爾幹戰爭》(*Europe's Backyard War: The War in the Balkans*)，倫敦，一九九四年，第三一～五七頁，其中論述了西方對脫離蘇聯或南斯拉夫的小國的敵意。柯林頓的國務卿沃林．克里斯多夫（Warren Christopher）重複了布希的基輔演講。三年後他支援葉爾欽總統進攻車臣時說：「俄羅斯的分裂與我們的利益無關，

那是他們的事。為了阻止車臣的分裂，葉爾欽做了他所該做的事……但我想你們也必須瞭解俄羅斯聯邦所發生的一切：這個特殊的共和國企圖脫離聯邦，葉爾欽正在處理這件事。」英國廣播公司第四台在一九九四年十二月十四日的《今日》（*Today*）節目中播出。美國國務院發言人邁克爾・麥考萊（Michael McCurry）清楚地表明，華盛頓不會讓葬身於格羅茲尼廢墟中的成千上萬的平民防礙美國與克里姆林宮的親密關係：「決不能讓車臣影響了廣泛的美俄夥伴關係。」（引自《金融時報》（*Financial Times*），一九九四年十二月十四日）。歐盟外部事務委員會委員漢斯・範・登・布勒克（Hans van den Broek）對《世界》（*Le Monde*）強調說：「我們不能拒絕俄羅斯式的以法定的權力盡力保證它的領土完整」，因為「入侵車臣是他們的內部事務」。《世界》，一九九四年十二月十七日。

⑬ 見鮑勃・伍德瓦特：《司令官》（Bob Woodward, *The Commanders*），紐約，一九九一年，第二二六頁。

⑭ 見雅克・阿塔利：《一字不差》(Jacques Attali; *Verbatim*)，第三卷。「我們最終瞭解德國不會進行戰爭的原因。」引自《法蘭克福公報》（*Frankfurter Allgemeine Zeitung*），一九九五年十月十二日。

⑮ 引自勞赫蘭：《政治死亡：密特朗領導下的法國》（J・Laughland, *The Death of Politics: France under Mitterrand*），倫敦，一九九四年，第二五五頁。又參見喬治・博爾托利：《長期的親善：法國和蘇聯，一九四四～一九九一，(Georges Bortoli, *Une si longue bienveillance: les Francais et l'URSS, 1944~1991*)，巴黎，一九九四年，第二二二頁。

⑯ 關於安德烈奧蒂支持軍事鎮壓的觀點，參見我的《歐洲後院的戰爭》，第四二～四六頁。

⑰ 德國政府的上層從左派到右派對民主德國的存在都不大介意，只有一些親自訪問過東德的高層人物對它的生命力表示懷疑。傑爾根・哈貝馬斯（Jurgen Habermas）可能屬於德國一代「批判」的知識份子的典型。他早在一九八八年就注意到某些事態發生了問題，但他也沒有預料到民主德國的消亡。他告訴亞當・米奇尼克（Adam Michnik）：「當然我像大多數德國人一樣〔對柏林圍牆的坍塌〕感到吃驚。一九八八年夏，我第一次去德意志民主共和國，到了哈雷，那裏人們的精神狀態……正處於崩潰的邊緣。他們憤世嫉俗，感到絕望，沒有一點跡象表現出他們有樂觀的希望。回顧過去，我意識到那時這個制度已被侵蝕到何等程度。但是，我當然沒有預料到它的最終結果。」（見《時代周報》（Die Zeit），一九九三年十二月十七日。西德精英對異己者和變節者的敵視程度有充分的證明，即使在德國重新統一

以後，前共產黨人斯蒂芬·海姆（Setfan Heym）和格雷爾·居西阻止了變節者弗雷戈亞·克利爾（Freya Klier）參與電視節目「塔樓論壇」，因為她注意到居西過去曾經與國家安全機關合作過。海姆將「人權活動分子」看作是「精神病患者，他們不能持之以恒。自變故（一九八九年）發生以來，他們已失去了利用價值」。見《焦點》，第二八期，一九九四年十一月二十八日，第二五頁。變節者列奧列格·戈爾迪夫斯基（Oleg Gordievsky）曾告訴我，不允許他站在阿莎芬堡會議的講臺上。這次會議是由保守的巴伐利亞基督教社會聯盟發起的，前克格勃和國家安全機關的強硬派將軍們，包括列昂尼德·舍巴希恩（Leonid Scherbashin）和米沙·沃爾夫（Misha Wolf），都被奉為貴賓。一九八九年十月，瓦茨拉夫·哈弗爾（Vaclav Havel）回憶說，西德上層人士對他那樣的持不同政見者非常冷淡。他們擔心他的批評活動可能危害緩和的氣氛。並非只有西德人持這樣的立場，因為戴高樂派的「貴族」米歇爾·德勃雷（Michel Debre）把蘇聯入侵捷克斯羅伐克說成是「緩和道路上的一起交通事故」。德國的保守主義者甚至認為這排除了緩和道路上的障礙！參見蒂莫西·加頓·阿什：《以歐洲的名義：德國和分裂的大陸》（Timothy Garton Ash, *In Europe's Name: Germany and the Divided Continent*），倫敦，一九九四年，第二八〇頁，第四七〇頁。

⑱ 只要我們考慮到國家安全機關對西德進行的驚人程度以及（由後來的外交部長克勞斯·金克爾〔Klaus Kinkel〕領導的）西德情報人員的徹底失敗，人們就會懷疑資產階級情報機構的價值，也可以解釋東德情報人員為什麼沒有注意到他們國內的基礎即將坍塌。關於坎特，參見《鏡報》，一九九四年十一月七日，第一七頁。

⑲ 參見〈何內克的福利國家，一個紅綠聯盟〉（'Honeckers Wohlgefallen an Rot-Grün'），載於《法蘭克福公報》一九九五年十月十二日，第一四頁。

⑳ 根據雅克·阿塔利：《一字不差》；第二卷，一九八六～一九八八年，轉引自《經濟學人》（*The Economist*），第十五期，一九九五年七月十 五日，第九一頁。關於密特朗偏愛雅魯澤爾斯基勝過華勒沙，見勞赫蘭：《政治死亡》，第二四五頁。

㉑ 見蒂莫西·加頓·阿什：《以歐洲為名》，第一〇九頁。

㉒ 見《法蘭克福公報》一九九五年一月二十日和《國際先驅論壇報》（*International Herald Tribune*），一九九五年一月

二十日。

㉓見伊麗莎白・德魯：《處於邊緣：柯林頓的總統任期》（Elizabeth Drew, *On the Edge: The Clinton Presidency*），紐約，一九九四年，第三一六頁。

㉔引自約翰・鄧洛普：《俄國的興起和蘇維埃帝國的崩潰》（John Dunlop, *The Rise of Russia and the Fall of the Soviet Empire*），普林斯頓，一九九三年，第一二一～一二二頁。

㉕見馬賽爾・奧菲爾斯：《壁壘開始坍塌》（Marcel Ophuls, *Walls Come Tumbling Down*），英國廣播公司的電視紀錄片，一九九〇年十一月十日，該片報導了對柏林圍牆坍塌的不同反應。甚至連無所事事的史達林主義者赫爾・克倫茨（Herr Krenz）也認為，柴契爾夫人比歐盟的現任運輸專員更接近那個時候的精神。

㉖鮑威爾將軍在一九九〇年八月清楚地表明：「我認為高層領導集團不會在最後的二十四小時內將我們帶入武裝衝突之中。美國人民不願意看到他們的年輕人為一點五美元一加侖的石油去死。見〈內幕報導：海灣戰爭為什麼在進行中結束〉（'Inside Story: Why the Gulf War Ended When It Did'），載於《國際先驅論壇》，一九九四年十月二十四日。

㉗參議院關於「沙漠風暴計劃」的投票結果是五十二票贊成、四十七票反對。見伍德瓦德：《司令官》，第三六二頁。

㉘關於輸油管道的問題，見蒂莫西・加頓・阿什：《以歐洲為名》第七〇頁，第二五七頁、第九〇頁上提到截止到一九八九年，西德天然氣的百分之三十來自蘇聯，這意味著即使不會讓蘇聯掣肘，至少也可以肯定這顯露了西德在燃料上嚴重依賴進口的壓力。

㉙隨著改革造成了蘇聯經濟瓦解，戈巴契夫事實上沒有能力利用伊拉克入侵科威特而引起的石油危機。蘇聯石油產量確實有所下降，例如，在一九九〇～一九九一年間，蘇聯向前東歐衛星國出售石油不到百分之三十。見蓋爾・斯托克斯：《壁壘開始倒塌：東歐共產主義的崩潰》（Gale Stokes, *The Walls Come Tumbling Down: The Collapse of Communism in Eastern Europe*），牛津，一九九三年，第一八八頁。

後 記

一六四六～一九九六年：一段虛擬的歷史

尼爾・弗格森

在一七〇一年九月詹姆士三世（James III）登基三〇〇周年之際，世人難以對其後的現代歷史進程無動於衷，沉默不語。借助變焦鏡頭透視逝去的歷史時，人們時常臆想斯圖亞特王朝之所以在十七世紀經受得住一場引起歐洲其它地區動盪不安的宗教和政治風暴時，其中必定存在著某種必然的緣由。今天，我們所認知的這個社會或許應感恩於詹姆士三世，以至更多被澤於其祖父查理一世。但是，以歷史決定論設想他們之所為乃前世之所定是極為荒謬的，我們不可低估偶然性與機緣的功用，即數學家所稱的「隨機行為」。

譬如，當回顧詹姆士祖父查理一世於一六三九年六月在頓斯洛之戰中平息蘇格蘭的聖約派時，人們便可清楚地看到斯圖亞特王朝勝利的偶然性。後人的考證與歷史研究表明，在特威德河遭逢蘇格蘭軍隊時，除其規模大於前者外，查理一世的軍隊還獲得了較多的財政支持。眾所周知，這次戰役的勝利對蘇格蘭聖約派、議會與長老會均是致命的打擊。不過，在這件事情上，查理一世的指揮官們並無法像我們現在所瞭解的那樣清楚，正如約翰·亞當森（John Adamson）所言，霍蘭德伯爵在遭遇萊斯利指揮的蘇格蘭軍隊時曾有過撤退的強烈衝動。

確實，許多歷史學家不屑於探究反事實問題，但我們不妨斗膽一試。假如查理一世在關鍵時刻做出讓步，與蘇格蘭人尋求某種和解，歷史該會如何演繹？在此情形下，他會瞬即置身於長達一個多世紀的敏感的王權危機之中：除了受制於一個好鬥的蘇格蘭教會與一個桀驁不馴的愛丁堡議會外，還會落入英格蘭和愛爾蘭的反對派的魔掌。

在後人眼裡，那些在查理父親統治時期惹事生非的年邁的清教徒在一六四〇年代裡大多已日漸凋零，而在一六三〇年代反對查理金融政策的那些法官則在七〇年代銷聲匿跡。但是，假如一六三九年查理無功而返英格蘭，並謫貶負責遠征的人員（這種設想似乎不無道理），對那些已處暮年的同代人來說仍有機會作最後一搏。眾所周知，對天主教陰謀事件的恐慌被過分渲染，並在一六四八年三十年戰爭臨近尾聲時方才減褪，但這種擔心在一六三九～四〇年間仍達至頂點——當時天主教似乎有望在歐洲大陸獲得勝利；先前反對查理徵收船稅的法官則可抓住從蘇格蘭撤退的機會抨擊不經議會授權便進行徵稅的非法行為。即便一槍不發，遠征蘇格蘭仍會超出財政大臣的預算。老實說，如果當時查理能夠依托倫敦城支付其遠征失敗所需的額外費用，則其無需憂慮重重；其次，在蘇格蘭的失敗亦可能促成倫敦城與查理之間的一場危機。如此說來，查理一世的唯一選擇是重新召開議會，放棄個人專制。

對執意於歷史決定論的人們來說，設想這種後果幾乎是不可能的。今天，世人如此窠臼於斯圖亞特王朝在軍事上對清教徒的勝利及庫克合法的保守主義，以致於其它結局似乎均是天方夜譚。在蘇格蘭危機中，查理以勝利者的姿態出現並又繼續統治了二十年，這是一個與其名字相聯的所謂國內寬容與對外和平的年代——這並非理所當然。相反，在蘇格蘭的失敗可能會引發一場類似於在愛爾蘭的統治危機。有些作者甚至設想在這些情形下，一次成功的議會叛逆或許可以在一六四〇年代推翻查理的統治，但這將可能使英國陷入一場如先前幾十年蹂躪歐洲的血腥內戰。假如反對個人統治的人們能夠在議會恢復其申訴的論壇，查理的大臣們——勞德大主教和斯特拉福伯爵，將首當其衝作為被抨擊的對象，進而可以想像王室與議會目標的衝突可能觸發一場公開的叛亂。

如今，對偶爾誤稱為「斯圖亞特專制主義」的後果已給予足夠的辨析。對這種制度的批評，尤其是在北美定居的較為悲觀的清教徒——宣稱西敏寺議會的相對式微意味著民主在英國的終結，錯誤地預言勞德遲早會在已確立的教會中重新引入「天主教教義」。不過，在十八世紀的領土擴張中，「王室議會」的強硬主權原則使得斯圖亞特王朝可以有效地處理由於「過分擴張」所導致的諸多政治問題。斯圖亞特王朝政體與哈布斯堡王朝的政體並無不同——事實上，相對於路易十四治下的法國而言，這還是一個較不專制的政權。鑒於對一六四〇年代舊朝遺老的憂慮，在繼位以後，查理的兒子自然樂於看到倫敦、愛丁堡和都柏林議會作用的增強。

嚴格地講，斯圖亞特王朝非專制主義的特性確實賦予了她某種活力與靈活性。一六六〇年的議會「重建」畢竟意味著沒有回到詹姆士一世統治下的憂傷歲月。當時，在英國議會下院擠滿了試圖遏制王室特權且富有戰鬥精神的清教徒。到一六六〇年前，議會中出現了新生代，以前這些人生活在偏僻之域；同時，查理帝國的邊遠地帶孕生出的各種不滿最終引發了公開的衝突，其中涵納了一種明智的妥協與抑制的交融。在蘇格蘭，低地喀爾文教與高地天主教之間的對立不時瀕於內戰的邊緣，詹姆士二世因襲其父對控制蘇格蘭議會的貴族委以重權；當蘇格蘭國民教派試圖捲土重來，東山再起之際，在高地天主教派的積極支持下，其孫查理·愛德華（Charles Edward）於一七四五年在卡洛登果斷地將其平息。在愛爾蘭，儘管阿爾斯特的新教徒與其它地區的天主教徒之間——如從一六四〇年代盛行的宗教自由主義中受益的蘇格蘭派——仍存在著類似的緊張關係，然而更多地則是順其自然。

在美國，斯圖亞特政策可以說獲得了最大的成功。受到法國自然法深刻影響的少數激進分子，抨擊迅速成長起來的殖民地對遙遠的英國王權依從不二，但許多美國人仍同意曼斯菲爾德的觀點：殖民地應如「蘇格蘭與英格蘭肩並肩」一般保持與大不列顛的關係。用丹尼爾·倫納德的話來說，談論冒犯英王的叛亂「對美國人而非巫師的編年來說是一種恥辱」。沃爾夫在魁北克失敗後，一七六三年的《巴黎和約》認定了來自加拿大的法國的持久威脅，從外交政策與安全的角度考慮，需要確保美國與英國的利益協調一致。總之，正如班傑明·富蘭克林於一七六〇年所言，與遙遠的倫敦相比，十四個殖民地之間存在著更多的分歧——導致了一七五四年在大英帝國內建立一個殖民地聯盟的建議歸於流產。

七年戰爭後，在稅收問題上，尤其在印花稅法和一七六七年唐森德稅法問題上確實存在著嚴重的分歧與衝突。一七六九年五月一日，迫於殖民地的抗議，英國內閣以微弱的多數票將這些稅則加以廢除，包括不得人心的茶稅。如喬納森·克拉克所稱，這似乎驗證了「事實代表」這樣一個說法；托馬斯·威特利則認為，英國議會議員不僅代表了他們自己的選民，還代表了包括美洲殖民地在內的「不列顛所有子民」，另一方面，當主張從大不列顛分離出去的強硬派於一七七六年揭竿而起之際，英國倫敦政府認為有必要採取斷然措施。豪在長島和特拉華河打敗華盛頓的軍隊、柏高因在薩拉托加對叛軍的勝利以及由於華盛頓對紐約的輕率進攻而取得的決定性勝利將可能升級為內戰的威脅消弭於無形。

倘若這時英國政府採取了截然不同的做法，歷史該會如何演繹？假如一七六〇年代英國政府固守那些（即使不是全部）不受歡迎的稅收政策，時局又該走向何方？有的歷史學家甚至設想因美國獨立戰爭而引發的全面戰爭可能會產生一個類似於二百年前從哈布斯堡王朝統治下獲得自由的尼德蘭聯合省。如若當時英國平息叛亂仍猶豫不決且出師不利，事態又會怎樣？臆想查理三世（一七六六～八八年）會沒收其美國殖民地似乎有些離譜，但正如克拉克所推論，這遠非不可能的結果。

無疑，一七八〇年代斯圖亞特王朝的權力難以遮掩其財政的困難：在英倫三島和北美地區實行的部分價格稅率的確很低；這一情況恰好說明斯圖亞特王朝在北美徹底擊敗法國的挑戰是不可能的，這一點連同法國其它海外事務方面的成功在很大程度上鞏固了波旁專制王朝。無論對議會

（一七七〇年代前事實上已不復存在）而言抑或巴黎的暴民來說，路易十六時期內克爾（Jacques Necker）實行的財政改革，遏制了專制王朝的行政式微；和英格蘭一樣，暴民成為一七八〇年代和一七九〇年代公共生活中十分搶眼的現象，時常出現的食品短缺孕生著巨大的社會動盪。但在反王權問題上卻未能集中於制度方面，哪怕是英國議會所能提供的那種有限形式；儘管打著「自由」的旗號，除了要求廉價麵包的騷動之外，暴民終究一事無成。同樣含混不清的城市抗議在一八三〇年重演並在一八四八年蔓延至整個歐洲大陸。然而，十九世紀後半期，隨著法國北部與中部工業化的加速，與加拿大和路易斯安那跨大西洋貿易的迅速增長，生活水平的提高漸漸消弭了民眾的政治抗議。縱觀十九世紀的經濟發展，設想一七九〇年代反對波旁王朝或斯圖亞特王朝的民眾叛亂能夠成功似是無稽之談。

在任何情形下，當時民眾更易為宗教復興而非無序的城市麵包騷亂所左右。在英格蘭，表現出來的是一種較為保守的衛理公會派。在愛爾蘭、波蘭和北愛爾蘭則出現了重要但卻尚未十分明顯的虔誠天主教派的復甦；法國與西班牙出現了零星的搗毀聖像的暴力事件（在俄國，這種方式於一九〇五年和一九一五～一六年間曾多次重演）。與此同時，在中歐，猶太人的千禧先知卡爾・馬克思吸引了並非僅為猶太人的眾多信徒。一八四七年，馬克思被美因茲當局所囚，在獄中度過了其生命的大部分時光。這一時期，其大部分作品為當局的出版審查所不容，但仍間接地影響了一大批俄國的正統效仿者，如著名的教士弗拉基米爾・烏里揚諾夫（即列寧），其兄長因一八八一年刺殺亞歷山大二世（Alexander II）未遂而遭處決；這一事件假如成功的話，或許會因其極端保守之子的繼位而使議會——杜馬在俄國的創立延遲一個世代的時間。修正派歷史學家熱衷於認為唯物「派」的分裂在這種民眾運動中起到了重要作用，如此則難以理解有著良好教育且生活富裕的馬克思和弗拉基米爾所起的領導作用。

面對食品騷亂和宗教狂熱交織在一起所造成的威脅，歐洲專制政權做出了兩種回應：第一，他們試圖尋求更為複雜和有效的統治與管理形式；其二，他們一如過去那樣藉助鼓勵移民來輸出國內問題。

應當說，前一種策略通常意味著一種史無前例的更大程度的集權。因此，反對集權成為了這個時代特有的政治語言。「集權主義者」和「聯邦主義者」一方面尋求組建一個高效率的政府，不僅為了擁有一個集權且受控制的政治權力與官僚機構，還要產生一個統一的徵稅機構和金融制度，進而在某些情形下產生一種共同貨幣；另一方面，所謂「州權主義者」尋求他們所指稱的自由傳統（少數對法國哲學狂熱的人士依其自身狀況所界定的「自由」或「保守」，不久便奇妙地成了一種過時的陳貨）。集權主義者與州權主義者之間的典型衝突在英屬北美得以展現。集權主義者希望在北美大陸滌除奴隸制，而州權主義者則抵制對州一級傳統自由的踐踏。

儘管倫敦帝國政府竭力在雙方之間進行調和，但所產生的衝突最終仍導致了內戰。面對頻頻出現的衝突，帝國施加影響以求力量的天平向州權主義者傾斜。李將軍在葛德斯堡取得決定性勝利之後，北方各州在帕麥斯東和格拉斯東的影響下被迫接受一種妥協的解決辦法，黑人奴隸獲得了正式解放，但不享有政治權利（與時間大致相近的俄國農奴的解放有眾多相似之處）；總督林肯的權力受到許多限制。雖然遭到約翰·布萊特（John Bright）和迪斯累利等北方集權主義者或「帝國主義者」的尖銳批評，調和還是在一八六五年五月被正式批准。事實表明，迪斯累利有關法律意義上非自由勞動力的延續在經濟上是難以維繫的預言是錯誤的；但他關於內戰雙方永遠不會忘卻分歧的觀點無疑是正確的。如其所言，南北戰爭後，美國日漸分離為北方與南方。

處理愛爾蘭北南分離時，格拉斯東及其後任遭遇了大致相同的情形。在愛爾蘭，除了經濟問題（如美國，北方以工業為主，南方以農業為主且主要依賴於貧窮的農業工人而非奴隸）外，還表現為宗教問題，這源於蘇格蘭的喀爾文教派在十七世紀對愛爾蘭北部的殖民；在愛爾蘭其它地方還存在著以都柏林為中心的教會（如勞德大主教的改革）和農民的天主教義之間的分歧。在美國，衝突源於某一地區對日益集權的政治的抵制。隨著愛爾蘭議會權力的增加（在一七九〇年代，在格拉頓〔Henry Grattan〕的影響下確實日漸增強），北愛爾蘭的新教徒開始擔心他們傳統的宗教自由。為避免另一場內戰，格拉斯東建議愛爾蘭實行地方自治，在貝爾法斯特新教徒所控制的六郡設立一個獨立的議會，但這不僅遭到愛爾蘭首相約翰·雷德蒙的斷然拒絕，還遇到倫敦的約瑟夫·張伯倫帝國分子的強烈反對。前者認為沒有理由放棄都柏林對愛爾蘭北部的統治。艾爾文·傑克遜指出，直至一九一二年，阿斯奎斯政府才得以在阿爾斯特六郡確立起有效的自治，甚至這種有限的措施仍舊加劇了愛爾蘭天主教徒與愛爾蘭北部新教徒之間的衝突，並迫使英國進行必要的軍事干預。

在十九世紀，向外移民是專制政權熱衷採取的另一種做法，由此造成了異乎尋常的複雜局面。從一八四〇年起，幾百萬愛爾蘭人、蘇格蘭人、義大利人、波蘭人、俄國人被誘導離開本土。俄國人大多向東遷入西伯利亞。但對大多數歐洲人來說，北美才是人間天堂。然而，無論是英裔美國人還是法裔加拿大人都對滾滾而來的移民存有深深的敵意。對愛爾蘭人和蘇格蘭人來說，移民並不構成一個難題（有趣的是法國人並不十分熱衷於移民），但德國人、義大利人和波蘭人卻發現他們實際上無處可去。在某種程度上，與這一全球帝國的距離感和中歐各國政府對農業人口過多所造成的社會後果的憂慮誘導了十九世紀中期中歐巨大的政治變革。

這些事件當中，奧地利和普魯士處理歷史糾紛和變革神聖羅馬帝國的協訂最為重要，使其成為一個類似於某種西方國家——即在一個帝國領袖領導下相對分權的聯邦。在漫長的紛爭之後，雙方最終於一八六二～三年達成協訂。當時，奧地利皇帝弗蘭茨．約瑟夫（Franz Joseph）得到了普魯士國王威廉一世（Wilhelm I）支持其方案的保證。不顧其恐奧症首相大臣俾斯麥的反對，在把帝國外長一職永久分配給普魯士的前提下——這一讓步很快就改變了俾斯麥的態度。威廉一世認可約瑟夫作為改革後的帝國的最高統治者。從此，哈布斯堡王朝將其帝國版圖從倫巴底擴大到呂伯克，從美因茲延伸自梅梅爾；與英國在北美的統治一樣，在一個更大國家範圍內這種統治只是觀念上而非事實上的。

由英、法發起的旨在阻止俄國蠶食奧斯曼帝國的一八五四～五年的巴爾幹戰爭（克里米亞戰爭）和一八七八～九年戰爭（保加利亞戰爭）為「改革年代」掃除了不少障礙。只要沙皇不染指黑海海峽，德意志皇帝便樂於看到皮德蒙特和塞爾維亞古王國將其統治擴延到義大利和巴爾幹各國。「愛國主義」，一種對古老王國的忠誠意識成為哈布斯堡王朝的力量源泉之一。少數知識分子提出的以語言和文化為基準的「民族」忠誠並沒有多大市場，而某些現代「民族主義」學者則認為他們的重要性至今仍未引起足夠的重視。

法國是這一進程的最終輸家。俄國染指保加利亞失敗之後，凡爾賽諸君設想與英國結成永久聯盟。事實上，英國外交官對新成立的德意志帝國深存疑慮，尤其是其海軍建設計劃的實施和對殖民地的要求，被看作是對英國海上霸權的直接挑戰，這或許可以解釋英德聯姻為何無疾而終。但對法國固有的傳統敵意——英國對於失去加拿大事始終耿耿於懷——也由於張伯倫等帝國分子所謂一個美國人的英國和一個日耳曼人的歐洲，在文化與經濟天然親緣關係理念的增強下，打碎了法國親英派的希望。結果，波旁王朝轉而投向了羅曼諾夫王朝的懷抱（或許是兩個最為集權的專制王朝一種自然的外交媾合）。

如英國政治家所預見，對凡爾賽來說，不幸的是法—俄聯盟使得哈布斯堡—霍亨索倫對「孤立」的擔心更為合理。帝國皇家海軍的從容與閒適建立在維繫對德國海軍優勢的基礎上，以及兩個帝國之間並不存在任何實際的殖民地糾紛——這很快就驅散了倫敦方面對英德對抗的憂慮。相比之下，俄國在亞洲的不斷擴張似乎對英國的利益更構成了直接的威脅。

俄國和法國的軍備擴張無疑對哈布斯堡—霍亨索倫帝國的安全構成了直接威脅，因為後者存在著非常鬆散的權力結構，並由於缺少財政來源而難以在軍事規模方面與其鄰國相抗衡。步入二十世紀二〇年代，在歐洲大陸，對德國的這種威脅使得某種形式的戰爭多少變得不可迴避。不過，在英國外交與軍事圈子裡面，認為應當聯合法、俄以應付德國對英國威脅的不同呼聲還是具有一定的影響。像艾爾．克羅這類恐德分子一直強烈要求對法國承擔某種大陸義務，在帝國主義政黨的領導人中也有不少人持有這種觀點，但在一九〇五年執政的自治黨中恐法分子也為數不少。因而，當一九一四年八月大陸列強間因波士尼亞—赫塞哥維納刺殺弗茨茲大公（Franz Ferdinand）的行動而爆發戰爭的時候，帝國內閣以壓倒性的多數支持由威爾斯非國教派和熱情的自治主義者勞合．喬治所提出的不干預的動議。這不僅反映該黨的綏靖傳統，而且是出於現實的需要——為後來對俄國檔案的歷史研究所證實，這場戰爭在相當程度上是由於俄國政府決定調動其軍隊而非尋求外交解決對德國造成的軍事壓力所致。不顧自治黨外交大臣格雷與擊敗阿斯奎斯政府的海軍大臣邱吉爾的辭職——一旦英王最終同意他們與邱吉爾和格雷組建政府，依據波納．勞的說法，對歐洲大陸的戰爭結束，帝國分子將難以有所作為。邱吉爾憤怒地指出：在德國人已經贏得馬恩河第二場戰鬥之際，英國派出的遠征部隊人數「太少而且太晚」；英國海軍所實施的制裁對維也納僅僅是一種警告而沒有在法國海岸建立任何的海軍基地。

在戰前一直在深究德國政策進程的人們看來，一九一五年德國人的勝利、《凡爾賽條約》與《布列斯特—里托夫斯克條約》毫不令人訝異。除了給予法國和俄國大量補償外，德國外長貝特曼．霍爾維克還創立了一個包括法國、荷蘭、皮德蒙特和瑞典的中歐關稅同盟，儘管這僅是一個對外關稅制度的自由貿易區。其後不久，英美的政治觀察家設計出新的政治實體「歐盟」。對英國來說，重要的是德國軍事勝利的真正涵義。作為攫取中非土地和迴避英國與美國人阻撓的對策，貝特曼．霍爾維克正式承認了法國北部與荷蘭的中立。對德國人來說，這是一個容易做到的讓步，因為德國人從來沒有試圖在英吉利海峽沿岸建立海軍基地以威脅英國的安全。

當然，如果英國採取格雷和邱吉爾所要實施的行動並在一九一四年八月初實施有效干預，德國會採取什麼樣的戰爭形式則不得而知。新近的研究表明，在德國入侵前夕，英國確實有一個向法國派遣遠征軍的計劃；但作為一種戰略選擇，僅是一個應對突發事變的方案，恰如戰前英國政府曾多次聲明的，英國對法國的防務不承擔任何形式的義務。現在，偶爾有人認為，如果英國的格雷政府稍加明確對法國所承擔的義務將可終止德國人的軍事調動，一場歐洲大陸戰爭可能會被制止，但是此種想法完全是異想天開。只要俄國決定調動軍隊，德國人無疑別無選擇——只有以牙還牙。即使格雷能夠說服其閣僚，最多只是派遣遠征軍；至於其規模，僅能阻止德國人的進攻（最壞的結局是分擔馬恩河失敗的恥辱），但英國的干預並不足以打敗德國，只會拖延戰爭的進程——或許長達兩年之久。

將一九一四年英國干預的反事實形象化或許並非如想像的那樣困難。事實上，現代人喜歡伊凡·布洛克（Ivan Bloch）和諾曼·安吉爾在戰前所想像的歐洲戰火的結局，相同的結論是這場戰爭所造成的嚴重的經濟後果使其難以維繫太久。在七月危機期間，格雷曾對經濟、社會狀況提出警告，並將其所造成的政治後果與一八四八年的危機相比較；許多德國評論家甚而預言一場戰爭將要推翻眾多王權。倘若出現持久的戰局，我們就只能預測哪一個政權會首先崩潰。當時，緣於民眾對艱難生活的適應能力，布洛克認為俄國會比對手更具耐力；另一種觀點是英美帝國的資源優勢將最終發揮決定性作用，從而拖垮德國。應該看到，當時各王朝不得不面臨史無前例的民眾背異，即使是從事一場較短的戰事也將迫使參戰國做出重大的政治讓步。一九一四～五年軍事失敗後，法、俄兩國被迫終止專制統治。在貴族和將軍的強大壓力下，尼古拉二世讓位於患血友病的兒子阿歷克塞（Aleksei）；在黷武的德意志，引發了普魯士州權主義的不滿；在戰後年代裡，德國中央黨第一次被視為是一個執政黨；而在英國，將英國帶入戰爭而無所作為的帝國分子聯合陣線則在一九一六年選舉中為獲得新生的自治黨取而代之。

值得慶幸的是，戰爭的持續並沒有出現經濟惡化。相反，一九一六年後，工業部門獲得了空前的繁榮，只是商品價格的持續下跌使得農業經濟面臨更大壓力。而且，一九一三年美國貨幣體系的成功改革使得紐約金融市場在英格蘭銀行更為嚴密的監督下出現了繁榮的景象，而英格蘭銀行繼續對這種複本位制的全球貨幣體系進行管控。作為《第一次世界大戰的經濟後果》對格雷和邱吉爾所做影響深遠的苛評的一種回報，一九二〇年年輕的劍橋經濟學家凱恩斯被自治黨任命為英格蘭銀行的董事——開啟了一個高度成功的貨幣政策時代。實際上，正如米爾頓．弗里德曼（Milton Friedman）和其他人所分析的，即使在一九二〇年代後期不實行凱恩斯反週期政策，一九二九年九月世界股票市場所發生的輕微下跌也會演變為一場嚴重的蕭條。

從經濟角度看，凱恩斯認為一九一四年英國應當選擇中立而不是無效的干預。凱恩斯指出，戰前英國同意貝特曼．霍爾維克的中立建議或許可使英國獲得一份法、俄兩國戰後向德國提供的戰爭賠償；其他的觀點主要是獨行其是的帝國分子邱吉爾後悔沒有及時地派出遠征軍以制止毛奇，認為英國與擴張的德國之間存在著未來衝突。

邱吉爾這次對了。一九一四年後德國發生了巨大變化，正如貝爾特．霍爾維克擔心的，軍事勝利的結果是權力日漸從專制王權手中轉移，國家官僚機構為德國中央黨和兩個教會政黨——德國新教黨和天主教中央黨所控制。由於一九一八年引入了比例代表制，從而容易賦予一些小的激進黨派不適當的權力，如奧地利政治煽客希特勒麾下激進的「北歐集權德國雅利安黨」。希特勒鼓吹的是一種反猶太主義的和新異教的混合物，要求新教和德國天主教徒消除彼此間的宿怨。在維也納，新皇帝無力阻止「北歐集權德國雅利安黨」人「對權力的攫取」；在施展各種政治陰謀之後，希特勒於一九三三年被任命為總理大臣，德國內外政治出現了急劇的變化。

對於德國侵略的可能性英美政府並非視若無睹。一九三〇年代國際政壇三巨頭——北美的赫伯特．胡佛（Herbert Hoover）、南美的休伊．朗格（Huey Long）與蘇格蘭自治黨人拉姆齊．麥克唐納（Ramsay Mac Donald）在一九三一年的長島會議上，曾決心維持未來安全以阻止任何形式的入侵，但無人真正關心帝國安全，尤其是麥克唐納把促進不列顛各島的宗教出席看作是其主要職責。確實，帝國的態度令一九一四年那些視戰爭為褻瀆神靈的人們疑惑不解；其中，胡佛與朗格完全對外交事務不感興趣，如一九三二年胡佛反對派所抱怨的，美國人正熱衷於凱恩斯的通貨再膨脹與鬆動特許法而無暇顧及德國與日本。富蘭克林．羅斯福在廣播中向聽眾告白——「除牛肉之外，萬事與我無關」。

在德國挑釁日益逼近之際，英美毫無準備。無疑，歷史學家從未停止探究如果早一些裁減軍備是否可以避免這場「世紀洪水」。然而，這種猜測完全忽視了針對自負的政策所做的軍隊布署。現實是希特勒所領導的德國集權主義者能夠將一九一六年創建的聯邦歐洲演變為一個日益集權的「領袖國家」而無需在乎英美的看法。首先，日耳曼諸國於一九三八年合併成了一個單一的國家，在柏林，奧地利軍隊受到了狂熱的歡迎。就在希特勒和英國新首相艾德禮（Clement Attlee，一九三七年麥克唐納去世後接任）高峰會之後，摩拉維亞和波希米亞各省被正式剝奪了他們傳統的權利。隨後，德國在一九三九年將目光投向了歐盟的其它地區。波蘭於一九三九年九月被瓜分，其西部各省併入第三帝國；翌年，德國將目光轉向了法國與義大利。

在德國佔領巴黎之後，並沒有人對幾乎隨後而至的對英國的入侵加以防範。事實是，希特勒早已為此暗中籌措了一段時間；在次年五月以前，在馬斯河和埃斯特拉河河口集結了大量的船隻。曝光後的德國海軍力量，已遠遠超出了擁有老式驅逐艦的皇家海軍，有些皇家海軍的船隻在邱吉爾還是海軍大臣時就已在服役。面對德國納粹空軍和一支擁有先進武器裝備（包括坦克這種在先前戰役中出現但英國還不熟知的新式武器）的入侵部隊的聯合優勢，帝國防禦部隊勢必難以抵禦。五月三十日，德國十三個師的登陸部隊橫掃防禦謝佩島和拉伊重要防線的倫敦第一師，到六月七日前，德國軍團則已抵達倫敦城下。

能否在一九三〇年代及戰爭前夕由於及早接受希特勒和平協議而避免這場災難的想法一再出現；一些歷史學家提出了同樣的設想，而且當時確實存在著要求促進這種交易的強烈呼聲，但證據昭示希特勒的提議是不誠實的。從一九三六年起，希特勒一心要摧毀英國的權力，只是選擇攻擊的時間尚待決定。一個同樣合理的反事實可能是邱吉爾所主張的英國在一九三九年對波蘭實施先發制人的打擊。當時這種行動似乎充滿了危險，部分是由於英國在軍事上毫無設防，加之波蘭被瓜分前夕希特勒同俄國政府達成了協定。

另外一種假設是各種對德國強權的抵抗是否有效？顯然，較之民眾較為順從的地方（如英吉利各島），歐洲大陸的抵抗運動付出了更多的代價。另一方面，在大西洋彼岸，由邱吉爾和艾登創建的「自由英國政府」得到民眾普遍的支持。成千上萬的年青人響應其號召不顧一切地加入到抵抗的行列；他們很少有軍事經驗，而且裝備很差，但卻對佔領者進行了長期的游擊戰爭，遭報復性殺害的人質成千上萬。然而，流亡海外的邱吉爾始終堅信，只有堅持抵抗方能確保美國總督和其官僚的支持。在北方政治經濟中心紐約新古典環境的情況下，邱吉爾督促美國動員其人力與物力投身於一場總體戰爭。

對第三次成為美國總統的羅斯福來說這意味著什麼呢？英國擁有或似乎擁有一個合法的政府。在德國的壓力下，通過一個棄權無效的議會法令恢復了愛德華八世的王位。勞合．喬治接受了首相的位置並集合了塞繆爾．霍爾和巴特勒在內的其它眾多的資深政治家。確實，這屆政府明顯地受制於佔領當局——由將軍馮．布勞希奇所領導的軍隊，重要的是這位德國高級黨衛軍官員到達英國後的第一個行動是逮捕其惡名昭彰的「黑名單」上的二百多個政治嫌疑犯。（如安德魯．羅伯茲〔Andrew Roberts〕所證實的）英國電台的宣傳在新董事長威廉．賈伊斯的領導下仍然具有極強的號召力。一九四一年，里賓特洛甫與勞合．喬治所簽署的英德友好協訂被視為冥冥之中英國作為一個歐洲島嶼的歷史性突破。新「日耳曼歐洲聯盟」中的英國成員國的身分比先前英—美跨大西洋帝國似乎更具地理上的合理性。不管怎樣，羅斯福並不願意在大西洋與德國海軍遭遇。

當日本開始侵犯英國在亞洲的勢力範圍，橫掃新加坡、馬來西亞、緬甸、印度時，羅斯福不得不重新考慮。在著名的美國眾院演講中，羅斯福向邱吉爾提出，「如果日本進攻珍珠港怎麼辦？」（涉及到英—美在太平洋的主要海軍基地）邱吉爾先知般地提醒美國——如果不振作起來，一道「竹幕」將橫穿太平洋；並根據「自由英國」的情報，指出德國的軍事準備包含著未來從海上和空中對美國發動進攻。

但在歐洲，對德國的決定性勝利取決於東歐。德國激進右翼和保守分子均認為：向東歐和俄國擴延是征服英美的一個必要前提條件，這可以異常容易地做到。迫使尼古拉二世退位後，俄國的貴族與將軍發現極難建立起他們原來所設想的英式君主政體。一方面，許多城市工人與農民繼續信奉一些激進的宗教團體所鼓吹的基本教主義的神權政治；一九一七年，著名預言家之一烏里揚諾夫以德國間諜罪名被處死對宗教信徒是一個沉重的打擊。

另一方面，大多數的集權主義者不願意按斯圖亞特王朝或哈布斯堡王朝的方式採納一種權力下放的政治制度。當布列斯特—裡托夫斯克條約遺棄其臣民時，俄國人有理由懷疑他們能否對這些臣民加以控制。實際上，令俄國政府頭痛的問題與威脅英美在亞洲的統治問題是一樣的：非俄羅斯民族對帝國統治的抵觸日益增強。

一九一六年，德國通過給予波蘭、巴爾幹各國和烏克蘭名義上的獨立開始打碎沙俄專制帝國的進程。在一九三〇年代，其它屬地，尤其是白俄羅斯、喬治亞、亞美尼亞開始要求更大的自治權力。具有諷刺意味的是，反對沙皇政府息事寧人和對少數民族讓步的優柔寡斷政策最為強烈的是一個格魯尼亞牧師。約瑟夫・杜戈斯維利（Joseph Djugashvili），即史達林的啟示性警言——殘存的莫斯科將被殘忍的外國破壞者所摧毀——被許多人認為指的是德國的第二次進攻——沒有引起人們的注意。正如杜哥斯維利所擔心的，被佔領地區的新長官阿爾佛雷德・盧森堡希望非俄羅斯民族聚集到德國麾下，伺機同他們傳統的壓迫者決一死戰，按照一種高加索聯邦和一種新的克裡米亞穆夫提制度建立起一個白俄羅斯攝政政體。哥薩克、卡爾梅克和韃靼人群體被統一到德國國防軍；在政治上，德國給予了北高加索車臣和卡拉奇等民族相當的自由度。

正如邁克爾・伯雷所說，羅森伯格的政策並不完全符合希特勒的口味，更不符合海因里希・希姆萊黨衛軍的需求。顯然，涉及到人口巨大遷移的改變東歐種族的夢想將耗費德國為進攻美國所需的經濟資源。但從希特勒所深惡痛絕的歐洲猶太人的角度來看，是一個強制遷徙和大規模屠殺的政策。由於缺少確鑿的證據，談論戰時與戰後「死亡集中營」的人難以完全說服他人。只有在一九五二年徹底打敗德國的情況下才允許人類學家在諸如奧斯維辛、索比卜、特雷布林卡集中營來發現這種證據。令人震驚的是，德國人是在當地非猶太人毫無反對和干擾其戰爭努力的情況下實施這種慘絕人寰的屠殺。實際上，在某些集中營（如著名的奧斯維辛集中營）犯人被作為奴隸在這類大型工業公司中充當勞動力。猶太犯人（包括著名的科學家）還被用於德國的原子彈研製工作，這是希特勒試圖征服全世界的一個有力證據。

假如希特勒殘喘至原子彈研製完成，難以想像會發生何種事情。非常可能的情況是美國將會受到一次原子彈的攻擊。但感謝上帝希特勒並沒有如願以償。因抨擊希特勒邪惡帝國而遭流放的批評家早已預言了第三帝國的崩潰，認定第三帝國終因其內部矛盾而崩潰。向東擴張肯定對第三帝國產生了各種影響，但在東歐邊境的激進做法無論如何是其毀滅的一個預兆。相比之下，希姆萊的崛起和其有效的佔領政策為第三帝國注入了一種神奇的可怕力量。實際上，真正注定第三帝國滅亡的是一九四四年七月二十日希特勒的死亡：一個名叫馮・斯托芬伯格（von Stauffenberg）貴族軍官在希特勒東線司令部安置了一枚炸彈試圖對其行刺。隨後政變遭到了希姆萊黨衛軍和相信培爾所謂希特勒仍然健在的軍隊的殘酷鎮壓，但德意志帝國絕大多數地方普遍對新政權持一種冷漠的厭戰情緒。實際上，仍然保留著傳統宗教信仰的人們對赫爾姆特・馮・毛奇的新「克萊騷」憲法表現出熱情，憲法以其最初起草的地方命名，其中最重要的條款是恢復希特勒第三帝國以前的舊聯邦制。雖遭其先前同伙馮・哈塞爾（Ulrich von Hassell）等人的反對，毛奇尋求與英美和談的決定仍受到了相當的歡迎。

馮・哈塞爾擔心俄國的復甦，「一種來自東部的傳統威脅」，一九四四年這種威脅似乎被誇大了。前些年推翻最後一位沙皇的宗教基本教義的浪潮看起來更像是前一階段俄國的徹底崩潰而非軍事復甦的開始。新近的研究表明，這不過是歐洲政治根本性變異的開始。邱吉爾再次做出正確的決定要求美國承認並向新的神權政權提供財政支持。一旦杜戈斯維利被立為最高主教並鞏固了其對莫斯科和西伯利亞的統治後，他本人及其顧問會同意與英美合作——以德國為代價將世界分為各種「勢力範圍」的政策，而這正是邱吉爾所希望的。儘管直到一九五〇年俄國人才開始向德國發難，但難以想像當時舊沙皇集團的軍隊帶有一種「聖軍」近乎自殺式的戰鬥熱情。基於意識到馮．哈塞爾的警告為時已晚，德國政府轉向希特勒新的尚未完成的秘密武器。當聖軍開進白俄羅斯和波蘭時，德國人發出警告：如果杜戈斯維利不撤出其軍隊的話，伏爾加格勒將被摧毀。喬納森．哈斯拉姆指出，杜戈斯維利當時認為原子彈不過是「設計出來恐嚇那些神經衰弱的傢伙」。在已經造成的巨大破壞的東歐面前，原子彈看起來不過是虛張聲勢罷了，因此杜戈斯維利令其部隊繼續前進。

世界上第一顆原子彈的爆炸和伏爾加格勒之戰無疑成為了歷史的轉折點，不僅是由於展示了一種新的史無前例的具有破壞性的武器，而且在面對各種被激化的傳統力量時更暴露了其局限性。正如杜戈斯維利所稱，德國人可以在俄國至少投擲兩顆原子彈，但他們不敢在其本土投擲原子彈。當俄國軍隊第一次越過奧德河進入德國時，這場戰爭已經接近尾聲。驚慌失措的民眾在戈培爾自戕前所稱的「亞洲遊牧部落」到來之前紛紛逃往西方。

與此同時，邱吉爾和羅斯福最終答應開闢「第二戰場」。一九四五年英美在愛爾蘭和蘇格蘭登陸以及隨後從英格蘭向南驅逐德國人的事實表明比悲觀主義者（包括總司令艾森豪）所擔心的要容易的多。不過當時在法國海岸防禦的部隊確以頑強著稱。只是由於考慮到杜戈斯維利要獨吞戰勝德國的功勞，而最終促使英美在一九五一年夏天在諾曼底登陸。

從法國北部登陸的慘痛失敗鎖定了俄國人的勝利。當英美軍隊抵達維也納尚在清除零星的逃兵散勇時，「聖軍」已經有效地控制了中歐地區。唯一的問題是在英美登陸部隊打擊下殘留下來潰不成軍的西部德國軍隊是否還要負隅頑抗；一旦首都淪陷，他們則會放棄。杜戈斯維利不失時機地告知邱吉爾他們早先有關「勢力範圍」的協訂受到了一些事件的干擾；從現在起，巴黎以外（他大方地將其劃分為東西兩區）的歐洲所有地區將成為俄國的勢力範圍。做完此事後，朱斯維裡回到莫斯科並自封為約瑟夫沙皇一世。

美國在歐洲向俄國屈服並不意味著美國在亞洲會優柔寡斷。從戰爭的最初階段，羅斯福對太平洋戰爭威脅的關心便多於對歐洲的關注。與其相比，羅斯福身後的新一代政治家更多地致力於單純的美國利益而非英—美利益，為日後與日本人控制的東亞共榮圈再次相撞做好了準備。

儘管日本人成功地將歐洲舊的殖民體系掃地出門，但他們從來沒有真正地消除中國與中南半島民眾對其統治的抵抗。通常由毛澤東和胡志明等人物所領導的農民戰爭牽制了相當一部分日本軍隊；這些戰爭還限制了日本建立海軍防禦體系的範圍。由於任何一屆美國政府都試圖削弱日本的地位，顯然進行干預的願望是非常強烈的。在其辭世前不久，羅斯福通過公開指稱中國未來的大國地位而開始了這一進程。一九四八年，其後繼者杜威（Thomas E. Dewey）向毛澤東提供了支持，支持後者著手將日本趕回上海（原文如此）。在朝鮮採取了類似的策略，這一次美國軍隊被派往反叛的朝鮮北部與日本統治下的南部相抗衡。

沒有一位美國總統比甘迺迪更多地加劇美日對抗，此人乃羅斯福在倫敦的恐英顧問約瑟夫·甘迺迪之子。仰賴於北部城市中人口眾多的天主教選票，甘迺迪以巨大的優勢贏得了一九六〇年大選。第二年，旨在將古巴從拉丁美洲納粹的最後殘餘勢力中挽救出來的一次成功入侵使他獲得了一個小小的勝利。更為冒險的是，他開始尋找另一場干預的可能性，這次是支持胡志明的越南來反對日本支持的吳廷艷政權。

在許多方面，甘迺迪是一個幸運的總統。他並沒有遇到困擾南部領導人林登．詹森政治生涯的黑人民權運動。一九六三年十一月，在達拉斯會見詹森時他躲過了一劫。在一九六四年選舉中，其中央集權黨擊敗了巴里．戈德華特領導的州權主義者。但在越南問題上命運之神將其拋棄。應當說這場戰爭受到了民眾的歡迎，但他卻無法贏得勝利。在其兄弟司法部長羅勒．甘迺迪授權電話竊聽政治對手事件以及至少五十萬美國軍人正在與北越並肩作戰曝光以後，甘迺迪於一九六七年被迫辭職。由於其電子技術的發展，日本所支持的政權的武器裝備比預料的要好得多。在一九六八年大選尼克森獲勝之際，人心所向要求結束戰爭。在被彈劾前與尼克森的一次電視辯論中，甘迺迪無可奈何地道出其苦衷，「如果我在一九六三年被刺身亡的話，我現在將成為一個聖人」。正如黛安．庫恩茲所說，儘管甘迺迪很有道理，但在當時他卻受到了普遍的嘲笑。

縱觀甘迺迪失卻光環後二十年間的眾多事件，很容易讓人想到英—美帝國的土崩瓦解在所難免（在越戰問題上兩國關係已相當緊張，遭到當時英國首相哈羅德．威爾遜〔Harold Wilson〕的反對）。如馬克．阿爾蒙德所示，在一九八〇年代以前俄國的經濟狀況一直欠佳。在新沙皇尤里（Yuri）於一九八二年接替其父利奧尼德（Leonid）以後，非國教派分子有理由批評其在位時期「死氣沉沉」的政策。另一方面，改革派戈巴契夫所鼓吹的經濟和政治改革政策恰恰惡化了經濟狀況。如果戈巴契夫能夠提高俄國歐洲衛星國支付俄國的石油價格，經濟形勢將會更加不穩定；如果他所力爭的法國、德國等其它地區的自由選舉被接受的話，則難以預測會發生什麼事情。即使沒有新的政策，正如一九五三年在柏林、一九五六年在布達佩斯和一九六八年東巴黎所發生的那樣，他仍不得不在一九八九年將坦克開進萊比錫。

如果英美國家對鎮壓萊比錫起義做出更為強硬的回應結果會是如何呢？即使沒有別的辦法，他們仍可以勸阻俄國人不要在其它地區從事侵略。但一九八〇年代，英、美政府總是那麼優柔寡斷、軟弱無力。與其前任相比，喬治・布希是一個觀望者。更為重要的是一九八三年當選及在柴契爾政府於福蘭蘭群島戰爭中蒙受失敗之辱之後而於一九八七年再次執政的福特政府，在英國被指責對莫斯科心慈手軟，富有同情心。當巴格達蘇丹薩達姆・海珊對科威特奧托曼省發動蓄謀已久的侵略時，西方國家被打得措手不及。隨著石油價格的暴漲，本來已處於嚴重蕭條之中的英美經濟又陷入了一場史無前例的困境之中。

如今，眾多不同理論競相對「一九八九～九〇年西方的崩潰」做出解釋。是由於越戰後的幾十年間，共同開支與債務、銀根鬆動增加過度？還是由於英美政治上——多半是五十年前英國佔領德國遺產問題上徹底決裂的結果呢？不過，在爭論的時候，容易忽略的一點是當時並無人希望事情如此劇變。大多數所謂英美體系「專家」對一九九〇年代跨大西洋同盟解體的速度感到驚訝。首先，北美各州從斯圖亞特王朝統治下獲得獨立。然後，一系列的反應似乎在英格蘭、愛爾蘭、蘇格蘭，甚至威爾斯之間起著銜接作用。那些一直企盼慶祝斯圖亞特王朝統治四〇〇周年（二〇〇三年）的人們只能對不可預知且性質迥異的重大歷史事件給予痛苦的反思。

相較之下，在莫斯科，西方的崩潰似乎完全證實了沙皇約瑟夫及其繼承人所珍愛的歷史決定論的正確性。

A

Abbot, George 艾伯特，喬治
Aboyne, Lord 艾博因勳爵
Acton, Lord 阿克頓勳爵
Adam Smith 亞當・斯密
Adams, John 亞當・斯密
Adamson, John 亞當森，約翰
Adenauer, Konrad 阿登納，康拉德
Aerospatiale 埃諾斯巴梯爾
A. J. P. Taylor 泰勒
Albert I, King of the Belgians 艾伯特一世，比利時國王
Albert Speer 阿爾伯特・斯佩爾
Aleksei, Tsarevich 阿歷克塞，沙列維奇
Alexander II, Tsar 亞歷山大二世，沙皇
Alexander, King of Greece 亞歷山大，希臘國王
Alfred von Tirpitz 蒂爾皮茨
Allen, Louis 艾倫，路易斯
Allen of Huforood, Baron 艾倫勳爵，侯特伍德的
Allende, Salvador 阿連德，薩爾瓦多
Allingham, Margery 阿林厄姆，馬格里
Almond, Mark 艾爾蒙德，馬克
Althusser, Louis 阿圖塞，路易
Amery, John 艾默里，約翰
Amis, Kingsley 艾米斯，金斯利
Amis, Martin 艾米斯，馬丁
Andrei Vlasov 甫拉索夫
Andreotti, Giulio 安德烈奧蒂，朱利奧
Angell, Norman 安吉爾，諾曼
Anthony, Mark 安東尼，馬克
Antrim, 2nd Earl of 安特里姆伯爵（第二）
Applebaum, Anne 阿普爾鮑姆，安妮
Argyll, 8th Earl of 阿蓋爾伯爵（第八）
Armour, J. B. 阿穆爾
Arnold Toynbee 阿諾德・湯恩比
Arundel, 2nd Earl of 阿倫德爾伯爵（第二）
Asquith, Herbert H 阿斯奎斯，赫伯特
Astaire, Fred 阿斯塔爾，弗雷德
Athlone, Earl of 阿瑟龍伯爵
Attlee, Clement 艾德禮，克列蒙特
Augustine 奧古斯丁
Aurelius, Marcus 奧里略
Axel Springer 阿克西爾—施普林格
Aylmer, Gerald 艾爾默爾，傑拉爾德

B

Babberly 巴貝利
Bach-Zelewski, Erich von dem 巴赫—澤維斯，埃里希．馮
Backe, Herbert 巴克，赫伯特
Bacon, Francis 培根，法蘭西斯
(later Viscount St Alban) （後為聖・艾爾班子爵）
Baden-Powell, Robert 巴登—鮑威爾，羅伯特
Bagwell, Richard 巴格威爾，理查德
Bailyn, Bernard 拜恩，伯納德
Bajazet I, Sultan 巴耶塞特一世，蘇丹
Baker, James III 貝克，詹姆斯（第三）

Balcarres, Lord 巴爾卡里斯勳爵
Baldwin, Stanley 鮑德溫，斯丹利
Balfour, A. J. 貝爾福
Ball, Joseph 巴爾，約瑟夫
Bandera, Stefan 班德拉，斯特凡
Bao Dai 保大
Barker, Pat 巴克爾，帕特
Barnett, Corelli 巴爾納特，科雷利
Barnett, Ross 巴奈特，羅斯
Barzun, Jacques 巴爾曾，傑克
Bastwick, John 巴斯崔克，約翰
Beamish, Hency Hahalton 比米希，亨利．漢密爾頓
Beauchamp, 7th Earl 比徹姆伯爵（第七）
Beauchamp, 8th Earl 比徹姆伯爵（第八）
Beaverbrook, lst Baron 比弗布魯克男爵（第一）
Bebel, August 倍倍爾，奧古斯特
Beck, Jozef 貝克，約瑟夫
Beck, Ludwig 貝克，路德維希
Bedford, 4th Duke of 貝德福德公爵（第四）
Bedford, 4th Earl of 貝德福德侯爵（第四）
Bellerophon 柏勒洛豐
Bellièvre 貝利維爾
Belloc, Hilaire 貝洛克，希萊爾
Beneš, Eduard 伯利茲，愛德華
Beria, Lavrenti 貝利亞，拉弗倫蒂
Berkeley, Sir Robert 貝克萊，羅伯特
Berlin, Isaiah 伯林，伊賽亞
Bernard, Sir Francis 伯納德，弗朗西斯
Bernhardi, Friedrich von 貝恩哈迪，弗里德里希．馮
Bertie, lst Viscount 伯蒂子爵（第一代）
Bethmann Hollweg, Theobald von 貝特霍爾維克，希奧巴德．馮
Bevin, Ernest 貝文，恩斯特
Beza, Theodore 貝札，西奧多爾
Bialer, Severyn 比亞勒，塞維林
Bichat, Marie François-Xavier 比沙，馬里．弗朗索瓦—沙維爾
Bien, David D. 比昂
Birkett, Norman 伯克特，諾曼
Birmingham, George 伯明翰，喬治
Birrell, Augustine 比雷爾，奧斯丁
Bismarck, Otto von 俾斯麥，奧托．馮
Blackstone, Sir William 布萊克斯通，威廉爵士
Blakemore, Harold 布萊克莫爾，哈羅德
Bland, Richard 布蘭德，理查德
Bloch, Ernst 布洛赫，恩斯特
Bloch, Ivan 布洛克，伊凡
Bloch, Marc 布洛赫，馬克
Blum, Léon 布魯姆，萊昂
Blumentritt, Günther 布魯蒙特，居特爾
Blunt, Anthony 布倫特，安東尼
Boccaccio, Giovanni 薄伽丘，喬萬尼
Boleyn, Anne 安波林
Bolivar, Simon 玻利瓦爾，西蒙
Bonar Law, Andrew: 波納．勞，安德魯
Booth, John Wilkes 布思，約翰．威爾克斯
Borges, Jorge Luis 博爾赫斯，霍爾赫．路易斯

Boris Yeltsin 葉爾欽
Bormann, Martin 博爾曼，馬丁
Born, Max 波恩，麥克斯
Bossuet, Jacques Benigne 波蘇埃
Bradbury, Ray 布萊德伯里，雷伊
Bradley, F. H. 布雷德利
Braithwaite, R. B. 布雷思維特
Bramhall, John 布拉姆霍爾，約翰
Brandt, Willy 勃蘭特，威利
Brauchitz, Walther von 布勞希奇，沃爾特．馮
Braudel, Fernand 布羅代爾，費爾南
Brezhnev, Leonid 布里茲涅夫
Bright, John 布萊特，約翰
Brock, Michael 布洛克，米夏埃爾
Brooke, Lord Baron 布魯克勳爵
Brooke, Alan 布魯克，阿蘭
Brüning, Heinrich 布呂寧，海恩里希
Brunton, Douglas 布倫頓，道格拉斯
Buckingham, lst Duke of 白金漢公爵（第一）
Buckle, Henry Thomas 巴克爾，亨利．托馬斯
Bukharin, Nikolai 布哈林，尼古拉
Bulstrode Whitelocke 布林斯特羅德・懷特洛克
Bülow, Bernhard Heinrich von 比洛，本哈德．海因里希．馮
Bundy, McGeorge 邦迪，麥克喬治
Bundy, William 邦迪，威廉
Bunting, Madeleine 邦亭，馬德萊恩
Burgess, Guy 伯格斯，蓋伊
Burgoyne, John 柏高英，約翰
Burke, William 柏克，威廉
Burleigh, Michael 伯雷，邁克爾
Burns, John 伯恩斯，約翰
Burton, Henry 伯頓，亨利
Bury,John Bagnell 柏里
Bush, George 布希，喬治
Butler, R. A. 巴特勒
Butt, Isaac 巴特，伊薩克
Butterfield, Herbert 巴特菲爾德，赫伯特
Buturlin, General 巴特林將軍
Byrnes, James F. 伯恩斯，詹姆士
Byron, George Gordon, 6th Baron 拜倫，喬治．戈登男爵（第六）

C

Caesar, Julius 凱撒
Cairncross, John 凱恩克羅斯，約翰
Calvin, John 喀爾文
Cambon, Paul 康邦，保羅
Campbell, J. H. M. 坎貝爾
Campbell-Bannerman, Sir Henry 坎貝爾—班納曼，亨利爵士
Canute 卡奴特
Capra, Frank 卡普拉，弗蘭克
Carlyle, Thomas 卡萊爾，托馬斯
Carnarvon, 5th Earl of 卡那封，第五代伯爵
Carr, E. H. 卡爾
Carruthers 卡拉瑟斯
Carson, Sir Edward 卡森，愛德華
Castro, Fidel 卡斯楚
Cavendish Square 卡文迪胥・斯誇爾

Ceausescu, Nicolae 西奧塞古，尼可拉
Cecil, Lord Hugh 塞西爾，休
Cecily 西西莉
Chamberlain, Austen 張伯倫，奧斯汀
Chamberlain, Joseph 張伯倫，約瑟夫
Chamberlain, Neville 張伯倫，尼維爾
Charles I, King 查理一世國王
Charles II, King 查理二世國王
'Charles III,King' 「查理三世國王」
(Prince Charles Edward)（查理．愛德華親王）
Charmley, John 查姆利，約翰
Chares 卡雷斯
Charles Townshend 唐森德
Charles Trevelyan 查理・屈維廉
Chatham, William Pitt, 1st Earl of 查塔姆，威廉．庇特伯爵（第一）
Chesterton, G. K 切斯特頓.
Chiang Kai-shek 蔣介石
Childers, Erskine 奇爾德斯，厄斯金
Churchill, Lord Randolph 邱吉爾，蘭道夫勳爵
Churchill, Randolph 邱吉爾，蘭多夫
Churchill, Winston 邱吉爾，溫斯頓
Chuyev, Felit 立耶夫，費利特
Clarendon, lst Earl of 克拉倫登伯爵（第一）
Clark, Alan 克拉克，阿蘭
Clark, Jonathan 克拉克，喬納森
Clayton, William L. 克萊頓，威廉
Clinton, Bill 柯林頓，比爾
Cobden, Richard 科布登，理查德
Cohen, Lester 科恩，李斯特
Coke, Sir Edward 庫克，愛德華
Collier, Basil 科利爾
Collingwood, R.G. 柯林烏
Comte, Auguste 孔德
Comyns Loudoun 科明斯・勞東
Condé, Prince de 孔代親王
Condorcet, Marquis de 康多塞
Connolly, James 康諾利，詹姆士
Conrad von Hötzendorf, Count 康拉德．馮．赫岑多夫伯爵
Conway, Henry Seymour 康韋，亨利．塞莫爾
Copernicus, Nicolas 哥白尼
Cot, Jean-Pierre 科特，讓一皮埃爾
Coward, Noël 柯瓦德，諾伊爾
Cowling, Maurice 考林，莫里斯
C. P. Snow 斯諾
Craig, James 克雷格，詹姆士
Cratherd, F. H. 克羅福特
Crespo, Baron 克雷斯波，巴倫
Crewe, Marquess of 克雷侯爵
Croce, Benedetto 克羅齊
Croke, Sir George 克羅克，喬治
Cromwell, Oliver 克倫威爾，奧利佛
Cronkite, Walter 克朗凱特，沃爾特
Crowe, Sir Eyre 克羅，艾爾
Cumberland, William Augustus 坎伯蘭，威廉．奧古斯特
Cunard, Lady 寇拉德夫人
Curzon of Kedleston, Marquis 克德爾斯頓的寇松侯爵

D

E

Ellesmere, Thomas Egerton, Lord 埃爾斯米爾，托馬斯．埃格頓
Ellis, Henry 艾利斯，亨利
Elton, Geoffrey 艾爾頓，傑弗里
Engels, Friedrich 恩格斯
E. P. Thompson 湯普森
Epaminondas 伊巴密濃達
Erhard Wetzel 艾爾哈德・韋澤爾
Esher, Viscount 伊捨子爵
Essex, 2nd Earl of 埃塞克斯伯爵（第二）
Essex, 3rd Earl of 埃塞克斯伯爵（第三）
Eusebius 優西比烏斯
Evelyn Waugh 伊林夫・瓦渥

F

Fairfax, Sir Thomas 費爾法克斯，托馬斯
Falkenhausen, Baron Ludwig von 法爾肯豪森，路德維希．馮
Feigenbaum, Mitchell 費根鮑姆，米切爾
Feiling, Sir Keith 費林，基斯
F. E. Smith 史密斯
Fischer, Fritz 費捨爾，弗里茨
Fisher, H. A. L. 費捨爾
Fisher, 'Jackie' 費希爾，「傑基」
Fitin 菲丁
Fitzgerald, John 菲茨傑拉德，約翰
Fleetwood, Colonel 弗利特伍德上校
Fogel, R.W. 福格爾
Foster, R. F. 福斯特
Fox, Michael J. 米高福克斯
Franco 佛朗哥
Frankel, Charles 弗蘭克爾，查爾斯
Franklin, Benjamin 富蘭克林，班傑明
Franz-Alfred Six 弗朗茲—阿爾弗雷德・西克斯
Franz Ferdinand, Archduke 弗蘭茨，費迪南大公
Franz Joseph, Emperor 弗蘭茨，約瑟夫皇帝
Frederick II (the Great) 斐特烈二世（大帝）
King of Prussia 普魯士國王
Frederick III, Emperor 斐特烈三世，皇帝
Frederik Hendrik 弗雷德里克．亨德里克
Prince of Orange-Nassau 奧倫治—納索王子
Freeman, E. A. 弗里曼
French, David 弗倫克，大衛
Freud, Sigmund 佛洛伊德
Friedman, Milton 弗里德曼，米爾頓
Fritz Todt 弗利茨・托特
Fritz Wiedemann 弗里茨・魏德曼
Frost, Robert 福羅斯特，羅伯特
Fukuyama, Francis 福山
Funk, Walther 馮克，瓦爾特

G

Gage, Thomas 蓋奇，托馬斯
Galbraith, J. Kenneth 加爾佈雷思，肯尼斯
Galileo 伽利略
Galina Starovoitova 加林娜・斯塔羅沃伊托娃
Gallie, W. B. 加利
Galloway, Joseph 蓋洛韋，約瑟夫
Gamelin, Maurice 加麥林，莫里斯

H

Hamilton, 3rd Marquis of 漢密爾頓侯爵（第三）
Hampden, John 漢普頓，約翰
Hanau 哈拿
Hankey, Sir Maurice 漢基，莫里斯
Hans-Ulrich Wehler 漢斯一尤爾里希・威勒
Harcourt, Lewis Vernon 哈考特，劉易斯．弗農
Hardinge, Sir Charles 哈定，查里斯
Harley, Sir Robert 哈利，羅伯特
Harold Shukman 哈羅德・舒克曼
Harold Wilson 哈羅德・威爾遜
Harris, Robert 哈里斯，羅伯特
Harrison, Tom 哈里遜，湯姆
Harry S. Turman 杜魯門
Hart, Basil Liddell 哈特，巴西爾．李德爾
Hart, H. L. A. 哈特
Haslam, Jonathan 哈斯拉姆，喬納森
Hassell, Ulrich von 哈塞爾，烏爾里希．馮
Hatzfeldt, Paul von 哈茨菲爾德，保爾．馮
Hauner, Milan 霍曼，米蘭
Hawking, Stephen 豪金，斯特凡
Hawthorn, Geoffrey 豪索恩，傑喬弗里
Hayden White 海登・懷特
Hegel, Georg Wilhelm Friedrich 黑格爾
Heisenberg, Werner Karl 海森伯格，威納．卡爾
Hempel, Carl 亨佩爾，卡爾
Henderson, Nevile 亨德森，尼維爾
Henrietta Maria, Queen 亨麗埃塔．瑪麗亞王后
Henry, Patrick 亨利，帕特里克
Henry VIII, King 亨利八世國王
Henry Wilson 亨利・威爾遜
Hess, Rudolf 赫斯，魯道爾夫
Heydrich, Reinhard 海德里希，雷因哈德
H. G. Wells 威爾斯
Hicks Beach, Sir Michael 希克斯．比奇，邁克爾
Hilferding, Rudolf 希法亭，魯道夫
Hill, Christopher 希爾，克里斯多夫
Hillgruber, Andreas 希爾格魯伯，安德里斯
Hillsborough, 2nd Viscount 希爾斯波洛子爵（第二）
Hilton, Boyd 希爾頓，鮑伊德
Himmler, Heinrich 希姆萊，海因里希
Hippocrates 希波克拉底
Hirst, Derek 赫斯特，德雷克
Hitler, Adolf 希特勒
Ho Chi Minh 胡志明
Hoare, Sir Samuel 霍爾，塞繆爾
Hobbes, Thomas 霍布斯，托馬斯
Hobhouse, Henry 霍布豪斯，亨利
Hobsbawm, Eric 霍布斯邦，艾瑞克
Hobson, J.M. 霍布森
Holland, 1st Earl of 霍蘭德，第一代伯爵
Honecker Erich 何內克，埃里希
Honoré, Tony 奧諾雷，托尼
Hoover, Herbert 胡佛，赫伯特
Hoover, J. Edgar 胡佛，埃德加
Horace Wilson 賀瑞斯・威爾遜

Hore Belisha, Leslie 霍爾．貝利沙，萊斯利
Hottelet 霍特利特
Hough, Jerry 霍夫，傑里
Howard, Michael 霍華德，邁克爾
Howe, William 豪，威廉
Hugh O'Neill 休・奧尼爾
Hugh Trevor-Roper 休・特雷弗—羅帕
Hugolino of Orvieto 胡戈利諾（耎奧維托的）
Huizinga, Johan 胡伊津加，約翰
Hull, Cordell 赫爾，科德爾
Hume, David 休謨，大衛
Huntly, 2nd Marquis of 亨特利侯爵（第二）
Hussein, Saddam 海珊，薩達姆
Hutchinson, Thomas 哈欽森，托馬斯
Hutton, Sir Richard 霍頓，理查德
Huxley, Aldous 赫胥黎，阿爾都斯
Huxley, Thomas Henry 赫胥黎，托馬斯．亨利

I

Ian Stewart 揚・斯圖亞特
Iliescu, Ion 伊利斯古
Immanuel Wallerstein 華勒斯坦
Iphicrates 伊菲克拉特斯
Ironside, William Edmund 鐵甲，威廉．埃德蒙

J

Jäckel, Eberhard 賈克爾，伊貝爾哈德
Jackson, Alvin 傑克遜，艾爾文
Jagow, Gottlieb von 亞戈，戈特列布．馮
Jalland, Patricia 賈蘭德，帕特里克
James I, King 詹姆士一世國王
James II, King 詹姆士二世國王
'James III, King'「詹姆士三世國王」
James Wolfe 沃爾夫
Jaruzelski, Wojciech 賈魯塞斯基
J. C. Squire 斯誇爾
Jebb, Gladwyn 傑布，格拉德溫
Jefferson, Thomas 傑佛遜，托馬斯
Jermyn, Sir Thomas 傑爾明，托馬斯
Jimmy Stewart 吉米・斯圖亞特
Joad, Cyril 約德，塞瑞爾
Jochen Thies 喬肯・西爾斯
John, Don, of Austria 約翰，唐（奧地利的）
Johnson, Lyndon B. 詹森，林登
Johnson, Samuel 約翰遜，塞繆爾
John Paul Vann 約翰・保羅・凡恩
John Shy 約翰・夏
John Smith 約翰・史密斯
John Vincent 約翰・文森特
John Webb 約翰・韋伯
John Wilkes 約翰・威爾克斯
John Wyndham 約翰・溫德昂
Jones, Inigo 瓊斯，英尼戈
Jones, Thomas 瓊斯，托馬斯
Joseph Conroy 約瑟夫・孔羅伊
Josiah Tucker 約賽亞・塔克
Joyce, P. 喬伊斯

Joyce, William 賈伊斯，威廉

Juarez, Benito Pablo 胡亞雷斯，本尼托．帕布洛

K

Kaku, Michio 卡科，米喬

Kant, Immanuel 康德

Kanter, Adolf 坎特，阿道夫

Kathleen Turner 凱瑟琳・透納

Kautsky, Karl Johann 考茨基，卡爾．約翰

Kedourie, Elie 凱都里，埃利

Keegan, John 吉根，約翰

Kehr, Eckart 克爾，埃卡特

Kennedy, Edward 甘迺迪，愛德華

Kennedy, Jacqueline 甘迺迪，賈桂琳

Kennedy, John F. 甘迺迪，約翰

Kennedy, Joseph Jr 甘迺迪，小約瑟夫

Kennedy, Joseph P. 甘迺迪，約瑟夫

Kennedy, Patrick 甘迺迪，帕特里克

Kennedy, Paul 甘迺迪，保羅

Kennedy, Robert 甘迺迪，羅勃

Kennedy, Rose 甘迺迪，羅斯

Kerensky, Alexander 克倫斯基，亞歷山大

Kerr-Smiley, Peter 克爾一斯密利，彼得

Keynes, John Maynard 凱恩斯，約翰．梅納德

Khrushchev, Nikita 赫魯雪夫，尼基塔

King, Martin Luther 金恩，馬丁．路德

Kingsley, Charles 金斯利，查爾斯

Kinnock, Neil 金諾克，尼爾

Kirke, George 克爾克，喬治

Kissinger, Henry 季辛吉，亨利

Kitchener, lst Earl 基欽納伯爵（第一）

K. M. Wilson 威爾遜

Knox, Ronald 諾克斯，羅納德

Koch, Erich 科赫，埃里希

Kohl, Helmut 科爾，赫爾穆特

Komer, Robert 科默，羅伯特

Kornilov, Lavr 科爾尼洛夫，拉夫爾

Kreis, Wilhelm 克雷斯，威廉

Krenz, Egon 克倫茨，埃貢

Kuhn, Thomas 庫恩，托馬斯

Kunz, Diane 庫恩茲

Kurchatov, Igor 庫爾恰托夫，伊戈爾

Kurt Student 庫爾特・斯圖德因特

L

Ladurie, Emmanuel Leroy 勒華拉杜里，埃曼紐

Lady Macbeth 馬克白夫人

Lane, David 萊恩，戴維

Lansbury, George 蘭斯伯里，喬治

Lansdale, Edward 蘭斯代爾，愛德華

Lansdowne, 5th Marquis of 蘭斯多恩侯爵（第五）

Laplace, Pierre Simon de 拉普拉斯

Laud, William 勞德，威廉

Lawrence Stone 勞倫斯・史東

Le Queux, William 李勒克，威廉

Lech Walesa 華勒沙

Lecky, W. E. H. 列基

Lee, Robert E. 李，羅伯特
Leese, Arnold 李斯，阿諾德
Leibniz, Gottfried Wilhelm 萊布尼茲
Lemnitzer, Lyman 萊姆尼策，萊曼
Lenin, V. I. (Vladimir Ulyanov) 列寧
Leonard, Daniel 倫納德，丹尼爾
Leslie, Alexander 萊斯利，亞歷山大
Levison, Stanley 萊維森，史丹利
Lewin, Moshe 萊溫，莫什
Ley, Robert 萊伊，羅伯特
Lichnowsky, Prince 利切諾夫斯基親王
Lichtenberg, Georg Christoph 利希滕伯格，格奧爾格．克裡斯托夫
Liman von Sanders, Otto 利曼．馮．桑德斯，奧托
Lincoln, Abraham 林肯
Lippmann, Walter 李普曼，沃爾特
Litvinov, Maxim 李維諾夫，馬克西姆
Lloyd George, David 勞合．喬治
Locke, John 洛克，約翰
Lodge, Henry Cabot II 洛奇，亨利．卡伯特（第二）
Lohse, Hinrich 羅瑟，亨里希
Londonderry, 6th Marquess of 倫敦德里侯爵（第六）
Londonderry, 7th Marquess of 倫敦德土侯爵（第七）
Long, Huey 朗格，休伊
Long, Walter 朗格，沃爾特
Loreburn, Earl 洛雷本伯爵
Lorenz, Edward 洛倫茲，愛德華
Lord Moyne 莫因勳爵
Lord Welby 威爾比勳爵
Lothian, llth Marquess of 羅塞安侯爵（第十一）
Louis XIV, King 路易十四國王
Louis XV, King 路易十五國王
Louis XVI, King 路易十六國王
Louis-Philippe, King 路易一菲利普國王
Lucas, James 盧卡斯，詹姆士
Lucretius 盧克萊修
Ludwig, Emil 路德維希，艾米爾
Ludwig Wittgenstein 路德維希・維根斯坦
Lysicles 呂西克勒斯
Lyttelton, Sir Neville 利特爾頓，內維爾
Lytton Strachey 利頓・史特拉切

M

MacArthur, Douglas 麥克阿瑟，道格拉斯
Macaulay, Thomas Babington 麥考萊，托馬斯．巴賓頓
McClellan, George B. 麥克勒蘭，喬治
McCloskey, D. N. 麥克洛斯基
MacDonald, Ramsay 麥克唐納，拉姆齊
Machiavelli, Niccolo 馬基維利
McKenna, Reginald 麥基翁，雷吉納德
Mackenzie, Robert 麥肯齊，羅伯特
Maclean, Donald 麥克萊恩，唐納德
Manfred Worner 弗雷德・韋爾納
McNamara, Robert 麥克納馬拉，羅伯特

McNeil, Hector 麥克尼爾，赫克托
MacSwiney, Terence 麥克斯溫尼，特倫斯
Madison, James 麥迪遜，詹姆士
Maisky, Ivan 邁斯基，伊凡
Major, John 梅傑，約翰
Mallarmé, Stéphane 馬拉梅，斯特凡
Mallet, Sir Louis du Pan 馬萊，路易．迪．潘
Malthus, Thomas 馬爾薩斯，托馬斯
Mandelbrot, Benoit 曼德爾布羅特，貝諾瓦
Mandeville, Viscount 曼德維爾子爵
(leter Earl of Manchester 後為曼徹斯特伯爵)
Mann, Michael 曼恩，邁克爾
Mansfield, lst Earl 曼斯菲爾德伯爵（第一）
Mao Zedong 毛澤東
Margaret Thatcher 柴契爾夫人
Markus Wolf 馬庫斯・沃爾夫
Marlborough 馬爾波洛
Marshall, George Catlett 馬歇爾，喬治．加特列特
Marshall, Stephen 馬紹爾，斯蒂芬
Marshal Wellesley 威利斯
Martel, Charles 馬特爾，查理
Martin du Gard, Roger 馬丁．迪．加德，羅傑
Marx, Karl 馬克思
Mary, Princess 瑪麗公主
Mary, Queen of Scots 瑪麗，蘇格蘭女王
Masaryk, Jan 馬塞尼克，簡
Massi, Allan 馬西，阿倫
Maule, Patrick 摩爾，帕特里克
Maurois, André 莫羅瓦，安德雷
Maurras, Charles 莫拉斯，查里
Maximilian, Emperor of Mexico 馬克西米連，墨西哥皇帝
Max Weber 韋伯
Maxwell Taylor 馬克斯韋爾・泰勒
May, Robert 梅伊，羅伯特
Médicis, Marie de 麥地奇的瑪麗
Meinecke, Friedrich 邁乃克
Menzies, Sir Stewart 孟席斯，斯圖亞特
Meredith, James 梅雷迪斯，詹姆士
Merriman, John 梅里曼，約翰
Metternich, Prince 梅特涅親王
Meyer, Konrad 邁爾，康拉德
Michael Sturmer 邁克爾・斯圖爾默
Michaelis, Meier 麥克里斯，麥爾
Milch, Erhard 米爾赫，艾哈德
Mill, John Stuart 穆勒，約翰．斯圖亞特
Milton Waldman 米爾頓・沃爾德曼
Mink, Louis 明克，路易斯
Mirabeau, Comte de 米拉波
Mitterrand, François 密特朗
Modin, Yuri 莫丁，尤里
Modrow, Hans 莫德羅，漢斯
Molotov, Vyacheslav 莫洛托夫，弗雅切斯拉夫
Moltke, Helmuth von 毛奇，赫爾姆特．馮
Moltmann, Günther 莫爾特曼，古恩特
Mommsen, Wolfgang 蒙森，沃爾夫岡
Momper, Walter 蒙佩爾，瓦爾特
Monroe, Marilyn 麗蓮蓮夢露

N

O

P

Paget, Sir Arthur　巴格特，亞瑟

Paine, Thomas　潘恩，托馬斯

Palmerston, 3rd Viscount　帕麥斯東男爵（第三）

Parker, Geoffrey　帕克，傑夫里

Parnell, Charles Stewart　巴涅爾，查爾斯．斯圖亞特

Pascal, Blaise　帕斯卡，布萊斯

Paul, Saint　保羅，聖

Paulus, Friedrich　保盧斯，弗里德里希

Pavlov, Dmitrii　巴甫洛夫，德米特里

Pease, Joseph Albert 皮斯，約瑟夫．阿爾伯特

Peirce, C. S.　皮爾斯

Pembroke, 4th Earl of　明布魯克伯爵（第四）

Pembroke Wicks　朋布魯克・威克斯

Pennington, D. H.　本寧頓

Penrose, Roger　本塞斯，羅傑

Percy, Earl　佩西伯爵

Pétain, Henri Philippe Omer　貝當，亨利．腓利普．奧梅爾

Peter Wilkinson　彼得・威爾金遜

P. G. Wodehouse　伍德豪斯

Philby, Kim　菲爾比，基姆

Philip II　腓利二世

Philip Windsor　腓利普・溫莎

Pindar, Sir Paul　平達爾，保羅

Pinocchio　畢諾奇

Pitt, William (the Elder)　庇特，（老）威廉

Pitt, William (the Younger) 庇特，（小）威廉

Plekhanov, Georgi　普列漢諾夫，喬治

Plumb, J. H.　布魯姆

Pocock, John　波科克，約翰

Pocahontas　寶嘉康蒂

Poincaré, Henri　龐加勒，亨利

Pompadour, Madame　彭巴杜夫人

Pompadour, Madame　龐森比，亞瑟

Pope, Alexander　波普，亞歷山大

Popper, Karl　波普，卡爾

Powell, Colin　鮑威爾，科林

Powell, Enoch　鮑威爾，埃諾奇

Pownall, Thomas　波納爾，托馬斯

Price, Richard　普萊斯，理查德

Priestley, J.B.　普雷斯特利

Proudhon, Pierre Joseph　普魯東，彼埃爾．約瑟夫

Prynne, William　普林，威廉

Prytz, Byorn　普利茨，拜奧約恩

Pym, John　皮姆，約翰

Pym, Jonathan　皮姆，約納丹

R

Radek, Karl　拉狄克，卡爾

Raeder, Erich　雷伊德，艾里希

Rakowski, Mieczyslaw　拉科夫斯基，米埃奇斯拉夫

Randolph, Edmund　倫道夫，愛德蒙

Ranke, Leopold von　蘭克

Raskolnikov 拉斯科爾尼科夫
Rathenau, Walther 拉特瑙，瓦爾特
Rauschning, Hermann 勞什林，赫爾曼
R. C. Tucker 塔克
Reagan, Ronald 雷根
Redmond, John 雷德蒙，約翰
Reeve, Christopher 李維，克里斯多夫
Reithinger, Anton 賴欣格爾，安東
Renouvier, Charles 雷奴維埃，夏爾
Ribbentrop, Joachim von 里賓特洛甫，喬奇姆．馮
Rebecca West 維斯特
Ricardo, David 李嘉圖，大衛
Rich, Sir Nathaniel 里奇，納撒尼爾
Richard III, King 理查三世國王
Richelieu, Cardinal 黎希留紅衣主教
Roberts, Andrew 羅伯茲，安德魯
Roberts, Earl 羅伯茨伯爵
Roberts, Norman 羅伯茨，諾爾曼
Robert Wallace 羅伯特・華萊士
Robertson, Sir William 羅伯遜，威廉
Robespierre, Maximilien de 羅伯斯庇爾
Rockefeller, Nelson 洛克菲勒，納爾遜
Rockingham, 2nd Marquis of 羅金漢侯爵（第二）
Roosevelt, Eleanor 羅斯福，埃琳諾
Roosevelt, Elliott 羅斯福，艾略特
Roosevelt, Franklin D. 羅斯福，富蘭克林
Roosevelt, Theodore 羅斯福，西奧多
Rosebery, 5th Earl of 羅斯伯里伯爵（第五）
Rosenberg, Alfred 羅森伯格，阿爾弗雷德
Rossingham, Edward 羅欣漢，愛德華
Rostow, Walt 羅斯托，沃爾特
Rousseau, Jean-Jacques 盧梭
Runciman, Walter 朗西曼，沃爾特
Runstedt, Gerd von 魯因斯特德，格爾德．馮
Russell, Bertrand 羅素
Russell, Conrad 羅素，康拉德
Russell of Kilowen, Lord 羅素勳爵（基洛溫的）
Rutland, 7th Earl of 拉特蘭伯爵（第七）
Ryzhkov, Nikolai 雷日科夫，尼古拉

S

Saki (Hector Hugh Munro) 薩基（赫克托．休．芒羅）
Salisbury, 2nd Earl of 索爾茲伯里伯爵（第二）
Salisbury, 3rd Marquis of 索爾茲伯里侯爵（第三）
Samuel, Herbert 塞繆爾，赫伯特
Samuel, Raphael 塞繆爾，拉裴爾
Samuels, A.W. 塞繆爾斯
Sanderson, Thomas Henry 桑德森，托馬斯．亨利
Sartre, Jean-Paul 沙特，讓一保羅
Sassoon, Siegfried 薩松，西格弗里德
Saxl, Fritz 薩克斯爾，弗里茨
Saye and Sele, lst Viscount 塞耶和塞爾子爵（第一）

Sazonov, Sergei　薩佐諾夫，謝爾蓋
Schama, Simon　沙馬，西蒙
Schmid, Martin　施密德，馬丁
Schmidt, Helmut　施密特，赫爾穆特
Schopenhauer, Artur　叔本華，亞瑟
Scott. C. P.　司克特
Scowcroft, Brent　斯考克羅夫特，布倫特
Scriven, Michael　斯克里文，邁克爾
Seely　西利
Selborne, 2nd Earl of 塞爾伯恩伯爵（第二）
Selden, John　塞爾登，約翰
Serle, Ambrose　索爾，安布羅斯
Shakespeare, William　莎士比亞，威廉
Sharpe, Kevin　夏普，克文
Shavian　蕭維安
Shaw, George Bernard　蕭伯納
Sir Francis Windebanke　溫德班克
Sir Henry Vane　亨利・文爵士
Sir John Simon　西蒙
Sir John Temple　約翰・坦普爾爵士
Sir John Wintour　約翰・溫圖爾爵士
Sir Will Spens　威爾・斯賓爵士
Snowman　斯諾曼
Soubise　蘇比斯親王
Spengler　史賓格勒
Stadholder　斯塔德霍爾德
Stalin　史達林
Stavisky　斯達維斯基
Stavropol　斯塔夫羅波爾
Stephen Smale　斯特凡・斯莫爾
Stephen Spender　史蒂芬・斯賓德
St John, Oliver　聖約翰，奧利弗
St Michael　聖馬可
Sutton Courtney　蘇頓・科特利
Stubbs　斯達布斯

T

Tacitus　塔西陀
Taine　泰納
Theirs　梯也爾
Themistocles　泰米斯托克爾
Thomas Sinclair　托馬斯・辛克萊爾
Thomas Whately　托馬斯・威特利
Timoleon　提莫萊昂
Tocqueville　托克維爾
Tolstoy　托爾斯泰
Toodles　圖德斯
Ts'ui Pen　崔朋
Turgot　杜爾哥

U

Ulrich　烏爾里奇
Unger　昂格

V

Venetia Stanley　維尼夏・斯坦利
Vico　維科
Virginia Woolf　維吉利亞・沃爾夫
Voltaire　伏爾泰
von Stauffenberg　馮・斯托芬伯格

Voroshilov　伏羅希洛夫

W

Wallis Simpson　辛普森夫人

Walpole　沃爾波

Walter Ulbricht　瓦爾特・烏布利希

Werth　沃思

Wentworth　溫特沃斯

Wellington　威靈頓

William III　威廉三世

William the Conqueror　征服者威廉

Wilhelm I　威廉一世

William of Orange　奧蘭治的威廉

William Strode　威廉・斯特羅德

Woodrow Wilson　伍德羅・威爾遜

Y

Yanushkevich　亞努什科維奇

昭明文史 38

虛擬歷史

作　　者／尼爾·弗格森編著
發 行 人／謝俊龍
編　　輯／李桐豪
出　　版／昭明出版社
106 臺北市溫州街 75 號 3 樓之 4
Tel：(02)2364-0872　Fax：(02)2364-0873
郵撥帳號：16039160　知書房出版社
登 記 證／北縣商聯甲字第 〇八八〇五六一七 號
總 經 銷／紅螞蟻圖書有限公司
臺北市內湖區舊宗路 2 段 121 巷 28-32 號 4 樓
Tel：(02)2795-3656　Fax：(02) 2795-4100
出版日期／民國 91 年 2 月　第一版第一刷
定　　價／500 元
知書房網站／http://www.clio.com.tw
知書房 E-mail／reader@clio.com.tw

ISBN 957-0336-95-1　Printed in Taiwan

國家圖書館出版品預行編目資料

虛擬歷史／尼爾・弗格森編著. --第一版. --臺
北市：昭明, 2002[民 91]
面； 公分. --(昭明文史；38)

ISBN 957-0336- 95-1 (平裝)

1. 世界史 2.史學-哲學原理

712.8 91001116

昭明出版社

書號	書名	ISBN	定價
	昭明名著		
3501010	西方經濟學名著提要(一)	957-0336-01-3	320元
3501020	西方經濟學名著提要(二)	957-0336-02-1	320元
3501030	西方心理學名著提要(一)	957-0336-09-9	280元
3501040	西方心理學名著提要(二)	957-0336-08-0	280元
3501050	西方管理學名著提要(一)	957-0336-13-7	240元
3501060	西方管理學名著提要(二)	957-0336-14-5	240元
3501070	西方法學名著提要(一)	957-0336-23-4	240元
3501080	西方法學名著提要(二)	957-0336-24-2	240元
3501090	西方社會學名著提要(一)	957-0336-27-7	280元
3501100	西方社會學名著提要(二)	957-0336-28-5	280元
3501110	西方倫理學名著提要(一)	957-0336-86-2	320元
3501120	西方倫理學名著提要(二)	957-0336-87-0	320元
3501130	西方美學名著提要(一)	957-0336-88-9	320元
3501140	西方美學名著提要(二)	957-0336-89-7	320元
3501150	西方政治學名著提要(一)	957-0336-90-0	220元
3501160	西方政治學名著提要(二)	957-9336-91-9	220元
3501170	西方歷史學名著提要(一)	957-9336-93-5	320元
3501180	西方歷史學名著提要(二)	957-9336-94-3	320元
3501190	西方軍事學名著提要(全)	957-9336-92-7	360元
3501200	西方教育學名著提要(一)		
3501210	西方教育學名著提要(二)		
	昭明文史		
3502010	古中國的X檔案	957-0336-00-5	380元
3502020	歷史的嗚咽	957-0336-03-x	250元
3502030	歷史的頓挫-(人物卷)	957-0336-04-8	300元
3502040	明史新編	957-0336-07-2	500元
3502050	清史	957-0336-05-6	550元
3502060	宋代文化史	957-0336-06-4	550元
3502070	宋代地域經濟	957-0336-10-2	350元
3502080	歷史的祭品	957-0336-11-0	300元
3502090	歷史的頓挫-(事變卷)	957-0336-12-9	280元
3502100	陳寅恪魏晉南北朝史講演錄	957-0336-15-3	350元
3502110	歷史的迴旋	957-0336-16-1	180元
3502120	歷史的瘋狂	957-0336-17-x	170元
3502130	戰爭沉思錄	957-0336-19-6	280元
3502140	魏晉南北朝史論稿	957-0336-20-x	350元
3502150	歷史的困惑-思想者卷	957-0336-21-8	300元
3502160	歷史的衝融	957-0336-22-6	250元
3502170	魏晉南北朝文化史	957-0336-25-0	350元
3502180	歷史的困惑-治國者卷	957-0336-26-9	300元
3502190	歷史的迷惘	957-0336-29-3	280元
3502200	苦悶的象徵	957-0336-38-2	220元
3502210	西洋文學導讀上冊(平裝)	957-0336-44-7	280元
3502211	西洋文學導讀上冊(精裝)	957-0336-43-9	420元
3502220	西洋文學導讀下冊(平裝)	957-0336-46-3	280元
3502221	西洋文學導讀下冊(精裝)	957-0336-45-5	420元
3502230	民國高僧傳初編	957-0336-47-1	320元

書號	書名	ISBN	定價
	昭明文史		
3502240	民國高僧傳續編	957-0336-48-x	320元
3502270	文學地圖	957-0336-49-8	1500元
3502280	十八世紀的中國社會	957-0336-50-1	360元
3502290	西洋史學史	957-0336-53-6	550元
3502300	大西藏之旅	957-0336-55-2	280元
3502310	大西藏文化巡禮	957-0336-54-4	360元
3502320	紅樓夢的寫作技巧	957-0336-56-0	320元
3502330	德國史綱	957-0336-59-5	450元
3502340	十八世紀的中國政治	957-0336-50-1	420元
3502350	亞非文學導讀上冊(平裝)	957-0336-77-3	320元
3502360	亞非文學導讀下冊(平裝)	957-0336-78-1	320元
3502370	當代西方史學流派	9570336-81-1	420元
3502380	虛擬歷史		
	昭明文藝		
3503010	娑婆世界	957-0336-18-8	480元
3503020	白雪青山	957-0336-30-7	360元
3503030	滾滾長江	957-0336-3105	340元
3503040	春梅小史	957-0336-37-4	340元
3503060	紅塵（第一卷）(平裝)	957-0336-66-8	300元
3503070	紅塵（第二卷）(平裝)	957-0336-67-6	300元
3503080	紅塵（第三卷）(平裝)	957-0336-69-4	300元
3503090	紅塵（第四卷）(平裝)	957-0336-69-2	300元
3503100	紅塵（第五卷）(平裝)	957-0336-70-6	300元
3503110	紅塵（第六卷）(平裝)	957-0336-71-4	300元
3503120	紫燕	957-0336-80-3	280元
3503130	海魂	9570336-74-9	200元
3503140	漲潮時	957-0336-76-5	200元
3503150	與海有約	957-0336-82-X	240元
	昭明心理		
3504010	社會心理學導論	957-0336-32-3	380元
3504020	精神病學的人際理論(平裝	957-0336-40-4	450元
3504021	精神病學的人際理論(精裝	957-0336-39-0	600元
3504030	思維與語言(平裝)	957-0336-36-6	220元
3504031	思維與語言(精裝)	957-0336-35-8	360元
3504040	格式塔心理學(平裝)-上冊	957-0336-40-4	450元
3504041	格式塔心理學(精裝)-上冊	957-0336-39-0	600元
3504050	格式塔心理學(平裝)-下冊	957-0336-42-0	450元
3504051	格式塔心理學(精裝)-下冊	957-0336-41-2	600元
3504060	人類與動物心理學論稿(平	957-0336-35-7	420元
3504061	人類與動物心理學論稿(精	957-0336-57-9	350元
3504070	記憶		
3504080	人類的學習		
3504090	人類動機		

米娜貝爾出版社

書號	書名	ISBN	定價
人與自然系列			
3601010	雨林中的藥草師	957-8622-69-4	250元
3601020	鷹與玫瑰	957-8622-67-8	250元
3601030	體會死亡	957-8622-77-5	250元
3601040	聽生命的聲音	957-8622-66-x	200元
3601050	造訪自然	957-8622-76-7	240元
3601060	我祇是要人照顧我	957-8622-90-2	240元
帶你聽音樂			
3602010	古典音樂欣賞入門	957-9663-71-6	399元
3602020	莫札特的禮讚	957-8622-70-8	250元
3602030	歌劇欣賞入門	957-8622-88-0	499元
異風館			
3603010	Eat Me!(香蕉)	957-8622-73-2	250元
3603011	Eat Me!(木瓜)	957-0492-26-0	250元
3603030	歡愉的代價	957-0492-33-3	280元
FOMAUS			
3605010	人類的藝術(上)	957-8622-74-0	280元
3605020	人類的藝術(下)	957-8622-75-9	280元
3605040	與世界偉人談心(上)	957-8622-95-3	340元
3605040	與世界偉人談心(下)	957-8622-96-1	340元
3605050	自畫像	957-8622-36-8	240元
3605060	與魔鬼作鬥爭	957-8622-99-6	240元
3605070	三大師	957-0492-01-5	180元
3605080	精神療法	957-0492-00-7	240元
3605090	聖經的故事	957-0492-07-4	280元
3605100	寬容	957-0492-11-2	260元
3605110	人類的故事	957-0492-22-8	380元
3605120	文明的開端、奇蹟的創造者	957-0492-51-1	320元
3605130	人類的家園	957-0492-53-8	380元
3605140	新國家的驕傲	957-0492-55-4	320元
3605150	荒原中的神話	957-0492-56-2	320元
3605160	黑暗中的亮光	957-0492-57-0	320元

書號	書名	ISBN	定價
弗洛伊德文集			
3608010	歇斯底里症研究(平裝)	957-0492-09-0	360元
3608011	歇斯底里症研究(精裝)	957-0492-08-2	500元
3608020	夢的解析(平裝)	957-0492-04-X	399元
3608021	夢的解析(精裝)	957-0492-03-1	750元
3608030	日常生活心理病理學(平裝	957-0492-15-5	320元
3608031	日常生活心理病理學(精裝	957-0492-14-7	450元
3608040	詼諧與淺意識的關係(平裝	957-0492-16-3	340元
3608041	詼諧與淺意識的關係(精裝	957-0492-17-1	480元
3608050	性學三論(平裝)	957-0492-21-X	300元
3608051	性學三論(精裝)	957-0492-20-1	450元
3608060	精神分析引論(平裝)	957-0492-24-4	420元
3608061	精神分析引論(精裝)	957-0492-23-6	580元
3608070	精神分析新論(平裝)	957-0492-28-7	400元
3608071	精神分析新論(精裝)	957-0492-27-9	560元
3608080	超越快樂原則(平裝)	957-0492-31-7	380元
3608081	超越快樂原則(精裝)	957-0492-30-9	500元
3608090	達文西對童年的回憶(平裝	957-0492-36-8	400元
3608091	達文西對童年的回憶(精裝	957-0492-35-X	540元
3608100	圖騰與禁忌(平裝)	957-0492-39-2	320元
3608101	圖騰與禁忌(精裝)	957-0492-38-4	460元
3608110	一個幻覺的未來(平裝)	957-0492-49-X	300元
3608111	一個幻覺的未來(精裝)	957-0492-48-1	460元
	弗洛伊德文集平裝11冊		
	弗洛伊德文集精裝11冊		
全球政經			
3609010	經濟全球化	957-0492-10-4	300元
3609020	智力資本的策略管理	957-0492-34-1	380元
3609030	知識經濟的創新策略	957-0492-54-6	260元
3609040	知識對經濟的影響力	957-0492-59-7	480元

訂書專線：02-2364-0872　地址：臺北市溫州街 75 號 3 樓之 4
劃撥帳號：16039160　戶名：知書房出版社